U0514592

经以济世
建德开来
贺教育部
人文社科项目
心王玉娥

李路林
甲戊方八

教育部哲学社会科学研究重大课题攻关项目

"十四五"时期国家重点出版物出版专项规划项目

加快建立多主体供给、多渠道保障、租购并举的住房制度研究

A STUDY ON ACCELERATING THE ESTABLISHMENT OF THE HOUSING SYSTEM THAT ENSURES SUPPLY THROUGH MULTIPLE SOURCES, PROVIDES HOUSING SUPPORT THROUGH MULTIPLE CHANNELS, AND ENCOURAGES BOTH HOUSING PURCHASE AND RENTING

虞晓芬

等著

中国财经出版传媒集团

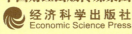

经济科学出版社
Economic Science Press
·北京·

图书在版编目（CIP）数据

加快建立多主体供给、多渠道保障、租购并举的住房
制度研究/虞晓芬等著. --北京：经济科学出版社，
2024.9
教育部哲学社会科学研究重大课题攻关项目 "十四
五"时期国家重点出版物出版专项规划项目
ISBN 978 - 7 - 5218 - 4398 - 9

Ⅰ.①加…　Ⅱ.①虞…　Ⅲ.①住房制度 - 研究 - 中国
Ⅳ.①F299.233.1

中国版本图书馆 CIP 数据核字（2022）第 240270 号

责任编辑：杨　洋
责任校对：隗立娜
责任印制：范　艳

加快建立多主体供给、多渠道保障、租购并举的住房制度研究
虞晓芬　等著
经济科学出版社出版、发行　新华书店经销
社址：北京市海淀区阜成路甲 28 号　邮编：100142
总编部电话：010 - 88191217　发行部电话：010 - 88191522
网址：www. esp. com. cn
电子邮箱：esp@ esp. com. cn
天猫网店：经济科学出版社旗舰店
网址：http://jjkxcbs. tmall. com
北京季蜂印刷有限公司印装
787×1092　16 开　36.75 印张　720000 字
2024 年 9 月第 1 版　2024 年 9 月第 1 次印刷
ISBN 978 - 7 - 5218 - 4398 - 9　定价：148.00 元

课题组主要成员

主要作者　虞晓芬　金细簪　任天舟　张燕江
　　　　　　王　崧　胡明志　赵国超　曾　辉
其他成员　秦　虹　吴宇哲　倪鹏飞　陈多长
　　　　　　黄忠华　湛东升　杨冬宁　周家乐
　　　　　　胡丁培　邢单妮　王　薇　陈　越
　　　　　　张利花　张金源

总　序

哲学社会科学是人们认识世界、改造世界的重要工具，是推动历史发展和社会进步的重要力量，其发展水平反映了一个民族的思维能力、精神品格、文明素质，体现了一个国家的综合国力和国际竞争力。一个国家的发展水平，既取决于自然科学发展水平，也取决于哲学社会科学发展水平。

党和国家高度重视哲学社会科学。党的十八大提出要建设哲学社会科学创新体系，推进马克思主义中国化、时代化、大众化，坚持不懈用中国特色社会主义理论体系武装全党、教育人民。2016 年 5 月 17 日，习近平总书记亲自主持召开哲学社会科学工作座谈会并发表重要讲话。讲话从坚持和发展中国特色社会主义事业全局的高度，深刻阐释了哲学社会科学的战略地位，全面分析了哲学社会科学面临的新形势，明确了加快构建中国特色哲学社会科学的新目标，对哲学社会科学工作者提出了新期待，体现了我们党对哲学社会科学发展规律的认识达到了一个新高度，是一篇新形势下繁荣发展我国哲学社会科学事业的纲领性文献，为哲学社会科学事业提供了强大精神动力，指明了前进方向。

高校是我国哲学社会科学事业的主力军。贯彻落实习近平总书记哲学社会科学座谈会重要讲话精神，加快构建中国特色哲学社会科学，高校应发挥重要作用：要坚持和巩固马克思主义的指导地位，用中国化的马克思主义指导哲学社会科学；要实施以育人育才为中心的哲学社会科学整体发展战略，构筑学生、学术、学科一体的综合发展体系；要以人为本，从人抓起，积极实施人才工程，构建种类齐全、梯队衔接的高校哲学社会科学人才体系；要深化科研管理体制改革，发挥高校人才、智力和学科优势，提升学术原创能力，激发创新创造活力，建设中国特色新型高校智库；要加强组织领导、做好统筹规划、营造良好学术生态，形成统筹推进高校哲学社会科学发展新格局。

哲学社会科学研究重大课题攻关项目计划是教育部贯彻落实党中央决策部署的一项重大举措，是实施"高校哲学社会科学繁荣计划"的重要内容。重大攻关项目采取招投标的组织方式，按照"公平竞争，择优立项，严格管理，铸造精品"的要求进行，每年评审立项约 40 个项目。项目研究实行首席专家负责制，鼓励跨学科、跨学校、跨地区的联合研究，协同创新。重大攻关项目以解决国家现代化建设过程中重大理论和实际问题为主攻方向，以提升为党和政府咨询决策服务能力和推动哲学社会科学发展为战略目标，集合优秀研究团队和顶尖人才联合攻关。自 2003 年以来，项目开展取得了丰硕成果，形成了特色品牌。一大批标志性成果纷纷涌现，一大批科研名家脱颖而出，高校哲学社会科学整体实力和社会影响力快速提升。国务院副总理刘延东同志做出重要批示，指出重大攻关项目有效调动各方面的积极性，产生了一批重要成果，影响广泛，成效显著；要总结经验，再接再厉，紧密服务国家需求，更好地优化资源，突出重点，多出精品，多出人才，为经济社会发展做出新的贡献。

作为教育部社科研究项目中的拳头产品，我们始终秉持以管理创新服务学术创新的理念，坚持科学管理、民主管理、依法管理，切实增强服务意识，不断创新管理模式，健全管理制度，加强对重大攻关项目的选题遴选、评审立项、组织开题、中期检查到最终成果鉴定的全过程管理，逐渐探索并形成一套成熟有效、符合学术研究规律的管理办法，努力将重大攻关项目打造成学术精品工程。我们将项目最终成果汇编成"教育部哲学社会科学研究重大课题攻关项目成果文库"统一组织出版。经济科学出版社倾全社之力，精心组织编辑力量，努力铸造出版精品。国学大师季羡林先生为本文库题词："经时济世 继往开来——贺教育部重大攻关项目成果出版"；欧阳中石先生题写了"教育部哲学社会科学研究重大课题攻关项目"的书名，充分体现了他们对繁荣发展高校哲学社会科学的深切勉励和由衷期望。

　　伟大的时代呼唤伟大的理论，伟大的理论推动伟大的实践。高校哲学社会科学将不忘初心，继续前进。深入贯彻落实习近平总书记系列重要讲话精神，坚持道路自信、理论自信、制度自信、文化自信，立足中国、借鉴国外，挖掘历史、把握当代，关怀人类、面向未来，立时代之潮头、发思想之先声，为加快构建中国特色哲学社会科学，实现中华民族伟大复兴的中国梦做出新的更大贡献！

教育部社会科学司

前 言

安居才能乐业。实现全体人民"住有安居""住有宜居""住有优居"是促进社会公平正义，保证人民群众共享发展成果，提升人民幸福感、安全感和获得感，扎实推进共同富裕的必然要求，也是迈向中国式现代化进程中不可回避的重大课题。住房制度改革以来，我国在住房历史欠账严重、土地资源短缺、城市化快速发展、需求集中爆发的背景下，通过调动市场与政府两方面的力量，不断完善住房市场体系和住房保障体系，极大地改善了居民住房条件。"七普"数据显示，2020年我国城镇人均住房建筑面积已达38.6平方米，堪称人类历史上的奇迹。但是我们也必须清醒地看到存在的问题：一是住房消费与住房占有不充分不平衡矛盾突出。"七普"数据显示，2020年全国城镇仍有2.04%常住人口家庭户人均住房建筑面积在8平方米以下，16平方米以下占11.3%；中国人民银行于2019年对3万户家庭进行调查，最低20%的家庭资产仅占样本总资产的2.6%，最高10%的家庭占47.5%，资产中59.1%来自住房，住房不平等加剧了社会消费和财富分配两极化。二是住房市场供需结构性矛盾突出。大城市供给不足和小城市高库存并存，城市内部存在价格错配、租售错配、保障性住房与商品住房错配、区位错配等严重问题，造成资源配置效率低，也带来了巨大的市场风险。三是大城市新市民、青年人住房难，住房消费压力过大问题突出，已影响新型城镇化进展，影响家庭婚姻和子女生育意愿等。四是房地产企业普遍采取"高负债、高杠杆、高周转"模式，在迅速扩大市场份额以满足居民对住房的需求的同时，也导致了房地产市场过度金融化，行业风险积聚，不可持续。

1

上述问题形成的原因是复杂的，与现行住房制度设计及其土地、金融、公共服务等配套制度存在较大缺陷有密切关系。比如，制度设计上，重住房经济功能轻民生保障功能，商品住宅用地简单地以价高者得的方式出让推高地价房价，一些地方政府缺乏开发建设保障性住房的积极性，购买首套住房不能完全享受政策性金融支持等，都过于强化了住房的商品属性和经济功能；供给主体以开发商为绝对主体，在住房资源稀缺的大城市易形成垄断，推动高地价、高房价；新增供给结构中销售型商品住房占 90% 以上，量大面广的租赁住房市场在 2016 年之前一直无全国性政策支持，买商品住房几乎成为家庭住有安居的唯一选择；住房保障面窄、渠道单一，政府投资建设的有限的公租房或货币补贴，难以满足量大面广的新市民、青年人的需求等。也基于此，2017 年党的十九大报告明确提出"加快建立多主体供给、多渠道保障、租购并举的住房制度"（以下简称"两多一并"住房制度），党的二十大报告在"增进民生福祉，提高人民生活品质"的大框架下又重申了这一表述，既意味着未来五年住房制度改革将与党的十九大的思路一致，也反映出加快"两多一并"住房制度改革的紧迫性。那么，国家坚持建设"两多一并"住房制度的学理基础和现实必要性在哪里？"两多一并"住房制度改革的目标是什么？"多主体供给""多渠道保障""租购并举"的内涵是什么？如何加快建立"两多一并"的住房制度？都需要进行系统研究。

2018 年教育部将《加快建立多主体供给、多渠道保障、租购并举的住房制度研究》（项目批准号：18JZD033）列为哲学社会科学研究重大课题攻关项目，我们有幸中标。在研究过程中，我们重视理论研究，对住房价格、住房状况与城镇居民定居决策、婚姻、家庭消费、家庭幸福等开展了系统理论与实证研究，对美国、英国、德国、日本、韩国等国家如何构建多主体供给、多渠道保障住房体系经验进行了系统比较，为"两多一并"住房制度提供了学理依据；我们重视调查研究，运用三次大型调查问卷，摸清了多样化需求，找准了问题，为"两多一并"住房制度改革提供了实践基础；我们重视制度创新研究，提出住房制度设计应围绕住房发展目标和面向 2050 年我国住房发展总目标和阶段性目标；基本明晰了"两多一并"住房制度的内涵与系统构建；系统研究提出加快居住用地供给侧改革、加快完善政府与社会力量共同参与的租购并举的多渠道住房保障建设、加快构建以住房公积金为基础的政策性住房金融机构、加快推进公共服务均享化等重点配套制度改革思路与方案。围绕上述主要研究成果，形成了本书的主要内容，共分六大部分，分别是住房制度改革回顾与现存问题剖析、住房的社会福利效应理论研究、国际经验借鉴、共同富裕背景下我国住房发展目标研究、"两多一并"住房制度内涵与构建、加快建设"两多一并"住房制度的重点突破，共 13 章，各章主笔如下：第一章虞晓芬、任天舟，第二章 任天舟，第三章 胡明志，第四章 赵国超、虞晓芬，第五章 虞晓芬，第六章 曾辉，第七章 金细簪，第八章 金细簪、秦虹、吴宇哲，第九章 张燕江、虞晓芬，第十章 王崧、湛东升，第十一章 张利花、虞晓芬，第十二章 虞晓芬、杨冬宁，第十三章 虞晓芬、张燕江、王崧，全书由虞晓芬、金细簪统稿。周家乐、胡丁培、邢单妮、王薇、陈越、张金源等参与文献收集、数据处理等工作。

在研究过程中，我们重视将理论研究转化为应用研究，直接参与国家关于培育和发展租赁住房市场、加快发展保障性租赁住房、22 个城市房地产调控效果评估等重大政策研究，多份研究报告获得省部级以上领导批示和相关部门应用，见证了国家加快完善以公租房、保障性租赁住房和配售型保障性住房为主体的住房保障体系的顶层设计，见证了国家越来越重视吸引社会力量投资与运行保障性租赁住房，越来越重视租赁住房市场的规范发展，推动了"两多一并"住房制度的建设，也十分荣幸地贡献了我们的一点学术智慧。

在成果出版之际，十分感谢教育部社会科学司对我们重大攻关项目组的信任和指导。感谢中国人民大学国家发展研究院秦虹研究员、中国社科院倪鹏飞研究员、浙江大学公共管理学院吴宇哲教授团队对本课题研究的大力支持。感谢住房和城乡建设部的大力支持，感谢北京市、上海市、浙江省，杭州市、长沙市、南宁市、绍兴市等地住建部门对调研工作的大力支持，也感谢重大攻关项目开题和结项评审专家提出的宝贵意见。重大攻关项目结项成果顺利出版，还要特别感谢经济科学出版社细致、认真的工作。当然，受水平制约，文中还有许多不足之处，请大家批评指正。

人多地少的发展中大国在现代化过程中如何解决好城镇居民住房问题，如何处理好民生保障与经济发展的矛盾，是世界级的难题。住房制度改革以来，一个 14 亿多人口的大国，在世界最大规模的人口迁徙期基本解决住房问题，没有出现大规模的贫民窟，已基本实现了人人住有所居，这是伟大的奇迹，为联合国倡导的"我们的城市必须成为人类能够过上有尊严的、健康、安全、幸福和充满希望的美满生活的地方"① 作出了突出贡献，当然，也必须承认仍有不少的差距。相信在以习近平同志为核心的党中央坚强领导下，"两多一并"的住房制度会更加完善，人人住有安居、住有宜居、住有优居的目标一定能早日实现。作为学者，最大的价值就是能将研究成果应用于社会经济发展中，我们将持续地关注研究中国城镇居民特别是大城市的住房问题，以绵薄之力推动住房领域不平衡不充分问题的缓解。

虞晓芬

2023 年 12 月

---

① 联合国人居组织 1996 年发布的《伊斯坦布尔宣言》。

摘　要

本书聚焦"加快建立多主体供给、多渠道保障、租购并举的住房制度"（以下简称"两多一并"住房制度）的研究，遵循"问题剖析—住房理论研究—住房发展目标—住房制度构建—突破路径"等层层递进的研究思路，系统研究了住房对当前我国经济社会的影响，深度剖析了我国城镇住房领域存在的问题，紧扣满足人民群众对美好生活的向往和共同富裕的目标，分析"两多一并"住房制度构建的必要性、内涵和系统化制度设计，提出了实现突破的路径。研究内容包括6个部分共13章。

一是住房制度改革回顾与现存问题剖析。系统回顾我国住房制度改革的脉络，客观评价住房制度改革以来取得的成就，科学诊断当前我国城镇住房领域存在的问题，揭示出这些问题的根源是住房制度及相关配套制度存在着系统性缺陷，突出表现为：住房发展目标不清晰；住房供应体系失衡；重售轻租；住房保障体系和运行机制仍不完善；土地、金融、财税、法规等住房配套制度扭曲等，揭示了加快"两多一并"住房制度所必须解决的制度难点和重点。

二是住房的社会福利效应理论研究。利用团队多次大型实地住房调查和国内著名数据库资料，实证研究了住房价格对居民城市定居决策的影响；住房状况对婚姻选择、家庭消费和家庭幸福的影响；深入开展了外来务工人员住房条件调研，系统研究了外来务工人员住房条件与居住满意度、居留决策之间的关系；深入剖析了大城市不同租赁住房类型对新市民主观幸福感的异质性影响。研究显示：高房价提高了生活成本进而对新市民形成挤出效应，大城市的高房价挤出效应更强；高房价通过预期财富效应对有房的新市民形成锁定效应，影响就业流动；住房产权，尤其是完全产权有助于提高未婚青年在婚姻市场上的竞争力；租金成本、居住人数、居住面积、住房条件对外来务工人员居住满意度有着显著影响，居住满意度与居留意愿呈高度的正向显著相关；租赁住房类型与新市民、青年人主观幸福感之间存在异质性关系，租住在政府保障性住房的居民主观幸福感、定居意愿最高，其次是单位住房，城中村住房的主观幸福感、定居意愿最低。

三是国际经验借鉴。深入研究了自由市场经济国家（英国和美国）、社会市场经济国家（德国）和政府主导市场经济国家（日本、韩国和新加坡）等现代化国家的住房供给与保障体系。研究发现，尽管不同经济社会发展模式下的住房供给和保障体系存在巨大差异，但其住房政策与社会目标均紧密相结合，大多已形成了多主体住房供给、多层次住房结构和多渠道住房保障的发展模式，特别是调动私营部门或非营利组织在政府政策支持与价格管制下提供保障性住房已成为趋势，数量已明显超过政府公共住房，且十分注重促进多样化的租赁住房发展以满足不同收入群体的住房需求。

四是共同富裕背景下我国住房发展目标研究。住房发展目标是住房制度改革的依据。在系统研究住房与共同富裕关系，现代化国家住房发展目标的基础上，结合我国现有的住房基础，提出我国住房发展总目标和阶段性目标，第一个阶段，2025 年之前重点解决新市民、青年人住房困难，稳步改善住房质量，实现"全体居民住有安居"；第二个阶段，2025~2035 年，全面提升住房质量，住房基本达到舒适居住水平，实现"全体居民住有宜居"；第三个阶段，2035~2050 年，住房现代化阶段，"全体居民享受舒适居住条件"，实现"住有乐居"。

五是"两多一并"住房制度内涵与构建。以住房发展目标为指引，聚焦住房领域的"不平衡不充分"主要矛盾，从住房需求多样性、供给效率提升及资源优化等视角论证新时代加快建设"两多一并"住房制度的必要性，立足满足人民群众美好生活的需要，明确"多主体供给""多渠道保障""租购并举"的内涵与系统构建，深入分析了"两多一并"住房制度的供给体系中的"一个主体责任""两大体系"和"三个核心问题"。

　　六是加快建设"两多一并"住房制度的重点突破。分别从居住用地供给侧改革、保障性租赁住房制度、配售型保障性住房制度、政策性住房金融以及租购同权等配套制度入手，提出创新住宅用地供应方式，优化住宅用地供给结构，矫正住宅用地供需错配，建立住宅用地指标的分配与常住人口、与新增建设用地指标"双挂钩"机制，确保住宅用地和保障性住房用地供应；因地制宜加快构建"租、售、改、补、融"供给体系，人口净流入城市大力发展保障性租赁住房缓解新市民青年人住房困难，高房价城市发展配售型保障性住房满足夹心层住房需求；提出发挥住房公积金作用、支持租购并举住房制度的改革思路；加快完善城市公共服务设施，稳步推进租购同权等措施，是支撑"两多一并"住房制度建设的关键。

　　本书基于住房福利效应与新时代多元化需求的研究成果，系统阐述了建立"两多一并"住房制度的理论基础与现实需求，研究提出的"两多一并"住房制度建设的目标、内涵特征和制度系统构建，以及用地制度、住房保障制度、税收制度、住房公积金制度、基本公共服务均等享有制度等配套改革方案，为国家加快建立"两多一并"住房制度和房地产发展新模式提供理论指导与实践支持。

Abstract

This book investigates how to "move faster to put in place a housing system that ensures supply through multiple sources, provides housing support through multiple channels, and encourages both housing purchase and renting" (hereafter, "Two multiple one both" housing system). It follows the methodology flow of "problem identification—theoretical analysis—making housing development plan—setting up housing system—proposing the way to making breakthrough". Specifically, the book systematically analyzes the impacts of housing on China's current economy and society and the existing problems in China's urban housing field and closely links housing issues to China's major target of meeting aspirations of the people to live a better life and achieving common prosperity for everyone. Additionally, it analyzes the necessity, connotation, and systematic institutional design for setting up the "Two multiple one both" housing system and proposes ways to make breakthroughs. The book is divided into SIX major parts and has 13 chapters.

The first part reviews the history of China's housing system reform and identifies existing problems. It systematically reviews the history and logic of China's housing system reform, objectively assesses the achievements of housing development since the housing system reform, and scientifically identifies the problems of China's urban housing field at present. It concludes that the root cause of China's housing problems is systemic defects in the housing system and related supporting systems. The representative defects are ambiguous goals of housing development, an imbalanced housing supply system, an immature rental housing sector, an imperfect government-subsidized housing system and operating mechanism, and the twisted housing supporting system of land, finance, taxation and laws, which reveals the key points that must be solved to accelerate the "Two multiple one both" housing system.

The second part conducts a theoretical study on the social welfare effects of housing. It empirically investigates the impact of housing prices on residents' urban settlement decisions and the impact of housing status on marital choice, household consumption and family well-being by using data from the team's many large housing surveys and prominent national databases. In addition, it conducts in-depth research on the housing conditions of migrant workers to systematically discover the relationship between the housing conditions of migrant workers, satisfaction with living and residential decisions. Moreover, it draws an in-depth analysis of the heterogeneous effects of different rental housing types in large cities on the subjective well-being of new citizens. Ultimately, the research reveals four results. First, high housing prices increase the cost of living, resulting in a squeeze-out effect on new citizens, especially in large cities. Second, housing equity, especially full equity, helps to increase the competitiveness of unmarried youth in the marriage market. Third, rent costs, the number of residents, living space, and housing conditions significantly impact migrant workers' residential satisfaction, which is highly and positively associated with their willingness to stay. Fourth, because of a heterogeneous relationship, the subjective well-being and willingness to settle down are highest for tenants renting in government affordable housing, followed by housing in flats, and lowest for housing in urban villages.

The third part examines international experiences and draws lessons from them. Investigating the housing supply and government-subsidized housing system of various modern countries with different economic and social models, such as free market economies (UK and US), social market economies (Germany) and government-led market economies (Japan, Korea and Singapore), the research reveals that despite the great differences in the housing supply and affordable housing systems under different economic and social development models, their housing policies and social goals are closely integrated. Many countries have adopted a development model that ensures supply through multiple sources and provides housing support through multiple channels to meet the housing needs of residents at different levels. In particular, there is a trend of engaging private or nonprofit organizations in providing affordable housing with government policy support and price control; thus, the number of such housing units exceeds that of public housing, with a strong focus on promoting diversified rental housing development to meet the housing needs of different income groups.

The fourth part focuses on China's housing development goals in the context of common prosperity. Housing development goals serve as the foundation for housing system reform. Based on a systematic study of the relationship between housing and common prosperity, as well as the housing development goals of modernized countries, this book proposes China's overall housing development goals and phased objectives. The first phase, to be achieved by 2025, focuses on addressing the housing difficulties of new citizens and young people, steadily improving housing quality, and achieving "adequate housing for all residents". The second phase, spanning from 2025 to 2035, aims to comprehensively enhance housing quality and achieve a comfortable living standard for all residents. Finally, the third phase, running from 2035 to 2050, aims to achieve a modernized housing stage in which all residents can enjoy comfortable living conditions and "live happily in their homes".

The fifth part discusses the essence and setting up of the "Two multiple one both" housing system. Guided by housing development goals, focusing on the "imbalance and inadequacy" in the housing field, the research argues the necessity of accelerating the construction of the "Two multiple one both" housing system in the new era from the perspectives of diverse housing demands, increased supply efficiency and resource optimization. To meet the needs of the people for a better life, this part provides clear definitions of the connotations and systematic construction of a housing system that ensures supply through multiple sources, provides housing support through multiple channels, and encourages both housing purchase and renting. Additionally, it offers an in-depth analysis of the "one main responsibility" "two major systems" and "three core issues" in the supply system of the "Two multiple one both" housing system.

The sixth part outlines the key breakthroughs required for accelerating the setting up of the "Two multiple one both" housing system. This section outlines the future directions of housing institutional reform. From five respects, including reforms in residential land supply, affordable rental housing, owner-occupied public housing, housing provident funds, and equal rights for renting and purchasing, it proposes to innovate the supply modes of residential land, provide a suitable size of residential land for well-matched residents and establish a mechanism that can balance the distribution of residential land, permanent residents and new construction land to ensure the supply of residential land and affordable housing. Additionally, this section proposes accelerating the construction of the "rental, sales, renovation, and subsidies" supply system according to local conditions. For example, cities with net population inflow should vigorously provide affordable rental housing to alleviate the housing difficulties of young new citizens, and cities with high housing prices should develop owner-occupied public

3

housing to meet the housing needs of the class who are neither eligible for affordable housing nor able to afford commercial housing. Furthermore, this section proposes the reform idea of playing the role of housing provident fund and supporting the housing system of encouraging both housing purchase and renting. Finally, it aims to accelerate the improvement of urban public service facilities, stabilize the urban housing market, and establish a long-term mechanism for housing development.

Based on research results on the welfare effect of housing and diversified demands in the new era, this study systematically elaborates on the theoretical basis and practical needs for establishing the "Two multiple one both" housing system. The paper proposes goals, connotations, characteristics, and institutional system construction of the housing system, providing supporting reform proposals for the land use system, government-subsidized housing system, tax revenue system, housing provident fund system, and basic public service and even equalization system. These proposals offer theoretical guidance and practical support for the scientific decision-making of China's accelerated establishment of the "Two multiple one both" housing system.

目 录

Contents

Contents

1

5

第一章

绪　论

住房制度改革以来，我国依靠大力推进住房商品化和加大对中低收入家庭住房保障，城镇居民住房条件发生了根本性的变化，总体上告别了住房短缺，基本解决了本地户籍居民住房问题，有力支撑了经济社会快速健康发展，在人类发展历史上堪称奇迹。但也必须承认，由于赋予住房过强的经济功能，加上住房制度和配套制度的不完善，住房过度商品化和市场化导致大量资本聚集于住房市场，不断推高住房价格，住房偏离最本源的居住属性，造成住房占用和消费的不平衡不充分矛盾日益加剧，特别是大城市新市民、青年人住房困难问题突出。这不仅严重影响相当数量居民的安居乐业，对房地产业健康发展产生颠覆性的破坏作用，[①] 而且危害实体经济，进而影响国家的经济安全和金融安全，迫切需要对我国住房制度进行改革。

在这样的背景下，以习近平总书记为核心的党中央高度重视新时代住房制度建设。2013 年 10 月十八届中共中央政治局就加快推进住房保障体系和供应体系建设进行第十次集体学习，习近平总书记强调，加快推进住房保障和供应体系建设，是满足群众基本住房需求、实现全体人民住有所居目标的重要任务，是促进社会公平正义、保证人民群众共享改革发展成果的必然要求。[②] 2015 年 10 月召开的党的十八届五中全会提出"深化住房制度改革"。2016 年 12 月中央经济工

---

① 恒大等一些企业发生债务危机，是高地价、高房价、高杠杆、高负债、快周转矛盾积累的结果，对民生、经济等产生巨大负影响。

② 《习近平强调：加快推进住房保障和供应体系建设》，新华网，2013 年 10 月 30 日。

作会议明确"房子是用来住的，不是用来炒的"定位。2017年10月党的十九大报告中首次提出"加快建立多主体供给、多渠道保障和租购并举的住房制度，实现让全体人民住有所居"。党的二十大报告再次强调"加快建立多主体供给、多渠道保障、租购并举的住房制度"（以下简称"'两多一并'住房制度"），既反映了我国在"两多一并"住房制度建设上尚未达到预期的目标，也表明以建立"两多一并"住房制度为核心的改革是我国当前和未来一段时间住房领域最重要的工作。本章着重从我国住房制度的演变出发，分析住房制度改革取得的成效和存在的问题，进而引出本书研究的主要内容以及研究的主要成果。

第一节　我国住房制度沿革

　　住房是民生之依，人们只有先安居而后才能乐业，乐业才能实现富裕，才能有更高的物质文明和精神文明。习近平总书记指出，"住房问题既是民生问题也是发展问题，关系千家万户切身利益，关系人民安居乐业，关系经济社会全局发展，关系社会和谐稳定"，[①] 全面揭示了住房在共同富裕和中国式现代化中的重要地位和作用。

　　新中国成立70多年特别是改革开放以来，住房问题始终是党中央高度重视并且花大力气解决的重点问题，住房制度改革也成为经济体制改革的重要内容。我国住房制度经历了住房实物分配的福利制度、住房市场化改革的探索、住房制度改革的深化发展等阶段，其间有四个关键性的节点：1978年改革开放，探索住房制度改革；1998年停止实物分房，逐步实行住房分配货币化改革；2007年保障性住房被赋予重要地位；2017年提出加快构建"两多一并"住房制度。

　　按上述四个关键的时间节点可以将我国住房制度的沿革划分为以下五个阶段，如图1-1所示。

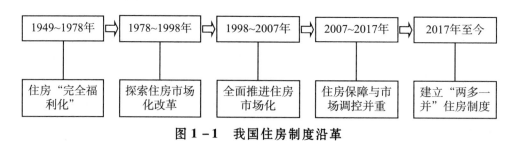

图1-1　我国住房制度沿革

---

　　① 2013年10月29日，习近平在主持十八届中共中央政治局第十次集体学习时的讲话。

一、计划经济体制下的完全福利性住房阶段（1949～1978 年）

1949 年新中国成立后至 1978 年改革开放前的三十年时间里，我国实施土地无偿无限期使用，住房采取了完全福利化分配的模式。城市居民居住所需的住房一律由国家（含各级政府和单位）统一建造，建设资金几乎全部来源于国家基本建设资金，住房的投资、建设、分配、管理和维修全部纳入国家计划。主要依据城镇职工在单位的工作年限、职位高低等标准分配住房，并收取很低的租金，是一种完全福利化的住房体制。

完全福利化的住房制度在当时物质资料匮乏、生产落后、生活困难的条件下，为人们的居住提供了基本的保障。但是，由于计划经济模式的局限，加之重生产轻生活的政策导向，住房投资严重不足，住房供给严重短缺，人们的居住条件得不到根本改善。据统计，1978 年，全国城镇居民人均住房面积仅为 6.7 平方米，农村人均住房面积只有 8.1 平方米。① 与此同时，住房的完全福利化，其建设、分配、管理、维修等均由政府负责，产生了巨大财政压力与诸多社会问题，直接挑战了我国住房福利制度，住房制度改革迫在眉睫。

这一阶段的供给主体是政府和工作单位，政府直接分配给机关职工，或者一些单位经过批准自建分配给职工，出现了一大批职工新村、单位家属院住房。住房供给主要是政府或单位建设的福利性租赁公房。

二、打破住房福利制度，探索住房市场化改革阶段（1978～1998 年）

福利分房制度逐渐暴露出的问题以及住房供给严重不足的矛盾突出，促使我国政府必须寻求新的解决途径。1978～1998 年是我国住房制度改革不断探索和发展的阶段。

1978 年以后，我国社会转型进入快速发展阶段，开始从计划经济向社会主义市场经济转变。1980 年中共中央、国务院批转了《全国基本建设工作会议汇报提纲》，正式提出实行住房商品化政策，指出个人可以新建、购买或拥有自己的住房。其后，公房出售、提租补贴的试点在一些城市陆续展开。1988 年初，全国住房制度工作会议召开，正式将住房制度改革纳入国家经济体制改革计划。

---

① 资料来源：Wind 数据库。

同年 2 月，国务院印发《关于在全国城镇分期分批推行住房制度改革的实施方案》，明确提出住房改革的目标是逐步实现商品化，住房制度改革进入了全面试点阶段。

1991 年 6 月，国务院下发《关于继续积极稳妥地进行城镇住房制度改革的通知》，进一步完善房改的有关政策和措施。1994 年，国务院颁布《关于深化城镇住房制度改革的决定》，该文件构建了我国住房制度改革历程中第一个综合性框架。其基本内容把福利分房制度下的住房建设投资由国家、单位统包的体制改为国家、单位、个人三者合理负担的体制；把国家、单位建房、分房和维修、管理住房的体制改为社会化、专业化运行体制；把住房实物福利分配方式改为以按劳分配的货币工资分配为主的方式；逐步建立以中低收入家庭为对象、具有社会保障性质的经济适用住房供应体系和以高收入家庭为对象的商品住房供应体系；建立住房公积金制度，发展住房金融、保险，建立政策性、商业性并存的住房信贷体系；建立规范化的房地产交易市场和房屋维修、管理市场。

1995 年，国务院发布《国家安居工程实施方案》，国家安居工程正式启动，安居工程住房按成本价优先出售给城市中低收入住房困难户。安居工程后来又演化成经济适用房建设，是具有社会保障性质的住房。

在这一阶段，由企业主导开发的商品住房陆续上市，住房供应主体由政府或国有单位向"政府 + 市场"转变，政府住房保障的范围有所缩小，但仍占绝对的主流，同时，以安居工程为主要形式的经济适用住房的建设，拉开了我国市场经济下的保障性住房建设的序幕。住房供给主要是政府公房和安居工程。

三、全面推进住房市场化，探索住房保障制度阶段（1998 ~ 2007 年）

第一，全面推进住房市场化。1998 年 7 月，国务院下发《关于进一步深化城镇住房制度改革加快住房建设的通知》，明确提出"稳步推进住房商品化、社会化，逐步建立适应社会主义市场经济体制和我国国情的城镇住房新制度；加快住房建设，促使住宅业成为新的经济增长点，不断满足城镇居民日益增长的住房需求"。[①] 这标志着我国城镇住房制度发生了重大改革，住房市场化的制度框架开始建立。2003 年 9 月，全国首次房地产工作会议在北京召开，会议首次提出房地产业已成为国民经济的支柱产业，要坚持住房市场化的基本方向，更大程度地发挥市场在资源配置中的基础作用。会后下发了《国务院关于促进房地产市场持

4

① 中华人民共和国住房和城乡建设部网站。

续健康发展的通知》，提出"完善住房供应政策，调整住房供应结构，逐步实现多数家庭购买或承租普通商品住房；同时，根据当地情况，合理确定经济适用住房和廉租住房供应对象的具体收入线标准和范围，并做好其住房供应保障工作"。自此，推进住房市场化、商品化进程明显加速，各地出现一大批民营房地产开发企业。

尽管从 2002 年开始，政府及相关部门出台了一系列政策加强住房市场宏观调控，比如，2002 年 8 月建设部等六部门联合发布《关于加强房地产市场宏观调控、促进房地产市场健康发展的若干意见》，从政府职能、土地供应、住房结构、金融调控等方面提出了若干意见。但因经济处于上升期，居民对住房需求量大；信贷利率处于低点；大量的住宅用地采用招拍挂，以价高者中标的规则推动高地价，高地价又推动房价等，进一步激发投资性需求等因素的影响，各地房价不断上涨，住房市场调控政策密集出台。2005 年 3 月，下发《国务院办公厅关于切实稳定住房价格的通知》，第一次将住房市场调控提升到国家层面，标志着市场调控成为住房政策的中心内容。2006 年 5 月，国务院办公厅转发建设部等部门《关于调整住房供应结构稳定住房价格的通知》。这些文件分别对住房供给结构、税收、金融等方面作出了更加严格的规定，但是仍然没有从根本上遏制房价上涨的势头。

第二，探索住房保障制度。1998 年《关于进一步深化城镇住房制度改革加快住房建设的通知》，确定了以经济适用住房作为国家解决城镇居民住房问题的主要途径，拉动国民经济发展的新经济增长点。随后，建设部等部委陆续发布《关于大力发展经济适用住房的若干意见》《经济适用住房价格管理办法》等办法，经济适用住房发展迅速，1998～2002 年经济适用住房新开工面积占商品住房新开工面积的比例平均达 19.58%，经济适用住房投资额占同期商品住房比重平均为 14.28%，[①] 对稳定住房价格、调整消费结构、促进住房消费、解决中低收入家庭困难都起到了积极作用。

2003 年，《国务院关于促进房地产市场持续健康发展的通知》将住房政策的重点从经济适用住房转向商品住房。自此，我国城镇保障性住房建设进入收缩阶段，经济适用住房投资额占商品住房投资额比例从 2002 年的 11.27%，下降至 2005 年的 4.78%、2007 年的 4.56%；经济适用住房新开工面积占同期商品住房的比重从 2002 年的 15.21%，下降至 2005 年的 6.37%、2007 年的 6.10%（见表 1 - 1）。而廉租住房仅限于最低收入家庭（低保户），且以发放租赁住房补贴为主，实物配租、租金核减为辅，保障面十分有限。

---

① 资料来源：根据历年《中国统计年鉴》数据整理。

表 1 - 1　　　　　1997～2008 年经济适用住房建设与销售情况

年份	新开工面积 （万平方米）	占同期商品 住房比重 （%）	投资额 （亿元）	占同期商品 住房比重 （%）	销售面积 （万平方米）	占同期商品 住房比重 （%）
1997	1 721	15.65	185	12.05	1 212	7.82
1998	3 466	20.83	271	13.01	1 667	20.78
1999	3 970	21.12	437	16.56	2 701	22.69
2000	5 313	21.77	542	16.38	3 760	20.17
2001	5 796	18.98	600	14.22	4 021	16.89
2002	5 280	15.21	589	11.27	4 004	13.50
2003	5 331	12.16	622	9.18	4 019	9.64
2004	4 257	8.88	606	6.86	3 262	6.46
2005	3 513	6.37	519	4.78	3 205	6.02
2006	4 379	6.80	697	5.11	3 337	5.00
2007	4 810	6.10	821	4.56	3 508	6.49
2008	5 622	7.04	983	4.45	3 627	7.82
合计	53 458	10.48	6 872	6.90	38 323	9.82

资料来源：历年《中国统计年鉴》。

在这一阶段，尽管我国城市居民总体住房条件也得到了较大改善：1998～2006 年全国城市人均住宅建筑面积由 18.7 平方米增至 27.1 平方米，平均每年人均增加 1.05 平方米，大大高于 1988～1997 年平均每年增加 0.48 平方米的水平。[①] 但不断上涨的房价以及减少的保障性住房建设，使城镇中低收入家庭住房困难日益严重，住房问题逐步演化成影响社会和谐的重大民生问题。2005 年 1% 人口抽样数据显示，全国城镇居民人均建筑面积已达到 28.42 平方米，但人均建筑面积在 8 平方米以下的占 7.49%。[②]

这一阶段供给主体：以房地产开发商为绝对的主体，全国新增住宅中超过 90% 由开发商提供；政府提供的住房保障占比很小；单位普遍停止了实物分房，仅允许少数用工量大的单位自建一些单位宿舍。通过市场解决住房，成为绝大多数居民的选择。保障渠道主要是：政府提供的面向城镇低保家庭的廉租房货币化补贴和少量实物型廉租房以及单位自建宿舍。

①② 资料来源：Wind 数据库。

四、加大住房保障和住房市场调控阶段（2007～2017 年）

2007 年 8 月，国务院下发《关于解决城市低收入家庭住房困难的若干意见》，要求各级地方政府将解决城镇低收入家庭的住房问题作为住房制度改革的重要内容及政府公共服务的重要职责，提出"建立健全以廉租住房制度为重点，多渠道解决城市低收入家庭住房困难的政策体系；改进和规范经济适用住房制度，合理确定经济适用住房供应对象、标准；逐步改善其他住房困难群体的居住条件等"。该文件是在房价快速上涨、低收入家庭住房困难凸显的背景下出台的。《关于解决城市低收入家庭住房困难的若干意见》纠正了我国住房体制改革过度市场化的趋势，保障性住房被重新赋予重要地位，标志着住房制度改革转向"市场与保障"并重阶段，具有标志性意义。

第一，逐步建立新的住房保障制度、扩大保障面。《关于解决城市低收入家庭住房困难的若干意见》出台之后，城市低收入住房困难家庭住房保障问题得到了空前的关注，国家相关部门出台了一系列关于支持发展廉租住房和规范经济适用住房管理方面的配套政策，积极建设保障房，扩大保障覆盖率。2007 年我国中央财政安排了廉租住房资金 77 亿元，超过历年累计安排资金的总和。2008 年，达到 356 亿元。[①] 2008 年 11 月，住房和城乡建设部（以下简称"住建部"）[②] 宣布了高达 9 000 亿元的保障房投资计划。2009 年 6 月，住建部公布了《2009～2011 年廉租住房保障规划》，计划用 3 年时间解决 750 万户城市低收入住房困难家庭的住房问题。[③]

为了扩大保障面，2010 年 6 月，住建部等七部委联合下发《关于加快发展公共租赁住房的指导意见》，提出大力发展公共租赁住房，在全国范围内启动了大规模公共租赁住房建设计划。2013 年 12 月，住建部等三部委下发《关于公共租赁住房和廉租住房并轨运行的通知》，要求从 2014 年开始，各地公共租赁住房和廉租住房并轨运行，并轨后称公共租赁住房。"十二五"期间全国共新开工公共租赁住房（含廉租住房）1 359 万套、基本建成 1 086 万套，这期间基本建成套数是 2010 年底公共租赁住房（含廉租住房）累计已基本建成套数的 4.83 倍。[④]

---

① 资料来源：中华人民共和国住房和城乡建设部网站。
② 2008 年 3 月 15 日，根据十一届全国人大一次会议通过的国务院机构改革方案，"建设部"改为"住建部"。
③ 中国政府网站。
④ 住房和城乡建设部网站。

与此同时，为解决棚户区住房简陋、环境较差、安全隐患多等问题，自 2008 年起，国家将棚户区改造纳入城镇保障性安居工程，大规模推进实施。2011 年，国务院办公厅发布《关于保障性安居工程建设和管理的指导意见》，提出大力推进以公共租赁住房为重点的保障性安居工程建设，加快实施各类棚户区改造，到"十二五"期末，全国保障性住房覆盖面达到 20% 左右，力争使城镇中等偏下和低收入家庭住房困难问题得到基本解决。首次建立了"住房公积金增值收益在提取贷款风险准备金和管理费用后全部用于廉租住房和公共租赁住房建设，土地出让收益用于保障性住房建设和棚户区改造的比例不低于 10%"的资金保障机制。2014 年《政府工作报告》明确，今后一个时期，着重解决好现有"三个 1 亿人"问题，其中包括改造约 1 亿人居住的城镇棚户区和城中村。2015 年国务院印发《关于进一步做好城镇棚户区和城乡危房改造及配套基础设施建设有关工作的意见》，按照推进以人为核心的新型城镇化部署，实施三年计划，2015～2017 年改造包括城市危房、城中村在内的各类棚户区住房 1 800 万套，农村危房 1 060 万户。

第二，促进房地产市场平稳健康发展。2008 年国际金融危机爆发，房地产陷入低迷，商品住房销售价格首次出现全国性下跌，较上年下跌 1.91%。[①] 2008 年 12 月，国务院办公厅发布《关于房地产市场健康发展的若干意见》，加大对自住型和改善型住房消费的信贷支持，放宽二套房购买条件，调整交易税、减免营业税等。在政策放松的背景下，需求重新释放，大量资金流向住房市场，2009 年全国房价大幅度反弹，较上年增长 24.72%，[②] 大幅超过城镇居民可支配收入的增长速度。2010 年开启新一轮的紧缩性调控，2010 年 1 月，国务院办公厅下发《关于促进房地产平稳健康发展的通知》，提出合理引导住房消费抑制投资投机性购房需求。2010 年 4 月，国务院下发《关于坚决遏制部分城市房价过快上涨的通知》，对稳定房价建立考核问责机制等。自此，全国多个城市开始实施"限购、限贷、限价"，在这一历史上最严格的调控下，部分大城市出现了"量缩价稳"的态势。[③]

2011 年继续加码宏观调控，上半年 6 次提高存款准备金、3 次加息，房价增速逐步趋缓，尤其是 2014 年以后，叠加宏观经济增速放缓，部分城市商品住房市场又出现高空置率和高库存的新问题。2014 年 9 月，央行、银监会下发《关于进一步做好住房金融服务工作的通知》，内容包括加大对保障性安居工程建设

---

① 笔者根据国家统计局 2008 年房价数据计算所得。
② 资料来源：2010 年、2019 年《中国统计年鉴》。
③ 陈杰、郭晓欣：《中国城镇住房制度 70 年变迁：回顾与展望》，载于《中国经济报告》2019 年第 4 期。

的金融支持、支持居民家庭合理的住房贷款需求、支持房地产开发企业的合理融资需求等多项政策，重新明确首套房贷利率下限为贷款基准利率的 0.7 倍，限贷政策开始松动。2014 年 10 月，住建部联合财政部、央行共同印发《关于发展住房公积金个人住房贷款业务的通知》，要求各地放宽公积金贷款条件。2014 年 11 月至 2016 年 3 月央行连续降准降息，一系列房贷宽松政策刺激住房市场，又呈现出房价过高过快增长态势。

在这一阶段，中央政府对保障性住房和保障性安居工程的大力推进，保障范围不断扩大，解决了一大批城镇户籍家庭住房困难问题。同时，为控制房价过快上涨，中央政府也不断加强对住房市场的宏观调控，但是房价仍处上涨趋势，2006 年全国商品住房销售均价为 3 119 元/平方米，2016 年达到 7 203 元/平方米，① 10 年间房价上涨 1 倍多，每年平均上涨 8.73%。这给城市中低收入群体（夹心阶层）、外来务工人员、新就业大学毕业生带来巨大的压力，住房困难问题日益凸显。

这一阶段的供给仍以房地产开发商为主体，但占比有所下降，主要是大规模保障性安居工程的实施，增加了保障房的占比。遗憾的是，各地陆续停建经济适用住房，主要原因：一是当时一些城市对购买经济适用住房的准入审核把关不严，开着豪车购买经济适用住房引起社会极大舆论；二是经济适用房政策存在较大的逐利空间，是无风险套利产品；三是在住房问题上，政府是提供基本居住保障，还是给居民提供产权型住房保障，理论界和实务界有不同观点。因此，这一阶段的保障渠道主要是：公共租赁住房、棚户区改造安置房以及少数地方仍保留的经济适用住房和单位自建职工宿舍。

五、探索建立多主体供给、多渠道保障、租购并举的住房制度阶段（2017 年至今）

随着城镇化进一步推进，我国新市民进入城市的规模大幅度上升，形成庞大的流动人口，人口普查数据显示，2020 年已达 3.76 亿人，较 2010 年增长 70%。与 2010 年相比，深圳、广州、成都 3 个城市常住人口增量超过 500 万人；西安、郑州、杭州、重庆、长沙、武汉、北京等 12 个城市常住人口增量超过 200 万人。② 新市民主要通过租赁解决居住问题，对租赁市场需求增大，而长期以来，我国住房租赁市场处于自生自灭状态，因此，培育和发展租赁市场，解决发展不规范、供需结

---

① 资料来源：2007 年、2017 年《中国统计年鉴》。
② 国家统计局 2010 年第六次全国人口普查数据、2020 年第七次全国人口普查数据，国家统计局网站。

构失衡等突出问题放到议事日程。2016 年 6 月，国务院办公厅发布《关于加快培育和发展住房租赁市场的若干意见》，第一次提出实行租购并举，加快培育和发展住房租赁市场。明确到 2020 年，基本形成供应主体多元、经营服务规范、租赁关系稳定的住房租赁市场体系，基本形成保基本、促公平、可持续的公共租赁住房保障体系，基本形成市场规则明晰、政府监管有力、权益保障充分的住房租赁法规制度体系，推动实现城镇居民住有所居的目标。如何实现"住有所居"成为新阶段的工作重点。2016 年 12 月中央经济工作会议首次提出要坚持"房子是用来住的，不是用来炒的"定位，综合运用金融、土地、财税、投资、立法等手段，加快研究建立符合国情、适应市场规律的基础性制度和长效机制，促进房地产市场平稳健康发展。2017 年 7 月，住建部等九部委联合印发《关于在人口净流入的大中城市加快发展住房租赁市场的通知》，要求在人口净流入的大中城市加快发展住房租赁市场，广州、深圳、南京等 11 个城市陆续开展发展租赁住房试点。

2017 年 10 月，党的十九大报告提出"坚持房子是用来住的，不是用来炒的，加快建立多主体供给、多渠道保障、租购并举的住房制度，让全体人民住有所居"，明确了"房住不炒"的定位、住房发展目标和实现路径。2018 年 5 月，住建部下发《关于进一步做好房地产市场调控工作有关问题的通知》，要求各地坚持调控政策的连续性稳定性，认真落实稳房价、控租金，降杠杆、防风险，调结构、稳预期的目标任务。2021 年 6 月，国务院办公厅发布《关于加快发展保障性租赁住房的意见》，明确以新市民、青年人作为保障对象，由政府给予土地、财税、金融等政策支持，充分发挥市场机制作用，引导多主体投资、多渠道供给，坚持"谁投资、谁所有"，主要利用集体经营性建设用地、企事业单位自有闲置土地、产业园区配套用地和存量闲置房屋建设，适当利用新供应国有建设用地建设，并合理配套商业服务设施。保障性租赁住房的供给主体可以是企事业单位、工业园区、房地产开发企业等市场主体，也可以是农村集体经济组织，土地来源渠道多样化，可以是新供应国有建设用地，也可以是集体经营性建设用地、企事业单位自有闲置土地、产业园区配套用地和存量闲置房屋等，标志着我国住房多主体供给、多渠道保障取得新突破。2023 年 9 月国务院下发《关于规划建设保障性住房的指导意见》，明确支持城区常住人口 300 万人以上的大城市率先探索实践配售型保障性住房，重点解决住房有困难且收入不高的工薪收入群体，以及城市需要的引进人才等群体，让工薪收入群体逐步实现居者有其屋。2023 年底这一政策支持范围进一步扩大到全国各城市和县城。配售型保障性住房政策的推出，从国家层面补齐了停止经济适用住房供给后销售型保障性住房建设长期处于缺位的短板，完善了住房保障领域的租购并举。

第二节　我国住房制度改革取得的成就

我国住房制度改革以来，尽管住房领域还存在不少问题，但必须充分肯定住房制度改革取得的历史性成就：城镇居民住房条件普遍提高，住房供给水平大幅提升，在改善民生、促进经济增长、推动新型城镇化进程、深刻改变城镇面貌等方面取得了举世瞩目的成就。

一、从供给短缺到总体平衡

（一）住房供给量大幅增长

住房的市场化改革激发了市场主体的积极性，商品住宅供给量迅速增加。1998 年全国商品住房新开工面积仅为 16 637 万平方米，2021 年达到 146 378 万平方米，翻了 8 倍多；商品住房销售面积达到 156 532 万平方米，是 1998 年的 14 倍多。商品住房竣工套数从 1999 年的 194.64 万套增长到 2021 年的 646.83 万套。① 成为全球最大的住宅开发市场、销售市场（见图 1 - 2）。2022 年以后，市场回落，但仍保持较大规模。

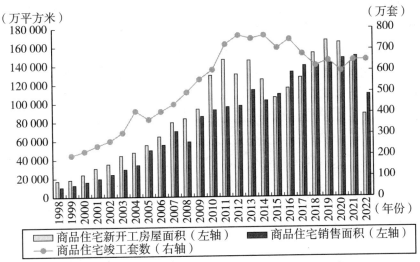

图 1 - 2　历年商品住宅供给量（1998～2022 年）

资料来源：历年《中国统计年鉴》。

---

① 历年《中国统计年鉴》。

保障性住房供给量持续增加。以 2008～2015 年为例，我国累计开工建设城镇保障性安居工程 5 342 万套，基本建成 3 649 万套，按三口之家估算，累计开工建设的安居工程解决了 1.6 亿人的住房困难。其中，累计开工改造棚户区住房 2 684 万套，基本建成 1 705 万套，累计开工建设公共租赁住房（含廉租住房）1 806 万套，基本建成 1 311 万套（见表 1 - 2）。2016～2020 年，累计开工改造棚户区 2 366 万套，基本建成 2 312 万套。

表 1 - 2   我国保障性安居工程建设发展状况

项目	2008 年	2009 年	2010 年	2011 年	2012 年	2013 年	2014 年	2015 年
开工合计（万套）	212	527	590	1 043	781	666	740	783
基本建成合计（万户）	127	292	370	432	601	554	511	772

资料来源：全国年度统计公报（2008～2015 年）、住建部报告。

（二）套户比已经大于 1

根据 2015 年全国 1% 人口抽样调查结果：2015 年城镇居民人均住房 1.08 间，其中城市 0.98 间/人、镇 1.18 间/人，首次实现统计意义上的"人均一间房、户均一套房"住房小康水平。根据任泽平等估计，1978 年我国城镇住宅存量不到 14 亿平方米，2018 年约 276 亿平方米，城镇住房套数从约 3 100 万套增至 3.11 亿套，套户比从 0.8 增至 1.09。[①] 本研究估计总套数约 3.5 亿套，具体组成：1990～2020 年商品住房共销售 183.3 亿平方米，[②] 按 115 平方米套面积计算，约 1.5939 亿套；1994～2007 年，全国共建设廉租住房 50 万套、经济适用住房 1 020 万套、棚改安置住房 190 万套；2008 年大规模实施保障性安居工程以来，到 2018 年底，全国城镇保障性安居工程合计开工约 7 000 万套，[③] 其中公租房（含廉租住房）1 612 万套、经济适用住房 573 万套、限价商品住房 282 万套、棚改安置住房 4 522 万套；[④] 再结合第七次人口普查资料，1989 年以前建的城镇住宅占比 11.61%、城镇自建住房占比 20.98%，推算城镇住宅的总套数约 3.59 亿套。2020 年全国城镇常住人口 9.0199 亿人，家庭平均规模 2.62 人，城镇约 3.44 亿户家庭，套户比估计已达 1.04。从全国层面看，已不存在供给短缺现象，但城市之间供求关系分化很大。

---

① 任泽平：《中国城镇有多少房子？》，新浪网，2021 年 6 月 4 日。

② 资料来源：历年《中国统计年鉴》。

③ 由于建设需要一定周期，到 2020 年基本建成。

④ 《努力实现让全体人民住有所居——我国住房保障取得历史性成就》，载于《经济日报》，2019 年 8 月 17 日。

二、居民住房条件普遍提高

（一）人均住房面积稳步提高

我国城市居民人均住房建筑面积从 1998 年的 18.66 平方米增大到 2021 年的 41 平方米，人均住房面积平均每年增加约 1 平方米（见图 1-3），从无房、租房向有房、住好房转变。住房面积已超过高收入国家 1996 年人均住房建筑面积 35 平方米的水平（1996 年联合国居住质量调查），与日本、韩国等人多地少的发达国家接近，日本 2018 年人均住房面积 38.97 平方米，韩国 2021 年为 33.9 平方米，[①] 当然，与人少地多的美国、瑞士等有一定差距。

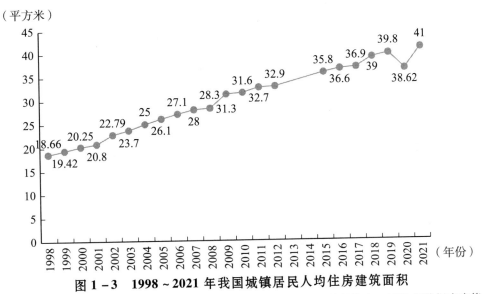

图 1-3 1998~2021 年我国城镇居民人均住房建筑面积

资料来源：1998~2016 年数据来自 Wind 数据库，部分年份数据缺失；2020 年数据来自第七次人口普查资料，为城镇居民人均住房建筑面积。2021 年数据来自国家统计局《建筑业高质量大发展 强基础惠民生创新路——党的十八大以来经济社会发展成就系列报告之四》。

（二）住房自有率高

住房自有率是指居住在自己拥有产权住房（包括新建商品住房、购买二手房、购买原公有住房、购买经济适用房与两限房和自建住房等）的家庭户数占整

---

① 资料来源：《房屋及土地统计调查》，日本统计厅网站，韩国统计指标网。

个社会住房家庭户数的比例。1985 年我国城镇家庭户住房自有率仅为 15.8%，绝大部分家庭通过租赁公房居住。2000 年住房自有率已达 74.1%，2020 年住房自有率为 78.86%，与 2000 年相比，提高了 4.76 个百分点，稳中有升（见表 1 - 3）。2000~2020 年，我国城镇家庭户住房来源变化最大的是购买商品住房的比例大幅提升，从 2000 年的 8.92% 上升到 2020 年的 42.09%。我国住房自有化率高于许多发达国家，如英国 2019 年自有化率为 63.97%，[①] 韩国 2020 年为 57.3%，[②] 日本 2018 年为 60.03%。[③]

表 1 - 3　　　　　我国城镇家庭户住房来源构成情况　　　　　单位：%

年份	购买商品住房	购买原公有住房、经济适用房、两限房	自建住房	租赁廉租房、公租房	租赁其他住房	其他	住房自有率
2000	8.92	29.47	35.71	14.42	6.13	5.36	74.10
2005	14.08	23.98	39.82	6.76	10.98	4.37	77.89
2010	26.38	17.01	31.47	2.45	18.60	4.10	74.85
2015	30.75	14.30	34.11	2.19	13.89	4.77	79.16
2020	42.09	9.91	20.98	3.44	17.70	5.88	78.86

资料来源：国家统计局人口普查资料（2000 年、2010 年、2020 年），国家统计局 1% 人口抽查资料（2005 年、2015 年）。将购买新建房与购买二手房合并为购买商品住房，购买原公有住房、经济适用房、两限房合并为一类，租赁廉租房、公租房合并为一类。

（三）居住品质大幅度改善

住房过于拥挤状况得到彻底改变。第七次人口普查资料显示，2020 年我国城镇家庭平均每户住房间数为 2.77 间，比 2010 年提高了 4.5%；人均住房间数为 1.06 间，比 2010 年的 0.93 间提高了 13.98%，呈稳步上升趋势。[④]

住房设施大幅度完善。从表 1 - 4 中发现，城镇家庭户无厨房、无厕所、无自来水的比例，均呈现明显下降的趋势。从单项住房设施分析来看，无厨房的比例由 2000 年的 11.77% 下降到 2020 年的 2.95%，无厕所的比例由 2000 年的 22.53% 下降到 2020 年的 2.06%。越来越多的城镇家庭具备了较完备的住房设施。

---

① 英国社区及地方政府网站。
② 韩国统计厅网站。
③ 日本统计厅网站。
④ 国家统计局 2020 年第七次全国人口普查数据，国家统计局网站。

表 1-4　　　　　　城镇家庭住房质量改善情况　　　　　单位：%

年份	无厨房占比	无厕所占比	无自来水占比
2000	11.77	22.53	12.54
2010	8.20	10.92	6.82
2015	5.85	10.30	—
2020	2.95	2.06	3.49

　　资料来源：国家统计局人口普查资料（2000 年、2010 年、2020 年），国家统计局 2015 年 1% 人口抽查资料。

　　住房功能环境改善明显。2020 年纯作生活用房（普通住宅）的比重为 96.52%，较 2005 年（95.8%）上升 0.72 个百分点，兼作生产经营用房（集体宿舍和工棚、工作地宿舍）的比重为 2.45%。建筑层数的比例分布也从侧面反映出我国城镇家庭住房功能环境的改善，其中平房比例逐渐减少，7 层及以上住房大幅增加，整体建筑层数有向中高层发展的趋势（见表 1-5）。

表 1-5　　　　我国城镇家庭户住房用途与建筑层数分布　　　　单位：%

年份	住房用途		建筑层数		
	只作生活用房	兼作生产经营用房	平房	6 层及以下	7 层及以上
2005	95.80	4.06	35.88	52.18	11.94
2010	97.16	2.70	25.24	57.30	17.46
2015	97.85	1.96	20.61	56.60	22.78
2020	96.52	2.45	11.91	58.33	41.67

　　资料来源：国家统计局人口普查资料（2000 年、2010 年、2020 年），国家统计局 2015 年 1% 人口抽查资料。

　　住房建成时间反映住房的成新度，是住房功能环境的重要体现。随着城市大规模的旧房拆迁和新房建设，截至 2020 年，有 68.74% 的居民居住在 2000 年以后建设的住房中，居住环境得到了极大改善。

三、促进经济增长作用显著

（一）住宅投资成为全社会固定投资的重要组成部分

　　投资是拉动经济增长的重要力量。1998 年全国房地产开发住宅投资额只有

2 081 亿元，此后，增速大幅提升，2020 年，住宅投资额首次突破 10 万亿元，2021 年，住宅投资额达到 10.69 万亿元，是 1998 年的 51 倍，年均增速高达 18.68%，2022 年以来住宅投资回落。1998 年，住宅投资占全社会固定资产投资的比重为 7.33%，2007 年以后占比均在 15% 以上，2022 年占全社会固定资产投资的比重达到 18.62%，成为固定资产投资的重要组成部分（见图 1-4）。

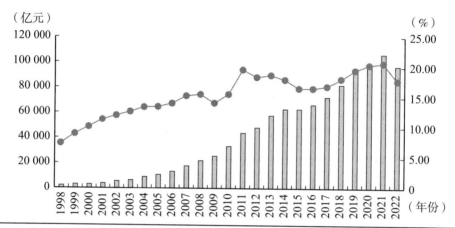

图 1-4　全国房地产开发住宅投资状况（1998～2022 年）
资料来源：历年《中国统计年鉴》。

（二）对经济增长贡献大

住宅产业的兴起带动了商业、酒店、办公等其他类型房地产的开发投资，住宅产业的发展还带动了上下游诸多相关产业的发展，上游主要是与房屋建设密切相关的行业，如水泥、玻璃、钢铁、化工、五金等行业，下游主要是家装、家电及物业管理等。特别是随着存量房时代的到来，电梯加装、适老化改造、智能化改造等旧房改造以及节能、环保的建筑材料等行业也将被带动起来。以住房为主体的房地产业日益成为国民经济的重要组成部分，房地产业增加值占 GDP 的比重从 1998 年的 4.02%，逐步增长至 2022 年的 6.12%；住宅投资额占 GDP 的比重从 1998 年的 2.44%，增长至 2022 年的 7.67%；[1] 根据国家统计局公布的投入产出表计算，以住房开发为主的房地产对金融保险、公共管理、批发零售、建筑、化学工业、租赁商务、金属冶炼、电子设备等的总带动效应从 2002 年的 1.239，上升至 2020 年的 1.714（见表 1-6），对经济增长的贡献不断提升。

---

① 资料来源：1999 年、2022 年《中国统计年鉴》。

表 1-6　　　　　根据投入产出表计算的房地产投资带动效应

序号	2020 年				2002 年			
	部门名称	向后拉动	向前推动	总带动	部门名称	向后拉动	向前推动	总带动
1	金融保险	0.139	0.100	0.239	金融保险	0.096	0.049	0.145
2	租赁商务	0.096	0.119	0.214	公共管理	0.000	0.110	0.110
3	批发零售	0.019	0.141	0.160	批发零售	0.026	0.064	0.090
4	信息传输	0.020	0.096	0.116	建筑业	0.045	0.031	0.076
5	建筑业	0.015	0.077	0.093	化学工业	0.035	0.027	0.062
6	交通运输	0.022	0.052	0.074	租赁商务	0.046	0.013	0.059
7	化学产品	0.020	0.038	0.058	金属冶炼	0.039	0.014	0.053
8	电子设备	0.013	0.038	0.050	电子设备	0.028	0.022	0.050
9	食品烟草	0.016	0.025	0.040	交通运输	0.032	0.016	0.048
10	居民服务	0.004	0.036	0.040	设备制造	0.026	0.016	0.042
	总计	0.589	1.125	1.714	总计	0.658	0.581	1.239

资料来源：根据国家统计局公布的投入产出表计算，国家统计局网站。

四、推动新型城镇化进程

1978 年我国城镇人口为 1.72 亿人，占全国总人数的 17.92%，1998 年上升为 4.16 亿人，占全国总人数的 33.35%，2022 年达到 9.21 亿人，占全国总人数的 65.22%，城镇化率比 1998 年提升了 31.87 个百分点，平均每年新增城镇人口2 000 万人以上，[①] 在人口大规模从农村到城镇的过程中，我国没有出现许多国家曾出现或仍存在的贫民窟，这是世界奇迹。住房产业的发展不仅为城镇居民提供了住所，在新型城镇化的背景下还起到了促进人口流动，特别是吸引农村人口流入城市的作用。住房制度改革，一方面推动了人的城镇化，另一方面也通过丰富城镇人员层次，增强了劳动力市场的灵活性，提高了城镇劳动力资源配置的效率，[②] 有利于实现城市的可持续发展（见图 1-5）。

---

① 资料来源：2023 年《中国统计年鉴》。
② 周京奎、黄征学：《住房制度改革、流动性约束与"下海"创业选择——理论与中国的经验研究》，载于《经济研究》2014 年第 3 期。

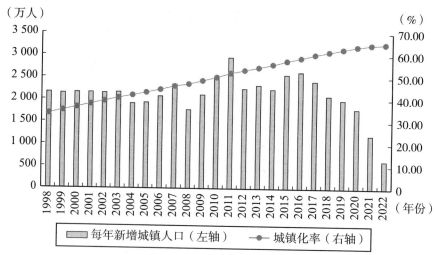

图 1-5   我国历年新增城镇人口和城镇化率变动（1998～2022 年）
资料来源：历年《中国统计年鉴》。

五、深刻改变城镇面貌

住房制度改革特别是城镇土地制度市场化改革，土地出让收入成为地方政府财政收入的重要来源，有力地支持地方政府开展城镇基础设施、配套设施等建设。根据财政部公布的数据，2022 年国有土地使用权出让收入为 66 854 亿元，相当于当年 GDP 的 5.55%。土地出让所获得的财政收入对更新城市基础设施建设、增加公共服务数量、提升服务质量、促进城市发展发挥了重要作用。从人均拥有道路面积、人均公园绿地面积、每千人医疗机构床位数来看，我国城镇均有明显的上升趋势，城市公共服务和基础设施水平提高，改变了城市面貌，提升了城市品质（见表 1-7）。

表 1-7   我国城市公共服务设施水平变动

年份	人均城市道路面积（平方米/人）	人均公园绿地面积（平方米/人）	城市每千人医疗机构床位数（张）
2005	10.92	7.89	—
2010	13.21	11.18	5.94
2015	15.60	13.35	8.27
2020	18.04	14.78	8.81
2022	19.28	15.29	7.66

资料来源：历年《中国统计年鉴》。

同时，随着保障性安居工程的推进，各个城市均加大了老旧住宅小区的综合整治、危房改造以及棚户区改造的力度，既解决了困难家庭集中成片居住的问题，又促进了经济转型和城市更新。许多城市利用棚户区改造腾空的土地，引进建设工业项目、工业园区或商业综合体等，为产业转型提供了良好的空间载体，促进了实体产业的发展。例如，辽宁本溪在郑家棚户区腾空的土地上新建的郑家工业园和彩北物流园区，为促进钢铁深加工业发展创造了条件；抚顺在腾出的土地上规划建设了 3 个工业园，促进了工程机械及制品、化工新材料等产业集群的发展，而且城市环境的改善迅速提升了抚顺的旅游知名度和吸引力。杭州拱墅区阮家桥村利用城中村改造 10% 留用地政策引进了银泰百货等项目，增加了村民的可持续收入，又提升了城市品质。

不少城市政府坚持城市空间拓展、优化与保障性安居工程相结合，充分依托大项目带动优势来推进保障性安居工程项目的建设，走出了一条以"大项目带改造、带整治、带开发、带建设"之路。如盘锦市将棚户区改造与城市商业开发并举，在改造魏嘉棚户区的同时，规划建设了以五星级酒店为核心的商圈构架，居住人口达 20 万人，原来的棚户区变成了集购物、休闲、餐饮、娱乐等多功能于一体的时尚商业区，改善了棚户区居民的居住环境，优化了城市空间结构。

第三节　我国住房市场存在的主要问题与原因分析

住房市场化改革以来，我国主要采用由地方政府出让土地、房地产企业开发建设、居民向市场购房的模式，在极大调动地方政府、金融机构、房地产企业供给积极性，推动住房投资和消费快速增长，改善城镇居民住房条件的同时，这种政府单一主体供地、开发商单一渠道建房、银行市场化贷款支持开发和买房的模式，形成的"高周转、高杠杆、高回报"的巨大推力，其带来的问题及危害也越来越突出。

一、我国住房市场存在的主要问题

（一）商品住房价格高且上涨过快

国家统计局数据显示，1998～2021 年，我国房价年均上涨幅度为 7.61%，仅在 2008 年国际金融危机期间有过短暂回落。2021 年全国住房销售价格已突破

万元，达到 10 589 元/平方米（见图 1 - 6），2022 年为 10 375 元/平方米，同比
下降 2.02%。虽然近年来房价有所回落，但是仍然高企。以我国 22 个大城市为
例，2010 ~ 2022 年间，北京、上海、深圳、南京、成都的新建商品住房销售价格
每年平均增速接近 10%。二手房价格上涨速度更快，5 个城市的年均增速超过
10%（见表 1 - 8）。

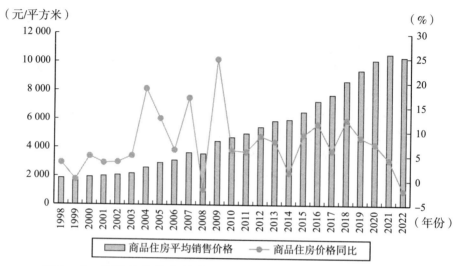

图 1 - 6　我国商品住房销售均价及房价涨幅（1998 ~ 2022 年）

资料来源：历年《中国统计年鉴》。

表 1 - 8　　　　　　　　　22 个大城市商品住房价格变化

城市	新房市场			存量房市场		
	2022 年成交均价（元/平方米）	2022 年成交均价比 2010 年增长（%）	2010 ~ 2022 年年均增长速度（%）	2022 年成交均价（元/平方米）	2022 年成交均价比 2010 年增长（%）	2010 ~ 2022 年年均增长速度（%）
北京	47 784	178.61	8.91	68 271	220.81	10.20
上海	44 430	210.92	9.91	68 984	195.78	9.46
广州	29 455	177.48	8.88	46 678	303.83	12.34
深圳	55 758	194.18	9.41	69 233	338.62	13.11
厦门	27 523	137.47	7.47	52 541	351.54	13.39
南京	27 826	201.57	9.63	35 141	168.95	8.59
杭州	33 669	136.12	7.42	42 445	122.62	6.90
福州	13 761	74.70	4.76	26 992	168.21	8.57

城市	新房市场			存量房市场		
	2022 年成交均价（元/平方米）	2022 年成交均价比 2010 年增长（%）	2010～2022 年年均增长速度（%）	2022 年成交均价（元/平方米）	2022 年成交均价比 2010 年增长（%）	2010～2022 年年均增长速度（%）
天津	15 874	99.92	5.94	26 105	118.73	6.74
宁波	19 136	63.99	4.21	26 136	83.94	5.21
青岛	14 440	124.89	6.99	21 486	116.05	6.63
武汉	14 776	166.23	8.50	19 461	192.30	9.35
成都	16 811	188.50	9.23	18 000	132.80	7.30
合肥	13 476	144.93	7.75	20 696	263.08	11.34
济南	13 469	120.80	6.82	16 269	114.63	6.57
郑州	8 048	75.11	4.78	14 488	139.91	7.56
重庆	8 526	111.04	6.42	13 690	125.61	7.02
沈阳	11 005	115.40	6.60	11 732	101.37	6.01
长沙	10 703	147.64	7.85	11 431	105.15	6.17
长春	8 799	72.63	4.65	9 734	100.57	5.97
无锡	18 445	147.18	7.83	18 658	141.06	7.61
苏州	17 822	123.92	6.95	23 530	148.39	7.88

资料来源：新房价格来自各地统计局；二手房价格来自中国房价网。

尤其是对于渴望在城市安家的新市民、青年人来说，不断上涨的房价使其住房消费压力骤增。

一方面，从房价负担能力看，按照 90 平方米、家庭人口 3 人来计算房价收入比，我国 2022 年平均房价收入比为 6.32，高于经济合作与发展组织（OECD）成员认为超过 5.1 倍为严重负担不起的标准。[1] 如果按国际上另外两条比较公认的标准：一是"住房开支占家庭收入不高于 30% 是合理值"，美国等国家规定，若中低收入家庭住房开支超过收入的 30%，可申请政府的保障性住房或货币化补贴。二是"住房开支占家庭收入的 50% 是极限值"，包括我国在内的各国商业银行发放住房贷款额大多以月还款额不超过家庭收入的 50% 为限。假定人均购买 30 平方米住房标准，购房金额的 30% 来自家庭储蓄（首付款）、70% 申请银

---

[1] Cox W.，Pavletich H. 16th Annual Demographia International Housing Affordability Survey，http：//demographia.com/dhi.pdf.

行还款金额，贷款期限30年，利率按首套房最低利率4%，以月还款额不超过家庭收入的30%计算，得到合理的房价收入比≤7.4倍。若以月还款额不超过家庭收入的50%计算，得到极限房价收入比≤12.7倍。全国22个大城市2022年的房价收入比如表1-9所示，只有青岛、合肥、济南、郑州、重庆、沈阳、长沙、长春、苏州9个城市低于7.4，北京、上海、深圳、杭州4个城市房价收入比超过12.7，深圳高达23.00。

表1-9　　22个大城市2022年新建商品住房房价收入比、租金收入比

城市	2022年成交均价（元/平方米）	2022年商品住房租金均价（元/平方米）	2022年城镇居民人均可支配收入（元/人）	房价收入比（年）	租金收入比
北京	47 784	118.19	84 023	17.06	50.64
上海	44 430	99.71	84 034	15.86	42.72
广州	29 455	61.05	76 849	11.50	28.60
深圳	55 758	89.56	72 718	23.00	44.34
厦门	27 523	50.80	70 467	11.72	25.95
南京	27 826	50.34	76 643	10.89	23.65
杭州	33 669	72.33	77 043	13.11	33.80
福州	13 761	39.00	55 638	7.42	25.23
天津	15 874	41.27	53 003	8.98	28.03
宁波	19 136	35.54	76 690	7.49	16.68
青岛	14 440	28.82	62 584	6.92	16.58
武汉	14 776	40.03	58 449	7.58	24.66
成都	16 811	38.34	54 897	9.19	25.14
合肥	13 476	30.06	56 177	7.20	19.26
济南	13 469	27.41	59 459	6.80	16.60
郑州	8 048	25.83	46 287	5.22	20.09
重庆	8 526	28.64	45 509	5.62	22.66
沈阳	11 005	25.93	51 702	6.39	18.06
长沙	10 703	29.49	65 190	4.93	16.29
长春	8 799	25.69	43 281	6.10	21.37
无锡	18 445	27.65	73 332	7.55	13.57
苏州	17 822	35.24	79 537	6.72	15.95

　　资料来源：房价数据来自各地统计局，租金数据来自中国房价行情网。城镇人均可支配收入来自各地统计局。人均住房面积按30平方米计算。

另一方面，从租金负担能力来看，以当地人均可支配收入租赁30平方米建筑面积住房为标准，深圳、北京租金收入比大于40%，明显超过合理水平（见表1-10）。同时，租赁市场又存在适合新市民、青年人需求的低租金小户型供给严重不足，大量新市民、青年人租住在城中村、老旧小区、棚户区和违章建筑中，安全隐患大，居住环境差。他们在大城市既买不起房、又租不到适宜的住房，问题严重。

（二）住房占有与消费不平衡、不充分突出

住房除满足居民基本生活保障以外，具有很强的财富效应和社会福利效应。房价上涨过快，加剧了有房与无房、大房与小房、多套房与1套房家庭之间的资源占有和财富的不平等。一是居住空间两极分化严重。部分家庭居住过于拥挤、设施不全、房屋不安全问题突出。2020年全国城镇仍有2.04%的常住人口人均住房建筑面积在8平方米以下，人均住房建筑面积在16平方米以下的占11.3%，与此同时，人均建筑面积50平方米以上的占32.78%。这种住房占有不平衡在发达省份和大城市尤为突出。如北京市人均住房建筑面积在8平方米以下的占4.55%，人均住房建筑面积在50平方米以上的占26.07%；浙江分别为4.75%和30.53%。[①] 二是住房资产分化严重。根据中国人民银行《2019年中国城镇居民家庭资产负债情况调查》，最低20%家庭的资产仅占全部家庭总资产的2.6%，最高10%家庭占47.5%，资产基尼系数高达0.78，而资产中59.1%来自住房。[②]

（三）住房市场供给结构失衡严重

第一，从住房市场整体来看，重售轻租。住房租赁市场发育不充分、租赁关系不稳定、权益不清晰，买房成为了城镇居民在城市安家、改善居住条件的主要途径，导致销售市场需求过旺，进一步加剧供求矛盾，拉升商品住房成交价格上涨，例如，2022年上海、广州、杭州、厦门、成都二手房均价比2015年分别上涨111.96%、136.41%、133.54%、122.01%、120.00%，而同期租金均价上涨61.64%、39.19%、81.57%、35.61%、49.70%，[③] 商品住房价格上涨明显快于租金价格上涨。

第二，区域发展不平衡，大城市供给不足和小城市高库存并存。由于我国长期实施"控制大城市规模、积极发展中等城市和小城市"城镇化战略，与人口向大

---

① 国家统计局2020年第七次全国人口普查数据。
② 《央行报告：中国城镇居民家庭户均总资产317.9万元》，新浪财经，2020年4月24日。
③ 资料来源：禧泰数据库。

都市圈集聚的趋势背离，土地供给向三、四线城市倾斜，但是人口向大城市集聚，导致人地分离、土地供需错配。根据 Wind 数据库公布的 2010～2022 年每月城市商品房存销比情况，二线城市的存销比始终超过一线城市的存销比（见图 1-7）。

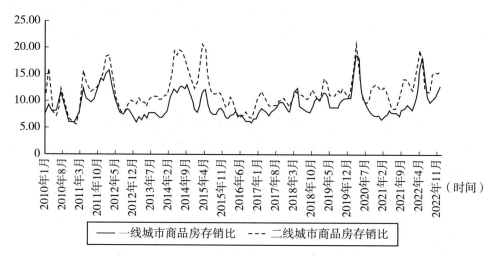

图 1-7　城市商品房存销比情况（2010～2022 年）

资料来源：Wind 数据库。

第三，城市内部价格错配、保障性住房与商品住房错配、区位错配等问题突出。大量新市民、青年人、中低收入家庭难以在合适地点以可承受价格获得能满足基本需求的住房和服务，大量地被挤出，居住在城中村或老旧小区。根据广州市来穗人员服务管理系统数据显示，广州市经济最发达的天河区 2021 年外来人员达到 131 万人，租房者中租住在城中村出租屋的占比达到 76.88%，租住在住宅小区的占比 15.75%，租住在其他住房、企业宿舍的占比分别为 4.11%、3.51%。①城镇住房保障体系不完善，对新市民、青年人和中等偏下收入家庭的住房支持不够，不少城市将非户籍以及不符合保障房申请条件，但又买不起商品房的"夹心层"家庭排除在住房保障体系外，保障面窄，进入门槛较高，影响其获得感。

（四）住房产业过度金融化

现有的住房供给主要依靠市场化房地产开发，从买地开始直到房子出售的整个过程，高度依赖金融：房地产开发企业可以通过支付少许自有资金，然后大量通过前融②、

---

①　笔者根据相关部门系统数据整理所得。

②　前融是指房地产项目"四证"不齐阶段或拿地竞拍阶段，无法获得银行低成本资金向其他主体进行的高成本融资行为。

发债等形式筹得资金获取土地，又通过项目贷、预售款（首付和个人按揭贷款）获得资金回笼等支付建房成本，获得的金融资源越多，自有资金回报率越高，刺激开发商不断加大财务杠杆。恒大事件、蓝光事件等一批房地产企业爆雷，就是典型的快周转、高杠杆带来的风险；个人也大量利用银行按揭资金甚至经营贷、信用贷购房，满足投资投机需要；银行、保险等金融机构也乐意把资金投向房地产。我国房地产宏观杠杆率（房地产贷款与GDP的比值）从2011年的21.99%，提高到2016年的35.75%，2020年进一步上升到48.80%；居民住房杠杆率从2011年的14.63%提高到2016年的25.64%和2020年的33.90%（见图1-8）。金融资本大量进入房地产，进一步推动地价房价上涨，而地价房价的快速上涨，又吸引了大量逐利资本进入房地产业，出现地价房价上涨与房地产信贷扩张的螺旋式循环，由此，进一步加剧了金融与实体经济失衡。其结果是住房越来越多地被赋予金融属性，与必需品、消费品、用来住的属性渐行渐远，隐含了巨大的市场风险和金融风险。

图1-8 历年房地产宏观杠杆率、居民住房杠杆率（2011～2022年）

资料来源：贷款数据来自人民银行公布的金融机构贷款投向统计报告、GDP数据来自历年《中国统计年鉴》。

（五）经济体系对住房产业依赖度过高

从投资占比看，2022年全国住宅开发投资9.24万亿元，占固定资产投资的比值达到18.91%，比2016年的15.81%提高3.10个百分点；从金融占比看，2021年房地产贷款余额占各项贷款余额的比值为24.84%，比2016年的25.03%下降0.19

个百分点；土地出让收入与地方财政收入之比，从 2011 年的 36.54%、2016 年的 28.88% 上升至 2020 年的 44.27%。2022 年以后有所回落，但整个经济体系对住房产业依赖度过高，导致对实体经济的挤出，加剧经济结构失衡，影响经济发展后劲（见图 1-9 和图 1-10）。

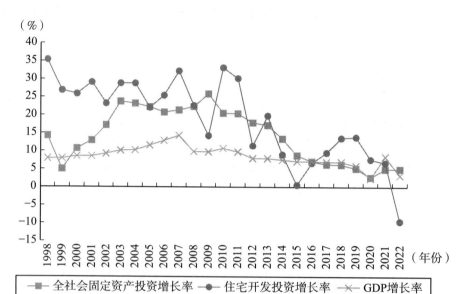

图 1-9　固定资产投资、住房开发投资额、GDP 同比变动率

资料来源：历年《中国统计年鉴》。

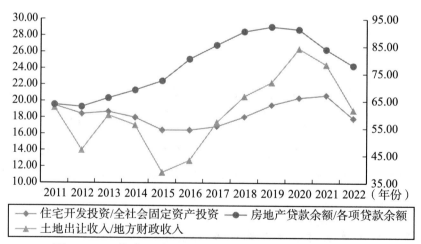

**图 1-10　住宅开发投资占比、房地产贷款余额占比、
土地出让收入占比**

资料来源：贷款数据来自中国人民银行公布的金融机构贷款投向统计报告，土地出让收入来自财政部公布的财政收支情况，其他数据来自历年《中国统计年鉴》。

二、产生这些问题与现行住房制度设计存在重要关联

(一) 住房发展目标偏移

住房的本质是居住功能,是民生之本。住房制度改革特别是 2003 年以后,我国住房发展大多时候被作为促 GDP 增长、保土地财政的工具。例如,大量的住宅用地供给向价高者配置,过于强化住房用地的经济功能,发生了异化;住房持有环节没有税收,间接鼓励住房投资与过度占用等。虽然具有多元属性的住房可以发挥多重功能,但住房发展的核心目标是什么?是更好地满足居民住有所居的需求还是土地收益最大化?这不仅决定了中国住房市场的发展方向及发展模式、政府的政策导向和价值判断,也决定了居民的住房福利水平及财富持有和分配方式。

(二) 住房制度设计重售轻租

一直以来,我国不重视租赁市场的发展,无专项租赁用地支持、无专门融资政策支持、无税收优惠、无专门的法律法规,对租赁户的合法权益保护不够,造成:一是租赁与购买需求失衡,需求过于集中在购房市场,进一步加大了房价上升的压力,进一步引导资金向开发和销售市场集聚。二是住房的投资性与消费性需求失衡,投资和投机性需求旺盛,拉动房价不断上涨,进一步扩大了贫富差距和削弱了"无房者"的购房能力。三是住房的需求空间失衡,中心城市购房需求旺盛而三、四线城市购房需求不足。

(三) 住房供应主体单一

从全国层面看,由开发商提供的销售型商品住房占比达到 90% 以上(除拆迁安置房),占绝对的主导,其他主体供给量少,供给主体单一。由于开发商占主体,在住房资源稀缺的市场,必然结果是开发商垄断价格,可承受住房供给越来越短缺,高房价使越来越多刚需群体的可支付能力下降,一线、二线城市不仅中低收入家庭甚至中等收入家庭均被排挤出了商品住房市场。[①] 由于开发商占主体,为了快速回笼资金和实现利润最大化,必选择销售型产品开发,造成产品类型单一,租赁住房、保障性住房占比低,特别是满足居住重要渠道的租赁市场产

---

① 虞晓芬:《居民住房负担能力与房价合理性研究》,经济科学出版社 2011 年版。

品供需结构失衡、产品与服务水准低、租赁关系不稳定、双方权益缺乏保障等问题突出。城乡之间住房市场与住房保障分割，一方面农村住房完全非商品化造成农村住房大量闲置，另一方面城市住房供给不足。因此，随着大城市住房矛盾日益尖锐，继续坚持市场和政府"二分法"，已经难以适应时代发展的要求，也容易将大量愿意并且能够解决城镇居民住房问题的社会力量拒之门外，积极探索构建"多主体"参与的住房供给，有助于提高市场效率，实现人人"住有所居"的目标。

（四）住房保障体系和运行机制不够完善

虽然当前我国通过加快棚户区改造，开展共有产权住房试点，支持人口净流入城市在集体建设用地上建租赁住房，住房保障制度日趋完善，但仍然存在着：一是保障房和商品房市场之间存在大断层，导致在高房价大城市出现大量夹心阶层，这些群体既享受不了保障房政策又消费不起商品住房。二是保障方式单一，从最早单一的经济适用房，到 2008 年以后基本停止经济适用房、大力推进公共租赁住房，"十三五"期间停止实物型保障房和安置房建设，全面实施货币化保障，政策"一刀切"、方式单一。三是没有建立起根据当地市场特点和适应保障对象需要的多渠道、动态化的保障调整机制。四是地方政府对住房保障主动性不强、被动应付，对资金、用地、机构等要素和体制保障不到位。五是没有调动社会力量投资建设特别是运营保障房，效率偏低。

（五）住房配套制度不够健全

第一，土地供给制度价值取向有偏。长期以来，供地指标按城市户籍人口配置，造成经济发达、外来人口多的城市土地资源供给严重不足，叠加城市政府配置土地资源的指导思想是优先保障产业，以 22 个长效机制试点城市为例，本书运用北京中指院数据库对 2022 年出让用地的统计，商办规划可建面积与住宅规划可建面积之比为 1∶2.24[①]，而第三产业更为发达的香港商办存量面积与住宅面积存量之比为 1∶10，新加坡为 1∶7，加剧大城市住宅用地供给短缺，以致出现不同于其他国家的现象：同地段住宅用地价格明显高于商办用地，同地段商品住宅销售价格明显高于写字楼价格。此外，受传统城乡二元土地制度的制约，农村集体和农民长期被排斥在城镇住宅市场之外，他们有闲置的宅基地和住房，但缺乏流动性。大城市有限的住宅用地供给扣除少量的保障性住房用地后，带有很强民生属性的住房用地，简单采用价高者得的出让方式，形成"一对多"的竞争关系，其结果都是推动房价。

---

① 综合用地规划面积按 2/3 用于住宅，1/3 用于商办估算。

第二，普惠性政策性金融制度空缺。缴存住房公积金的单位职工可享受低息贷款，但覆盖面窄、贷款额度小，难以满足购房需要。一直以来，商业银行成为满足居民购房资金需求的主体，尽管政府也通过行政权力要求商业银行对首套房提供优惠利率来弥补我国政策性住房的银行空缺，但这种做法不可持续，因为违背了商业银行本质上是自负盈亏的企业性质。未来资金脱媒将成为必然趋势，受自身经济利益的驱动、资金供求关系等因素影响，商业银行会加大选择性贷款的力度并提高个人住房贷款利率水平。此外，现有金融供给对回收期长、回报率偏低的租赁住房缺乏支持。这些都要求金融制度的改革。

第三，财税制度不完善。持有环节零税收鼓励投资和空置；还没有完全建立起房屋持有时间越短、交易税费越高的机制；房屋出租和发行 REITS 产品等税费过高，影响企业和居民出租经营的积极性等。

第四，住房法规制度不全。至今没有《住房法》或《住房保障条例》，关于国家住房发展目标、政府对解决居民住房应承担什么样的责任、建立什么样的住房制度和住房保障制度、配套的要素支持等，还没有形成完整的体系，用政府部门规章或政府文件推进工作，稳定性和约束性差，反映出国家对居民住房问题的治理体系还不完善。

总之，我们既要充分肯定 1998 年实施住房制度改革以来，一个 14 亿多人口大国城镇居民住房条件显著改善的伟大成就，但也要实事求是地看到我国发展中仍存在的问题。只有勇敢面对存在的问题和不足，才会更主动地担当作为，破解难题。

第四节　我国城市住房质量不平等空间格局与影响因素

一、概述

我国住房市场化改革在推动居民住房条件不断改善的同时，也带来了住房不平等、区域住房质量分化等负面影响。例如，"七普"数据显示中国城镇地区仍有 1 840.06 万人常住人口人均住房建筑面积在 8 平方米以下。2022 年中央经济工作会议将"支持住房改善"列为扩大国内需求的首位。因此，进一步分析中国城市住房质量空间分布特征以及影响因素的空间异质性，对于深入掌握住房发展中存在的不平等问题以及精准制订住房质量改善计划，具有十分重要的理论和现实意义。

国内外学术界已对住房质量开展了较多研究。有学者根据住房结构和住房提供的设施定义住房质量，包括住房面积和房间数量，厨房、浴室和卫生间的可用性等。[1] 也有研究认为住房质量不应仅考虑住房本身质量，还应包括基础设施、生活配套设施以及物理环境等，以综合反映住房的居住质量。[2] 住房质量差异的影响因素主要包括宏观和微观层面因素。在宏观因素方面，一个地区经济发展水平提升、住房市场化程度提高和住房保障政策出台都有利于住房质量改善，[3] 但城镇化水平的提升并不一定会带来流动人口住房质量的改善。[4] 在微观因素方面，家庭户规模、学历和家庭收入水平的提高都有助于提升居民的住房质量。[5][6] 这些研究为探究中国城市住房质量空间差异的影响因素提供了很好的理论借鉴，但由于方法的局限，鲜有研究观察到不同影响因素对中国城市住房质量空间异质性影响作用尺度的差异。

本节基于 2020 年中国人口普查资料和中国 337 个地级及以上城市特征数据，采用空间统计方法识别了中国城市住房质量空间集聚特征，并运用多尺度地理加权回归模型（multiscale geographically weighted regression，MGWR）探究了中国城市住房质量影响因素的空间异质性，为进一步深刻认知中国住房地域发展差距和促进中国城市住房高质量发展提供重要的科学依据。

二、研究设计

（一）数据与变量

1. 变量选择

借鉴已有研究成果并考虑数据可获得性，从住房面积和住房设施两大维度构建了中国城市住房质量评价指标体系（见表 1 – 10）。其中，住房面积采用人均住房建筑面积衡量，人均住房建筑面积越大，表示居住越舒适，住房质量越好。

---

① Sengendo H. , Shuaib L. Housing quality of the urban poor: Wandegeya in Kampala Uganda. *Open House International*, Vol. 24, 1999, pp. 73 – 80.

② 刘伟丽、孟庆昇、付雪辉：《国内城镇住房质量指标体系研究——基于北京、上海和深圳统计数据的分析》，载于《财经问题研究》2014 年第 8 期。

③ 梁土坤：《经济发展、公租房政策与家庭居住质量——基于 2016 年低收入家庭调查的实证分析》，载于《兰州学刊》2021 年第 8 期。

④ 林李月、朱宇、梁鹏飞、肖宝玉：《基于六普数据的中国流动人口住房状况的空间格局》，载于《地理研究》2014 年第 5 期。

⑤ 王宇凡、柴康妮、卓云霞、冯长春：《中国城市流动人口住房质量的空间分异与影响因素》，载于《地理学报》2021 年第 12 期。

⑥ 冯长春、李天娇、曹广忠、沈昊婧：《家庭式迁移的流动人口住房状况》，载于《地理研究》2017 年第 4 期。

住房设施采用管道自来水、厨房、厕所、洗澡设施和电梯的平均拥有率衡量，住房设施拥有率越高，说明设施越完善，表征住房质量越好。将各城市所有二级指标采用 Z 值标准化后等权重加权得到住房质量指数，以反映中国城市住房质量综合水平。

表 1-10　　　　　　　　中国城市住房质量评价指标体系

一级指标	二级指标	指标定义
住房质量	住房面积	人均住房建筑面积（平方米）
	住房设施	管道自来水、厨房、厕所、洗澡设施和电梯平均拥有率（%）

参考已有文献，中国城市住房质量影响因素主要由社会经济因素、住房因素和人口特征因素等构成。其中，社会经济因素包括人均 GDP、非农产业产值比例、人均地方财政一般预算支出、城镇化率、外来人口比例和人均房地产开发投资额。人均 GDP 常用于衡量地区经济发展状况及居民生活水平，[1] 人均 GDP 越高的城市，居民越有可能获得高质量住房。非农产业产值比例可用于衡量地区第二、第三产业发展状况，[2] 非农产业产值比例越高的城市，工业和服务业相对越发达，提供高质量住房的产业基础越好。人均地方财政一般预算支出是衡量政府财政能力的重要指标，[3] 较高的人均财政支出提升了城市的公共服务水平，居住环境和质量往往也会有所提高。城镇化率和外来人口比例是衡量城镇化发展水平的重要指标。[4] 一般来说，城镇化发展水平越高的城市，住房配套设施可能越好，但同时城镇地区住房资源更加紧张，有可能降低居民人均居住面积，并恶化居住环境，导致住房质量综合评价可能相对较差。[5] 城市房地产发展水平用人均房地产开发投资额衡量。[6] 通常来说，房地产业发达的城市，人均房地产开发投资额越高，就会有更好的产业基础提供高质量住房。

---

① 孙三百、孙鹏、张可云：《中国城市住房不平等的空间特征分析》，载于《经济学家》2022 年第 7 期。

② 郎昱、严婧滔、孙荃、施昱年：《住房成本、人口流动与产业集群》，载于《统计与决策》2022 年第 22 期。

③ 魏万青、高伟：《经济发展特征、住房不平等与生活机会》，载于《社会学研究》2020 年第 4 期。

④ 张丽萍：《中国人口城镇化过程中的住房问题研究》，载于《北京工业大学学报（社会科学版）》2022 年第 4 期。

⑤ 林赛南、卢婷婷、田明：《流动人口家庭化迁移与住房选择分异研究——基于全国 25 个城市的实证分析》，载于《经济地理》2021 年第 5 期。

⑥ 刘伟丽、孟庆昇、付雪辉：《国内城镇住房质量指标体系研究——基于北京、上海和深圳统计数据的分析》，载于《财经问题研究》2014 年第 8 期。王宇凡、柴康妮、卓云霞、冯长春：《中国城市流动人口住房质量的空间分异与影响因素》，载于《地理学报》2021 年第 12 期。

住房因素包括住宅商品房平均销售价格和住房自有率。住宅商品房平均销售价格与居民的住房支付能力密切相关。[①] 在住宅商品房平均销售价格较高的地区，住房自有率和人均住房面积通常会明显降低，同时受到住房支付能力的制约，大量流动人口可能居住在低质量的老旧小区或城中村，[②] 因此住宅商品房平均销售价格越高，可能造成住房质量综合评价越差。住房自有率与住房质量通常具有正相关，与自有房相比，租赁住房的住房面积普遍更加拥挤且配套设施不够健全，容易降低住房质量评价。[③]

人口特征因素包括平均受教育年限、文盲人口比例、家庭户规模和人口老龄化。已有研究表明，受教育程度越高的人，收入水平也相对较高，越有可能获得质量更高的住房，[④] 因此认为地区人口整体受教育程度越高，住房质量相对越好，并采用平均受教育年限和文盲人口占 15 岁及以上人口比例来衡量城市居民受教育程度。家庭户规模越大对住房面积和设施的需求也会大量增加，[⑤] 故认为家庭户规模越大，其住房质量评价可能越高。另有研究发现，人口老龄化与人均住房面积的关系呈先增加后减少的倒 "U" 型趋势，且年龄越大的居民居住在老旧小区的可能性越高，住房设施配套条件可能越差，[⑥] 故认为人口老龄化可能会降低住房质量评价，并采用 60 岁及以上人口比例衡量人口老龄化。

2. 数据来源与描述性统计

研究区域为中国 337 个地级及以上城市，其中住房面积和住房设施数据均来自 2020 年中国人口普查分县资料，城市社会经济特征数据来自中国经济社会大数据研究平台（https：//data. cnki. net/）和 2021 年《中国城市统计年鉴》，住宅商品房平均销售价格来自安居客（https：//www. anjuke. com/）和房天下（https：//www. fang. com/）。为保持一致，实际使用数据年份均选取 2020 年。表 1－11 为相关变量的描述统计分析。

---

① 湛东升、虞晓芬、余妙志、徐小任：《中国城市住房支付能力空间差异与分类调控策略》，载于《地理科学》2022 年第 2 期。

② 王强、崔军茹、崔璨、古恒宇：《流动人口购房意愿影响因素的空间异质性——基于 MGWR 模型的研究》，载于《地理科学》2022 年第 8 期。

③ 蔡鹏、严荣：《新市民的住房问题及其解决路径》，载于《同济大学学报（社会科学版）》2020 年第 1 期。

④ 王宇凡、柴康妮、卓云霞、冯长春：《中国城市流动人口住房质量的空间分异与影响因素》，载于《地理学报》2021 年第 12 期。周加欢、冯健、唐杰：《新生代农民工居住特征及影响因素分析》，载于《城市发展研究》2017 年第 9 期。

⑤ Klocker N. , Gibson C. , Borger E. Living together but apart: Material geographies of everyday sustainability in extended family households. *Environment and Planning A*, Vol. 44, 2012, pp. 2240 – 2259.

⑥ 易成栋、李玉瑶、任建宇、丁志宏：《个体老化过程中的中国城市老年人居住环境变化——基于中国城乡老年人口追踪调查数据的分析》，载于《城市发展研究》2018 年第 9 期。

表 1 - 11 　　　　　　　　　　变量描述性统计

类型	变量名称	变量描述	单位	平均值	标准差	最小值	最大值
住房质量	hindex	住房质量	—	0.00	0.82	-4.32	2.05
住房面积	harea	人均住房建筑面积	平方米	41.53	7.98	21.50	69.89
住房设施	hfaci	管道自来水、厨房、厕所、洗澡设施和电梯平均拥有率	%	73.69	7.58	18.99	82.16
社会经济因素	pgdp	人均 GDP	万元	6.40	3.31	1.07	18.09
	nonagri	非农产业产值比例	%	86.81	9.05	38.00	99.90
	fiscal	人均地方财政一般预算支出	万元	1.48	0.85	0.67	7.47
	urbanrate	城镇化率	%	60.42	14.54	17.48	99.72
	outprovin	外来人口比例	%	6.50	8.60	0.41	59.17
	pinvest	人均房地产开发投资额	万元	0.80	0.65	0.01	4.41
住房因素	hprice	住宅商品房平均销售价格	万元/平方米	0.84	0.57	0.23	5.68
	howner	住房自有率	%	84.15	11.66	19.36	97.40
人口特征因素	edu	平均受教育年限	年	9.23	0.89	6.01	12.21
	illiter	文盲人口比例	%	3.99	3.65	0.49	30.71
	hsize	家庭户规模	人/户	2.66	0.33	1.88	4.17
	older	人口老龄化	%	18.66	4.87	5.33	30.26

（二）研究方法

1. 核密度估计

核密度估计是一种非参数的概率密度函数估计方法，可以推导出未知分布特征的数据分布函数，其优点是对数据分布不附加任何假定，因此可以避免函数错误设定造成的误差，同时也可采用连续密度曲线刻画随机变量的分布密度。本节采用常见的高斯核函数进行核密度估计，具体计算可参见文献。[①]

---

① 尹章才、康自强：《时间地理支持下的核密度估计研究进展》，载于《地理科学进展》2022 年第 1 期。

2. 空间自相关

（1）全局空间自相关。反映空间对象属性值在整个研究区域内的空间分布特征，用以检验空间对象属性值与邻近对象属性值的空间相关性。Moran's I 统计量是测量全局空间自相关的常用指标，具体计算可参见文献。[1]

（2）局域空间自相关。反映空间对象属性值与其临近区域属性值的空间关联程度，用于探寻空间对象属性值在局部空间的集聚程度或异质性。局域空间自相关测度可以用 LISA 表示，具体计算可参见文献。[2]

3. 多尺度地理加权回归模型

本节采用 MGWR 模型探究中国 337 个地级及以上城市住房质量影响因素的空间异质性，计算公式如下：

$$y_i = \beta_0(u_i, v_i) + \sum kj = \beta_{bwj}(u_i, v_i)x_{ij} + \varepsilon_i \qquad (1-1)$$

其中，y_i 为被解释变量，即城市 i 的住房质量；x_{ij} 为解释变量，包括城市 i 的社会经济因素（人均 GDP、非农产业产值比例、人均地方财政一般预算支出、城镇化率、外来人口比例、人均房地产开发投资额）、住房因素（住宅商品房平均销售价格、住房自有率）和人口特征因素（平均受教育年限、文盲人口比例、家庭户规模、人口老龄化）；$\beta_0(u_i, v_i)$ 为城市 i 的地点截距；β_{bwj} 为城市 i 的第 j 个解释变量局部回归系数；bwj 表示估计第 j 个解释变量时使用的带宽；ε_i 为误差项。

三、中国城市住房质量不平等空间格局

（一）住房质量核密度分布

图 1-11 为 337 个地级及以上城市住房质量核密度分布图。经过 Z 值标准化后的中国城市住房质量平均值为 0，最小值为 -4.32，最大值为 2.05，说明不同城市住房质量存在较大差距。住房质量核密度在 0 值附近达到峰值，核密度值为 0.6，表明中国超过半数城市住房质量维持在平均水平。中国城市住房面积平均值为 41.53 平方米，最小值为 21.50 平方米，最大值为 69.89 平方米，意味着中国城市住房面积存在较大的空间差异。住房面积核密度出现两次峰值，第一次在

① Anselin L., Bera A. K., Florax R., et al. Simple diagnostic tests for spatial dependence. *Regional Science and Urban Economics*, Vol. 26, No. 1, 1996, pp. 77 – 104.

② Anselin L. Local indicators of spatial association—LISA. *Geographical Analysis*, Vol. 27, 1995, pp. 93 – 115.

35 平方米附近，第二次在 45 平方米附近。中国城市住房设施配备平均值为 73.69%，最小值和最大值分别为 18.99% 和 82.16%，反映出中国城市住房设施整体发展水平仍不高。核密度峰值出现在 75% 左右，核密度值达到 0.1，表明只有少数城市住房设施维持在平均水平，也反映出"好房子"占比不高的特征。

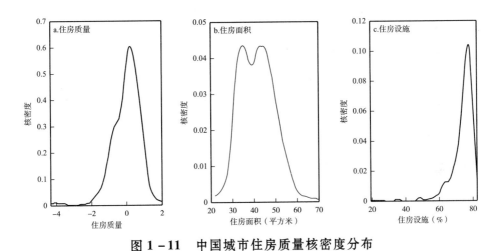

图 1-11　中国城市住房质量核密度分布

（二）住房质量空间分布特征

根据住房质量平均值加减 1 个标准差从高到低依次划分为高、中高、中、中低和低 5 个等级。中国城市住房质量空间分布以胡焕庸线为界呈现出"东南高西北低"并在新疆维吾尔自治区和内蒙古自治区略有回升的空间格局。其中，高住房质量的城市有 45 个，零星散布在华东、华中和华南地区等规模中等城市，如扬州、黄冈和镇江等；中高住房质量的城市有 151 个，大部分集中在华东、华中和华南地区境内，包括南京、武汉和湛江等，另有少数散布在西北和西南地区；中住房质量的城市有 95 个，主要散布在西北和东北地区，以阿克苏地区和哈尔滨等为代表，另有部分中住房质量的城市集中在珠三角城市群，如广州、珠海和中山等；中低住房质量的城市有 36 个，分布在华北和西南地区，且华北地区主要以呼包鄂榆城市群为中心分布，包括榆林、呼伦贝尔和齐齐哈尔等；低住房质量的城市有 10 个，集中在西南地区，包括阿里地区和那曲地区等。中国城市住房质量的全局 Moran's I 值为 0.393，且在 1% 水平上显著，表明中国城市住房质量空间分布存在显著的空间正相关。局部空间自相关结果显示，中国城市住房质量高值集聚区集中在长三角、珠三角和长江中游城市群地区，低值集聚区集中在哈长、呼包鄂榆和兰西城市群地区。

根据住房面积平均值加减 1 个标准差从高到低依次划分为高、中高、中、中低和低 5 个等级。中国城市住房面积空间分布呈现出明显的"南高北低"空间分布特征。其中，高住房面积的城市有 51 个，集中在长江中游和藏中南城市群，包括九江和拉萨等；中高住房面积的城市有 112 个，集中在华东、华中和华南地区，有台州、长沙和湛江等；中住房面积的城市有 111 个，主要分布在华北、西北和西南地区，包括北京、兰州和那曲地区等，东部的宁波也属于中等；中低住房面积的城市有 58 个，分布在东北、部分华北和西北地区，并以哈长城市群为中心聚集，如吉林和松原等，还有上海等；低住房面积的城市有 5 个，仅出现在西北和西南地区交界处，包括阿里地区和玉树藏族自治州等，另外，深圳在住房面积上存在明显劣势。中国城市住房面积全局 Moran's I 值为 0.408，并在 1% 水平上显著，表明中国城市住房面积的空间分布存在显著的空间正相关。局部空间自相关结果显示，中国城市住房面积高值集聚区在长三角、粤闽浙沿海、长江中游和黔中城市群地区，低值集聚区在哈长、京津冀、兰西和天山北坡城市群地区。

根据住房设施质量平均值加减 0.5 个标准差从高到低依次划分为高、中高、中、中低和低 5 个等级。中国城市住房设施质量空间分布呈现出明显的"东南和西北地区高，东北和西南地区低"的空间格局。其中，高住房设施和中高住房设施的城市分别有 107 个和 119 个，两者分布形态较为接近，大多分布在华东、华中、华南以及西北地区，代表城市有上海、长沙、珠海和和田地区等；中住房设施的城市有 51 个，以哈长城市群为中心分布，包括吉林和牡丹江等，其余零星散布在宁夏沿黄、兰西和滇中城市群；中低住房设施的城市有 24 个，主要位于华北和部分西北地区，包括晋中和海西蒙古族藏族自治州等；低住房设施的城市有 36 个，主要集中在西南地区，包括拉萨和昌都地区等。中国城市住房设施的全局 Moran's I 值为 0.223，并在 1% 水平上显著，表明中国城市住房设施空间分布也存在显著的空间正相关，但空间集聚强度要弱于住房面积分布。局部空间自相关结果显示，中国城市住房设施质量高值集聚区集中在长三角、长江中游、粤闽浙沿海和珠三角城市群地区，低值集聚区主要分布在呼包鄂榆和兰西城市群地区。中国城市住房质量空间分布及其 LISA 分布情况图，可详见我们在《地理研究》2023 年第 12 期发表的《中国城市住房质量空间格局与影响因素空间异质性》一文。

与之前的研究结果对比，[①] 2020 年中国城市住房质量在东南沿海地区和滇中城市群地区有明显改善；中国城市住房面积在东南沿海地区，黔中、滇中和藏中南城市群地区有明显提高；中国城市住房设施在东南地区继续保持高位，新疆维吾尔自治区住房设施有明显的提升。

---

① 虞晓芬、徐筱瑜：《中国城镇家庭住房质量时空差异分析》，载于《城市问题》2018 年第 6 期。

四、中国城市住房质量影响因素的空间异质性

(一) 住房质量影响因素的空间尺度效应

本节选取 MGWR 模型深入探究中国城市住房质量影响因素的空间异质性。MWGR 模型的带宽代表各影响因素对住房质量影响的作用尺度范围。表 1-12 结果显示，GWR 模型影响因素的平均作用尺度范围为 111 个城市，占样本总量的 32.94%，而 MGWR 模型影响因素的作用尺度变化范围为 49～289 个城市。具体而言，人均 GDP、住宅商品房平均销售价格和人口老龄化等解释变量的作用尺度最大，带宽达到 289 个城市，接近全局；非农产业产值比例和家庭户规模等解释变量的作用尺度最小，带宽分别仅为 49 个和 88 个城市。

表 1-12　　　　　GWR 模型和 MGWR 模型解释变量的带宽

变量	GWR 带宽	MGWR 带宽	最小值	中位数	最大值
Intercept	111	43	-1.133	0.313	0.984
pgdp	111	289	0.275	0.297	0.311
outprovin	111	289	-0.090	-0.086	-0.047
hprice	111	289	-0.104	-0.101	-0.053
older	111	289	0.115	0.124	0.135
fiscal	111	237	-0.010	0.035	0.169
hown	111	272	0.049	0.151	0.166
illiter	111	251	-0.151	-0.104	-0.042
edu	111	178	-0.033	0.126	0.223
pinvest	111	149	-0.015	0.134	0.367
urbanrate	111	111	-0.624	-0.206	0.265
hsize	111	88	-0.364	0.231	0.636
nonagri	111	49	-0.585	-0.065	0.787

(二) 住房质量影响因素的空间异质性

1. 社会经济因素

根据对中国城市住房质量产生显著影响的社会经济因素的作用尺度从高到低进行分析。

人均 GDP 对中国城市住房质量的正向影响在东部和中部地区展现出明显的"由北向南"阶梯式递减的趋势，说明北方地区人均 GDP 的增长对住房质量的提升效果要强于南方地区。相对于东北和南方地区城市而言，新疆维吾尔自治区的产业发展基础相对较弱、经济发展水平偏低，因此，人均 GDP 的增长对住房质量的提升作用不及东北地区城市明显。

人均地方财政一般预算支出对中国城市住房质量的正向影响呈现出以黔中城市群为核心向外逐步递减的空间格局，说明黔中城市群人均地方财政一般预算支出的提高对住房质量的提升效果要强于其周边城市。黔中城市群近年来大力推进健全公共服务体系，推动基本公共服务一体化，因此人均地方财政一般预算支出对住房质量的正向影响在黔中城市群呈高值集聚。

人均房地产开发投资额对中国城市住房质量的正向影响以呼包鄂榆城市群为核心向外逐渐减弱，说明呼包鄂榆城市群人均房地产开发投资额的提高对住房质量的提升效果要强于其周边城市。这是因为，房地产市场的发展有助于为高质量住房提供更好的产业基础，且呼包鄂榆城市群住房的建安成本要低于南方地区，因此人均房地产开发投资额对呼包鄂榆城市群住房质量的提升效果要好于南方地区。

城镇化率对中国城市住房质量的负向影响以长三角城市群为核心向外逐渐减弱，并给东北三省和内蒙古自治区带来正向影响。主要因为，长三角地区是流动人口流入的集聚地，大量的人口集聚使得住房资源竞争愈发激烈，相当比例的流动人口只能选择住房条件相对恶劣的老旧小区居住，[①] 导致长三角城市群地区城镇化率对住房质量产生负向影响。然而，在社会经济欠发达地区，城镇化率通常是社会经济发展水平的重要表征，与城市住房质量也密切相关，城镇化率在东三省和内蒙古自治区对住房质量产生正向影响。

非农产业产值比例对中国城市住房质量的正向影响主要集中在长三角城市群，但在山西中部和关中平原城市群产生负向影响，说明长三角城市群非农产业产值比例的提高对住房质量的提升效果要强于山西中部和关中平原城市群。这种空间异质性影响的可能原因是，山西中部和关中平原是西北地区重要工业城市的聚集地，这些地区有大量工业就业人员居住在单位提供的宿舍或者租赁质量相对较差的私人住宅，[②] 因此会造成住房质量的下降。相反，长三角城市群第三产业发达，是高新技术企业的集聚地，其从业人员对住房条件可能有较高的需求，因

① 张丽萍：《中国人口城镇化过程中的住房问题研究》，载于《北京工业大学学报（社会科学版）》2022 年第 4 期。

② 林李月、朱宇、林坤：《跨地区生计及其变迁视角下流动人口城镇住房分层的特征及其影响因素》，载于《地理研究》2022 年第 7 期。

此住房质量也相对较好。

2. 人口特征因素

根据对中国城市住房质量产生显著影响的人口特征因素的作用尺度从高到低进行分析。

人口老龄化对中国城市住房质量的正向影响从中到东阶梯式加强，并在东北地区达到最强，说明东北地区人口老龄化的提高对住房质量的提升效果要好于中部和东南地区。这一发现与已有研究结论不完全一致，[①] 但也有研究证实人口老龄化对住房需求的影响在不同经济发展水平地区存在差异。[②] 这是因为，虽然中国人口老龄化形势凸显，但中国正在积极应对人口老龄化，现阶段住房质量并不会因为老年人口的增多而下降，反而由于老年人具有更好的财富积累提高了对住房质量的需求，尤其是在经济发达的地区。东北地区人口老龄化对住房质量的提升作用最为明显的是因为东北地区工业化起步较早且城镇化水平总体较高，造成东北地区人口老龄化对住房质量的提升效果反而最为明显。

文盲人口比例对中国城市住房质量的负向影响形成了由中到西阶梯式加强，但在东部地区呈不显著的空间分布特征，说明西部地区文盲人口比例的提高对住房质量的恶化效果要强于中部地区。主要由于，文盲比例高的地区社会经济发展和住房需求均可能受到影响。东部城市相较于中部和西部城市有更多的高新技术产业，对人才的吸引力更强，改善住房质量的能力更强。

家庭户规模对中国城市住房质量的正向影响以辽中南城市群为核心向外逐渐减弱，并在珠三角、北部湾、粤闽浙沿海城市群产生负向影响，说明辽中南城市群家庭户规模的提高对住房质量的提升效果要强于周边城市。合理的解释是，家庭户规模的增加将会产生对住房空间以及住房设施的需求，[③] 而辽中南城市群相比西北地区和东北地区的其他城市具有更好的经济基础和社会条件满足居民的住房需求，因此家庭户规模对住房质量的正向影响在北方呈现以辽中南城市群为核心向外逐渐减弱的空间分布特征。然而，珠三角、北部湾、粤闽浙沿海城市群房价收入比明显高于其他城市，居民住房支付能力也相对偏弱，[④] 因此在家庭户规模增长的情况下，住房需求得不到合理解决，住房质量反而下降。

---

① 易成栋、李玉瑶、任建宇、丁志宏：《个体老化过程中的中国城市老年人居住环境变化——基于中国城乡老年人口追踪调查数据的分析》，载于《城市发展研究》2018 年第 9 期。

② Chen Y., Gibb K., Leishman C., et al. The impact of population ageing on house prices: A micro-simulation approach. *Scottish Journal of Political Economy*, Vol. 59, 2012, pp. 523–542.

③ Klocker N., Gibson C., Borger E. Living together but apart: Material geographies of everyday sustainability in extended family households. *Environment and Planning A*, Vol. 44, 2012, pp. 2240–2259.

④ 湛东升、虞晓芬、余妙志、徐小任：《中国城市住房支付能力空间差异与分类调控策略》，载于《地理科学》2022 年第 2 期。

3. 住房因素

商品住房平均销售价格和住房自有率对中国城市住房质量影响不显著。可能原因在于，住宅商品房平均销售价格和住房自有率对住房质量均存在正负双向影响。例如，住宅商品房平均销售价格较高地区的住房设施条件可能较好，但却容易牺牲当地居民的住房面积；住房自有率较高的城市，通常是住房资源不太紧张和城镇化水平较低的中小城市，其住房设施水平相对较差，但可能具有住房面积的补偿优势，因此这两个因素综合后可能对住房质量无显著影响。

总体而言，社会经济因素和人口特征因素都会对中国城市住房质量产生显著的空间异质性影响。在社会经济因素中，人均GDP、人均地方财政一般预算支出和人均房地产开发投资额都会对中国城市住房质量产生显著的正向影响，城镇化率和非农产业产值比例会同时产生显著的正负向影响。其中，人均GDP和人均房地产开发投资额的正向影响呈现出"南—北"向空间分异格局，非农产业产值比例的影响呈现出"东—西"向空间分异格局，人均地方财政一般预算支出的正向影响高值区在黔中城市群，城镇化率的影响高值区为东三省和内蒙古地区。在人口特征因素中，人口老龄化和平均受教育年限都会对中国城市住房质量产生显著的正向影响，文盲人口比例会产生显著的负向影响，家庭户规模会同时产生显著的正负向影响。其中，人口老龄化和文盲人口比例的影响呈现出"东—西"向空间分异格局；平均受教育年限的正向影响高值区为宁夏沿黄城市群；家庭户规模的影响高值区为辽中南城市群。

五、主要结论

本节利用2020年中国337个地级及以上城市人口普查数据和各城市社会经济特征数据，对中国城市住房质量不平等空间格局与影响因素空间异质性进行了详细分析，主要得出如下结论。

（1）不同城市住房质量存在较大差距，且总体水平不高。住房质量核密度在0值附近达到峰值，核密度值为0.6，表明中国超过半数城市住房质量维持在平均水平。337个地级及以上城市住房面积平均值为41.53平方米，最小值为21.50平方米，最大值为69.89平方米，意味着存在较大的空间差异。住房设施配备平均值为73.69%，最小值和最大值分别为18.99%和82.16%，反映出中国城市住房设施整体发展水平仍不高。

（2）中国城市住房质量空间分布呈现出以胡焕庸线为界"东南高西北低"，并在新疆维吾尔自治区和内蒙古自治区略有回升的空间格局。空间集聚模式分析发现，中国城市住房质量高值集聚区主要集中在长三角、珠三角和长江中游城市群，低值集聚区主要分布在哈长、呼包鄂榆和兰西城市群。中国城市住房面积空间分布呈现出明显的"南高北低"空间分布特征，高值集聚区集中在长三角、粤闽浙沿海、长江中游和黔中城市群，低值集聚区主要分布在哈长、京津冀、兰西和天山北坡城市群。中国城市住房设施空间分布呈现出"东南和西北地区高，东北和西南地区低"的空间格局，高值集聚区集中在长三角、长江中游、粤闽浙沿海和珠三角城市群，低值集聚区分布在呼包鄂榆和兰西城市群。

（3）对中国城市住房质量产生显著影响的社会经济因素的作用尺度由高到低依次为人均 GDP、人均地方财政一般预算支出、人均房地产开发投资额、城镇化率和非农产业产值比例；对中国城市住房质量产生显著影响的人口特征因素的作用尺度由高到低依次为人口老龄化、文盲人口比例、平均受教育年限和家庭户规模。

（4）中国城市住房质量影响因素存在空间异质性。其中，人均 GDP 和人均房地产开发投资额的正向影响呈现出"南—北"向空间分异格局；非农产业产值比例、人口老龄化和文盲人口比例的影响呈现出"东—西"向空间分异格局；人均地方财政一般预算支出的影响高值区为黔中城市群地区；城镇化率的影响高值区为东北三省和内蒙古自治区；平均受教育年限的影响高值区为宁夏沿黄城市群地区；家庭户规模的影响高值区为辽中南城市群地区。

第五节　本书内容框架与主要创新点

住房既是市场商品又是公共产品，与社会保障、健康和教育一起构成现代化国家的四大支柱。① 住房问题既是影响社会稳定的民生问题，更是危及经济和金融安全的重要因素。作为民生之要，各部门应坚持以人民为中心的发展思想，主动顺应人民群众对更舒适生活的向往，从人民群众最关心最直接最现实的住房问题入手，解决好住房领域存在的各种问题，加快实现人人住有所居、住有安居，全面提升居民的幸福感、获得感。从总体国家安全观角度看，国民经济对住房产业依赖度过高以及高房价带来的泡沫风险，都将可能成为金融风险方面最大的"灰犀牛"。因此，在全面建成小康社会后，推进共同富裕、全面建设中国式现代化国家的进程中，加强对住房相关理论的研究，加快落实党的十九大、二十大提

---

① Jim, K. Comparative Housing and Welfare: Theorising the Relationship, Journal of Housing and the Built Environment, Vol. 16, 2001, pp. 53 – 70.

出的"两多一并"的住房制度，解决好居民最为关切的住房问题，具有十分重要的意义。

一、本书内容框架

本书遵循"问题剖析—住房理论研究—住房发展目标—制度构建—实现路径"等层层递进的研究思路，系统研究住房对当前经济社会的影响，深度剖析我国城镇住房领域存在的问题，紧紧围绕满足人民群众对美好生活向往这一目标，提出多主体供给、多渠道保障、租购并举制度的内涵与实现路径突破。各章的内容安排如下。

第一章 绪论。提出课题研究的背景，回顾我国住房制度改革的脉络，用大量数据客观评价1998年住房制度改革以来取得的成就，并深刻剖析我国城镇住房领域存在的问题及原因所在，为后面的研究奠定现实基础。

第二章 住房价格与定居决策。利用2018年住建部住房公积金司组织新市民调研的浙江区域问卷数据，构建Logit模型处理数据，研究了住房价格和住房产权对定居决策的影响，并分析了住房价格对不同年龄层、不同教育水平、不同迁入时间的新市民群体定居决策的影响差异，检验住房公积金对住房价格与定居决策之间关系的调节作用，进一步揭示高房价对新市民定居的抑制作用和建立普惠住房公积金制度的意义。

第三章 住房状况与婚姻缔结、家庭消费。本章利用北京大学中国社会科学调查中心提供的中国家庭追踪调查（以下简称CFPS）数据，分析了城市住房状况对居民婚姻缔结与家庭消费影响，发现住房产权，尤其是完全产权有助于提高未婚青年在婚姻市场上的竞争力，另外，住房资产价值具有很高的消费弹性，且住房资产价值的消费弹性在不同住房产权中也存在很大的差异。这些研究发现从社会建设的维度为我国住房制度的完善提供科学的依据，也为促进消费和稳定经济政策提供了决策参考。

第四章 外来务工人员住房状况与居住满意度。外来务工人员是城市建设和发展的重要力量，但一直以来他们的住有所居问题未引起足够的关注。外来务工人员住房现状如何？有什么诉求？怎么解决？这是在构建多主体供给、多渠道保障的租购并举制度中需要重点考虑与设计的内容，也是推进以人为本现代化的重要内容。本章以浙江五个县（市）为抽样调研的对象，对这些群体的住房现状、住房需求、居住满意度以及居留意愿进行了深入分析，揭示了外来人口密集地区面临的住房保障压力与需求，为如何解决作为新市民重要部分的外来务工人员住房状况提供科学依据。

第五章　大城市租房者住房状况与主观幸福感。本章通过委托网易平台对北京、上海、广州、深圳、杭州 5 000 个租赁群体问卷调研，掌握了以青年人为主的新租房者住房状况、住房压力、主观幸福感及住房需求特征，并构建有序回归模型、二元回归模型研究了不同的租赁住房类型对于租房者主观幸福感和定居意愿的异质性影响，发现居住在政府公租房、单位宿舍的主观幸福感相对较高，主要的原因是租赁关系稳定和价格可承受，研究结果为扩大住房保障面、解决好大城市新市民住房问题提供科学依据。

第六章　国外住房供给体系比较与借鉴。分别对美国、英国、德国、日本、新加坡、韩国 6 个国家住房供给体系进行了深度研究，发现这些国家都形成了各具特色的多主体的、多层次的供给体系，在政府提供的公共住房和私人住房市场之间，都存在通过政府给予政策支持、由非营利性组织或私人机构提供价格受政府管制且低于市场的可承受住房，扩大了保障性住房的供给、降低了政府的投入成本、提高了管理的效率，满足了多元化需求。

第七章　共同富裕背景下我国住房发展目标。住房制度设计应围绕住房发展目标。在实现以人为本的现代化、扎实推进共同富裕的新征程中，住房发展的目标是什么？本章对现代化国家住房发展水平和目标定位进行了系统梳理，并在听取一些专家意见的基础上，系统提出我国住房发展目标演进的路径和面向 2025 年、2035 年、2050 年分阶段的目标。

第八章　加快构建多主体供给、多渠道保障、租购并举住房制度。多主体供给、多渠道保障、租购并举简称为"两多一并"制度。从需求的多样性、供给的效率性、政府的可负担性等角度论证加快构建"两多一并"住房制度必要性，提出"两多一并"住房制度的供给体系和配套制度支持体系。

第九章　住宅用地供给侧改革与住房制度完善。用地制度改革是住房制度改革的源头，用地制度应服从、服务于住房制度。本章在对我国住宅用地制度改革简要回顾的基础上，剖析了现行住宅用地供给存在的主要问题及原因，对城市经济发展与住宅用地供给失配、供地结构失衡与人口半城镇化开展了实证研究，提出支持"两多一并"住房制度的住宅用地供给侧改革思路。

第十章　保障性租赁住房与住房制度完善。实施保障性租赁住房制度是落实"两多一并"住房制度重要的创新。本章在分析我国租赁住房市场空间演变及影响因素分析的基础上，结合课题组直接参与住建部关于 9 个大城市住房市场调研和出台国务院办公厅《关于加快发展保障性租赁住房的意见》政策的前期调查研究成果，详细分析了我国租赁住房市场存在的问题，实施保障性租赁住房制度的背景，保障性租赁住房在我国"两多一并"住房制度构建中的重要地位与政策创新，剖析保障性租赁住房政策推进过程中可能遇到的障碍，并提出政策进一步完善的建议。

第十一章　销售型保障性住房与住房制度完善。政府向稳定生活和工作的城市夹心群体提供销售型保障性住房，支持居民通过自己努力和政策支持拥有自有住房，是住房保障领域推进租购并举和住房保障体系与市场供给体系的一种重要方式，是"两多一并"住房制度的重要组成部分。本章详细分析了我国推行经济适用住房制度和试点共有产权住房制度的发展历程、发挥的作用与学界的争议，在调研分析北京市、上海市、淮安市入住共有产权住房居民居住现状和满意度等的基础上，系统阐述当前按照《国务院关于规划建设保障性住房的指导意见》（国发〔2023〕14号）加快发展配售型保障性住房的重要意义，剖析了推进中可能面临的困难，提出了完善建议的相关政策。

第十二章　加快构建支持租购并举的住房公积金制度。住房公积金兼具住房保障和住房政策性金融的双重性质，在支持租购并举的住房制度中可以发挥更大的作用。本章基于浙江省新市民住房与缴存公积金情况的调研分析，深入剖析了公积金改革的背景与意义，比较了国际上四种政策性住房金融支持体系各自的优缺点，提出了加快建立支持"两多一并"住房公积金制度的建议。

第十三章　承租人公共服务权利与租购同权。落实住房承租人享受与购房者基本相同的公共服务权利是改变居民重购轻租、提高租户居住质量的关键，是推进租购并举的住房制度重要环节。本章在分析承租人公共服务权利与租购同权内涵的基础上，以杭州市为例，详细分析了近年来在推进租购同权方面探索实践、目前仍存在的问题与背后的原因，提出推进租购同权的建议，对全国推进租购同权、建立租购并举的住房制度均有启发意义。

二、本书主要的创新点与研究结论

本项目研究过程中，始终坚持以习近平新时代中国特色社会主义理论为指导，始终坚持以唯物史观辩证地理性看待我们城镇化快速发展过程中的住房问题。沿着：问题现象→基础理论研究→国际经验借鉴→住房发展目标引向→多主体供给、多渠道保障、租购并举的住房制度内涵与设计→重点环节突破，这一主线展开。主要的创新点与主要研究结论如下。

（一）揭示住房价格在新市民定居决策过程中的作用机制

住房是满足人们居住需求的必需品，住房使用成本构成了新市民在城市生活最大的成本因素，从而影响新市民的定居决策。实证显示，一是高房价提高了生活成本进而对新市民形成挤出效应，对年轻人、新近迁入新市民的挤出效应更明显；与小城市相比，大城市新市民的定居意愿随着房价的提高下降更快，房价的上涨逐渐削弱了大城市对人们的吸引力。二是住房公积金对房价与定居决策之间的关系起到了正向的调节效应，缴存住房公积金能弱化高房价对新市民定居决策的负向影响，但是这种调节效应只在大城市成立，小城市住房公积金的调节效应不显著。三是高房价通过预期财富效应对有房的新市民形成锁定效应。这些研究成果的政策含义是，在推进以人为本的新型城镇化过程中，保持合理水平的房价、提高住房公积金缴存覆盖面是提高新市民居留意愿的重要因素。

（二）揭示了住房状况对婚姻家庭、家庭消费的影响

住房资产对婚姻的影响受到社会各界的广泛关注和热烈讨论，但在学术界的相关研究还比较少。另外，住房与消费的关系也是学术研究中的热点，但是现有研究主要集中讨论住房资产的财富效应，缺乏对住房产权的关注。利用北京大学中国社会科学调查中心提供的 CFPS 数据，分析了城市住房状况对居民婚姻缔结与家庭消费的影响，发现住房产权，尤其是完全产权有助于提高未婚青年在婚姻市场上的竞争力，另外住房资产价值具有很高的消费弹性，且住房资产价值的消费弹性在不同住房产权中也存在很大的差异。上述研究结果的政策含义是，当大城市人口流动性越来越大、住房购买也变得越来越难以负担，大力发展保障性租赁住房、长租房成为实现人人住有所居的一条有效路径时，但也不能忽略大量居民对拥有一套自有住房的合理需求，不能忽略提高住房自有化率的社会效益，在高房价的大城市，通过实施销售型保障性住房制度、加大住房公积金支持力度等，帮助在大城市有稳定工作、愿意长期在这个城市发展的夹心群体拥有一套自有住房的必要性。

（三）系统研究揭示外来务工人员住房条件与居住满意度、居留决策之间的关系

以外来务工人员大省——浙江省为研究对象，详细分析了浙江省外来务工人员的住房政策演变、解决路径、成效及存在的问题。通过流动人口网格员发送回收 9 200 份有效问卷，发现部分外来务工人员仍存在居住过于拥挤、设施不全、消费压力偏大的问题，并利用无序多元 Logistic 模型验证了租金成本、居住人数、居住面积、住房条件对外来务工人员居住满意度有着显著影响，其中住房条件是影响居住满意度的重要因素。此外，引入满意度这一中介变量，利用结构方程模型（SEM）来检验住房状况、支持政策直接或通过满意度间接影响外来务工人员居留意愿的微观机制，结果表明外来务工人员居住满意度与居留意愿呈高度的正

向显著相关，其政策含义是，无论从缓解企业招工难还是推进以人为本的新型城镇化的角度，必须关注和重视外来务工人员的住房问题，采取积极的措施改善他们的居住条件。

（四）深入研究了大城市不同租赁住房类型对新市民主观幸福感的异质性影响

利用网易平台回收 5 个大城市 5 000 份租房者有效问卷数据，构建有序回归模型分析发现，租赁住房类型与租房者主观幸福感之间存在异质性关系，首先是租住在政府保障性住房的租客主观幸福感最高，其次是单位住房，最后是市场商品住房，城中村住房的主观幸福感最低；并从社区环境、住房条件、生活成本和租房者精神健康状况的角度为这一结论提供了可能的解释机制。此外，构建二元回归模型发现，租住在保障性住房的租客留城定居意愿最高，租住在单位住房和市场商品住房的次之，而租住在城中村的租客留城定居意愿最低，揭示了合理的租金与稳定的租赁关系对定居的影响，为加大大城市住房保障力度、完善住房保障和稳定租赁关系相关政策提供了直接的决策依据。

（五）深入比较研究现代化国家住房供给与保障体系

分别选取了高度自由的市场经济国家、社会市场经济国家和政府主导的市场经济国家中的典型代表，研究发现，尽管不同经济社会发展模式下的住房供给和保障体系存在巨大差异，但大多形成了多主体住房供给、多层次住房结构和多渠道住房保障的发展模式，尤其是调动私营部门或非营利性组织在政府政策支持与价格管制下提供保障性住房成为发展趋势，数量已明显超过政府公共住房，且特别注重促进多样化的租赁住房发展以满足不同收入群体的住房需求。研究发现，政府主导的市场经济国家政府长期通过各种行政力量调控住房市场，而自由市场经济国家政府更加注重发挥市场的力量促进住房供给，但在住房高度短缺时均直接参与住房供给。以德国为代表的社会市场经济国家的住房租购结构非常均衡，政府倾向于通过中性住房政策促进自有住房和租赁住房共同发展；韩国租赁市场的高度发展和对住房交易市场的强烈干预是至今尚未出现大规模泡沫破灭的重要原因，这些都值得我国借鉴。

（六）提出共同富裕背景下我国住房发展目标

在系统研究了住房与共同富裕关系，现代化国家住房发展目标，并结合我国现有住房基础，提出住房发展总目标和阶段性目标，第一阶段，2025 年之前重点解决新市民、青年人住房绝对贫困，稳步改善住房质量，实现"全体居民住有所居"；第二阶段，2025~2035年，全面提升住房质量，住房基本达到舒适居住水平，实现"全体居民住有宜居"；第三阶段，2035~2050年，住房现代化阶段，"全体居民享受舒适居住条件"，实现"住有优居"，住房空间的舒适性、住房设施的舒适性、居住安全的舒适性、居住环境的舒适性、公共服务的舒适性，为国家制定中长期住房发展规划提供参考。

（七）提出加快构建"两多一并"住房制度的顶层设计

在深入剖析住房需求多样性和供给效率，立足满足人民群众美好生活需要的基础上，提出加快构建以公租房、保障性租赁住房、销售型保障性住房为主体的住房保障体系，结合城镇棚户区改造和老旧小区改造，形成"租、售、改、补"多元、多渠道保障居民住房条件的路径；加快培育和发展租赁住房市场，补齐商品住房市场租赁短板；建立鼓励社会力量参与保障性住房和长租房建设的土地、金融、财税、公共服务、法律等五大配套政策支持体系，推动实现五个转变：发展定位上，以保GDP、土地财政为主更多地转向公平保障公民居住权利；供给主体上，从以开发商为主向政府、开发商、其他社会组织并重的供给主体转变；供给结构上，从以售为主的商品房向公租房、保障性租赁住房、销售型保障性住房、长租房、商品住房并行转变；需求结构上，从以购为主，向租购并举转变；保障思路上，从政府主导的小规模深度保障发展为政府引导的大范围适度保障，从支持"老"市民为主向扶助"新""老"市民并重转变；努力从住房占用的不平衡不充分转向供求基本平衡、各得其所、住有安居、居者有其屋，与加快构建房地产发展新模式一脉相承。

（八）提出支持"两多一并"住房制度的住宅用地供给侧改革思路

土地是解决住房问题的源头，在剖析当前住宅用地供给存在的城乡相互分割、供给区域空间错配、供给结构不合理、供给主体单一、住宅用地出让方式简单以"价高者得"等主要问题及引起原因的基础上，对我国35个大城市2010~2017年土地供给数据和经济发展数据构建的面板数据实证检验，发现相对于经济欠发达城市，经济发达城市住房用地供给对人口变化的弹性不足、供给水平不够和住宅用地占比偏低。进一步地，利用2007~2017年105个城市层面的土地出让数据，结合户籍人口、常住人口等数据，考察了政府竞争下的土地财政、土地引资对人口半城镇化的影响，研究发现：土地财政会通过土地价格结构对人口半城镇化造成影响，土地出让收入越高，价格失衡越严重，人口半城镇化会越严重；土地引资能力越强，土地价格结构和用地面积结构失衡越严重，原因是大量土地配置到产业用地、挤占住宅用地，高价住宅用地补贴低价产业用地，加剧人口半城镇化。不合理的土地财政与土地引资会导致土地供给结构失衡，不合理的土地供给结构又会进一步加剧人口半城镇化。按照人—地挂钩理念有效增加住宅用地供应量、按职住平衡理念规划城市用地、确保一定比例的保障性住宅用地、认真落实《关于加快发展保障性租赁住房的意见》，鼓励多主体供地建设保障性租赁住房（以下简称"保租房"）、改革以价高者得的住宅用地出让机制、健全农村宅基地和集体经营性建设用地市场等思路。

（九）系统论证保障性租赁住房在"两多一并"住房制度中的重要意义，提出各地应把保障性租赁住房作为城市基础性配套的重要内容之一，进一步加大政策支持的系统建议

本地户籍居民住房问题已基本解决，但是以租赁住房为主要居住方式的新市民、青年人住房问题突出，尤其是大城市，这些群体量大面广，依靠政府的力量难以满足需求，需要通过政府给政策、吸引社会组织投资建设保障性租赁住房，有地出地、有钱出钱，形成多主体供给、多渠道保障的格局，这是新公共管理理论在住房领域的应用，是我国更快更好地解决新市民、青年人在大城市"租得起""住得好""留得下"的重要举措。国务院办公厅下发《关于加快发展保障性租赁住房的意见》已明确支持保障性租赁住房发展的宏观政策，但具体推进过程中仍存在许多困难，各地各部门仍需进一步加大用地、金融、财政补贴支持力度，把保障性租赁住房作为城市基础性配套的重要内容，让项目有落地的可能，让市场投资主体算得过账来，让新市民、青年人租得起。

（十）系统论证销售型保障性住房在"两多一并"住房制度中的重要地位、意义并提出完善相关政策的建议

研究认为经济适用住房、共有产权住房在帮助夹心群体实现"居者有其屋"方面发挥了重要作用。课题组在全国首次开展共有产权住房居民满意度调研，结果表明购买共有产权住房居民满意度高、经济总体可承受，但存在人均住房面积偏小、住房建造质量待提高、各地政策不统一等问题。当前，国家正在推进的配售型保障性住房建设，对于缓解大城市工薪阶层购房压力，构建"租售并举"住房保障制度，拉动投资与消费等方面都有十分重要的意义，研究发现各地也面临政策落地操作难、项目选址难、资金平衡难、以需定建难和后期管理难等挑战，建议尽快将配售型保障性住房用地纳入国土空间规划，进一步明确利用低效或空置土地的供地政策，建立支持现房销售的金融政策，鼓励品牌房企参与代建，以及设定合理的准入门槛，加强需求摸底等。

（十一）提出住房公积金制度支持"两多一并"住房制度的改革思路

公积金作为唯一的支持居民住房消费的政策性金融制度，受制于覆盖面不广、流动性不足、属地化管理体制等，影响了公积金在提高缴存职工住房消费能力、支持职工贷款购建住房，进而在解决和改善居民住房条件方面的作用进一步发挥。结合浙江省新市民住房状况与缴存公积金情况的调研分析，比较了国际上四种政策性住房金融支持体系各自的优缺点，提出了公积金改革的方向是成为全国统筹、省级独立运行、条块结合的政策性住房金融机构，过渡阶段可以以省为统筹，采用"强制+自愿"、先存后贷、利率优惠、政府扶持、市场化运作的方案。提出资金拓源、缴存扩面、使用扩围、保障提升、服务趋统的近期改革思路。

（十二）剖析了推进租购同权的痛点和难点，提出了稳步推进租购同权的建议

租购同权是落实租购并举住房制度的关键因素，本章梳理、概括了国内主要城市推进"租购同权"政策趋向，指出近年来各地政府在维护承租人基本居住权益和推动流动人口子女义务教育公平方面已取得的进展，但主要受大城市基础教育资源不足的影响，与真正的租购同权还有很大的距离。结合近年来杭州市在推进租购同权方面所做的工作、存在的问题与面临的挑战，提出要完善法律法规，强化人口流入地政府责任；保障住宅用地充分供给；教育设施与居住区"四同步"建设；合理布局产业，引导人口向中小城市分流；健全人口管理信息系统，全面实施居住证制度；多措并举，规范住房租赁市场发展；先推进"租购同分"、稳步推进"租购同权"的建议。

第六节 本章小结

本章从我国住房制度的演变出发，分析住房制度改革取得的成效和存在的问题，引出本书研究的主要内容以及研究的主要成果。

我国住房制度沿革经历了 1949～1978 年计划经济体制下的完全福利性住房阶段；1978～1998 年的打破住房福利制度，积极探索住房市场化改革阶段；1998～

2007 年的全面推进住房市场化，探索住房保障制度阶段；2007～2017 年的加大住房保障和住房市场调控阶段，以及 2017 年以来的探索建立多主体供给、多渠道保障、租购并举的住房制度阶段，从完全福利化到过度市场化再到"市场 + 保障"，我国一直在探索中国特色的住房制度，住房制度也成为经济和社会保障制度改革的重要内容。

1998 年住房制度改革以来，在住房历史欠账严重、城镇化快速推进、需求集中爆发的背景下，我国通过大力发展商品住房市场、加大住房保障力度，用短短的 20 多年时间就告别了住房总量短缺，城镇居民人均住房条件达到 20 世纪 90 年代发达国家平均水平，住房自有率高，住房供给能力与水平大大提升，而且在促进经济增长、推动新型城镇化进程、深刻改变城镇面貌等方面取得了举世瞩目的成就，堪称世界奇迹，对此，必须给予充分的肯定。

但是，也必须清醒地看到，商品住房价格高且上涨过快，住房占有与消费不平衡、不充分问题突出，住房质量区域间不平等现象严重，住房市场供给结构"重售轻租"失衡严重，经济体系对住房产业依赖度过高等问题已越来越影响经济社会的可持续发展，这与住房的定位偏离居住这一最基本属性，住房制度及其配套的土地、税收、金融制度不完善，与政府单一主体供地、开发商单一渠道建房、银行贷款过度支持销售型商品住房开发的模式，形成的"高周转、高杠杆、高回报"的巨大推力，造成住房过度金融化、金融地产化有关。

基于上述背景，本书遵循"问题剖析—住房理论研究—住房发展目标—制度构建—实现路径"等层层递进的研究思路，在理论研究方面，利用国内著名数据库，实证研究了住房价格、住房政策对新市民城市定居决策的影响；研究了住房状况对婚姻选择、家庭消费和家庭幸福的影响；深入开展外来务工人员住房条件调研，利用一手调研数据系统研究外来务工人员住房条件与居住满意度、居留决策之间的关系；深入研究了大城市不同租赁住房类型对新市民主观幸福感的异质性影响；揭示住房状况对家庭生活和城市定居的影响，揭示新市民、外来务工人员的住房状况及诉求。在国际比较研究方面，系统研究美国、英国、德国、新加坡、日本和韩国等发达国家多主体、多渠道的租购并举体系，为我国完善"两多一并"住房制度提供借鉴。在此研究基础上，提出我国住房发展的目标、"两多一并"制度的设计，并重点围绕实施"两多一并"制度关键性的制度突破—用地制度改革、加快发展保障性租赁住房、发展配售型保障性住房、住房公积金制度改革以及推进租购同权等，分章单独展开深入的研究。

第二章

住房价格与定居决策

大规模、高强度的人口迁移流动是中国城市化进程的一个核心特征，也是中国城镇化和工业化进程的重要推动力量。1982 年我国的流动人口规模仅为 657 万人，2014 年达到 2.53 亿人，其后几年规模一直稳定在 2.4 亿人左右，第七次人口普查公布的流动人口人数高达 3.76 亿人，其中，跨省流动人口为 1.25 亿人。[①] 越来越多的劳动力集聚到城市，他们或是从农村迁移到城市，或是从一个城市迁移到另一个城市，形成了以进城农民工、新就业大学生、外来经商和工作人员等为主体的"新市民"群体。他们为城市经济快速增长提供了人力和智力保障，为促进我国经济发展和社会结构转型、提升城镇化水平作出了重要贡献。

但是由于城市公共资源短缺、自身支付能力有限，以及一些地方政府仅把"新市民"作为劳动力，没有纳入社会保障体系等原因，新市民们难以在城市扎根，导致我国在城镇化进程中遭遇了"半城镇化"的困局，呈现"就业在城市，户籍在农村；劳力在城市，家属在农村；收入在城市，积累在农村；生活在城市，根基在农村"[②] 的模式，严重阻碍了新型城镇化的发展，也不利于经济发展以及和谐社会构建。根据第七次人口普查资料，2020 年我国常住人口城镇化率已突破 60%，达到 63.89%，但户籍人口城镇化率远远落后于常住人口城镇化率，仅为 45.4%，两个城镇化率之差达 18.49%。[③] 如何破解半城镇化困局，让

---

① 国家统计局 1982 年第三次全国人口普查数据、2015 年中国统计年鉴、2020 年第七次全国人口普查数据，国家统计局网站。

② 朱孔来、李俊杰：《"半城镇化"现象及解决对策》，载于《宏观经济管理》2012 年第 9 期。

③ 国家统计局 2020 年第七次全国人口普查数据，国家统计局网站。

51

更多的农村居民真正成为城镇居民，促进"以人为本"的新型城镇化发展，无论是在学术研究还是政策建设上，均成为关注热点。

住房作为一种重要的物质资本，是人口实现城市定居的首要条件。中国的传统价值观一向以"安居乐业"作为生活幸福的主要标志之一，先"安居"才能"乐业"，住房是新市民在迁入地开展一切经济活动的前提条件。而大城市高企的住房价格无疑是劳动力跨区域流动的最大约束，统计数据显示，2021年我国商品住宅平均销售价格首次突破万元，达到 10 396 元/平方米，与 1998 年的 1 854 元/平方米相比增长了 4.6 倍。[①] 房价的快速上涨推动城市居民的住房成本急剧上升，特别是从外地迁入城市生活的新市民面临巨大的生活压力。本章试图探究住房价格与新市民定居决策之间的关系，揭示住房价格对新市民定居的作用与影响机制。

第一节　文献综述

一、定居决策的影响因素

定居决策是人们对未来长久的、作为自己主要生活工作场所的居住地的选择。作为一个理性的经济人，将综合比较居留在这个城市的成本和收益，确认是否高于之前工作的城市或家乡的净收益。如果能继续取得高于之前工作的城市或家乡的净收益，那么个体就可能继续留在这个城市，从行为意义上讲，他就具有了定居的意愿，定居意愿在很大程度上是定居行为的前提。影响定居决策的因素错综复杂。虽然很多学者认为迁移行为是一种利益最大化的行为，定居的决定取决于移民对于迁入目的地后的预期是否能实现个体利益最大化，[②] 但是年龄、性别、婚姻、教育程度、工作状况等个体因素以及城市经济等外部环境都会影响到他们在城市生活的能力。而且，由于城市社会的复杂性，不同的群体在不同的时间、不同的地区所得到的实证结果可能有一定差异。我们从个体、家庭、外部环境、政策制度四个层面分别对定居决策影响因素的相关文献进行梳理。

---

① 资料来源：1999 年、2022 年《中国统计年鉴》。
② 朱竑、张博、马凌：《新型城镇化背景下中国流动人口研究：议题与展望》，载于《地理科学》2019 年第 1 期。

（一）　个体特征对定居决策的影响

大量文献从个体特征的角度研究了定居决策的影响因素，认为定居决策与年龄、性别、受教育水平等人口学因素以及健康、工作状况、收入水平有着密切的关系，比较一致的观点是教育水平高、健康状况好、就业质量高、收入水平高的群体，更倾向于在当地定居。[①] 而年龄、性别、婚姻状况、户籍对定居意愿的影响则存在不确定性，针对不同样本的研究结论不尽相同。[②] 其他如不平等感知、社会排斥感等心理因素也会影响新市民的定居决策。

（二）　家庭特征对定居决策的影响

家庭式迁移已成为中国目前人口流动的主要形式，与个人迁移相比，家庭式迁移对社会的影响更为深远，更有可能实现流动人口的市民化，迁移决策不仅是个体作出的选择，更是实现家庭收益最大化以及风险最小化而作出的决策，不少文献以家庭为单位，分析家庭因素对定居决策的影响。相关研究成果的主要观点是：家庭式迁移显著增加流动人口的城市定居意愿，另外家庭结构如子女数量、父母随迁、家庭收入、家庭未来发展也是影响家庭定居决策的关键因素。[③]

（三）　外部环境对定居决策的影响

城市移民的定居决策不仅受其自身特征影响，还受到诸如城市经济发展水平、城市规模、城市环境等迁入地外部环境因素的影响。有学者利用加拿大租房移民的数据得出非正式的社交网络可以帮助新移民适应城市的社会、文化和经济环境，[④] 陈佳川（2019）认为城市公共服务是影响其城市定居意愿的关键因素，[⑤]但是也有学者认为这种影响效应因公共服务内容和城市规模的不同而存在差异。地区经济发展水平和地理区位、城市规模、城市环境也是影响人们选择是否在城

[①]　吴翌琳、张心雨：《城镇化背景下农民进城定居意愿及影响因素分析》，载于《经济学家》2018年第2期。

[②]　谢建社、张华初、罗光容：《广州市流动人口四种迁移意愿的统计分析》，载于《统计与决策》2016年第6期。

[③]　林赛南、梁奇、李志刚：《"家庭式迁移"对中小城市流动人口定居意愿的影响——以温州为例》，载于《地理研究》2019年第7期。

[④]　Grzymala－Kazlowska, A. From Connecting to Social Anchoring: Adaptation and "Settlement" of Polish Migrants in the UK. Journal of Ethnic and Migration Studies, Vol. 44, No. 2, 2017, pp. 252－269.

[⑤]　陈佳川、杨魏、许婉婷：《幸福度感知、生活水平位置感知与流动人口的留城定居意愿》，载于《社会科学》2019年第11期。

53

市定居的主要因素。①

（四）政策制度对定居决策的影响

随着定居决策的影响因素由经济吸引向社会适应转变，政策制度成为影响流动人口定居决策的一个重要因素。不少学者认为制度因素特别是户籍制度是影响流动人口定居决策的最大障碍，随着户籍制度改革的不断推进，这种障碍正在逐渐消失。② 即使没有户籍制度的阻碍，大部分移民也会受到其他政策因素如社保、住房公积金、教育资源保障等社会福利政策以及产业政策等因素的影响。③

二、住房与定居决策

（一）住房价格与定居决策

在成本—收益的研究框架下，高房价增加了迁移人口的生活成本，进而对人口迁移产生阻碍作用，因此住房价格是影响人口定居决策的重要因素。赫尔普曼（1998）首次在克鲁格曼的新经济地理学标准模型的基础上，引入了房价因素，并指出城市房价过高会影响劳动者的相对效用，抑制劳动力在该地区的集聚。④ 随后，不少学者通过实证研究证明了房价上涨对人口迁移的抑制作用。⑤ 赵锋（2019）用 2005～2016 年北上广深四个一线超大城市面板数据实证房价每变化 1 个百分点，将会引起城市人口净流入量减少约 0.42 个百分点。⑥ 2012～2015 年国家卫计委流动人口动态监测数据库（CMDS）的研究也支持这个观点，每平方米房价提高 1 000 元，定居意愿将降低 1.573 个百分点。⑦

虽然很多研究都证实了高房价对人口迁移有"负面"影响。然而，这些发现

---

① 林李月、朱宇、柯文前：《基本公共服务对不同规模城市流动人口居留意愿的影响效应》，载于《地理学报》2019 年第 4 期。

② 张义博、刘敏：《户籍制度改革的边际落户效应》，载于《宏观经济管理》2018 年第 9 期。

③ 陆万军、张彬斌：《就业类型、社会福利与流动人口城市融入——来自微观数据的经验证据》，载于《经济学家》2018 年第 8 期。

④ Helpman E. The Size of Regions：Topics in Public Economics. London：Cambridge University Press, 1998.

⑤ Plantinga A. J., Détang - Dessendre C., Hunt G. L., et al. Housing Prices and Inter - Urban Migration. Regional Science and Urban Economics, Vol. 43, No. 2, 2013, pp. 296 - 306.

⑥ 赵锋、樊正德：《高房价对大城市人口流入的抑制效应——来自北上广深四城市的实证证据》，载于《城市发展研究》2019 年第 3 期。

⑦ 李国正、艾小青、陈连磊、高书平：《社会投资视角下环境治理、公共服务供给与劳动力空间集聚研究》，载于《中国人口·资源与环境》2018 年第 5 期。

并不能解释为什么即使城市房价不断上涨，仍然有大量流动人口涌入城市并想在城市定居，似乎高房价对定居决策产生了"积极"影响。这是由于：第一，房价存在财富效应，套利的预期会促使劳动力流入，已经流入的劳动力也可以通过拥有一套或多套住房来增加家庭财富进而增加居民的定居概率。[1] 第二，房价对人口迁移的影响存在区域差异，城市资源质量越高的地区，房价越高，当房价上涨反映的完全是城市资源质量提升的信号时，城市的人口集聚程度会随着房价上涨而提高；当房价过快上涨反映的是价格脱离质量的信号时，城市的人口集聚程度会随着房价上涨而降低。[2] 第三，房价对人口迁移的影响存在劳动力的异质性，城市房价高企没有抑制外来人口的持续流入，原因在于新增常住人口大部分是低技能劳动力，主要居住在价格低廉的非普通商品房，他们跟住宅交易关系并不紧密。邵朝对（2016）对中国282个地级市进行了实证研究，表明房价对劳动力的扩散机制主要针对的是低端劳动者。[3]

（二）住房产权与定居决策

住房产权是预测个体依附于某个地方的最强指标，已经自购住房的个体显然已经具备了在迁入地定居的条件和实力，相比无住房产权群体，有住房产权的新移民定居意愿更高，购房意愿越强的个体，城市定居意愿越高。与单位宿舍相比，自有住房能显著提高流动人口的经济融入、社会适应、心理认同以及文化接纳，租赁住房虽然也能帮助流动人口经济融入和文化接纳，但对他们的社会适应和心理认同却带来了显著的负面作用。[4] 还有学者研究发现，住房所有者的迁移大多由于家庭结构发生了变化，而租房者的迁移大多因为住房费用或是就业情况发生了变化。[5]

（三）住房政策与定居决策

学者们从不同角度分析了住房政策对人口流动的推动作用，谭安富（2014）

① Zang B., Lv P., Warren C. M. J. Housing Prices, Rural – Urban Migrants' Settlement Decisions and Their Regional Differences in China. Habitat International, Vol. 50, 2015, pp. 149 – 159.

② 李超、张超：《城市资源与人口集聚：房价的中介与调节效应》，载于《华南师范大学学报（社会科学版）》2018年第9期。

③ 邵朝对、苏丹妮、邓宏图：《房价、土地财政与城市集聚特征：中国式城市发展之路》，载于《管理世界》2016年第2期。

④ 王子成、郭沐蓉：《住房实现模式对流动人口市民化的影响效应分析：城市融入视角》，载于《经济社会体制比较》2020年第2期。

⑤ Riley S. F., Nguyen G., Manturuk K. House Price Dynamics, Unemployment, and the Mobility Decisions of Low-Income Homeowners. Journal of Housing and the Built Environment, Vol. 30, No. 1, 2015, pp. 141 – 156.

认为农业转移人口住房主要有福利型住房、私租型住房、自购型住房、自建型住房和保障性住房五种形式，现有的住房保障模式存在一定的局限性，对农业转移人口市民化产生了"推"的效应。[1] 也有很多学者赞同保障性住房对农民工城市定居决策产生了积极的影响，但是对不同的群体可能存在差异：（1）代际的差异，与"90 后"农民工相比，保障性住房对"80 后"农民工定居意愿的影响更明显；[2]（2）家庭结构的差异，保障性住房提高了流动人口子女随迁的可能性，对流动人口家庭化迁移有推动效应；[3]（3）地区的差异，保障性住房对本地人口流入有促进作用，但是对相邻地区存在空间溢出效应，经济发达地区保障性住房对人口流动影响的直接效应和空间溢出效应显著大于其他地区。[4]

住房公积金制度也会影响流动人口的定居决策，而且影响程度存在人群和地区的差异，现有的研究表明：（1）户籍和地区的差异：对农村户籍流动人口来说，在东中部三类地区，住房公积金制度均能提高其定居意愿，而对城镇户籍流动人口来说，仅在东部地区有显著的促进作用；[5]（2）代际的差异：缴纳住房公积金对"80 后"流动人口定居意愿的影响更大；[6]（3）流入时间：流入时间越长，缴纳住房公积金对流动人口定居意愿的影响越大。[7]

从以上文献回顾可以发现，住房与新市民的定居行为密切相关已成为学术界的共识，但是住房价格对定居决策的影响结果存在争议，已有文献论证了高房价通过提高住房成本对人口迁移存在抑制作用，但是，这些发现并不能解释为什么即使城市房价不断上涨，仍然有大量流动人口涌入城市并想在城市定居，也有学者认为房价存在财富效应，套利的预期会促使劳动力流入，已经流入的劳动力也可以通过拥有一套或多套住房来增加家庭财富进而增加居民的定居可能性。高房价如何影响新市民的流动决策？现有文献尚未取得一致的结论。

① 谭安富：《论住房保障对农业转移人口市民化的推拉效应》，载于《兰州学刊》2014 年第 6 期。

② 祝仲坤：《保障性住房与新生代农民工城市居留意愿——来自 2017 年中国流动人口动态监测调查的证据》，载于《华中农业大学学报（社会科学版）》2020 年第 2 期。

③ 李勇辉、李小琴、沈波澜：《安居才能团聚？——保障性住房对流动人口家庭化迁移的推动效应研究》，载于《财经研究》2019 年第 12 期。

④ 郑芳、王建生、位梦蕊：《保障性住房对区域人口流动的"双向涟漪效应"研究——基于空间计量交互模型分析》，载于《云南财经大学学报》2020 年第 3 期。

⑤ 汪润泉、刘一伟：《住房公积金能留住进城流动人口吗？——基于户籍差异视角的比较分析》，载于《人口与经济》2017 年第 1 期。

⑥ 祝仲坤：《住房公积金与新生代农民工留城意愿——基于流动人口动态监测调查的实证分析》，载于《中国农村经济》2017 年第 12 期。

⑦ 范兆媛、王子敏：《住房公积金与城城流动人口的留城意愿——基于 2016 年流动人口动态监测调查的实证研究》，载于《华东经济管理》2019 年 33 期。

第二节 理论框架与研究假设

一、理论框架

对于个体或家庭来说，为了提高家庭的效用水平，从一个城市迁入另一个城市，房价作为城市房屋及其相关众多资源价格的表征，房价越高，意味着城市资源质量越好，由于住房是人们从事一切经济活动的基础，高房价会直接增加迁移者在迁入地买房或租房的成本，进而降低了迁入城市资源为其带来的效用水平，因此，本章建立如下的定居选择概率模型：

$$P_{ij} = f(W_{ij}, H_j, b) \tag{2-1}$$

其中，i 表示定居决策的主体，j 表示迁入地，P_{ij} 为新市民家庭 i 选择在城市 j 定居的概率，H_j 为城市房价，W_{ij} 为城市相关的各种资源为迁移者带来的效用，b 为 H_j 与 W_i 的系数。

本书以 U_{ij} 表示新市民家庭 i 在城市 j 的效用水平。y_{ij} 代表迁移者 i 在城市 j 的定居决策，那么：

$$U_{ij} > U_{ik}(j \neq k) \, y_{ij} = 1 ; \ 否则 \ y_{ij} = 0 \tag{2-2}$$

$$U_{ij} = W_{ij} - bH_j \tag{2-3}$$

结合式（2-1）、式（2-2）和式（2-3）迁移者的定居概率则为：

$$P_{ij} = \text{Prob}(y_{ij} = 1) = \text{Prob}(U_{ij} - U_{ik}) > 0, \ j \neq k \tag{2-4}$$

在迁移者的行为服从经济理性的假设下，他们会遵循效用最大化、成本最小化的原则，衡量在迁入地获得的收益和在此定居所要付出的成本，进而作出离开或者是留下的决策。住房消费是迁移者在城市定居的最大生活成本，高房价会通过提高居住成本和生活费用来增加城市地区的生活成本，降低人们的定居意愿，形成"挤出效应"。

另外，不断上涨的房价将增加已经拥有一套或多套住房的家庭的资产价值，形成"预期财富效应"。在经济理性的视角下，新市民的定居决策不仅基于现实效用最大化，还要基于预期效用最大化，一方面，预期效用可以表现为居民在城市环境中定居后产生的净收入、养老金、医疗保障、教育保障、住房保障等社会福利。另一方面，城市房价的快速上涨也让拥有住房的居民实现了巨大的住房价值增值，对日后出售或出租持有房产带来的回报有了良好的预期，因此，高房价

57

有可能通过预期的财富效应对新市民形成锁定效应，促使新市民在当地定居。

二、研究假设

（一）房价的挤出效应

新市民的定居决策可以从迁入城市的预期收入和预期成本来考虑。预期收入包括就业机会的扩大，工资水平的提高，即所谓的"显性收入"和城市相关的教育、医疗等社会福利的享受，即所谓的"无形收入"。房价高的地区往往经济发展较好，能为迁入的新市民带来更多的发展机会、更高的收入。但同时，高房价作为迁入地的城市特征信号会提高新市民预期生活成本的不确定性，进而降低其在迁入地定居的可能性。[①] 预期成本包括生活费用以及以租金或消费形式支出的租房或购买住房。高房价会通过提高居住成本和生活费用来增加城市地区的生活成本，损害实体经济发展，导致就业机会减少，从而阻碍劳动力从农村向城市或城市之间的迁移。因此，单纯从绝对房价的角度，难以准确估计其对定居决策的影响，必须综合考虑城市房价和新市民家庭收入，才能有效估计该影响效应，即住房价格是否在新市民家庭可承受范围之内。如果持续上涨的房价超过了家庭的负担能力，就会降低在城市定居的可能性。由此提出 H2 - 1：

H2 - 1：新市民在迁入地的房价收入比对其定居决策形成负向影响。

（二）房价挤出效应的个体差异

城市房价对新市民定居决策的影响也极有可能因新市民群体不同而存在差异。具体来说：（1）年龄，一方面年轻群体家庭财富积累相对较少，高房价给他们带来了巨大的生活压力，降低了他们在迁入地定居的可能性。另一方面房价高的地区往往经济较为发达，就业机会多，发展前景更好，年轻群体可能会因为对迁入城市个人职业发展的良好预期而选择在当地定居，另外和年龄大的群体相比，年轻人在截然不同的社会经济背景下长大，他们更偏好城市的生活方式，而且对家乡的依恋程度相对较低，定居城市的意愿更强。（2）教育水平，教育是最显著的人力资本因素，[②] 较高的人力资本可能会为新市民带来更好或更稳定的职

[①] 刘立光、王金营：《流动人口城市长期居留意愿的理性选择——基于非线性分层模型的实证研究》，载于《人口学刊》2019 年第 3 期。

[②] Chen S. , Liu Z. What Determines the Settlement Intention of Rural Migrants in China? Economic Incentives Versus Sociocultural Conditions. Habitat International, Vol. 58, 2016, pp. 42 – 50.

业和更高的收入，进而提高他们在迁入地的生存能力。（3）迁入时间，在迁入城市停留的时间越长，人力资本可能会随着时间的推移不断积累，这也对定居决策的形成有积极的贡献。由此，提出 H2 - 1a：

H2 - 1a：房价收入比对新市民定居决策的影响存在个体差异。

（三） 房价挤出效应的城市差异

城市新市民的定居决策不仅受到自身特征的影响，还受到诸如城市经济、城市规模、城市文化环境等迁入城市要素的影响。这些要素在空间上并不能自由流动，从经济发展水平看，经济水平高的城市就业机会更多、城市文化更多元，新市民更容易寻求自身定位。[1] 从城市规模来看，新市民在大城市获得的公共服务更多。城市之间的差异可能导致房价在不同的城市对新市民定居决策的影响程度各不相同，定居意愿在空间上表现出非平稳性的特征。由此提出 H2 - 1b：

H2 - 1b：房价收入比对新市民定居决策的影响存在区域差异。

（四） 住房的锁定效应

住房是一种特殊的商品，兼有投资品和消费品的双重经济属性。当个人租赁住房时，住房就被视为纯粹的消费品，此时的收益主要是当前住房服务的享受；当个人拥有住房产权时，住房就兼有消费品和投资品的属性，此时的收益将包括当前住房服务的享受、未来住房服务的享受和潜在的资产收益。租赁房屋和购买住房产权所获得的收益是不同的。住房产权是享受住房升值收益的前提。拥有住房产权的家庭可以把住房作为财富积累的重要工具，增加家庭财富。拥有产权的住房，在家庭遇到变故无法靠社会保障手段抵御经济风险时，可以通过房产抵押获得金融支持，通过房产出售出租获得一定收益。住房产权作为一种资产，在提高家庭对经济风险的抵抗能力等方面发挥着重要作用，是家庭福利保障的核心。由此提出 H2 - 2：

H2 - 2：住房产权对新市民定居决策形成正向影响。

（五） 住房公积金对房价挤出效应的调节作用

住房公积金是中国重要的住房福利政策之一，其设立初衷就是增强居民的住房购买能力，最大限度地解决广大低收入群体的住房问题。一方面，它作为一种强制的住房储蓄制度，能够显著增强居民的住房消费能力，已经达成了广泛共

---

[1] 杨菊华、张娇娇、吴敏：《此心安处是吾乡——流动人口身份认同的区域差异研究》，载于《人口与经济》2016 年第 4 期。

识。另一方面，它提高了中低收入群体解决或是改善住房问题的预期进而显著提高流动人口在城市定居的可能，已有文献证实了住房公积金制度增强了新生代农民工的城市定居意愿，[1] 认为缴纳住房公积金的群体可能对房价的承受能力更高，在一定程度上缓解了房价上涨对新市民的挤出作用，当然，这种调节作用可能也会因新市民群体的差异以及区域的差异而产生不同的效果。由此，提出以下假设：

H2 - 3：缴纳住房公积金能调节房价收入比对定居决策的负向影响。

H2 - 3a：住房公积金的调节作用存在个体差异。

H2 - 3b：住房公积金的调节作用存在区域差异。

待检验的研究假设汇总如表 2 - 1 所示。

表 2 - 1 　　　　　　　　待检验的研究假设汇总

编号	假设内容
H2 - 1	迁入地的房价收入比对新市民定居决策形成负向影响
H2 - 1a	房价收入比对新市民定居决策的影响存在个体差异
H2 - 1b	房价收入比对新市民定居决策的影响存在区域差异
H2 - 2	住房产权对新市民定居决策形成正向影响
H2 - 3	缴纳住房公积金能调节房价收入比对定居决策的负向影响
H2 - 3a	住房公积金的调节作用存在个体差异
H2 - 3b	住房公积金的调节作用存在区域差异

第三节　数据与模型

一、数据来源

2018 年 3~5 月，住建部住房公积金监管司在全国开展了新市民住房问题调查（以下简称 NCHS），调查内容包括新市民群体特征、住房条件、住房公积金的支持措施等方面。调研对象为在城镇居住 6 个月以上（含），年龄在 16~60 周

---

① 汪润泉、刘一伟：《住房公积金能留住进城流动人口吗？——基于户籍差异视角的比较分析》，载于《人口与经济》2017 年第 1 期。

岁常住人口中的非本市户籍、本市农村户籍人员。浙江省 11 个设区城市确定 24 个县（市、区）为调查点，整个调研过程严谨，抽样科学。各地按照区域新市民数量分布，确定抽样调查的样本数，并采取科学的抽样方法。以湖州市为例，采用二阶段随机抽样的方法进行抽样：第一阶段以公安部门提供的吴兴区各乡镇新市民居住证名单为抽样框，按分层 PPS 抽样方法抽取企业 191 家 9 990 人和个体户 376 人，抽取样本时性别、学历、岗位、企业类型、个体户行业等按比例合理分配，并将抽取的人员信息发给各乡镇实体核查，确认被抽取的人员是否仍在该乡镇、该企业。第二阶段在经乡镇核实的名单中，采用随机等距离抽样法抽取企业人员 480 人、个体户 120 人作为抽样调查的样本对象，并选取备选人员名单，以确保样本对象在抽样采访当天不能到场时按同类型的人员替换。最终浙江省共取得调研样本 10 337 个。

本章结合研究所需，进一步筛选和剔除了住房产权、性别、婚姻、年龄、教育、家庭收入、迁入时间、流动方式等存在数据缺失的样本，最后得到有效样本 8 466 个。

二、模型设计

（一）基准模型

基于因变量（定居意愿）的二分类性质，本章采用 Logit 回归模型检验住房价格对新市民定居决策的影响。我们用以下方程来表示本章的基准模型。

$$Y_i = a_0 + a_1 PI_i + a_2 HO_i + a_3 HPF_i + \sum_{i=1}^{k} b_i C_i + \varepsilon_i \qquad (2-5)$$

其中，被解释变量 Y_i 表示样本 i 是否愿意在城市长期定居，为一个二分变量，PI_i 代表样本 i 的房价收入比，HO_i 代表样本 i 是否拥有住房产权，HPF_i 代表样本 i 的住房公积金缴纳情况。C_i 为个体特征、家庭特征、区域特征等控制变量，ε_i 为随机扰动项，以表征不可观测变量的影响。采用 Logit 模型进行回归分析。

（二）调节效应模型

为了考察住房公积金制度对住房价格与新市民定居决策关系的调节作用，我们在式（2-6）中加入房价收入比和住房公积金的交互项。

$$Y_i = a_0 + a_1 PI_i + a_2 HO_i + a_3 HPF_i + a_4 PI_i \times HPF_i + \sum_{i=1}^{k} b_i c_i + \varepsilon_i \quad (2-6)$$

三、变量定义

（一）被解释变量

核心被解释变量是新市民的定居意愿，NCHS 问卷中的相应题项是"您家未来打算在当地居住多长时间？①1 年内；②1～2 年；③2～5 年；④5 年以上；⑤不清楚"。参考周颖刚（2019）、祝仲坤（2017）等学者的研究，我们将选择 5 年以上的新市民视为愿意在当地长期定居，赋值为 1，其余选项赋值为 0。本次调查中，有定居意愿的新市民比例为 57.1%。

（二）解释变量

核心解释变量是房价收入比和住房产权。

1. 房价收入比

根据《浙江省统计年鉴》中各市县的商品住宅销售总额和商品住房销售面积，计算出商品住房平均销售价格。同一个城市内的房价水平对劳动力居住成本的影响存在异质性，绝对房价对不同收入水平的劳动力的效用不同。因此，本章采用房价收入比作为核心解释变量。房价收入比可以度量家庭层面的住房可负担性，可以衡量不同家庭收入水平下，迁入地的住房可负担性对新市民定居决策的影响。本地调查中，房价收入比的平均值为 0.1543。[①]

2. 住房产权

NCHS 问卷的相关题项是"您家现在所居住的房屋属于？①家庭成员自有；②租赁；③免费居住"。若其住房性质为家庭成员自有，赋值为 1，否则为 0。本次调查中，46.4% 的新市民拥有住房。

（三）控制变量

1. 缴纳住房公积金情况

祝仲坤（2017）、谢胜华（Xie S.，2018）等学者的研究均表明，住房公积金对流动人口的定居意愿有显著影响。[②] NCHS 问卷询问了调查对象缴纳住房公

[①] 以家庭收入购买 1 平方米住房计算的房价收入比。

[②] Xie S., Chen J. Beyond Homeownership: Housing Conditions, Housing Support and Rural Migrant Urban Settlement Intentions in China. Cities, Vol. 78, 2018, pp. 76–86.

积金的情况，设置为虚拟变量，缴纳住房公积金为1，不缴纳住房公积金为0。本次调查中，住房公积金的缴纳率为56.27%。

此外，参考相关文献，我们还控制了调查对象的个体特征、职业特征、家庭特征、流动特征，以及迁入城市的经济、规模等区域特征变量。

2. 个体特征

个体特征包括：（1）性别：设置为虚拟变量，男性=1，女性=0；（2）年龄：受访者在接受访问时（2018年）的周岁年龄；（3）婚姻：设置为虚拟变量，"已婚"为1，"未婚"及"离异"为0；（4）教育水平：NCHS询问了受访者的文化程度。①没上过学；②初中及以下；③高中/职高；④本科/专科；⑤研究生及以上。将其设置为虚拟变量，将高学历人群即本科及以上赋值1，本科以下赋值为0。

3. 职业特征

职业特征包括：（1）目前工作状况：设置为虚拟变量，有工作为1，无工作为0。（2）工作单位：设置为虚拟变量，机关事业国有企业为1，其他为0。（3）工作行业：设置为虚拟变量，劳动密集型行业为1，其他为0。

4. 家庭特征

家庭特征包括：（1）家庭结构：设置为虚拟变量，与配偶同住为1，不与配偶同住为0。（2）家庭收入水平：设置为连续变量，2017年家庭总收入。

5. 流动特征

流动特征包括：（1）流动方式。设置为虚拟变量，农村流入为1，跨市流动为0。（2）迁入时间。设置为连续变量。

6. 区域特征

区域特征包括：（1）城市经济：迁入地2017年人均GDP。（2）城市规模：迁入地2017年常住人口。（3）城市区域：设置为虚拟变量，将城市按地理位置分为浙东、浙南、浙西、浙北、浙中，属于特定区域时为1，其他为0。

变量定义和描述性统计如表2-2所示。

表2-2　　　　　　　　变量定义和描述性统计

变量名称	变量定义	最小值	最大值	均值	标准偏差
定居意愿	设置为虚拟变量，打算在当地居住5年以上=1，其他选项=0	0	1	0.57	0.496
房价收入比	设置为连续变量，迁入地2017年商品住房销售均价/2017年家庭年收入	0	2.28	0.1543	0.16984

续表

变量名称	变量定义	最小值	最大值	均值	标准偏差
住房产权	设置为虚拟变量，在迁入地拥有住房=1，无住房=0	0	1	0.4644	0.49876
住房公积金	设置为虚拟变量，缴纳住房公积金=1，不缴纳住房公积金=0	0	1	0.5627	0.49608
性别	设置为虚拟变量，男性=1，女性=0	0	1	0.53	0.499
年龄	设置为连续变量，受访者周岁年龄	18	60	35.55	8.756
婚姻	设置为虚拟变量，已婚=1，未婚、离异=0	0	1	0.76	0.425
教育水平	设置为虚拟变量，本科及以上=1，本科以下=0	0	1	0.38	0.486
工作状况	设置为虚拟变量，目前有工作=1，无工作=0	0	1	0.97	0.169
单位类型	设置为虚拟变量，国有事业单位=1，其他=0	0	1	0.16	0.365
行业类型	设置为虚拟变量，劳动密集型行业=1，资金密集型行业=0	0	1	0.76	0.428
家庭结构	设置为虚拟变量，与配偶同住=1，不与配偶同住=0	0	1	0.68	0.466
家庭收入	设置为连续变量，被调查对象2017年家庭总收入	10 000	10 000 000	142 661	250 789
流动方式	设置为虚拟变量，农村流入=1，跨市流动=0	0	1	0.44	0.496
迁入时间	设置为连续变量，迁入当地年限	0	40	7.37	5.810
城市人均GDP	设置为连续变量，样本所在地区2017年人均GDP	50 357	356 637	111 734	65 052
城市规模	设置为连续变量，样本所在地区2017年常住人口	24	824	150.57	181.36
城市区域	设置为虚拟变量，属于特定区域=1，其他=0	0	1	0.12	0.331

第四节 实证结果及分析

一、住房价格对新市民定居决策影响的检验结果

(一) 住房价格对新市民形成挤出效应

以房价收入比和住房产权作为解释变量,考察解释变量对新市民定居决策的影响。我们在模型中逐步加入住房公积金、个体特征、家庭特征和地区特征等控制变量,模型2-1只控制核心解释变量,模型2-2加入住房公积金,模型2-3加入个体及家庭相关特征,模型2-4加入区域特征变量。采用Logit模型进行估计,估计结果如表2-3所示。

表2-3 房价收入比、住房产权与新市民定居决策:Logit回归结果

变量名称	核心解释变量 (模型2-1)	加入住房公积金 (模型2-2)	加入个体及家庭 特征 (模型2-3)	加入区域特征 (模型2-4)
样本量	8 466	8 466	8 466	8 466
房价收入比	-0.149 *** (0.026)	-0.150 *** (0.026)	-0.128 *** (0.027)	-0.133 *** (0.028)
住房产权	1.459 *** (0.049)	1.430 *** (0.049)	1.026 *** (0.054)	1.023 *** (0.055)
住房公积金		0.273 *** (0.047)	0.338 *** (0.054)	0.466 *** (0.059)
性别			0.037 (0.050)	0.048 (0.051)
年龄			0.085 *** (0.033)	0.096 *** (0.033)
婚姻			0.007 (0.089)	0.080 (0.091)

续表

变量名称	核心解释变量 （模型 2 - 1）	加入住房公积金 （模型 2 - 2）	加入个体及家庭 特征（模型 2 - 3）	加入区域特征 （模型 2 - 4）
教育水平			0.260 *** （0.059）	0.213 *** （0.060）
工作状况			0.447 *** （0.156）	0.375 ** （0.158）
单位类型			0.232 *** （0.080）	0.238 *** （0.081）
行业类型			- 0.395 *** （0.069）	- 0.123 * （0.074）
家庭结构			0.496 *** （0.076）	0.453 *** （0.077）
家庭收入			- 0.033 （0.024）	- 0.045 （0.025）
流动方式			0.577 *** （0.051）	0.499 *** （0.052）
迁入时间			0.383 *** （0.032）	0.366 *** （0.033）
城市人均 GDP				- 0.235 ** （0.094）
城市规模				0.377 *** （0.089）
城市区域（以浙中地区为参照组）				
浙东				- 0.412 *** （0.105）
浙西				0.629 *** （0.115）
浙南				- 0.522 *** （0.116）
浙北				- 0.399 *** （0.083）

变量名称	核心解释变量（模型 2 - 1）	加入住房公积金（模型 2 - 2）	加入个体及家庭特征（模型 2 - 3）	加入区域特征（模型 2 - 4）
常量	0.265 *** (0.022)	- 0.503 *** (0.039)	- 1.224 *** (0.157)	- 1.148 *** (0.169)
R^2	0.026	0.171	0.252	0.272

注：括号内为对应的 t 统计量的值；*** 、 ** 、 * 分别表示在 1% 、5% 、10% 显著水平上显著。

表 2 - 3 的回归结果显示，随着控制变量的逐步加入，R^2 值逐步提高，模型拟合效果逐步改善。而房价收入比对新市民定居意愿的影响始终显著为负，住房产权对定居意愿的影响始终显著为正，即便加入了住房公积金，个体、家庭特征以及区域特征等控制变量，该结论依然成立。根据模型 2 - 4 的回归结果，解释变量房价收入比的回归系数为 - 0.133，并且在 1% 的水平上显著，意味着房价收入比上升对新市民的定居意愿有显著的负向影响。房价收入比每上升 1 个单位，新市民在迁入地的定居意愿下降 12.45%（$e^{-0.133} - 1$），H2 - 1 成立。房价收入比提高降低了新市民的城市定居意愿。

住房产权对定居意愿的影响在 1% 的水平上显著为正，相对于没有住房的群体，拥有住房的新市民定居意愿提高 1.78 倍（$e^{1.023} - 1$），在迁入地拥有住房的新市民更倾向于在当地长期定居，H2 - 2 成立。住房的预期财富效应增加了新市民的定居意愿。

其他控制变量对新市民的城市定居意愿也有影响。住房公积金对定居意愿的影响在 1% 的水平上显著为正，缴纳住房公积金显著增加新市民的定居意愿。与不缴纳公积金的新市民相比，缴纳住房公积金的新市民定居可能性提高了 59.3%（$e^{1.023} - 1$）。在个体特征方面，性别、婚姻状态对定居意愿的影响不显著，而年龄和教育水平对定居意愿有显著影响，其中年龄对定居意愿的影响在 1% 的水平上显著为正，即年龄越大，越倾向于在城市定居。教育水平对定居意愿的影响在 1% 的水平上显著为正，大专以上的新市民更倾向于在城市定居。在职业特征方面，行业类型对定居意愿的影响不显著，工作状况、单位类型对定居意愿有显著影响。有工作、机关事业单位的新市民更倾向于在城市定居。从家庭特征来看，与配偶一起迁移即家庭式迁移比单独迁移定居意愿越高。从流动特征来看，乡城流动的新市民定居意愿更高，在城市居住时间越长，城市定居意愿更强。从区域特征来看，城市人均 GDP 和城市规模对定居意愿都有显著影响，人均 GDP 越高，定居意愿越低，城市规模越大，定居意愿越强。考虑到控制变量之前可能会存在潜在的内生性问题，因此本书对控制变量的估计结果不进行讨论。

那么，住房产权的锁定效应是否会调节房价收入比对新市民的挤出效应呢？我们在模型2-4中引入房价收入比与住房产权的交互项，模型估计结果如表2-4所示。我们发现，虽然房价收入比与住房产权的交互项系数是正的，但是却并不显著，也就是说随着房价收入比的上涨，有房家庭的定居意愿和无房家庭的定居意愿并没有显著差异，这一结论有别于已有文献提出的房价收入比对无房者影响更大。[1]

表2-4　　　　房价收入比与住房产权交互项对定居决策的影响

变量名称	全样本 （模型2-4）	加入房价收入比和住房产权的交互项 （模型2-5）
样本量	8 466	8 466
房价收入比	-0.133*** (0.028)	-0.146*** (0.033)
住房产权	1.023*** (0.055)	1.027*** (0.055)
房价收入比×住房产权		0.046 (0.059)
控制变量	控制	控制
常量	-1.148*** (0.169)	-1.149*** (0.169)
R^2	0.272	0.274

注：括号内为对应的t统计量的值；*** 表示在1%显著水平上显著。

我们进一步按照是否有住房，将整体样本分成有住房和没有住房两个分样本，分别用Logit模型进行回归（见表2-5）。结果表明无论是否拥有住房，房价收入比对新市民的定居意愿均有显著的负向作用。房价收入比上涨1个单位，有房的新市民定居意愿下降9.33%（$e^{1.023}-1$，$p<0.01$），无房的新市民定居意愿下降12.1%（$e^{-0.098}-1$，$p<0.01$），房价收入比对无房新市民的边际作用略大。但是拥有住房产权并没有显著缓解高房价给人们带来的生活压力，现阶段房价影响新市民定居决策的传导机制中，挤出效应占据主导地位。

---

[1] 周颖刚、蒙莉娜、卢琪：《高房价挤出了谁?》，载于《经济研究》2019年第9期。

表 2 - 5　　　　　房价收入比对定居决策的影响：是否有房的影响

变量名称	全样本 （模型 2 - 4）	有住房 （模型 2 - 6）	无住房 （模型 2 - 7）
样本量	8 466	3 932	4 534
房价收入比	- 0. 133 *** （0. 028）	- 0. 098 * （0. 052）	- 0. 129 *** （0. 035）
住房产权	1. 023 *** （0. 055）		
控制变量	控制	控制	控制
常量	- 1. 148 *** （0. 169）	0. 154 （0. 243）	- 1. 469 *** （0. 253）
R^2	0. 272	0. 113	0. 161

注：括号内为对应的 t 统计量的值；***、* 分别表示在 1%、10% 显著水平上显著。

（二）住房价格挤出效应的个体差异

房价收入比对新市民定居意愿的影响可能会因人而异，我们引入房价收入比和调查对象的年龄、教育水平、迁入时间的交互项，并进一步区分是否拥有住房产权以及不同的年龄、不同的教育水平、不同的迁入时间等样本，考察新市民中的不同群体对定居决策中风险与收益的权衡差异。

1. 年龄的差异

我们在模型中加入房价收入比与年龄的交互项，同时，为了进一步探讨住房条件对新市民城市定居意愿的影响是否存在代际差异，将样本按照出生年份分成三组样本：（1）"90 后"，1990 年以后出生。（2）"80 后"，1980 ~ 1989 年出生。（3）"80 前"，1980 年之前出生，结果如表 2 - 6 所示。

表 2 - 6　　　　房价收入比对定居决策的影响：年龄的差异

变量名称	全样本 （模型 2 - 4）	加入房价收入比 与年龄交互项 （模型 2 - 8）	"80 前" （模型 2 - 9）	"80 后" （模型 2 - 10）	"90 后" （模型 2 - 11）
样本量	8 466	8 466	2 783	3 653	2 030
房价 收入比	- 0. 133 *** （0. 028）	- 0. 130 *** （0. 029）	- 0. 048 （0. 048）	- 0. 159 *** （0. 054）	- 0. 156 *** （0. 050）

续表

变量名称	全样本（模型 2－4）	加入房价收入比与年龄交互项（模型 2－8）	"80 前"（模型 2－9）	"80 后"（模型 2－10）	"90 后"（模型 2－11）
年龄	0.096***（0.033）	0.091***（0.033）	0.180**（0.080）	0.048（0.127）	0.037（0.259）
房价收入比×年龄		0.059**（0.023）			
住房产权	1.023***（0.055）	1.023***（0.055）	0.912***（0.100）	1.024***（0.083）	1.135***（0.111）
控制变量	控制	控制	控制	控制	控制
常量	－1.148***（0.169）	－1.168***（0.169）	－1.585***（0.331）	－0.816***（0.302）	－1.099**（0.462）
R^2	0.272	0.273	0.297	0.238	0.227

注：括号内为对应的 t 统计量的值；***、** 分别表示在 1%、5% 显著水平上显著。

模型 2－8 报告了年龄对房价收入比与定居决策之间关系调节作用的检验结果。结果表明，房价收入比和年龄的交互项与定居决策是显著的正相关关系（系数为 0.059，$p < 0.05$）。为了更好地说明年龄的调节作用，我们绘制了年龄的调节效应图（见图 2－1）。图 2－1 中，横轴从左至右，随着房价收入比的增加，年龄大的群体和年龄小的群体城市定居意愿均逐步下降，但是相对年龄大的群体，年龄小的群体定居意愿随着房价收入比的增加下降更快，年龄小的群体对房价收入比更敏感。导致房价收入比对年轻人的城市定居意愿负效应更强的原因可能是，一方面，年龄小的群体家庭财富积累相对较少，房价收入比上升降低了他们未来在城市购房的可能性，导致他们离开城市的可能性增加；另一方面，年轻人适应新环境的能力更强，找到新工作的机会更大。因此，当前居住的城市房价收入比上涨时，年轻人流动到其他城市预期收益更高，从而使年轻人的定居意愿对房价收入比上涨的反应更为敏感。

我们进一步将整体样本区分为"80 前""80 后""90 后"三组分样本分别进行回归，分样本的回归结果也进一步验证了房价收入比对不同年龄群体影响程度的差异，房价收入比对定居意愿的影响只在"80 后"和"90 后"群体中显著，而对"80 前"群体无显著影响（见表 2－6）。

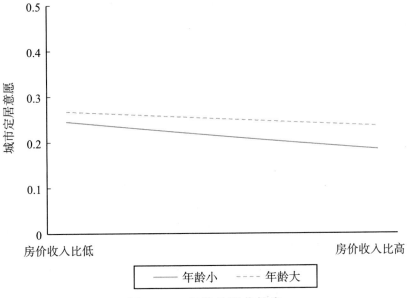

图 2 - 1　年龄的调节效应

　　为进一步讨论不同住房权属情况下房价收入比对不同年龄群体的影响，将整体样本按照"80 前""80 后"和有无住房，分为四个子样本，分别检验房价收入比对定居意愿的影响，回归结果如表 2 - 7 所示。

表 2 - 7　　房价收入比对定居决策的影响：年龄与是否有房的差异

变量名称	全样本 （模型 2 - 4）	"80 前"		"80 后"	
		有住房 （模型 2 - 12）	无住房 （模型 2 - 13）	有住房 （模型 2 - 14）	无住房 （模型 2 - 15）
样本量	8 466	1 413	1 370	2 519	3 164
房价收入比	- 0. 133 *** （0. 028）	- 0. 063 （0. 091）	- 0. 014 （0. 062）	- 0. 105 （0. 065）	- 0. 187 *** （0. 046）
住房产权	1. 023 *** （0. 055）				
控制变量	控制	控制	控制	控制	控制
常量	- 1. 148 *** （0. 169）	0. 015 （0. 497）	- 2. 287 *** （0. 481）	- 0. 003 （0. 333）	- 0. 944 ** （0. 337）
R^2	0. 272	0. 166	0. 202	0. 100	0. 148

　　注：括号内为对应的 t 统计量的值；***、** 表示在 1%、5% 显著水平上显著。

从分样本的回归结果来看，房价收入比对1980年后出生并且无房的新市民群体定居意愿的边际作用最大。房价收入比每上升1个单位，这部分群体的城市定居意愿下降17.06%（$e^{-0.187}-1$，$p<0.01$），房价收入比对"80后"并且已经拥有住房的群体的定居意愿没有显著影响。

2. 教育水平的差异

为讨论房价收入比对不同教育水平群体的影响，我们加入房价收入比和教育水平的交互项，回归结果显示房价收入比与教育水平的交互项不显著，房价收入比对不同教育水平的新市民定居意愿的影响并没有显著差异。我们进一步将样本分为大专以下和大专以上两个分样本，分别检验房价收入比对分样本定居意愿的影响，结果如表2-8所示。回归结果表明房价收入比对不同教育水平的新市民定居意愿的影响均显著为负，但是从分样本的边际效应来看，高房价对高学历的新市民定居意愿的边际效应更大，房价收入比上升1个单位，低学历群体定居意愿下降10.77%（$e^{-0.114}-1$，$p<0.01$），高学历群体的定居意愿下降14.87%（$e^{-0.161}-1$，$p<0.01$）。其原因可能一方面由于学历高的群体流动到其他城市适应新环境的能力更强，找到好工作的机会更大，继续流动的预期收益也更大，因此房价收入比对高学历群体的边际作用更大。另一方面也可能是高房价抑制了高学历群体的购房需求，导致其选择流向其他城市，而低学历群体由于收入较低，没有在城市购房的打算，迁入地房价的上涨对其影响不大。

表2-8　　　房价收入比对定居决策的影响：教育水平的差异

变量名称	全样本（模型2-4）	加入房价收入比与教育交互项（模型2-16）	大专及以上（模型2-17）	大专以下（模型2-18）
样本量	8 466	8 466	3 984	4 482
房价收入比	-0.133*** (0.028)	-0.115*** (0.036)	-0.161*** (0.042)	-0.114*** (0.038)
教育水平	0.213*** (0.060)	0.213*** (0.060)		
房价收入比×教育水平		-0.040 (0.052)		
住房产权	1.023*** (0.055)	1.023*** (0.055)	0.963*** (0.079)	1.043*** (0.077)
控制变量	控制	控制	控制	控制

变量名称	全样本 (模型2-4)	加入房价收入比 与教育交互项 (模型2-16)	大专及以上 (模型2-17)	大专以下 (模型2-18)
常量	-1.148*** (0.169)	-1.148*** (0.169)	-0.797*** (0.288)	-1.216*** (0.218)
R^2	0.272	0.272	0.262	0.278

注：括号内为对应的 t 统计量的值；*** 表示在 1% 显著水平上显著。

我们进一步按在迁入地有没有产权住房分类，检验房价收入比对定居意愿的影响，结果如表 2-9 所示。回归结果表明，对于有住房的新市民来说，房价收入比对大专及以上及大专以下的群体定居意愿没有显著影响。而对于没有住房的新市民来说，房价收入比对大专及以上且无房的群体负向影响更大。房价收入比每上升 1 个单位，大专以下的群体定居意愿下降 7.78%（$e^{-0.081}$，$p<0.1$），而大专及以上的群体定居意愿下降 17.47%（$e^{-0.192}-1$，$p<0.01$）。

表 2-9   房价收入比对定居决策的影响：教育水平与是否有房的差异

变量名称	全样本 (模型2-4)	大专以下		大专及以上	
		有住房 (模型2-19)	无住房 (模型2-20)	有住房 (模型2-21)	无住房 (模型2-22)
样本量	8 466	1 673	2 809	2 259	1 725
房价收入比	-0.133*** (0.028)	-0.112 (0.074)	-0.081* (0.046)	-0.067 (0.076)	-0.192*** (0.056)
住房产权	1.023*** (0.055)				
控制变量	控制	控制	控制	控制	控制
常量	-1.148*** (0.169)	0.321 (0.348)	-1.661*** (0.301)	0.058 (0.360)	-0.682 (0.509)
R^2	0.272	0.140	0.172	0.116	0.168

注：括号内为对应的 t 统计量的值；***、* 分别表示在 1%、10% 显著水平上显著。

3. 迁入时间的差异

我们在模型中加入房价收入比与迁入时间的交互项，并将总体样本按迁入时间的长短划分为新近迁入（近 5 年迁入）和非新近迁入（在当地已居住 5 年以上）两个分样本，研究在不同的迁入时间下，房价收入比对新市民定居意愿的影响，结果如表 2 - 10 所示。我们发现房价收入比和迁入时间的调节项显著为正，从图 2 - 2 可以更明显地看到房价对不同迁入时间的新市民的挤出效应，相对迁入时间长的新市民，迁入时间短的新市民随着房价收入比提高，定居意愿下降更快。其原因可能是迁入时间短的居民，在当地积累的经济资本、社会资本相对较少，对迁入地的依恋不深，相对已在当地长期生活的居民来说，迁移成本更小。分样本的回归结果也表明房价收入比对迁入时间 5 年以上的新市民定居意愿并没有显著影响，但是对新迁入的新市民有显著的负向影响。

表 2 - 10   房价收入比对定居决策的影响：迁入时间的差异

变量名称	全样本 （模型 2 - 4）	加入房价收入比 与迁入时间交互项 （模型 2 - 23）	迁入 5 年以下 （模型 2 - 24）	迁入 5 年以上 （模型 2 - 25）
样本量	8 466	8 466	4 011	4 455
房价收入比	- 0. 133 *** （0. 028）	- 0. 123 *** （0. 029）	- 0. 156 *** （0. 040）	- 0. 064 （0. 043）
迁入时间	0. 366 *** （0. 033）	0. 366 *** （0. 033）	0. 958 *** （0. 149）	0. 207 *** （0. 050）
房价收入比 × 迁入时间		0. 080 *** （0. 027）		
住房产权	1. 023 *** （0. 055）	1. 026 *** （0. 055）	1. 095 *** （0. 078）	0. 946 *** （0. 078）
控制变量	控制	控制	控制	控制
常量	- 1. 148 *** （0. 169）	- 1. 184 *** （0. 170）	- 0. 680 ** （0. 287）	- 0. 920 *** （0. 235）
R^2	0. 272	0. 273	0. 228	0. 237

注：括号内为对应的 t 统计量的值；*** 、** 分别表示在 1%、5% 显著水平上显著。

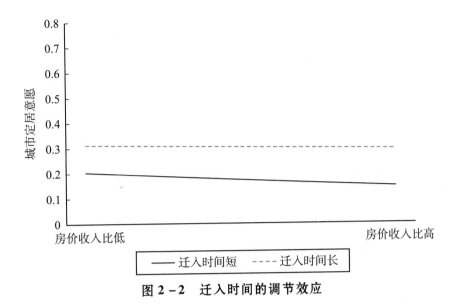

图 2 - 2　迁入时间的调节效应

　　我们进一步按迁入时间以及在迁入地有没有产权住房，分成四个分样本，检验房价收入比对分样本定居意愿的影响，结果如表 2 - 11 所示。结果显示房价收入比对新迁入且无房的新市民影响最大，房价收入比每上升 1 个单位，无住房且新迁入的新市民定居意愿下降 17.63% （$e^{-0.194} - 1$，$p < 0.01$）。对已在当地居住 5 年以上的新市民而言，房价收入比对拥有住房的居民有显著的负向影响，其原因可能是一方面对已购房的新市民来说，高房价意味着还贷压力大，高额的住房支出挤占了其他生活开支进而影响其生活品质，另一方面也可能是他们对住房条件有更高的需求，房价收入比的上涨阻碍其改善住房条件。

表 2 - 11　　房价收入比对定居决策的影响：迁入时间与是否有房的差异

变量名称	全样本（模型 2 - 4）	迁入 5 年以下		迁入 5 年以上	
		有住房（模型 2 - 26）	无住房（模型 2 - 27）	有住房（模型 2 - 28）	无住房（模型 2 - 29）
样本量	8 466	1 444	2 567	2 488	1 967
房价收入比	- 0.133*** (0.028)	- 0.051 (0.077)	- 0.194*** (0.052)	- 0.133* (0.077)	- 0.014 (0.053)
住房产权	1.023*** (0.055)				
控制变量	控制	控制	控制	控制	控制

续表

变量名称	全样本（模型 2 - 4）	迁入 5 年以下		迁入 5 年以上	
		有住房（模型 2 - 26）	无住房（模型 2 - 27）	有住房（模型 2 - 28）	无住房（模型 2 - 29）
常量	- 1.148 *** (0.169)	0.707 (0.451)	- 0.926 ** (0.400)	0.460 (0.331)	- 1.502 *** (0.366)
R^2	0.272	0.101	0.115	0.099	0.163

注：括号内为对应的 t 统计量的值；*** 、** 、* 分别表示在 1%、5%、10% 显著水平上显著。

（三） 住房价格挤出效应的地区差异

本章的回归样本中包含了浙江省 24 个县（市、区），城市之间有一定的差异性，为研究不同城市规模下，房价收入比对新市民定居意愿的影响效应，我们加入房价收入比与城市常住人口的交互项。并按常住人口是否超过 100 万人将整体样本划分为两个分样本，研究房价收入比对新市民定居意愿影响的城市差异，结果如表 2 - 12 所示。从城市规模对定居意愿的影响来看，系数显著为正（系数 = 0.377，$p < 0.01$），说明城市规模越大，新市民在当地的定居意愿越高。大城市可能意味着更好的城市公共服务，更多的工作发展机会，对新市民的吸引力更大，定居意愿更高。但是我们发现房价收入比与城市规模的交互项显著为负，也意味着随着房价的上涨，大城市对新市民的吸引力正在被逐渐削弱。从图 2 - 3 调节效果图来看，虽然大城市的定居意愿始终高于小城市，但是随着房价收入比的上升，大城市的定居意愿正在逐渐下降。

表 2 - 12　　　　房价收入比对定居决策的影响：城市规模的差异

变量名称	全样本（模型 5 - 4）	加入房价收入比与城市规模交互项（模型 5 - 30）	常住人口 100 万人以下地区（模型 5 - 31）	常住人口 100 万人以上地区（模型 5 - 32）
样本量	8 466	8 466	4 446	4 020
房价收入比	- 0.133 *** (0.028)	- 0.111 *** (0.030)	- 0.216 *** (0.051)	- 0.109 *** (0.035)
城市规模	0.377 *** (0.089)	0.370 *** (0.089)		
房价收入比 × 城市规模		- 0.045 ** (0.020)		

续表

变量名称	全样本 （模型 5 - 4）	加入房价收入比 与城市规模交互项 （模型 5 - 30）	常住人口 100 万人以下地区 （模型 5 - 31）	常住人口 100 万人以上地区 （模型 5 - 32）
控制变量	控 制	控 制	控 制	控 制
R^2	0.272	0.273	0.313	0.269

注：括号内为对应的 t 统计量的值；***、** 分别表示在 1%、5% 显著水平上显著。

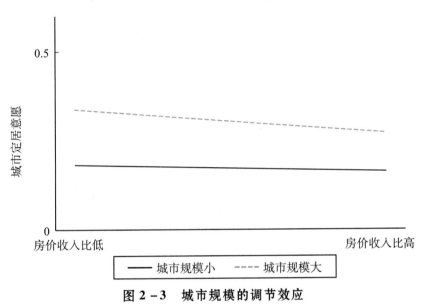

图 2 - 3　城市规模的调节效应

我们进一步按城市常住人口以及在迁入地有没有产权住房，分成四个分样本，检验房价收入比对分样本定居意愿的影响，结果如表 2 - 13 所示。回归结果显示规模较大的城市中的迁入地有房群体对房价收入比不敏感，其他三个分样本中，房价收入比对定居意愿的作用均显著为负。

表 2 - 13　　房价收入比对定居决策的影响：城市规模与是否有房的差异

变量名称	全样本 （模型 2 - 4）	常住人口 100 万人以下地区		常住人口 100 万人以上地区	
		无房 （模型 2 - 33）	有房 （模型 2 - 34）	无房 （模型 2 - 35）	有房 （模型 2 - 36）
样本量	8 466	2 190	2 256	2 344	1 676
房价收入比	- 0.133 *** (0.028)	- 0.157 ** (0.061)	- 0.396 *** (0.097)	- 0.147 *** (0.046)	0.060 (0.077)

续表

变量名称	全样本 (模型 2 - 4)	常住人口 100 万人以下地区		常住人口 100 万人以上地区	
		无房 (模型 2 - 33)	有房 (模型 2 - 34)	无房 (模型 2 - 35)	有房 (模型 2 - 36)
住房产权	1.023 *** (0.055)				
控制变量	控 制	控 制	控 制	控 制	控 制
常量	- 1.148 *** (0.169)	- 1.427 *** (0.384)	- 0.357 (0.396)	- 2.133 *** (0.443)	- 0.803 ** (0.404)
R^2	0.272	0.180	0.194	0.176	0.116

注：括号内为对应的 t 统计量的值；*** 、** 分别表示在 1%、5% 显著水平上显著。

我们还检验了年龄、教育水平、迁入时间在不同规模城市的调节作用（见图 2 - 4、图 2 - 5 和表 2 - 14），回归结果表明在规模大的城市中，年龄和迁入时间对房价收入比和定居意愿的关系有显著的调节作用。在规模小的城市中，年龄和迁入时间没有显著的调节作用。即在常住人口规模超过 100 万人的城市中，房价收入比对年轻人、迁入时间短的新市民挤出效应更为明显。教育水平在不同规模的城市均没有调节作用。

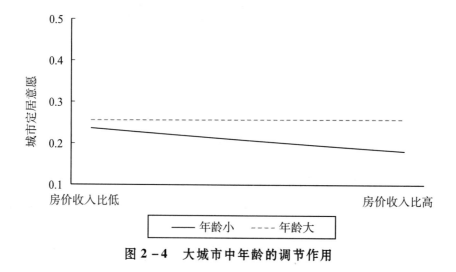

图 2 - 4　大城市中年龄的调节作用

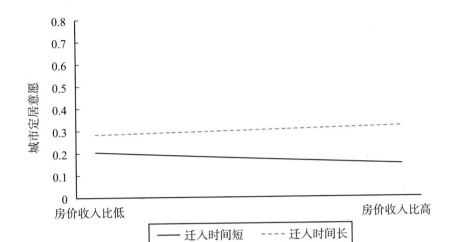

图 2 - 5　大城市中迁入时间的调节作用

表 2 - 14　　　　　不同城市规模下个体特征的调节作用

调节变量	年龄		教育水平		迁入时间	
城市分组	常住人口 <100万人 (模型2-37)	常住人口 >100万人 (模型2-38)	常住人口 <100万人 (模型2-39)	常住人口 >100万人 (模型2-40)	常住人口 <100万人 (模型2-41)	常住人口 >100万人 (模型2-42)
样本量	4 446	4 020	4 446	4 020	4 446	4 020
房价收入比	-0.221*** (0.052)	-0.080** (0.039)	-0.188*** (0.057)	-0.081 (0.051)	-0.224*** (0.052)	-0.055 (0.042)
年龄	0.049 (0.044)	0.139*** (0.051)	0.047 (0.044)	0.158*** (0.051)	0.047 (0.045)	0.152*** (0.051)
房价收入比×年龄	0.018 (0.037)	0.087*** (0.033)				
教育水平	0.058 (0.084)	0.424*** (0.090)	0.040 (0.086)	0.428*** (0.091)	0.056 (0.084)	0.421*** (0.090)
房价收入比×教育水平			-0.106 (0.103)	-0.049 (0.065)		
迁入时间	0.364*** (0.046)	0.368*** (0.048)	0.365*** (0.046)	0.364*** (0.048)	0.368*** (0.046)	0.355*** (0.048)
房价收入比×迁入时间					0.040 (0.037)	0.139*** (0.045)

79

第二章　住房价格与定居决策

续表

调节变量	年龄		教育水平		迁入时间	
城市分组	常住人口 <100万人 （模型2-37）	常住人口 >100万人 （模型2-38）	常住人口 <100万人 （模型2-39）	常住人口 >100万人 （模型2-40）	常住人口 <100万人 （模型2-41）	常住人口 >100万人 （模型2-42）
住房产权	1.043 *** (0.076)	0.873 *** (0.083)	1.042 *** (0.076)	0.875 *** (0.083)	1.044 *** (0.076)	0.879 *** (0.083)
控制变量	控制	控制	控制	控制	控制	控制
常量	-1.399 *** (0.271)	-1.774 *** (0.276)	-1.376 *** (0.270)	-1.808 *** (0.275)	-1.414 *** (0.271)	-1.813 *** (0.277)
R^2	0.313	0.313	0.313	0.269	0.313	0.272

注：括号内为对应的 t 统计量的值；*** 、** 分别表示在1%、5%显著水平上显著。

二、住房公积金对房价挤出效应的调节作用

（一）基于新市民总体的调节作用

根据模型2-4的回归结果，我们发现住房公积金对定居意愿的影响在 p < 0.01 的水平上显著为正，系数为0.466，即和不缴纳住房公积金的群体相比，缴纳住房公积金的群体城市定居意愿提升59.36%（$e^{0.466} - 1$）。住房公积金作为一种住房保障制度，提高了新市民解决或是改善住房问题的心理预期，因而对其定居意愿有正向促进作用。那么住房公积金能否弱化房价收入比对新市民定居意愿的负向影响呢？我们在模型2-4中加入房价收入比与住房公积金的交互项，表2-15报告了住房公积金对房价收入比与定居意愿之间关系调节作用的检验结果。结果表明住房公积金对房价收入比与定居意愿之间的关系起到了正向的调节效应。为了更好地说明住房公积金的调节作用，我们绘制了住房公积金的调节效应图（见图2-6）。图2-6中，横轴从左至右，随着房价收入比的增加，定居意愿逐步下降，与不缴纳住房公积金的新市民相比，缴纳住房公积金的新市民定居意愿下降缓慢，住房公积金能弱化房价收入比对定居意愿的负向作用。H2-3成立。

表 2 - 15　　　房价收入比与住房公积金的交互项对定居决策的影响

变量名称	全样本 （模型 2 - 4）	加入房价收入比与住房公积金交互项 （模型 2 - 43）
样本量	8 466	8 466
房价收入比	- 0.133 *** （0.028）	- 0.242 *** （0.049）
住房公积金	0.466 *** （0.059）	0.463 *** （0.059）
房价收入比 × 住房公积金		0.164 *** （0.057）
住房产权	1.023 *** （0.055）	1.019 *** （0.055）
控制变量	控制	控制
R^2	0.272	0.273

注：括号内为对应的 t 统计量的值；*** 表示在 1% 显著水平上显著。

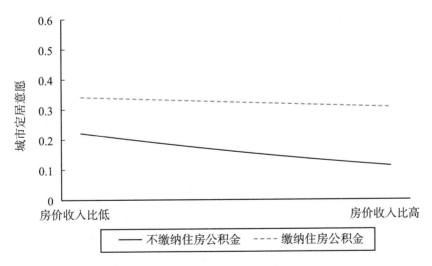

图 2 - 6　住房公积金的调节效应

（二）　住房公积金调节作用的个体差异

为了考察住房公积金对房价收入比和定居决策之间关系的调节作用对不同的

个体是否有差异，我们根据年龄、教育水平以及迁入时间三个维度进行更加详细的研究。

1. 住房公积金的调节作用在年龄上的差异

根据前文的实证结果，房价收入比对"80前"的群体没有显著影响，而对"80后"和"90后"的群体有显著的负向影响，缴纳住房公积金则有显著的正向影响，从表2-16中的按年龄分组的回归结果可以看出，缴纳住房公积金对"90后"新市民城市定居意愿的影响比"80后"的影响更大。缴纳住房公积金可以使"90后"新市民城市定居的概率在 $p < 0.01$ 的显著水平上提升75.24%（$e^{0.561} - 1$），而对"80后"而言，提升的概率为46.7%（$e^{0.383} - 1$）。我们进一步区分住房公积金对"80后"和"90后"分样本的调节作用，分别在两个模型中加入房价收入比与住房公积金的交互项后，我们发现交互项对定居意愿的影响均显著为正，随着房价收入比的增加，未缴纳住房公积金的群体定居意愿迅速下降，而缴纳住房公积金的群体定居意愿下降缓慢（见图2-7和图2-8）。

表2-16　　　　住房公积金的调节效应：年龄的差异

变量名称	"80后"（模型2-10）	加入房价收入比与住房公积金交互项（模型2-44）	"90后"（模型2-11）	加入房价收入比与住房公积金交互项（模型2-45）
样本量	3 653	3 653	2 030	2 030
房价收入比	-0.159 *** (0.054)	-0.351 *** (0.106)	-0.156 *** (0.050)	-0.315 *** (0.107)
住房公积金	0.383 *** (0.091)	0.406 *** (0.092)	0.561 *** (0.125)	0.532 *** (0.126)
房价收入比 × 住房公积金		0.260 ** (0.119)		0.202 * (0.114)
住房产权	1.024 *** (0.083)	1.014 *** (0.084)	1.135 *** (0.111)	1.131 *** (0.111)
控制变量	控制	控制	控制	控制
常量	-0.816 *** (0.302)	-0.802 *** (0.302)	-1.099 ** (0.462)	-1.104 ** (0.463)
R^2	0.238	0.240	0.227	0.229

注：括号内为对应的 t 统计量的值；*** 、** 、* 分别表示在1%、5%、10%显著水平上显著。

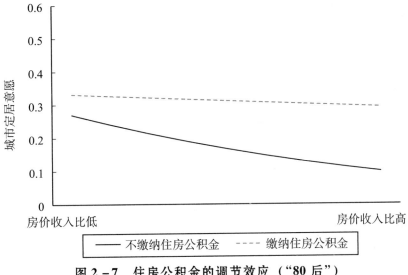

图 2 - 7　住房公积金的调节效应（"80 后"）

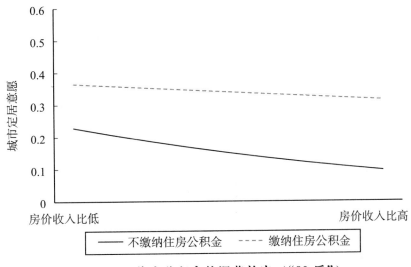

图 2 - 8　住房公积金的调节效应（"90 后"）

2. 住房公积金的调节作用在教育水平上的差异

根据前文的实证结果，房价收入比对不同教育水平的群体均有显著的负向影响，缴纳住房公积金则对新市民定居意愿有显著的正向影响，在教育水平较低的新市民中，相比不缴纳住房公积金的群体，缴纳住房公积金的群体城市定居意愿提高 81.0%（$e^{0.593}-1$，$p<0.01$），而对教育水平较高的新市民而言，缴纳住房公积金的群体定居意愿提高 29.9%（$e^{0.262}-1$，$p<0.01$），缴纳住房公积金对低学历新市民定居意愿的影响要比对高学历的影响更为明显。我们在模型中加入房

价收入比与住房公积金的交互项，发现房价收入比与住房公积金的交互项与定居决策呈显著的正相关关系，从住房公积金的调节作用也可以发现（见图2-9和图2-10），随着房价收入比的提高，在大专以下群体中，缴纳住房公积金的定居意愿几乎没有下降。在大专及以上群体中，缴纳住房公积金的定居意愿下降得比较缓慢（见表2-17）。

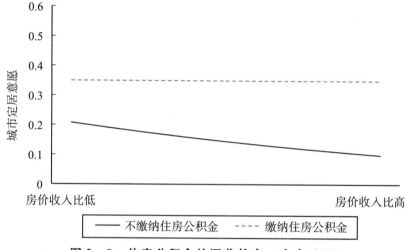

图 2-9　住房公积金的调节效应（大专以下）

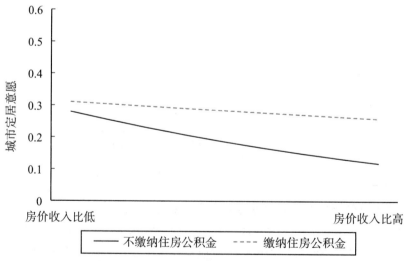

图 2-10　住房公积金的调节效应（大专及以上）

表 2 - 17　　　　　住房公积金的调节效应：教育水平的差异

变量名称	大专以下 （模型 5 - 18）	加入房价收入比与 住房公积金交互项 （模型 5 - 46）	大专及以上 （模型 5 - 17）	加入房价收入比与 住房公积金交互项 （模型 5 - 47）
样本量	4 482	4 482	3 984	3 984
房价收入比	- 0. 114 *** （0. 038）	- 0. 221 *** （0. 056）	- 0. 161 *** （0. 042）	- 0. 329 *** （0. 104）
住房公积金	0. 593 *** （0. 076）	0. 577 *** （0. 076）	0. 262 *** （0. 094）	0. 274 *** （0. 095）
房价收入比 × 住房公积金		0. 218 *** （0. 076）		0. 200 * （0. 111）
住房产权	1. 043 *** （0. 077）	1. 033 *** （0. 077）	0. 963 *** （0. 079）	0. 960 *** （0. 079）
控制变量	控　制	控　制	控　制	控　制
常量	- 1. 216 *** （0. 218）	- 1. 166 *** （0. 219）	- 0. 797 *** （0. 288）	- 0. 776 *** （0. 289）
R^2	0. 278	0. 280	0. 262	263

注：括号内为对应的 t 统计量的值；*** 、* 分别表示在 1% 、10% 显著水平上显著。

3. 住房公积金的调节作用在迁入时间上的差异

根据前文的实证结果，房价收入比只对迁入时间不足 5 年新市民的定居意愿有显著的负向影响，而对迁入时间 5 年以上的群体没有影响。但是从缴纳住房公积金的情况来看，缴纳住房公积金对两个群体的定居意愿均有显著的正向影响，对迁入时间达到 5 年以上的新市民而言，缴纳住房公积金使定居意愿显著提高 53.9% （$e^{0.431} - 1$）；迁入时间不足 5 年的新市民，缴纳住房公积金可以使定居意愿显著提高 61.0% （$e^{0.476} - 1$）。我们在迁入时间不足 5 年的分样本模型中加入房价收入比与住房公积金的交互项，发现房价收入比与住房公积金的交互项与定居决策是显著的正相关关系，从住房公积金的调节作用也可以发现（见图 2 - 11），随着房价收入比的提高，不缴纳住房公积金的群体定居意愿迅速下降，而缴纳住房公积金的定居意愿下降较为缓慢（见表 2 - 18）。

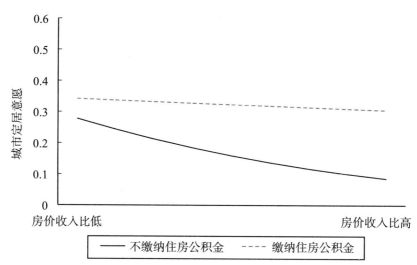

图 2 - 11　住房公积金的调节效应（近 5 年迁入）

表 2 - 18　　　　住房公积金的调节效应：迁入时间的差异

变量名称	迁入 5 年以上 （模型 2 - 25）	迁入 5 年以下 （模型 2 - 24）	加入房价收入比与 住房公积金交互项 （模型 2 - 48）
样本量	4 455	4 011	4 011
房价收入比	- 0.064 (0.043)	- 0.156 *** (0.040)	- 0.397 *** (0.086)
住房公积金	0.431 *** (0.083)	0.476 *** (0.085)	0.462 *** (0.085)
房价收入比 × 住房公积金			0.312 *** (0.091)
住房产权	0.946 *** (0.078)	1.095 *** (0.078)	1.088 *** (0.078)
控制变量	控制	控制	控制
常量	- 0.585 *** (0.112)	- 0.115 (0.128)	- 0.684 ** (0.288)
R^2	- 0.920 *** (0.235)	- 0.680 ** (0.287)	0.109

注：括号内为对应的 t 统计量的值；*** 、** 分别表示在 1% 、5% 显著水平上显著。

（三）住房公积金调节作用的区域差异

根据前文的实证结果，房价收入比对不同规模城市新市民的定居意愿均有显著的负向作用。从缴纳住房公积金的情况来看，缴纳住房公积金对两类地区新市民的定居意愿均有显著的正向影响，在常住人口 >100 万人的地区，缴纳住房公积金使定居意愿显著提高 87.57%（$e^{0.629}-1$）；在常住人口 <100 万人的地区，缴纳住房公积金使定居意愿显著提高 40.21%（$e^{0.338}-1$）。我们在两个分样本模型中加入房价收入比与住房公积金的交互项，发现只有在常住人口 >100 万人的地区，住房公积金对房价收入比有显著的调节作用，缴纳住房公积金可以弱化房价收入比对定居意愿的负向效应。在小城市中住房公积金对房价收入比没有调节作用。究其原因，可能是小城市的房价相对偏低，居民的购房能力强，住房公积金的调节作用有限（见表 2-19 和图 2-12）。

表 2-19　　　　　　住房公积金的调节效应：城市规模的差异

变量名称	常住人口 100 万人以下（模型 2-31）	加入房价收入比与住房公积金交互项（模型 2-49）	常住人口 100 万人以上（模型 2-32）	加入房价收入比与住房公积金交互项（模型 2-50）
样本量	4 446	4 446	4 020	4 020
房价收入比	-0.216 *** (0.051)	-0.258 *** (0.068)	-0.109 *** (0.035)	-0.270 *** (0.079)
住房公积金	0.338 *** (0.088)	0.348 *** (0.088)	0.629 *** (0.084)	0.609 *** (0.084)
房价收入比 × 住房公积金		0.096 (0.097)		0.201 ** (0.085)
住房产权	1.043 *** (0.076)	1.042 *** (0.076)	0.876 *** (0.083)	0.872 *** (0.083)
控制变量	控制	控制	控制	控制
常量	-1.387 *** (0.270)	-1.376 *** (0.270)	-1.807 *** (0.275)	-1.794 *** (0.275)
R^2	0.313	0.173	0.104	0.109

注：括号内为对应的 t 统计量的值；***、** 分别表示在 1%、5% 显著水平上显著。

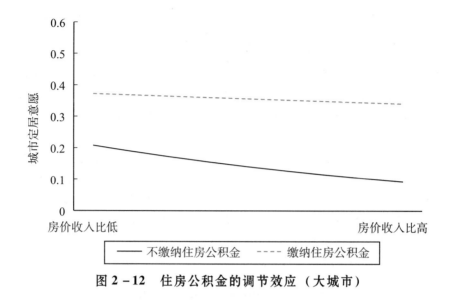

图 2 - 12　住房公积金的调节效应 （大城市）

三、稳健性检验

（一） 考虑新市民迁移动机的影响

　　NCHS 询问了调查对象的迁入原因，本章根据迁入原因是否为就业创业对样本进行了细分，得到一组以工作为迁入目的的分样本，共包括 7538 个样本，相比而言因工作而迁入的新市民更能体现定居决策中收益和风险的权衡。[①] 表 2 - 20 报告了分样本的回归结果，结果显示房价收入比、住房产权、房价收入比和住房产权的交互项以及房价收入比和住房公积金的交互项对定居意愿的影响结论和全样本一致。

表 2 - 20　　　　　　　　　稳定性检验结果 （1）

变量名称	因工作迁入分样本（模型 2 - 51）	加入房价收入比与住房产权交互项 （模型 2 - 52）	加入房价收入比与住房公积金交互项 （模型 2 - 53）
样本量	7 538	7 538	7 538
房价收入比	- 0. 149 *** （0. 030）	- 0. 157 *** （0. 035）	- 0. 262 *** （0. 055）

---

　　① 刘立光、王金营：《流动人口城市长期居留意愿的理性选择——基于非线性分层模型的实证研究》，载于《人口学刊》2019 年第 3 期。

变量名称	因工作迁入分样本（模型 2 - 51）	加入房价收入比与住房产权交互项（模型 2 - 52）	加入房价收入比与住房公积金交互项（模型 2 - 53）
住房产权	0.994 *** (0.058)	0.997 *** (0.059)	0.992 *** (0.058)
房价收入比 × 住房产权		0.034 (0.065)	
住房公积金	0.517 *** (0.062)	0.516 *** (0.062)	0.514 *** (0.062)
房价收入比 × 住房公积金			0.165 *** (0.063)
控制变量	控制	控制	控制
常量	- 1.243 *** (0.201)	- 1.244 *** (0.201)	- 1.215 *** (0.202)
R^2	0.269	0.269	0.270

注：括号内为对应的 t 统计量的值；*** 表示在 1% 显著水平上显著。

（二）更换控制变量的等级划分标准

我们将连续型控制变量如调查对象的年龄（更换为是否"80 后"）、迁入当地的时间（更换为迁入是否 5 年以上）、当地人均 GDP（更换为是否超过浙江省平均水平）、当地人口规模（更换为是否超过 100 万人）四个变量换成哑变量，表 2 - 21 报告了更换控制变量等级划分标准后的回归结果，结果与全样本一致。

表 2 - 21　　　　　　　　　稳定性检验结果（2）

变量名称	更换控制变量等级划分（模型 2 - 54）	加入房价收入比与住房产权交互项（模型 2 - 55）	加入房价收入比与住房公积金交互项（模型 2 - 56）
样本量	8 466	8 466	8 466
房价收入比	- 0.146 *** (0.030)	- 0.129 *** (0.032)	- 0.233 *** (0.055)
住房产权	1.035 *** (0.058)	1.063 *** (0.055)	1.031 *** (0.058)

变量名称	更换控制变量等级划分（模型 2 - 54）	加入房价收入比与住房产权交互项（模型 2 - 55）	加入房价收入比与住房公积金交互项（模型 2 - 56）
房价收入比 × 住房产权		0.022 (0.059)	
住房公积金	0.546 *** (0.062)	0.494 *** (0.059)	0.542 *** (0.062)
房价收入比 × 住房公积金			0.125 ** (0.063)
控制变量	控 制	控 制	控 制
常量	- 1.870 *** (0.204)	- 1.531 *** (0.178)	- 1.626 *** (0.211)
R^2	0.263	0.266	0.263

注：括号内为对应的 t 统计量的值；*** 、** 分别表示在 1% 、5% 显著水平上显著。

（三）更换实证模型进行回归

为了检验估计结果的稳健性，我们将 Logit 模型替换为 Probit 模型重新回归，回归结果如表 2 - 22 所示。回归结果和 Logit 模型回归结果一致。

表 2 - 22　　　　　　　　　　稳定性检验结果（3）

变量名称	Probit 模型（模型 2 - 57）	加入房价收入比与住房产权交互项（模型 2 - 58）	加入房价收入比与住房公积金交互项（模型 2 - 59）
样本量	8 466	8 466	8 466
房价收入比	- 0.032 ** (0.016)	- 0.029 (0.018)	- 0.050 ** (0.025)
住房产权	0.421 *** (0.032)	0.419 *** (0.033)	0.214 *** (0.034)
房价收入比 × 住房产权		0.006 (0.034)	
住房公积金	0.227 *** (0.034)	0.237 *** (0.034)	0.004 ** (0.030)

变量名称	Probit 模型（模型 2 - 57）	加入房价收入比与住房产权交互项（模型 2 - 58）	加入房价收入比与住房公积金交互项（模型 2 - 59）
房价收入比 × 住房公积金			0.437 *** (0.032)
控制变量	控制	控制	控制
截距	- 0.857 *** (0.098)	- 0.853 *** (0.098)	- 0.825 *** (0.098)

注：括号内为对应的 t 统计量的值； *** 、 ** 分别表示在 1% 、5% 显著水平上显著。

第五节　本章小结

本章对定居决策的影响因素、住房与定居决策的关系等相关文献进行了系统深入的回顾与评述。住房是满足人们居住需求的必需品，住房使用成本构成了新市民在城市生活最大的成本因素，从而影响新市民的定居决策。本章利用 2018 年住建部住房公积金监管司组织新市民调研的浙江区域问卷数据，构建 Logit 模型进行分析，研究结果表明：

第一，住房价格对新市民的定居决策形成挤出效应。房价收入比的提高显著降低了新市民的定居意愿，房价对新市民的定居决策形成挤出效应，而住房产权则会形成财富效应进而对新市民的定居决策有显著的促进作用，但是拥有住房产权并没有显著降低高房价的挤出效应，在经济发达地区，房价影响新市民定居决策的传导机制中，挤出效应占据主导地位。由于新市民群体的异质性，房价收入比对不同群体的影响有差异。从年龄来看，房价对年轻的群体挤出效应更明显，特别是年轻且没有住房的群体。从迁入的时间来看，房价对新近迁入的群体挤出效应更明显，即迁入时间短的新市民随着房价收入比提高，定居意愿下降更快，特别是在当地居住少于 5 年，且无房的群体。由于城市的异质性，房价收入比在不同的城市影响作用也有差异。相对城市规模小的地区，城市规模大的地区新市民定居意愿随着房价收入比的提高下降更快，房价的上涨逐渐削弱了大城市的吸引力。

第二，缴纳住房公积金可以调节房价的挤出效应。住房公积金对房价收入比与定居决策之间的关系起到了正向的调节效应，缴纳住房公积金能弱化房价收入比对新市民定居决策的负向影响，而由于新市民群体的异质性以及城市的异质性，住房公积金的作用也存在差异。从年龄来看，对"90后"和"80后"新市民群体来说，缴纳住房公积金均能显著弱化房价收入比对定居意愿的负向影响，就缴纳住房公积金的直接效应来说，对"90后"的影响更大。从教育水平来看，缴纳住房公积金对高学历和低学历群体都有调节效应，对低学历群体的定居意愿影响更大。从迁入的时间来看，缴纳住房公积金能弱化房价对新迁入新市民的挤出效应。但是缴纳住房公积金对房价收入比的调节效应只在大城市中成立，在小城市中调节效应不显著。

新市民作为城市经济发展中人口红利的重要动力源，为城市发展作出了积极的贡献，解决新市民的城镇住房问题，为他们提供适宜的居住条件是实现社会结构转型、促进城市发展的内在要求，也是化解"半城镇化"，推动新市民真正实现市民化的重要战略性举措。然而，当前，随着经济社会发展和城市建设的推进，新市民的住房困难逐步显现，尤其是近年来随着城市房价的不断攀升，加之大面积的城中村拆迁、整治，新市民的住房困难更加凸显。如果住房问题长期得不到解决，不仅影响企业的用工问题，制约城市经济发展，还可能引发各种社会问题，影响城市的和谐稳定。本书已证实房价特别是经济发达地区如浙江省的住房价格对新市民形成显著的挤出效应，而且年轻的、新近迁入的群体对高房价更为敏感。劳动力是经济发展的重要条件之一，地方经济的蓬勃发展在一定程度上依赖于源源不断的劳动力供给。因此，政府一方面应制定合理的房价调控政策，将房价控制在合理的范围内。另一方面应深度挖掘住房公积金制度的保障功能。推进住房公积金自愿缴存制度，鼓励企业和新市民本人缴存住房公积金，使更多新市民享受住房公积金制度的红利。

第三章

住房状况与婚姻缔结、家庭消费

住房资产在大多数国家都是家庭财富中最大的一项组成部分，与住房相关的研究主题已经涉及社会、政治和经济中的方方面面。一方面，我国城市的住房价格在房改之后不断攀升，且住房与公共教育等社会资源紧密关联，因此住房资产对婚姻的影响受到社会各界的广泛关注和热烈讨论，但在学术界的相关研究还较少。随着经济社会结构的加速转型以及社会价值观念的不断变迁，当代我国青年的择偶标准和婚姻观念正在悄然发生变化。在婚姻缔结的过程中，社会对男方的物质条件要求较高，结婚费用也多为男方承担，城市房产逐渐成为谈婚论嫁时男方被要求的标配。换言之，对于许多适婚青年来说，结婚的前提基本得先拥有一套住房，没有房产则意味着在婚姻市场上竞争地位的削弱。另外，不少丈母娘也将房产视作女儿出嫁的门槛，男方必须得拥有房产才同意结婚，从而带动了所谓的"丈母娘经济"。① 这种"无房不嫁女"的剧情看似不可思议，甚至还有点儿荒诞，却经常在现实中上演，其背后的逻辑机制值得考虑。另一方面，当前国际环境日趋复杂，贸易保护主义倾向明显加重，不稳定性、不确定性显著增加。党的十九届五中全会提出要加快构建以国内大循环为主体、国内国际双循环相互促进的新发展格局。内需是国内大循环的基石，市场是稳定产业链的关键。畅通的国内大循环离不开稳定的国内需求和就业。根据 2021 年国务院印发的《"十四

---

① "丈母娘经济"是指由于女方家庭在婚姻市场上的过高要价而带动的经济发展，常用来戏谑丈母娘对房价的推动作用，其背后的机制在于随着男女性别比例的失衡，男性为了维持自己在婚姻市场中的竞争力，会通过增加储蓄以及购买婚房等方式来提高自己的吸引力，从而推高了房价（参见《解决"丈母娘经济"的困境——专访张晓波教授》）。

五"就业促进规划》,"十四五"时期要以实现更加充分更高质量就业为主要目标,深入实施就业优先战略,健全有利于更加充分更高质量就业的促进机制。消费支出在几乎所有的市场经济中都是经济的一个最大组成部分。[1] 明确家庭财富如何影响经济,即家庭的消费支出如何随家庭财富(包括财富的各组成部分)的变化而作出相应的改变,对于提振消费需求和确保国内大循环畅通是至关重要的。住房资产在大多数国家都是家庭财富的最大组成部分,在我国城镇地区近年来更是持续超过了80%,[2] 加上住房资产通常比金融资产的财富效应更大,[3] 住房与消费的关系已经引起学者、行业研究者和政策制定者的广泛关注。但是,现有研究主要集中于发达经济体住房和金融市场的财富效应。新兴经济体和发达经济体在市场运行规律和制度特征等方面都存在较大区别,通过理解住房财富如何影响像我国这样的新兴经济体的家庭消费支出,有助于更好地理解住房财富和家庭消费之间的关系是否在两类经济体之间存在差异。本章验证了我国城市有房业主和租户的婚姻缔结及消费是否存在显著差异,既以科学的方法揭示住房市场具有显著外部性的客观存在,也促使我国住房政策和住房供给更符合居民需求,以满足他们对美好生活的需求。

第一节　住房、婚姻市场结构与发展趋势

20世纪90年代中期之前,我国几乎所有的城镇居民都居住在政府或工作单位提供的公共住房;1998年我国政府完成了一项全国性的住房私有化改革,这项改革允许居住在公共住房的租户以远低于市场的价格购买现有住房。[4] 城镇地区的住房拥有率在改革开放结束后十年内从之前的不到30%迅速提高到80%以上。[5] 与此同时,城镇地区的住房价格经历了快速上涨,住房资产的升值幅度几

① 陈劲锋、马建新:《居民消费结构演变的国际比较分析》,载于《科技促进发展》2017年第10期。

② 严艳、陈磊:《中国居民住房资产与金融资产的财富效应研究》,载于《云南财经大学学报》2020年第8期。Xie Y., Jin Y. Household Wealth in China. Chinese Sociological Review, Vol. 47, No. 3, 2015, pp. 203－229.

③ Guo S., Hardin W. Wealth, Composition, Housing, Income and Consumption. The Journal of Real Estate Finance and Economics, Vol. 48, No. 2, 2014, pp. 221－243.

④ 周华东、高玲玲:《中国住房"财富效应"之谜——基于中国住房制度改革的检验》,载于《中国经济问题》2018年第4期。

⑤ Chen J., Hu M. What Types of Homeowners are more Likely to be Entrepreneurs? The Evidence from China. Small Business Economics, Vol. 52, No. 3, 2019, pp. 633－649.

乎是同期家庭收入的 2 倍。[①] 房价的快速上涨也极大地改变了城镇家庭的资产组合结构。住房资产近年来在我国城镇家庭的资产总值中占据主导地位。新兴经济体和发达经济体在市场运行规律和制度特征等方面都存在较大区别，通过理解住房财富如何影响像我国这样的新兴经济体的家庭消费支出，有助于更好地理解住房财富和家庭消费之间的关系是否在两类经济体之间存在差异。

本章利用我国城镇地区存在多类型住房这一特征事实，重点研究居住于不同类型住房的家庭消费支出是否存在显著差异。1998 年住房私有化改革政策结束之后，我国城镇地区共存多种类型的住房资产。那些有资格购买公共住房的家庭有三个选择：购买具有完全产权的公共住房，购买具有部分产权的公共住房（根据所购份额支付购买成本）或放弃购买而继续居住于低租金的公共住房。本研究将住房改革之后住房市场存在的住房划分为五类：完全产权房，部分产权房，市场租赁房，从家庭成员、朋友或亲戚那里租住的租赁房，以及国家提供的免费或廉价租赁房，基于北京大学中国社会科学调查中心在 2010 年、2012 年与 2014 年开展的中国家庭追踪调查（以下简称"CFPS"）数据，具体住房市场结构和各类住房解释如图 3 - 1 和表 3 - 1 所示。

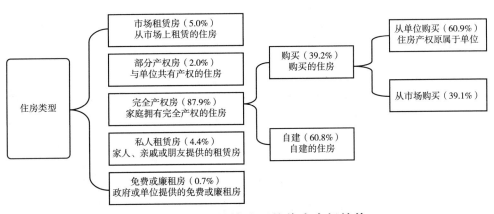

图 3 - 1　我国城镇地区的住房市场结构

注：括号中的数字代表每种类型住房在当前住房分类中的占比。

资料来源：CFPS 2010 年、2012 年、2014 年。

鉴于不同类型的住房在购买成本和财富积累等方面存在较大差异，拥有或居住于不同类型的住房可能对家庭消费具有不同的影响。尽管罗纳德（Ronald，2008）和波特巴等（Poterba et al.，2011）从理论上指出住房类型和家庭消费之

---

① Chen K., Wen Y. The Great Housing Boom of China. American Economic Journal：Macroeconomics，Vol. 9，No. 2，2017，pp. 1 - 44.

间存在密切联系,[①] 但本研究进一步深入探讨了拥有或居住于不同类型住房对家庭消费的影响,有助于深化对住房产权、住房财富与家庭消费之间关系的理解。最后,我们还研究了不同类型住房所蕴含的财富价值对家庭消费影响的异质性。我们认为,一个家庭拥有的住房产权类型可能会影响家庭的资产组合选择,同时也具有不同的财富效应。具体而言,本研究全面考虑了住房财富与金融财富、银行存款和抵押贷款等其他财富变量之间的关系,这一点现有文献鲜有提及。

表 3 - 1　　　　　　　　　　各类住房的定义

住房类型	定义
● 市场租赁房	从市场上租赁的住房
● 部分产权房	家庭拥有部分产权的住房
● 完全产权房	家庭拥有完全产权的住房
○ 购买	通过购买获得的完全产权房
■ 从单位购买	通过原产权单位购买获得的完全产权房
■ 从市场购买	通过市场购买获得的完全产权房
○ 自建	拥有完全产权的自建房
● 私人租赁房	通过家人、亲戚或朋友租赁的住房
● 免费或廉租房	单位或政府提供的免费或低租金租赁房

　　我国近年来结婚登记数量逐年下降、结婚年龄不断推迟现象明显。根据民政部公布的历年民政事业发展统计公报对历年结婚年龄结构的变化统计梳理发现,20~24 岁人群的结婚登记人数占比在 2010~2020 年下降了一半,25~29 岁人群的结婚登记人数占比在 2013 年首次超过了 20~24 岁人群,30~34 岁结婚登记人群占比在 10 年间增加了 8 个百分点,40 岁以上的大龄青年人群占比在此期间提升了 6 个百分点。[②] 婚姻的涉及面广泛,涵盖了社会属性和私人属性问题,其中社会属性体现在配偶的选择和婚姻缔结上,在本质上是各种社会活动中包括人类生存和发展等社会功能的体现。婚姻又不仅仅是一个简单的社会关系,它既是自我选择的最优结果,也是塑造人类行为模式和社会形态的重要变量。因此,研究婚姻选择的影响因素不仅在学术上具有重要贡献,而且也具有较强的政策意义。

---

　　① Ronald R. Between Investment, Asset and Use Consumption: The Meanings of Homeownership in Japan. Housing Studies, Vol. 23, No. 2, 2008, pp. 233 - 251. Poterba J., Venti S., Wise D. The Composition and Drawdown of Wealth in Retirement. Journal of Economic Perspectives, Vol. 25, No. 4, 2011, pp. 95 - 118.
　　② 《中国青年结婚年龄不断推迟：30 至 34 岁占比大幅上升》,澎湃政务网,2021 年 12 月 24 日。

传统而言，以往我国女性在择偶时通常比较关注男方的身高、教育程度、性格、职业等条件。[①] 这是因为计划经济年代个人所从事的职业由组织统一安排分配，而工资收入更是平均主义大锅饭，所以女性在择偶时并不会苛求对方的收入和财产。[②] 但是随着从计划经济向市场化经济的不断转变，物质条件基础以及婚后生活保障对女性的吸引力越来越大，因此，男性的事业发展和经济地位更加受到重视，对其家庭财产的要求自然上升，女性择偶的标准也越来越呈现出物质化的趋势。[③] 城市房产具有高投入性、位置固定性、耐久性以及保值增值性等特征，很适合作为一种地位商品。另外与银行存款、股票等其他形式的财产相比，房产更容易被观察识别出来。这种地位商品优势在婚姻市场中尤其重要，在一方眼中，另一方异性所拥有的房产价值可能是与其他竞争者相比是否具有吸引力优势的一个关键性决定因素。[④] 随着房价持续高涨，房产无异于一笔巨额财产，凸显了女性在婚姻缔结时对男性经济实力的要求。尽管 2011 年 8 月起施行的《最高人民法院关于适用〈中华人民共和国婚姻法〉若干问题的解释（三）》对夫妻共同财产和一方个人财产的认定进行了重新规定，在一定程度上降低了有房男性的优势。然而，根据"百合网"2015 年 1 月发布的《2014 中国人婚恋状况调查报告》，发现有 71.8% 的女性认为男性有房才适合结婚。[⑤]

第二节　理论基础与文献述评

一、住房状况与婚姻缔结

（一）婚姻缔结

总体而言，婚姻缔结的决定性影响因素包括个人和家庭特征以及外部环境两

---

① 李银河：《当代中国人的择偶标准》，载于《中国社会科学》1989 年第 4 期。
② 徐安琪：《择偶标准：五十年变迁及其原因分析》，载于《社会学研究》2000 年第 6 期。
③ 钱铭怡、王易平、章晓云、朱松：《十五年来中国女性择偶标准的变化》，载于《北京大学学报（哲学社会科学版）》2003 年第 5 期。
④ Wei S. - J., Zhang X., Liu Y. Home Ownership as Status Competition: Some Theory and Evidence. Journal of Development Economics, Vol. 127, 2017, pp. 169 - 186.
⑤ 《报告显示 70% 女性认为男性有房才适合结婚》，中国新闻网，2015 年 1 月 13 日。

类。首先，如年龄、教育程度、家庭收入、宗教信仰、种族以及职业等个人与家庭特征是决定婚姻缔结的关键因素。一般来说，较高的家庭收入会提高个体缔结婚姻的可能性，因为一定程度的财务稳定是婚姻的先决条件。另外，我国的父母为了增强孩子在未来婚姻市场上的竞争力而增加储蓄的现象相当常见，经济因素的重要性在我国可能更加明显，为买房而储蓄则是一个最主要的动机。[①] 受教育程度对于个体缔结婚姻的影响也十分显著，事实上，个体受教育程度越高越会推迟进入婚姻市场，特别是随着女性在高等教育群体中开始占主导地位，其匹配困难和失败风险将进一步增大。[②] 由于受过高等教育的女性通常承担着更多生育子女的机会成本，在不稳定的劳动力市场中更有可能会延迟结婚。[③]

当然，婚姻的缔结不仅仅取决于微观个体的异质性条件，外部环境因素诸如婚姻政策、劳动力市场状况、人口性别比以及婚姻市场状况等也很重要。例如，过于慷慨的福利待遇会降低个体的结婚意愿，美国的"受抚养子女家庭援助计划"，以及"劳动所得税抵免"政策，这些福利性政策特别会降低中等收入家庭的结婚可能性。[④] 另外，失业对于婚姻具有一定的延迟效应，而兼职和临时就业同样具有这种作用，但影响较小。[⑤] 人口性别比是研究婚姻缔结经常考察的因素之一，由于性别比失衡提高了女性在婚姻市场上的议价能力，因此对于女性婚姻的可能性具有积极的影响。婚姻市场状况包括信息搜寻技术的改良对提高婚姻缔结的比率也很关键，比如互联网的传播可以减少市场摩擦，降低搜寻成本，从而显著推动了结婚率的上升。

（二）住房与婚姻

理论上来说，拥有住房可以提高婚姻市场上的竞争力，因此房主比租客更有可能结婚，房产对婚姻的影响主要通过以下几种机制起作用。首先，与租客相比，房主积累更多的住房财富，特别是在房价快速上涨时期。事实上，自 2004年城市国有土地使用权转让实行公开招标拍卖政策以后，我国城市住房市场迅速

---

① 范子英、刘甲炎：《为买房而储蓄——兼论房产税改革的收入分配效应》，载于《管理世界》2015年第5期。Tan J.，Xu H.，Yu J. The effect of homeownership on migrant household savings：Evidence from the removal of home purchase restrictions in China. Economic Modelling，Vol. 106，2022，pp. 105679.

② 吴要武、刘倩：《高校扩招对婚姻市场的影响：剩女？剩男？》，载于《经济学（季刊）》2015年第1期。

③ Gutiérrez-Domènech M. The Impact of the Labour Market on the Timing of Marriage and Births in Spain. Journal of Population Economics，Vol. 21，No. 1，2007，pp. 83 – 110.

④ Eissa N.，Hoynes H. W. Taxes and the Labor Market Participation of Married Couples：The Earned Income Tax Credit. Journal of Public Economics，Vol. 88，No. 9 – 10，2004，pp. 1931 – 1958.

⑤ Ahn N.，Mira P. Job Bust，Baby Bust？Evidence from Spain. Journal of Population Economics，Vol. 14，No. 3，2001，pp. 505 – 521.

升温，房主因此积累了大量的住房财富。其次，房主往往拥有更多的金融资产。能负担得起房产的个体一般拥有稳定的收入、一定程度的金融知识以及其他金融资产。[①] 再次，房主有更多的机会参与到社区活动和地方政治生活中，因此可能会比租客拥有更加有利的社会资源和社交网络。[②] 最后，房产通常被认为是社会地位的重要体现，住房作为个体的居住场所，提供的是一种归属感和安全感，这些功能赋予了住房更多的文化含义以及社会地位象征。[③]

住房对婚姻竞争力的提升作用在我国可能更为明显。首先，传统的家庭文化注重"安居乐业"，住房是个体生存和发展的基础，特别是青年在脱离父母、参加工作后需要一个稳定的家，在租赁市场不发达的背景下对住房有着较为刚性的需求。[④] 其次，在投资渠道狭窄以及房价持续上涨的我国，买房既是一个重要的投资渠道，也是年轻人及其父母优先考虑的事项。住房资产的高价值属性凸显出了拥有房产的优势，住房在我国城市更可能被视为地位商品。[⑤] 最后，我国城市的住房不仅仅可以满足居住以及投资的需求，城市"租购不同权"的政策设计进一步加剧了房主和租客在享受公共资源方面的不平等，居民只有在学区中买房才有资格将孩子送到该学区中的学校就读，而租房者是被排除在外的。[⑥]

尽管住房产权与婚姻关系在理论上存在较为紧密的关联，但是现有文献对两者关系的讨论不足。通过文献检索，笔者发现仅有三篇文章与本书的研究主题相近。基于筑巢引凤的信号理论，方丽和田传浩（2016）发现我国农村家庭的住房投资是一种传达自身"质量"的信号，农村女性可以依据住房档次来判断男方的"质量"，因此对婚姻存在促进作用。[⑦] 由于我国农村绝大部分家庭都有自己的宅基地用来建造房屋，且交易行为仅限于本村居民，因此农村住房并没有真正意义

---

① Grinstein‐Weiss M., Manturuk K., Guo S., Charles P., Key C. The Impact of Homeownership on Marriage and Divorce: Evidence from Propensity Score Matching. Social Work Research, Vol. 38, No. 2, 2014, pp. 73 – 90.

② Dietz R. D., Haurin D. R. The Social and Private Micro‐level Consequences of Homeownership. Journal of Urban Economics, Vol. 54, No. 3, 2003, pp. 401 – 450.

③ Fincham F., Beach S. Marriage in the New Millennium: A Decade in Review. Journal of Marriage and Family, Vol. 72, No. 3, 2010, pp. 630 – 649.

④ 阎婧、席枫、杨中：《房住不炒背景下青年住房租赁问题研究——以天津市为例》，载于《上海房地》2022 年第 1 期。廉思、赵金艳：《结婚是否一定要买房？——青年住房对婚姻的影响研究》，载于《中国青年研究》2017 年第 7 期。

⑤ Wei S.‐J., Zhang X., Liu Y. Home Ownership as Status Competition: Some Theory and Evidence. Journal of Development Economics, Vol. 127, 2017, pp. 169 – 186.

⑥ 胡婉旸、郑思齐、王锐：《学区房的溢价究竟有多大：利用"租买不同权"和配对回归的实证估计》，载于《经济学（季刊）》2014 年第 3 期。张勋、寇晶涵、张欣：《学区房溢价的影响因素：教育质量的视角》，载于《金融研究》2021 年第 11 期。

⑦ 方丽、田传浩：《筑好巢才能引好凤：农村住房投资与婚姻缔结》，载于《经济学（季刊）》2016 年第 2 期。

上的私有产权，城市住房资产与婚姻的关系需要进一步检验。利用旨在为低收入家庭提供购房首付补贴的"个人发展账户"项目这一外生事件，埃里克森（Eriksen，2010）发现该项目可以提高接收补助家庭的结婚率。但是，利用倾向得分匹配法分离出与住房和婚姻密切相关的特征，[①] 格林施泰因等（Grinstein-Weiss et al.，2014）发现低收入有房家庭比租户具有更低的结婚概率。[②] 笔者认为，这些相互矛盾结果的可能性原因是：第一，研究对象不同。第二，由于住房和婚姻之间存在较强的内生性关系，这三篇文章所用方法的不同也可能会得出差异性的结果。为了较为准确地估计出住房自有产权对婚姻缔结的影响，本研究以具有私有产权的城市住房为研究对象，并采用多种方法控制住房和婚姻之间可能存在的内生性问题，对现有文献不失为一个有益的补充。

（三）文献评述

大量的理论和经验研究表明，拥有房产会直接影响家庭消费行为、资产组合、财富积累、精神健康状况、子女成绩以及劳动力市场参与等。[③] 同时，住房也是一种财富地位的象征，可以带来一些其他方面的好处，特别是对婚姻缔结有重要的影响。[④] 住房已逐渐成为婚姻选择时衡量对方经济条件的重要指标之一，成为阶层身份构建以及符号区隔的综合反应。但是，已有文献中关于城市房产与婚姻缔结关系的研究相对不足，内在影响机制也鲜有讨论。本研究的主要贡献为以下三点。

首先，通过一系列的研究设计，较为有效地识别出住房与婚姻之间的因果关系。事实上，住房与婚姻的因果关系很难识别出来，因为可以促进婚姻缔结的因素往往也会影响房产的获取，即存在遗漏变量偏误。另外，婚姻也可能影响购房决策，即存在反向因果偏误。为了克服住房和婚姻之间可能存在的内生性问题，本研究通过样本剔除法（排除先结婚后购房的样本）、倾向得分匹配法、增加控制变量法（加入个人特质性因素）和工具变量法等，更加精准地识别城市房产与婚姻缔结之间的关系。利用中国家庭追踪调查（CFPS）数据，本研究发现住房对个体的婚姻具有促进作用，这一发现在婚姻和购房之间的反向因果关系、模型

---

① Eriksen M. Homeownership Subsidies and the Marriage Decisions of Low-income Households. Regional Science and Urban Economics, Vol. 40, No. 6, 2010, pp. 490–497.

②④ Grinstein-Weiss M., Manturuk K., Guo S., Charles P., Key C. The Impact of Homeownership on Marriage and Divorce: Evidence from Propensity Score Matching. Social Work Research, Vol. 38, No. 2, 2014, pp. 73–90.

③ 李涛、史宇鹏、陈斌开：《住房与幸福：幸福经济学视角下的中国城镇居民住房问题》，载于《经济研究》2011 年第 9 期。Chetty R., SÁndor Lá., Szeidl A. The Effect of Housing on Portfolio Choice. The Journal of Finance, Vol. 72, No. 3, 2017, pp. 1171–1212.

误设和遗漏变量偏误之后保持稳健。

其次，发现住房对婚姻存在促进作用的结果贯通了解释我国高储蓄率之谜的两种观点。一部分文献认为房价上涨推动了城市居民的购房动机，从而提高了家庭的储蓄率，即"为买房而储蓄"。[①] 另一部分文献认为性别比失衡加剧了婚姻市场上的竞争压力，家庭为了提高未婚子女的婚姻竞争力而增加储蓄，即"为结婚而储蓄"。[②] 本研究从"为结婚而购房"的视角出发勾连了这两个研究命题，丰富了现有的经验证据，进一步厘清了既有的文献脉络。

最后，讨论了住房作用于婚姻的影响机制，并尝试对其进行识别。尽管住房影响婚姻的渠道很多，但是从本质来看，房产在婚姻市场中对异性的吸引力是个体财富、社会地位和资源获取能力的外在体现。本研究发现住房财富的增加会进一步提高房主的结婚概率。完全产权房显著提高了个体的结婚概率，但是限制产权房的作用并不明显，且住房增值对婚姻的影响仅仅存在于完全产权房。由此，我们的猜测得到了验证。

二、家庭消费与住房状况

（一）家庭消费

在研究家庭消费支出的大量文献中，有一些因素被普遍发现对家庭消费具有明显的影响。首先，大量研究表明，收入增加会导致商品和服务消费支出增加。[③] 然而，这种关系的强度随着收入结构和外部环境的不同而改变。例如，对于家庭消费而言，永久性收入增长要比非永久性收入增长重要得多。[④] 其次，与没有债务的家庭相比，负债严重且流动性受限的家庭对收入变化更为

[①] 范子英、刘甲炎：《为买房而储蓄——兼论房产税改革的收入分配效应》，载于《管理世界》2015年第5期。陈斌开、杨汝岱：《土地供给、住房价格与中国城镇居民储蓄》，载于《经济研究》2013年第1期。

[②] 余丽甜、连洪泉：《为结婚而储蓄？——来自中国家庭追踪调查（CFPS）的经验证据》，载于《财经研究》2017年第6期。Nie G. Marriage Squeeze, Marriage Age and the Household Savings Rate in China. Journal of Development Economics, Vol. 147, 2020, pp. 102558.

[③] 林文芳：《县域城乡居民消费结构与收入关系分析》，载于《统计研究》2021年第4期。罗丽、李晓峰：《个人工资水平，家庭迁移特征与农民工城市消费——留城意愿的调节和中介作用分析》，载于《农业技术经济》2020年第3期。Gourinchas P. - O., Parker J. Consumption over the Life Cycle. Econometrica, Vol. 70, No. 1, 2002, pp. 47 - 89.

[④] Elliott W. Wealth and Wealth Proxies in a Permanent Income Model. The Quarterly Journal of Economics, Vol. 95, No. 3, 1980, pp. 509 - 535.

敏感。① 消费也被认为与信贷市场自由化②、失业保险计划③、消费者信心等密切相关。④

金融财富是影响家庭消费最为重要的另一个因素。⑤ 然而,金融财富是否能够显著影响家庭消费这一问题还没有达成共识。艾略特(Elliott,1980)利用美国宏观数据的研究结果表明,金融财富对消费具有很大的影响。⑥ 也有很多利用美国微观数据的研究结果也普遍支持金融财富与消费之间的正相关关系。⑦ 但是,还有一些基于其他国家数据的研究结果并没有发现金融财富对家庭消费支出具有显著影响。⑧ 也有少数几篇文献研究了意外获得财富的外生冲击影响家庭的消费支出。例如,因本斯等(Imbens et al.,2001)发现彩票中奖者对闲暇的边际倾向增加了大约11%。⑨

当前有大量文献研究住房财富和家庭消费之间的关系,⑩ 在次贷危机的驱动

① Ogawa K., Wan J. Household Debt and Consumption: A Quantitative Analysis Based on Household Micro Data for Japan. Journal of Housing Economics, Vol. 16, No. 2, 2007, pp. 127 – 142. Bloemen H., Stancanelli E. Financial Wealth, Consumption Smoothing and Income Shocks Arising from Job Loss. Economica, Vol. 72, No. 287, 2005, pp. 431 – 452.

② Ortalo-magné F., Rady S. Housing Market Dynamics: On the Contribution of Income Shocks and Credit Constraints. The Review of Economic Studies, Vol. 2, No. 73, 2006, pp. 459 – 485.

③ Bloemen H., Stancanelli E. Financial Wealth, Consumption Smoothing and Income Shocks Arising from Job Loss. Economica, Vol. 72, No. 287, 2005, pp. 431 – 452.

④ Fereidouni H. G., Tajaddini R. Housing Wealth, Financial Wealth and Consumption Expenditure: The Role of Consumer Confidence. The Journal of Real Estate Finance and Economics, Vol. 54, No. 2, 2017, pp. 216 – 236.

⑤ Christelis D., Georgarakos D., Jappelli T. Wealth Shocks, Unemployment Shocks and Consumption in the Wake of the Great Recession. Journal of Monetary Economics, Vol. 72, 2015, pp. 21 – 41.

⑥ Elliott W. Wealth and Wealth Proxies in a Permanent Income Model. The Quarterly Journal of Economics, Vol. 95, No. 3, 1980, pp. 509 – 535.

⑦ Bostic R., Gabriel S., Painter G. Housing Wealth, Financial Wealth, and Consumption: New Evidence from Micro Data. Regional Science and Urban Economics, Vol. 39, No. 1, 2009, pp. 79 – 89. Christelis D., Georgarakos D., Jappelli T. Wealth Shocks, Unemployment Shocks and Consumption in the Wake of the Great Recession. Journal of Monetary Economics, Vol. 72, 2015, pp. 21 – 41.

⑧ 刘喜华、张静:《中国城镇居民资产财富效应实证研究》,载于《山东社会科学》2021 年第 1 期。Case K., Quigley J., Shiller R. Comparing Wealth Effects: The Stock Market versus the Housing Market. Advances in Macroeconomics, Vol. 5, No. 1, 2005, pp. 1 – 32.

⑨ Imbens G., Rubin D., Sacerdote B. Estimating the Effect of Unearned Income on Labor Earnings, Savings, and Consumption: Evidence from a Survey of Lottery Players. The American Economic Review, Vol. 91, No. 4, 2001, pp. 778 – 794.

⑩ 南永清、肖浩然、单文涛:《家庭资产、财富效应与居民消费升级——来自中国家庭追踪调查的微观证据》,载于《山西财经大学学报》2020 年第 8 期。

下对这一主题的关注显著增加。[①] 生命周期假说预测家庭希望在生命周期的各个时期内均具有平滑的消费，并且家庭可将住房资产作为应对失业风险等不利因素的冲击。[②] 在家庭收入或现金流由于外生因素存在较大波动的情况下，住房资产所带来的住房财富和稳定住房支出的能力可以帮助家庭维持稳定的消费模式。例如，斯金纳（Skinner，1996）发现家庭在其生命周期的早期阶段会利用将来预期的住房资产增值来提高当前的消费量。[③]

（二）住房与消费

现有研究表明，首先，住房财富的变化比金融财富的变化对消费的影响更大。[④] 造成住房财富和金融财富这一差异性影响的主要原因是，住房资产的财富收益预期比金融财富更为持久，从而对家庭消费具有更大的影响。[⑤] 其次，当前借贷市场中的大量金融工具创新使得将住房资产变现为现金变得越来越方便和简单。[⑥] 另外，尽管住房资产是家庭财富的主要组成部分，住房财富比金融财富在家庭之间的分配均匀得多。[⑦] 研究表明，家庭资产组合中住房资产比例越高的家庭，其住房财富与消费之间的关系更强。[⑧] 也有很多研究在家庭存在住房抵押贷款和流动性约束的情况下考察住房财富和家庭消费之间的关系。经验证据表明，流动性约束较强的家庭更倾向于将再融资中所获得的资金用于家庭消费。[⑨] 在同样的情况下，流动性约束不强的家庭更愿意将股权资金重新配置到其他投资产品。[⑩]

① Fereidouni H. G., Tajaddini R. Housing Wealth, Financial Wealth and Consumption Expenditure: The Role of Consumer Confidence. The Journal of Real Estate Finance and Economics, Vol. 54, No. 2, 2017, pp. 216 – 236.

② Carroll C., Dynan K., Krane S. Unemployment Risk and Precautionary Wealth: Evidence from Households' Balance Sheets. Review of Economics and Statistics, Vol. 85, No. 3, 2003, pp. 586 – 604.

③ Skinner J. Is Housing Wealth a Sideshow? In D. Wise (Ed.), Advances in the Economics of Aging. University of Chicago Press, 1996.

④ Wachter J., Yogo M. Why Do Household Portfolio Shares Rise in Wealth? Review of Financial Studies, Vol. 23, No. 11, 2010, pp. 3929 – 3965. Guo S., Hardin W. Wealth, Composition, Housing, Income and Consumption. The Journal of Real Estate Finance and Economics, Vol. 48, No. 2, 2014, pp. 221 – 243.

⑤ Lettau M., Ludvigson S. Understanding Trend and Cycle in Asset Values: Reevaluating the Wealth Effect on Consumption. American Economic Review, Vol. 94, No. 1, 2004, pp. 276 – 299.

⑥⑨ Gan J. Housing Wealth and Consumption Growth: Evidence from a Large Panel of Households. Review of Financial Studies, Vol. 23, No. 6, 2010, pp. 2229 – 2267.

⑦ Case K., Quigley J., Shiller R. Comparing Wealth Effects: The Stock Market versus the Housing Market. Advances in Macroeconomics, Vol. 5, No. 1, 2005, pp. 1 – 32.

⑧ Guo S., Hardin W. Wealth, Composition, Housing, Income and Consumption. The Journal of Real Estate Finance and Economics, Vol. 48, No. 2, 2014, pp. 221 – 243.

⑩ Hurst E., Stafford F. Home is Where the Equity is: Mortgage Refinancing and Household Consumption. Journal of Money, Credit, and Banking, Vol. 36, No. 6, 2004, pp. 985 – 1014.

（三）文献述评

当前的大多数研究集中在发达经济体，宏观层次和家庭层次的宏微观数据均发现住房财富消费弹性的估计值在 0.02 到 0.08 之间。[1] 但是当前研究缺乏论证的是住房财富效应在新兴经济体的性质和规模。我国作为一个最大的发展中国家，估算我国市场的住房财富消费弹性具有重要的学术和政策意义。首先，住房资产在我国城镇家庭总财富中占主导地位，这表明我国家庭可能对住房财富的变化非常敏感。其次，自 1998 年住房私有化改革以来，我国的住房市场经历了持续和空前的繁荣。由于住房资产价值的持续快速增长，住房投资被广泛认为是一种具有高安全和高收益的资产。[2] 再次，我国的住房市场受政府政策的影响非常严重。[3] 最后，正如前文所述，我国住房市场存在多种类型的住房产权。考虑到住房财富在我国的特殊地位，我国住房财富效应的性质和规模很少被科学地评估，探索不同类型住房的住房财富效应的异质性研究就更显必要了。

第三节　数据、变量与模型

一、住房状况与婚姻缔结

（一）数据与变量

本研究所用数据来源于 2010 年、2012 年和 2014 年中国家庭追踪调查（Chi-

① Benjamin J. , Chinloy P. , Jud D. Real Estate Versus Financial Wealth in Consumption. The Journal of Real Estate Finance and Economics, Vol. 29, No. 3, 2004, pp. 341 - 354. Bostic R. , Gabriel S. , Painter G. Housing Wealth, Financial Wealth, and Consumption: New Evidence from Micro Data. Regional Science and Urban Economics, Vol. 39, No. 1, 2009, pp. 79 - 89. Guo S. , Hardin W. Wealth, Composition, Housing, Income and Consumption. The Journal of Real Estate Finance and Economics, Vol. 48, No. 2, 2014, pp. 221 - 243. Kishor K. Does Consumption Respond more to Housing Wealth than to Financial Market Wealth? If So, Why? The Journal of Real Estate Finance and Economics, Vol. 35, No. 4, 2007, pp. 427 - 448.

② 严艳、陈磊：《中国居民住房资产与金融资产的财富效应研究》，载于《云南财经大学学报》2020 年第 8 期。陶爱萍、王涛、吴文韬：《房价上涨对城市创新的影响——基于产业结构优化视角的再审视》，载于《华东经济管理》2021 年第 3 期。

③ Chen J. , Nong H. The Heterogeneity of Crowding Effect of Public Housing on Market Housing: Empirical Evidence from China. Journal of Housing Economics, Vol. 33, 2016, pp. 115 - 127.

na Family Panel Studies，CFPS）。该项调查来自北京大学"985"项目资助，由北京大学中国社会科学调查中心执行，在实施过程中得到了国家人口和计划生育委员会及国家统计局等的大力协助。2010 年的基线调查采访了近 1.5 万户家庭，涵盖 25 个大陆省份，未参与的调查省份包括内蒙古、新疆、西藏、海南、宁夏和青海。CFPS 调查内容全面，包含我国社会、经济、人口、教育和健康等方面，为学术研究和政策分析提供高质量的数据基础。

本研究选择 CFPS 数据的主要原因在于：第一，该项调查不仅包括被调查者的住房产权和婚姻状态信息，还包括产权获取与婚姻缔结的时间信息。因为与未婚个体相比，已婚家庭更加倾向于购房。[1] 换言之，住房与婚姻存在反向因果关系。为此，本研究剔除了先结婚后购房的家庭。另外，CFPS 数据报告了调查住户现有住房的所有权类型，包括完全产权房和限制产权房。我国城镇自 20 世纪 80 年代初期以来经历了一个从住房全面福利化到住房商品化的漫长过程，在 1993～1998 年的住房制度改革中，数以千计的家庭以低于市场的价格购买了公有住房。[2] 对于此类住房，家庭可以选择购买全部产权或者部分产权。因此我国城镇存在两类不同产权的住房，分别是完全产权房（以市场价格在一般房地产交易市场购买的商品住房或者在房改过程中以成本价向原产权单位购买的公有住房，家庭拥有"房产证、土地证、契税完税证明"三证）和部分产权房（在房改过程中以标准价所购买的带有部分产权的住房，购房人与售房单位的产权比例按售房当年标准价占成本价的比重确定）。[3] 通过对比两类房产影响婚姻的财富效应，可以帮助我们进一步理解住房产权影响婚姻的机制。第二，该项调查跟踪收集了个体、家庭、社区三个层次的数据，由此我们构建一个三期面板数据。需要说明的是，构建的平衡面板数据删除了大量未在全部三轮调查中都参与的受访者。尽管当前可获得最新开展的 CFPS 数据，但纳入新调查数据后重复参与的受访者数量急剧下降，因此本研究仅使用前三轮调查数据。第三，该项调查不仅样本量大，而且包括详细的个人和家庭特征信息（如个体教育水平、年龄、性别、户口、民族、政治面貌和家庭收入等）。

考虑到研究的是个人的婚姻选择，我们将研究对象限制于 22～40 岁的青年群体。同时，考虑到我国的住房制度改革主要发生在城镇地区，加之农村地区的

---

[1] Haurin D. , Rosenthal S. The Influence of Household Formation on Homeownership Rates across Time and Race. Real Estate Economics，Vol. 35，No. 4，2007，pp. 411 – 450.

[2] Wang S. - Y. Credit Constraints，Job Mobility，and Entrepreneurship：Evidence from a Property Reform in China. Review of Economics and Statistics，Vol. 94，No. 2，2012，pp. 532 – 551.

[3] Chen J. , Han X. The Evolution of Housing Market and its Socio-economic Impacts in Post – Reform China：A Survey of the Literature. Journal of Economic Surveys，Vol. 28，No. 4，2014，pp. 652 – 670.

住房只能继承或者在本村集体内部买卖,家庭并不具有真正意义上的私有产权,[①]为此我们进一步将样本限于城镇地区。通过以上方法对数据进行筛选之后,我们构建了一个包含 2 415 个观察数据的样本。表 3 - 2 报告了书中所用变量的数据描述性统计。全部样本中的住房自有率为 53.3%,其中绝大部分为完全产权房业主。全部样本中已婚群体的比重为 84.0%,其中房主的婚姻比重为 86.9%,租户为 80.7%,且这两个群体之间的结婚概率具有显著的差异性。因此,简单的统计性关联结果表明了拥有住房产权的家庭可能具有更高的结婚概率。另外,从表 3 - 2 中可以看出房主和租户在很多个体和家庭特征方面具有显著的差异,因此在后文的模型估计中有必要控制这些因素。

表 3 - 2   主要变量的描述性统计

变量	全样本		房主		租户		均值差异
	平均值	标准差	平均值	标准差	平均值	标准差	
房主	0.533	0.499					
已婚	0.840	0.367	0.869	0.337	0.807	0.395	0.062 ***
教育水平							
小学及以下	0.132	0.339	0.096	0.294	0.174	0.379	- 0.078 ***
中学	0.563	0.496	0.549	0.498	0.579	0.494	- 0.030
专科	0.185	0.388	0.216	0.412	0.150	0.357	0.066 ***
本科及以上	0.120	0.325	0.140	0.347	0.098	0.297	0.042 ***
年龄	33.81	5.853	34.18	5.928	33.39	5.740	0.787 ***
女性	0.500	0.500	0.489	0.500	0.513	0.500	- 0.024
本地非农户口	0.523	0.500	0.513	0.500	0.535	0.499	- 0.022
汉族	0.950	0.218	0.963	0.188	0.934	0.248	0.029 ***
党员	0.269	0.444	0.417	0.493	0.100	0.300	0.317 ***
家庭收入	53 967	45 024	58 145	46 315	49 200	43 032	8 945 ***
观测数	2 415		1 287		1 128		

注:"房主""已婚""教育水平""女性""本地非农户口""汉族"和"党员"为虚拟变量;家庭收入的衡量单位为元; *** 表示在1% 置信水平上显著。

资料来源:CFPS 2010 年、2012 年和 2014 年。

[①] Ho P. Who Owns China's Housing? Endogeneity as a Lens to Understand Ambiguities of Urban and Rural Property. Cities, Vol. 65, 2017, pp. 66 - 77.

（二） 基准模型

考虑到个体的婚姻状态是一个二值选择变量，本研究首先选取标准的 Probit 模型来检验住房自有产权是否影响个体的婚姻决策，随后采用工具变量法和 PSM 等多种方法，以保证估计结果的稳健性。基准模型的设定如下：

$$\Pr(Married_{ijt} = 1) = G(\beta_0 + \beta_1 Homeowner_{ijt} + \delta X + \sigma_j + \tau_t + \varepsilon_{ijt}) \qquad (3-1)$$

其中，$Married_{ijt}$ 为调查住户 i 在社区 j 和年份 t 的婚姻状态为已婚的虚拟变量（已婚 $=1$；否则 $=0$）；$G(\cdot)$ 为取值在 0 和 1 之间的函数，此处设定为标准正态的累积分布函数。$Homeowner_{ijt}$ 为是否拥有住房的虚拟变量（拥有住房产权 $=1$；否则 $=0$）；X 是一系列影响个人婚姻选择的控制变量，具体介绍如表 3-2 所示；σ_j 和 τ_t 分别为社区固定效应和年份固定效应；最后，ε_{ijt} 是残差项。β_1 是我们感兴趣的估计系数，它反映的是住房自有产权对个体婚姻决策的影响。

二、住房状况与家庭消费

（一） 数据

本研究同样使用2010 年、2012 年和2014 年中国家庭追踪调查（China Family Panel Studies，CFPS）数据研究住房状况与家庭消费之间的关系。CFPS 中包含家庭的收入和财富变量，包括股票持有价值、基金价值和住房资产价值以及相关债务。我们将家庭的金融财富定义为股票和基金价值的总和。需要指出的是，尽管 CFPS 有询问家庭是否持有债券，但没有询问持有债券的价值。我们也注意到，在所有拥有金融资产的家庭中，只有5% 的家庭持有债券。考虑到债券在家庭财富中所占的比例很小，所以本研究定义的家庭金融资产价值与其实际价值应该只有细微的差别。CFPS 也有要求受访者估计他们当前所住房屋的市场价值，市场价值为按照当前价格出售可以获得的总价值，该金额即为本研究所使用的住房价值。另外，本研究使用的住房净值是指扣除住房抵押贷款余额之后的净住房财富。

同样重要的是，CFPS 也调查了每个家庭的住房产权类型，本研究据此将家庭的住房产权类型大致分为五类，分别是：完全产权房、部分产权房、市场租赁房、私人租赁房、免费或廉租房。此外，在该项纵向调查中，每个被调查者都被赋予了一个唯一标识的个人代码，因此可以建立一个面板数据集。最终构建的一个三期的面板数据集，包括来自我国25 个省份、158 个区的 2 663 个家庭（共有

8 636 名受访者）。

表 3 - 3 报告了所用变量的描述性统计。从表 3 - 3 的统计性结果可以明显看出住房资产在我国家庭总财富中占据绝对的主导地位。家庭住房资产价值的平均值为 305 922 元，而金融资产价值只有 2 697 元。在住房类型方面，绝大多数的我国家庭都拥有住房。样本中几乎 90% 的家庭拥有住房自有产权，其中大多数拥有完全产权。有趣的是，对于拥有完全产权的房主来说，其中大约 60.8% 的住房是自建的。对于以购买方式获得的完全产权房，其中 60.9% 是从单位或政府购买的。

表 3 - 3   **变量描述性统计**

变量	均值	中间值	标准差
家庭消费（元）	40 305	32 566	30 317
住房资产价值（10 000 元）	30.59	20.00	40.81
金融资产价值（元）	2 697	0	17 829
存款（元）	21 116	3 000	40 809
住房抵押贷款（元）	4 168	0	18 265
住房资产净值（10 000 元）	30.20	19.00	40.77
家庭收入（元）	43 766	36 000	35 298
年龄	42.77	43.00	19.21
城市户口	0.435	0	0.496
汉族	0.942	1	0.234
党员	0.374	0	0.484
已婚	0.646	1	0.478
住房产权			
市场租赁房	0.050	0	0.199
部分产权房	0.020	0	0.142
完全产权房	0.879	1	0.326
私人租赁房	0.044	0	0.205
免费或廉租房	0.007	0	0.086
购买	0.345	0	0.475
自建	0.534	1	0.499
从单位购买	0.210	0	0.407
从市场购买	0.135	0	0.339
观测数		25 908	

注：消费为上年末消费支出总额（元）；住房资产价值为被调查者上月预估的房屋价值（万元）；金融资产价值由股票价值和基金价值组成；股票价值为上年末持有的股票的本金总额（元）；基金价值为上年末持有基金的市场价值（元）；存款是家庭去年末的存款（元）；住房抵押贷款是指家庭当前的住房抵押贷款总额（元）。

（二）住房资产价值、金融资产价值和家庭消费的相关性

基于 CFPS 数据绘制了家庭消费与各类财富之间的散点图，以初步窥探关键变量之间的相关性。从图 3-2 可以看出，家庭消费支出与住房资产价值以及金融资产价值呈正相关。同时可以看到金融资产比住房资产的散点要少很多，这说明拥有金融资产的家庭明显少于住房资产。我们进一步考察不同类型住房产权的住房价值和消费支出之间的相关性，结果如图 3-3 所示。在所有类型住房产权中，住房财富和消费支出之间都存在正相关关系。

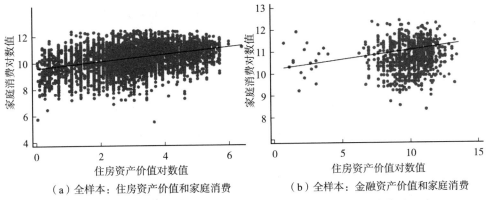

（a）全样本：住房资产价值和家庭消费 　　　（b）全样本：金融资产价值和家庭消费

图 3-2　住房资产价值、金融资产价值和家庭消费支出

资料来源：CFPS 2010 年、2012 年和 2014 年。

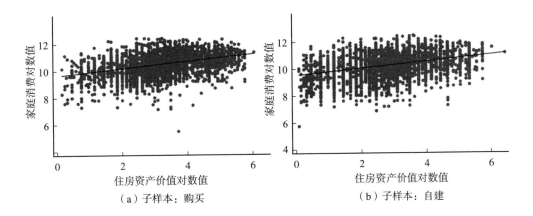

（a）子样本：购买 　　　　　　　　（b）子样本：自建

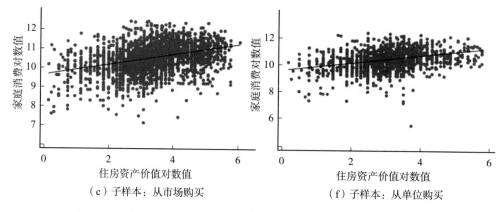

图 3 - 3　住房资产价值和家庭消费支出：住房产权类型异质性

资料来源：CFPS 2010 年、2012 年和 2014 年。

（三）计量模型

使用如下模型来估计家庭消费支出与住房资产价值、金融资产价值之间的关系：

$$\ln(Consumption_{ijt}) = \beta_{0,1} + \beta_{1,1}\ln(HValue_{ijt}) + \beta_{2,1}\ln(FVlaue_{ijt})$$
$$+ \beta_{3,1}\ln(Deposit_{ijt}) + \beta_{4,1}\ln(HMortgage_{ijt})$$
$$+ \beta_{5,1}\ln(HIncome_{ijt}) + \delta_1 X_{ijt} + \gamma_j + \varphi_t + \varepsilon_{ijt} \qquad (3-2)$$

其中，被解释变量（$Consumption_{ijt}$）是指家庭 i 在地区 j 和年份 t 的消费支出。这一变量的对数值被设定为如下变量的函数：住房资产价值对数值（$HValue_{ijt}$）、金融资产价值对数值（$FVlaue_{ijt}$）、存款对数值（$Deposit_{ijt}$）、住房抵押贷款对数值（$HMortgage_{ijt}$）、收入对数值（$HIncome_{ijt}$）以及包含家庭特征因素的控制变量（X_{ijt}）。此外，我们在模型中也控制了区层次的固定效应（γ_j）和年份固定效应（φ_t）。借鉴当前文献的研究结果，家庭层面的控制变量包括户主的年龄及其平方项、户口状况、民族、政治状况和婚姻状况。[①]

此外，本研究评估家庭消费支出是否随住房产权类型的不同而变化，采用回归模型的形式为：

---

① 刘宏、侯本宇方、陈斌开：《城镇化进程中财产性收入冲击对家庭消费的影响——来自房屋拆迁的准自然实验》，载于《财贸经济》2021 年第 9 期。周利、张浩、易行健：《住房价格上涨，家庭债务与城镇有房家庭消费》，载于《中南财经政法大学学报》2020 年第 1 期。Bostic R., Gabriel S., Painter G. Housing Wealth, Financial Wealth, and Consumption: New Evidence from Micro Data. Regional Science and Urban Economics, Vol. 39, No. 1, 2009, pp. 79 – 89. Guo S., Hardin W. Wealth, Composition, Housing, Income and Consumption. The Journal of Real Estate Finance and Economics, Vol. 48, No. 2, 2014, pp. 221 – 243. Tang M., Coulson N. E. The Impact of China's Housing Provident Fund on Homeownership, Housing Consumption and Housing Investment. Regional Science and Urban Economics, Vol. 63, 2017, pp. 25 – 37.

$$
\begin{aligned}
\ln(Consumption_{ijt}) = {} & \beta_{0,2} + \beta_{1,2}\ln(HValue_{ijt}) + \beta_{2,2}\ln(FVlaue_{ijt}) + \beta_{3,2}\ln(Deposit_{ijt}) \\
& + \beta_{4,2}\ln(HMortgage_{ijt}) + \beta_{5,2}\ln(HIncome_{ijt}) + \sum \alpha_k HTenure_{ijt} \\
& + \delta_2 X_{ijt} + \gamma_j + \varphi_t + \varepsilon_{ijt}
\end{aligned}
\tag{3-3}
$$

其中，$HTenure_{ijt}$ 代表各类产权住房，包括完全产权房、部分产权房、市场租赁房、私人租赁房、免费或廉租房。完全产权房可以根据其获得方式进一步区分为：从单位或政府购买的公房、从市场购买的商品房和自建房。α_k 是模型中的关键待估系数，衡量的是第 k 类住房与居住于该类住房家庭消费支出的关系。为了探讨家庭消费与各类财富变量之间的关联是否以及如何随住房类型的改变而相应地改变，除了使用模型（3-3）估计家庭财富和消费支出在整个样本中的关系，本研究还在每个住房类别的子样本中对此关系进行估计。

有效识别财富效应对消费的影响就必须处理模型的内生性问题。现有研究已经利用宏观层次的数据发现住房价格和消费之间的关系可能是由未观测到的宏观经济因素所导致的，比如经济前景和金融自由化。[①] 在微观层面上，家庭消费和财富的关系也可能是由不可观察的家庭特征因素共同决定的。例如，那些具有强烈消费倾向的家庭可能同时具有更高的收入和财富追求，因而可能具有更高的财富。[②] 为了消除由内生性问题引起的估计偏误，我们利用面板数据的结构优势，对模型（3-2）采取一阶差分：

$$
\begin{aligned}
\Delta\ln(Consumption_{ijt}) = {} & \beta_{0,3} + \beta_{1,3}\Delta\ln(HValue_{ijt}) + \beta_{2,3}\Delta\ln(FVlaue_{ijt}) \\
& + \beta_{3,3}\Delta\ln(Deposit_{ijt}) + \beta_{4,3}\Delta\ln(HMortgage_{ijt}) \\
& + \beta_{5,3}\Delta\ln(HIncome_{ijt}) + \delta_3\Delta X_{ijt} + \Delta\varepsilon_{ijt}
\end{aligned}
\tag{3-4}
$$

其中，$\Delta\ln(Consumption_{ijt})$ 代表家庭消费的对数值在两个相间样本期的变化。自变量包括住房资产价值对数值、金融资产价值对数值、存款对数值、家庭收入对数值和住房抵押贷款对数值在两个相间样本期的变化。一阶差分法可以通过如下两种方式缓解内生性问题。第一，将同时影响家庭财富和消费的未观察到的非时变个人和家庭特征因素的影响排除在外。第二，如果被调查者对财富变量具有一致的评估错误，一阶差分可以排除持续的高估或低估的错误部分，因此，差分后的变量具有更高的准确性。

---

① 王海军、杨虎：《数字金融渗透与中国家庭债务扩张——基于房贷和消费的传导机制》，载于《武汉大学学报（哲学社会科学版）》2022 年第 1 期。Campbell J., Cocco J. How Do House Prices Affect Consumption? Evidence from Micro Data. Journal of Monetary Economics, Vol. 54, No. 3, 2007, pp. 591–621.

② Zhao L., Burge G. Housing Wealth, Property Taxes, and Labor Supply among the Elderly. Journal of Labor Economics, Vol. 35, No. 1, 2017, pp. 227–263.

第四节　住房状况与婚姻缔结的实证分析

一、基准结果

基于 CFPS 数据和方程式（3-1），通过逐渐加入控制变量的一系列模型设定，我们研究住房自有产权和个体婚姻决策的关联。模型的估计系数、标准误、边际效应和显著性水平报告于表 3-4。表 3-4 中的第一列报告的是基于最简单的模型设定的估计结果，模型中仅仅包含被解释变量"住房拥有者"。估计结果表明，在未控制其他因素的前提下，住房拥有者比租户的成婚概率要高 6.3 个百分点。并且，这一影响在 1%的水平上显著。在接下来的模型设定中，我们控制了影响婚姻选择的个人和家庭特征因素，包括个体教育水平、年龄、性别、户口、民族、政治面貌和家庭收入等，回归结果报告于表 3-4 中的第二列。结果表明，住房拥有者比租户的结婚概率要高 4.9 个百分点，且依然在 1%的水平上显著。因为当前模型的估计是基于一个三期的面板数据，我们进一步在模型中加入社区虚拟变量和年份虚拟变量，结果报告于表 3-4 的第三列。我们发现，在控制非时变的地区因素和时间趋势之后，住房自有产权和婚姻缔结的正向关系依然存在。与租户相比，住房拥有者的结婚概率要高 6.1 个百分点。

其他控制变量的系数值也和现有的文献研究结果基本吻合。例如，有关婚姻的研究表明，女性的结婚意愿比男性要高，家庭收入对婚姻缔结有促进作用，结婚意愿随教育水平的提高而降低。由于这些个体和家庭层面的变量不是本研究的重点，所以我们在下文略去对这部分变量的讨论。

表 3-4　　　　　　　　　　　住房与婚姻：基准模型

变量	(1)		(2)		(3)	
	系数	边际效应	系数	边际效应	系数	边际效应
房主	0.258 *** (0.076)	0.063 *** (0.019)	0.245 *** (0.082)	0.049 *** (0.016)	0.290 *** (0.098)	0.061 *** (0.021)
教育水平—小学及以下（基准组）						
中学			0.384 *** (0.121)	0.079 *** (0.026)	0.307 * (0.162)	0.065 * (0.035)

变量	(1)		(2)		(3)	
	系数	边际效应	系数	边际效应	系数	边际效应
专科			-0.174	-0.037	-0.371*	-0.087
			(0.160)	(0.036)	(0.205)	(0.054)
本科及以上			-0.175	-0.038	-0.488**	-0.123**
			(0.162)	(0.037)	(0.212)	(0.062)
年龄			0.072***	0.014***	0.090***	0.019***
			(0.009)	(0.001)	(0.010)	(0.002)
女性			0.310***	0.062***	0.420***	0.088***
			(0.061)	(0.013)	(0.077)	(0.016)
本地非农户口			-0.608***	-0.120***	-0.615***	-0.124***
			(0.086)	(0.018)	(0.122)	(0.023)
汉族			0.231	0.052	0.499**	0.131*
			(0.161)	(0.040)	(0.221)	(0.070)
党员			-0.109	-0.022	-0.115	-0.025
			(0.104)	(0.022)	(0.128)	(0.029)
家庭收入			0.078**	0.015**	0.149***	0.031***
			(0.033)	(0.007)	(0.049)	(0.010)
年度虚拟变量	否		否		是	
社区虚拟变量	否		否		是	
Pseudo R^2	0.0083		0.1743		0.3178	
观测数	2 415		2 415		2 415	

注：括号中的数字为估计系数的稳健性标准误；***、** 和 * 分别表示在 1%、5% 和 10% 置信水平上显著。

二、稳健性检验结果

尽管本研究通过剔除先结婚后买房的样本解决了住房和婚姻的反向因果问题，但是由于存在遗漏变量和模型设定偏误的问题，住房和婚姻之间还是有可能存在内生性关系的。为此，本研究尝试使用三种方法来重新估计方程式（3-1）以减少模型估计的内生性偏误。我们首先采用得分倾向匹配（PSM）法以解决模型设定偏误，然后通过加入一系列影响婚姻竞争力的个人特征因素来部分解决遗漏变量偏误，最后采用工具变量法作为稳健性检验。

首先，基准模型估计是基于函数形式线性的基本假定，但如果函数形式实际上是非线性的，那么估计结果可能存在偏误。为了解决这一问题，本研究采用倾向得分匹配法对基准模型进行重估。PSM 放松了函数线性形式假定，采用非参数方法根据可观测变量（即协变量）来判定观察个体是否受到处理效应。在假定处理状态完全取决于可观测因素的情况下，PSM 的估计值是无偏的。对于本研究，采用 PSM 方法的第一步，根据所选择的可观测变量计算所有个体得到住房自有产权（即得到处理效应）的倾向得分，然后根据倾向得分匹配算法将住房拥有者组别（处理组）中的每一位个体和租户组别（控制组）中的个体相匹配，最后根据匹配后的样本计算参加者平均处理效应（average treatment effect on the treated，ATT）。其中，ATT 的含义和 Probit 模型中的边际效应相类似。倾向得分匹配的算法有很多种，但是目前文献中还没有确定哪一种方法的匹配结果最为合理。因此，本研究采用多种匹配方法，如果所得结果相似，那么说明结果是稳健的。具体而言，本研究选择在给定的卡尺范围内寻找得分最接近的卡尺匹配，以及为每位个体根据全部个体进行整体匹配的核匹配法。

在进行 PSM 估计之前，需要对模型的有效性进行检验。如果匹配比较有效，那么可观测变量应该与是否得到处理效应（在本研究中即成为住房拥有者）相独立。换言之，可观测变量在处理组和控制组中的分布在匹配之后应该是相似的。为此，本研究计算出可观测变量在处理组和控制组在匹配前以及匹配后的平均值（见表 3-5）。可以看出，可观测变量在处理组和控制组的均值差异在匹配后极大地缩小了，表明本研究通过倾向得分匹配得到的配对结果是比较有效的。

表 3-5　　　　　　　　　　PSM 平衡性检验

变量		近邻匹配			核匹配		
		均值		差异	均值		差异
		处理组	控制组		处理组	控制组	
教育水平	匹配前	4.037	3.634	0.403	4.037	3.634	0.403
	匹配后	4.035	4.124	0.089	4.037	4.080	0.043
年龄	匹配前	34.18	33.39	0.787	34.18	33.39	0.787
	匹配后	34.21	33.72	0.488	34.19	33.71	0.478
女性	匹配前	0.489	0.513	0.024	0.489	0.513	0.024
	匹配后	0.486	0.459	0.027	0.488	0.473	0.015
本地非农户口	匹配前	0.513	0.535	0.022	0.513	0.535	0.022
	匹配后	0.510	0.546	0.036	0.512	0.549	0.037

变量		近邻匹配			核匹配		
		均值		差异	均值		差异
		处理组	控制组		处理组	控制组	
汉族	匹配前	0.963	0.934	0.029	0.963	0.934	0.029
	匹配后	0.972	0.972	0.000	0.963	0.964	0.001
党员	匹配前	0.417	0.100	0.317	0.417	0.100	0.317
	匹配后	0.412	0.412	0.000	0.417	0.417	0.000
家庭收入	匹配前	10.56	10.32	0.245	10.56	10.32	0.245
	匹配后	10.58	10.60	0.022	10.58	10.57	0.005

另一个需要关注的问题是，PSM 估计需要确保处理组和控制组中进入匹配的个体满足"共同取值条件"。我们在控制组中只应该选择与处理组中的个体具有可比性的个体进行比较。赫克曼等（Heckman et al.，1997）指出，如果从处理组和控制组中得到的匹配不具有可比性，那么估计结果就会出现很大的偏误。[1]因此，在应用 PSM 之前应该检查处理组和控制组的共同取值范围。检验共同取值的一个最直观且有效的方法是分析处理组和控制组的倾向得分的密度分布。[2]这一检验结果报告于表 3 - 6。可以看出，处理组和控制组中的观测值基本上均在共同取值范围之内，说明基本满足"共同取值条件"。

表 3 - 6 　　　　　　　　　　　PSM 共同支持条件检验

组别	近邻匹配		核匹配	
	off support	on support	off support	on support
控制组	1	1 127	0	1 128
处理组	14	1 273	3	1 284

表 3 - 7 报告了基于两种倾向得分匹配算法的 PSM 估计结果。可以看出，住房自有产权和婚姻选择的正向关系依然存在。如果匹配算法选择的是卡尺匹配，那么住房拥有者较租房者的结婚概率要高 9.5 个百分点；如果选择的是基于全体样本的核匹配，那么住房拥有者和住户的结婚概率差异是 9.4 个百分点。由此可

---

① Heckman J., Ichimura H., Todd P. Matching as an Econometric Evaluation Estimator: Evidence from Evaluating a Job Training Programme. The Review of Economic Studies, Vol. 64, No. 4, 1997, pp. 605 - 654.

② Lechner M. A Note on the Common Support Problem in Applied Evaluation Studies. Annales d'Économie et de Statistique, Vol. 91/92, 2008, pp. 217 - 235.

见，不同方法所得到的估计值非常接近，说明倾向得分匹配的估计结果是稳健的。

表 3 - 7 住房与婚姻：PSM

变量	近邻匹配	核匹配
	（1）	（2）
房主	0.095 ***	0.094 ***
	（0.020）	（0.021）
控制变量	是	是
年度虚拟变量	是	是
社区虚拟变量	是	是
观测数	2 415	2 415

注：括号中的数字为估计系数的稳健性标准误；*** 表示在 1% 置信水平上显著；控制变量包括个体教育水平、年龄、性别、户口、民族、政治面貌和家庭收入。

另外，个人的特质性因素与其在婚姻市场上的竞争力可能存在较大关联。若这些变量与个体的购房决策也相关，那么之前的估计结果可能存在较大的偏误。为了解决此类可能存在的遗漏变量偏误，在模型估计中加入了影响婚姻的个体特质性因素，包括受访者的理解能力、健康、衣装整洁程度、外貌、智力水平和语言表达能力等，这些信息在 CFPS 中由访员观测完成。

从表 3 - 8 的估计结果可以看出，加入个体特质性变量后，住房所有权的获取对个体结婚的影响并没有太大的改变。与租户相比，房主结婚的概率要高 6.2 个百分点。因此，控制个体特征变量后的估计结果仍然支持我们之前的推断。

表 3 - 8 住房与婚姻：控制个体特质性因素

变量	系数	边际效应
房主	0.303 ***	0.062 ***
	（0.101）	（0.021）
个体特质性变量	是	
控制变量	是	
年份虚拟变量	是	
社区虚拟变量	是	

续表

变量	系数	边际效应
Pseudo R^2	0.3227	
观测数	2 415	

注：括号中的数字为估计系数的稳健性标准误；*** 表示在 1% 置信水平上显著；个体特征变量包括理解能力、健康、衣装整洁程度、外貌、智力水平和语言表达能力；控制变量包括个体教育水平、年龄、性别、户口、民族、政治面貌和家庭收入。

最后，为了确保之前估计结果的稳健性，使用社区层次的住房拥有率和房价收入比作为个体是否拥有住房产权的工具变量，然后采用 2SLS 对基准模型进行重估。一方面，高层次的城市住房拥有率与房价收入比对个体的婚姻选择而言相对外生，因此，符合工具变量的外生性条件；另一方面，由于"同伴效应"，个体是否拥有住房与组内住房拥有率紧密关联，同时房价收入比直接反映的是家庭的购房能力，因此符合工具变量的相关性条件。实际上，在被解释变量为低层次变量时，由低层次的内生性变量通过组别分类加总得出的高层次变量通常被作为工具变量。[①]

基于两阶段最小二乘法的回归结果报告于表 3 - 9。再一次，我们发现在其他条件都相同的情况下，住房拥有者的结婚概率都要显著高于租房者。这一系列估计方法的结果表明，在控制基准模型可能存在的内生性偏误之后，拥有住房自有产权提高个体结婚概率的推断依然成立。

表 3 - 9   **住房与婚姻：两阶段最小二乘法**

变量	系数	边际效应
房主	0.395 *** (0.156)	0.076 (0.030)
控制变量	是	
年份虚拟变量	是	
社区虚拟变量	是	
观测数	2 415	

注：括号中的数字为估计系数的稳健性标准误；*** 表示在 1% 置信水平上显著；控制变量包括个体教育水平、年龄、性别、户口、民族、政治面貌和家庭收入；个体是否为房主的工具变量为社区层次的住房拥有率和房价收入比。

---

① Munch J. R., Rosholm M., Svarer M. Are Homeowners Really more Unemployed? The Economic Journal, Vol. 116, No. 514, 2006, pp. 991 - 1013. 袁微、黄蓉：《房屋拆迁与家庭金融风险资产投资》，载于《财经研究》2018 年第 4 期。

三、进一步分析

本研究的实证结果表明住房产权的获取可以提高个体在婚姻市场上的竞争力，从而对结婚具有促进作用。房产对婚姻的影响渠道主要包括家庭财富积累、社会网络增加、社会地位提升和公共资源获取等。总结来看，房产在婚姻市场中对异性的吸引力是个体财富、社会地位和资源获取能力的外在体现。为了检验这一猜测，我们在基准模型中加入住房所有权和住房财富的交叉项。

表3-10报告了加入住房所有权和住房价值对数值的交叉项后的估计结果，可以看到交叉项的系数为正。这说明，住房财富的增加会进一步提高房主的结婚概率，这是因为住房财富的增加进一步提高了有房家庭的财富总额，因此他们在婚姻市场上的竞争力得到进一步提升。

表 3 – 10　　　　　　　　　　　住房与婚姻：住房财富

变量	系数	边际效应
房主 × 住房价值对数值	0.187 ** (0.093)	0.040 ** (0.020)
控制变量	是	
年份虚拟变量	是	
社区虚拟变量	是	
Pseudo R^2	0.2813	
观测数	2 415	

注：括号中的数字为估计系数的稳健性标准误；** 表示在5%置信水平上显著；控制变量包括个体教育水平、年龄、性别、户口、民族、政治面貌和家庭收入。

另外，我国城镇住房市场在经历过全面福利住房时代以及大规模房改之后存在两类不同产权的住房，分别是完全所有权住房和部分所有权住房。完全产权房上市出售基本不受任何交易约束，产权人享有完全的占有、使用、收益和处分的权利，但是部门产权房只能出售其所拥有的那部分产权，且上市交易受到诸多限制。本研究利用我国城镇存在两类不同产权的住房，考察住房财富对于不同住房产权对婚姻的异质性影响，帮助我们交叉验证住房产权与婚姻之间的机制。

在模型（3-1）的基础上，本研究将住房所有权分为完全产权房和部分产权房，估计结果报告如表 3 - 11 中第一列所示。可以看出，完全产权房显著提高了个体的结婚概率，但是限制产权房的作用并不明显。这是因为，在其他条件相同的情况下，部分产权房对业主而言所蕴含的资产价值较低，拥有部分产权房并不能有效提高个人在婚姻市场上的竞争力。进一步，由于完全产权房和部分产权房的财富增值分配和交易约束的不同，住房财富对婚姻的影响可能在这两类住房之间存在差异。表 3 - 11 中的第二列报告了在模型中加入住房价值对数值与两类住房的交叉项的回归结果。可以看出，完全产权房和住房价值的交叉项系数显著为正，但是部分产权房和住房价值的交叉项系数不显著。这说明，住房增值对婚姻的影响仅仅存在于完全产权房，与之前的推测相一致。

表 3 - 11　　　　　　住房与婚姻：异质性产权与住房财富

变量	(1)		(2)	
	系数	边际效应	系数	边际效应
完全产权房主	0.307*** (0.102)	0.064*** (0.021)	-0.130 (0.381)	-0.027 (0.079)
限制产权房主	-0.196 (0.257)	-0.046 (0.065)	-1.596 (0.953)	-0.546 (0.343)
完全产权房×住房价值对数值			0.178* (0.094)	0.038* (0.020)
部分产权房×住房价值对数值			0.478 (0.316)	0.102 (0.069)
控制变量	是		是	
年份虚拟变量	是		是	
社区虚拟变量	是		是	
Pseudo R^2	0.3188		0.2831	
观测数	2 415		2 415	

注：括号中的数字为估计系数的稳健性标准误；***、*分别表示在1%、10%置信水平上显著；控制变量包括个体教育水平、年龄、性别、户口、民族、政治面貌和家庭收入。

第五节 住房状况与家庭消费的实证分析

一、家庭财富、住房类型和家庭消费

我们首先通过控制家庭特征和财富相关变量来评估家庭财富和住房类型对消费支出的影响。从表 3 - 12 列（1）的估计系数可以看出，家庭消费对住房价值的弹性为 0.188，而家庭消费对金融资产价值的弹性仅为 0.017，两者均在 1% 水平是显著的。这一发现与现有研究结果相一致，即对于家庭而言，住房财富的消费弹性要大于股票价值的消费弹性。[①] 而现有基于发达国家的检验证据表明住房财富的消费弹性在 0.02 ~ 0.08 之间。[②] 相比之下，尽管住房财富的边际消费倾向在我国比发达国家要大得多，但是金融财富的边际消费倾向是相近的。我国家庭消费对房价和财富的高度敏感性凸显了家庭财富构成对消费的重要性。由于住房资产占据了我国家庭财富的绝大部分，因此它对家庭消费具有很大的影响。

表 3 - 12　　　　　　　住房财富与消费支出：基准回归结果

变量	被解释变量：Log（家庭消费）			
	（1）	（2）	（3）	（4）
Log（住房资产价值）	0.18827 *** (0.00548)	0.18693 *** (0.00551)	0.18674 *** (0.00551)	0.18606 *** (0.00552)
Log（金融资产价值）	0.01728 *** (0.00146)	0.01718 *** (0.00146)	0.01655 *** (0.00146)	0.01661 *** (0.00146)

---

① Guo S., Hardin W. Wealth, Composition, Housing, Income and Consumption. The Journal of Real Estate Finance and Economics, Vol. 48, No. 2, 2014, pp. 221 - 243.

② Benjamin J., Chinloy P., Jud D. Real Estate versus Financial Wealth in Consumption. The Journal of Real Estate Finance and Economics, Vol. 29, No. 3, 2004, pp. 341 - 354. Bostic R., Gabriel S., Painter G. Housing Wealth, Financial Wealth, and Consumption: New Evidence from Micro Data. Regional Science and Urban Economics, Vol. 39, No. 1, 2009, pp. 79 - 89. Kishor K. Does Consumption Respond more to Housing Wealth than to Financial Market Wealth? If So, Why? The Journal of Real Estate Finance and Economics, Vol. 35, No. 4, 2007, pp. 427 - 448.

变量	被解释变量：Log（家庭消费）			
	（1）	（2）	（3）	（4）
Log（存款）	0.00715*** (0.00098)	0.00710*** (0.00098)	0.00703*** (0.00098)	0.00705*** (0.00098)
Log（住房抵押贷款）	0.13504*** (0.00551)	0.13475*** (0.00550)	0.13405*** (0.00550)	0.13420*** (0.00549)
Log（家庭收入）	0.02164*** (0.00162)	0.02170*** (0.00162)	0.02159*** (0.00162)	0.02156*** (0.00162)
住房产权——市场租赁房（基准组）				
完全产权房		0.03883** (0.01820)		
购买			0.06526*** (0.01848)	
从单位购买				0.04158** (0.01986)
从市场购买				0.07406*** (0.01920)
自建			0.00366 (0.01977)	0.00288 (0.01964)
部分产权房		0.07622** (0.03410)	0.08372** (0.03402)	0.07761** (0.03390)
免费或廉租房		0.08353* (0.05010)	0.08346* (0.05002)	0.07775 (0.04987)
私人租赁房		− 0.02276 (0.02626)	− 0.03619 (0.02632)	− 0.03762 (0.02621)
年龄	− 0.00606*** (0.00097)	− 0.00615*** (0.00097)	− 0.00611*** (0.00097)	− 0.00609*** (0.00097)
年龄平方	0.00002 (0.00001)	0.00002* (0.00001)	0.00002 (0.00001)	0.00002* (0.00001)
城市户口	0.04055*** (0.01028)	0.03903*** (0.01030)	0.02838*** (0.01056)	0.02944*** (0.01055)

121

变量	被解释变量：Log（家庭消费）			
	（1）	（2）	（3）	（4）
汉族	0.05426 **	0.05485 **	0.05612 **	0.05679 **
	（0.02232）	（0.02234）	（0.02235）	（0.02234）
党员	0.05600 ***	0.05605 ***	0.05556 ***	0.05533 ***
	（0.01334）	（0.01335）	（0.01335）	（0.01335）
已婚	0.09894 ***	0.09906 ***	0.10021 ***	0.09957 ***
	（0.01147）	（0.01147）	（0.01147）	（0.01147）
区虚拟变量	是	是	是	是
年份虚拟变量	是	是	是	是
观测数	25 908	25 908	25 908	25 908
R^2	0.35213	0.35252	0.35313	0.35322

注：括号中的数字为 Huber – White 稳健性标准误；*** $p < 0.01$，** $p < 0.05$，* $p < 0.1$。

表 3 – 12 的结果表明，家庭财富对消费支出的影响在我国与发达经济体之间在作用方向上是相一致的，但是作用程度存在不同。但是，此前也有少数研究我国住房财富效应的文献发现房价上涨对家庭消费具有抑制作用，可能的原因是房价上涨导致住房支出和住房贷款增加，因此更多存在替代效应。[1] 这些研究使用的是宏观数据，并没有处理宏观层次数据容易存在的内生性问题，且没有考虑到我国住房市场存在的较大异质性，[2] 因此得出的这一与直觉相悖的结果受到了较多的批评。事实上，通过有效控制内生性偏误的研究一般均报告了正向的住房财富效应。例如，甘犁等（Gan et al.，2010）利用 20 世纪 90 年代的住房私有化改革作为住房资产变动的外生冲击，发现住房财富效应对受住房私有化改革影响的城镇居民的影响要远远高于未受影响的居民。[3]

存款、住房抵押贷款和家庭收入等其他财富变量的系数均显著为正，但系数

---

[1] 刘颜、周建军：《城市房价上涨促进还是抑制了城镇居民消费？》，载于《消费经济》2019 年第 1 期。颜色、朱国钟：《"房奴效应"还是"财富效应"？——房价上涨对国民消费影响的一个理论分析》，载于《管理世界》2013 年第 3 期。

[2] Zang B.，Lv P.，Warren C. M. J. Housing Prices, Rural-urban Migrants' Settlement Decisions and Their Regional Differences in China. Habitat International, Vol. 50, 2015, pp. 149 – 159. Campbell J.，Cocco J. How Do House Prices Affect Consumption? Evidence from Micro Data. Journal of Monetary Economics, Vol. 54, No. 3, 2007, pp. 591 – 621.

[3] Gan L.，Yin Z.，Zang W. The Impact of Housing Reform on Durables Consumption in China. China Economic Review, Vol. 21, No. 4, 2010, pp. S55 – S64.

大小存在较大不同。首先，在所有家庭财富变量中，消费支出对存款的弹性是最小的，这反映出银行存款具有低回报和预防性资金的属性。[1] 考虑到违约金和利率的不确定性，家庭一般不会从定期存款账户中提取资金。与我国男女性别比例上升相关的文化原因可能也会迫使有儿子的父母保留他们的储蓄，以提高他们儿子在婚姻市场的竞争力。[2] 其次，因为收入的流动性最大，消费支出对家庭收入的弹性也是最大。实际上，本研究估计的边际消费倾向与博斯蒂克等（Bostic et al.，2009）的估计结果很接近。[3] 最后，我们发现消费支出对住房抵押贷款具有很高的弹性，可能的原因是住房价值支持的债务可以用来消费商品和服务。另外，住房抵押贷款的确定性可以减少家庭面临每个月需要储蓄多少钱才能购买房子的不确定性。[4] 然而，我国消费支出对住房抵押贷款的弹性系数要低于美国，这可能是由于美国的住房抵押贷款具有税收优惠效应，但在我国并不存在这一效应。[5]

接下来，我们利用模型（3-3）对整个样本进行回归，以检验家庭消费是否在不同住房类型的家庭存在显著差异。住房类型首先被分为五类，以市场租赁房作为参照组。可以看出，拥有完全和部分住房产权的家庭具有较高的消费支出，另外免费或廉租房家庭的消费水平也较高。表3-12列（2）结果表明，在控制家庭财富变量和家庭特征因素后，拥有部分产权住房的家庭的消费支出比市场租赁房家庭要高7.6个百分点。居住于市场租赁房与拥有完全产权房的家庭在消费支出上的差异缩小至3.9个百分点。房主的消费支出通常高于租者，因为家庭希望在其生命周期内实现平稳的消费，而住房所有权有助于缓冲不利冲击。[6] 考虑到完全产权房和部分产权房存在较大的购买成本差异，完全产权和部分产权对消费支出的差异性影响也是符合预期的。尽管部分产权房家庭拥有住房的一部分产权，但是购买部分产权房的投资成本要远低于完全产权房。住房购买成本的降低可以让节省下来的资金用于消费等其他家庭支出。同样，免费或租金很低的住

[1] Chamon M., Prasad E. Why are Saving Rates of Urban Households in China Rising? American Economic Journal: Macroeconomics, Vol. 2, No. 1, 2010, pp. 93 – 130.

[2] Wei S. – J., Zhang X. The Competitive Saving Motive: Evidence from Rising Sex Ratios and Savings Rates in China. Journal of Political Economy, Vol. 119, No. 3, 2011, pp. 511 – 564.

[3] Bostic R., Gabriel S., Painter G. Housing Wealth, Financial Wealth, and Consumption: New Evidence from Micro Data. Regional Science and Urban Economics, Vol. 39, No. 1, 2009, pp. 79 – 89.

[4] Fan Y., Yavas A. How Does Mortgage Debt Affect Household Consumption? Micro Evidence from China. Real Estate Economics, Vol. 48, No. 1, 2020, pp. 43 – 88.

[5] Guo S., Hardin W. Wealth, Composition, Housing, Income and Consumption. The Journal of Real Estate Finance and Economics, Vol. 48, No. 2, 2014, pp. 221 – 243.

[6] Carroll C., Dynan K., Krane, S. Unemployment Risk and Precautionary Wealth: Evidence from Households' Balance Sheets. Review of Economics and Statistics, Vol. 85, No. 3, 2003, pp. 586 – 604.

房可以极大减少家庭的住房消费支出，因而有利于其他消费支出的增加。对于居住于市场租赁房和私人租赁房的家庭，他们的消费支出没有显著差异。

居民可以通过自建或购买的方式获得具有完全产权的住房，由于通过这两种方式获得的住房产权在许多特征上有所不同，我们预计这两种不同的住房产权获取方式对家庭的消费模式也具有不同的影响。从表 3 - 12 列（3）的结果可以看出，通过购买方式获得住房产权的家庭与居住于市场租赁房的家庭在消费支出上的差异为 6.5 个百分点，且在统计上是显著的，但是通过自建方式获得住房产权的家庭与居住于市场租赁房的家庭在消费支出上没有明显的差异。可能的原因是世代相传的自建房一般位于郊区，住房质量较低且交易受到诸多限制，因此具有较低的财富效应。[①]

在表 3 - 12 的最后一列，我们进一步将通过购买方式获得住房完全产权的房主分为两类：一类是从工作单位或政府购买住房的房主，另一类是从市场购买住房的房主。结果表明，在保持其他因素不变的情况下，通过非市场方式购买低价值住房的家庭的消费支出平均而言要低于通过市场获得高价值住房的家庭。造成这种影响差异（系数分别为 0.074 和 0.042，在 1% 和 5% 水平上显著）的可能原因是，两种住房存在的质量差异以及高价值住房更能应对未来不利冲击对消费的负面影响，这与生命周期理论的预期相符。[②] 表 3 - 12 中其他控制变量的系数也符合理论预期，与以往大多数文献的研究结果一致。本研究省略了对这些变量的讨论，因为它们与家庭消费的关系不是本研究的重点。

二、家庭财富和家庭消费异质性的关系

我们进一步研究家庭财富变量与消费支出是否在拥有不同类型住房产权的家庭之间具有异质性关系。表 3 - 13 提供了住房产权类型划分的分样本回归估计结果。在列（1）~ 列（6）的所示结果，我们发现住房资产价值的系数为正且在统计上是显著的，且其系数远高于金融资产价值的系数。这一结果说明，对拥有各类住房产权的家庭而言，住房资产比金融资产的消费支出弹性更大。但是，从列（1）~ 列（6）的所示结果也可以看出住房资产价值的系数在不同类型的住房产权分样本中具有很大的差异。通过公开市场购买获得完全住房产权的家庭具有最大的住房财富的消费支出弹性，因为这些住房通常在区域和质量方面都具有优

① Chen J., Han X. The Evolution of Housing Market and its Socio-economic Impacts in Post - Reform China: A Survey of the Literature. Journal of Economic Surveys, Vol. 28, No. 4, 2014, pp. 652 - 670.
② Carroll C., Dynan K., Krane S. Unemployment Risk and Precautionary Wealth: Evidence from Households' Balance Sheets. Review of Economics and Statistics, Vol. 85, No. 3, 2003, pp. 586 - 604.

势，具有更大的升值潜力。

对于拥有完全产权房和部分产权房的家庭，住房资产价值的消费支出弹性也具有很大的差异。通过对比表 3 – 13 中列（1）和列（6）的结果，可以发现拥有完全产权房家庭的住房财富的消费弹性为 0.19，而拥有部分产权房家庭的住房财富的消费弹性为 0.10。可能的原因是拥有完全产权房的家庭能够享受全部的住房资产收益权，而拥有部分产权房的家庭只能获得与其持有产权比例相对应的增值收益。考虑到我国城镇地区的住房价格在过去十多年来的持续快速上涨，完全产权住房的拥有者比部分产权住房的拥有者积累了更多的住房财富，因此具有更多的消费支出。

表 3 – 13　　住房财富与消费支出：不同类型住房产权的分样本回归结果

变量	被解释变量：Log（家庭消费）					
	完全产权房	购买	购买		自建	部分产权房
			从单位购买	从市场购买		
	（1）	（2）	（3）	（4）	（5）	（6）
Log（住房资产价值）	0.194*** (0.006)	0.259*** (0.013)	0.255*** (0.023)	0.259*** (0.016)	0.175*** (0.007)	0.099** (0.050)
Log（金融资产价值）	0.018*** (0.002)	0.015*** (0.002)	0.013*** (0.003)	0.014*** (0.002)	0.020*** (0.004)	0.000 (0.009)
Log（存款）	0.007*** (0.001)	0.004*** (0.001)	0.002 (0.002)	0.005** (0.002)	0.008*** (0.001)	–0.002 (0.006)
Log（住房抵押贷款）	0.022*** (0.002)	0.013*** (0.002)	0.015*** (0.004)	0.014*** (0.003)	0.028*** (0.002)	0.039** (0.015)
Log（家庭收入）	0.136*** (0.006)	0.154*** (0.012)	0.180*** (0.022)	0.142*** (0.013)	0.125*** (0.006)	0.172*** (0.046)
控制变量	是	是	是	是	是	是
区虚拟变量	是	是	是	是	是	是
年份虚拟变量	是	是	是	是	是	是
观测数	22 773	8 927	3 494	5 433	13 846	531
R^2	0.353	0.398	0.438	0.400	0.329	0.431

　　注：括号中的数字为 Huber – White 稳健性标准误；***$p < 0.01$，**$p < 0.05$；控制变量包括年龄及其平方项、户口状况、民族、政治状况和婚姻状况。

三、住房财富和家庭消费变动

表 3 - 14 报告了住房财富与消费支出的一阶差分回归结果，列（1）报告了基于整个样本的回归结果。住房资产价值一阶差分后的估计系数为 0.107，这表明住房资产价值每增加 10%，消费支出就增加近 1%。表 3 - 14 中列（2）~列（7）报告了根据住房产权类型的分样本回归结果。正如预期所示，住房资产价值的系数在所有分样本回归中都是正的，但是在最后一列是不显著，可能的原因样本量较小。从列（3）和列（6）的结果可以看出，通过购买比通过自建获得住房产权的家庭具有更高的住房财富的消费弹性。但是从单位或政府购买获得的住房产权以及从市场购买获得的住房产权，这两类产权住房在住房财富的消费弹性上并没有明显差异，这些发现也都与现有研究的估计结果相一致。由于持有金融资产的家庭相对较少，金融资产价值仅占家庭财富很小一部分，所以金融资产对消费支出的影响有限。

表 3 - 14　　　　住房财富与消费支出：一阶差分回归结果

变量	被解释变量：ΔLog（家庭消费）						
	全样本	完全产权房	购买	购买		自建	部分产权房
				从单位购买	从市场购买		
	（1）	（2）	（3）	（4）	（5）	（6）	（7）
ΔLog（住房资产价值）	0.107 ***	0.120 ***	0.241 ***	0.230 ***	0.249 ***	0.103 ***	0.024
	（0.013）	（0.014）	（0.033）	（0.051）	（0.042）	（0.015）	（0.098）
ΔLog（金融资产价值）	0.002	0.002	0.000	0.005	-0.003	0.009	0.003
	（0.003）	（0.003）	（0.004）	（0.005）	（0.005）	（0.008）	（0.025）
ΔLog（存款）	0.017 ***	0.017 ***	0.009 ***	0.014 ***	0.005	0.021 ***	-0.012
	（0.002）	（0.002）	（0.002）	（0.004）	（0.003）	（0.002）	（0.010）
ΔLog（住房抵押贷款）	0.013 ***	0.013 ***	0.006 *	0.006	0.006 *	0.018 ***	0.027
	（0.002）	（0.002）	（0.003）	（0.006）	（0.004）	（0.003）	（0.017）
ΔLog（家庭收入）	0.059 ***	0.062 ***	0.077 ***	0.082 ***	0.072 ***	0.057 ***	0.059
	（0.006）	（0.007）	（0.012）	（0.020）	（0.015）	（0.008）	（0.057）
控制变量	是	是	是	是	是	是	是

变量	被解释变量：ΔLog（家庭消费）						
	全样本	完全产权房	购买	购买		自建	部分产权房
				从单位购买	从市场购买		
	（1）	（2）	（3）	（4）	（5）	（6）	（7）
观测数	17 272	15 579	6 143	2 469	3 674	9 436	346
R^2	0.155	0.153	0.150	0.158	0.148	0.156	0.191

注：括号中的数字为 Huber – White 稳健性标准误；＊＊＊ $p < 0.01$，＊ $p < 0.1$；控制变量包括年龄及其平方项、户口状况、民族、政治状况和婚姻状况。

四、住房净资产与家庭消费

住房资产价值和住房资产净值对消费支出的影响可能存在差异，因为住房债务的存在意味着可以利用杠杆方式加大对住房资产的投资，并且住房资产可以转换为流动性更强的其他资产，尽管这限制了随后在偿还贷款时的家庭支出。住房资产净值，即住房资产价值减去住房抵押贷款余额，是衡量住房财富的一个更为具体的指标。本研究也研究住房资产净值对消费支出的影响，以增加研究结论的稳健性。

我们通过用住房资产净值代替房屋价值，并从模型中剔除住房抵押贷款来重新估计模型（3 – 2），估计结果报告于表 3 – 15。从列（1）的结果可以看出，住房资产净值消费弹性为 0.175，几乎是金融资产消费弹性的 10 倍。表 3 – 15 列（2）～列（7）的结果表明住房资产净值的系数估计值与表 3 – 13 所示结果比较接近。具体而言，住房资产净值每增加 10%，拥有完全产权房的家庭的消费支出就增加 1.8%，而拥有共同产权房的家庭的消费支出只增加 0.7%。相比较于通过自建获得住房的家庭，通过购买获得住房产权的家庭具有更高的住房资产净值的消费弹性。对于从工作单位或政府购买住房的家庭而言，住房资产净值对他们消费支出的影响几乎与从市场购买住房的家庭相同。

表 3 – 16 报告了使用一阶差分法后住房资产净值影响消费支出的回归结果。从列（1）～列（7）的结果可以看出，一方面，住房资产净值和消费支出之间的正相关关系在全样本以及各住房类型子样本中都存在；另一方面，住房资产净值的消费支出弹性在具有不同住房产权类型的家庭中存在差异，但基于住房资产净值的结果与前文的研究结果大体一致。

表 3 – 15　　住房资产净值与消费支出：不同类型住房产权的分样本回归结果

变量	被解释变量：Log（家庭消费）						
	全样本	完全产权房	购买	购买		自建	部分产权房
				从单位购买	从市场购买		
	（1）	（2）	（3）	（4）	（5）	（6）	（7）
Log（住房资产净值）	0.175 ***	0.180 ***	0.222 ***	0.223 ***	0.216 ***	0.164 ***	0.069
	（0.005）	（0.006）	（0.012）	（0.021）	（0.016）	（0.007）	（0.045）
Log（金融资产价值）	0.018 ***	0.018 ***	0.015 ***	0.013 ***	0.015 ***	0.021 ***	− 0.000
	（0.001）	（0.002）	（0.002）	（0.003）	（0.002）	（0.004）	（0.009）
Log（存款）	0.004 ***	0.004 ***	0.002	0.001	0.003	0.004 ***	− 0.005
	（0.001）	（0.001）	（0.001）	（0.002）	（0.002）	（0.001）	（0.006）
Log（家庭收入）	0.139 ***	0.140 ***	0.161 ***	0.186 ***	0.148 ***	0.129 ***	0.177 ***
	（0.006）	（0.006）	（0.012）	（0.022）	（0.014）	（0.007）	（0.047）
控制变量	是	是	是	是	是	是	是
区虚拟变量	是	是	是	是	是	是	是
年份虚拟变量	是	是	是	是	是	是	是
观测数	25 908	22 773	8 927	3 494	5 433	13 846	531
R^2	0.341	0.340	0.387	0.429	0.388	0.314	0.421

注：括号中的数字为 Huber – White 稳健性标准误；*** $p < 0.01$；控制变量包括年龄及其平方项、户口状况、民族、政治状况和婚姻状况。

表 3 – 16　　　　　住房资产净值与消费支出：一阶差分回归结果

变量	被解释变量：ΔLog（家庭消费）						
	全样本	完全产权房	购买	购买		自建	部分产权房
				从单位购买	从市场购买		
	（1）	（2）	（3）	（4）	（5）	（6）	（7）
ΔLog（住房资产净值）	0.081 ***	0.093 ***	0.147 ***	0.146 ***	0.147 ***	0.084 ***	0.007
	（0.012）	（0.013）	（0.028）	（0.049）	（0.035）	（0.015）	（0.103）
ΔLog（金融资产价值）	0.003	0.002	0.001	0.005	− 0.001	0.007	0.004
	（0.003）	（0.003）	（0.004）	（0.005）	（0.005）	（0.008）	（0.025）

变量	被解释变量：ΔLog（家庭消费）						
	全样本	完全产权房	购买	购买		自建	部分产权房
				从单位购买	从市场购买		
	（1）	（2）	（3）	（4）	（5）	（6）	（7）
ΔLog（存款）	0.016 ***	0.015 ***	0.009 ***	0.015 ***	0.005 *	0.018 ***	− 0.011
	(0.002)	(0.002)	(0.002)	(0.004)	(0.003)	(0.002)	(0.010)
ΔLog（家庭收入）	0.059 ***	0.064 ***	0.079 ***	0.081 ***	0.076 ***	0.058 ***	0.055
	(0.006)	(0.007)	(0.012)	(0.020)	(0.015)	(0.008)	(0.055)
控制变量	是	是	是	是	是	是	是
观测数	17 272	15 579	6 143	2 469	3 674	9 436	346
R^2	0.148	0.146	0.139	0.149	0.136	0.146	0.181

注：括号中的数字为 Huber – White 稳健性标准误；*** $p < 0.01$，* $p < 0.1$；控制变量包括年龄及其平方项、户口状况、民族、政治状况和婚姻状况。

五、稳健性检验

在本研究中，我们讨论可能影响前文回归估计结果的三个潜在问题：遗漏变量偏误、样本选择偏差和右偏测量偏误。此外，我们还通过比较住房财富对房主和租房者的消费支出差异性影响做了一个安慰剂测试。

（一）个人和家庭层面的不可观测因素

尽管前文通过地区固定效应控制了地区层次的不可观测因素，但是忽略了个人和家庭层次的不可观测因素对结果的影响，因此可能存在遗漏变量偏误。例如，个人和家庭的消费偏好各不相同，这将影响财富资产变化对他们消费支出的影响。为了缓解遗漏变量带来的估计结果偏误，我们采用固定效应模型和随机效应模型重新估计模型（3 – 2）。固定效应模型在个体和家庭不可观测因素与自变量相关的情况下更为有效，而随机效应模型在不可观测变量和自变量相关的情况下有效。基于固定效应模型和随机效应模型的结果分别报告于表 3 – 17 中的列（1）和列（4）。可以看到，在控制未观察到的个人和家庭特征因数后的估计结果与基准结果保持一致。住房资产价值的消费弹性为 0.10 ~ 0.18，而金融资产价值的消费弹性仅为 0.01 ~ 0.02。

现有研究表明，男性和女性在风险和竞争偏好等方面存在较大的差异。[①] 考虑到这些与消费偏好相关的个人因素可能会随着时间的推移而改变，我们在按性别划分的子样本中用面板模型估计住房财富与消费支出的关系。表3-17中的列（2）和列（3）报告了固定效应模型的回归结果，相应随机效应模型的估计结果报告于表3-17中的列（5）和列（6）。结果表明，性别因素并不影响住房财富与消费支出的关系。

表3-17　　　　住房财富与消费支出：面板模型回归结果

变量	被解释变量：Log（家庭消费）					
	固定效应模型			随机效应模型		
	全样本	女性	男性	全样本	女性	男性
	（1）	（2）	（3）	（4）	（5）	（6）
Log（住房资产价值）	0.106 *** (0.012)	0.105 *** (0.017)	0.106 *** (0.017)	0.178 *** (0.005)	0.174 *** (0.007)	0.181 *** (0.007)
Log（金融资产价值）	0.005 * (0.003)	0.006 * (0.004)	0.004 (0.004)	0.018 *** (0.001)	0.018 *** (0.002)	0.017 *** (0.002)
Log（存款）	0.006 *** (0.001)	0.006 *** (0.002)	0.006 *** (0.002)	0.008 *** (0.001)	0.008 *** (0.001)	0.008 *** (0.001)
Log（住房抵押贷款）	0.018 *** (0.002)	0.019 *** (0.003)	0.018 *** (0.003)	0.021 *** (0.002)	0.022 *** (0.002)	0.019 *** (0.002)
Log（家庭收入）	0.069 *** (0.007)	0.070 *** (0.009)	0.068 *** (0.010)	0.132 *** (0.005)	0.134 *** (0.007)	0.129 *** (0.008)
控制变量	是	是	是	是	是	是
年份虚拟变量	是	是	是	是	是	是
观测数	25 908	13 117	12 791	25 908	13 117	12 791
Within R^2	0.287	0.290	0.284	0.268	0.272	0.264

注：括号中的数字为 Huber - White 稳健性标准误；*** $p<0.01$，* $p<0.1$；控制变量包括年龄及其平方项、户口状况、民族、政治状况和婚姻状况。

① Croson R., Gneezy U. Gender Differences in Preferences. Journal of Economic Literature, Vol. 47, No. 2, 2009, pp. 448-474. Emanuel A., McCully S., Gallagher K., Updegraff J. Theory of Planned Behavior Explains Gender Difference in Fruit and Vegetable Consumption. Appetite, Vol. 59, No. 3, 2012, pp. 693-697. Segal B., Podoshen J. An Examination of Materialism, Conspicuous Consumption and Gender Differences. International Journal of Consumer Studies, Vol. 37, No. 2, 2013, pp. 189-198.

（二）样本选择偏差

性别之间的收入和财富差异已被证明会影响夫妻在家庭内部的议价能力，两性对资产所有权的控制差异也同样具有重要影响。[1] 住房是家庭最重要的资产之一，因此住房产权的实际拥有者对家庭消费支出等内部议价结果等具有重大影响。非住房实际持有者对消费支出的影响可能较小，为此我们将样本集中于住房产权的拥有者，估计结果报告于表 3 – 18 中的列（1）。可以看出住房资产价值对消费支出依然显著为正，且住房资产价值的系数值要远大于金融资产价值的系数值。住房资产价值的消费弹性为 0.201，金融资产价值的消费弹性为 0.188。

表 3 – 18　　住房财富与消费支出：限制样本的回归结果

变量	被解释变量：Log（家庭消费）		
	户主	户主	
		女性	男性
	（1）	（2）	（3）
Log（住房资产价值）	0.201*** (0.010)	0.211*** (0.016)	0.190*** (0.014)
Log（金融资产价值）	0.018*** (0.002)	0.019*** (0.004)	0.018*** (0.003)
Log（存款）	0.005*** (0.002)	0.005** (0.003)	0.005** (0.002)
Log（住房抵押贷款）	0.031*** (0.003)	0.031*** (0.005)	0.029*** (0.004)
Log（家庭收入）	0.132*** (0.009)	0.130*** (0.013)	0.133*** (0.012)
控制变量	是	是	是
区虚拟变量	是	是	是
年份虚拟变量	是	是	是
观测数	8 942	3 965	4 977
R^2	0.379	0.390	0.383

注：括号中的数字为 Huber – White 稳健性标准误；***p < 0.01，**p < 0.05；控制变量包括年龄及其平方项、户口状况、民族、政治状况和婚姻状况。

[1] Croson R., Gneezy U. Gender Differences in Preferences. Journal of Economic Literature, Vol. 47, No. 2, 2009, pp. 448 – 474.

另外，家庭的消费支出可能存在性别差异。现有研究发现在妻子拥有住房产权的家庭中，男性化商品大幅减少，而女性化商品大幅增加；当给予男性同样的权利时，就会出现相反的情况，即男性化商品远高于女性化商品。[①] 考虑到住房资产通常只包括户主的名字，而在我国男性通常是户主，因此我们将户主样本分为男性和女性子样本。表3-18 中的列（2）和列（3）分别报告了分性别的子样本回归结果，结果依然保持稳健。

（三）右偏测量偏误

住房财富、金融财富和收入等财富变量通常具有右偏性，所以前文基于 OLS 回归的估计结果更有可能反映变量分布右尾的观察结果。因此，我们采用中位数回归方法来克服可能存在与家庭财富分布右偏模式相关的潜在问题。使用中位数回归方法的估计结果报告于表3-19。

表3-19　　　　　住房财富与消费支出：中位数回归结果

变量	被解释变量：Log（家庭消费）		
	户主	户主	
		男性	女性
	(1)	(2)	(3)
Log（住房资产价值）	0.210***	0.219***	0.198***
	(0.007)	(0.010)	(0.011)
Log（金融资产价值）	0.016***	0.017***	0.015***
	(0.001)	(0.002)	(0.002)
Log（存款）	0.004***	0.004***	0.003*
	(0.001)	(0.001)	(0.002)
Log（住房抵押贷款）	0.017***	0.014***	0.020***
	(0.002)	(0.004)	(0.003)
Log（家庭收入）	0.170***	0.170***	0.173***
	(0.009)	(0.012)	(0.013)
控制变量	是	是	是
区虚拟变量	是	是	是
年份虚拟变量	是	是	是

[①] Wang S. – Y. Property Rights and Intra-household Bargaining. Journal of Development Economics, Vol. 107, 2014, pp. 192 – 201.

变量	被解释变量：Log（家庭消费）		
	户主	户主	
		男性	女性
	（1）	（2）	（3）
观测数	8 942	3 965	4 977
Pseudo R^2	0.251	0.264	0.252

注：括号中的数字为 Huber－White 稳健性标准误；*** p < 0.01，* p < 0.1；控制变量包括年龄及其平方项、户口状况、民族、政治状况和婚姻状况。

表 3－19 中列（1）~列（3）的回归结果表明，对于所有户主组成的全样本以及分性别的子样本，住房资产价值的消费弹性均保持在 0.2 左右，而金融资产价值的消费弹性保持在 0.02 左右，这与前文的估计结果相一致。

（四）安慰剂检验

住房财富增加提高家庭消费支出的关键论据是房价上涨会增加家庭的永久财富，进而增加家庭消费。由于租房者自我报告的住房价值只反映租房者对未来经济的预期，因此不存在"永久财富"效应。作为安慰剂检验，我们比较了房主和租房者之间的结果。

表 3－20 报告了基于房主子样本［列（1）］和租户子样本［列（2）］的回归结果。对比表 3－20 列（1）和列（2）的结果，我们发现房主子样本中家庭消费对住房资产价值的弹性为 0.121，且在 1% 自有住房者水平上显著。但是，租房者子样本中家庭消费对住房资产价值的弹性仅为 0.012，且不显著。这些发现支持了住房财富效应对消费的影响。

表 3－20　　　住房财富与消费支出：房主与租户的对比

变量	被解释变量：Log（家庭消费）	
	自有住房者	租赁住房者
	（1）	（2）
Log（住房资产价值）	0.121***	0.012
	（0.012）	（0.030）
Log（金融资产价值）	0.006**	0.007
	（0.003）	（0.011）

续表

变量	被解释变量：Log（家庭消费）	
	自有住房者	租赁住房者
	（1）	（2）
Log（存款）	0.005*** (0.002)	0.011** (0.005)
Log（住房抵押贷款）	0.017*** (0.002)	0.021*** (0.006)
Log（家庭收入）	0.076*** (0.007)	0.023 (0.028)
控制变量	是	是
家庭固定效应	是	是
年份固定效应	是	是
观测数	23 291	2 617
Within R^2	0.283	0.352

注：括号中的数字为 Huber – White 稳健性标准误；*** $p < 0.01$，** $p < 0.05$；控制变量包括年龄及其平方项、户口状况、民族、政治状况和婚姻状况。

第六节 本章小结

大量文献表明，住房自有产权给个体和家庭带来了诸多好处，所以拥有住房在理论上会提高个体在婚姻市场上的竞争力。我国城市的住房价格在房改之后不断攀升，且住房与公共教育等社会资源紧密关联，因此住房资产对婚姻的影响在我国城市可能更为明显。尽管"拥有住房资产有助于提升个体在婚恋市场上的竞争力"的论点在社会上广为流传，但在学术界的讨论还很稀少。本章通过比较我国城市的房主和租户的结婚概率来验证这一假设。首先，本章利用 2010 年、2012 年和 2014 年我国家庭追踪调查数据，分析了城市住房产权对青年群体婚姻缔结的影响。研究发现住房产权的获取提高了个体的结婚概率，这表明房产有助于提高未婚青年在婚姻市场上的竞争力。尽管我们已经通过剔除婚后购房的样本以排除婚姻影响家庭购房行为的反向因果关系，但是为了克服遗漏变量和模型设定等所引起的内生性偏误，采用得分倾向匹配、增加个人特质性因素和工具变量法等多种方法对基准模型进行重新估计，发现基准结果保持稳健。同时，发现住房财富的增加会进一步提高房主的结婚概率，这是因为住房财富的增加提高了有房家庭的财富总额，因此他们在婚姻市场上的竞争力得到进一步提升。此外，将住房分为完全产权房和限制产权房，其中完全产权房上市出售基本不受任何交易约束，产权人享有完全的占有、使用、收益和处分的权利，但是部分产权房只能出售其所拥有的那部分产权，且上市交易受到诸多限制，结果表明完全产权房显著提高了个体的结婚概率，但是限制产权房的作用并不明显，且住房增值对婚姻的影响仅仅存在于完全产权房。

上述的研究结果有利于丰富政策的含义。我们的研究结果表明住房产权的获取可以促进个体的婚姻缔结，这为提高城市住房拥有率的各项公共政策提供了新的依据。当大城市人口流动性越来越大、住房购买也变得越来越难以负担，大力发展保障性租赁住房、长租房成为实现全体人民住有所居的一条有效路径时，也不能忽略大量居民对拥有一套自有住房的合理需求，不能忽略提高住房自有化率的社会效益，在高房价的大城市，通过加大住房公积金支持力度、实施配售型保障性住房制度等，帮助在大城市有稳定工作、愿意长期在这个城市发展的夹心群体拥有一套自有住房，十分必要。

其次，本章研究了住房产权与家庭消费支出的关系，并研究这一关系如何随住房产权类型的不同而作出改变，是对现有文献的有力补充。利用 2010 年、2012 年和 2014 年我国家庭追踪调查数据，本研究发现住房资产价值、金融资产价值、收入和住房抵押贷款与家庭消费支出均存在显著的正相关关系。更为重要的是，我们发现住房资产价值对家庭消费支出的影响是非常大的，住房财富消费弹性高达 0.19，几乎是金融财富消费弹性的 10 倍，远远高于基于发达国家数据所估计的住房财富消费弹性。造成这种差异的可能原因是，住房市场化改革后的房价快速上涨以及金融产品的投资限制，住房越来越受到我国城镇家庭的青睐，同时在家庭财富总额中的占比也逐渐提升。更有趣的是，住房资产价值的消费支出弹性随着住房产权类型的不同而改变。

进一步的研究结果表明，拥有或居住于不同类型住房的家庭具有不同的消费倾向，且住房财富对消费的影响对于拥有或居住于不同类型住房的家庭也具有异质性。这些发现对于是否提供减轻居民的住房负担和提高住房私有化等住房政策具有指导意义。除此之外，本研究还发现住房自有产权以及住房产权的类型也影响家庭的消费支出。最后，住房资产净值的变化会对家庭消费产生影响，但是金融资产净值的变化没有影响。

本研究结论为预测我国等新兴市场的消费和经济增长趋势提供了信息参考。我国的房地产市场存在较大泡沫的部分原因是资源配置不当，房价上涨从长期来看是不可持续的，房地产市场发展的放缓都可能对整体经济产生重大的负面影响。本研究发现的住房资产价值和住房资产净值的高消费弹性表明，要避免房价下跌和随之而来的消费的极大缩减，需要坚持"房子是用来住的、不是用来炒的"定位，以稳地价稳房价稳预期为目标，促进房地产市场平稳健康发展。

研究结果还表明，拥有不同类型住房产权的家庭具有不同的消费支出，不同类型住房产权的住房资产价值的消费弹性也存在差异。拥有部分产权的家庭具有更多的消费支出，而那些通过市场购买获得住房完全产权的家庭具有更高的住房资产价值的消费弹性。这些发现表明，虽然住房部分产权可能在短期内能更为有效地促进家庭消费，但从长期来看，随着住房资产价值的增加，完全产权房能带来更大的财富效应，对消费的影响更为持续。决策者可以根据当前的经济状况和住房政策，权衡不同类型的住房产权在促进家庭消费方面的短期和长期效果。本研究结果也表明，住房产权有利于促进家庭消费支出，这意味着提高住房自有化率有利于经济向服务型的转变。本章研究存在如下局限性：首先，没有考虑某些重要的家庭特征，如风险偏好和家庭结构，是否影响住房财富与消费支出的关系；其次，没有考虑不同金融市场和住房市场条件下的财富效应。另外，住房资产价值和家庭消费支出的背后机制也值得进一步探讨。

第四章

外来务工人员住房状况与居住满意度

城镇化是人口不断向城市聚集的过程，其最大特点是越来越多的劳动力涌向城市，形成了庞大的外来务工人员队伍。解决外来务工人员住房困难，实现人人住有所居是以习近平同志为核心的党中央从战略和全局高度作出的重大决策，但长期以来，不少地方政府把外来务工人员视为简单的劳务输入，在一些城市还出现过排斥低文化程度、低技术水平、主要从事体力劳动的外来务工人员，害怕成为地方政府负担的现象。外来务工人员住房现状如何？有什么诉求？下一步应该怎么推进？这是在构建多主体供给、多渠道保障的租购并举制度中需要重点考虑与设计的内容，也是推进以人为本现代化的重要内容。以外来务工人员占绝对主体的流动人口来反映外来务工人员的基本情况，通过比较第六、第七次全国人口普查数据，发现流动人口增长69.73%并具有如下特征：一是人口持续向沿江、沿海地区和内地城区集聚；二是跨省人口迁移规模增大；三是流动人口以中青年为主；四是流动人口受教育水平稳步提升；五是单人流动比例持续减少，家庭化流动趋势日益显著；六是流动人口收入增幅低于住房成本增幅，长期居留意愿持续下降。浙江省经济快速发展、城镇化快速推进，吸引了大量外来务工人员在浙江城市就业，并且成为浙江省建设发展中一支不可或缺的力量，习近平总书记时任浙江省委书记时就提出"工者有其居"，[①] 推动了多主体、多渠道解决外来务工人员住房问题的一轮高潮。本章以浙江为抽样调研的对象，围绕这些群体的住

---

① 习近平：《以建设和谐社会的理念有效解决好农民工问题——对浙江省的调查与思考》，载于《政策瞭望》2005年第10期。

房现状、住房需求、居住满意度以及居留意愿展开分析，基本能反映流动人口密集省市外来务工人员面临的住房压力。

第一节　外来务工人员住房调查的设计与样本特征

一、样本规模和分布

为进一步了解和把握外来务工人员居住状况和居留意愿，2020 年 10 月 18 ~ 25 日我们在浙江杭州余杭区、德清县、嵊州市、台州市黄岩区、温岭市公安局流动人口管理大队的支持下，通过流动人口网格员向外来人口发放手机端问卷开展本次调研，调研对象为离开户籍所在地在浙江城镇工作的务工人员，共发放问卷 11 298 份，剔除其中部分无效问卷，最终获得有效问卷 9 200 份。受访对象主要集中在余杭区、德清县、嵊州市、台州市，从人员流动来看，省外人员流入明显大于省内，户口登记地非浙江省的占 78.61%，从行业分布来看，就业行业集中，以制造业为主（见表 4 - 1）。

表 4 - 1　　　　　　　　　样本规模和分布

变量	选项	个案数（个）	百分比（%）
工作城市	余杭区	470	5.11
	德清县	3 376	36.70
	嵊州市	1 305	14.18
	台州市	3 488	37.91
	其他	561	6.10
户口省份	浙江省	1 968	21.39
	非浙江省	7 232	78.61
行业	建筑业	372	4.04
	制造业	5 020	54.57
	服务业	1 590	17.28
	其他	2 218	24.11
有效填写次数		9 200	100.00

受访对象的年龄分布以年轻人为主，其中 25 岁及以下占 15.48%，26 ~ 35 岁

占 43.66%，36 ~ 45 岁占 26.16%。受访者的学历水平整体较低，高中/中专文化水平的，占比 20.88%，初中文化水平的，占比 52.98%，小学文化水平的，占比 13.71%。收入两极差距大，受访者月收入主要集中在 3 000 ~ 5 000 元这一区间，占比 48.92%，月收入在 5 000 ~ 7 500 元的占比 29.26%。样本规模和分布如表 4 - 2 所示。

表 4 - 2 样本规模和分布

变量	选项	个案数（个）	百分比（%）
年龄	25 岁及以下	1 424	15.48
	26 ~ 35 岁	4 017	43.66
	36 ~ 45 岁	2 407	26.16
	45 岁以上	1 352	14.70
学历	未上过学	123	1.34
	小学	1 261	13.71
	初中	4 874	52.98
	高中/中专	1 921	20.88
	高职/大专	652	7.09
	本科及以上	369	4.01
月收入	3 000 元以下	768	8.35
	3 000 ~ 5 000 元	4 501	48.92
	5 000 ~ 7 500 元	2 692	29.26
	7 500 ~ 10 000 元	922	10.02
	10 000 ~ 15 000 元	229	2.49
	15 000 ~ 20 000 元	53	0.58
	20 000 元以上	35	0.38
有效填写次数		9 200	100.00

二、住房现状分析

（一）住房基本情况

住房人均建筑面积偏小。受访对象的住房人均建筑面积为 17.34 平方米，其中以 11 ~ 30 平方米为主，占比 50.53%；面积在 10 平方米以下的，占比 12.64%，人均住房建筑面积远低于当地城镇居民平均水平；略低于国家统计局"2020 年农民工监测调查报告"公布的进城农民工人均居住面积 21.5 平方米水平。

4 人以内共住是主要形式，不合理共住问题仍然存在。受访者的主要居住形式为2人及以上同住，其中2人同住的占比37.12%，3人同住的占比18.68%，4人同住的占比13.08%。在受访者中，仍有2.64%的房间共住人数在8人及以上。

住房类型以租赁住房为主。受访对象的住房以自己租房为主，占比65.05%；居住在企业提供的员工宿舍的，占比27.64%；居住在自己购买的商品房的，占比4.52%；居住在园区的外来务工人员公寓的，占比0.67%，作为专为外来务工人员设置的住房，园区公寓在提供住房方面的贡献率偏低；1.85%寄住于朋友家。从调研情况看，用工企业在解决外来务工者居住问题上发挥了重要的作用。

（二）居住环境情况

农村及城乡结合部是外来务工者的主要居住地，城内居住的主要是工作单位及工地内。超过半数受访者的居住地点集中在农村和城乡结合部，其中分布在城乡结合部的，占比24.74%；在农村的，占比33.92%；居住地点在工作单位或工地内的，占比22.75%；在市中心工作地点附近的，占比14.48%。

独立厨卫配备低。在受访者的住房中，拥有独立厨房的占38.05%，共用厨房的占27.25%，没有配备厨房的占34.70%。厕所的配备状况上，拥有独立厕所的占66.75%，共用厕所的占30.73%，余下的2.52%则未配备厕所。

半数以上受访者反映住房存在问题。在"您觉得目前房屋存在以下哪些问题（多选）"这个问题中，反映最多的问题是隔音效果差，占比33.16%；认为房屋面积太小的占比28.55%；其他存在的问题有采光差、不通风、墙体开裂或脱落、供水供电不足、漏水等分别占15.54%、10.60%、10.75%、3.13%和6.55%。

（三）住房消费压力分析

在租房的受访者中，每月房租的支出一般在1 000元以下的占70.91%，其中每月支出1~500元的占比35.34%，每月支出501~1 000元的占比35.57%，29.09%的受访者月租金超过1 000元。在自己购房的受访者中，每月按揭贷款的支出集中在2 000元以上，其中每月支出5 000元以上的，占18.27%；支出3 000~5 000元的，占25.00%；支出2 001~3 000元的，占19.71%。

三、住房需求分析

（一）城市居留意愿及其制约因素

受访者在浙江省的累计工作时间整体较长，累计工作10年以上的占

26.42%；累计工作 5~10 年的占 24.65%；累计工作 3~5 年的占 17.43%；累计工作 1~3 年的占 21.49%。愿意在目前城市长期工作的占一半比例。"您是否喜欢在目前生活的这个城市长期工作"，表示"非常喜欢"在目前城市长期工作的占 17.34%，"比较喜欢"的占 35.22%，即有 52.56% 的受访者表示"非常喜欢"和"比较喜欢"，超过半数。

约四成的受访者想在目前工作的城市定居。在"是否想在目前工作的城市定居"这个问题中，仅 15.14% 的受访者表示非常想，23.86% 的受访者表示比较想，合计占 39.00%。在浙江累计工作时间越长定居意愿越强。对在浙江累计工作时间与定居意愿进行交叉分析后发现，在浙江 10 年以上的外来务工人员"非常想"定居的意愿最高，达到 15.96%；对于在浙江工作 1 年以下的外来务工人员而言，"非常想"定居浙江的意愿下降到 12.83%。

转为城镇户口意愿较低。调查数据显示有 70.8% 的受访者不愿转为浙江城镇户口。在不愿转为城镇户口的原因分析中（多选），因为城镇生活费用高而不愿意转的，占 39.94%，城市生活成本过高是导致外来务工人员不愿转为城镇户口的主要原因；35.35% 的受访者因为不想失去农村户口相关权益而不愿意转为城镇户口，农村户口权益在一定程度上制约了转为浙江城镇户；担心在城镇无稳定工作的占 36.75%。此外，家庭、亲缘牵绊对转户口方式影响较大。受访者中，希望回老家定居而不购房的占 30.21%。如果要转为城镇户口，多数受访者希望全家一起转，这一选择占 56.64%，希望仅自己一个人转的占 17.09%，希望仅子女转的占 11.90%。

（二）城市居留方式及其制约因素

受访者未来 3 年的住房选择以租房和买房为主，其中倾向于在目前工作城市租房的，占 45.17%；倾向于买房的，占 28.26%；倾向于住工棚或集体宿舍的，占 7.88%；倾向于申请政府公共租赁住房的，占 13.09%。受访者居住选择与定居意愿交叉后发现，对于选择居住在政府保障房的外来务工人员而言定居浙江的意愿比较强烈，对于寄住在朋友家的受访者而言，"比较不想"和"非常不想"定居浙江的比例累计占比最少，只有 13.53%，意味着对于寄住在朋友家的外来务工人员而言，住房消费成本相比较于其他居住类型要低，定居意愿较高（见图 4-1）。

在不愿意购房的受访者中，经济能力是选择不在浙江购房的主因。在"不会在目前工作的城市购房的原因（多选）"这个问题中，表示因为没钱付首付而不愿购房的，占 30.99%；其次是想回老家定居的，占 26.76%；因为工作不稳定，占 20.01%；无按揭偿还能力占 18.07%；未找到合适房源占 4.60%。

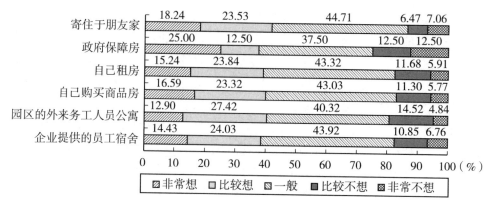

图 4-1　居住选择与定居意愿的交叉分析

（三）住房政策期望

受访对象参与"积分"的意愿高。受访对象对于外来务工人员"积分"的参与意愿较高，70.84%的受访者表示愿意参加"积分"。在"解决住房问题上希望企业或政府提供什么帮助（多选）"这个问题中，受访者对于政府的期望主要是租房补贴和公租房的提供，希望企业或政府提供租房补贴，占48.30%；希望政府提供低租金的租赁住房，占38.67%；希望企业提供员工宿舍占30.04%；缴存公积金占24.48%。

第二节　外来务工人员住房满意度影响因素分析

一、变量设置与研究假设

住房满意度一直是国内外学界的研究热点，相关研究成果主要集中于影响因素的识别以及影响因素的差异性分析两个维度，住房满意度是一个综合的评估指标，具有主观性、稳定性与整体性等特征，会受到多个因素的共同作用，单一因素并不能反映居民对住房满意度的变化，然而目前针对影响因素间的关联性研究略显缺乏。本次调研关于住房满意度的评价以一般满意为主，占比58.40%，其次是比较满意，占比23.00%，有不良评价的，占比8.80%。为进一步分析影响流动人口住房满意度的原因，探索影响因素间的内在逻辑关系，本节以上述调研数据为基础，采用多元逻辑回归模型分析影响住房满意度的主要因素，并在一般

142

住房满意度研究基础上探索影响因素之间的关联性，选取了 14 组变量作为研究住房满意度的影响因素，各变量的设置如表 4 - 3 所示。

表 4 - 3 变量与度量说明

变量名称		度量说明
满意度（因变量）		满意 =1；一般 =2；比较不满意 =3
月收入（In）		3 000 元以下 =1；3 000 ~5 000 元 =2；5 000 ~7 500 元 =3；7 500 ~10 000 元 =4；10 000 元以上 =5
租金成本（Ex）		0 =1；1 ~500 元 =2；501 ~1 000 元 =3；1 001 ~1 500 元 =4；501 ~2 000 元 =5；2 001 ~3 000 元 =6；3 000 元以上 =7
居住人数（Nu）		1 人 =1；2 人 =2；3 人 =3；4 人 =4；5 人及以上 =5
居住面积（Ac）		30 平方米以下 =1；30 ~60 平方米 =2；60 ~90 平方米 =3；90 ~120 平方米 =4；120 平方米以上 =5
居住地点（L）		工作单位或工地内 =1；市中心工作地点附近 =2；市中心远离工作地点 =3；城乡结合部 =4；农村 =5
住房条件（Hc）	厨房状况（K）	没有厨房 =1；共用厨房 =2；独立厨房 =3
	厕所状况（T）	没有厕所 =1；共用厕所 =2；独立厕所 =3
	漏水（L）	漏水 =1；不漏水 =2
	隔音（S）	隔音效果差 =1；其他 =2
	采光（N）	采光差 =1；其他 =2
	通风（V）	不通风 =1；其他 =2
	墙体（W）	墙体开裂或脱落 =1；其他 =2
	供水供电（E）	供水供电不足 =1；其他 =2
	面积（Q）	面积太小 =1，其他 =2

相关研究已充分证明收入、租金成本、居住人数、居住面积、住房条件等能够对居住满意度产生显著影响，为进一步探索其影响机制，提出如下假设：

H4 - 1：在其他因素不变的情况下，租金成本越小，外来务工人员居住满意度越高。

H4 - 2：在其他因素不变的情况下，居住人数越低，外来务工人员居住满意度越高。

H4 - 3：当居住面积处于适度中间水平时，外来务工人员居住满意度最高。

H4-4：住房条件越好，外来务工人员居住满意度越高。

由于居住满意度是一个综合的概念，受到租金成本、居住人数、居住面积、住房条件等因素影响，各因素之间可能存在交叉影响的作用。为进一步分析各影响因素之间的关联性，提出如下假设：

H4-5：外来务工人员居住满意度是受租金成本、居住人数、居住面积、住房条件等因素共同作用的结果。

二、数据分析

基于问卷数据，构建多元逻辑回归模型如下：模型1研究月收入和居住地点对居住满意度的影响；模型2研究房租支出、居住人数、居住面积三个客观住房条件；模型3在模型2的基础上加入了住房条件层面的变量，回归结果如表4-4、表4-5和表4-6所示。

表4-4 　　　　　　　　　　模型1多元回归结果分析

模型1							
满意度群体/参考满意度群体	满意/不满意	一般/不满意	满意/一般	满意度群体/参考满意度群体	满意/不满意	一般/不满意	满意/一般
[月收入=1]	-0.334 (0.716)	0.030 (1.031)	-0.364 *** (0.695)	[居住地点=1]	1.048 *** (2.851)	0.389 *** (1.475)	0.659 *** (1.933)
[月收入=2]	-0.038 (0.962)	0.395 * (1.484)	-0.433 *** (0.648)	[居住地点=2]	0.875 *** (2.398)	0.470 *** (1.600)	0.405 *** (1.499)
[月收入=3]	0.004 (1.004)	0.296 (1.344)	-0.291 ** (0.747)	[居住地点=3]	0.316 * (1.372)	0.068 (1.070)	0.248 ** (1.282)
[月收入=4]	0.035 (1.035)	0.093 (1.098)	0.059 (0.943)	[居住地点=4]	0.129 (1.137)	0.047 (1.048)	0.082 (1.085)
月收入（以月收入=5为基准）				居住地点（以居住地点=5为基准）			
伪 R²	0.026						

注：括号里为 Exp（B）值，***、**、* 分别表示在1%、5%、10%水平上显著相关。

根据表4-4中 R² 的变化，模型的解释力在不断增强，可见住房条件是影响居住满意度的重要因素。同时，从模型1的分析结果来看居住地点、月收入对居住满意度有一定影响，居住地点在工作单位或工地内和市中心工作地的流动人口在居住满意度的比较中显著，且倾向于正向评价；月收入对居住满意度的影响并不具有规律性，满意度倾向不一致。

表 4 – 5　　　　　　　　　模型 2 多元回归结果分析

满意度群体/参考满意度群体	满意/不满意	一般/不满意	满意/一般	满意度群体/参考满意度群体	满意/不满意	一般/不满意	满意/一般
			模型 2				
[房租支出 = 1]	1.142*** (3.133)	0.409 (1.505)	0.733*** (2.082)	[居住人数 = 1]	1.074*** (2.928)	0.358** (1.430)	0.717*** (2.047)
[房租支出 = 2]	0.282 (1.325)	0.155 (1.168)	0.126 (1.135)	[居住人数 = 2]	0.878*** (2.406)	0.328** (1.388)	0.550 (1.734)
[房租支出 = 3]	-0.083 (0.920)	-0.024 (0.976)	-0.059 (0.943)	[居住人数 = 3]	0.554*** (1.740)	0.231 (1.260)	0.322*** (1.380)
[房租支出 = 4]	-0.062 (0.940)	-0.104 (0.901)	0.042 (1.043)	[居住人数 = 4]	0.135 (1.144)	0.024 (1.024)	0.111 (1.117)
[房租支出 = 5]	0.126 (1.134)	-0.098 (0.907)	0.224 (1.251)	居住人数（以居住人数 = 5 为基准）			
[房租支出 = 6]		-0.181 (0.834)	0.202 (1.224)	[居住面积 = 1]	-2.002*** (0.135)	-0.539** (0.583)	-1.463*** (0.231)
[房租支出 = 7]	-0.657 (0.519)	-0.393 (0.675)	-0.264 (0.768)	[居住面积 = 2]	-1.138*** (0.320)	-0.117 (0.890)	-1.021*** (0.360)
房租支出（以房租支出 = 8 为基准）				[居住面积 = 3]	-0.427 (0.653)	0.279 (1.322)	-0.706*** (0.494)
				[居住面积 = 4]	0.287 (1.332)	0.667** (1.949)	-.380** (0.684)
				居住面积（以居住面积 = 5 为基准）			
伪 R^2			0.073				

注：括号里为 Exp（B）值，***、** 分别表示在 1%、5% 水平上显著相关。

从模型 2 的分析结果可知，房租支出 = 1 与房租支出 = 8 相比，在满意与不满意以及满意与一般的比较中显著，并倾向满意的评价，而在其他比较之间，房租支出的检验不具有统计学差异。这说明流动人口在无房租支出的情况下，没有成本消耗，评价倾向于满意，但是当流动人口存在房租支出时，满意度的倾向将会受到其他因素的影响，这也间接验证了 H4 - 1 的假设。

在模型 2 中，居住人数对居住满意度有着显著影响，居住人数 = 1、居住人数 = 2 与居住人数 = 5 相比，在满意度的比较中均显著，并倾向于正向评价，居住人数 = 3 与居住人数 = 5 相比，在满意与不满意以及满意与一般的比较中显著，并倾向于正向评价，这说明居住人数过高会影响人们的居住质量。但居住人数 = 4 与居住人数 = 5 的比较中，居住人数对满意度评价并无显著影响，说明随着居住人数的增加，居住人数对居住质量的影响逐渐递减，当居住人数高出一定水平时，居住质量的差异并不明显，H4 - 2 正确。

居住面积 = 1 与居住面积 = 5 相比，满意度比较均显著，倾向于负向评价，居住面积在满意与一般的满意度比较中均显著，且随着居住面积增加，倾向于一般（相比于满意）的概率越高。此外，居住面积 = 2 的外来务工人员在居住满意度中选择不满意（相对于满意）的发生概率是居住面积 = 5 的外来务工人员的 0.32 倍（p < 0.01）；居住面积 = 4 的外来务工人员在居住满意度中选择一般（相对于不满意）的发生概率是居住面积 = 5 的外来务工人员的 1.949 倍（p < 0.05）（见表 4 - 6）。可见，居住面积对居住满意度的影响较为复杂，当居住面积处于较高水平时，外来务工人员的居住满意度倾向在不同的比较中有可能转变为正向。总体上看，居住面积处于中低水平时，倾向于负面评价的概率较高，H4 - 3 不成立。

表 4 - 6　　　　　　　　　　模型 3 多元回归结果分析

模型 3							
满意度群体/参考满意度群体	满意/不满意	一般/不满意	满意/一般	满意度群体/参考满意度群体	满意/不满意	一般/不满意	满意/一般
[房租支出 = 1]	1.206^{***} (3.341)	0.349 (1.417)	0.858^{***} (2.358)	[厨房状况 = 1]	1.100^{***} (3.005)	0.481^{***} (1.618)	0.619^{***} (1.857)
[房租支出 = 2]	0.456 (1.578)	0.171 (1.186)	0.285 (1.330)	[厨房状况 = 2]	0.977^{***} (2.656)	0.522^{***} (1.686)	0.454^{***} (1.575)
[房租支出 = 3]	- 0.080 (0.924)	- 0.120 (0.887)	0.041 (1.042)	厨房状况（以厨房状况 = 3 为基准）			
[房租支出 = 4]	- 0.090 (0.914)	- 0.210 (0.811)	0.119 (1.127)	[厕所状况 = 1]	[房租支出 = 4]	- 0.090 (0.914)	- 0.210 (0.811)
[房租支出 = 5]	0.129 (1.137)	- 0.225 (0.799)	0.353 (1.424)	[厕所状况 = 2]	[房租支出 = 5]	0.129 (1.137)	- 0.225 (0.799)

续表

满意度群体/参考满意度群体	满意/不满意	一般/不满意	满意/一般	满意度群体/参考满意度群体	满意/不满意	一般/不满意	满意/一般
[房租支出=6]	-0.019 (0.981)	-0.358 (0.699)	0.338 (1.402)	厕所状况（以厕所状况=3为基准）			
[房租支出=7]	-0.579 (0.561)	-0.411 (0.663)	-0.168 (0.846)	[居住面积=2]	[房租支出=7]	-0.579 (0.561)	-0.411 (0.663)
房租支出（以房租支出=8为基准）				[居住面积=3]	-0.427 (0.653)	0.279 (1.322)	-0.706 *** (0.494)
[居住人数=1]	0.664 *** (1.942)	0.165 (1.179)	0.499 *** (1.647)	[居住面积=4]	[居住人数=1]	0.664 *** (1.942)	0.165 (1.179)
[居住人数=2]	0.573 *** (1.774)	0.146 (1.157)	0.427 *** (1.533)	[漏水=1]	[居住人数=2]	0.573 *** (1.774)	0.146 (1.157)
[居住人数=3]	0.281 (1.324)	0.082 (1.085)	0.199 ** (1.220)	漏水情况（以漏水=2.0为基准）			
[居住人数=4]	-0.079 (0.924)	-0.111 (0.895)	0.032 (1.033)	[隔音效果=1]	-1.455 *** (0.233)	-0.509 *** (0.601)	-0.946 *** (0.388)
居住人数（以居住人数=5为基准）				隔音效果（以隔音效果=2为基准）			
[居住面积=1]	-0.522 * (0.594)	0.245 (1.277)	-0.766 *** (0.465)	[采光=1]	-0.845 *** (0.429)	-0.209 ** (0.812)	-0.637 *** (0.529)
[居住面积=2]	-0.080 (0.923)	0.479 (1.614)	-0.559 *** (0.572)	采光情况（以采光=2为基准）			
[居住面积=3]	0.117 (1.124)	0.570 * (1.768)	-0.453 *** (0.636)	[通风=1]	-1.102 *** (0.332)	-0.551 *** (0.576)	-0.551 *** (0.576)
[居住面积=4]	0.655 * (1.925)	0.879 ** (2.408)	-0.224 (0.800)	通风情况（以通风=2为基准）			
居住面积（以居住面积=5为基准）				[墙体=1]	-1.131 *** (0.323)	-0.576 *** (0.562)	-0.555 *** (0.574)
				墙体情况（以墙体=2为基准）			

续表

满意度群体/参考满意度群体	满意/不满意	一般/不满意	满意/一般	满意度群体/参考满意度群体	满意/不满意	一般/不满意	满意/一般
				模型3			
				[供水供电=1]	-0.636*** (0.529)	-0.472*** (0.624)	-0.164 (0.849)
				供水供电情况（以供水供电=2 为基准）			
				[面积=1]	-2.232*** (0.107)	-0.899*** (0.407)	-1.333*** (0.264)
				面积情况（以面积=2 为基准）			
伪 R^2	0.297						

注：括号里为 Exp（B）值，*** 、** 、* 分别表示在1% 、5% 、10% 水平上显著相关。

在模型3 中加入9 个住房条件的相关变量后 R^2 显著提高，且均对流动人口满意度有着显著影响。总体上看，厨房独立与厨房公用（相比于没有厨房），在比较中均倾向于正向评价；漏水、隔音、采光、通风、墙体、面积，存在某些问题的（相比于没有问题的），在比较中均倾向于负向评价，H4-4正确。

三、影响因素分析

为进一步验证 H4-5 的假设，需对各因素共同作用下的综合影响展开研究，可利用熵值法计算住房条件的权重，以衡量不同因素在住房条件评价中的影响程度，计算结果如表4-7所示，并构建了单位面积成本、空间压力、环境成本作为衡量影响因素的综合指标（见表4-8）。

表4-7　　　　　　　　　　　住房条件各变量权重

类别	厨房状况	隔音效果	面积	采光	墙体	通风	厕所状况	漏水	供水供电
权重	0.254	0.222	0.187	0.092	0.073	0.062	0.052	0.043	0.016

表 4 – 8   综合指标及度量说明

变量名称	变量说明	度量说明
单位面积成本	租金成本/居住面积 Ex/Ac	10 元/平方米/月以下 =1；10 ~ 20 元/平方米/月 =2； 20 ~ 30 元/平方米/月 =3；30 ~ 40 元/平方米/月 =4； 40 ~ 50 元/平方米/月 =5；50 ~ 60 元/平方米/月 =6； 60 ~ 70 元/平方米/月 =7
空间压力	居住面积/居住人数 Ac/Nu	4 平方米/人以下 =1；4 ~ 8 平方米/人 =2；8 ~ 12 平方米/人 =3；12 ~ 16 平方米/人 =4；16 ~ 20 平方米/人 =5；20 ~ 24 平方米/人 =6；24 ~ 28 平方米/人 =7；28 ~ 32 平方米/人 =8；32 平方米/人以上 =9
环境成本	租金成本/住房条件 Ex/Hc	200 以下 =1；200 ~ 300 =2；300 ~ 400 =3；400 ~ 500 =4；500 ~ 600 =5；600 ~ 700 =6；700 ~ 800 =7；800 ~ 900 =8；900 以上 =9

基于以上综合指标的设定构建多元逻辑回归模型（模型4），回归结果如表 4 – 9 所示。

表 4 – 9   综合指标的回归结果分析

满意度群体/ 参考满意度群体	满意/ 不满意	一般/ 不满意	满意/ 一般	满意度群体/参考满意度群体	满意/ 不满意	一般/ 不满意	满意/ 一般
			模型 4				
月收入	0.065 (1.067)	− 0.041 (0.960)	0.106 *** (1.111)	环境成本情况（以环境成本 =9 为基准）			
居住地点	− 0.181 *** (0.834)	− 0.081 *** (0.922)	− 0.101 *** (0.904)	［环境成本 =1］	0.844 *** (2.325)	0.417 (1.517)	0.427 *** (1.533)
空间压力情况（以空间压力 =9 为基准）				［环境成本 =2］	0.533 *** (1.704)	0.314 ** (1.369)	0.219 ** (1.245)
［空间压力 =1］	− 2.064 *** (0.127)	− 0.865 *** (0.421)	− 1.199 *** (0.301)	［环境成本 =3］	− 0.785 *** (0.456)	0.048 (1.049)	− 0.832 *** (0.435)
［空间压力 =2］	− 1.671 *** (0.188)	− 0.702 *** (0.496)	− 0.969 *** (0.379)	［环境成本 =4］	0.215 (1.240)	0.457 *** (1.579)	− 0.241 ** (0.786)

续表

满意度群体/ 参考满意度 群体	满意/ 不满意	一般/ 不满意	满意/ 一般	满意度群 体/参考满 意度群体	满意/ 不满意	一般/ 不满意	满意/ 一般
			模型 4				
[空间 压力 =3]	-1.216*** (0.296)	-0.417** (0.659)	-0.798*** (0.450)	[环境 成本 =5]	0.631*** (1.879)	0.296** (1.344)	0.335*** (1.398)
[空间 压力 =4]	-0.999*** (0.368)	-0.380* (0.684)	-0.618*** (0.539)	[环境 成本 =6]	-0.400** (0.670)	0.060 (1.062)	-0.461*** (0.631)
[空间 压力 =5]	-0.932*** (0.394)	-0.401* (0.670)	-0.531*** (0.588)	[环境 成本 =7]	-0.818*** (0.441)	-0.087 (0.916)	-0.731*** (0.482)
[空间 压力 =6]	-0.692*** (0.501)	-0.188 (0.829)	-0.504*** (0.604)	[环境 成本 =8]	-0.132 (0.876)	0.004 (1.004)	-0.136 (0.873)
[空间 压力 =7]	-0.278 (0.757)	0.039 (1.040)	-0.317*** (0.728)	单位面积成本（以单位面积成本 =7 为基准）			
[空间 压力 =8]	-0.132 (0.876)	0.004 (1.004)	-0.136 (0.873)	[单位面积 成本 =1]	0.745*** (2.106)	0.280 (1.323)	0.465*** (1.592)
				[单位面积 成本 =2]	0.537*** (1.711)	0.256* (1.292)	0.281*** (1.325)
				[单位面积 成本 =3]	0.412*** (1.510)	0.214 (1.239)	0.198** (1.219)
				[单位面积 成本 =4]	0.277* (1.319)	0.211 (1.235)	0.066 (1.068)
				[单位面积 成本 =5]	0.130 (1.139)	0.105 (1.111)	0.025 (1.025)
				[单位面积 成本 =6]	0.246* (1.279)	0.089 (1.093)	0.157* (1.170)
伪 R^2				0.097			

注：括号里为 Exp（B）值，***、**、* 分别表示在 1%、5%、10% 水平上显著相关。

模型 4 的分析结果显示空间压力对外来务工人员的居住满意度有着显著影响，当空间压力处在中低水平时，满意度更倾向于负向评价。具体来说，空间压力 =1、空间压力 =2、空间压力 =3、空间压力 =4、空间压力 =5 与空间压力 =9 相比，在满意、一般、不满意的比较中均显著，并倾向于负向评价，且与空间压力＝9相比，空间压力的数值越大，倾向于负向评价的概率越高。前文在对居住面积的分析中，在不同的比较中有不同的正负向倾向，而在居住人数的影响下，空间压力对居住满意度的评价明显倾向于负向评价，进一步证明了影响因素间存在综合关系。本书认为，空间压力数值的增大，意味着居住面积增大或居住人数减少，居住面积与居住人数的变化可能导致流动人口的房租支出增大，从而导致居住满意度倾向于负向评价。

从环境成本回归结果来看，环境成本显著影响外来务工人员的居住满意度，但是随着环境成本的增长，外来务工人员对居住满意度的正负性倾向存在无规律的变动。总体上看，环境成本越小，满意度越倾向于正向评价；环境成本越大，满意度更倾向于负向评价；环境成本处于中间水平的，满意度倾向具有不确定性。

从单位面积回归结果来看，租金成本与居住面积的共同作用显著影响外来务工人员的居住满意度。总体上看，单位面积成本越高，满意度正向评价发生的概率越低。在满意与不满意的比较中，除了单位面积成本＝5外（以单位面积成本＝7为参考），各单位面积成本倾向于正向评价，且随着单位面积成本的增加，出现正向评价的概率逐渐降低。在满意与一般的比较中，除单位面积＝4、单位面积＝5没有发现统计学差异外，各单位面积成本同样倾向于正向评价，且随着单位面积成本的增加，发生正向评价的概率也逐渐降低。

四、研究讨论

基于以上分析，从住房条件、环境成本、人均居住面积三个方面建议如下：（1）坚持多渠道多主体改善外来务工人员的住房条件。住房条件对浙江省外来务工人员居住满意度的影响最大，要充分发挥政府的主导作用、企业的社会责任和市场的调节功能，健全由企业员工宿舍、园区外来务工者公寓、公共租赁住房、市场化租赁住房等构成的供给体系，从设计和施工上合理实现住房采光好、通风佳、水电齐全等基本住房条件，尽量保证独立卫生间及厨房的存在，同时在我国城市住房增量转存量的背景下，修缮现有住房的基础设施条件。（2）支持面向外来务工人员的租赁住房和员工宿舍建设。应根据外来务工人员的收入水平，匹配市场租赁住房供应总量、供应结构以及当地流动人口数量等相关情况，多渠道合理增加面积适配、租金合理的高性价比租赁住房供应。（3）规范外来务工人员住房市场的管理，因地制宜解决外来务工人员住房问题。相关部门加强对面向外来务工人员住房的管理，对居住人数、居住面积进行适当监控，通过人均住房面积指标来量化流动人口居住质量，提升居住满意度。同时，流动人口在不同地区、不同城市差异较大，要合理甄别影响当地外来务工人员居住满意度的主要因素。

第三节 外来务工人员居留意愿影响因素分析

一、研究假设

探究影响外来务工人员居留意愿的影响因素有利于在新型城镇化建设中及时调整相关政策，对促进外来务工人员更有序有效地融入城市，具有重要意义。目前研究外来务工人员居留意愿的表征指标可以分为两类，一类是户籍迁移，另一类是长期居住意愿。在户籍迁移指标的研究中，往往从宅基地使用权、户籍歧视等方面入手，将是否放弃农村土地作为标准来衡量流动人口的居留意愿，分析户籍政策对居留意愿的拉动作用。在长期居留意愿指标的研究中，住房消费能力、工作前景、生活质量等受到广泛关注，城市高房价显著降低了外来务工人员的居留意愿，就业稳定性与工资对居留意愿均产生正向影响；公共政策、公共福利同样刺激新生代流动人口的居留意愿，对住房的政策支持可以显著提高居留意愿，政府提供租房补贴或者保障性住房，都可以减少外来务工人员在流入地的生活支出，提高生活满意度，从而增加居留时间。

综上所述，本节引入满意度这一中介变量，利用结构方程模型（SEM）来检验住房状况、支持政策直接或通过满意度间接影响外来务工人员居留意愿的微观机制，从而为相关政策制定提供实证参考。

基于以上分析，本节提出如下假设：

H4-6：住房状况对外来务工人员满意度具有显著的正向影响；

H4-7：支持政策对外来务工人员满意度具有显著的正向影响；

H4-8：满意度对外来务工人员居留意愿具有显著的正向影响。

二、模型构建

（一）变量构成

为进一步验证以上假设，本节利用结构方程模型分析外来务工人员居留意愿的影响因素。结构方程模型不仅能对难以直接观测的变量如满意度、居留意愿提供观测和处理的方式，还能规避变量间的内生性问题，同时允许自变量和因变量存在测量误差，切合本书研究需要。在变量设置方面，将住房现状、支持政策作为外生潜变量，满意度作为中介潜变量，居留意愿作为内生潜变量。住房状况与支持政策都无法用单一指标来直接测量，往往需由多个指标综合反映。对于住房现状，与以往研究较为不同的是，未将房屋质量、交通、环境等因素综合考虑，而是采取了细致的内部居住条件作为观测变量，将重点放到住房的基础功能问题；对于支持政策，主要从企业是否提供员工住房、政府是否提供保障房、是否允许缴存公积金以及企业或政府是否提供租房补贴四个角度来分析，变量构成如表 4 - 10 所示。

表 4 - 10   变量构成

潜变量	观测变量			
	符号	选项	取值范围	含义
住房状况（外生）	Q1	是否漏水	0、1	否 = 0 是 = 1
	Q2	是否隔音效果差	0、1	
	Q3	是否采光差	0、1	
	Q4	是否不通风	0、1	
	Q5	是否墙体开裂	0、1	
	Q6	是否面积太小	0、1	
支持政策（外生）	Q7	是否提供员工住房	0、1	
	Q8	是否提供保障房	0、1	
	Q9	是否允许缴存公积金	0、1	
	Q10	是否提供租房补贴	0、1	
满意度（中介）	Q11	对目前的住房情况满意程度	1 ~ 5 级	非常不满意 = 1 比较不满意 = 2 一般 = 3 比较满意 = 4 非常满意 = 5
	Q12	对目前工作城市的喜欢程度	1 ~ 5 级	
居留意愿（内生）	Q13	想在目前工作城市定居的程度	1 ~ 5 级	
	Q14	是否愿意将户口转为浙江城镇户口	0、1	否 = 0 是 = 1
	Q15	是否有意参加外来公务人员"积分"	0、1	
	Q16	是否有意缴存住房公积金	0、1	

利用 Amos 17.0 构建外来务工人员居留意愿的结构方程分析模型 M1 如图 4 - 2 所示。

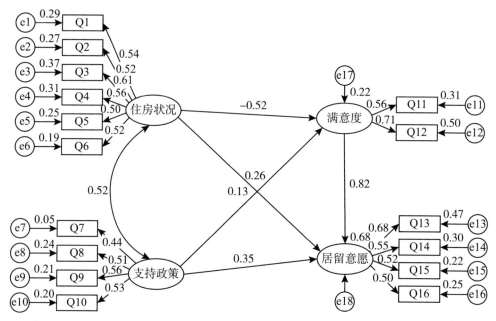

图4-2　外来务工人员居留意愿结构方程分析模型（M1）

（二）信效度分析

为了进一步确认调查问卷的可靠性与有效性，采用软件SPSS26.0对潜变量（住房状况、支持政策、满意度、居留意愿）、观测变量（是否漏水、是否隔音效果差等）进行信度、效度分析。其中，信度检验采取可靠性分析，效度检验采取KMO和巴特利特球形度检验分析，信效度分析指标要求及运行结果如表4-11所示。

表4-11　　　　　　　　　　样本信度、效度分析结果

潜变量	观测变量	可靠性分析	探索性因子分析	
		Cronbach's alpha（>0.6）	KMO检验系数（>0.5）	显著性（<0.05）
住房状况	Q1	0.676	0.766	0.000
	Q2			
	Q3			
	Q4			
	Q5			
	Q6			

潜变量	观测变量	可靠性分析	探索性因子分析	
		Cronbach's alpha （>0.6）	KMO 检验系数 （>0.5）	显著性 （<0.05）
支持政策	Q7	0.604		
	Q8			
	Q9			
	Q10			
满意度	Q11	0.612		
	Q12			
居留意愿	Q13	0.602		
	Q14			
	Q15			
	Q16			

如表 4 - 11 所示，可靠性分析 Cronbach's alpha 系数都大于 0.6，说明各项测量指标的一致性可接受；KMO 要求大于 0.5，在 0.7 以上适宜做因子分析，显著性小于 0.05，可以认为变量间具有较强的相关性。

三、影响因素分析

基于测量模型 M1，利用 Amos 17.0 开展因子分析，各观测变量的标准化因子载荷系数如表 4 - 12 所示。

表 4 - 12　　　　　　　M1 测量模型验证性因子分析

潜变量	观测变量	因子载荷系数 （>0.5）	显著性 P （*** 表示在 1% 水平差异显著）
住房状况	Q1	0.54	***
	Q2	0.52	***
	Q3	0.61	—
	Q4	0.56	***
	Q5	0.50	***
	Q6	0.52	***

续表

潜变量	观测变量	因子载荷系数 （＞0.5）	显著性 P （＊＊＊表示在1%水平差异显著）
支持政策	Q7	0.44	＊＊＊
	Q8	0.51	—
	Q9	0.56	＊＊＊
	Q10	0.53	＊＊＊
满意度	Q11	0.57	＊＊＊
	Q12	0.70	—
居留意愿	Q13	0.68	—
	Q14	0.55	＊＊＊
	Q15	0.52	＊＊＊
	Q16	0.50	＊＊＊

因子载荷系数大于0.5表示该观测变量可以解释潜变量，对于因子载荷系数小于0.5的观测变量（Q7"是否提供员工住房"）应当删去。删除Q7后，对模型进行适配度分析，在对M2进行适配度分析时，进一步对测量模型以及结构模型进行修正，最终得到模型M3，如图4-3所示。

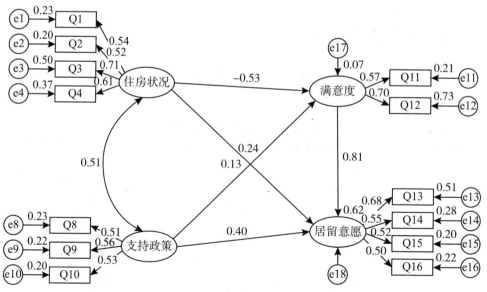

图4-3　外来务工人员居留意愿结构方程分析模型（M3）

利用 Amos 17.0 对模型 M3 进行数据拟合，相关指标如表 4 - 13 所示。

表 4 - 13   M3 结构方程模型拟合数据

拟合指标	建议值	M3 参数值
卡方自由度比	< 3	2.89
近似误差均方根 RMSEA	< 0.10	0.089
拟合优度指数 GFI	> 0.90	0.929
调整拟合指数 AGFI	> 0.90	0.913
比较拟合指数 CFI	> 0.90	0.924
规范拟合指数 NFI	> 0.90	0.919

如表 4 - 13 所示，绝对拟合指数与相对拟合指数的 6 项具体指标值均符合要求，表明测量方程模型与数据的总体拟合情况良好，M3 的非标准化因子载荷系数与标准化因子载荷系数如表 4 - 14 所示。

表 4 - 14   M3 结构方程模型因子载荷系数与显著性

潜变量	观测变量	标准化因子负荷	非标准化因子负荷	P
住房状况	Q1	0.542	0.716	***
	Q2	0.515	1.087	***
	Q3	0.707	1	—
	Q4	0.610	0.783	***
支持政策	Q8	0.513	1	—
	Q9	0.558	0.847	***
	Q10	0.532	0.94	***
满意度	Q11	0.565	0.829	***
	Q12	0.702	1	—
居留意愿	Q13	0.677	1	—
	Q14	0.546	0.345	***
	Q15	0.518	0.299	***
	Q16	0.504	0.353	***

从图 4 - 8 中可以看出，外来务工人员居住满意度与居留意愿呈高度的正向相关，系数达 0.81。居民在做居留决策时，不仅考虑经济因素，还考虑心理因素，居住满意度越高，外来务工人员对继续在城市居留持有良好的期望，从而增

加居留意愿，H4-8成立。

住房状况与外来务工人员满意度路径负向相关且系数值为-0.53，在1%统计水平上呈显著性，表明差的住房状况降低外来务工人员生活满意度，H4-6成立。此外，住房状况与居留意愿路径负向相关且系数值为-0.24，同样显著，表明差的住房状况导致外来务工人员居留意愿降低，但显然，住房状况通过满意度对居留意愿产生的影响较大。从表4-15可以看出，外来务工人员住房"是否漏水""是否隔音差""是否采光差""是否不通风"与住房情况联系紧密，而其中，是否采光差的因子载荷系数最大，为0.707。由此可知，促进外来务工人员居留政策可以从改善外来务工人员的住房条件，尤其是提高采光条件入手。

支持政策与外来务工人员满意度路径正向相关且系数值为0.40，在1%统计水平上呈显著性，说明支持政策可以显著增加外来务工人员的居留意愿，H4-7成立。而其中，是否允许缴存公积金的因子载荷系数最大，为0.558，在相关支持政策方面，依次应优先考虑缴存公积金、提供租房补贴以及提供保障房。

四、政策建议

基于以上分析，建议：（1）大力支持发展面向外来务工人员的租赁住房和员工宿舍。一方面，各地政府应根据市场租赁住房供应总量、供应结构以及当地流动人口数量等相关情况，多渠道合理增加房型适配、租金适配的租赁住房供应；另一方面，鼓励产业园区集中规划园区职工宿舍及必要配套设施，推动产业园区向产业社区转型，促进职住平衡；支持用工主体承担社会责任，利用自有土地和资金建设员工宿舍，解决本单位流动人口的住房问题；对用工量大的、独立选址新建企业，要求配备一定数量的员工宿舍，可在统一规划的区域内建设，给予一定财政补贴，鼓励金融机构向企业自建员工宿舍的提供低利率贷款。（2）将外来务工人员纳入住房公积金制度覆盖范围，提高住房消费能力。一方面，加大住房公积金政策宣传力度，提高流动人口对公积金政策的认知度。从调研情况看，外来务工人员对公积金的相关政策了解程度不高，从国家到地方都要加大宣传力度。另一方面，以外来务工人员为重点，推动自愿缴存的机制落地，推动住房公积金从户籍市民向流动人口延伸、从单位向个人延伸。鼓励个体经济组织从业人员、非全日制从业人员以及其他灵活就业人员缴存公积金，并享有提取、贷款等权益。

第四节　本章小结

外来务工人员的住房问题关系着社会的稳定和人民的幸福生活，早在2005年时任浙江省委书记的习近平专门就外来务工人员住房问题提出了"工者有其居"的要求。浙江作为流动人口大省，围绕外来务工人员的住房问题开展了诸多实践，本章系统梳理了15年来浙江支持外来务工人员住房的政策文件以及解决外来务工人员住有所居的主要模式，在对浙江外来务工人员居住现状分析的基础上，通过向当地外来务工人员推送电子问卷和发放纸质问卷的方式开展抽样调研，重点围绕这些群体的居住满意度和居留意愿展开分析，并基于研究结论，从住房条件改善、租赁住房和员工宿舍建设、租赁市场管理以及住房公积金制度等方面提出政策建议。

研究表明，租金成本、居住人数、居住面积、住房条件对外来务工人员居住满意度有着显著影响，其中住房条件是影响居住满意度的重要因素。在一定程度上，租金成本越小、居住人数越低、住房条件越好，外来务工人员对居住满意度的评价概率越高，当居住面积处于中低水平时，外来务工人员对居住满意度更倾向于负面评价。为进一步探索影响因素间的内在关联性，构建了单位面积成本、空间压力、环境成本作为衡量满意度的综合指标。回归结果表明：单位面积成本越小，居住满意度正向的评价概率更高；随着环境成本的增长，外来务工人员对居住满意度的正负性倾向存在差异，其中，环境成本小的，倾向于正向评价，环境成本大的，更倾向于负向评价；空间压力在处于中低水平时，空间压力数值越大，倾向于负向评价的概率越高。居留意愿方面，外来务工人员居住满意度与居留意愿显著正向相关，居民在作居留决策时，不仅考虑经济因素，还考虑心理因素，居住满意度越高，对继续在城市居留持有良好的期望，从而增加居留意愿；同时，住房状况与外来务工人员居留意愿显著正向相关，而其中住房采光情况的因子载荷系数最大，促进外来务工人员居留政策可以从改善外来务工人员的住房条件，尤其是提高采光条件入手；此外，政策支持可以显著增加外来务工人员的居留意愿，其中缴存公积金的因子载荷系数最大。因此，政府要加大政策供给，大力支持用工单位、产业园区、社会组织发展面向外来务工人员的租赁住房和员工宿舍，要扩大住房公积金的覆盖面。

第五章

大城市租房者住房状况与主观幸福感

改革开放特别是住房制度改革以来，我国通过大力发展商品住房和加大住房保障力度，住房发展取得了巨大成就，城镇居民居住条件发生了显著变化。但新时代新阶段对住房建设发展提出了新要求，住房事业面临着新形势、新问题和新挑战：住房问题已从总量短缺转为结构性供给不足，大城市住房突出问题为：供给量偏少，房价收入比过高，住房消费压力过大，租赁市场供需结构错位、市场不规范、租赁关系不稳定等，造成新市民、青年人特别是从事基本公共服务人员等群体的住房困难问题突出。住房是流动人口实现城市定居的重要前提和基本保障，影响着以人为核心的新型城镇化的进程。与此同时，住房作为大多数家庭资产负债表上最大、最重要的资产，是影响居民主观幸福感的重要因素。

但受高房价等多重因素影响，相当多的流动人口只能通过租赁住房解决住有所居，尤其是我国经济发达省市有规模相当庞大的租房群体。住房问题关系民生福祉，2020年中央经济工作会议将"解决好大城市住房突出问题"作为2021年经济工作的重点任务之一，会议对住房租赁市场着墨颇多，既要高度重视保障性租赁住房建设，又要规范市场化租赁住房发展。旨在要为人们提供与其经济能力相匹配的"一张床""一间房"或"一小套房"，推动形成长期稳定的租赁关系，逐步提高其居住品质，破解其买不起房又租不到好房的困局，让流动人口在大城市租得到、租得起、租得稳、租得好、留得下，不断增强其获得感、幸福感、安全感以及定居意愿。

改革开放以来，我国租赁住房体系经历了快速发展和变迁，从福利分房时期以公租房为主、城中村租赁住房为辅的体系，逐渐演变成市场租赁住房、单位租赁住房、城中村租赁住房、保障性租赁住房、公租房并存的格局。一方面，探究哪类租赁住房能为租房者带来更高的主观幸福感和定居意愿，这可以为优化租赁住房多主体供给提供政策指引。另一方面，大城市作为流动人口的主要集聚地，大量的住房租赁需求难以通过市场得以解决，为此，2021 年国务院印发了《关于加快发展保障性租赁住房的意见》，促进解决好大城市住房突出问题，这样的住房政策能否提高租房者的主观幸福感，增加其定居意愿？未来是否应该进一步加大保障性租赁住房供给？目前缺乏相关的学理依据。

通过文献回顾，发现当前关于住房和主观幸福感关系的研究主要关注住房自有产权和住房状况对个人主观幸福感的影响，缺乏租房者以及租房类型与个人主观幸福感之间关系的评估，更缺乏对影响机制的探讨。与此同时，住房如何影响流动人口的定居意愿得到了越来越多的关注，但当前研究主要探讨自有住房、住房价格、住房状况、住房公积金等对流动人口定居意愿的影响。虽关注了房主和租户之间定居意愿的差异性，但缺乏对租户群体内部异质性的讨论，忽略了住房租赁类型与定居意愿可能存在的差异性关系。此外，越来越多的研究表明，流动人口的心理感知对其定居意愿具有直接与间接的影响，是影响其选择定居的重要因素。但是，现有研究一般分别探讨住房相关因素和心理感知因素对流动人口定居意愿的影响，忽略了两者之间可能存在的内在机制关联。

鉴于上述讨论，本章基于北京、上海、广州、深圳、杭州租赁群体的调研数据，详细分析了租房者住房状况、住房压力、主观幸福感及住房需求特征，构建了有序回归模型、二元回归模型，实证检验租赁住房类型对于租房者主观幸福感和定居意愿的异质性影响，并进一步检验主观幸福感在租赁住房类型与定居意愿之间的中介作用，为解决好大城市住房问题提供研究依据，为完善我国住房政策提供更科学和有力的支撑。

第一节　问卷调研设计、研究方法及研究假设

一、问卷调研设计

本章数据来源于 2021 年 7 月浙江工业大学中国住房和房地产研究院委托网易公司在北京、上海、广州、深圳、杭州五个城市开展的关于租房者住房状况、

需求与压力的线上调研。

（一）问卷设计

问卷涵盖受访者基本信息、目前租赁住房状况、住房需求、住房压力四部分内容。

1. 基本信息

此部分调查了受访者及其家庭的人口特征，如职业、单位属性、目前居住地、迁居年数、性别、出生年份、学历、户口性质、婚姻状况、子女个数、居住区域类型、家庭人员同住情况等。

2. 目前租赁住房状况

此部分调查了受访者目前租赁住房的状况，包括租赁住房类型、是否享受政府租房补贴、是否享受工作单位的租房补贴、是否签订租赁合同、住房租赁形式、租赁住房建筑面积、住房条件、社区环境、通勤时间等。

3. 住房需求

此部分调查了受访者的住房需求，包括是否计划在本地安家、长期工作和生活；是否计划在本地购房以及购房的面积、户型、总价；是否计划申请保障性住房及希望得到的住房保障方式；是否缴纳住房公积金；等等。

4. 住房压力

此部分调查了受访者的住房压力，包括个人及家庭收入、家庭总支出、房租支出、住房满意度、生活满意度、幸福度、身体健康状况、精神健康状况等。

（二）调研时间及渠道

此次调研是浙江工业大学中国住房和房地产研究院 2021 年 7 月委托网易公司线上开展的。网易是中国领先的互联网公司之一，业务广泛，涵盖门户网站、在线游戏、电子邮箱、在线教育、电子商务、在线音乐、网易 CC 直播等多种服务。多类产品服务受众符合调研对象的基本特征。网易旗下的网易定位依托于网易生态、亿级网易真实用户，精准定位目标人群，拒绝非租房群体；AI 智能投放，识别用户高质量完成问卷的场景；对用户答题行为实时监控，自动剔除答题时间异常的无效问卷；多层质量监控，为租房者住房状况、需求与压力这一研究提供了精准的线上调研。

（三）调研对象

调研对象为在北京、上海、广州、深圳、杭州租房居住半年及以上、年龄

20 岁及以上的非在校学生。北京、上海、广州、深圳、杭州每个城市各回收 1 000 份问卷，共回收 5 000 份问卷。剔除无效或信息不完整的问卷后，获取有效问卷 4 348 份，其中北京市 776 份（17.85%），上海市 877 份（20.17%），广州市 892 份（20.52%），深圳市 892 份（20.52%），杭州市 911 份（20.95%）。

二、研究方法

（一）有序 Logistic 回归

本章节部分因变量如主观幸福感的三个代理变量（幸福感、住房满意度、生活满意度）采用的是李克特五分等级量表进行测度的，赋值情况为非常不幸福（满意）=1，不太幸福（满意）=2，一般 =3，比较幸福（满意）=4，非常幸福（满意）=5，属于有序分类变量。当因变量是有序分类变量时，需要构建有序 Logistic 回归模型。因此，本章节构建有序 Logistic 回归模型，探究租赁住房类型对租客主观幸福感的异质性影响。

设有序分类变量有 k 个水平：1，2，$\cdots$，k；$X = (x_1, x_2, \cdots, x_m)$ 为自变量向量；变量等级为 $i(i = 1, 2, \cdots, k)$ 的概率为：$p(y = i | x)$，则等级小于等于 $i(i = 1, 2, \cdots, k)$ 的概率为：

$$[p(y \leqslant i | x)] = p(y = 1 | x) + p(y = 2 | x) + \cdots + [p(y = i | x)] \quad (5-1)$$

做 Logit 变换可得：

$$\text{Logit}(p_i) = \text{Logit}[p(y > i | x)] = \ln \frac{p(y > i | x)}{1 - p(y > i | x)}, i = 1, 2, \cdots, k-1 \quad (5-2)$$

有序 Logistic 回归模型定义为：

$$\text{Logit}(p_i) = \text{Logit}[p(y > i | x)] = -\alpha_i + \sum_{i=1}^{m} \beta_i x_i, i = 1, 2, \cdots, k-1$$

$$(5-3)$$

等价于：

$$[p(y \leqslant i | x)] = \frac{1}{1 + \exp(-\alpha_i + \sum_{i=1}^{m} \beta_i x_i)} \quad (5-4)$$

实际上是将 k 个等级分为两类：$\{1, 2, \cdots, i\}$ 和 $\{i+1, \cdots, k\}$，模型表示：属于后 $k-i$ 个等级的累计概率与前 i 个等级的累计概率的比数之对数，故该模型称为累积比数模型。

（二）二元 Logistic 回归

由于本章节部分因变量如定居意愿是二分类变量，因此本章节采用二元 Logistic 回归模型研究租赁住房类型与定居意愿的异质性关系，以及检验主观幸福感在租赁住房类型与定居意愿之间的中介作用。其模型设定为：

$$\text{Logit}(p) = \beta_0 + \sum_{i=1}^{m} \beta_i x_i \tag{5-5}$$

其中，p 为定居概率，x_i 为解释变量，m 为解释变量的个数；$\beta_i(i = 1, 2, \cdots, m)$ 是解释变量 x_i 的回归系数，表示当其他自变量的取值保持不变时，该自变量每增加一个单位引起比数比的自然对数值的变化量。

三、研究假设

现有文献对租房者以及租房类型与个人主观幸福感之间关系的评估较少，据我们对文献的检索，尝试实证检验租赁住房类型与租房者主观幸福感之间异质性关系的文献寥寥无几。祝仲坤和冷晨昕（2017）利用 2012 年流动人口动态监测调查数据，考察了居住模式和住房类型对农民工主观幸福感的影响，研究表明相较于临时住所，分散居住和集中居住对农民工的主观幸福感具有显著正向影响，尤以居住在自建房和自购房的农民工幸福感最强，而居住在非正规场所的农民工主观幸福感最低。[1] 一项根据杭州市公共住房住户调查的研究表明，住房类型与住房满意度之间存在异质性关系，在四类公共住房中，廉租房的居住满意度最高，其次是公租房和货币补贴住房，而经济适用房的居住满意度最低（Huang & Du，2015）。[2] 居住满意度作为衡量主观幸福感的维度之一，推而广之，租赁住房类型与个人主观幸福感之间也可能存在异质性关系，依此提出本章节第一个假设：

H5 - 1：租赁住房类型对租房者主观幸福感产生异质性影响。

现有研究发现，社区环境是影响主观幸福感的重要因素；住房条件与个人主观幸福感呈正相关关系；健康状况对居民主观幸福感有显著正向影响；高额的租金会减少其他消费项目，从而对主观幸福感产生负面影响。例如，一项关于广州保障房社区调研数据的研究表明住房条件、社区建设、社区环境以及自我评定的

---

[1] 祝仲坤、冷晨昕：《中国进城农民工的居住状况与主观幸福感——基于流动人口动态监测数据的实证分析》，载于《劳动经济研究》2017 年第 2 期。

[2] Huang Z., Du X., Yu X. Home Ownership and Residential Satisfaction: Evidence from Hangzhou, China. Habitat International, Vol. 49, 2015, pp. 74 - 83.

健康状况共同作用于居民的主观幸福感（黎晓玲等，2016）。[1] 基于此，提出居住在不同租赁住房类型的租户的主观幸福感存在显著差异的四个可能解释机制的假设：

H5-2：不同类型租赁住房的社区环境不同。

H5-3：不同类型租赁住房的住房条件不同。

H5-4：不同类型租赁住房的生活成本存在较大差异。

H5-5：不同类型租赁住房对租户的精神健康状况产生不同的影响。

有部分研究探讨了住房类型对流动人口定居意愿的影响，但未获得一致性结论。如胡金星等（2016）利用上海的调研数据，发现租房类型对农民工留城意愿的影响不显著，即市场租赁住房与保障性租赁住房对农民工留城意愿影响无显著性差异。[2] 刘琳（2019）基于2017年在我国8座城市进行的大规模问卷调查数据，研究得出与租住私房的相比，居住在保障性住房更能提升流动人口的定居意愿。[3] 居住在诸如城中村或棚户区及有工业园区或连片出租屋社区中的流动人口存在严重的居住隔离问题，而居住隔离对流动人口定居意愿具有显著负向影响，因此这部分"边缘化"群体定居意愿非常低。吴开泽和黄嘉文（2020）发现住房类型显著影响流动人口定居意愿，租住正规住房者留城意愿更强烈。[4] 鉴于此，为进一步探究租赁住房类型与定居意愿的关系，提出如下假设：

H5-6：租赁住房类型对租房者定居意愿产生异质性影响。

随着经济水平的发展，流动人口的主观心理感受成为其留城定居与否的关键因素。留城定居意愿在本质上是一种心理活动，其必然内生于外部客观因素，又内生于内部心理主观机制。流动人口的心理感知对其留城意愿具有显著正向影响，流动人口心理感知越满足，对城市的认同感越高，对城市生活的满意度也越高，其定居意愿也就越强。此外，城市生活满意度显著影响流动人口定居意愿（梁土坤，2017）。[5] 基于此，提出如下假设：

H5-7：主观幸福感对租房者定居意愿有显著正向影响。

H5-8：主观幸福感在租赁住房类型与定居意愿之间起中介作用。

---

① 黎晓玲、郭敬立、欧阳洁：《中国城市保障房社区建设对居民主观幸福感影响研究——以广州为例》，中国城市规划学会会议论文，2016年9月。

② 胡金星、朱曦、公云龙：《租房与农民工留城意愿——基于上海的实证研究》，载于《华东师范大学学报（哲学社会科学版）》2016年第4期。

③ 刘琳：《影响流动人口定居意愿的居住因素分析：居住隔离抑或社区社会资本?》，载于《河海大学学报（哲学社会科学版）》2019年第1期。

④ 吴开泽、黄嘉文：《居住模式、住房类型与大城市流动人口留城意愿：基于广州的实证研究》，载于《华东师范大学学报》2020年第4期。

⑤ 梁土坤：《适应转化：新生代流动人口定居意愿的实证研究及其政策意涵》，载于《中国人口·资源与环境》2017年第2期。

第二节　调研对象住房状况、压力及需求特征

一、调研对象个体特征

（一）性别特征

男性受访者数量多于女性受访者。在本次调研有效样本中男性占比59.48%，而女性占比40.52%，北京、上海、广州、深圳、杭州受访者男女比例均在6∶4左右。

（二）年龄特征

40岁以下受访者超八成，总体偏向年轻化。全样本中20~25岁的受访者占比24.17%，26~30岁的受访者占比18.49%，31~40岁受访者占比41.61%（见表5-1），由此可见，本次调研的受访者主要集中于青壮年。值得注意的是，杭州20~25岁的受访者高达42.15%，相较于北京、上海、广州、深圳高约20个百分点。

表5-1　　　　北京、上海、广州、深圳、杭州调查样本
租赁群体年龄特征描述　　　　单位：%

选项	全样本百分比	北京百分比	上海百分比	广州百分比	深圳百分比	杭州百分比
20~25岁	24.17	22.68	19.50	16.48	19.39	42.15
26~30岁	18.49	12.89	22.46	25.56	22.65	8.45
31~40岁	41.61	46.13	41.73	42.94	42.71	35.24
41~45岁	14.35	15.46	15.17	13.57	14.46	13.28
46岁及以上	1.38	2.84	1.14	1.46	0.78	0.88

（三）学历特征

受访者学历较高，70%以上的为大专及以上学历。全样本中学历为大专及以上的受访者占 71.48%，其中硕士及以上学历占 4.21%，本科学历占 36.89%，大专学历占 30.38%，其余 25.92% 的受访者为高中/中专学历，2.60% 的受访者学历为初中及以下。在五个城市中，北京受访者学历最高，大专及以上学历占 75.39%，上海占 70.81%，广州占 70.96%，深圳占 68.16%，杭州占 72.56%。北京硕士及以上学历租客占比在五个城市中最高，为 6.70%，上海为 5.47%，广州为 3.03%，深圳为 3.92%，杭州为 2.31%。青壮年比例较高、学历较高符合北京、上海、广州、深圳、杭州等大城市租房者的特征，印证了此次调研结果的真实性和可参考性。

（四）户口特征

调研的租赁群体中 57.11% 的为非农业户口。从城市层面看，北京受访者中非农业户籍人口占比最高，达到 61.73%；其次是上海、杭州、深圳，非农业户籍人口占比分别为 61.69%、57.96%、57.06%；广州非农业户籍人口比例最低，为 47.76%。

（五）婚姻状况

全样本中已婚租客超半数，占比 52.78%。其中广州已婚受访者的比例最高，占比 62.67%；其次是上海、北京、杭州，分别为 54.96%、54.90%、47.09%；而深圳未婚受访者的比例最高，为 55.27%。

（六）子女个数特征

全样本中有孩租客占 48.80%。由表 5-2 所示，一孩占比 34.94%，二孩占比 12.93%，三孩及以上占比 0.94%。由于深圳未婚租客占比最多、广州已婚租客占比最多，所以深圳无孩租客占比在五个城市中最多，广州最少，分别为 58.52%、39.24%。值得注意的是，虽然国家自 2016 年 1 月 1 日起正式施行了"全面二孩政策"，但北京、上海、广州、深圳、杭州二孩租客仅占全部有孩租客的二成左右，这可能是由于高昂的养孩成本抑制了一线城市及新一线城市适龄家庭的生育意愿。

表 5 - 2 北京、上海、广州、深圳、杭州调查样本
租赁群体子女个数特征描述 单位: %

选项	全样本 百分比	北京 百分比	上海 百分比	广州 百分比	深圳 百分比	杭州 百分比
无孩	51.20	49.10	51.31	39.24	58.52	57.41
一孩	34.94	40.59	35.35	41.82	27.69	30.08
二孩	12.93	9.41	12.66	17.04	12.78	12.29
三孩及以上	0.94	0.90	0.68	1.91	1.01	0.22

（七）职业及单位属性特征

职业方面，全样本中将近五成的为普通打工人员，超四成的为管理人员，总体层次较高。普通打工人员占比 48.14%，基层管理人员占比 27.35%，中高层管理人员占比 18.10%。

单位属性方面，63.36%的受访者就职于私营企业，18.93%就职于合资/外资企业，14.60%就职于国有企业，仅有 3.10%就职于党政机关和事业单位。相较于其他城市，北京受访者就职于党政机关、事业单位和国有企业的比例最高，达 24.48%。

（八）迁居时间特征

调研样本中租赁群体的迁居时间呈阶梯状分布，迁居时间越长的受访者占比越高。由表 5 -3 所示，全样本超八成的受访者迁居当前城市 3 年以上，而 1 年以内、1~3 年、3~5 年、5~10 年、10 年及以上的分别占比 1.66%、17.32%、27.58%、39.81%、13.64%。由此可见，受访者大多数已在当前城市居住较长时间，对于北京、上海、广州、深圳、杭州的租赁住房市场有着较为深刻的了解和认识。从城市层面看，北京迁居时间在 10 年及以上的受访者占比明显高于其他城市，为 18.94%。

表 5 - 3 北京、上海、广州、深圳、杭州调查样本
租赁群体迁居时间特征描述 单位: %

选项	全样本 百分比	北京 百分比	上海 百分比	广州 百分比	深圳 百分比	杭州 百分比
1 年以内	1.66	1.93	1.48	1.68	1.79	1.43
1~3 年	17.32	17.01	18.13	19.28	14.91	17.23

选项	全样本 百分比	北京 百分比	上海 百分比	广州 百分比	深圳 百分比	杭州 百分比
3~5年	27.58	23.58	25.54	25.11	36.66	26.45
5~10年	39.81	38.53	42.53	38.00	35.31	44.46
10年及以上	13.64	18.94	12.31	15.92	11.32	10.43

（九）家庭成员同住特征

全样本中64.74%的租客与家庭成员一起居住。其中，杭州与家庭成员同住的受访者比例最高，占比74.97%；北京、上海、广州次之，分别占比66.24%、63.85%、63.00%；而深圳与家庭成员同住的受访者占比最低，为55.61%。

二、调研对象租赁住房状况

（一）租赁住房类型特征

自20世纪90年代起，中国启动了一系列保障性住房项目，至2021年累计建设各类保障性住房和棚改安置房8000多万套，以改善中等偏下收入家庭住房居住条件。在快速城镇化进程中，随着城市建成区的空间扩张，出现了一种新产物——"城中村"。城中村的住房是由村民自主开发的，没有经过规划设计，因其较高的密度、恶劣的居住环境和缺乏有效的管理而被指责为都市的"癌症"，其内部大量成本低廉的住房使之成为租房者集聚的场所。目前，我国城市租赁住房主要有保障性住房、单位住房、城中村住房和市场商品住房四种类型。

由表5-4所示，在所有受访者中，超一半（56.69%）居住在市场商品住房；22.82%居住在城中村住房；15.59%居住在单位住房；仅有4.90%居住在保障性住房。从城市层面看，源于各城市租赁房源供应结构的不同，五个城市中上海和杭州居住在市场商品住房的租客比例最高，均为65%左右；深圳和广州相较于其他三个城市，租住在城中村的租客比例最高，分别为34.64%、29.82%，较其他城市高11~20个百分点；北京租住在保障性住房的比例高出其他城市2~5个百分点，达7.99%。

表 5 - 4 　　　　　北京、上海、广州、深圳、杭州调研样本
租赁住房市场结构　　　　　　　单位：%

租房类型	全样本百分比	北京百分比	上海百分比	广州百分比	深圳百分比	杭州百分比
市场商品住房	56.69	56.44	65.91	45.85	49.78	65.42
城中村住房	22.82	18.04	15.51	29.82	34.64	15.48
单位住房	15.59	17.53	13.68	19.73	13.23	14.05
保障性住房	4.90	7.99	4.90	4.60	2.35	5.05

（二）享受政府租房补贴情况

在所有受访者中，30.70%的租客享受着政府的租房补贴。对比五个城市，杭州、广州、北京享受政府租房补贴的租客比例明显高于上海和深圳，分别占比 36.00%、35.76%、34.41%、26.23%、21.41%。

（三）享受工作单位租房补贴情况

55.08%的受访者享受着工作单位的租房补贴。其中，广州、北京租赁群体享受工作单位租房补贴的比例最高，分别占比 61.77%、59.28%；杭州、上海次之，分别占比 54.67%、52.68%；而深圳的租客享受的工作单位租房补贴的比例最低，为 47.53%。

（四）合同签订情况

全样本中 92.23%的租客签订了租赁合同。杭州、广州、上海均超九五成的租客签订了租赁合同，分别占比 96.60%、95.85%、95.32%；北京有 92.91%的租客签订了租房合同；但在深圳仅有 80.49%的受访租客签订了租房合同，有近两成的租客未签订租房合同。

（五）租赁形式特征

如表 5 - 5 所示，69.09%的租客整租一套房，27.97%的租客采用"与其他人合租，拥有独立一间房"的租赁形式，剩余 2.94%的租客与其他人合租并与他人共享一间房。上海和北京受访者合租的比例略高，分别达 39.91%、39.43%，较广州、深圳和杭州高 12～16 个百分点。

表5-5　　　　　北京、上海、广州、深圳、杭州调查样本
租赁群体居住区域特征描述　　　单位：%

选项	全样本百分比	北京百分比	上海百分比	广州百分比	深圳百分比	杭州百分比
整租一套房	69.09	60.57	60.09	76.12	74.44	72.89
合租，拥有独立一间房	27.97	36.21	36.94	22.20	21.64	24.15
合租，与他人共享一间房	2.94	3.22	2.96	1.68	3.92	2.96

（六）租赁住房面积特征

如表5-6所示，北京、上海、广州、深圳、杭州等大城市受访租房者的人均住房建筑面积为21.49平方米，远低于城镇居民人均住房建筑面积，仅及2020年城镇居民人均住房建筑面积38.62平方米的55.6%左右。全样本中69.09%的租客整租一套房，人均住房建筑面积21.81平方米，27.97%的租客采用按间合租的租赁形式，人均住房建筑面积20.95平方米，剩余2.94%的租客与其他人合租并与他人共享一间房，人均住房建筑面积为18.94平方米。从城市层面看，杭州和广州租客平均租住面积较其他城市略高，分别为22.17平方米、22.11平方米，深圳租客的平均居住面积最低为20.13平方米。五个城市选择"整租一套房"和"合租，拥有独立一间房"的租客的平均租住面积并无显著差异，但选择"合租，与他人共享一间房"的广州和深圳租客的平均租住面积明显小于其他三个城市。

表5-6　　　　　北京、上海、广州、深圳、杭州调查样本
租赁群体租赁形式及平均租住面积描述　　　单位：平方米

选项	全样本	北京	上海	广州	深圳	杭州
整租一套房	21.81	22.22	21.73	22.49	20.23	22.44
合租，拥有独立一间房	20.95	20.64	20.96	21.28	20.58	21.36
合租，与他人共享一间房	18.94	21.84	19.62	13.8	15.53	22.08
平均租住面积	21.49	21.65	21.39	22.11	20.13	22.17

表5-7展示了北京、上海、广州、深圳、杭州租赁群体居住面积描述性统计结果，可以看到：杭州的平均面积和中位数均为五个城市中最大的，同时标准差是五个城市中最小的，这意味着相较于其他四个城市杭州的租客有更大的居住面积，同时租客们的面积差异也最小。而人均居住面积最小的深圳，同时有最小

的最小值和最小的中位数，这反映了深圳租客们普遍租住面积过小的问题。而北上广三个城市在各项数据中的表现差异并不大。

表5-7　　　　　北京、上海、广州、深圳、杭州调查样本
租赁群体居住面积描述性统计　　　　　单位：平方米

选项	平均值	标准差	最小值	中位数	最大值
全样本	21.49	8.75	1.83	20.00	100.00
北京	21.65	9.35	4.50	20.00	69.50
上海	21.39	8.17	4.29	20.00	66.67
广州	22.11	8.86	5.00	20.00	80.00
深圳	20.13	9.37	1.83	18.57	100.00
杭州	22.17	7.85	3.75	21.50	67.00

（七）居住区域特征

城市次中心是主要租房区域（见表5-8）。全样本中51.03%的受访者租住在城市次中心，26.68%的居住在城市市中心，剩余22.29%的居住在城乡结合部。相较于其他四个城市，深圳租赁群体租住在城市市中心的比例最高，占比34.19%；杭州租赁群体租住在城乡结合部的比例最低，占比16.03%。

表5-8　　　　　北京、上海、广州、深圳、杭州调查样本
租赁群体居住区域特征描述　　　　　单位：%

选项	全样本百分比	北京百分比	上海百分比	广州百分比	深圳百分比	杭州百分比
市中心	26.68	25.26	24.40	21.64	34.19	27.66
次中心	51.03	51.03	53.82	52.24	41.70	56.31
城乡结合部	22.29	23.71	21.78	26.12	24.10	16.03

（八）通勤时间

如表5-9所示，64.79%的租客通勤时间在半个小时内，16.25%的租客通勤时间在30~45分钟，而通勤时间在45分钟以上的租客占比18.96%。对比五个城市，杭州和广州租赁群体通勤时间较短，通勤在半个小时内的租客分别占比

172

72.34%、71.11%,深圳为66.55%,而上海、北京仅为59.43%、52.60%。此外,北京和上海仍有不少租客通勤时间在45分钟以上,其中北京较为突出,占比29.30%,上海占比22.18%。

表5-9　　　　　北京、上海、广州、深圳、杭州调查样本
租赁群体通勤时间分布情况　　　　单位:%

选项	全样本 百分比	北京 百分比	上海 百分比	广州 百分比	深圳 百分比	杭州 百分比
15分钟以内	20.49	12.63	13.68	32.05	24.63	18.33
15~30分钟	44.31	39.97	45.75	39.05	41.92	54.01
30~45分钟	16.25	18.10	18.39	15.58	14.24	15.26
45分钟~1小时	14.79	18.75	16.44	11.63	16.50	11.31
1~1.5小时	3.08	7.29	4.48	1.47	2.15	0.66
1.5小时以上	1.09	3.26	1.26	0.23	0.56	0.44

(九) 住房设施拥有情况

表5-10显示超九成的租客拥有冰箱、洗衣机、热水器、独立卫生间。与其他设施相比,独立厨房的拥有率略低,为87.44%。

表5-10　　　　　北京、上海、广州、深圳、杭州调查样本
租赁群体住房设施拥有率情况　　　　单位:%

类别	全样本 百分比	北京 百分比	上海 百分比	广州 百分比	深圳 百分比	杭州 百分比
冰箱	94.94	95.88	95.90	94.28	93.61	95.17
洗衣机	94.00	95.88	94.30	93.39	92.15	94.51
独立卫生间	92.30	89.43	90.08	95.29	95.18	91.11
独立厨房	87.44	84.79	84.95	90.70	88.68	87.71
热水器	96.25	96.13	95.90	96.75	96.86	95.61

(十) 社区环境满意度

从城市层面看,杭州租赁群体对于所租住社区的绿化程度、生活便利度满意

度最高，认为"比较好"或"非常好"的共计 73.10% 和 74.87%；其次是广州、上海、北京；而深圳租客对于社区绿化程度和生活便利度满意度最低，仅有 51.57% 和 62.89% 的租客表示"比较好"或"非常好"。

三、调研对象住房压力及幸福感

（一）个人及家庭月收入

受访者个人及家庭收入分化严重（见表 5-11）。全样本中 13.43% 受访者个人月收入在 5 000 元以下，但同时有 17.55% 的比例月收入在 30 000 元以上。总体月收入较高，65.76% 的受访者个人月收入在 10 000 元以上，61.72% 的受访者家庭月收入在 20 000 元以上，基本反映出活跃在互联网上群体收入、学历层次相对较高的特征。从城市层面看，北京、上海、广州、深圳、杭州个人月收入在 10 000 元以上的分别占比 61.59%、67.04%、63.34%、69.51%、66.74%，其中每个城市有 3~4 成的受访者个人月收入在 20 000 元以上；北京、上海、广州、深圳、杭州家庭月收入在 20 000 元以上的分别占比 59.54%、62.72%、62.55%、63.01%、60.59%，其中每个城市有 3~4 成的受访者家庭月收入在 30 000 元以上，家庭月收入在 40 000 元以上的比例各城市均超两成，上海这一比例达 30.80%。

表 5-11　　　　　北京、上海、广州、深圳、杭州调查样本
租赁群体个人及家庭月收入情况　　　　　　　单位：%

类别	选项	全样本百分比	北京百分比	上海百分比	广州百分比	深圳百分比	杭州百分比
个人平均月收入	5 000 元及以下	13.43	13.66	13.45	15.36	13.12	11.64
	5 001~10 000 元	20.81	24.74	19.50	21.30	17.38	21.62
	10 001~15 000 元	16.31	12.63	18.47	12.89	21.86	15.26
	15 001~20 000 元	13.18	11.98	13.80	11.43	14.80	13.72
	20 001~25 000 元	14.70	11.98	12.43	19.62	15.36	13.72
	25 001~30 000 元	4.02	3.61	3.53	3.03	4.04	5.82
	30 001 元及以上	17.55	21.39	18.81	16.37	13.45	18.22

续表

类别	选项	全样本 百分比	北京 百分比	上海 百分比	广州 百分比	深圳 百分比	杭州 百分比
家庭平均 月收入	10 000 元及以下	14.03	16.11	11.17	14.13	14.13	14.82
	10 001 ~ 15 000 元	11.73	12.24	12.66	10.65	9.30	13.83
	15 001 ~ 20 000 元	12.51	12.11	13.45	12.67	13.57	10.76
	20 001 ~ 25 000 元	18.05	15.98	19.16	16.82	21.64	16.47
	25 001 ~ 30 000 元	5.54	4.38	6.16	5.04	7.17	4.83
	30 001 ~ 40 000 元	11.80	8.38	11.52	16.70	9.98	11.96
	40 001 元及以上	26.33	30.80	25.88	23.99	24.22	27.33

（二）租房支出

如表 5 - 12 所示，北京、上海、广州、深圳、杭州租金水平较高，有 67.21% 的受访者月租金 2 000 元以上。月租金在 2 000 元及以下的占比 32.78%，其中 0 ~ 1 000 元、1 001 ~ 2 000 元的分别占 11.26%、21.52%；剩余 67.22% 的受访者月租金 2 000 元以上，其中 2 001 ~ 3 000 元、3 001 ~ 4 000 元、4 001 ~ 5 000 元、5 001 ~ 6 000 元的分别占 20.59%、12.79%、13.31%、5.58%，除此以外，仍有 14.94% 的受访者月租金在 6 000 元以上。在五个城市中，北京和上海的租金水平最高，分别有 76.25%、76.24% 的受访者月租金在 2 000 元以上，这一人群的占比较其他城市高 8 ~ 18 个百分点；北京和上海月租金在 3 000 元及以上的受访者分别占比 56.91%、55.32%，这一人群的占比较其他城市高 9 ~ 20 个百分点。广州的租金水平最低，月租金在 2 000 元以上的占比 57.75%。

调研对象平均租金收入比为 16.27%，近九成的受访者租金收入比在 30% 以下。89.79% 的受访者租金支出占家庭月收入的 30% 以下，租金支出占家庭月收入的 5% 及以下、5% ~ 10%、10% ~ 15%、15% ~ 20%、20% ~ 25%、25% ~ 30% 的受访者比例分别为 13.63%、24.50%、21.43%、15.41%、9.09%、5.74%，但仍有 10.21% 的受访者月租金支出超过家庭月收入 30% 的合理范围，说明仍有一成的受访者因租房费用而承担较重的经济压力。从城市层面看，北京、上海租金负担较重，分别有 13.23%、12.29% 的租客租金收入比超 30%，且平均租金收入比为 18.67%、17.45%；广州的租金负担相对较轻，平均租金收入比为 14.31%，且仅有 7.63% 的租客租金收入比在 30% 以上。

表 5 – 12　　北京、上海、广州、深圳、杭州调查样本
租赁群体租金支出情况描述　　　　单位：%

类别	选项	全样本百分比	北京百分比	上海百分比	广州百分比	深圳百分比	杭州百分比
租金水平	0 ~ 1 000 元	11.26	8.43	6.15	20.14	9.65	11.37
	1 001 ~ 2 000 元	21.52	15.33	17.61	22.11	31.16	20.40
	2 001 ~ 3 000 元	20.59	19.34	20.92	17.82	21.74	22.85
	3 001 ~ 4 000 元	12.79	14.64	14.54	11.57	10.35	13.15
	4 001 ~ 5 000 元	13.31	13.81	17.85	12.73	11.86	10.59
	5 001 ~ 6 000 元	5.58	8.43	6.50	4.40	4.07	5.02
	6 000 元以上	14.94	20.03	16.43	11.23	11.16	16.61
租金占家庭月收入的比例	5% 及以下	13.63	8.39	7.71	22.77	14.49	13.73
	5% ~ 10%	24.50	21.19	23.98	21.60	31.21	23.95
	10% ~ 15%	21.43	21.19	23.25	21.36	20.61	20.77
	15% ~ 20%	15.41	16.36	17.95	13.97	13.19	15.78
	20% ~ 25%	9.09	11.52	8.55	8.33	7.30	10.10
	25% ~ 30%	5.74	8.11	6.27	4.34	3.65	6.70
	30% 以上	10.21	13.23	12.29	7.63	9.54	8.97
	平均租金收入比	16.27	18.67	17.45	14.31	14.90	16.44

（三）主观幸福感

调查了五个城市租赁群体主观幸福感的三个代理变量，即总体幸福水平、生活满意度和住房满意度。44.30% 的受访者认为自己的生活比较幸福，还有20.22% 的受访者觉得非常幸福，只有0.99% 的人回答他们很不幸福。与幸福感调查结果相似，有超四成的租客表示对自己的住房和生活比较满意，有将近两成的租客对自己的住房和生活非常满意，低于一成的租客表示对于自己的住房和生活"不满意"或"非常不满意"。

广州租赁群体的主观幸福感最高，其次是杭州、北京、上海，而深圳租赁群体的主观幸福感最低。根据非常不幸福（满意）= 1，不太幸福（满意）= 2，一般 = 3，比较幸福（满意）= 4，非常幸福（满意）= 5 的规则对幸福感、生活满意度和住房满意度进行赋值。由表 5 – 13 可得，广州和杭州租赁群体的主观幸福感平均得分明显高于其他三个城市。广州租赁群体的幸福感、生活满意度、住房满意度平均得分最高，分别是 3.8621、3.8240、3.8285，其次是杭州，幸福感、

生活满意度、住房满意度平均得分分别为 3.8595、3.7881、3.8222；北京、上海
租赁群体的主观幸福感分别位居第三、第四；而深圳租赁群体的主观幸福感最
低，幸福感、生活满意度、住房满意度平均得分分别为 3.6278、3.5549、
3.5482，较广州低 0.2~0.3。

表 5-13 　　　　北京、上海、广州、深圳、杭州调查样本
租赁群体主观幸福感平均得分

主观幸福感	全样本	北京	上海	广州	深圳	杭州
幸福感	3.7668	3.7448	3.7343	3.8621	3.6278	3.8595
生活满意度	3.6999	3.6856	3.6420	3.8240	3.5549	3.7881
住房满意度	3.7104	3.6727	3.6727	3.8285	3.5482	3.8222

注：5 分代表满分。

表 5-14 显示了居住在不同租赁住房类型的租客主观幸福感的明显差异，保
障性住房和单位住房的幸福感、生活满意度和住房满意度平均得分最高，明显高
于其他两类租赁住房，其次是市场商品住房，最后是城中村住房。这一发现可能
表明，保障性住房和单位住房与较高水平的主观幸福感相关，而市场商品住房和
城中村住房与较低水平的主观幸福感相关。然而，居住在不同类型租赁住房中的
租客存在着许多个人和家庭特征方面的明显差异，因此需要控制多个个人及家庭
特征，以进一步探究租赁住房类型和主观幸福感的关系。

表 5-14 　　　　　　调查样本各类租赁住房的主观幸福感

主观幸福感	全样本	市场商品住房	保障性住房	单位住房	城中村住房
幸福感	3.7668	3.7460	4.1878	4.0855	3.5101
生活满意度	3.6999	3.7108	4.0845	4.0030	3.3831
住房满意度	3.7104	3.7310	4.1315	4.0147	3.3609

四、调研对象住房需求特征

（一）定居意愿

受访租客定居意愿强。全部调研样本中，61.41% 的租客有定居意愿。其中，
杭州租赁群体定居意愿最强，有定居意愿的受访者占比 72.45%；其次是广州、
北京、上海，分别占比 63.90%、62.50%、61.46%；而深圳租赁群体定居意愿

最弱，仅有46.64%的租客计划在本地定居。

（二）本地购房意愿

超50%的租客计划在本地购房。在全部调研样本中，52.64%的（2 289位）租客表示计划在本地购房，另有24.61%的（1 070位）租客表示不一定。从城市层面看，和定居意愿一样，杭州租赁群体本地购房意愿最高，有64.11%计划在本地购房；其次是广州、北京、上海，分别有57.85%、51.55%、49.37%的租客计划在本地购房；而深圳租赁群体本地购房意愿最低，仅有39.91%的租客计划在本地购房。

（三）购房主要目的

70.08%的受访者"计划"在本地购房和"不一定"在本地购房的受访者购房主要目的是定居，另外13.84%是子女的教育，10.33%是自己的婚姻，购房为了投资或为了子女婚姻的分别占2.95%、2.80%（见表5-15）。值得注意的是，深圳可能购房的租客购房主要目的是"为了定居"的占比低于其他四个城市5~9个百分点，而"为了子女的教育"的占比高于其他四个城市5~10个百分点。

表5-15 **北京、上海、广州、深圳、杭州调查样本租赁群体**
计划在本地购房的主要目的 单位：%

选项	全样本百分比	北京百分比	上海百分比	广州百分比	深圳百分比	杭州百分比
为了定居	70.08	70.56	71.15	70.00	64.61	73.17
为了投资	2.95	3.29	2.69	3.15	2.67	2.92
为了自己的婚姻	10.33	7.89	9.57	9.73	11.19	12.88
为了子女的婚姻	2.80	4.11	3.59	2.19	2.17	2.12
为了子女的教育	13.84	14.14	13.00	14.93	19.37	8.90

（四）购房面积

可能在本地购房的租客倾向于购置面积较大的住房。表5-16显示，"计划"在本地购房和"不一定"在本地购房的3 359位受访者中，60.52%的倾向于购置90平方米以上的户型，而计划购房面积在70平方米及以下的租客仅占

10.33%。相较于其他城市，杭州和深圳租客更倾向于购买面积较大的住房，两城分别有 64.67%、63.27% 的计划购买 90 平方米以上的住房，而广州、上海、北京分别有 60.41%、56.95%、56.74% 的租客计划购买 90 平方米以上的住房。

表 5－16　　　　北京、上海、广州、深圳、杭州调查样本
租赁群体计划购房的建筑面积　　　　单位：%

选项	全样本 百分比	北京 百分比	上海 百分比	广州 百分比	深圳 百分比	杭州 百分比	全样本 百分比
50 平方米及以下	2.68	3.29	3.89	1.92	2.67	1.86	2.68
51～70 平方米	7.65	9.21	8.37	7.40	7.85	5.84	7.65
71～90 平方米	29.15	30.76	30.79	30.27	26.21	27.62	29.15
91～110 平方米	25.63	25.16	25.41	24.25	25.04	28.02	25.63
111～130 平方米	23.25	20.23	20.63	23.42	25.38	26.16	23.25
131 平方米及以上	11.64	11.35	10.91	12.74	12.85	10.49	11.64

（五）购房户型

购房户型以二室/三室、一厅/二厅、一卫/两卫为主体。如表 5－17 所示，"计划"在本地购房和"不一定"在本地购房的 3 359 位受访租客中，分别有 38.61%、50.58% 的选择二室、三室，65.08%、33.85% 选择一厅、两厅，55.94%、41.14% 的选择一卫、二卫。

表 5－17　　　　北京、上海、广州、深圳、杭州调查样本
租赁群体计划购房的户型分布　　　　单位：%

类别	选项	全样本 百分比	北京 百分比	上海 百分比	广州 百分比	深圳 百分比	杭州 百分比
室	一室	4.20	6.91	4.19	3.84	3.51	2.92
	二室	38.61	44.74	44.54	35.75	30.38	37.72
	三室	50.58	42.76	46.79	51.78	58.26	52.99
	四室及以上	6.61	5.59	4.48	8.63	7.85	6.37

类别	选项	全样本百分比	北京百分比	上海百分比	广州百分比	深圳百分比	杭州百分比
厅	一厅	65.08	70.39	67.41	64.93	65.94	58.17
	两厅	33.85	28.45	31.99	34.11	32.55	40.64
	三厅及以上	1.07	1.15	0.60	0.96	1.50	1.20
卫	一卫	55.94	62.83	62.18	52.05	47.58	55.25
	二卫	41.14	34.87	36.47	43.70	47.75	42.63
	三卫及以上	2.92	2.30	1.35	4.25	4.67	2.12

（六）购房总价

73.86%的租赁群体计划购买总价在 300 万元及以下的房屋。其中选择总价在 100 万元以下、101 万 ~ 200 万元和 201 万 ~ 300 万元的分别占比 26.23%、28.55%、19.08%，另外有 7.74%、18.40% 计划购买 301 万 ~ 400 万元、400 万元以上的房屋（见表 5 - 18）。从城市层面看，北京、上海、深圳的租客计划购买的房屋总价较高，选择购房总价在 300 万元及以下的分别占比 62.01%、62.47%、70.62%，而杭州、广州这部分租客的占比达 85.80%、84.52%；除此以外，北京、上海、深圳分别有 27.14%、27.80%、21.70% 的租客计划购买总价在 400 万元以上的住房，广州和杭州这部分租客的占比分别为 10.96%、7.57%。

表 5 - 18　　　　北京、上海、广州、深圳、杭州调查样本
租赁群体计划购房的总价分布　　　　　　　　单位：%

选项	全样本百分比	北京百分比	上海百分比	广州百分比	深圳百分比	杭州百分比
100 万元及以下	26.23	22.20	16.29	35.62	27.38	28.29
101 万 ~ 200 万元	28.55	21.55	24.66	31.23	24.04	38.65
201 万 ~ 300 万元	19.08	18.26	21.52	17.67	19.20	18.86
301 万 ~ 400 万元	7.74	10.86	9.72	4.52	7.68	6.64
400 万元以上	18.40	27.14	27.80	10.96	21.70	7.57

（七）住房公积金缴纳情况

全样本中，74.63%的租客缴纳了住房公积金。从城市层面看，广州租赁群体住房公积金缴纳率最高，达79.82%；北京、上海、杭州次之，分别占比76.93%、76.62%、76.40%；而深圳租赁群体的公积金缴纳率最低，占比63.68%。

（八）申请政府保障性住房的意愿及方式

全部调研样本中有36.04%的（1 567位）租客计划申请政府的保障性住房，另有24.84%（1 080位）表示不一定。从城市层面看，杭州计划申请政府保障性住房的租客比例最高为41.49%（378位）；其次是北京和广州，分别为39.95%（310位）、38.90%（347位）；而上海和深圳计划申请政府保障性住房的租客比例最低，分别为31.81%（279位）、28.36%（253位）。

计划申请政府保障性住房的租客有四成的希望获得价格便宜的产权住房、超三成的希望政府给予货币化补贴、两成的希望获得保障性租赁住房。具体而言，在计划申请政府保障性住房的1567位受访租客中，有40.27%（631位）希望可以购买价格便宜的销售型产权住房（有部分产权），38.03%（596位）希望可以获得政府给予的货币化补贴（发放购房/租房补贴），20.36%（319位）希望可以租赁价格便宜的保障性租赁住房（无产权）。计划申请政府保障性住房的北京、深圳、上海租客，分别有48.71%、44.66%、37.63%的希望可以购买价格便宜的共有产权住房；而有更多的广州（48.13%）和杭州（44.97%）的租客，希望获得政府给予的货币化补贴。

第三节 租赁住房类型影响主观幸福感的实证分析

一、变量选择

现有研究表明个人及家庭人口因素、社会经济因素、心理因素、制度因素等均对主观幸福感和定居意愿产生显著影响。因此本章不仅控制了对主观幸福感和定居意愿产生显著影响的共同特征，即丰富的个人及家庭人口特征（如年龄、性别、婚姻状况、子女数量、职业、工作单位属性、迁居年数）和社会经济特征

（如教育程度、家庭收入），而且还控制了几个具有中国特色的社会和文化变量，例如，户口身份、共同居住和住房公积金，并纳入各市区虚拟变量以此控制地区固定效应。表 5-19 展示了各个变量的描述性统计结果。

表 5-19　　　　　　　　　变量的描述性统计

变量描述	全样本	市场住房	保障性住房	单位住房	城中村住房
主观幸福感［非常不幸福（满意）=1，不太幸福=2，一般=3，比较幸福=4，非常幸福=5］					
幸福感	3.7668	3.7460	4.1878	4.0855	3.5101
生活满意度	3.6999	3.7108	4.0845	4.0030	3.3831
住房满意度	3.7104	3.7310	4.1315	4.0147	3.3609
定居意愿（是=1，否则=0）					
定居意愿	0.6141	0.6357	0.8685	0.6991	0.4476
购房意愿	0.5267	0.5375	0.7887	0.6460	0.3619
年龄（年）	32.179	32.738	31.685	30.313	32.170
男（是=1；否=0）	0.5948	0.5720	0.6573	0.6047	0.6310
城市户口（是=1；否=0）	0.5711	0.6523	0.6432	0.5074	0.3972
已婚（已婚=1；否则=0）	0.5278	0.5460	0.6056	0.5192	0.4718
孩子数量（个）	1.6373	1.6308	1.6526	1.6342	1.6522
共同居住（是=1；否=0）	0.6474	0.6669	0.8216	0.5796	0.6079
迁居年数（年）	6.9945	7.0462	10.1925	6.6445	6.4183
学历（是=1；否=0）					
本科及以上	0.4110	0.4564	0.4883	0.4100	0.2823
大专	0.3038	0.3152	0.2817	0.2286	0.3317
中专	0.1541	0.1359	0.1408	0.1445	0.2087
高中	0.1051	0.0811	0.0798	0.1917	0.1109
初中及以下	0.0260	0.0114	0.0094	0.0251	0.0665
单位属性（是=1；否=0）					
党政机关和事业单位	0.0310	0.0268	0.0657	0.0619	0.0131
国有企业	0.1460	0.1562	0.3239	0.1858	0.0554
合资/外资企业	0.1893	0.2024	0.1784	0.2316	0.1300
私营企业	0.6336	0.6146	0.4319	0.5206	0.8014

续表

变量描述	全样本	市场住房	保障性住房	单位住房	城中村住房
工资（1万元/年）	22.276	24.438	24.085	20.904	17.454
住房公积金（是=1；否=0）	0.7463	0.7574	0.8685	0.8156	0.6452
职业（是=1；否=0）					
中高层管理人员	0.1810	0.2069	0.3286	0.1799	0.0857
基层管理人员	0.2735	0.2921	0.2441	0.3437	0.1855
自营就业者	0.0642	0.0706	0.0376	0.0398	0.0706
普通打工人员	0.4814	0.4304	0.3897	0.4366	0.6583
观测值	4 348	2 465	213	678	992

二、模型设定及结果分析

为探究租赁住房类型对租客主观幸福感的异质性影响，本章节运用有序回归分析建立了如下模型：

$$
\begin{aligned}
Subjective\ wellbeing_{ij} = {}& \beta_{0,1} + \beta_{1,1} Security\ housing_{ij} \\
& + \beta_{2,1} Work\text{-}unit\ housing_{ij} + \beta_{3,1} Urban\text{-}village\ housing_{ij} \\
& + \alpha_1 X_{ij} + \theta_j + \varepsilon_{ij,1}
\end{aligned}
\tag{5-6}
$$

其中，因变量 $Subjective\ wellbeing_{ij}$ 代表 j 区个体 i 的主观幸福感，涵盖主观幸福感的三个代理变量即幸福感、生活满意度和住房满意度；核心解释变量以市场商品住房为基准，$Security\ housing_{ij}$、$Work\text{-}unit\ housing_{ij}$、$Urban\text{-}village\ housing_{ij}$ 均为虚拟变量，对于租住在保障性住房里的租客 i，$Security\ housing_{ij}$ 为 1，$Work\text{-}unit\ housing_{ij}$、$Urban\text{-}village\ housing_{ij}$ 均为 0；β_1、β_2、β_3 反映租赁住房类型与主观幸福感之间的异质性关系；X_{ij} 是个人、家庭人口特征和社会经济特征的向量。此外，还控制了区域固定效应 θ_j。最后，$\varepsilon_{ij,1}$ 为误差项，为了避免在区域水平上的聚类效应和可能的异方差，在区域水平上对标准误差进行聚类。

表 5-20 展示了租赁住房类型对主观幸福感的基线回归结果：保障性住房和单位住房的系数在 1% 的水平上显著为正，这一发现表明，居住在保障性住房和单位住房中的租客比居住在市场商品住房中的租客拥有更高的幸福感、生活满意度和住房满意度。值得注意的是，保障性住房的系数大于单位住房，说明租住在保障性住房的主观幸福感最高。而城中村住房的系数在 5% 的水平上显著为负，这表明与市场商品住房相比，租住在城中村的租客的幸福感、生活满意度和住房

满意度较低。总的来说，基线回归结果证实了租赁住房类型与主观幸福感之间关系的异质性，在四类租赁住房类型中，租住在保障性住房的主观幸福感最高，其次是单位住房，再次是市场商品住房，而城中村住房的主观幸福感最低。

表 5 - 20　　　　　　租赁住房类型对主观幸福感的回归结果

变量	(1)		
	幸福感	生活满意度	住房满意度
租赁住房类型（基准：市场商品住房）			
保障性住房	0.926 ***	0.653 ***	0.816 ***
	(0.167)	(0.161)	(0.165)
单位住房	0.651 ***	0.457 ***	0.454 ***
	(0.108)	(0.096)	(0.098)
城中村住房	- 0.242 **	- 0.410 ***	- 0.611 ***
	(0.095)	(0.085)	(0.106)
年龄	- 0.029 ***	- 0.020 ***	- 0.020 ***
	(0.007)	(0.007)	(0.007)
男	- 0.200 ***	- 0.043	- 0.155 **
	(0.073)	(0.076)	(0.075)
城市户口	- 0.081	- 0.066	- 0.114
	(0.081)	(0.084)	(0.073)
已婚	0.091	- 0.058	- 0.105
	(0.121)	(0.123)	(0.115)
孩子数量	0.135 *	0.060	0.034
	(0.077)	(0.067)	(0.062)
共同居住	0.732 ***	0.572 ***	0.557 ***
	(0.075)	(0.080)	(0.083)
迁居年数	0.006	0.003	0.005
	(0.006)	(0.005)	(0.006)
学历（基准：初中及以下）			
本科及以上	- 0.470 **	0.099	- 0.058
	(0.219)	(0.229)	(0.273)
大专	- 0.419 *	0.222	0.058
	(0.218)	(0.220)	(0.262)
中专	- 0.175	0.407 *	0.316
	(0.229)	(0.237)	(0.257)

续表

变量	(1)		
	幸福感	生活满意度	住房满意度
学历（基准：初中及以下）			
高中	-0.341	0.226	0.248
	(0.265)	(0.226)	(0.270)
单位属性（基准：私企）			
党政机关和事业单位	0.004	0.191	0.116
	(0.163)	(0.162)	(0.203)
国有企业	0.542***	0.577***	0.567***
	(0.090)	(0.095)	(0.084)
合资/外资企业	0.346***	0.365***	0.258***
	(0.087)	(0.099)	(0.100)
工资	0.523***	0.496***	0.489***
	(0.071)	(0.059)	(0.058)
住房公积金	0.317***	0.264***	0.226***
	(0.105)	(0.073)	(0.074)
职业（基准：普通打工人员）			
中层管理人员	0.448***	0.577***	0.489***
	(0.096)	(0.100)	(0.109)
基层管理人员	0.156	0.175**	0.202**
	(0.098)	(0.083)	(0.095)
自营就业者	0.406***	0.721***	0.518***
	(0.141)	(0.136)	(0.133)
其他控制变量			
地区固定效应	是	是	是
R^2	0.1086	0.0991	0.1053
观测值	4 348	4 348	4 348

注：*** $p < 0.01$，** $p < 0.05$，* $p < 0.1$。

三、解释机制分析

基线回归结果表明，在四种租赁住房类型中，保障性住房和单位住房的主观幸福感水平高于市场商品住房，而城中村住房的主观幸福感水平最低。在本节中，我们为这一发现提供了四种可能的解释机制：（1）社区环境。（2）住房条件。（3）生活成本。（4）精神健康状况。

（一）社区环境

社区环境是影响主观幸福感的重要因素，以往的研究表明居民的主观幸福感不仅受个体属性特征的影响，同时也会受社区居住环境的影响。如表5-21所示，保障性住房和单位住房的社区绿化和生活便利性得分最高，城中村得分最低。在四类租赁住房中，保障性住房是由政府直接建造或政府参与建造的，面向住房困难的中低收入群体，一线及新一线城市有充足的政府渠道、足够的财政资源来支持保障性住房的建设。因此，一线及新一线城市保障性住房的住房质量和社区环境好于其他租赁住房类型。与之相反，城中村住房是村民自发建设而成的，缺乏统一的规划和管理，从而导致住房质量和社区环境普遍较差。

表5-21 调查样本各类租赁住房社区环境满意度

社区环境	全样本	市场商品住房	保障性住房	单位住房	城中村住房
绿化程度	3.7342	3.7890	4.1925	4.0546	3.2792
生活便利度	3.9000	3.9323	4.2160	4.1416	3.5927

表5-22展示了租赁住房类型对社区环境的回归结果，可以看到保障性住房和单位住房的系数在1%的水平上显著为正，城中村的系数在1%的水平上显著为负，这表明居住在保障性住房和单位住房的租客享有更好的社区环境，因此可能会带来更高水平的主观幸福感。相反，城中村的居住环境较差，对主观幸福感产生负向影响。

表5-22 租赁住房类型对社区环境的回归结果

变量	(2)	
	绿化程度	生活便利度
租赁住房类型（基准：市场商品住房）		
保障性住房	0.810***	0.535***
	(0.156)	(0.170)
单位住房	0.429***	0.308***
	(0.091)	(0.104)

续表

变量	(2)	
	绿化程度	生活便利度
租赁住房类型（基准：市场商品住房）		
城中村住房	-0.874***	-0.540***
	(0.086)	(0.091)
控制变量		
个人和家庭特征	是	是
社会经济特征	是	是
地区固定效应	是	是
R^2	0.1107	0.0884
观测值	4 348	4 348

注：*** $p < 0.01$。

（二）住房条件

实证研究表明，住房条件与个人主观幸福感呈正相关关系，与住在没有厨房、花园、阳台、互联网、天然气、浴室、供暖系统、厕所和庭院的家庭相比，住在有厨房、花园、阳台、互联网、天然气、浴室、供暖系统、厕所和庭院的家庭的幸福水平更高。受访者在调查中被问及他们目前租住的房子是否有冰箱、洗衣机、独立卫生间、独立厨房和热水器。如表 5 - 23 所示，市场商品住房和保障性住房的各项住房设施拥有率比单位住房要高，而城中村各项住房设施拥有率往往最低。

表 5 - 23 调查样本各类租赁住房设施拥有率 单位：%

住房条件	市场商品住房	保障性住房	单位住房	城中村住房
冰箱	97.16	97.18	94.40	89.31
洗衣机	96.80	95.31	93.36	87.20
独立卫生间	94.20	94.84	90.27	88.41
独立厨房	90.06	92.02	84.81	81.75
热水器	97.12	96.24	96.02	94.25

如表 5 - 24 所示的回归结果印证了上述的统计结果，可以看到城中村的系数在 5% 的水平上显著为负，这表明，与市场商品住房相比，城中村的住房条件更差，这为与城中村住房相关的主观幸福感水平较低提供了另一种可能的解释。保

障性住房的住房条件与市场商品住房的住房条件没有显著差异；此外，与市场商品住房相比，单位住房拥有家用电器、独立浴室和厨房的可能性较低。

表 5 – 24　　　　　　　租赁住房类型对住房设施的回归结果

变量	（3）				
	冰箱	洗衣机	独立卫生间	独立厨房	热水器
租赁住房类型（基准：市场商品住房）					
保障性住房	– 0.132 （0.406）	– 0.626 （0.452）	0.152 （0.455）	0.188 （0.362）	– 0.191 （0.381）
单位住房	– 0.658 ** （0.301）	– 0.697 *** （0.222）	– 0.552 *** （0.205）	– 0.471 *** （0.165）	– 0.213 （0.269）
城中村住房	– 0.848 *** （0.209）	– 0.986 *** （0.195）	– 0.574 *** （0.161）	– 0.465 *** （0.132）	– 0.398 ** （0.202）
控制变量					
个人和家庭特征	是	是	是	是	是
社会经济特征	是	是	是	是	是
地区固定效应	是	是	是	是	是
R^2	0.2007	0.1643	0.1541	0.1501	0.1009
观测值	4 160	4 200	3 919	4 312	4 158

注：*** $p < 0.01$ ，** $p < 0.05$ 。

（三）生活成本

努贝奥生活成本数据库的数据显示，租金平均占家庭总支出的 26.30% ，[①] 鉴于租金支出占家庭支出的较大一部分，所以本书使用租金支出来代表生活成本。

表 5 – 25 显示了租赁住房类型对生活成本的回归结果，可以看到，单位住房的系数在 1% 的水平上显著为负，相较于租住在市场房中，租金要低 22 个百分点，这一发现从生活成本的角度解释了与单位住房相关的主观幸福感高于市场商品住房。正如预期的那样，由于城中村的住房条件和居住环境相对较差，所以租金明显低于市场商品住房。除此以外，我们可以看到保障房的系数虽然为负，但是不显著，这一发现的主要原因可能是中国一线及新一线城市保障性住房供给远远不足需求。

① 资料来源：努贝奥生活成本数据库网站。

表 5 – 25　　　　　租赁住房类型对生活成本的回归结果

变量	(4) 生活成本
租赁住房类型（基准：市场商品住房）	
保障性住房	– 0. 120 (0. 096)
单位住房	– 0. 221 *** (0. 072)
城中村住房	– 0. 228 *** (0. 057)
控制变量	
个人和家庭特征	是
社会经济特征	是
地区固定效应	是
R^2	0. 148
观测值	4 191

注：*** $p < 0.01$。

（四）精神健康状况

以往研究表明精神健康状况对主观幸福感具有显著影响。在调查中，受访者被问到以下问题：在过去一个月里，感到情绪低落的频率、生活压力大的频率及失眠的频率有多高？这些问题的选择如下：（1）从不，（2）很少，（3）有时，（4）经常。表 5 – 26 显示了居住在不同租赁住房类型的受访者的精神健康状况平均得分。汇总统计结果显示，居住在保障性住房和单位住房的租房者感到生活压力、失眠和抑郁的频率低于居住在市场商品住房的租房者，而居住在城中村住房的租房者遭受生活压力、失眠和抑郁的频率相对高。

表 5 – 26　　　　调查样本各类租赁住房租赁群体的精神健康状况

心理健康状况	市场商品住房	保障性住房	单位住房	城中村住房
情绪低落频率	2. 4690	2. 2441	2. 1593	2. 5917
生活压力大频率	2. 1408	2. 0000	1. 9395	2. 2581
失眠频率	2. 2057	2. 0141	1. 9499	2. 2994

如表 5 - 27 所示，租赁住房类型对精神健康状况的回归结果印证了上述统计结果，居住在保障性住房和单位住房中的租客比居住在市场商品住房中的租客有更好的精神健康状况，即生活压力、失眠和抑郁的频率较低，这一发现从心理健康状况的角度为保障性住房和单位住房的主观幸福感高于市场商品住房提供了一个可能的解释。

表 5 - 27　　　　　租赁住房类型对精神健康状况的回归结果

变量	(5)		
	压力	失眠	抑郁
租赁住房类型（基准：市场商品住房）			
保障性住房	- 0. 356 **	- 0. 154	- 0. 334 **
	(0. 143)	(0. 138)	(0. 150)
单位住房	- 0. 459 ***	- 0. 235 **	- 0. 471 ***
	(0. 118)	(0. 117)	(0. 112)
城中村住房	- 0. 019	0. 011	- 0. 060
	(0. 102)	(0. 079)	(0. 072)
控制变量			
个人和家庭特征	是	是	是
社会经济特征	是	是	是
地区固定效应	是	是	是
R^2	0. 0824	0. 0503	0. 0889
观测值	4 348	4 348	4 348

注：*** $p < 0.01$，** $p < 0.05$。

第四节　租赁住房类型影响定居意愿的实证分析

一、模型设定及结果分析

为探究租赁住房类型对租房者定居意愿的异质性影响，本节运用二元回归分析建立了如下模型：

$$Settlement\ Intention_{ij} = \beta_{0,1} + \beta_{1,1} Security\ housing_{ij} + \beta_{2,1} Work\text{-}unit\ housing_{ij}$$
$$+ \beta_{3,1} Urban\text{-}village\ housing_{ij} + \alpha_1 X_{ij} + \theta_j + \varepsilon_{ij,2} \qquad (5-7)$$

其中，因变量 $Settlement\ Intention_{ij}$ 代表 j 区个体 i 的定居意愿，涵盖两个代理变量即定居意愿和购房意愿（其中购房意愿为稳健性检验）；核心解释变量以市场商品住房为基准，$Security\ housing_{ij}$、$Work\text{-}unit\ housing_{ij}$、$Urban\text{-}village\ housing_{ij}$ 均为虚拟变量，对于居住在保障性住房里的租客 i，$Security\ housing_{ij}$ 为 1，$Work\text{-}unit$ $housing_{ij}$、$Urban\text{-}village\ housing_{ij}$ 为 0；β_1、β_2、β_3 反映租赁住房类型与定居意愿之间的异质性关系。X_{ij} 是个人、家庭人口特征和社会经济特征的向量，如表 5 – 19 所示。此外，还控制了区域固定效应 θ_j。最后，$\varepsilon_{ij,2}$ 为误差项，为了避免在区域水平上的聚类效应和可能的异方差，在区域水平上对标准误差进行聚类。

表 5 – 28 展示了租赁住房类型对定居意愿的回归结果，保障性住房的租客定居意愿和购房意愿系数为正，并均在 1% 的水平上显著，表明居住在保障性住房的租客比居住在市场商品住房中的租客具有更高的定居意愿；而城中村住房的系数在 5% 的水平上显著为负，表明与市场商品住房相比，租住在城中村的租客意愿较低；单位住房的系数虽为正，但仅购房意愿系数在 1% 的水平上显著，定居意愿的系数不显著，说明单位住房与市场商品住房对定居意愿的影响无显著差异。总的来说，基线回归结果证实了租赁住房类型对定居意愿有显著影响，即租住在保障性住房的租客定居意愿最高，租住在单位住房和市场商品住房的次之，而租住在城中村的租客定居意愿最低。

表 5 – 28　　　　租赁住房类型对定居意愿的回归结果

变量	(6)	
	定居意愿	购房意愿
租赁住房类型（基准：市场商品住房）		
保障性住房	0.895 ***	0.833 ***
	(0.187)	(0.199)
单位住房	0.155	0.303 ***
	(0.127)	(0.103)
城中村住房	– 0.366 ***	– 0.314 **
	(0.122)	(0.123)
控制变量		
个人和家庭特征	是	是
社会经济特征	是	是

续表

变量	(6)	
	定居意愿	购房意愿
控制变量		
地区固定效应	是	是
R^2	0.2164	0.1977
观测值	4 348	4 348

注： *** $p < 0.01$， ** $p < 0.05$。

二、主观幸福感与定居意愿

表 5 - 28 证实了，租赁住房类型对于租房者定居意愿有显著异质性影响；表 5 - 20 证实了，租赁住房类型与租房者主观幸福感之间存在异质性关联；回归 7 验证了，主观幸福感对定居意愿有显著正向影响，主观幸福感越强，即幸福感、生活满意度、住房满意度越高，其定居意愿越强烈（见表 5 - 29）。

表 5 - 29　　　　　　　　　主观幸福感对定居意愿的回归结果

变量	(7)		(8)	
	定居意愿	购房意愿	定居意愿	购房意愿
租赁住房类型（基准：市场商品住房）				
保障性住房			0.749***	0.652***
			(0.190)	(0.198)
单位住房			0.059	0.190*
			(0.123)	(0.102)
城中村住房			- 0.259**	- 0.226*
			(0.127)	(0.126)
主观幸福感				
幸福感	0.247***	0.344***	0.244***	0.336***
	(0.073)	(0.064)	(0.072)	(0.064)
生活满意度	0.125*	0.189**	0.125*	0.189**
	(0.076)	(0.080)	(0.076)	(0.080)
住房满意度	0.294***	0.196**	0.264***	0.168*
	(0.081)	(0.087)	(0.085)	(0.089)

续表

变量	(7)		(8)	
	定居意愿	购房意愿	定居意愿	购房意愿
控制变量				
个人和家庭特征	是	是	是	是
社会经济特征	是	是	是	是
地区固定效应	是	是	是	是
R^2	0.2359	0.2235	0.2397	0.2273
观测值	4 348	4 348	4 348	4 348

注：$***p<0.01$，$**p<0.05$，$*p<0.1$。

运用中介效应检验方法对主观幸福感中介效应加以验证，检验步骤如图 5-1 所示：（1）检验租赁住房类型对定居意愿的回归系数 c 是否显著；（2）检验租赁住房类型对主观幸福感的回归系数 a 是否显著；（3）检验租赁住房类型对定居意愿的回归系数 c′ 及主观幸福感对定居意愿的回归系数 b 是否显著。结果显示，系数 c、a、c′、b 均显著，且通过对比回归 8 和回归 6 发现系数 c′ 较 c 变小，说明租赁住房类型对于租房者定居意愿的异质性影响效果减弱，证实了主观幸福感在租赁住房类型与定居意愿之间起部分中介作用。

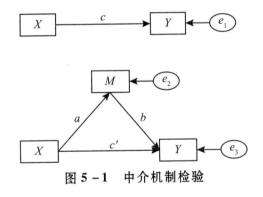

图 5-1　中介机制检验

第五节　本章小结

本章利用北京、上海、广州、深圳、杭州 5 个大城市 4 348 份租房者住房状况、需求与压力调查问卷，构建有序回归模型分析得到，租赁住房类型对租房者主观幸福感产生异质性影响，即租住在保障性住房的租客主观幸福感最高，其次是单位住房，最后是市场商品住房，而城中村住房的主观幸福感最低。并从社区环境、住房条件、生活成本和精神健康状况的角度为这一结论提供了可能的解释机制，即居住在保障性住房的租客比居住在市场商品住房的租客享有更有利的社区环境和更好的精神健康状况；尽管单位住房的住房条件比市场商品住房差，但可以给租客提供较好的社区环境、较低的生活成本和较好的精神健康状况；城中村住房虽降低了租客的生活成本，但其内部较差的社区环境和住房条件给租客的主观幸福感带来了显著的负向影响。此外，我们不否认存在其他解释机制的可能，如保障性住房和单位住房相较于市场商品住房和城中村住房具有更加稳定的租赁关系。

构建二元回归模型分析得到，租赁住房类型对于租房者定居意愿有显著异质性影响，即租住在保障性住房的租客定居意愿最高，租住在单位住房和市场商品住房的次之，而租住在城中村的租客定居意愿最低。此外，本章节进一步证实了主观幸福感在租赁住房类型与定居意愿之间起部分中介作用，即租赁住房类型可以通过影响租客的主观幸福感而进一步影响其定居意愿。

本章节的研究结果为扩大住房保障面、解决好大城市新市民住房问题提供科学依据。结合研究结论，提出以下几条政策建议：一是北京、上海、广州、深圳、杭州等大城市租房者的居住面积远低于城镇居民人均住房建筑面积，且合租比例高，建议在增加小户型单间的同时，综合考虑家庭型租客的租赁需求；二是保障性租赁住房与最高水平的主观幸福感和定居意愿相关，在调研中发现有36.04%的受访者计划申请政府的保障性住房，而仅有4.9%的租客居住在保障性住房中，建议加大针对新市民、青年人的保障性住房的建设与供应，着力缓解新市民、青年人等群体的住房困难问题；三是北京、上海、广州、深圳、杭州约有23%的受访者居住在城中村，但因为城中村住房的社区环境和住房条件较差，导致居住在城中村的租赁群体主观幸福感和定居意愿较低，建议通过城市更新等政策措施，不断完善城中村的居住环境与配套设施。

第六章

国外住房供给体系比较与借鉴

住房是人类生存与发展的必备物质条件，保障住有所居是基本人权，政府有责任和义务解决居民的住房问题。但自人类进入工业化、城市化发展阶段之后，住房问题始终是世界性难题。现代化国家住房市场发展历史悠久，不同国家在不同的历史时期都经历过各种住房供给与需求困境。为最大限度地满足不同收入群体的住房需求，现代化国家政府尝试通过各种行政和市场手段促进住房供给、优化住房资源配置，取得了较显著的成效。现代化国家的发展经验可以为我国住房制度的完善提供有益的参考和借鉴。

第一节　美国住房供给体系及借鉴

美国是一个高度市场化的国家，自由竞争、政府不干预市场是其主流价值。在住房领域总体奉行市场救济型住房制度，即保障面相对较窄，主要是以市场化住房来满足居民住房需要。美国政府对住房市场的干预始于20世纪30年代的经济危机，当时经济大萧条对建筑业、房地产业和就业市场等产生了破坏性影响，政府通过加大公共住房投资等促进经济恢复。自此，联邦政府开启了长期的住房市场干预之路，但主要聚焦于中低收入家庭的住房保障和促进自有住房率的提升，并尽可能利用私人资本和市场化方式解决不同阶段面临的各类住房问题。经过百余年的发展和演变，目前美国已形成了多主体供给、多渠道保障的住房体系。

195

一、美国住房市场发展概况

美国住房市场是伴随着工业化、城镇化的发展而逐步形成的，其发展大致经历了以下三个阶段：

一是从完全自由放任到逐步干预阶段。在工业化之前，大多数美国人在他们居住的地方工作，住房问题并不突出。19世纪50年代之后，城市创造了大量就业机会，美国农村和移民大量涌入城市中心，住房出现严重短缺。政府起初对极其糟糕的住房状况反应迟钝，他们坚定地认为解决住房问题是私营和慈善部门的事情。直到19世纪中后期，住房才成为地方政府关注的政策问题。1867年纽约出台《廉租住房法1867》（*Tenement House Act of* 1867），1897年纽约又颁布《纽约住房法》（*The New York Housing Act of* 1879），标志着美国地方政府正式介入住房市场干预。

二是政府主导大规模兴建公共住房阶段。1929年美国爆发了资本主义历史上最大的一次经济危机，在各个行业中建筑业首先出现衰退，当时美国建筑业的失业人数已占其失业总人数的1/3。为促进就业、振兴建筑业，同时解决中低收入家庭的住房困难问题，1937年美国制定瓦格纳住房法案（*The Wagner Housing Act*），提出改变"体面、安全和卫生的住房极度短缺"的状况，标志着联邦政府开始全面介入住房市场干预。

三是多元、多渠道解决住房问题。首先，鼓励住房自有化。美国政府一直高度推崇住房自有，住房自有是"美国梦"的重要组成部分，政府希望通过提高自有住房率促进美国经济社会的健康发展。为此，政府制定了一系列税收、补贴和抵押贷款政策，鼓励各个收入阶层拥有住房。从图6-1可以看出，自1965年以来，美国自有住房率持续稳步提升，从63%提高到2006年的68.8%，之后受次贷危机影响，自有住房率有所下降，但始终维持在63%以上。其次，鼓励非营利性机构和私人开发商提供低租金住房。影响最大的是1986年出台的低收入税收抵免政策（The Low Income Housing Tax Credit，LIHTC），联邦政府对符合LIHTC条件的申请项目给予10年税收抵扣金额，开发单位保证以政府控制的价格向低收入家庭提供15～30年的低租金住房。最后，完善租金补贴政策。随着住房供需矛盾逐渐缓解，住房问题从供给不足转向需求支付能力不足，政府开始制定需求侧租赁补贴政策。从最早的租金证明计划，到租房券计划，最后演变成住房选择券计划，租金补贴政策不断完善，逐渐成为住房保障的主体。

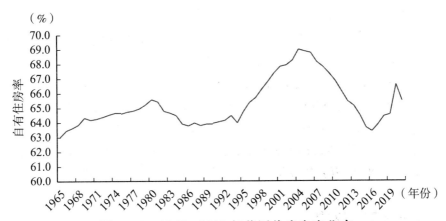

图 6 - 1　1965～2019 年美国住房自有化率

资料来源：美联储经济数据。

　　当前，美国已构建了供给端与需求端相结合，政府与私人资本共同协作，以公共住房、私有的补贴住房和基于租户的租房券为核心的住房保障体系。这三类住房保障模式每年为大约 450 万个中低收入家庭、约 1 000 万个中低收入人口提供住房服务。① OECD 公布的最新数据显示，2019 年美国每千人住房拥有数为 425 套，自有住房率 64.16%（其中无按揭自有住房占 24.53%，按揭自有住房占 39.63%），租赁住房占 34.12%。美国住房以独栋住房为主，占 62.55%，另外半独立式住房占 5.14%，公寓占 26.32%，其他类型住房占 5.98%。②

二、美国住房供给与保障体系

（一）政府直接供给公共住房

　　公共住房是美国联邦政府根据 1937 年的《瓦格纳住房法案》建立的第一类住房保障模式。美国国会同意该住房法案的初衷并不是为低收入家庭提供住房保障，而主要是希望通过发展公共住房振兴建筑业，以增加就业、改善经济。公共住房由联邦政府提供大部分建设资金，地方公共住房管理部门负责选址、日常管理和租户选择。

---

　　① Collinson R.，Ellen I. G.，Ludwig J. Reforming Housing Assistance. The ANNALS of the American Academy of Political and Social Science，Vol. 686，2019，pp. 250 - 285.

　　② 资料来源：OECD 官网。

1. 公共住房建设情况

由于受到私人房地产利益集团的强烈反对及第二次世界大战的影响，公共住房发展一直非常缓慢，1937～1948 年仅建设了 11.7 万套。第二次世界大战结束后，杜鲁门总统及部分共和党议员大力倡导公共住房项目，国会最终授权建设 81 万套公共住房。① 1949 年后公共住房存量快速增加，1979 年已建成数量为 120.47 万套，1993 年达到最高的 140.79 万套，之后由于政策转向，公共住房存量开始逐步减少。② 美国住房和城市发展部公布的最新数据显示，全国 3 021 个地方公共住房管理机构管理着 106.74 万套公共住房，居住在公共住房中的低收入人口达到 215.66 万名。③

2. 公共住房保障对象

目前公共住房的准入标准是收入不超过当地收入中位数的 80%，其中至少 40% 的公共住房必须分配给超低收入家庭，④ 大部分家庭支付的租金为其收入的 30%，部分超低收入家庭支付 50 美元/月的最低租金。⑤ 公共住房的保障对象最初并不是"穷人中最贫穷的人"，而是特定的在大萧条期间暂时脱离了劳动力市场的工人阶级，也称为"被淹没的中产阶级"。第二次世界大战后，许多工人阶级能够通过退伍军人管理局（Veterans Benefits Administration，VA）和联邦住房管理局（Federal Housing Administration，FHA）提供的低息抵押贷款购买自己的房子。但低息贷款主要针对白人，以便帮助白人搬到环境更好的郊区，结果导致黑人集中在城市和内郊区，公共住房群体的总体收入不断下降，公共住房社区逐步衰败。⑥

3. 公共住房运营维护情况

美国国会最初计划由联邦政府支付建筑成本，地方住房当局通过租金收入来支付运营成本，以此实现财务平衡。截至 20 世纪 60 年代，这一平衡基本能够实现。但之后由于维护和公用事业成本急剧上升，大大超出租金收入，导致公共住房项目的运行维护成本缺口不断增大。⑦ 国会将缺口归因于管理不善，但实际上

---

① Orlebeke C. J. The Evolution of Low – Income Housing Policy, 1949 to 1999. Housing Policy Debate, Vol. 11, 2000, pp. 489 – 520.

② 阿列克斯·施瓦兹：《美国住房政策》，黄瑛译，中信出版社 2008 年版，第 103～105 页。

③ 美国住房和城市发展部官网公布的 2023 年公共住房数据。

④ 美国把所在地区家庭收入中位数的 50% 以内的家庭定义为超低收入者，60% 以下为极低收入家庭，中位数的 80% 以内为低收入者。

⑤ Docter B., Galvez, M. The Future of Public Housing: Public Housing Fact Sheet. Washington, DC: Urban Institute, 2020.

⑥ Stoloff J. A. A brief history of public housing. Annual Meeting of the American Sociological Association, San Francisco, CA, 2004.

⑦ Collinson R., Ellen I. G., Ludwig J. Reforming Housing Assistance. The Annals of the American Academy of Political and Social Science, Vol. 686, 2019, pp. 250 – 285.

通货膨胀、租金收入下降及设计建造质量差是导致运行维护成本缺口的更重要因素。公共住房管理部门不得已提高租金或减少服务和维护投入，导致租客的不满情绪日益高涨，并在 20 世纪 60 年代制造了一系列的罢工事件。1969 年联邦政府开始提供补贴，以弥补租户支付的租金与运营维护成本之间的差距。① 虽然联邦政府提供了大量补助，但运营维护和设施更新的资金缺口依然巨大。美国住房和城市发展部（Department of Housing and Urban Development，HUD）在 2010 年发布的一项研究估计，全国 110 万套公共住房面临 250 亿美元以上的资金缺口。

4. 鼓励私人企业参与公共住房建设管理

1967 年 8 月约翰逊总统批准了刺激私人开发商建造公共住房的试点项目——交钥匙公共住房项目Ⅰ和项目Ⅱ（Turnkey Ⅰ and Turnkey Ⅱ）。传统的公共住房建设管理模式是地方住房管理局（Local Housing Authority，LHA）负责购地、邀请建筑师设计、公开招投标、选择低价中标人进行施工，竣工后交由 LHA 进行分配和日常管理。交钥匙公共住房项目Ⅰ是支持私人开发商建造公共住房出售给LHA，交钥匙公共住房项目Ⅱ是邀请私人公司运营管理公共住房。采用交钥匙模式的目的是充分利用私人开发商的知识、方法、能力和经验，更高效地完成公共住房的建设与管理。②

（二）政府资助私人企业开发租金受控的出租房

自 20 世纪 60 年代以来，美国联邦政府的住房保障思路开始转变，从主张自建公共住房转向资助私人开发商（大多数是营利性公司，少数为非营利性组织）建设运营出租房。私人开发商可以获得政府提供的抵押贷款担保、利率优惠、财政补贴和加速折旧等优惠政策，但须承诺在特定年限内向特定数量的符合条件的家庭提供特定标准且租金受限的出租房。政府资助私人开发商的主要项目包括抵押贷款资助计划［包括第 221（d）3 条款、第 236 条款等］和低收入税收抵免计划。

1. 抵押贷款资助计划

（1）第 221（d）3 条款。1961 年肯尼迪政府为中等收入家庭设立第 221（d）3 条款，私人开发商可以从私人银行手中获得联邦住房管理局担保的、低利率（通常为 3%）的贷款，③ 贷款期限一般为 40 年。私人银行随即将贷款卖给房

---

① 1969 年联邦运营补助为 1 490 万美元，1979 年为 72 700 万美元，1993 年为 25 亿美元，2003 年达到 35 亿美元（Schwartz，2008）。

② Burstein J. New Techniques in Public Housing. Law and Contemporary Problems，Vol. 32，1967，pp. 528 – 549.

③ 据估计，利率从 6.5% 降低到 3%，房租可以减少 27%（Aaron，1972）。

利美，相当于政府一次性买断整个抵押贷款。由于该项目旨在资助中等收入群体，受到的抨击较多，再者仅通过降低利率不足以使租金降低到可承受的水平，因此这一项目仅开发了 18.4 万套就被终止。[①] （2）第 236 条款。1968 年约翰逊政府设立了第 236 条款，与第 221（d）3 条款不同的是，政府每年而非一次性向私人开发商提供抵押贷款利息补贴，补贴额度是市场利率超过 1% 的部分，因此补贴力度相对更大，但政府的支付压力相对较小。第 236 条款发展迅速，5 年间开发了超过 54.40 万套住房。[②]

2. 低收入税收抵免计划（LIHTC）

目前，美国规模最大的、最为成功的私人与政府合作供给保障房的模式是 LIHTC 计划。20 世纪 80 年代里根当政时期，美国进行了一场史上规模最大的税制改革，并于 1986 年颁布实施《税制改革法案》，推出了低收入住房税收抵免计划，以激励私人开发商投资建设运营低收入出租房。当前 LIHTC 计划已成为美国资助可承受住房供给最重要、最成功的模式，占美国可承受住房总量的近 90%。LIHTC 计划给予州和地方 LIHTC 分配机构相当于大约 80 亿美元的年度预算权力，作为收购、修复或新建低收入家庭租赁住房的税收抵免。1995~2018 年，平均每年有近 1 400 个项目和 106 400 个单元投入使用。截至 2019 年，LIHTC 计划已资助了 334 万套可承受住房。[③]

LIHTC 允许开发合格出租房的投资商在 10 年内每年从应交的联邦个人所得税中减去批准的税收抵免额。年税收抵免额由抵免比例与合格基数（项目总开发费用减去土地和其他不合格花费）相乘得到，抵免比例有 9% 和 4% 两种，对于新建项目和重大修缮项目的补贴约为合格基数的 9%，而对于修缮费用低于 3 000 美元每单元的不动产或那些同时接受其他联邦资助的不动产的税收补贴约为每年合格基数的 4%。[④] 按 10 年现金流现值计算，9% 抵免比例的现值达到合格基数的 70%，4% 抵免比例的现值达到合格基数的 30%。[⑤] 以一幢合格基数为 100 万美元的新公寓大楼为例，由于该项目涉及新的建设，它可获得 9% 的税收抵免，每年可获得 90 000 美元（9%×100 万美元）的税收抵免，10 年总计 90 万美元。按 5% 的折现率计算，90 万美元的税收抵免流的现值应等于 70 万美元，从而得

---

① Hays R. A. The Federal Government and Urban Housing. SUNY Press，1995.

② Olsen E. O. Housing Programs for Low – Income Households. University of Chicago Press，2003.

③ 资料来源：The U. S. Department of Housing and Urban Development's （HUD's） Office of Policy Development and Research （PD&R）。

④ 阿列克斯·施瓦兹：《美国住房政策》，黄瑛译，中信出版社 2008 年版，第 103~105 页。

⑤ 30% 和 70% 的补贴水平计算方式为 10 年税收抵免流的现值除以开发项目的合格基数。此外，位于困难开发地区或符合条件的人口普查区的项目可以获得额外抵免额优惠，具体措施是允许将计算基数提高到正常合格基数的 130%。

到 70% 的补贴。

LIHTC 计划旨在通过税收抵免，降低开发商的投资成本，其允许资助的物业类型多样，包括多户住宅建筑中的出租住宅、单户住宅、复式住宅和联排别墅等。但开发商想获得 LIHTC 资助，必须承诺在一定期限内将一定比例的住房出租给中低收入家庭。过去，LIHTC 项目有 20/50 和 40/60 两种模式，即开发商至少将 20% 的单元提供给收入低于当地收入中位数 50% 的家庭，或至少将 40% 的单元提供给收入低于当地收入中位数 60% 的家庭。2018 年美国《综合拨款法》增加了第三种模式，采用平均收入指标，要求至少 40% 的单元提供给平均收入不超过当地收入中位数 60% 的家庭使用，且任何一个租户的收入都不能超过当地收入中位数的 80%。通常，开发商为获取更多的税收抵免额，会尽可能提高低收入家庭比例。除了收入限制外，LIHTC 项目还必须满足租金限制条件，要求租金不能超过当地收入中位数的 50% 或 60% 的 30%。[①]

当 LIHTC 项目投入使用后，开发商可以在 10 年内申请同等数额的税收抵免。但由于前期开发成本较大，开发商一般会将 10 年的税收抵免额出售给外部投资者，以换取股权融资，进而减少债务资金、降低融资成本。投资者包括房地产公司、金融公司、保险公司、公用事业公司和制造业企业，这些公司寻求通过投资税收抵免来减少税收缴纳。税收抵免额一般采用折价销售模式，市场价格为每 1 美元的税收抵免卖 0.8 ~ 0.9 美元。投资者实际上并不期望他们在 LIHTC 项目的股权投资产生效益，他们的收益主要来源于所得税的抵免。

LIHTC 项目成功的主要因素有：一是地方政府通过竞争性方式分配税收抵扣额度，保证了项目质量与效率；二是项目产权归私人所有，调动了私营企业建设与运行的内在责任性，特别是避免出现政府公共住房所有人缺位，失于管理与维护的现象；三是形成混合居住格局，一个项目中有低收入家庭，也有完全面向市场的中等收入家庭。

（三）基于租户的租赁补贴

美国联邦政府第三类重要的住房保障模式是基于租户的租房券，即向租户发放租赁补贴，公共住房和政府资助私人供给保障房都是面向供给端的补助，而发放租赁补贴是面向需求端的，旨在提高租户的支付能力和住房自主选择权的补助方式。基于租户的租房券的发展大致经历了四个阶段。

1. 萌芽阶段

早在 20 世纪 30 年代，美国国家房地产协会（the National Association of Real

---

① 如果开发商选择 20/50 模式，则租金不能超过当地收入中位数的 50% 的 30%，如果开发商选择 40/60 模式，则租金不能超过当地收入中位数的 60% 的 30%。

Estate Boards）就提出通过发放租金证明（Rent Certificates）资助贫困家庭，第二次世界大战后在讨论住房保障模式中租金证明计划被再次提及，但均败给了公共住房计划，主要原因是当时住房处于短缺阶段，租金证明计划对增加住房供应的效果不如公共住房。[①]

2. 过渡阶段

1965 年的住房法案第 23 条款租赁住房计划授权公共住房管理机构向私人业主租赁标准住房单元，然后转租给租客。公共住房管理机构向房东支付市场租金，低收入家庭按照收入的一定比例向政府支付租金，政府承担了市场租金与支付租金的差额。通常公共住房管理机构在市场上寻找合适的住房，然后与房东谈判条款，但也有部分通过"谁发现谁拥有"（"Finders – Keepers" Method）的方法，即租客自己寻找符合条件的房子，然后向政府部门申请租金差额补助。虽然还不是真正意义上的基于租户的租房券，但授权政府部门从私人市场租赁住房，并允许租户自己寻找适当的房源，表明政府的住房政策已从增加供给转向消化存量，同时也开始关注租户的住房选择自主权。

3. 试点阶段

20 世纪 60 年代末，总统咨询机构城市住房委员会建议实行住房补贴（Housing Allowances）试点，1970 年住房法案第 504 条款授权住房和城市发展部 HUD 进行住房补贴试验（the Experimental Housing Allowance Program，EHAP），并给予 1972～1973 财政年 2 000 万美元的资金支持。HUD 立即选取密苏里州堪萨斯市和所属州威尔明顿市进行小规模示范测试，其中堪萨斯市约有 250 个家庭，威尔明顿市约有 80 个家庭。70 年代，总共选取了 12 个城市进行试验，花费了大约 1.75 亿美元。试验研究表明，住房补贴有助于降低低收入家庭的租金负担，改善他们的居住条件，并将无家可归的风险降至最低。

4. 成熟阶段

住房补贴试验的效果显著，联邦政府开始实施直接补贴租户计划。1974 年推出第 8 条款新建和重大修缮计划，该项目支付给私人开发商"公平市场房租"与租户收入 25% 的差额，并允许私人开发商采用加速折旧法减少所得税。1980 年里根当选总统后，任命住房委员会对历年住房项目进行评估并提出建议，委员会的结论是住房补贴模式效率最高、效果最好。根据委员会的报告，里根政府将第 8 条款的租金补贴计划作为唯一大规模的联邦住房补贴形式。1985 年，在租金证明计划的基础上引入了另外一种补贴形式——租房券（housing voucher）。租房

---

① Orlebeke C. J. The Evolution of Low – Income Housing Policy, 1949 to 1999. Housing Policy Debate, Vol. 11, 2000, pp. 489 – 520.

券允许租户自主选择住房，住房的标准不受 HUD 的限制，租户可以根据自己的意愿选择更高标准的住房，但超出标准部分的租金由自己承担。1999 年租金证明计划与租房券合并成住房选择券（housing choice vouchers），并迅速成为美国主要的住房保障模式。至 2004 年租房券资助的住户超过 180 万户，占 HUD 资助比例的 40%。[①]

（四）鼓励中低收入家庭拥有住房

美国多届政府都主张提高自有住房率，并认为住房所有权是"美国梦"的重要内容。美国学界对提高自有住房率也普遍持支持态度，马尔库塞（Marcuse）[②] 指出"拥有住房不仅是住房本身，而是一个复杂的结果，包括舒适、社会满意度、经济福祉、创造力、安全，也许还有政治稳定"。许多学者研究结果证明，提高自有住房率具有显著的正向外部性，例如，住房质量能得到更有效的维护、家庭和邻里更加稳定、公民参与更多、儿童成长环境更好等。[③] 特别是对于低收入家庭，拥有住房可显著改善他们不利的社会、经济和邻里条件。[④]

从 1938 年开始，FHA 就为低收入家庭提供 25 年期的贷款担保，以此扩大这一社会阶层拥有住房的机会，但这类贷款实际发放一直很少。20 世纪 60 年代之后，联邦政府加大了对中低收入家庭拥有住房的资助力度，制定的主要政策包括以下方面。

1. 交钥匙公共住房项目Ⅲ（Turnkey Ⅲ 计划）

1967 年 9 月，联邦政府在交钥匙公共住房项目Ⅰ和项目Ⅱ的基础上进一步推出项目Ⅲ计划，前者是激励私人企业参与公共住房项目的建设和运营，而后者是给予租住在公共住房中的低收入家庭购买所租房子的机会，要求租户自己承担公共住房维护成本，住房管理局将本该分配给租户的维护补贴用于偿还建设成本，同时计入租户的自有住房储备基金（homeowners' reserve）。当租户的自有住房储备基金金额超过 2 000 美元，租户变成潜在购房者。当自有住房储备基金积累到

---

① 阿列克斯·施瓦兹：《美国住房政策》，黄瑛译，中信出版社 2008 年版，第 151～161 页。

② Marcuse P. Homeownership for Low Income Families: Financial Implications. Land Economics, Vol. 48, 1972, pp. 134 – 143.

③ Green R. K., White M. J. Measuring the Benefits of Home Owning: Effects on Children. Journal of Urban Economics, Vol. 41, 1997, pp. 441 – 461. Coulson N. E., Hwang S. J., Imai S. The Benefits of Owner – Occupation in Neighborhoods. Journal of Housing Research, 2003, pp. 21 – 48. Coulson N. E., Li H. Measuring the External Benefits of Homeownership. Journal of Urban Economics, Vol. 77, 2013, pp. 57 – 67.

④ Shlay A. B. Low-income Homeownership: American Dream or Delusion? Urban Studies, Vol. 43, 2006, pp. 511 – 531.

一定程度时，租户则成为业主。① Turnkey Ⅲ 计划要求租户自己承担维护管理成本，因此对收入有一定要求，只有收入的20%能够覆盖房屋维护、运营、管理及公用事业费用等成本的租户才能参与该计划。

2. 第235条款

1968年的住房和城市发展法案制定了第235条款，旨在通过提供抵押贷款利息补助支持中低收入家庭（收入不超过当地收入中位数的80%）拥有住房。第235条款资助的贷款期限最高为30年，申请人可以购买新建住房或存量二手房。低收入家庭的首付比例要求很低，利率只有1%，每年的按揭贷款最大支付额度为收入的20%，至1973年初第235条为低收入家庭提供了约40万套住房。②

3. 国家可承受住房法案

1990年克兰斯顿 - 冈萨雷斯国家可承受住房法案（the Cranston - Gonzalez National Affordable Housing Act of 1990）推出美国家庭投资合伙人计划（the HOME Investment Partnership Program），联邦基金每年向州和地方政府拨付20亿美元，用于支持可支付住房的建设和购买。2002年州和地方政府将大约48%的拨款以贷款补贴的形式进行房屋所有权援助。至2002年这一计划补贴了超过25万名的购房者。③

三、美国多主体供给、多渠道保障经验借鉴

（一）充分利用社会力量促进各类住房供给

20世纪30年代初大萧条时期，美国联邦政府制定了公共住房政策，由政府主导建设及运营管理公共住房，实践效果不理想，不仅建设管理效率低下，而且大量贫困人口集中于公共住房，造成社区迅速衰败、社会治安混乱，还给政府带来了沉重的财政负担。60年代之后，联邦政府在各类住房的供给中都主张政府支持、社会力量主导的模式。政府通过贷款担保、利率优惠、财政补助和允许加速折旧等政策吸引营利性公司和非营利性组织参与保障性出租房、中低收入自有住房的开发、建设和管理，取得了很好的效果，这是由于私人开发商在住房建设

---

① Marcuse P. The Ideologies of Ownership and Property Rights. New York: Praeger Publishers, 1980, pp. 39 - 50.

② Olsen E. O., Zabel J. E. US Housing Policy. Elsevier, 2015.

③ Turnham J., Herbert C., Nolden S., et al. Study of Homebuyer Activity through the HOME Investment Partnerships Program. Department of Housing and Urban Development, 2004.

及维护管理方面具有明显的技术和经验优势。从美国实践看，吸引社会力量参与中低收入家庭住房建设是可行的，但私人开发商以营利为目的，需要政府制定合理的有吸引力的激励政策。

（二）构建以租赁为主体的住房保障供给体系

美国的住房保障政策主要分为两大类，基于项目的补贴和基于租户的补贴，分别属于供给端和需求端补贴政策。基于项目的补贴包括公共住房和资助私人开发建设的低租金出租房，基于租户的补贴包括租金证明、租金券和住房选择券计划。与新加坡的产权型保障不同，美国直接的住房保障偏向于租赁型保障。政府集中建设公共住房导致低收入群体集中居住，被证明是失败的案例。政府资助私人开发、建设及管理的租金受控的出租房，并非全部用于低收入群体的住房保障，但有助于提高住房的品质，并促进不同种族不同收入群体的混合居住，而需求端的租金补贴可以进一步提高租户的住房选择权。

（三）提高自有住房率是住房政策的重要目标

联邦政府一直试图通过广泛的政策来提高住房拥有率。联邦政府支持购房的主要政策包括抵押贷款利息减免、不动产税减免、出售住房所得的资本收益税减免以及免税债券资助的面向首次购房者的低利率贷款等，购房者获得的减免优惠大大超过政府对低收入群体的住房补贴。以 2004 年为例，政府低收入家庭住房资助支出不到 329 亿美元，而针对有房户的优惠让利超过 1 000 亿美元。[①] 高收入群体本身具备购房能力，同时可以轻易地在美国发达的金融市场中获得足够的融资，自有住房率普遍较高。政府主要关注中低收入群体拥有住房问题，20 世纪 60 年代开始政府为中低收入家庭制定了专门的购房支持政策，美国的自有住房率缓慢提升。1995 年之后，在联邦政府的强力刺激下，自有住房率快速提升（见图 6-1），10 年间自有住房率提升幅度远超过去的 30 年。当然，在这个过程中，由于长期实施低利息、叠加没有控制好风险，造成次贷比例大幅提升，住房市场出现严重泡沫，最终导致次贷危机爆发。实践说明，过度超前的住房消费和不合理的刺激住房购买，对住房市场及整个经济社会的发展都是不利的，保持住房政策的中性十分重要。

---

① 阿列克斯·施瓦兹：《美国住房政策》，黄瑛译，中信出版社 2008 年版，第 258~275 页。

第二节　英国住房供给体系及借鉴

英国是第一次工业革命的发源地，最早步入工业化、城镇化发展阶段。19世纪农村人口开始涌入城市就业，造成城市住房供给严重不足，大量工人居住在潮湿、肮脏、拥挤的贫民窟。作为盎格鲁—撒克逊自由主义的典型代表，英国自维多利亚时代（1837～1901年）以来的主流意识形态便是"自由放任主义"，认为穷人应该为自己的命运负责，政府对住房市场尽可能不干预，导致英国住房市场供需矛盾长期难以解决。① 但19世纪40年代英国霍乱大流行，唤起了政府、企业主和房东关注工人阶级住房的意识。19世纪后期，随着工人阶级政治力量不断增强，政府干预住房市场的阻力开始减小。20世纪初以来，英国政府不断介入住房市场，通过直接供给、金融支持、财政补贴和税收优惠等政策促进面向低收入的住房建设，并加强了对私人出租房市场的管控，促进英国住房市场发生深刻变化。英国的住房市场已从私人出租房占绝对主体，逐步演变到自有住房、私人出租房、政府出租房及住房协会出租房共同发展的多层次住房供给体系。

一、英国住房市场发展概况

英国住房市场的发展具有非常悠久的历史，住房体系随着经济和社会基础的变化而不断演进。19世纪英国仅有少数的富裕阶层拥有住房，80%以上的城市家庭为租房户，他们的房东则是将住房投资作为一种安全储蓄方式的中产阶级和富裕阶层。② 19世纪末20世纪初，英国的政治形势发生变化，工人阶级逐步走向政治舞台，对原有住房政策产生了重要影响。1919年《住房法》规定地方政府具有建造住房以满足住房需求的法律责任，政府开始成为社会住房③的直接供给者。英国社会住房政策一直持续至今，社会住房的比重最高时达到住房总量的32%。④ 20世纪以来历届政府重视自有住房的发展，英国自有住房率开始稳步提

---

① Stewart J. A Review of UK Housing Policy：Ideology and Public Health. Public Health，Vol. 119，2005，pp. 525 – 534.

② Pickvance C. Housing and Housing Policy（Fourth Edition）. Oxford：Oxford University Press，2011，pp. 341 – 368.

③ 英国社会住房分为两类，一类是地方政府出租房，另一类是住房协会出租房。

④ 莫林斯、穆里：《英国住房政策》，陈立中译，中国建筑工业出版社2012年版，第11～68页。

升，自 1914 年的 10% 上升到 2001 年的 69.4%，之后虽有所下降，但始终保持在 60% 以上，处于欧洲中等水平（见表 6 - 1）。1980 年英国保守党政府上台之后重新重视私人租赁市场的发展，不断放松对私人出租房的租金管制，修改过去不利于房东的租赁条款。1991 年开始英国私人租赁市场逐渐复苏，至 2017 年私人出租房比重已达到 20% 以上，成为住房市场的重要组成部分。

表 6 - 1　　　　英国各类住房占比情况（1914 ~ 2019 年）　　　单位：%

年份	自有住房	政府出租房	私人出租房	住房协会出租房	其他产权形式
1914	10.0	1.0	80.0	0	9.0
1938	25.0	10.0	56.0	0	9.0
1951	29.6	18.6	51.8	0	—
1961	42.7	26.8	30.5	0	—
1971	50.1	30.4	19.5	0	—
1981	57.7	29.0	11.1	2.2	—
1991	66.0	11.4	9.4	3.1	10.1
2001	69.4	14.3	9.8	6.5	—
2010	66.0	8.4	16.5	9.1	—
2014	63.6	7.3	19.0	10.1	—
2017	65.9	5.8	20.0	8.1	—
2019	64.6	6.6	18.7	10.1	—

资料来源：1914 ~ 2001 年，Pickvance C. Housing and Housing Policy（Fourth Edition）. Oxford：Oxford University Press，2011，pp. 341 - 368；2010 ~ 2019 年，https：//www. gov. uk/government/statistical - data - sets/tenure - trends - and - cross - tenure - analysis.

目前，英国已经形成了自有住房、私人出租房、政府出租房及住房协会出租房共同发展的现代化住房体系。作为盎格鲁—撒克逊自由主义模式主导的福利国家，英国社会住房占了很大比重，2019 年地方政府和住房协会供应的社会住房数量占总住房存量的 16.7%。[1] OECD 公布的最新数据显示，[2] 2020 年英国总住房存量 24 414 000 套，每千人拥有住房数 434 套，其中自有住房占 64.88%，租赁住房占 33.84%，其他类型住房占 1.28%。英国每千人住房拥有数量在 OECD 成员中处于中下水平，导致英国住房市场一直处于紧平衡状态。2019 年住房空置率只有 0.9%，是 OECD 成员中住房空置率最低的国家。

---

① 若包括共有产权住房和已出售的公房，英国住房保障的比例是高的。
② 资料来源：OECD 组织住房数据库。

二、英国住房供给与保障体系

长期以来英国政府坚持放任自由的管制模式，将住房供给完全交给市场，私人房东是租赁市场的绝对供给主体。但三次历史事件改变了政府态度并最终促成住房体系的演变。一是 19 世纪 40 年代恶劣的住房条件导致霍乱大流行，引起社会的极度恐慌，在公共卫生部门的倡议下政府开始关注并改善贫困家庭的住房条件；二是 20 世纪初英国工人阶级政治力量的崛起，能够左右政府政策的制定；三是两次世界大战期间大量住房遭到破坏，英国面临严重的住房短缺问题，而通货膨胀及材料和劳动力的稀缺，导致私人开发商无法为广大居民提供负担得起的住房。这些因素强力推动英国政府进行住房供给体制的改革和完善。

（一）政府直接供给社会住房（市政住房）

政府直接供给的社会住房也称市政住房（council housing），指的是由地方政府建设和管理的，用以满足那些无法从私人住房市场获得适宜住房的低收入群体的住房需求的低租金住房。不同的历史时代，市政住房具有不同的目的和内涵，但本质上都是政府直接供给的保障性出租房。市政住房最早源于 1875 年的《公共卫生法》，该法案授权地方政府向工人阶级供给住房，资金主要来源于地方议会资助和中央政府补贴，但这一时期市政住房建设规模非常有限。1924 年英国工党政府提出以其健康大臣名字命名的威特立法，标志着英国政府开始大规模建设社会住房的开始。至 1939 年地方政府建造了 100 万套市政住房，约占住宅存量的 10%。[①] 20 世纪五六十年代的大规模贫民窟清理计划为进一步建造市政住宅创造了空间，这一时期每年建设量达 30 万套，至 70 年代英国的市政住宅占全部住宅的比例达到 30%。[②]

市政住房主要保障无家可归者和住房困难的低收入家庭，市政住房的分配遵循两种规则：无家可归者优先分配和轮候清单制（the Waiting List）。对于非自愿的无家可归者，地方政府有义务为其优先提供合适的市政住房。而轮候清单制针对所有符合资格标准的英国居民（有拖欠租金等不良记录的居民除外）。轮候清单通过积分制进行排序，分数最高的家庭优先获得社会住房。政府根据当地情况

---

① 曾辉、虞晓芬：《国外低收入家庭住房保障模式的演变及启示——以英国、美国、新加坡三国为例》，载于《中国房地产（学术版）》2013 年第 2 期。

② Pickvance C. Housing and Housing Policy（Fourth Edition）. Oxford：Oxford University Press, 2011.

自主制定积分制评分体系，主要考虑生病、儿童、当地居住时长、当前住房状况、申请日期等因素。租约可转让给子女，也可以转让给其他租户或与其他租户交换住房。一个家庭等待的时间长短取决于可供出租的社会住房数量，空置的社会住房是否符合家庭的特点，以及在轮候名单上排名较高的家庭数量。

（二）住房协会供给社会住房

英国住房市场的一个显著特征是住房协会作为住房供应的重要主体。英国住房协会是独立的、私有的非营利性组织，起源于 19 世纪的慈善和自愿组织，原本仅向特殊群体、弱势群体提供基本的住房保障。20 世纪 80 年代保守党政府上台后，一方面反对议会住房发展，削减地方政府开支并阻止地方政府对市政住房的补贴；另一方面支持住房协会的发展，鼓励地方政府将市政住房转交给住房协会管理，并加大对住房协会的补贴力度，使住房协会的地位和作用明显提升。住房协会的保障范围明显扩大，其服务对象不仅包括广大的低收入家庭，还包括精神障碍、学习障碍、无家可归以及寻求庇护者等特殊群体。

保守党政府一直希望住房协会扩大社会住房的供给规模。1988 年立法规定地方政府可以将社会住房转移到住房协会，这种转移大多采取"大规模自愿转移"（large scale voluntary transfers，LSVTS）的形式，即将把地方当局的全部住房存量转移到一个专门设立的住房协会。[①] 除此之外，政府还希望住房协会承担社会住房的新建职责。但住房协会起初作为公共机构向私人机构融资面临较多约束，仅靠政府的资助难以满足增加社会住房供给的任务。为解决这一瓶颈，1988 年《住房法案》将住房协会定义为非公共机构，组织性质的改变极大地提升了住房协会的融资能力和住房建设能力，同时，政府巧妙设计激励私人资本与住房协会一起参与投资保障房的政策框架，包括：一是私人资本是优先债权人，对住房协会的资产具有第一求偿权，降低私人资本风险回报率；二是住房协会可以按照盈亏平衡原则，考虑开发、管理及资金成本来自行确定房屋租金（不高于政府设定的市场租金上限），政府对租金支付能力不足的家庭给予补贴，补贴直接发放给住房协会；三是当住房协会的财务陷入困难时，政府的住房公司会帮助其渡过难关，保证可支付住房资产的价值。15 年间住房协会新建了 37.3 万套住房，[②] 截至 2019 年，住房协会的住房供给量已占总住房存量的 10% 以上（见表 6 - 1）。

---

① Holmans A. Housing and Housing Policy in England 1975 – 2002. Office of the Deputy Prime Minister, London，2005.

② 莫林斯、穆里：《英国住房政策》，陈立中译，中国建筑工业出版社 2012 年版，第 11 ~ 68 页。

（三）建房互助协会支持自有住房

建房互助协会（building society）是会员拥有的并为会员提供住房抵押贷款的金融机构，法规允许其一半的资金来自非会员存款。建房互助协会在英国拥有240多年的悠久历史，至今仍然是英国居民购买住房的重要融资途径。其前身是18世纪后半期在英国伯明翰成立的有期限住房互助协会（terminating societies）。随着伯明翰经济的快速发展，许多高技能和富有的工人阶级拥有了一定积蓄并乐于投资房地产，他们通过合伙成立有期限住房互助协会的方式筹集资金建设住房。其运作模式是，协会会员持续将积蓄存入协会，不断购买土地和建造房屋，并通过投票的形式决定获得房屋的顺序，当所有成员都拥有房子时，协会便自动解散。第一个有期限住房互助协会成立于1775年，会员每月向中央资金池缴纳会费，用于购买土地和建造房屋。1782～1795年伯明翰成立了19个有期限住房互助协会。[①]

有期限住房互助协会的资金仅来源于计划买房的群体，资金筹集周期较长。19世纪中叶出现了滚动式运转的永久协会（permanent societies），即完成购房的会员退出协会的同时吸引新会员加入，并向不计划买房但有积蓄的群体借款充实资金池。永久协会的性质发生了根本变化，关于永久协会的身份存在许多争议，无法确定它是公司、银行还是互助组织。1874年的《建房互助协会法》对此做了明确规定，即永久协会属于互助组织，因为它是根据会员资格而不是资本成立的。[②]

第二次世界大战期间是建房互助协会发展的黄金时期，几乎每个镇都开始成立以该镇命名的建房互助协会。20世纪70年代建房互助协会达到鼎盛时期，1975年吸纳了27.8%的家庭金融资产，1978年其抵押贷款余额占全国抵押贷款余额的82%，近2/3的英国人是建房互助协会的成员（见表6-2）。但80年代之后，建房互助协会在零售金融市场关键领域的强势地位显著下降，主要原因是1986年的法律授权建房互助协会转变为公共有限责任公司（public limited companies），以及90年代大型建房互助协会进行了股份化改造。截至2018年，英国仍有44个建房互助协会，仍然是互助的、非营利性的金融机构，符合240年前建房互助协会运动最初发展的愿景。[③]

① Clark P. British Clubs and Societies 1580 - 1800: The Origins of an Associational World. OUP Oxford, 2000.

② Balmer J. M. T., Wilkinson A. Building Societies: Change, Strategy and Corporate Identity. Journal of General Management, Vol. 17, 1991, pp. 20 - 33.

③ Butzbach O. British Building Societies 1970 - 2010. Social Aims of Finance, 2020, pp. 133.

表 6 - 2　　　　　1970～1980 年建房互助协会抵押贷款份额　　单位：百万英镑

年份	建房互助协会		银行		其他		总计
	£m	比重（%）	£m	比重（%）	£m	比重（%）	£m
1970	8 810	76.5	415	3.6	2 293	19.9	11 518
1971	10 410	78.0	505	3.8	2 429	18.2	13 344
1972	12 625	78.3	850	5.3	2 644	16.4	16 119
1973	14 624	77.1	1 160	6.1	3 182	16.8	18 966
1974	16 114	75.4	1 250	5.8	4 020	18.8	21 384
1975	18 882	75.0	1 320	5.2	4 959	19.7	25 161
1976	22 500	77.7	1 400	4.8	5 060	17.5	28 960
1977	26 600	80.1	1 520	4.6	5 102	15.4	33 222
1978	31 712	82.0	1 790	4.6	5 155	13.3	38 657
1979	36 981	81.9	2 380	5.3	5 805	12.9	45 166
1980	42 696	81.4	2 880	5.5	6 865	13.1	52 441

资料来源：Butzbach O. British Building Societies 1970 - 2010. Social Aims of Finance，2020，pp. 133.

（四）政府推动住房自有化

从表 6 - 1 可以看出，自 1914 年以来英国自有住房率持续提升，其中的重要原因是自发的建房互助协会的发展壮大，以及政府逐步关注住房自有化并制定了一些政策措施鼓励住房购买。英国政府制定的对自有住房市场产生重大影响的两项关键政策是社会住房购买权计划（the Right to Buy）和低成本住房拥有计划（Low-cost Home Ownership Schemes）。

1. 社会住房私有化

自 20 世纪 60 年代，保守党政府开始尝试以市场折扣出售市政住房，但主要针对空置的房屋，因此规模较小。1979 年撒切尔夫人成为首相后，大力推动包括社会住房在内的公共服务私有化。1980 年住房法案通过了购买权立法，社会住房开始进入私有化改造阶段。最初社会住房仅向原租户出售，之后允许私人房东和住房协会购买社会住房，并支持将社会住房交由私人机构运营。[1] 为鼓励租户购买社会住房，政府给予了大幅折扣优惠并提供抵押贷款，具体折扣率取决于租户的居住时间。最初折扣率为市场评估价的 33%～50%，1986 年提高到 70%，

---

① Linneman P. D., Megbolugbe I. F. Privatization and Housing Policy. Urban Studies, Vol. 32, 1994, pp. 635 - 651.

但 1988 年之后开始明显降低，当年实际给予的平均折扣为 44%。[①]

历史上英国地方政府持有的社会住房出售有三次浪潮：第一次浪潮是在 1980～1985 年，租户购买积极性非常高，5 年间累计出售了 64 万多套社会住房；第二次浪潮是在 1986～1996 年，由于政府大幅提高了折扣率，刺激了社会住房的购买，10 年间累计出售了 110 万套社会住房；第三次浪潮是在 1997～2005 年，受政府计划调整社会住房出售政策的影响，大量原本期待更大幅度折扣的租户不得已提前购买，这一时期累计出售了 70 万套社会住房。[②] 大规模社会住房私有化改造，不仅减轻了政府运营维护社会住房的成本支付，还增加了政府的财政收入，并提高了英国的自有住房率、促进了低收入家庭的财富积累。但也存在不利的后果，品质较好的社会住房不断流出加速了英国社会住房的衰败和残余化。

2. 低成本住房拥有计划

20 世纪 60 年代以来，英国政府逐步加大对居民购买住房的政策支持。例如，1963 年废除了估算租金[③]（Imputed Rent）税，1965 年免除自住住房出售的资本利得税，1969 年推出抵押贷款利息减免（Mortgage Interest Relief）等。据威尔科克斯（Wilcox）估计仅估算租金税和资本利得税的税收优惠总额就达到 127 亿英镑。[④] 90 年代以来英国购房群体的年龄特征出现显著变化，表现在年轻购房群体比重持续下降，其中 20～24 岁和 25～29 岁两个最年轻购房群体的自有住房率分别从 1990 年的 39% 和 63% 下降到 2015 年的 10% 和 31%。[⑤] 政府为此推出了一系列低成本住房拥有计划，旨在提高年轻群体的首次购房能力和满足部分家庭的改善住房需求，促进自有住房市场的稳定发展。

20 世纪 90 年代英国政府推出首次购房计划（the First Buy Scheme），首次购房者可以以比市场价低 30%～50% 的价格购买共有产权住房。2013 年之后政府开始推出力度更大、范围更广的帮助购买计划（Help to Buy），被称为 80 年代购买权计划以来政府对住房市场的最大干预。帮助购买计划包含多种不同的资助计划，其中最为重要的是产权贷款（equity loan）、抵押担保和共有产权（shared ownership）。产权贷款旨在提高购房家庭的支付能力并刺激开发商建设更多住房。政府向购买新房的家庭提供房屋价值 20% 的前 5 年免息的 25 年长期产权贷款，贷款到期或提前出售房屋须按市场价的 20% 偿还政府贷款，资助对象包括首次

---

① Beckett A. The Right to Buy: The Housing Crisis That Thatcher Built. The Guardian, Vol. 17, 2015, pp. 47.

② 莫林斯、穆里：《英国住房政策》，陈立中译，中国建筑工业出版社 2012 年版，第 70～88 页。

③ 估算租金（Imputed Rent）是指业主如果租赁自己的房子需要支付的租金，不是实际支付的租金。

④ Pickvance C. Housing and Housing Policy. Social Policy, Vol. 2, 2003, pp. 486–518.

⑤ Sanderson P. The Impacts of Family Support on Access to Homeownership for Young People in the UK. Social Mobility Commission, 2017.

购房者和希望改善住房的家庭，但只能针对购买新建房屋，至 2020 年 9 月通过该计划购买的住房数量达到 291 903 套。[①] 抵押担保计划是政府向低储蓄家庭提供新房或二手房购买的抵押贷款担保，贷款房价比（LTV）最高可达 95%，这一计划对申请人收入没有限制，但房价不能超过 60 万英镑。截至 2017 年 9 月累计资助了 104 763 个家庭。共有产权计划的供给主体是住房协会，主要针对家庭收入 8 万英镑以下的家庭，允许他们先根据自身经济实力购买一定比例的产权，同时支付剩余产权的租金，随着收入的增加，购房家庭可以逐步购买余下产权直至拥有全产权。共有产权住房目前占英国住房存量的 0.4%，占抵押贷款市场的 1.3%。[②]

（五）振兴私人租赁市场

19 世纪英国私人租赁市场占据绝对主体地位。但自第一次世界大战以来，由于政府对租金和合同的干预不断加强，私人租赁市场持续萎缩，其占比从 1914 年的 80% 降低到 1991 年的 10% 以下（见表 6-1）。1980 年之后，针对私人租赁市场的租金控制、驱逐保护等管控措施逐步解除，私人租赁市场也开始复苏。

1. 私人租赁市场衰退的主要因素

导致私人租赁市场衰退的主要原因是政府对其进行了长期而严格的管控。[③]第一次世界大战加剧了英国城市住房矛盾，完全垄断租赁市场的私人房东借机随意地、频繁地提高租金。1915 年格拉斯哥（Glasgow）爆发了 25 000 名租户参与的租金罢工，以反抗涨租 25% 的无理要求。政府为此颁布租金和按揭利率增长法案 [*Increase of Rent and Mortgage Interest（War Restrictions）Act* 1915]，应对住房短缺造成的租金过度上涨。租金控制原本只是第一次世界大战期间的一项临时管控措施，战争结束 6 个月后便解除。但 1939 年英国政府又恢复了租金控制措施并一直持续到 20 世纪 80 年代，对私人租赁市场产生了严重的负面影响。此外，政府对自有住房和社会住房的大力扶持也间接导致了租客的分流。

2. 振兴私人租赁市场的主要政策

1980 年之后政府开始重视私人租赁市场的发展，并采取一系列措施降低租赁住房投资风险、提高投资收益。20 世纪 80 年代的主要政策包括"公平租金"

① Seely A., Barton C., Cromarty H., Wilson W. Extending Home Ownership: Government Initiatives. House of Commons Library, 2021 (12).

② Provan B., Belotti A., Lane L., et al. Low Cost Home Ownership Schemes. Social Mobility Commission, London, 2017.

③ Whitehead C. M. E. Private Renting in the 1990s. Housing Studies, Vol. 11, 1996, pp. 7-12. Hickman P. Transforming Private Landlords: Housing, Markets and Public Policy. Housing Studies, Vol. 27, No. 6, 2012, pp. 869-871.

制度改革、允许长期租赁合同按市场租金定价、取消新签租赁合同的租金管制、允许房东在租赁期满或两个月通知期届满时收回房屋等。[①] 1996 年住宅出租代理协会（the Association of Residential Letting Agents，ARLA）和多家抵押贷款机构共同推出购房出租（the Buy-to-Let，BTL）抵押贷款市场，为个人房东购房出租提供抵押贷款，房东只需付 30% 的首付款，BTL 成为了房东增长的重要驱动力。2002～2007 年，未偿还的 BTL 抵押贷款的价值从 122 亿英镑上升到 438 亿英镑。2014 年联合政府推出新的 4 亿英镑的先租后买计划（Rent to Buy），政府向开发商提供最长期限 16 年的低成本贷款以刺激开发商建造新房，但要求开发商以市场租金 80% 的价格将房子出租给无房家庭 7 年以上，租户利用这段租赁期积累购买所租房屋或其他住房的首付款。[②] 此外，1987 年英国股市崩溃后，人们重新相信住房才是一种更为安全的长期投资方式，购买房屋然后出租的投资模式开始盛行。这些因素，叠加上房价上涨和储蓄利率较低的影响，促进私人租赁市场的住房从 1989 年的 210 万套增加到 2007 年的 320 万套。[③]

三、英国多主体供给、多渠道保障经验借鉴

英国住房市场的发展历史最为悠久，历经 200 多年的发展和演变，逐步形成了适应当前经济和社会基础的现代住房供给体系。英国长期积累的丰富的成功和失败的经验，可以为我国住房市场的发展提供有益的参考和借鉴，主要体现在以下几点。

（一）振兴私人租赁房市场

私人租赁市场是住房市场的重要组成部分，在解决年轻群体和流动人口住房方面有着举足轻重的作用。英国私人租赁市场从占据绝对主体地位到逐步边缘化，是政府从完全放任到不断加强政策干预的结果。20 世纪 80 年代政府重新意识到私人租赁市场的重要性，开始放松各类管控措施，促进了私人租赁市场的复苏，有助于英国住房市场结构体系的优化。近年来，我国政府也高度重视培育和发展住房租赁市场。如 2016 年国务院办公厅印发《关于加快培育和发展住房租赁市场的若干意见》；2017 年党的十九大报告明确提出建立"租购并举"的住房

---

① Ronald R., Kadi J. The Revival of Private Landlords in Britain's Post – Homeownership Society. New Political Economy, Vol. 23, 2018, pp. 786 – 803.

② Seely A., Barton C., Cromarty H., Wilson W. Extending Home Ownership: Government Initiatives. House of Commons Library, 2021 (12).

③ Pickvance C. Housing and Housing Policy (Fourth Edition). Oxford: Oxford University Press, 2011.

制度；2020 年中央经济工作提出了加快长租房市场有序发展的目标和多渠道供应租赁住房土地等的政策方案；2021 年国务院办公厅印发《关于加快发展保障性租赁住房的意见》。我国住房租赁市场的发展取得了明显成效，但仍然面临投资高、收益低，开发商供给动力不足；租购不同权，租赁群体无法享受均等公共服务；租赁市场法律法规和监管体系不完善等问题；有赖于政府进一步加大土地、财税和金融等政策的扶持。

（二）大力支持首次购房

英国自 20 世纪 90 年代以来，无论是工党政府、联合政府还是保守派政府执政，都将促进首次购房和满足改善住房需求作为政策导向和优先事项。政府分别从刺激"供应侧"的开发商建造负担得起的低成本房屋和提高"需求侧"的中低收入家庭支付能力两方面，促进低成本住房市场的发展。年轻群体的住房问题是当前我国住房市场的主要矛盾所在，受到党中央、国务院的高度重视，"十四五"期间将通过大力发展保障性租赁住房市场缓解这一群体的短期住房困难问题。但相比而言，针对年轻群体的首次购房置业支持力度相对较小。

（三）促进保障性住房的社会化运营

英国早期的社会住房主要由中央政府资助、地方政府建设和运营，这种模式在住房极度短缺、私人资本严重不足的条件下有其存在的合理性和必要性。但相比之下，这种模式管理效率低、财政压力大，不利于社会住房的可持续发展。1979 年之后英国政府对社会住房政策进行重大调整，一方面是大力推动社会住房的私有化改造，另一方面是将社会住房建设和管理的职责转移到住房协会。这一调整不仅减轻了政府的财政负担，也提高了社会住房的管理效率。目前我国出租类保障性住房主要包括公租房和保障性租赁住房，其中公租房由政府投资建设运营，由于目前大部分房屋较新，运营维护成本不高，财政压力尚未凸显。但随着房龄老化，设备更新、住房修缮等成本会不断提高，因此有必要探索公租房可持续发展的运营模式。保障性租赁住房是政府政策支持为辅、多元化社会主体为主的新型住房保障模式，本质上是社会化运营的保障性住房。保障性租赁住房符合现代化国家住房保障的发展趋势，将是未来我国住房保障的重要发展方向。但目前仍然面临一些发展瓶颈，主要包括投资收益率偏低、投资主体单一、融资困难、法律法规不完善等，需要政府进一步加大政策和资金的支持力度。

第三节　德国住房供给体系及借鉴

　　德国是欧洲经济最发达、法制最健全的国家，也是欧洲人均住房水平和住房满意度最高的国家之一。德国的经济和社会制度与其他欧洲国家存在明显差异，遵循社会法治和社会市场经济原则，强调一切经济活动和社会事务必须在立法管理的框架下进行，且市场经济必须承担社会责任。在住房领域突出表现在：构建了完善的住房和租赁市场法律法规及监管体系；基于市场主体和社会平衡原则，通过市场解决大部分人的住房需求，针对低收入群体提供政府资助；制定中性的住房政策促进自有住房与租赁住房市场均衡发展。德国住房市场始终保持长期稳定发展，一些关键性指标，如住房价格、住房开工竣工量、交易量、贷款房价比、违约率等，在多次全球性经济金融危机中都保持平稳。[①] 因此，德国的住房发展模式越来越受到各国政府和经济住房领域学者们的重视。

一、德国住房市场发展概况

　　德国住房市场的一个显著特征是自有住房率低，而租赁住房比例较高。OECD 公布的数据显示，2018 年德国总住房存量 42 235 402 套，每千人拥有住房 509 套，其中自有住房占 43.76%，租赁住房占 53.92%，其他类型住房占 2.32%。[②] 德国的自有住房率显著低于欧元区其他国家，[③] 但德国居民的住房满意度却排在欧洲国家前列。欧洲统计网调查显示，德国居民对住房不满意的受访者仅占 5%，而英国和法国分别为 11% 和 9%。[④] 无论是高收入群体还是中低收入群体，租房在德国并不是一种劣等选择，而是与自有住房一样被完全接受的住房形式。2014 年的调查数据显示，德国位列收入前 10% 的富人的自有住房率仅

---

　　① Kofner S. The German Housing System: Fundamentally Resilient? Journal of Housing and the Built Environment, Vol. 29, 2014, pp. 255 – 275.

　　② 资料来源：https://www.oecd.org/housing/data/affordable – housing – database/housing – market.htm.

　　③ 2010~2017 年，德国平均自有住房比例约为 44%，而整个欧元区的这一比例约为 60%。Kindermann F., Le Blanc J., Piazzesi M., et al. Learning about Housing Cost: Survey Evidence from the German House Price Boom. Working Paper Series: Monetary Economics, 2021, pp. 1 – 34.

　　④ 王阳：《德国住房租赁制度及其对我国住房租赁市场培育的启示》，载于《国际城市规划》2019 年第 5 期。

有 71%。[1]

德国住房市场的发展具有三个重要的关键节点：工业革命、第二次世界大战结束、民主德国与联邦德国统一。自 19 世纪中叶开始，德国工业化和城市化快速发展，大量人口流入城市，城市住房问题开始显现。为解决产业工人的住房困难，许多城市都兴建了大量高密度廉价多户出租住房，一些大型工业公司（如西门子）还在厂区内为工人建设宿舍楼。德国是第二次世界大战的主战场，第二次世界大战期间大约有 225 万套住房被摧毁，占住房总量的 20%；另外还有 200 万～250 万套住房被损坏，再加上第二次世界大战后 1 000 多万名难民、流离失所者和各类移民的涌入，导致第二次世界大战后面临极为严峻的住房短缺问题。[2] 为缓解住房矛盾，政府开始主导建设社会住房。至 20 世纪 80 年代末，联邦德国住房问题已基本解决。1990 年民主德国与联邦德国统一后，一方面大量民主德国人口迁入联邦德国，另一方面民主德国住房衰败严重，使德国再次面临住房紧张局面。德国政府出台了大量新的建房补贴、税收优惠和低息贷款政策，支持住房市场的发展。1995 年建成住房 60 万套，远超 1990 年的 25.7 万套。[3]

二、德国住房供给与保障体系

德国住房市场供给有两个显著特征：一是供给主体类型多样，无论是社会住房、私人出租房还是自有住房，都有多种类型的供给主体。政府部门、私人开发商、住房协会、其他公司及个人都是德国住房的供应者，这些主体在公平环境中相互竞争。二是行业集中度较低。德国住房投资商和建造商数量较多，规模总体偏小。以 2013 年为例，50% 的建筑营业额来自小企业（员工小于 50 人），只有22% 的公司拥有 250 名以上员工，以中小企业为主的供给主体结构特征是德国住房市场供给充足和供给反应敏捷的重要原因。[4]

（一）多元化社会住房供给

1950 年德国颁布第一部住房法案，目的是促进住房建设以解决大部分住房

① Kindermann F., Le Blanc J., Piazzesi M., et al. Learning about Housing Cost: Survey Evidence from the German House Price Boom. Working Paper Series: Monetary Economics, 2021, pp. 1 – 34.

② Voigtländer M. Why is the German Homeownership Rate So Low? Housing Studies, Vol. 24, 2009, pp. 355 – 372.

③ 余南平：《欧洲社会模式：以欧洲住房政策和住房市场为视角》，华东师范大学出版社 2009 年版，第 185～232 页。

④ Davies B., Turner E, Marquardt S., et al. German Model Homes. A Comparison of the UK and German Housing Markets, Institute for Public Policy Research, 2016.

困难家庭的住房问题。德国住房法案的颁布标志着大规模社会住房建设的开始。德国联邦统计局数据显示，1950~1988 年德国总共建造了超过 774 万套社会住房，住房短缺问题很快得到改善。德国社会住房成为租赁住房的重要组成部分，1968 年德国社会住房占住房总量的比重达到 19.4%。[①]

政府直接大规模集中建设运营社会住房的效率很低，效果很差。英美等国的社会住房社区快速衰败为贫民窟，且政府财政不堪重负，难以保障基本的维护和运营，而且政府投资过多容易对私人资本产生挤出效应。[②] 基于此，德国政府在住房短缺状况得到缓解之后，改变了社会住房发展模式，从政府主导建设转变为政府激励社会资本投资运营。因此，德国社会住房的含义也随之发生了变化，指的是获得政府补助、租金和准入受到管制的租赁住房。

为促进各类主体参与社会住房的建设管理，德国政府制定了平等待遇原则，只要能够提供符合要求的租赁住房，无论是公共部门、非营利性住房公司还是私人投资者都可获得政府基金资助，平等待遇原则大大促进了德国社会住房供给主体多元化。政府通过直接补贴、政府担保、住房建设税收优惠和余额递减折旧等一系列措施，鼓励私人开发商、住房协会、其他公司及个人投资建设社会住房。[③] 享受政府政策支持的业主必须在一定期限内向特定对象提供特定标准和规格的租赁住房，房屋租金采用明显低于市场租金水平的成本租金。

（二）多主体租赁住房供给

德国租赁市场非常发达，不同收入群体都可以通过租赁市场找到合适的住房，其中一个重要原因是德国有多种类型的租赁住房供给主体，包括私人业余房东、私人商业业主、市政住房公司及住房合作社等（见表 6-3）。其中私人业余房东是租赁住房的最大供给主体，供给量占整个租赁市场的 60% 以上。私人业余房东指的是拥有不超过 15 套出租房（一般只有一两套出租房）的个人房东，他与私人租赁企业的主要区别是，租金不是他们的主要收入来源。私人业余房东及私人租赁企业供给的租赁住房称为私人出租房，占整个租赁市场的近 80%。

---

① Kirchner J. The Declining Social Rental Sector in Germany. European Journal of Housing Policy, Vol. 7, 2007, pp. 85 – 101.

② Keil K. Der Soziale Wohnungsbau—Mängel und Alternativen. Frankfurt am Main: Lang, 1996.

③ Dorn V. Changes in the Social Rented Sector in Germany. Housing Studies, Vol. 12, 1997, pp. 463 – 475.

表 6 - 3　　　　　　　　**德国租赁住房部门的所有权结构**　　单位: 1 000 套, %

供给主体	供给规模	占比
私人 "业余" 房东 (private "amateur" landlords)	14 178	60. 73
私人商业业主 (private commercial owners)	4 313	18. 48
市政住房公司 (communal housing companies)	2 428	10. 40
住房合作社 (housing cooperatives)	2 151	9. 21
教堂及其他业主 (churches, other owners)	157	0. 67
公共住房公司 (public housing companies)	118	0. 51
合计	23 345	100. 00

资料来源: The Quarterly Journal of the International Union for Housing Finance, Housing Finance International, Summer 2014.

社会住房也是德国租赁市场的一个组成部分, 但占比非常低, 目前大约占总住房存量的 4%。[1] 德国后期建设的社会住房主要由政府资助、私人投资运营, 补贴期满 (一般 10~15 年) 则房屋租金可以提高到正常市场水平, 成为私人租赁住房的一部分。因此, 德国的社会住房具有临时性特征, 社会住房和私人租赁住房之间不存在明显的竞争关系。由于每年新建的社会住房数量远低于转化为私人租赁住房的数量, 导致过去 20 年来德国社会住房比例持续下降, 而私人租赁住房所占比例稳步提高。

(三) 均衡型住房租购结构体系

随着房地产金融化程度日益加深, 各国住房市场波动异常剧烈, 经合组织大多数国家的住房市场都经历了多次的暴涨暴跌行情。例如, 2000~2005 年英国的房价上涨了 78%、西班牙则上涨了 102%, 2006~2011 年则出现持续下跌。[2] 但德国住房市场稳定性表现非常突出, 房价、租金、住房建设、贷款违约率等指标在多次经济金融危机中都能保持平稳, 德国均衡型住房租购结构体系为其住房市场以及经济社会长期稳定发展奠定了基础。影响德国住房租购结构体系形成的主要因素包括以下几点。

1. 中性的住房政策

德国的住房政策总体上是中性的, 政府对自有住房与租赁住房没有明显的偏

① Boer R. D. , Bitetti R. A. Revival of the Private Rental Sector of the Housing Market? OECD Economics Department Working Papers, 2014.

② Voigtländer M. The Stability of the German Housing Market. Journal of Housing and the Built Environment, Vol. 29, 2014, pp. 583 - 594.

好。在财政政策方面，德国尽管也有诸如建筑储蓄计划（Building Saving Scheme）和住宅养老金储蓄计划（Residential Pension Savings Scheme）等刺激拥有住房的制度，但并未利用财政政策强力刺激购房消费。[1] 在金融政策方面，许多国家的货币刺激都通过住房市场传递到实体经济，但德国始终坚持审慎贷款原则，住房抵押贷款价值比（LTVs）控制得非常低。德国银行以抵押贷款价值（the mortgage lending value）而不是市场价值为基准发放贷款（贷款比例为60%~80%），抵押贷款价值反映了长期、持续的抵押品价值，平均比当前购买价格低10%~15%。[2] 在税收政策方面，德国税法对自有住房的支持力度低于美国和欧洲其他国家，如德国抵押贷款家庭不能享受抵押贷款利息税收减免；不动产交易税较高，税率在3.5%~6.5%；二手房居住超过10年才能享受资本利得税减免优惠等。[3][4]

2. 丰富的投资渠道

德国居民拥有较多的投资渠道，除了传统的储蓄、股票、房产投资外，还有各类保险产品。但德国居民投资理财观念偏向保守、成熟和稳健，普遍偏好风险小、收益平稳的投资方式，例如，人寿保险和传统储蓄。德国住房净值占家庭财富净值的比例相对很低，2013年欧元区国家住房净值占财富净值的比例分布为30%~74%，而德国只占38%，排名倒数第二。[5] 德国只有6%的居民直接参与股票投资，股票投资只占德国家庭金融资产的3.9%；作为全世界社会福利体系最完备的国家之一，德国拥有高标准的公共养老金和医疗保险体系，但人寿保险和私人储蓄率却非常高，分别达到28%和20%。[6]

3. 完善的租赁市场监管体系

德国租赁市场发达与其拥有健全的租赁市场监管体系密不可分。德国租赁市场监管体系主要包括三大核心内容：一是租金监管。自第二次世界大战以来，德国政府对租赁市场的租金水平进行了持续的监控，先后出台了租金冻结政策、比较租金制度和租金上限制度。2015年出台了租金刹车制度（The Rental Brake），

① Boer R. D. , Bitetti R. A. Revival of the Private Rental Sector of the Housing Market? OECD Economics Department Working Papers, 2014.

② Voigtländer M. Why is the German Homeownership Rate So Low? Housing Studies, Vol. 24, 2009, pp. 355 – 372.

③ Kaas L. , Kocharkov G. , Preugschat E. , et al. Low Homeownership in Germany—A Quantitative Exploration. Journal of the European Economic Association, Vol. 19, 2021, pp. 128 – 164.

④ Oxley M, Haffner M. Housing Taxation and Subsidies: International Comparisons and the Options for Reform. JRF Programme Paper: Housing Market Taskforce, 2010.

⑤ Mathä T. Y. , Porpiglia A. , Ziegelmeyer M. Household Wealth in the Euro Area: The Importance of Intergenerational Transfers, Homeownership and House Price Dynamics. Journal of Housing Economics, Vol. 35, 2017, pp. 1 – 12.

⑥ Cruz J. Why Don't Germans Invest in Stocks? Businessweek Com, 2010.

规定新签订合同的租金不得超过当地代表性出租房租金的 10%。二是驱逐保护。德国以立法的形式明确房东可以驱逐租客的具体条件，除拆迁、自用以外，一般不允许房东解除合约，而且强调不应以涨租为由驱逐租客。此外，德国大量租房合同属于无固定期限合同，只要不满足法律规定的驱逐条件，租客可以长久租住。三是质量监管。德国政府制定了租赁住房（包括社会住房和私人出租房）建设的具体标准，无论是户型、面积，还是设施、家具，租赁住房与自有住房都不存在明显差异。德国政府鼓励房东进行出租房更新改造，允许房东将住房升级改造成本转嫁给租户，且全面现代化改造后的出租房享受新建出租房待遇，免受租金管制。

三、德国多主体供给、多渠道保障经验借鉴

德国住房发展模式越来越受到各国政府和学界的认可，德国经验可以为我国住房市场的发展提供以下几点参考。

（一）构建多层次租赁住房供给体系

德国租赁市场非常发达，多元化的供给主体提供了各种类型的租赁住房，满足了不同收入群体的住房需求。目前我国租赁市场的供给主体较为单一，主要以个人房东为主。由于租赁住房投资高、收益低，开发商和其他机构投资者的供给动力不足。此外，我国租赁住房的总体品质较低，无论户型、面积、设施和物管等方面都与自有住房存在明显差距。因此，要促进我国租赁市场的发展，应加快构建多主体供给的多层次的租赁住房体系。通过土地、财税、金融等政策刺激各类企业和机构参与不同层次租赁住房的建设运营。同时大力推进租购同权、促进公共服务均等化，以满足租赁群体教育、医疗、公共交通等基本公共服务需求。

（二）建立健全租赁市场监管体系

德国建立了以租金管制、住房质量控制和驱逐保护为核心的住房租赁市场监管体系，为租赁市场健康有序发展和租赁群体安全舒适租住提供了重要保障。但目前我国租赁市场的发展仍然面临一些障碍，其中，重要因素是租赁市场监管体系不足，相关立法滞后，房东私自分割房间、随意涨租金、驱逐租客等现象时有发生，承租人的安全感、舒适感得不到满足。借鉴德国租赁市场发展和管理经验，在热点城市建立健全租赁住房租金监管体系，将租金的年增长率维持在合理的水平；建立健全租赁住房质量监管体系，明确租赁住房的出租标准；完善租赁住房法律法规和合同监管体系，明确房东解除合约的具体条件，增强租客的租住安全感。

（三）促进住房租购市场均衡发展

长期以来，我国住房市场存在供给侧"轻租重售"，需求侧"轻租重购"的问题，导致我国自有住房率快速提高，房价不断攀升，而住房租赁市场发展相对滞后。近年来党中央、国务院高度重视培育和发展租赁住房市场，并将租购并举作为新时代住房改革的重要目标。德国经验表明，租购市场均衡发展不仅有利于住房市场长期稳定健康发展，也有利于经济社会的平稳发展。德国均衡型租购结构的形成有赖于其中性的住房政策、丰富的投资渠道和完善的租赁市场监管体系。自有住房具有投资和消费双重属性，而租赁住房仅有消费属性。房价快速上涨必然导致大量主动投资投机资金和被动刚需资金进入自有住房市场，并进一步助推房价攀升，这是当前我国租购市场发展不均衡的重要原因。但本质原因是目前我国租购不能同权，缺乏租买选择机制和投资替代机制。租买选择机制是指自有住房与租赁住房在品质和权益方面相互可以替代的机制，投资替代机制是指企业租售投资可以相互替代，个人购房投资与房地产金融投资可以相互替代的机制。

第四节　新加坡住房供给体系及借鉴

新加坡国土面积仅有 735.6 平方千米，2023 年人口高达 591.76 万人，是世界上人口密度最高的国家之一，[①] 但被认为是住房问题解决得最好的国家之一，2008 年联合国授予新加坡"居者有其屋计划"公共服务奖，2010 年新加坡建屋局被纳入"联合国人居荣耀名册"。土地稀缺和高人口密度带来了严峻的住房压力，也为国家确立在土地所有权和住房供应方面的主导地位以及对住房部门的高度干预提供了充分的理由。新加坡政府在大力发展公共组屋的同时，也根据居民需求的变化，构建了阶梯化住房供给和保障体系。

一、新加坡住房市场发展概况

新加坡政府通过"居者有其屋"住房政策大力发展公共组屋，成功地解决了居民的住房问题。新加坡统计局数据显示，2021 年新加坡家庭自有住房率为 88.9%，[②]

---

① 新加坡国家统计局。
② 新加坡政府网。

居住在住房和发展委员会（the Housing and Development Board，HDB）建设的组屋中的家庭比例为 77.9%。[①] 与 20 世纪 90 年代相比，组屋家庭比例有所降低，其中的重要原因是新加坡的住房市场是一个阶梯型市场，组屋、私人住房都有多种不同的户型与档次。随着家庭资产、收入不断提高，原组屋家庭会沿着住房阶梯不断改善住房条件。与大部分西方国家保障性住房不同，新加坡组屋干净、整洁、宜居，为大部分新加坡居民家庭提供了健康、舒适的居住条件。新加坡的住房发展与保障模式也成为世界各国学习的典范。

历史上新加坡曾面临严峻的住房问题。20 世纪初殖民政府时期，大多数人口居住在贫民窟和非正式定居点，卫生设施差、没有自来水及其他基本住房设施，造成火灾频发，疟疾、肺结核、伤寒和霍乱等传染病肆虐且死亡率很高。殖民政府担心流行病暴发影响贸易，开始关注新加坡的公共卫生问题。1906 年伦敦国王学院的卫生学教授辛普森（W. J. R. Simpson）受殖民政府的委托，调研新加坡的卫生状况。辛普森教授调研后指出，恶劣的住房条件是导致新加坡疾病传播和死亡的一个关键因素，他建议通过重建、引入后巷（Back Lanes）和开放空间来重新组织建筑环境。1918 年成立了住房委员会，目的是改善新加坡中部地区的生活条件。1927 年颁布了新加坡改善法令（Singapore Improvement Ordinance）并成立了改善信托基金（Singapore Improvement Trust，SIT），目标是"改善城镇、岛屿和新加坡"。SIT 的成立，标志着新加坡政府干预住房市场、改善居民住房条件的开始。

二、新加坡住房核心问题与政策

（一）住房严重短缺与政府组屋供给政策

20 世纪初新加坡住房严重短缺、居住环境恶劣。1927 年殖民政府成立 SIT，作为一个城镇规划机构，SIT 主要负责道路建设和城市的总体改善，包括清理贫民窟和安置流离失所的贫民窟居民。1932 年 SIT 获得建设组屋的权利，以满足快速增长人口的住房需求。但 SIT 建设组屋的规模较小，在 1947~1959 年，新加坡政府建造了大约 20 907 套组屋，截至 1959 年大约安置了 8.8% 的人口。[②] SIT 的建设努力远远不足以满足快速增长的人口的需求，大约有 75 万人仍然没有合

---

① 新加坡政府网。
② Phang S. Y., Kim K. Singapore's Housing Policies：1960 – 2013. KDI School and World Bank Institute, 2013.

适的住房。① 1959 年新加坡实现自治时，大量移民涌入造成人口快速增长，同时私营部门资源和能力不足，执政的人民行动党认识到住房问题的紧迫性和严重性，承诺为穷人提供大量的组屋。

20 世纪 60 年代以来新加坡住房供给与需求政策不断完善，住房体系逐步成型，构建了以住房和发展委员会（HDB）、《土地征用法》（Land Acquisition Act，LAA）及中央公积金（Central Provident Fund，CPF）为支柱的住房支持体系。

1. 成立住房和发展委员会

1960 年新加坡政府根据《住房和发展委员会法案》成立 HDB，以取代 SIT，职责是"为所有需要的人提供配备现代化设施的体面住房"，HDB 的成立也标志着新加坡政府大规模建设组屋的开始。HDB 的第一个目标是 10 年内建设 11 万套具有现代化卫生和设施的低成本住房，实际上 1960 ~ 1970 年 HDB 共建造了 12 万多套组屋住房，1970 年之后继续大规模发展组屋，覆盖了 80% 左右的居民（见表 6 - 4）。

表 6 - 4　　　　1970 ~ 2015 年新加坡住房存量、住房供应和住房拥有率

年份	人口（千人）	总住房存量（套）	HDB 住房（套）	私人住房（套）	单位住房人数（人）	HDB 住房比重（%）	自有住房率（%）
1970	2 075	305 833	120 138	185 695	6.8	39	29.4
1980	2 414	467 142	337 198	129 944	5.2	72	58.8
1990	3 047	690 561	574 443	116 118	4.4	83	87.5
2000	4 017	1 039 677	846 649	193 028	3.9	81	92.0
2010	5 076	1 156 732	898 532	258 200	4.4	78	87.2
2015	5 535	1 296 304	968 856	327 448	4.3	75	90.3

资料来源：Phang S. Y., Helble M. Housing Policies in Singapore. ADBI Working Paper Series 559, 2016.

在最初的几年，HDB 遵循英国公共住房模式，只提供租赁型组屋。新加坡总理李光耀认为"如果每个家庭都有自己的家，这个国家就会更加稳定""如果士兵的家人没有他们自己的房子，他们很快就会意识到他将为保护富人的财产而战斗"。② 基于这个执政理念，1964 年 HDB 制定了"全民居者有其屋"（the

---

① Lye L. H. Public Housing in Singapore：A Success Story in Sustainable Development. NUS Asia - Pacific Centre for Environmental Law Working Paper, 2020.

② Lee K. Y. From Third World to First：The Singapore Story：1965 - 2000. Singapore：Times Editions, 2000.

Home Ownership for the People Scheme），支持新加坡中低收入群体购买组屋。HDB 以显著低于市场的价格向月收入不超过 800 元的家庭出售使用年限为 99 年的组屋，并向业主提供低利率的按揭贷款。HDB 发放贷款的资金主要来源于政府的拨款和贷款，购买组屋的贷款额度一般是房价的 80%，最高还款期限为 25 年。HDB 收取的抵押贷款利率比公积金普通账户储蓄利率高 0.1 个百分点，但最低为 2.5%，总体原则是确保每月按揭贷款还款额低于租金。[①]

2. 出台《土地征用法》

1966 年新加坡政府颁布了《土地征用法》，允许国家及其机构为任何公共目的或公共利益征用土地，且政府征地的价格显著低于市场价格。基于《土地征用法》，政府清理了低密度的住房、贫民窟、村庄和棚户区，并重组了地块。1960～1985 年，政府通过征用土地、开垦土地等，将国有土地比重从 44% 提高到 76%，从私人土地所有者手中获得大量低价土地为大规模建设廉价组屋提供了保障。[②]

3. 扩大中央公积金使用范围

1955 年新加坡制定中央公积金（The Central Provident Fund，CPF）制度。CPF 是新加坡社会保障体系的关键组成部分，规定雇主和雇员每月按工资收入的一定比例缴纳公积金，旨在通过强制性收入储蓄为工人提供退休保障，中央公积金设立之初只允许在雇员年满 55 周岁退休之后才能提取。1968 年开始为进一步提高新加坡中低收入群体购房能力，政府对中央公积金法案进行了修正，允许 CPF 成员利用公积金购买组屋。1968～1981 年，CPF 储蓄只能用于支付购买组屋的首付款、印花税、抵押贷款。1981 年之后进一步放松使用范围，允许利用 CPF 储蓄购买私人住宅物业，对促进私人住宅市场的发展起到重要的推动作用。

（二）住房升级与多主体供给政策

长期以来，新加坡组屋占据住房市场的绝对主体地位。但在 20 世纪 80 年代之后，新加坡经济快速发展、家庭收入大幅提高，对住房的需求出现了明显变化。新加坡住房市场出现了三个新问题：二手组屋交易难、高收入群体购房难及"夹心层"寻找合适住房难。新加坡政府根据形势变化，出台了有针对性的应对措施。

---

① Lee K. Y. From Third World to First：The Singapore Story：1965－2000. Singapore：Times Editions，2000.

② Phang S. Y. , Kim K. Singapore's Housing Policies：1960－2013. KDI School and World Bank Institute，2013.

1. 放松组屋二手房交易

1971 年之前，新加坡的组屋没有二手交易市场，业主需要将组屋以原价加上扣除折旧后的装修成本（the depreciated cost of improvements）的价格卖还给 HDB；1971 年之后 HDB 允许居住满 3 年（之后提高到 5 年）的组屋业主以市场价格将房屋出售给有资格购买组屋的居民，但需向政府缴纳交易价格 5% 的税。[①] HDB 放松对二手组屋交易的管制极大地促进了组屋二手市场的发展，组屋交易量迅速从 1979 年的不足 800 套，增加到 1987 年的 13 000 套和 1999 年的 60 000 套。[②] 允许以市场价格交易二手组屋，给许多新加坡居民带来了一笔意外的财富。[③] 政府对卖掉组屋购买私人住房的业主免征资本利得税，进一步促进了住房消费的升级。[④]

2. 提高私人住房比例

随着家庭收入的提高，想要拥有更高质量私人住房的家庭越来越多，而政府提供给私人开发商的土地规模不足，难以满足高收入家庭的住房需求。因此，政府将 HDB 组屋覆盖率从 90% 降低到 75%，并开始向私人开发商出售更多的 99 年期的土地租赁权，用以建造私人高层公寓。[⑤] 从历史上看，新加坡私营部门住房市场主要服务于那些没有资格从政府购买补贴住房的群体，这些群体通常是新加坡收入最高的 1/10 群体，包括富裕的新加坡人、外国投资者和外籍人士。[⑥]

3. 制订执行共管公寓计划

在经济快速增长的同时，新加坡房价也快速上涨，造成一部分因收入较高而没有资格购买组屋但又买不起私人住房的家庭无法获得合适的住房，这一群体被称为"夹心层"（Sandwiched Class）。[⑦] 为解决这一特殊群体的住房问题，1995 年 HDB 推出了执行共管公寓计划（the Executive Condominium Housing Scheme，EC 计划）。执行共管公寓归类为私人住房，由私人开发商设计、建造、定价、融

① Phang S. Y. Housing and the New Welfare State：Perspectives from East Asia and Europe. Aldershot：Ashgate，2007.

② Phang S. Y.，Kim K. Singapore's Housing Policies：1960 - 2013. KDI School and World Bank Institute，2013.

③ Lum S. K. Housing market dynamics in Singapore：The role of economic fundamentals and restrictive land supply. University of California，Berkeley，1996.

④ Ong S. E. Housing Affordability and Upward Mobility from Public to Private Housing in Singapore. SE Ong，2000.

⑤ Huat C. B. Public Housing Residents as Clients of the State. Housing Studies，Vol. 15，2000，pp. 45 - 60.

⑥ Lum S. K. Market Fundamentals，Public Policy and Private Gain：House Price Dynamics in Singapore. Journal of Property Research，Vol. 19，2002，pp. 121 - 143.

⑦ Lum S. K. Executive Condominiums in Singapore：Housing Gap Solution or Stop - Gap Measure. National University of Singapore，1997.

资、销售和管理，其品质都可与私人公寓相媲美。但与私人公寓不同的是，只有符合基本的 HDB 资格标准（如家庭收入上限为每月 11 000 新元）的申请人才能购买。[1] 执行共管公寓的业主必须遵守转售和其他管理规定，例如，这类住房只能在 5 年后出售给新加坡人和永久居民，10 年后才可以出售给外国人；执行共管公寓的购买人不允许直接从政府手中购买 HDB 组屋，但如果是首次购房则可以获得 CPF 住房补贴。[2]

（三）特殊群体住房需求与多样化补贴政策

HDB 特别关注特殊群体的住房问题，给予初次组屋和有更迫切住房需求的申请人优先购买组屋的权利。特殊群体包括单身群体、已结婚或计划结婚的年轻夫妇、老年群体、多代家庭和贫困家庭等，[3] 具体的政策安排如下。

1. 单身群体

最初 HDB 组屋只允许已婚夫妇或计划组建家庭的群体购买。但随着住房供需矛盾逐渐转化，住房市场出现供过于求的状况之后，HDB 制订了单身居民计划，允许 35 岁及以上的单身人士购买二手组屋，并给予补贴（最高补贴额度 4 万新元）。但也有一些条件，例如，过去 12 个月的平均月收入不能超过 4 500 新元；必须在岗工作并且近一年都有工作；二手房的剩余租约超过 20 年；在国内外都没有其他住房，而且近 30 个月没有出售过自有住房等。[4]

2. 年轻夫妇

鉴于新加坡常住人口不断减少和生育率持续下降，政府推出未婚夫/未婚妻计划（The Fiancé/Fiancée Scheme），鼓励年轻情侣尽早结婚并建立家庭。在住房政策方面，允许以未婚夫/未婚妻的名义申请组屋，拿到房子之后再提供结婚证明。特别照顾计划结婚的年轻家庭，给予第一次购买组屋的年轻夫妇特别优先政策，以便于他们尽早地成家。HDB 将至少 90% 的公寓分配给首次申请者，在申请组屋时获得的机会是其他申请者的两倍。

3. 老年群体

为提高老年群体的购房能力，1997 年新加坡推出单间公寓计划（the Studio

---

① Bardhan A. D, Datta R., Edelstein R. H., et al. A Tale of Two Sectors: Upward Mobility and the Private Housing Market in Singapore. Journal of Housing Economics, Vol. 12, 2003, pp. 83 – 105.

② Phang S. Y. Housing and the New Welfare State: Perspectives from East Asia and Europe. Aldershot: Ashgate, 2007.

③ Lye L. H. Public Housing in Singapore: A Success Story in Sustainable Development. NUS Asia – Pacific Centre for Environmental Law Working Paper, 2020.

④ 资料来源：https://www.hdb.gov.sg/cs/infoweb/residential/buying – a – flat/new/schemes – and – grants/cpf – housing – grants – for – hdb – flats/single – singapore – citizen – scheme.

Apartment Scheme），允许老年人以 30 年而不是之前的 99 年的租约购买 HDB 组屋，从而实现降低组屋价格的目的。之后政府推出了更具弹性的租约方案，允许 55 周岁以上的老年人根据自己和配偶的年龄、需要和偏好自主选择 15~45 年的租期（以 5 年为一档），但要求租约期满时年龄不能低于 95 岁。2009 年又针对 65 岁及以上老年人（家庭中至少有一名是新加坡公民）推出屋契回购计划（Lease Buyback Scheme），允许业主将部分租约出售给 HDB，但出售收益必须存入业主的 CPF 退休金账户，与原退休金一起按月提取。

4. 多代家庭

为便于已婚子女照顾父母，新加坡政府 2015 年推出已婚子女优先计划（the Married Child Priority Scheme）和邻近住房拨款（the Proximity Housing Grant）项目，在住房分配和购房财政补助方面给予希望与父母一起居住或就近居住的已婚子女优先资助权，这类申请人获得住房的概率是其他群体的两倍。同样，购买二手公寓与父母同住的单身人士也可以得到一笔资助，2019 年的资助额度是 1 万新元。

5. 贫困家庭

HDB 大部分组屋用于出售，但也向部分无能力购买的家庭提供出租房，同时持续不断地给予这些家庭激励政策帮助他们购买自己的房子。允许租赁组屋的家庭月收入上限为 1 500 新元，租期一般为两年。政府给予高额的租金补贴，最低每月只需付 26 新元，但组屋租金与家庭收入挂钩，以确保公共资源分配给最需要的群体。为了减少租房人因收入增加导致租金增加的负面影响，HDB 规定一个租期（两年）内不调租。两年期满后如果收入增长小于租金增长比例，则按原价继续提供另一个两年租期。租住组屋的贫困家庭准备买房时，有资格获得特别 CPF 和额外 CPF 两项住房补助，资助总额可以达到 6 万新元，这将帮助贫困家庭减少贷款和按揭还款压力。

三、新加坡多主体供给、多渠道保障经验

在土地稀缺和人口稠密的条件下，新加坡政府通过对土地、住房供应等的高度干预，实现了"居者有其屋""让所有新加坡居民拥有配备现代化设施的体面住房"的目标。新加坡的住房发展模式得到世界各国的认可，特别是作为其住房市场主体的组屋获得了无数的荣誉，被认为是最为成功的住房保障模式。在多主体供给、多渠道保障方面，有如下几点值得我国参考和借鉴。

（一）持续稳定的政策目标与不断演进的供给模式

自 1959 年以来，让所有公民都拥有自己的住房始终是新加坡政府住房政策

的核心目标，但实现这一目标的路径却随着经济社会的发展而不断变化。自治政府刚成立时，一方面面临人口快速增长、高失业率和住房严重短缺的问题；另一方面私人资本严重不足，私人开发商难以在短期内提供大量住房。在这一背景下，自治政府设立专门的住房建设管理机构 HDB，负责实施大规模建设组屋的计划，从此政府成为住房的供给主体并一直延续至今。20 世纪 80 年代之后，随着私人资本力量的增强及居民收入水平的提高，私人住房的需求也日益增多，政府适时调整住房政策，加大私人住房土地供应，鼓励私人开发商建设更高品质的私人住房，私人开发商在住房市场的地位和作用有了显著提升。20 世纪 90 年代房价大幅上涨之后，新加坡出现住房"夹心层"问题，解决的途径是推出执行共管公寓计划，政府与私人开发商合作，供给相对廉价的私人住房。至此，新加坡以自有产权为主体的住房体系基本完善，有效地满足了不同收入群体的住房需求。

（二）政府资助与企业、个人强制住房储蓄相结合

为提高居民购房能力，政府一方面通过土地、金融政策支持 HDB 建设廉价组屋，另一方面实行中央公积金制度，强制企业和个人每月缴纳很高比例的公积金。1955 年中央公积金制度成立时的缴纳比例为 10%（雇主和雇员各缴纳工资的 5%），1984 年提高到 50%（雇主和员工分别缴纳 25%），1999 年降低至 30%（雇主缴纳 10% 和员工缴纳 20%），2016 年 9 月新出台的政策规定，55 岁以下员工缴纳比例为 37%（雇主缴纳 20% 和员工缴纳 17%）。[1] 新加坡中央公积金制度推出之前，国民储蓄总额占国民生产总值（GNP）的比重不到 20%，不足以满足国家的投资需求。1968 年实行中央公积金制度之后储蓄率显著提高，到 1990 年储蓄率达到 44%，成为世界上储蓄率最高的国家之一。[2] 政府首付款补贴、低利息按揭贷款、强制住房储蓄政策对提高新加坡居民的购房能力起到重要作用，是新加坡拥有很高的住房自有率的重要原因。

（三）构建多层次住房体系满足多元化住房需求

新加坡的多层次住房体系可以从两个维度进行阐释：一是从住房的供给结构视角；二是从住房的需求保障视角。从住房的供给结构看，新加坡的住宅市场是一个典型的金字塔形结构，最底层是 HDB 建造的数量庞大的组屋，其次是执行共管公寓、入门级的私人住宅、中等水平的私人住宅，最后是豪华住宅。HDB

---

① 资料来源：https：//eresources. nlb. gov. sg/infopedia/articles/SIP_573_2005 - 01 - 05. html？s = CPF.

② Phang S. Y. Housing and the New Welfare State：Perspectives from East Asia and Europe. Aldershot：Ashgate，2007.

的组屋还可进一步划分为 1~2 室的小户型、3 室的中等户型和 4~5 室的大户型，最小户型房屋面积 36 平方米，最大户型房屋面积 130 平方米，能够满足不同家庭规模的住房需求。从住房的需求保障看，新加坡政府根据收入差异、家庭规模、家庭特征等对居民作了高度细分，并制定了有针对性的政府补贴政策，以充分满足居民多元化的住房需求。在构建多层次住房体系的同时，新加坡政府还出台了金融、税收等政策鼓励居民住房升级，进而提高了居民的整体住房品质。

（四）住房保障政策与社会政策相结合

从历史上看，新加坡政府多次将住房保障政策与社会目标相结合，取得了较为明显的效果。具体包括：（1）促进种族融合。新加坡是一个多种族社会，种族问题具有潜在的爆炸性。殖民政府时期采取种族隔离思路，自治政府实行种族融合政策，而组屋是自治政府促进社会融合的重要工具。HDB 在分配组屋时，对同一社区不同种族的居民作了比例限制，例如，规定华裔、马来裔和印度裔在同一社区的最大比例分别为 84%、22% 和 10%。[①]（2）强化家庭关系。新加坡政府鼓励亲人之间同住或就近居住，不希望年轻或年老的个体独自居住。在住房分配和补贴方面，单身群体长期没有资格申请组屋，多代家庭同住可以申请 130 平方米的大户型组屋，希望与父母或孩子就近居住的申请人可以获得组屋优先购买权，并获得额外的购房补助。[②]（3）鼓励结婚和生育。鉴于新加坡居民人口不断减少和生育率持续下降，为鼓励生育政府推出三孩优先计划（A Third Child Priority Scheme），拥有至少三个孩子的家庭可以优先获得大户型组屋。此外，政府鼓励年轻夫妇早结婚并建立家庭，推出未婚夫/未婚妻计划，允许尚未结婚的年轻夫妇申请组屋，但获得组屋需要提供结婚证明。

第五节　日本住房供给体系及借鉴

日本是一个典型的人多地少的国家，总国土面积仅 37.8 万平方千米，2023 年人口达到 1.243 亿人，[③] 其人口密度排在世界前列。虽然日本在第二次世界大

①　Zhang X. Q. , Wong G. Economic Development and Housing Markets in Hong Kong and Singapore. UN - HABITAT, 2011.

②　Phang S. Y. Housing and the New Welfare State: Perspectives from East Asia and Europe. Aldershot: Ashgate, 2007.

③　日本国家统计局。

战结束后的一段时间出现过住房严重短缺问题，但自 1948 年政府开始强力介入住房市场之后，日本的住房短缺问题逐步得到解决，1968 年其住房存量已经超过家庭数量，2018 年公布的《日本住房和土地调查报告》显示全国平均每个房间人数为 0.53 人，表明日本住房市场的供给总量相对充足。目前日本的住房大致分为两大类：自有住房和租赁住房，其中租赁住房根据供给主体的不同分为四小类，即政府提供的公营住房、城市复兴组织和公共公司提供的出租房、私人业主提供的租赁住房及社宅。从表 6 - 5 可以看出，日本住房供给体系相对稳定，除社宅比重持续下降以外，其余各类住房比重波动较小。日本是政府导向型的市场经济国家，在住房领域政府始终坚持通过各种计划和政策对住房资源配置施加影响，虽然历史上曾爆发过严重的房地产泡沫危机，但总体上是有成效的。作为同属东亚文化圈的国家，日本住房市场发展的经验，特别是多元化租赁住房发展模式，可以为我国住房市场的发展提供有益参考。

一、日本住房市场发展概况

2018 年公布的《日本住房和土地调查报告》显示，日本总住房存量为53 616 300 套，其中自有住房 32 801 500 套，自有住房率为 61.2%。日本自有住房率与欧美发达国家水平相当但波动相对更小，自 1968 年以来始终稳定在 60%左右（见表 6 - 5）。但历史上日本的自有住房率非常低，20 世纪 40 年代之前日本住房市场一直以租赁住房为主，1941 年日本自有住房率仅有 22.3%，而租赁住房达到 75.9%（平山洋介，2012）。① 日本虽然人口密度高，但独立和半独立式的别墅、排屋类住房所占比例非常大，OECD 最新数据显示②，2019 年日本独立和半独立类住房的占比分别达到 53% 和 2.5%，而公寓类住房占 44.3%。日本住房市场的另一特征是木结构、钢结构住房占比较大，分别达到 57% 和 8.8%，③其中的重要原因在于日本是一个多地震国家，木结构、钢结构住房具有良好的抗震性能。此外，木结构、钢结构住房的使用寿命长、施工工业化程度高，符合绿色建筑、节能建筑和工业化建筑的发展方向。

日本自有住房率在经历两次快速提升之后趋于平稳。第一次是 1941 ~ 1948年，自有住房率从 22.3% 提高到 67%。20 世纪三四十年代，日本政府为迅速稳

---

① 平山洋介：《日本住宅政策的问题——展望"自有房产社会"的将来》，丁恒译，中国建筑工业出版社 2012 年版，第 1 ~ 106 页。
② 资料来源：https：//www.oecd.org/housing/data/affordable - housing - database/housing - market.htm.
③ 资料来源：《日本住房和土地调查报告》（2018）。

定战争期间及战后的社会和经济，出台了地价租金控制令。廉价土地促进了自建房的发展，而租金控制导致大量租赁住房因无利可图而出售，进而导致日本自有住房率快速提高。第二次是 1948～1958 年，自有住房率从 67% 提高到 71.2%。第二次世界大战结束时日本住房市场的供需矛盾非常突出，住房缺口达到 420 万套左右，1948 年日本政府开始制定一系列政策和措施刺激住房供给。① 首先是 1948 年 7 月成立建设部，其次在 20 世纪 90 年代制定了影响深远的三大支柱性住房政策：成立政府住房金融公库（Government Housing Loan Corporation，GHLC），向抵押贷款市场提供流动性以协助住房建设；颁布《公营住房法》，授权地方政府单位（Local Government Units，LGUS）为低收入人群建造公共租赁住房；成立日本住宅公社（The Japan Housing Corporation，JHC），促进面向重点城市中等收入人群的住房建设。日本政府的这些举措有力地促进了住房建设与供给，至 1968 年日本住房数量已经超过了家庭数量，标志着日本住房市场的供需关系发生了根本性转变。

表 6 - 5　　　　　　　　 1941～2018 年日本住房产权分布情况　　　　单位：%

年份	自有住房	租赁住房				
		总数	公营住房	城市复兴机构或 公共公司出租房	私人出租房	社宅
1941	22.3	77.7		75.9		1.8
1948	67.0	33.0		27.2		5.8
1953	57.5	42.5		34.6		7.9
1958	71.2	28.8		3.5	18.5	6.7
1963	64.3	35.7	4.6	—	24.1	7.0
1968	60.3	39.7	5.8	—	27.0	6.9
1973	59.1	40.9	4.9	2.1	27.5	6.4
1973	59.2	40.8	4.9	2.1	27.5	6.4
1978	60.4	39.4	5.3	2.2	26.1	5.7
1983	62.4	37.3	5.4	2.2	24.5	5.2
1988	61.3	37.5	5.3	2.2	25.8	4.1
1993	59.8	38.5	5.0	2.1	26.4	5.0
1998	60.3	38.1	4.8	2.0	27.4	3.9

---

① Kobayashi M. The Housing Market and Housing Policies in Japan. ADBI Working Paper Series 558，2016.

加快建立多主体供给、多渠道保障、租购并举的住房制度研究

年份	自有住房	租赁住房					
		总数	公营住房	城市复兴机构或公共公司出租房	私人出租房	社宅
2003	61.2	36.6	4.7	2.0	26.8	3.2
2008	61.1	35.8	4.2	1.9	26.9	2.8
2013	61.7	35.5	3.8	1.6	28.0	2.2
2018	61.2	35.6	3.6	1.4	28.5	2.1

资料来源：1941~1958 年，平山洋介：《日本住宅政策的问题——展望"自有房产社会"的将来》，丁恒译，中国建筑工业出版社 2012 年版，第 1~106 页；1963~2018 年《日本住房和土地调查报告》（2018），日本总务省统计局官网。

二、日本住房供给与保障体系

（一）政府公营住房

面对第二次世界大战后极度短缺的住房状况，1951 年日本政府颁布了《公营住房法案》（The Publicly - Operated Housing Act），目的是为低收入群体建设低租金的公共租赁住房。根据该法案，中央政府向地方政府（LGUs）提供财政补贴，地方政府负责公营住房的开发建设和运营管理。[1] 从表 6-6 可以看出，1965~1984 年是日本公营住房建设高峰期，分别建造了 63.2 万套和 57.8 万套，截至 2015 年日本共建成了 216.9 万套公营住房。

表 6-6　　　日本公营住房建设情况（1945~2015 年）

建设年份	1945~1954	1955~1964	1965~1974	1975~1984	1985~1994	1995~2004	2005~2014	2015	总计
建设数量（万套）	1.1	7.2	63.2	57.8	40.6	30.5	15.4	1.2	216.9
百分比	0.5%	3.3%	29.1%	26.7%	18.7%	14.1%	7.1%	0.5%	100%

资料来源：日本住房组织联合会 2017 年 10 月发布的报告《日本的社会住房政策》。

公营住房获得大量的政府财政补贴，租金水平明显低于市场租金，其受益人

---

[1] Kobayashi M. The Housing Market and Housing Policies in Japan. ADBI Working Paper Series 558, 2016.

仅限于低收入和中间偏下收入的无房家庭。公营住宅的特点主要在于两方面：一是租金低廉，公营住宅承租户实际支付的房租一般不超过市场租金的一半，甚至低于 1/3；二是交通便利，选址一般在地铁、公路等车站附近，出行便利。2008 年的土地住宅统计结果显示，公营租赁户每天通勤时间在 30 分钟以内的占比达 64.14%，远高于自有住宅居民（49.10%），也高于民营租赁住宅居民（见表 6-7）。公营住宅给了弱势群体利用公共交通等资源的更多便利，也被看作对社会财富二次分配的一种形式。

表 6-7 　　　　日本家庭主要收入者为被雇用者的通勤时间比较 　　单位：%

平均通勤时间	15~30 分钟	30~60 分钟	60~90 分钟	90~120 分钟
全体平均	52.34	28.89	12.32	3.10
自有住宅	49.10	30.09	14.26	3.95
公营住宅	64.14	26.34	6.96	1.46
民营木结构租赁住宅	62.06	25.77	8.63	1.82

注：在家上班、通勤时间 2 小时以上者占比例极小，表中省略未列出。

资料来源：周建高：《日本住宅保障与住宅政策研究》，社会科学文献出版社 2018 年版，第 169~177 页。

虽然日本政府建设了较大规模的公营住房，但一些重点城市的申请人数众多、等候名单很长，获得公营住房的难度非常大。以东京为例，1989 年平均每套公营住房的申请人数为 35.5 人。[1] 2005 年之后，日本公营住房的建设规模逐步减小，政府政策从增加住房供给转向提高住房品质，并希望引入更多的市场机制，以满足住房需求多样化的时代要求。[2] 当前，日本公营住房面临的主要问题是房屋及设施老化，虽然政府企图对其进行更新改造，但受到财政支出限制和部分老年群体的反对，使公营住房更新推进速度慢。

（二）多元主体供给其他出租房

日本租赁市场供给主体的多元化特征非常明显，包括个人、企业、各级政府、城市复兴机构和公共公司等。其中个人或私营企业供给市场化运作的私人出租房，部分企业和政府部门为本单位员工提供社宅，城市复兴机构和公共公司向稳定收入群体、特殊群体（特别是老年群体、育儿家庭）等供给半公益性的高品

---

① 　Kanemoto Y. The Housing Question in Japan. Regional Science and Urban Economics. Vol. 27, 1997, pp. 613-641.

② 　Ito T. Public Policy and Housing in Japan. University of Chicago Press, 1994.

质出租房，而各级政府主要向低收入家庭供给低租金的公营住房。

1. 私人出租房

私人出租房完全市场化运营，成本高、手续复杂。除租金外，租客还需支付礼金（酬谢金）、敷金（押金）、中介费等费用，续签合同时还需支付续签费，此外租客在租赁合同中还需提供担保人或保险公司作担保。私人出租房在日本的住房体系中一直占据重要地位，且近年来还呈现上升趋势，2018 年私人出租房占市场总住房存量的 28.5%（见表 6-5）。日本政府主要通过税收优惠政策鼓励私人出租房的发展，例如，房东建设出租房的贷款利息及运营维护出租房的成本，可以全部从租金收入中扣除；房东管理的出租房超过 10 套则有资格扩大可扣除费用，包括支付家庭成员工资。更为重要的是，出租房还可享受遗产税减免，日本的遗产税税率非常高（目前最低税率为 10%，最高税率为 55%，税率根据遗产价值的不同而变化），正常遗产税的计算基数是房产市场价值的 50%，如果该物业被出租则可进一步减少 30%（Ito，1994）。① 因此，税收优惠对促进日本私人出租房的发展具有重要的推动作用。

2. UR 出租房

城市复兴机构（The Urban Renaissance Agency，UR）也称为都市机构，其前身是成立于 1955 年的日本住宅公社（JHC）。UR 是一个半政府组织，旨在通过改善城市功能和改善居住环境以应对社会经济条件的变化以及改善城市基础设施，从而振兴这些城市。在生活环境领域，UR 继承了原日本住宅公社的出租房屋，并负责全国 UR 租赁住房的维护和管理、参与存量住房的更新改造以及承担灾后应急住房建设等。申请 UR 出租房有具体的收入要求，如月租金在 6.25 万日元及以下的，要求月收入是租金的 4 倍；月租金在 6.25 万~20 万日元的，要求月收入达 25 万日元以上；月租金在 20 万日元以上的，要求月收入达 40 万日元以上。② UR 租金与市场租金挂钩，但无须支付礼金、中介费、续订费等，也无须提供担保人，因此相对私人出租房成本更低、程序更简单。目前 UR 在日本维护管理着超过 77 万套出租住房，其中东京地区占 45 万套，③ 租金约为市场价格的 80%。

3. 社宅

社宅是公司、政府机关或其他组织提供给所属职员的集体宿舍、官邸等，由于这项福利是工资的一部分，因此也称为工资住房。第二次世界大战之前公司为加强工人管理，提供了较多的职工宿舍，但第二次世界大战之后政府补贴住房供

① Ito，T. Public Policy and Housing in Japan. University of Chicago Press，1994.
② 资料来源：http://www.ur-housing.com/faq/31/（What are the requirements for UR housing?）.
③ 资料来源：http://www.ur-whitestone.com/english/about（About UR Housing）.

给增多,社宅的地位和作用开始下降。从表 6 - 5 也可以看出,自 1953 年之后,社宅的比重也不断下降,2018 年只占住房存量的 2.1% 。政府针对社宅也有相应的支持政策,例如,公司职工住房的维护与管理成本可以纳入公司运营成本,职工的租金补贴免缴个人所得税等。

(三)支持购买并鼓励住房自有和长住政策

第二次世界大战之后,日本政府一直寻求建立以中产阶级为主的社会结构,支持和鼓励中产阶级拥有住房,而对低收入家庭拥有住房的关切度不高。[①] 因此,相比其他国家,日本政府在支持自有住房,特别是低收入群体购买住房方面的政策力度相对较小。其支持自有住房的政策主要包括通过公共住房贷款机构提供长期低息住房贷款、实行抵押贷款所得税减免及制定鼓励长期持有住房等。

1. 长期低息公共贷款

日本住房抵押贷款市场由公共住房贷款机构和私人金融机构组成,公共住房贷款机构主要包括政府住房贷款公司和地方公共机构,私人金融机构包括城市银行、地方银行等。日本住房抵押贷款市场的一个重要特征是公共机构贷款占较大比重,1993 年日本公共住房贷款占贷款总额的 50% ,而同期英美等国只占 20% 左右,之后公共机构贷款比重不断下降,但至 2015 年仍占 12.2% 。[②] 1950 年成立的政府住房贷款公司是公共住房贷款的主要提供者,政府住房贷款公司利率受到法律限制,并且贷款利率和融资成本之间的任何负利率差都由政府承担。GHLC 贷款的最长期限可达 35 年,且利率相对较低。1950 ~ 2007 年 GHLC 为1941 万套住房提供贷款,占第二次世界大战后住房建设融资总规模的 30% 。[③]

2. 抵押贷款所得税减免

1986 年日本政府推出了抵押贷款所得税减免政策,给予购房家庭连续 10 年的所得税减免优惠。日本抵押贷款所得税减免政策与其他国家不同,每年允许扣除的额度是抵押贷款余额的 1% ,如果准许扣除额度大于应交所得税额,超过部分还可从个人居民税中扣除,而欧美国家一般是将抵押贷款利息从应税收入中扣除。[④] 在累进制税率下,欧美模式实际享受的优惠额度受个人收入影响较大,显然收入越高的家庭获得的优惠力度越大。但对于无须缴纳个税的低收入家庭来

---

① Hirayama Y. Housing Policy and Social Inequality in Japan. Comparing Social Policies: Exploring New Perspectives in Britain and Japan, 2003, pp. 151 – 171.

② Hirono K. N. Low – Interest Rate Policy and Japanese Housing Market. Keizai Shushi, Vol. 90, 2020, pp. 41 – 57.

③ Kobayashi M. The Housing Market and Housing Policies in Japan. ADBI Working Paper Series 558, 2016.

④ Ito T. Public Policy and Housing in Japan. University of Chicago Press, 1994.

说，无论哪种模式都无法享受优惠。

3. 鼓励长住政策

日本实行轻不动产税，重交易税的税收策略，主要目的是鼓励居民长期居住。日本不动产税负相对较低，标准的不动产税率为 1.4%，且计税时以低于房屋市场价值 50% 的基数计算。但日本房地交易时需缴纳高额资本利得税，税率随着居住年限的增加而降低。例如，居住满 5 年且房屋价值不超过 4 000 万日元税率为 26%，超过 4 000 万日元税率为 32.5%；居住不满 5 年的税率则高达52%。[①]

4. 促进适老住宅的更新改造

2019 年日本总务省公布的数据显示，该国拥有全世界最高比例的老年人口，65 岁及以上的居民人数达到 3 588 万人，占日本总人口的 28.4%。[②] 老年人行动相对不便，对住房的可达性、便利性要求较高，而且对医疗、养老、休闲娱乐等配套设施的需求也有所不同。为应对人口老龄化的住房挑战，2001 年日本颁布了《老年人住房稳定供应保障法》（2011 年进行了修订），促进适于老年群体的多样化、高品质住房的建设与更新改造。日本政府给予提供此类住宅的企业单位或个人建设成本补贴、所得税优惠、财产税减免及允许加速折旧等优惠，日本住房金融公库（JHF）为建造或购买此类房产提供低息贷款。日本公共公司是老年住房的重要提供者，以神奈川景住宅供给公社为例，其供应的三类出租房有两类专门服务老年群体，分别是"优秀的老年人出租房"和"老年服务式住宅"。优秀的老年人出租房主要服务年满 60 周岁且能独立生活的老年人，而老年服务式住宅主要针对 60 周岁以上需要支持或护理的老年人，两者在设施配备、人员安排方面有较大区别。

三、日本多主体供给、多渠道保障经验借鉴

日本与我国同属东亚文化圈，两国在历史文化、住房观念等方面有更多的相似之处，且日本房地产业发展的历史更悠久、日本人口结构变化的速度更快，日本经验可以为我国住房市场的发展提供重要的参考价值，主要包括以下几方面。

（一）完善租赁市场供给体系

日本自有住房率长期稳定在 60% 左右，各类租赁住房在住房市场中占据重

---

① Ito T. Public Policy and Housing in Japan. University of Chicago Press，1994.

② 日本总务省统计局网站。

要地位。第二次世界大战之后，日本逐步构建了以私人出租房、公营住房、UR出租房和社宅等组成的阶梯式的租赁住房供给体系，再配合政策性金融支持，在解决年轻群体、低收入群体以及部分中等收入群体的住房需求方面发挥了重要作用。日本租赁住房的总体比重变化不大，但各类租赁住房的相对比重随着经济社会的发展而不断变化。当前我国正处于大力发展住房租赁市场，促进租购结构平衡的重要阶段，如何激励多元化主体参与租赁住房的建设与运营是租赁市场发展面临的重要问题。日本多元化主体供给多层次租赁住房的发展经验可以为我国租赁住房市场的发展提供参考，特别是政府及政府机构在租赁住房供给和保障中扮演的角色，以及政府制定配套政策等方面可以为我国提供借鉴。

（二）加强老旧住房社区的更新改造

为提升老旧小区住房质量、改善居民生活条件，同时恢复城市活力，2004年日本专门设立了城市复兴机构，其使命是"创造美丽、安全、舒适的城市"。日本城市复兴机构在城市复兴、生活环境改善、灾后重建等方面发挥了重要作用。我国房地产业经过二十多年的快速发展，取得了巨大成就，居民住房条件明显改善，人均住房面积已达到发达国家水平。目前我国住房市场的总量供需总体平衡，房地产业市场的发展将逐步从增加供给过渡到既有老旧小区品质提升阶段，房地产企业也将面临业务模式的转型升级。但目前，我国老旧小区改造尚未形成规模化市场、制度化安排及标准化模式，相关配套制度和政策措施还不够完善，导致房地产企业转型步伐相对缓慢。

（三）关注人口老龄化趋势下的住房需求变化

老年人口的住房需求有显著差异，随着人口老龄化不断加深，这一群体的住房问题将日益突出。作为率先步入人口老龄化国家的日本，在老年人住房供给与保障方面具有丰富的经验，取得了显著成效。我国正快速步入老龄化社会，既有住房在功能设施方面无法充分满足老年人的需求。目前我国一些城市开始实施老旧小区的适老化改造，例如，通过加装电梯解决高楼层老年人的垂直交通问题，受到社会的广泛好评。但总体而言，当前我国适老化改造的内涵不够丰富、力度相对不足，缺乏专业化的大型企业或机构参与老年人住宅的建设与更新改造，与此同时面临资金瓶颈、利益冲突和场地局限等问题，有赖于顶层制度设计加以协调。

第六节　韩国住房供给体系及借鉴

　　韩国是世界高人口密度国家之一，且人口分布极度不均衡，近一半韩国人居住在首尔、仁川和京畿道在内的首都圈，导致各大城市长期面临严重的住房短缺问题。20 世纪朝鲜半岛战争期间，韩国近 20% 的住房被摧毁，住房短缺成为当时最紧要的社会问题。1954 年成立韩国发展银行，主要职责是向韩国住房集团和地方政府提供建设资金贷款，标志着韩国政府开始全面干预住房市场。在政府"供给端"和"需求端"资助政策的推动下，韩国住房建设规模不断增大、供需矛盾逐步缓解。但受到快速城镇化和家庭规模小型化的影响，直到 2000 年韩国的住房短缺问题才得以基本解决。2021 年韩国全国平均住房供应比率达到 102.2（首都圈为 96.8），表明韩国住房市场总体上处于相对均衡状态。[1] 同样也是东亚文化圈的国家，韩国在超大城市住房供给与保障、多层次租赁住房发展等方面可以为我国解决大城市住房问题提供有益参考。

一、韩国住房市场发展概况

　　韩国国家统计局官网数据显示，2019 年韩国全国平均自有住房率为 58%，各类租赁住房比例为 42%；而首尔都市圈的自有住房和租赁住房各占 50%（见表 6 - 8）。虽然政府一直希望提高居民自有住房率，但由于制定了严格的防范住房投机炒作机制，限制了富裕阶层购买住房的数量，而低收入群体面对高昂的房价又无力购买，导致韩国自有住房率始终难以显著提升。韩国租赁住房占比较高、种类丰富，按支付方式可以分为四类：传贳房（Jeonse）、月贳房（Monthly Rent with Deposit）、月租房（Monthly Rent without Deposit）和其他住房。传贳房和月贳房是韩国独特的租赁模式，两者占韩国租赁市场的 80% 以上，在解决居民住房方面发挥了重要作用。2020 年韩国总住房存量达到 2 167 万套左右，每千人住房拥有量为 418.3 套，虽然尚低于法国（590 套/千人）、德国（509 套/千人）等欧洲国家，但已与英国、美国等发达国家水平相当。[2]

---

① 资料来源：韩国统计门户网站（KOSIS）。
② 资料来源：OECD 官方网站。

表 6-8　　　　　2019 年韩国不同收入群体住房产权分布情况　　　单位：%

范围	收入	自有住房	传贳房	月贳房	月租房	其他住房
全国	总计	58.0	15.1	19.7	3.3	3.9
	低收入群体	46.4	10.9	29.5	7.2	5.9
	中等收入群体	59.6	18.7	17.4	1.2	3.2
	高收入群体	76.1	15.3	6.2	0.4	1.8
首尔都市圈	总计	50.0	21.5	21.9	3.0	3.7
	低收入群体	34.2	17.1	35.3	7.4	6.0
	中等收入群体	51.5	25.3	19.3	1.0	3.0
	高收入群体	70.2	20.4	7.3	0.4	1.8

资料来源：韩国统计门户网站（KOSIS）。

历史上韩国曾长期面临住房严重短缺问题。1951 年朝鲜战争爆发后，因大量住房被炮火摧毁而出现住房严重短缺问题。为解决难民和无家可归者的住房问题，韩国政府开始资助住房建设。在外国政府的援助和政府部门的努力下，1951 ~ 1953 年累计建造了 82 658 套简易住房，占当时住房建设总量的 38.4%。[①] 战后随着经济的发展和社会的稳定，韩国出现第一次大规模人口迁移现象，大量农村人口涌向大城市。以首尔为例，1958 年相对 1953 年人口增加了 73.8%，家庭数量增加了 65.4%，而住房供给仅增加了 46.4%，住房短缺率达到 38.6%。[②] 为应对住房危机，韩国地方政府、韩国国家住房公司（Korea National Housing Corpora-tion，KNHC）、韩国发展银行（the Korea Development Bank，KDB）及其他公共机构、金融机构都纷纷加入住房供给阵营。

20 世纪六七十年代，韩国再次出现了住房严重短缺现象，一方面，主要原因在于经济飞速发展、快速城镇化与家庭规模小型化导致的住房需求迅速增加。城镇化率从 1960 年的 27.71% 提高到 1980 年的 56.72%。[③] 另一方面，受战后"婴儿潮"和人口迁移的影响，韩国"核心家庭"[④]（Nuclear Families）数量猛增。这两大因素导致韩国家庭数量的增长速度远超住房供给，政府为此制定了更大规模的住房供给计划，并将住房建设纳入经济发展 5 年计划，同时加大土地、

[①] Lim S. H. The 50 Years of Housing Policy. KNHC：Seoul，2002.

[②] Jun，N. I.，Yang S. H. The Influence of Early Government-sponsored Housing on the Modernization of Ko-rean Housing：From Post - Korean War to Late 1960s. International Journal of Human Ecology，Vol. 6，2012，pp. 147 - 157.

[③] 资料来源：世界银行官网，https：//datatopics. worldbank. org/world - development - indicators/.

[④] 核心家庭是指由一对夫妇及未婚子女组成的家庭。通常称"小家庭"。

财税、金融等政策的支持力度。经过 40 余年的努力，至 21 世纪初韩国的住房短缺问题基本得以解决，其标志是住房供应比率超过了 100%。[①]

二、韩国住房供给与保障体系

（一）多主体供给公共租赁住房

韩国公共租赁住房体系非常独特和复杂，政府根据经济社会发展的需要先后推出 20 多种具体的公共租赁住房形式，其共同特征是享受政府资金或政策的支持。公共租赁住房按供给主体不同可分为中央政府、地方政府和私人部门公共租赁住房；按租期不同可分为永久性（Permanent Rental Housing）、50 年期、10 年期和 5 年期公共租赁住房；按房屋来源不同可以分为新建、购买和租赁公共租赁住房；按保障对象不同可分为中低收入群体和特定群体（如企业员工、年轻群体等）公共租赁住房（见表 6 - 8）。韩国公共租赁住房的参与主体主要包括中央政府、地方政府和私人部门。

1. 中央政府

中央政府在公共租赁住房供给方面主要扮演三重角色：完善法律法规、制定激励政策以及直接参与建设和管理。1989 年之前中央政府的主要职责是制定法律法规，很少直接供给公共租赁住房。但由于 20 世纪 80 年代末期韩国房价飞速上涨，严重威胁到低收入家庭的住房安全，中央政府制定了 200 万套住房建设计划。1989 ~ 1993 年，中央政府通过土地和住房公司（Land and Housing Corporation，LH）供应了 14 万套住房，[②] 1993 年新政府实行去管制化和私有化策略，减少了对住房市场的直接干预，并通过立法增强私人部门在租赁住房供应方面的作用。

2. 地方政府

韩国地方政府理论上有权制定和实施本地住房计划，但由于需要获得中央政府的批准且自身金融资源缺乏，导致地方政府的作用长期被边缘化。[③] 但 20 世纪 90 年代中期之后，一方面由于中央政府权力逐步下放，在住房领域中央与地方的关系从上下等级关系转向水平合作关系；另一方面立法规定城市重建项目必须

---

① Kim K. H., Park M. Housing Policy in the Republic of Korea. ADBI Working Paper Series, 2016.

② Kim K. H., Park The Evolving Roles of the Public and Private Sectors in Korea's Public Rental Housing Supply. Architectural Research, Vol. 9, 2020, pp. 85 - 95.

③ Pong I - S. A Study on Public - Rental Housing Supply System of Canada and Korea. Gyeonggi Research Institute, 2011.

提交租赁住房发展计划，导致地方政府的作用开始增强。[1][2] 例如，2007 年首尔市政府推出面向中等收入无房家庭的长期公共租赁住房项目（Shift Housing Program/Long-term Public Lease），通过市政府与住房和社区公司共同新建或从重建项目中购买的方式提供出租房。但总体而言，地方政府受到人力、物力和财力的限制，在公共租赁住房供给方面发挥的作用比较有限。

3. 私营部门

私营部门包括非营利性组织或基金会、住房合作社、社会企业和中小规模公司。1993 年 2 月金泳三总统上台后提出"新经济五年计划"，该计划遵循新自由主义原则，主张充分发挥私营部门在推动经济和社会发展方面的作用。在公共租赁住房政策方面，改变了政府直接供应住房的模式，转向通过鼓励租赁住房土地开发、增加低息贷款、放宽押金和租金监管等措施促进私营部门参与公共租赁住房供给。[3] 韩国私营部门主要通过三种方式向中低收入家庭提供公共租赁住房：一是提供 5 年期和 10 年期公共租赁住房，期满后私营部门可以自行出售；二是将公共租赁住房纳入私营部门的重建和再开发项目；三是提供受政府资助的私人租赁住房。[4] 由于投资回报率低、投资回收期长，私营部门参与公共租赁住房供给的积极性一直不高。但在政府持续推出低成本土地供给、低利率贷款和税收减免等优惠政策，并不断降低私营部门的义务条件之后，私营部门公共租赁住房得以快速发展。从表 6 - 9 可以看出，到 2018 年底，私营部门提供的公共租赁住房已多于公共部门。

表 6 - 9　　　　韩国公共租赁住房存量（2014 ~ 2018 年）　　　　单位：套

分类		2014 年	2015 年	2016 年	2017 年	2018 年
公共部门	10 年租期	59 414	270 480	73 522	72 846	100 175
	5 年租期	65 622	144 226	70 355	69 222	59 163
	员工宿舍	25 609	19 591	25 772	17 595	22 574
	合计	150 645	434 297	169 649	159 663	181 912

---

[1]　So J. K. , Song K. T. The Study on the Distribution of Roles between the National and Local Government in Public Housing Projects. Journal of Korean Association for Local Government Studies, Vol. 23, 2011, pp. 51 - 80.

[2]　Lee Y. M. , Sung J. W. The Study on the Characteristics of Public Rental Housing Residents and Quality of Life：Redevelopment Rental Housing. SH Urban Research Institute, 2017.

[3]　Lee J. K. , Kim K. M. , Kwon C. H. , Park S. H. 50 - Year Achievements and Future Challenges on Public Rental Housing. Land & Housing Institute, 2013.

[4]　Kim Y. , Park H. J. The Evolving Roles of the Public and Private Sectors in Korea's Public Rental Housing Supply. Architectural Research, Vol. 22, 2020, pp. 85 - 95.

续表

分类		2014 年	2015 年	2016 年	2017 年	2018 年
私人部门	准公共租赁住房	501	3 570	16 865	57 264	148 111
	企业租赁住房	—	—	42 407	78 116	97 736
	公共部门补贴租金住房	—	—	—	—	12 816
	合计	501	3 570	59 272	135 380	258 663
总计		151 146	437 867	228 921	295 043	440 575

资料来源：Kim，Park. The Evolving Roles of the Public and Private Sectors in Korea's Public Rental Housing Supply. Architectural Research，Vol. 9，2020，pp. 85 – 95。

（二）政府向低收入家庭提供住房补助

需求端补助是发达国家普遍使用的低收入家庭住房资助模式，其优点是租户可以根据自身的偏好自主选择居住地和住房类型，也有助于存量住房的充分利用。韩国的需求端补助项目主要分为两类：传贳房押金贷款项目（chonsei deposit loan program）和住房补贴项目（housing benefits program）。

1. 传贳房押金贷款项目

韩国租房模式与其他国家存在显著差异，主要有两种类型：一种称为月贳；另一种称为传贳。月贳即月租房，租客支付一个月租金的同时缴纳高额的押金（首尔通常付 1 押 10，其他地区付 1 押 5）；传贳不需要支付租金，但需要向房东缴纳房屋市场价 50% ~ 70% 的押金，租期结束房东全额退还押金，2010 年有 33% 的首尔家庭通过传贳方式租房。[1] 传贳房租赁方式能够获得长期稳定租住的免租金房源，[2] 受到韩国租客的欢迎，但租房押金很高，大部分租客需要通过贷款融资。

传贳房押金贷款项目始于 1990 年，主要是利用国家住房基金（the National Housing Fund，NHF）向低收入家庭提供低息押金贷款，从而减轻低收入家庭的住房压力。传贳房押金贷款项目主要针对两个群体：极低收入家庭和低收入家庭。极低收入家庭传贳房押金不能超过政府的上限规定（2004 年首尔上限是 5 000 万韩元，约 26 万元人民币）、房屋不能超过 60 平方米，符合条件的家庭可以获得 4 年期最高 70%、利率 2% 的低息押金贷款；低收入家庭必须无房、所租

---

[1]　Kim J. Financial Repression and Housing Investment：An Analysis of the Korean Chonsei. Mpra Paper，Vol. 22，2013，pp. 338 –358.

[2]　虽然是免租金，但实际上是有成本的，高额的押金意味着巨大的机会成本，而房东的收益则来自押金的投资收益。

房屋面积小于 85 平方米，且家庭年收入低于一定的标准（2004 年收入限制是低于 3 000 万韩元，约 15.67 万元人民币），符合条件的家庭可以获得 4 年期最高 70% 的低于市场利率的押金贷款。[①]

2. 住房补贴项目

住房补贴项目是 1999 年韩国建立国家民生保护制度（National Livelihood Protection System）时确立的，属于韩国公共援助体系的一个组成部分。住房补贴有两种形式：一是直接现金补贴，用于支付房租；二是非现金补贴，如提供住房维修和维护服务。住房补贴的对象是收入低于当地收入中位数的 43% 的家庭（包括租房家庭和自有住房家庭）。以 2018 年为例，一人家庭的月收入上限是 72 万韩元，两人家庭的月收入上限是 122 万韩元。[②] 住房补贴额度根据家庭收入和家庭人数确定，大致相当于最低生活成本的 19.4%，有效降低了这些家庭的生活负担。[③]

（三）稳定自有住房市场

随着韩国工业化、城市化的快速发展及家庭收入水平的不断提升，自住、投资、投机等各类住房需求迅速增加，导致房价急剧上涨。韩国政府认为导致房价暴涨的主要原因是住房投机，因此将打击住房投机行为作为政府住房市场调控的重要目标。自 20 世纪 70 年代以来，韩国政府出台了一系列稳房价、反投机政策措施，包括控制新建住房价格、促进低价小户型住房建设、征收资本利得重税等。

1. 控制房价增长

20 世纪 70 年代韩国房价急剧上涨，以首尔为例，1978 年初新建公寓仅 48 万韩元/坪，到 7 月涨到 70 万韩元/坪。[④] 公众对开发商的不满和批判越来越多，韩国政府依据《住房建设促进法案》（the Housing Construction Promotion Law）及《价格稳定和公平交易法案》（the Price Stabilization and Fair Trade Law）对新建私人住房实施限价政策，要求开发商在销售房屋之前提交土地和建设成本资料，作为政府制定销售价格的依据。政府原本以为控制房价上涨便能减少暴利、遏制投机需求，但实际效果出乎意料。一方面限价抑制了开发商的供给意愿，导致新房供给减少；另一方面限价导致新建住房与二手房出现巨大价差，进一步刺激了投机性住房需求。1981 年首尔市政府为促进住房供给和刺激经济发展，暂停了 85

①③ Chung E. C. Low Income Housing Policies in Korea: Evaluations and Suggestions. International Conference of Korea Development Institute, Residential Welfare and Housing Policies: The Experience and Future of Korea, 2005.

② 资料来源：The OECD Tax - Benefit Model For Korea, Description of Policy Rules for 2018.

④ Koh C. Overview of Housing Policies and Programs in Korea'. Korea Housing Institute, 2004.

平方米及以上新房的限价政策，但放松管制之后房价又开始暴涨，政府不得已又恢复了限价政策。

2. 支持小户型住房建设

为增加低价住房供给，韩国政府大力支持小户型住房建设，而公共金融和公共发展机构在其中发挥了重要作用。例如，20 世纪 70 年代韩国国家住房基金（the National Housing Funds）仅支持 85 平方米及以下面积的公寓建设，80 年代将建设标准进一步降低到 60 平方米及以下；韩国国家住房公司（the Korea National Housing Corporation）建设的 136 万套住房中，绝大多数面积小于 60 平方米。[①] 由于市场价值和利润较低，私人开发商（特别是大型私人开发商）一般不愿意建设小户型住房，韩国政府制定了一系列激励和控制措施推动大型私人开发商供给小户型住房，如在发行公司可赎回债券、申请住房贷款和购买土地方面给予优先权。1997 年经济危机爆发之后，韩国住房市场陷入崩溃的边缘，政府逐步放松或取消了私人住房市场的管控。

3. 增加投机税收成本

韩国与自有住房相关的税费包括购买税和登记税（税率 2%）、房产税（税率 0.15% ~ 0.5%）、综合不动产税（税率 1% ~ 3%）和资本利得税等，其中与抑制投机相关的是综合不动产税和资本利得税。2003 年政府推出综合不动产税，其征税对象是价值超过 6 亿韩元的房屋和价值超过 3 亿韩元的土地，希望借此提高住房持有成本、抑制投机性需求。2005 年政府出台"831 对策"（831 Countermeasures），主要内容包括增加不动产交易和资本利得税、打击投机性需求和增加公共住房和公寓供给，其中影响最大的是大幅提高资本利得税（Park et al.，2010）。[②] "831 对策"将拥有两套住房家庭的资本利得税从之前的最低 9% 提高到 50%，在特定地区[③]拥有三套及以上住房的资本利得税从 60% 提高到 82%，并将资本利得税的计税基础由"公开通知价格"（Publicly Notified Price，一般为实际交易价格的 70% ~ 80%）改为实际交易价格。[④] 但政府对长期持有住房的家庭给予资本利得税优惠，为此专门制定了长期所有权特别扣除（the Long-term Ownership Special Deduction）政策，对不同持有期限的住房实行差别

---

① Koh C. Overview of Housing Policies and Programs in Korea. Korea Housing Institute, 2004.

② Park M., Lee M. H., Lee H. S., et al. Boost, Control, or Both of Korean Housing Market: 831 Counter-er Measures. Journal of Construction Engineering & Management, Vol. 136, 2010, pp. 693 – 701.

③ 特定地区是指房地产"投机区"和"过热投机区"，"投机区"的标准是前一个月房价涨幅超过 CPI 指数 30% 以上或前两个月房价涨幅超过全国平均涨幅的 30%。"过热投机区"由政府指定，2008 年 1 月韩国有 72 个行政区划被指定为"过热投机区"（Ronald & Jim，2010）。

④ Lowe – lee F. Korea's Real Estate Market: Are We Overreacting to Skyrocketing Property Prices? K – Developedia（KDI School）Repository, 2007.

化税率。

4. 降低金融杠杆

2006 年 11 月，韩国政府制定了两项与住房贷款相关的政策，分别是降低贷款价值比（Loan-to-Value Ratios，LTVs）和降低债务收入比（Debt-to-Income Ratios，DTIs）。降低贷款价值比则增加了购房首付款，可以有效抑制投机性需求，"过热投机区"的最高贷款价值比不允许超过 40%。降低债务收入比旨在确保贷款金额不超过偿还贷款的能力，"投机区"和"过热投机区"的债务收入比通常定在 40%～60%。2008 年全球金融危机爆发后，政府将"投机区"的贷款价值比提高到 60%，同时大大缩减了"投机区"和"过热投机区"的范围。

三、韩国多主体供给、多渠道保障经验借鉴

韩国宪法明确指出，政府应该努力通过住房供应政策，为每个家庭提供舒适的住所。为此政府一方面打击住房投机、稳定住房市场；另一方面实施大量公共住房和财政援助项目，向中低收入群体提供各种保障性租赁住房。韩国经验主要是首尔、仁川等大城市住房发展经验，因此对我国的大城市住房供给与保障具有较强的借鉴意义，主要启示包括以下几方面。

（一）构建多层次租赁住房供给体系

韩国的租赁住房占总住房存量的 40% 以上，且层次分明、种类丰富，为解决高房价下中低收入家庭的住房问题发挥了重要作用。自 20 世纪 70 年代以来，韩国房价经历多次暴涨，涨幅远超日本及其他大部分西方国家，但韩国至今尚未爆发大规模的房地产泡沫危机，其中的重要原因是其拥有规模较大且结构较为合理的租赁住房市场。韩国政府鼓励长期租赁住房的发展，特别是政府资助的公共租赁住房，最长租期达到 50 年，大部分租期在 10～30 年。发展长期租赁住房有助于提高租赁群体的稳定性和安全感，近年来我国政府也在大力推进长租公寓的发展。相比韩国，目前我国租赁住房市场供给结构较为单一，且监管体系不够完善，在一定程度上制约了租赁市场的发展。可借鉴韩国经验，鼓励和资助有条件的企业、有实力的私人开发商参与各类租赁住房的建设和运营，促进我国租赁住房的多样化发展。

（二）加强租赁群体的金融支持

绝大部分国家的住房金融系统仅支持购房而不关注租房，但韩国非常独特，

不仅有支持购房的抵押贷款市场，也有支持租房的租赁资本市场。韩国金融支持租房的典型模式是传贳房押金贷款，承租人向金融机构借款付押金，房东获得房屋价值50%～70%的押金后将房屋交给承租人免费租住，政府向承租人提供贷款利息补贴，合同到期后房东将押金返还承租人，承租人则可以借此偿还贷款。这种模式本质上是政府通过贷款利息补贴资助租赁群体租房，但与简单的租金补贴不同，这种模式对经济发展产生了重大影响。一方面促进了金融市场和租赁市场的发展，另一方面房东能在不出售产权的前提下获得大量流动资金，房东一般将资金用于投资活动，因此也促进了经济的繁荣。目前我国存在不少空置住房，由于租金房价比较低，导致房东出租住房的动力不足。可借鉴韩国经验，创新租赁和金融模式，促进空置住房转化为市场出租房。

（三）抑制住房市场过度投机

住房市场的过度投机行为容易导致房价暴涨暴跌，不利于经济社会及住房市场本身的长期稳定发展。自20世纪70年代以来，特别是2003年卢武铉总统执政之后，韩国政府对自有住房市场加强了行政干预，出台了一系列稳定住房市场的政策措施，其中最重要的是增加不动产交易和资本利得税、打击投机性需求和增加公共住房和公寓供给。总体而言，韩国的调控效果并不理想，每当政府宣布一项新的稳定措施时，房价便开始新一轮上涨。而且一些政策的负面效应非常显著，如限价政策，不仅抑制了开发商的住房供给意愿，还进一步刺激了住房投机。但韩国在增加低价小户型住房供给、提高住房交易和持有成本方面的经验值得我国学习和借鉴。

第七节　本章小结

本章对不同经济社会发展模式下的典型现代化国家的住房供给和保障体系的形成、发展及演变过程进行了系统梳理，并结合我国经济社会发展状况及实际住房问题提出了相应的政策建议。选取的现代化国家包括自由市场经济国家（英国和美国）、社会市场经济国家（德国）和政府主导市场经济国家（日本、韩国和新加坡）。通过上文分析可以发现，不同经济社会发展模式下的住房供给和保障体系存在很大差异，主要体现在以下几方面：（1）政府干预强度不同。各国政府都对住房市场进行了干预，但政府主导的市场经济国家长期通过各种行政力量调控住房市场，而自由市场经济国家仅在住房严重短缺时期直接参与住房供给。

（2）住房政策目标不同。多数现代化国家以提升自有住房率为主要目标，而德国倡导中性住房政策，鼓励租赁住房与自有住房协同发展。（3）住房供给主体不同。不同国家的住房供给主体存在显著差异，其中自有住房大多以私人供给为主（新加坡除外），但租赁住房的供给主体包括各级政府、公共机构、各类企业和个人等，不同的国家有不同的侧重，但总体趋势是供给主体多元化。（4）住房保障模式不同。新加坡政府主张产权式保障，政府向大部分居民提供廉价组屋，而其他国家大多实行租赁式保障，通过发展廉价租赁住房解决中低收入群体和特殊群体的基本住房需求。

虽然不同经济社会发展模式下的住房供给和保障体系存在巨大差异，但大多国家都已形成了多主体住房供给、多层次住房结构和多渠道住房保障的发展模式，且特别注重促进多样化的租赁住房发展以满足不同收入群体的住房需求。现代化国家住房供给与保障经验给我国的重要启示包括以下几方面：（1）政府干预住房市场是必要的。住房关系民生与人权，住房问题难以通过市场手段完全解决，政府干预是应对住房市场失灵的重要途径，各国政府在稳定和发展住房市场方面都起着至关重要的作用。（2）应将住房政策与社会目标相结合。住房问题与就业、婚姻、生育等社会问题密切相关，各国政府开始注重通过住房政策解决相关社会问题，应特别关注老弱病残、新市民、年轻人等特殊群体的住房难题。（3）鼓励私人资本参与保障性住房供给。保障性住房的社会化运营是现代化国家住房保障的发展趋势，实践证明相对政府直接供给更为有效，应通过土地、财税及金融等政策促进私人资本供给保障性住房。（4）重视私人租赁市场的发展。大力发展租赁住房既是解决年轻群体、流动群体住房问题的重要途径，也是促进经济社会及住房市场长期稳定发展的重要保障，应激励私人资本建设运营各类租赁住房，促进多层次租赁住房市场体系的形成。

第七章

共同富裕背景下我国住房发展目标

"人因宅而立，宅因人而存，人宅相扶。"住房是生活必需品，是重要的民生问题；也是居民家庭财富的重要组成部分，关系居民家庭的幸福感和获得感。住房制度改革以来，我国依靠大力推进住房商品化和政府对中低收入家庭的适度保障，城镇居民住房条件发生了根本性的变化。根据第七次全国人口普查（以下简称"七普"）数据统计，2020年我国城镇居民的人均建筑面积达到38.6平方米，从总体上告别了住房短缺的时代，也建成了世界上最大的住房保障体系，在人类发展历史上称为奇迹。但我们也必须看到部分居民居住过于拥挤、设施不全、环境不佳、配套不齐、消费压力过大等结构性问题突出；必须看到在城镇户籍家庭住房困难问题基本得到解决的情况下，大城市新市民、青年人等工薪群体住房问题突出；必须看到人民日益增长的美好居住需求和住房不平衡不充分的发展之间的矛盾还十分突出。站在第二个百年奋斗目标的征程上，实现共同富裕的现代化已然成为新时代的目标。《中华人民共和国国民经济和社会发展第十四个五年规划和2035年远景目标纲要》明确提出了分步实现共同富裕的目标，要求到2035年，全体人民共同富裕取得更为明显的实质性进展。2021年10月，习近平总书记在《求是》发表重要文章《扎实推动共同富裕》，系统阐述了共同富裕的重大意义、基本原则和工作思路。[1] 2021年10月召开的党的二十大提出以中国式现代化全面推进中华民族伟大复兴的战略目标，共同富裕是中国式现代化的重要特征之一，为我国创建促进共富型

---

① 习近平：《扎实推进共同富裕》，载于《求是》2021年第20期。

制度改革指明了方向。

住房是一个国家现代化的主要标志，是反映共同富裕的核心指标。那么，在实现以人为本的现代化、高质量发展推进共同富裕的新征程中，对我国住房制度完善和改革提出了什么样的新的要求和新挑战？在向第二个百年奋斗目标——共同富裕进军的新征程中，又该建立什么样的住房发展目标，怎样才能建立与高质量发展和促进共同富裕相匹配的合理制度，都是重大的理论与现实问题。因此，本章拟就共同富裕背景下完善我国住房制度进行探索，以期通过深刻把握住房事业发展的新时代背景，重新思考住房制度定位和功能，明确制度发展目标，为探索构建符合新时代的合理制度指明方向。

第一节 住房与共同富裕

一、共同富裕的内涵

共同富裕是社会主义的本质要求，是中国式现代化的重要特征。共同富裕理论源自马克思主义关于促进人的全面发展理论。新中国成立后，毛泽东同志在1953 年的《中共中央关于发展农业生产合作社的决议》中首次提出"使全体农村人民共同富裕起来"。[①] 1990 年 12 月 24 日邓小平同几位中央负责人谈话时指出"共同致富，我们从改革一开始就讲，将来总有一天要成为中心课题。社会主义不是少数人富起来、大多数人穷，不是那个样子"。[②] 深刻揭示了共同富裕是社会主义的本质要求，彰显了马克思主义政党的根本价值取向和中国共产党人的初心使命。

关于新时代共同富裕的提出，可以追溯到 2012 年，习近平总书记在十八届中央政治局常委中外记者见面会上指出："坚定不移走共同富裕的道路"。同年11 月，习近平总书记在主持十八届中央政治局第一次集体学习时就指出，共同富裕是中国特色社会主义的根本原则，所以必须使发展成果更多更公平地惠及全

---

① 《毛泽东文集》第 6 卷，人民出版社出版 1999 年版，第 437、495 页。
② 《邓小平文选》第 3 卷，人民出版社出版 1993 年版，第 364 页。

体人民，朝着共同富裕的方向稳步前进。① 2021 年 6 月，中央发布了《关于支持浙江高质量发展建设共同富裕示范区的意见》。同年 8 月 17 日中央财经委员会第十次会议重点研究了扎实促进共同富裕问题。10 月 16 日《求是》杂志发表了习近平总书记的重要文章《扎实推动共同富裕》，文章系统阐述了共同富裕的内涵、目标要求、实现共同富裕的战略部署，以及促进共同富裕过程中应遵循的原则、思路和重点工作等内容，提出："适应我国社会主要矛盾的变化，更好满足人民日益增长的美好生活需要，必须把促进全体人民共同富裕作为为人民谋幸福的着力点，不断夯实党的长期执政基础"，② 为未来发展指明了方向。

共同富裕的核心要义：一是富裕；二是共享。富裕，要求必须把推动高质量发展放在首位，不断解放和发展生产力，不断增加社会财富总量，不断增进民生福祉、提高人民生活水平，做大做优"蛋糕"，为分好"蛋糕"提供坚实的物质基础。共享，即要求不平等程度缩小，全体人民更加均等地分享经济发展成果，强调将公平放在更重要的地位。根据马克思主义经济循环和再生产理论，共同富裕是国民经济循环实现动态平衡的基础，当收入分配和财富积累分布过度两极分化时，必定会带来有效需求不足，以及生产的普遍过剩，导致商品的社会价值难以得到实现，最终造成资源极度错配，并引发全面的危机。为此，共同富裕的第二个要义，即要求在做大做优蛋糕的基础上，用合理的制度把蛋糕分好，提高发展的平衡性、协调性、包容性。

学术界对共同富裕形成以下四个方面的基本共识：（1）达到富裕水平，消除绝对贫困，缓解相对贫穷；（2）致力于实现全体人民富裕，也要形成人人参与的发展环境；③（3）实现物质富裕与精神富裕的全面富裕；④（4）逐步缩小区域、城乡与群体的差别，并使之处于合理差距水平。⑤

二、住房对共同富裕的影响

"安得广厦千万间，大庇天下寒士俱欢颜"。住房是重要的民生问题，事关社会的和谐以及经济发展的稳定，其作为大多数家庭资产负债表上最大的资产和家庭预算中最大的支出项目，不仅是家庭资产的重要构成，也是家庭财产性收入的

---

① 习近平，2012 年 11 月 17 日在十八届中共中央政治局第一次集体学习时的讲话"紧紧围绕坚持和发展中国特色社会主义 学习宣传贯彻党的十八大精神"，载于《中国青年报》，2012 年 11 月 19 日。

② 习近平：《扎实推进共同富裕》，载于《求是》2021 年第 20 期。

③ 袁航：《新时代促进共同富裕"路线图"的哲学意蕴》，载于《南开学报（哲学社会科学版）》2022 年第 2 期。

④ 张峰：《扎实推动共同富裕的政治经济学分析》，载于《求索》2022 年第 2 期。

⑤ 李军鹏：《共同富裕概念辨析、百年探索与现代化目标》，载于《改革》2021 年第 10 期。

主要来源之一，更是影响居民贫富差距重要的因素。根据中国人民银行发布的《2019 年中国城镇居民家庭资产负债情况调查》显示，对全国 3 万户居民调查，户均总资产 317.9 万元，约 60% 的资产是住房。其中：最低 20% 家庭的资产仅占全部家庭总资产的 2.6%，最高的 10% 家庭占 47.5%，资产基尼系数高达 0.78，[①] 住房不平等加剧了社会贫富差距的扩大。国外学者研究认为住房不平等是社会结构分层的镜像，几乎所有领域的分化都能在住房市场有所体现，[②] 并导致严重的种族隔离、社会撕裂和国家动荡等负面问题。住房对生活方式和家庭消费模式的影响非常深刻，背后承载着大量福利，与社会保障、健康和教育一起被视为现代化国家的四大福利支柱。[③] 住房制度与共同富裕目标中的做大"蛋糕"和切好分好"蛋糕"都有密切的关系，而且在其中都能够发挥极大的作用，要充分认识住房事业健康发展对于实现共同富裕的价值。

（一）在做大"蛋糕"方面的作用

归纳其在做大"蛋糕"方面的作用主要可以概括为"扩内需稳增长、畅循环促平衡、防风险"。

1. 扩内需稳增长

住房消费是国内大循环的重要组成部分。坚持"房住不炒"，坚持"不把房地产作为短期刺激经济的工具"，并没有否认住宅产业作为一种重要产业在推动经济持续健康发展中的作用。一直以来，住宅产业对于扩大内需和稳增长的作用是毋庸置疑的。住宅产业体量大、产业链长。住房制度改革以来，以住宅产业为主体的房地产增加值占比不断创新高，从 1998 年的 4.0% 增加至 2021 年的 6.74%，[④] 带动了水泥、钢铁、家电、家具、家纺等制造业，金融、媒体、物管等第三产业众多上下游产业，吸纳了大量就业人口，增加了居民收入；以住宅类产业为主体的房地产相关税收和收入也是地方财政和投资的重要支撑。以 2021 年为例，全国住宅开发投资 111 173 亿元，占固定资产投资 544 547 亿元的 20.42%；商品住房销售金额 162 730 亿元，相当于社会消费品零售总额 440 823.0 亿元的 36.92%。以住宅用地为主的土地出让金达 87 051 亿元，相当于地方财政收入的 42.46%（地方政府性基金本级收入 + 地方一般公共预算收入）；土地和

---

① 《央行报告：中国城镇居民家庭户均总资产 317.9 万元》，新浪财经，2020 年 4 月 24 日。

② Friedman S., Rosenbaum E. Nativity Status and Racial/Ethnic Differences in Access to Quality Housing: Does Homeownership Bring Greater Parity? Housing Policy Debate, Vol. 15, 2004, pp. 865 – 901.

③ Kemeny J. Comparative Housing and Welfare: Theorising the Relationship. Journal of Housing and the Built Environment, Vol. 16, 2001, pp. 53 – 70.

④ 《中国统计年鉴》（2023），中国统计出版社 2023 年版。

房地产相关税收达 20 793 亿元，占全国税收收入的 12.03%。① 从满足人民美好生活的需要出发，住宅类产业市场未来的发展仍然有很大的空间。

2. 畅循环促平衡

构建新发展格局的关键在于经济循环的畅通无阻。过去房地产占用了过多的土地金融资金等各方面的资源，是国民经济循环中的一个重要堵点。据克而瑞统计，2021 年房企融资总量近 5 年来首现负增长，但 100 家典型房企融资总量仍高达 13 038 亿元；② 中国人民银行统计，2021 年末，人民币房地产贷款余额 52.17 万亿元，同比增长 7.9%；全年增加 3.81 万亿元，占同期各项贷款增量的 19.1%。房地产开发贷款余额 12.01 万亿元，同比增长 0.9%。个人住房贷款余额 38.32 万亿元，同比增长 11.3%，③ 侵占了大量资金。如果我们把这个堵点打通，对于促进国民经济生产、消费、流通整个循环畅通，将发挥极其重要的作用。因此，在新时代背景下，应着力转变过度房地化的城市开发建设方式，加快构建房地产发展新模式，推动金融、房地产同实体经济均衡发展，实现上下游、产供销有效衔接，促进发展的平衡性、协调性和包容性。

3. 防风险保稳定

住宅类产业一头连着经济发展，另一头关乎社会民生，在"六稳""六保"中占有十分重要的地位，住宅类产业的稳定发展是经济稳定的重要基石，大起大落可能会造成金融系统甚至会带来社会稳定的问题。特别是部分头部企业逾期交付的风险问题，首先，房企信用风险如果处理不当，将迅速导致金融体系资产质量恶化，增加金融机构风险。其次，警惕住房资产价值大幅波动造成的收入差距加大。根据很多研究，商品住宅的价格对城镇居民的收入差距产生了显著的正向影响，④⑤ 住房价格的起伏波动动态地分化了居民的财产结构和各时期购房居民的财产阶层。⑥ 统计数据显示，全国商品住房均价从 1998 年的 1 854 元/平方米上涨到 2021 年的 10 396 元/平方米。⑦ 房价长期上涨带来的赚钱效应不断显现，远超工资收入增长，住房越来越多地被作为积累财富的工具。而更令人担忧的是，市场配置资源的结果是高收入群体的住房条件优先、快速、大幅度地得到改

---

① 资料来源：财政部网站。

② 李晓青：《房企 2021 年融资 13 038 亿近五年来首现负增长》，澎湃新闻网，2022 年 2 月 5 日。

③ 中国人民银行：《2021 年金融机构贷款投向统计报告》，中国人民银行网站，2022 年 1 月 30 日。

④ 胡晶晶：《住房价格上涨对城镇居民收入差距的影响机理与实证分析》，载于《中国地质大学学报（社会科学版）》2012 年第 4 期。

⑤ 周建军、彭隽婷、阳娟：《房价对城镇居民收入差距的影响研究》，载于《财经理论与实践》2020 年第 3 期。

⑥ 朱金霞：《我国城镇居民财产及财产性收入与贫富差距问题研究》，载于《东北师范大学》2016 年第 8 期。

⑦ 资料来源：国家统计局网站。

善，而中低收入家庭则改善较慢，在财富效应的推动下，高收入阶层在房市的繁荣中不断受益，而没有能力购买住房的低收入群体不仅承担了房地产价格上涨带来的越来越高的租金和购房成本，而且与已购房的居民之间的财产差距进一步拉大，造成了贫富分化。住房地位的分化也成为中国城市社会分层和社会分化加剧的最重要的影响因素。[1][2] 但在市场下行期，我们也要高度重视商品住房市场价格过度下跌对居民资产的巨大影响，一旦商品房价格过度下跌，住房市场将失去流动性，可能会触发系统性风险，影响经济和社会稳定。

（二）在切好"蛋糕"方面的作用

在切好"蛋糕"方面，住房领域发挥着"保安居、增收入、调分配、促均等"作用（见图 7-1）。

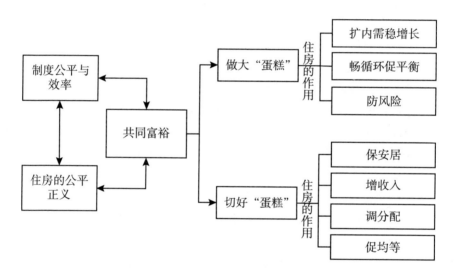

图 7-1　住房对共同富裕的影响

1. 保安居

保安居就是促进全体人民享受相对体面、稳定、安全的住房条件。全体人民包括城镇居民和农村居民、户籍居民和常住居民、老市民和新市民、老年人和青年人，包括中高收入和低收入、中低收入的群体。尽管社会财富的创造和社会发展的动力必须依靠"每个人"和"一切人"的共同努力，"多劳多得，少劳少得，不劳不得"能最大限度激励"每个人"和"一切人"的劳动积极性和能动

---

① 刘望保、闫小培：《转型期广州市生命历程与住房产权转换》，载于《地理研究》2010 年第 6 期。
② 毛小平：《市场分割、家庭资本与住房分化》，载于《兰州学刊》2010 年第 12 期。

性，也成为世界各国普遍的制度设计。但是，每个人的身体状况、能力、贡献有大有小，就必然会出现收入与财富分配的非均衡。而一个城市的房价水平更多地与这个地方居民的平均收入水平、住房平均开发成本水平和供求关系有关，就必定会有一部分家庭难以通过自己的能力解决基本的住房或者获得相对体面的住房。因此，通过合理的住房制度，解决好困难人群的住房问题，加强民生兜底保障，完善住房市场和住房保障体系，促进全体人民住有安居，是实现人民安居乐业、助推共同富裕的需要。究其原因：第一，住房作为人类生存的基础，也是福利的基础，是保障正常生活最为基本的人权。第二，住房与社会政策其他领域之间具有复杂的"嵌入性"，养老、医疗、教育甚至就业等领域均与住房密切相关。瑞典学者凯梅尼（Jim Kemeny, 2010）[1] 认为，"在研究福利体制的这一建构与重组的过程中，住房是建构福利国家的一个关键领域"。第三，研究表明，拥有住房能给人们带来自尊、自信以及安全感。[2] 住房对提高居民的幸福感水平、对社会学意义上的社会向上流动的机会等都确实产生了不容忽略的影响。[3] 保安居，是切好蛋糕的基础，也是很重要的标志。

2. 增收入

实现共同富裕，习近平总书记在《扎实推进共同富裕》中提出了六大路径，其中第二条就是着力扩大中等收入群体规模，特别提到住房是居民财富的最大组成部分，要增加城乡居民住房、农村土地、金融资产等各类财产性收入。[4] 住房是一种特殊的商品，具有收益性，它能够改善家庭的财富积累，减少代际不公平。增加城乡居民住房类财产性收入，不仅将有利于扩大中等收入群体规模、缩小贫富差距，而且对改善创业环境、提高城市竞争力、保持社会稳定也具有重要意义。为此，应通过合理的住房制度，充分满足城乡居民的刚需和改善性等合理购房需求，在实现住有安居的同时，也能有力增加其财产性收入。

3. 调分配

住房公积金制度、住房保障制度和房地产税收是调节居民收入二次分配、提低扩中、缩小贫富差距的重要方式。首先，加快推进住房公积金制度改革，对扩

---

① Kemeny Jim. Authors of the Storm: Meteorologists and the Culture of Prediction. Housing, Vol. 27, 2010, pp. 276 – 278.

② Dupuis A., Thorns D. C. Home, Home Ownership and the Search for Ontological Security. Sociological Review, Vol. 46, 2010, pp. 24 – 47.

③ Shan Y. H., Zhu X. Y. Simulation of Automatic Addressing Behavior Based on Urban Residential Land Dynamics Multi – Agents Model. IEEE International Conference on Automation and Logistics, Vol. 1 – 6, 2007, pp. 1358 – 1363. Clark A., Frijters P., Shields M. A. Relative Income, Happiness and Utility: An Explanation for the Easterlin Paradox and other Puzzles. Journal of Economic Literature, Vol. 46, 2008, pp. 95 – 144. 毛小平：《住房产权、社会和谐与居民幸福感研究》，载于《统计与决策》2013 年第 3 期。

④ 习近平：《扎实推进共同富裕》，载于《求是》2021 年第 20 期。

大消费、稳定内需，改善城镇居民尤其是中等及以下家庭住房消费压力，促进共同富裕作用巨大。自 1994 年起，国家建立并普遍实施了住房公积金制度以来，稳定持续地提高了职工的购房资金积累，为购房职工提供了低成本的政策性贷款资金支持，不仅促进了商品住房消费的一次分配，而且在增加缴存职工收入上作用明显。2023 年，全国实缴住房公积金职工 17 454.68 万人（其中非公企业缴存职工占 51.58%），缴存额 34 698 亿元。剔除个人缴存 50% 因素，缴存职工人均增加年收入 9 939 元，[①] 若再考虑缴存公积金免个人所得税因素，则实际增加年收入超一万元。其次，在住房领域，正在推进"二次分配"，缩小住房消费领域的基尼系数，措施包括建立住房保障体系、谋划推进房产税的实施。一直以来，我国涉及住宅类产业税收种类较多，但存在着"重交易和开发、轻持有"的问题。从全球范围看，房产税作为一种普遍征收的税种，具有税基宽广、税源充沛的优势，是地方税收的主体税种，也是调节居民收入的重要税种。一是房产税作为直接税，相对间接税而言不易转嫁，向过度占用和消费住房的家庭征收房产税，将有利于缩小居民财产差距、有利于节约集约利用稀缺性的住房资源；二是房产税成为地方税收收入的必要补充，以摆脱地方对土地财政的依赖。当然房产税出台时机应是经济稳定发展、房地产市场平稳健康运行时期。房地产税的改革牵一发而动全身，涉及多方面利益协调，多项体制机制的完善。另外我国各地房地产的情况较为复杂，各类人员的住房需求、税收负担能力差异较大，对计税依据、适用税率、减除标准等税制要素都需要不断地研究完善。因此，房产税立法与改革工作须谨慎稳妥、循序渐进。但不可否认，住房占我国城镇居民家庭户均总资产比重的近六成，房产相关税收可作为财产税，成为调节财富分配的重要税种，在二次分配中扮演着重要角色。

4. 促均等

"幼有所育、学有所教、劳有所得、病有所医、老有所养、住有安居、弱有所扶、优军服务保障、文体服务保障"是社会建设的重要内容，是各级政府必须予以保障的基本公共服务项目的范围。对于住有安居而言，明确现阶段政府在住房保障方面承担的基本公共服务范围与服务标准，这是坚定不移完善好住房保障体系、做好住房保障，推动实现全体人民住有安居的重要依据。我国从第一部基本公共服务规划——《国家基本公共服务体系"十二五"规划》开始，基本住房保障就被列入基本公共服务范围。2021 年 3 月 30 日，经国务院批复同意，国家发展改革委联合 20 个部门印发了《国家基本公共服务标准（2021 年版）》（以下简称《国家标准》），公租房保障、更新改造等也均被纳入了《国家标准》，明

---

① 住建部：《全国住房公积金 2023 年年度报告》。

确了现阶段政府必须予以公租房保障、棚户区住房改造等服务项目的范围和底线标准，实现以国家标准促进住房保障服务均等化、普惠化、便捷化，确保住房保障覆盖全民、兜住底线、均等享有，这是国家向人民群众作出的庄严承诺。当前社会保障已从"缓解阶层矛盾"转向"促进人的全面发展"、从"个人需要"转向"社会需要"，住房保障的范围在扩大、范围在拓宽。住房不仅是简单的产品，也是一种服务，其效用不仅取决于住房面积，还取决于提供的功能和享受的公共服务。因此，如何实行"住房政策中性"，实现租购同权都是公共服务公共资源均等化的重要内容。

三、共同富裕背景下合理住房制度的核心构成及要求

在共同富裕背景下，一个合理的住房制度既要促进住房产业的良性循环，实现行业高质量发展；又要通过合理制度形成有效的住房分配机制，实现社会发展成果的合理分配，使每一个社会成员享有基本生存、基本发展和体面尊严之保障，推动从"住有安居"到"住有宜居""住有优居"。实现这一目标，不可能靠政府大包大揽，还必须依靠全体人民、企业和社会组织的共同努力。共同富裕背景下合理住房制度的核心构成有以下几点。

（一）保障有活力、高质量发展的住房市场制度

理论和实践都证明，市场配置资源是最有效率的方式，在促进行业创新发展、优化社会资源的配置、提高稀缺资源的配置效率等方面，市场都显示出其独特的优势。住房制度改革以来，我国住房事业发展取得的伟大成就也充分证明了市场机制的巨大作用。一个14亿人口的大国，住房需求多元、叠加大量的人口处于流动之中，解决好城镇居民住房问题，仍应坚持以市场为主的原则。但是，必须深刻吸取过去过度市场化的教训，完善相关的制度，以满足人民群体对好房子、更舒适需求为中心，处理好市场活力与秩序、数量与质量、发展与风险的关系，加快构建产品优质、企业健康、市场平稳、良性循环的房地产发展新模式。重点任务包括：一是加快迭代以"好房子""好小区"为核心目标的品质房产品开发与经营，适当提高住宅设计标准，提升室内外声、光、热和空间等指标要求，拓展客厅、阳台等公用空间，加强建设全过程管理。二是加快拓展以"安全＋活力"为核心目标的存量房更新改造与资产管理新空间，赋能城市新活力。加强房屋全生命周期服务管理体系建设，加快建立城镇房屋体检、房屋养老金、房屋保险等制度，提升存量住房居住管理。三是构建充满活力的房地产交易市场。完善商品房预售制度，积极探索推进现房销售进程，优化住房增量市场；降低二

手房交易成本，激活住房存量市场；积极推进"租购同权"落地，发展住房租赁市场；提升中介服务质量，规范住房交易市场。四是培育可持续经营房地产骨干企业。完善企业信用管理，推动信用体系建设；积极扶持区域性品牌房企，持续激发创新活力，拓展新型业态分布；建立多元融资渠道，企业财务风险可控。五是加快房地产相关基础性制度改革，包括土地、财税、金融、法律等配套制度。基础性制度改革是保障住房市场有活力和高质量发展的关键。

（二）促进多主体、多渠道供给的住房保障制度

为中低收入住房困难家庭提供住房保障，兜住兜牢底线民生，保障全体人民住有安居，是实现人民安居乐业、助推共同富裕的需要。这不仅要求政府尽力而为，也需要社会各方力量肩负起社会责任，广泛参与住房保障建设。停止实物分房特别是 2009 年以来，中国政府投入住房保障事业的经费之巨、建设规模之大、成效之显著，堪称世界之最。但是，站在新时代，面对人口众多且流动性大、城市化快速推进、商品房价格高企、人民群众对美好居住条件的期盼不断攀升，市场化进程中出现：居民住房条件在地区之间、家庭之间存在突出的不平衡性，居民住房消费能力在地区之间、家庭之间存在显著的两极分化，住房绝对贫困家庭还有一定的数量，相对贫困家庭规模庞大，新市民、青年人群的住房压力大。因此，面向未来我国住房保障的重点任务和要求：一是准确把握居民住房保障需求特征，包括深入研究新市民、青年人的住房需求，寻找解决新市民住房问题的有效途径；深入研究已享受住房保障的居民满意度与诉求，进一步发现现有住房保障制度存在的不足；深入分析未进入住房保障的本地户籍夹心阶层的住房现状、住房消费能力和对住房保障的需求。二是夯实政府主导的保障房，建立覆盖新市民的多渠道住房保障体系与动态调整机制，包括建立构建"租、售、改、补"并举、可动态转换的住房保障体系。三是制定多渠道住房保障的相关制度建设与政策支持。从完善基础制度、构建长效机制的视角完善多渠道住房保障体系与运行机制所需的基础制度和支持政策。包括健全法律制度、加强监管制度、完善土地政策、完善财税支持政策、构建信息平台、实现全面信息化管理等。四是鼓励国有企业或机构等社会力量参与住房保障。解决好规模庞大、流动性大的新市民、青年人住房问题，各国的经验显示仅靠政府的力量是远远不够，也是解决不好的。必须加快形成政府、企业、社会组织共同解决好住房问题的共识。通过政府给的优惠政策，激发了市场主体的活力，吸引开发商、国企、农村集体经济组织等营利主体与事业单位、非营利性机构等社会力量积极参与保障房的建设，尤其是保障性租赁住房筹集，有钱出钱、有地出地、有房出房，推动住房保障供应从政府为主向政府、企业和社会力量共同参与转变，住房保障对象从户籍居民为主

向常住人口转变，重点是解决好新青年以及新市民的住房问题。

（三）促进机会均等的公共服务保障制度

住房背后承载公共服务，包括教育、医疗、社保、卫生、防疫等一系列的内容。我国有大量的公共服务资源与住房产权绑定，如购房人能比租房人享受到优质的基础教育。这种"以房为本"的公共服务配置方式有悖于公共服务"以人为本"的价值理念，不利于人民群众共同分享经济发展成果，阻碍共同富裕目标的实现。而实行"住房政策中性"，确保所有住房居住者（含租赁和购房、保障房、高档商品房等任何住房形式）都具有平等权利是各国政府的关注焦点。德国的"社会福利与住房产权形式脱离"、美国的保障居民"迁徙权利"和公共服务"公平分享"准则等都把公共服务均等化作为保障社会公平的核心要素。对于我国的现有住房制度，如何将"以住房产权为媒介"的公共服务配置机制回归到"以人为中心"的公共服务供给原则，推动所有居住者均等享有公共服务，尤其是将公共服务均等化保障群体扩大至租客层面，实现租购同权是提升基本公共服务均等化的重要内容，对推动实现共同富裕具有重要意义。

总体而言，推动共同富裕背景下的住房事业发展，实现全体人民从"住有安居"到"住有宜居""住有优居"，将更加注重高质量发展，更加注重行业的良性循环，更加注重发展的平衡性、协调性、包容性，推动住宅产业与民生需求、住宅产业同实体经济协调发展，形成高效健康发展的住房市场、多主体多渠道的住房保障、机会均等的公共服务保障，不断增强居民的获得感和幸福感，在构建和谐社会财富观的同时高质量实现共同富裕。

第二节　住房发展目标及水平标准的国际经验

住房发展目标是住房制度设计的重要依据。本节着重从国际视野研究比较不同阶段的住房发展水平与目标，为提出我国的住房发展目标提供依据。

一、联合国住房发展目标及标准经验借鉴

联合国组织对人类的住房问题给予了持续的高度关注。1996年6月在第二届人居大会上通过了《伊斯坦布尔人居宣言》和《人类居住议程》，人居议程的两大主题是："人人享有适当的住房和日益城市化进程中人类居住区的可持续发

展"。2001 年 100 多个国家共签了关于人居工作的《新千年宣言》。2012 年通过了《可持续性城市中的可持续性住房——发展中国家的政策框架》。2016 年正式启动《2030 年可持续发展议程》，提出了 17 个可持续发展目标和 169 个具体目标，其目标 11 明确指出"建设包容、安全、有抵御灾害能力和可持续的城市和人类住区"的愿景，并在具体目标中优先强调"到 2030 年，确保人人获得适当、安全和负担得起的住房和基本服务，并改造贫民窟"。同年 10 月，召开的联合国第三次住房和城市可持续发展大会上通过了《新城市议程》，提出的目标是"人人平等使用和享有城市和人类住区，作为共同的愿景，力求促进包容性，并确保今世后代的所有居民不受任何歧视，都能居住和建设公正、安全、健康、便利、负担得起、有韧性和可持续的城市和人类住区，以促进繁荣，改善所有人的生活质量"。① 联合国关于全球未来住房发展的美好愿景是我国住房发展目标的重要指引之一。

在具体居住水平方面，联合国组织一直给予了持续的高度关注。20 世纪 70 年代末，联合国有关机构就将居民居住水平分为三个层次：一是最低标准，每人一张床位，并且人均居住面积达到 2 平方米；二是文明标准，每户一套住房，并且人均居住面积达到 8 平方米；三是舒适标准，每人一个房间，人均居住面积 10 平方米以上（见表 7 - 1）。

表 7 - 1   联合国有关机构提出的住房标准

居住水平	空间标准	人均居住面积
最低标准	每人一张床位	2 平方米
文明标准	每户一套住房	8 平方米
舒适标准	每人一个房间	10 平方米以上

注：居住面积是指直接供住户生活使用的居室净面积之和。
资料来源：联合国官方网站。

为保障公民获得和保留能够和平尊严生活的安全住房和社区，早在 1996 年的第二届联合国人类住区会议通过的《人居议程》第 39 段明确各国政府的责任为：要实现在公平和可持续的基础上改善生活和工作条件的目标，由此，每个人将会获得健康、安全、可靠、便利且又能承受得起的适当住房，其中还应包括基本服务、设施和舒适的环境；每个人还将在住房和土地租用期的法律保障方面不受歧视。这种权利，被定义为适足住房权，包括的内容有：住房权保障，服务、材料、设备和基础设施的供应，可负担性，宜居程度，无障碍，文化环境

---

① 联合国官方网站。

（见表 7 - 2），适足住房权被视为生活安全、安定和有尊严的权利。根据《经济、社会、文化权利国际公约》，各国有义务逐步充分实现适足住房权。

表 7 - 2   适足住房（adequate housing）至少要满足的最低标准

适足住房权最低标准	内容
住房权保障	确保提供法律保护，以免受到强迫驱逐、骚扰和其他威胁。如住宅、隐私和家庭不受任意干扰的权利；以及选择自己的住所、决定居住地和自由迁徙的权利等。如果居住者得不到一定程度的住房权保障，即不能视为适足的住房
服务、材料、设备和基础设施的供应	如果居住者得不到安全的饮用水，适当的卫生设施，烹调、取暖、照明所需的能源、食物储藏设施以及垃圾处理，即不能视为适足的住房
可负担性	如果住房成本危及或损害了居住者享有其他人权，即不能视为适足的住房
宜居程度	如果不能保证人身安全，或提供适当的空间，以及提供保护，免受寒冷、潮湿、炎热、风雨、其他健康威胁和结构危险，即不能视为适足的住房
无障碍	如果没有考虑弱势群体和边缘化群体的特殊需求，即不能视为适足的住房。如果剥夺了就业机会、保健服务、学校、保育中心和其他社会基础设施，或处于受污染或危险地区，即不能视为适足的住房
文化环境	如果不尊重并且没有考虑文化特性的表达，即不能视为适足的住房

资料来源：联合国官方网站。

2000 年联合国人权理事会决定任命一位特别报告员，重点关注适当生活水准权所含的适当住房问题。2016 年联合国第三次住房和城市可持续发展大会通过的《新城市议程》再次强调：实现拥有足够住房的权利，作为拥有富足生活的权利的组成部分。联合国一直把适足住房权作为人权的最重要保障之一，并致力于在公平和可持续的基础上改善公民的生活和工作条件。

二、日本住房发展目标及标准经验借鉴

日本是规划性住房发展目标编制的典范国家。日本从 1966 年开始连续编制实施"住宅建设五年计划",不断提高国民居住标准,改善居住环境,实现了从重视住房空间需求向重视住房环境舒适性的逐步转变。

(一) 持续实施八个五年计划,明确各时期住房发展目标

日本政府在 20 世纪中就明确,在国民住房问题没有解决之前,将持续实施"五年计划"。日本至今共实施了八个"住宅建设五年计划"(1966~2005 年),"一五"计划提出到 1970 年实现"一家一宅"(1966~1970 年),"二五"计划努力实现"一人一室"(1971~1975 年),"三五"计划制定了"最低居住标准"和"平均居住标准","四五"计划制定了"居住环境标准","五五"计划进一步细化了"最低居住标准""城市居住型诱导居住水准"和"一般型诱导居住水准","六五"计划重点解决大城市住宅问题,"七五"计划提出实现全国半数家庭达到诱导居住水平,"八五"计划提出实现全国 2/3 家庭达到诱导居住水平的目标(见表 7-3)。根据 2003 年日本全国普查资料显示,52.2% 的家庭已达到诱导标准,4.2% 未达到 1976 年版最低住房标准。①

表 7-3　　　　日本住宅建设八个"五年计划"的主要内容

周期	主要内容	政策背景
"一五" 1966~1970 年	解决残存的住宅难问题,并满足人口向城市集中带来的住房需求,到 1970 年实现"一家一宅"	1968 年住调显示:全国的住宅数超过家庭数
"二五" 1971~1975 年	解决残存的住宅难问题,并满足婴儿潮、成家带来的住房需求,政策目标修订为努力实现"一人一室"	1973 年住调显示:全部都道府县的住宅数超过家庭数
"三五" 1976~1980 年	在住宅供应充足的基础上,从长期视角出发,提升居住水平,制定了"最低居住标准"和"平均居住标准"	1978 年住调显示:全体居民的居住水平得到有效改善
"四五" 1981~1985 年	以大都市地域为重点,持续提升居住水平,并在附录部分将"居住水平"指标中的"环境"指标单列出来,另外制定了"居住环境标准"	1983 年住调显示:消除未达到最低居住水平家庭的工作进展较为缓慢

---

① 日本国土交通省网站。

周期	主要内容	政策背景
"五五" 1986~1990年	致力于形成更为优质的住宅存量，更加强调居住质量和环境水平，将居住标准细化为"最低居住标准""城市居住型诱导居住水准""一般型诱导居住水准"	1988年住调显示：未达到最低居住水平的家庭下降至9.5%
"六五" 1991~1995年	努力形成优质的住宅存量和良好的居住环境，解决大城市住宅问题，应对老龄化社会，为达到"诱导居住水平"继续努力	1993年住调显示：全体居民的居住水平得到有效改善
"七五" 1996~2000年	提出实现全国半数家庭达到诱导居住水平；户均住宅净建筑面积达到100平方米。着力提高国民居住生活品质；简化了有关居室的各种规定，房间平面布局由居住者自由选择；从安全性、耐久性、满足高龄者居住需求、注重环境等角度出发，补充房屋性能、配套设备方面的规定	1998年住调显示：46.5%的家庭已经达到了"诱导居住水平"
"八五" 2001~2005年	提出到2015年全国2/3的家庭（大都市圈半数家庭）要达到诱导居住水平，努力削减达不到最低居住水平的家庭规模，2015年，建筑面积100平方米以上住宅（或80平方米以上集合住宅）占全部住宅的比例超过50%，设置无障碍设施的占全部存量的20%。对住宅性能水平作了单独规定，强调了抗震性、节能性和对老年人生活习惯的照顾	2003年日本全国普查资料显示，52.2%的家庭已达到诱导标准

资料来源：日本住宅政策研究会2002年出版的《新世纪的住房政策》，第6~7页。

（二）制定最低居住标准（1976年版）

1976年日本内阁通过的"三五"住宅建设计划（1976~1980年），按不同家庭人口制定不同的面积最低标准，比如1人专用面积16平方米，住宅总面积21平方米，2人家庭分别是29平方米和36平方米，并对空间和设施有明确要求，如夫妇有独立房间，最多可与一名5岁以下儿童（学龄前儿童）同屋，6~17岁的孩子（小学生到高中生），需有与父母不同的单独房间，12岁以上的孩子（初中生以上）需按性别分住不同房间，原则上每个家庭需有专用卫生间、专用浴室及洗漱室等（见表7-4）。1973年日本30.4%的家庭居住在未达到最低标准的住房里，1988 年降到 9.5%，2003 年降到 4.2%。

表 7 - 4 　　　　　　　　　　日本最低居住水平　　　　　　单位：平方米

家庭人数		最低居住水准			
		房间	居住室面积	住户专用面积	住宅总面积
住房面积标准	1 人	1K	7.5	16	21
	2 人	1DK	17.5	29	36
	3 人	2DK	25.0	39	47
	4 人	3DK	32.5	50	59
	5 人	4DK	37.5	56	65
	6 人	5DK	45.0	66	76
房间	卧室	夫妇有独立房间，最多可与一名 5 岁以下儿童（学龄前儿童）同屋			
		6~17 岁的孩子（小学生到高中生），需有与父母不同的单独房间，每个房间最多 2 人。			
		12 岁以上的孩子（初中生以上）需按性别分住不同房间			
		18 周岁以上的家庭成员，需有自己的单独房间			
		面积：主卧 10 平方米，次卧 7.5 平方米			
	厨房餐厅	住房需有厨房兼餐厅，单人家庭只保证有厨房即可			
设施		原则上每个家庭需有专用卫生间及洗漱室			
		原则上每个家庭需有专用浴室，单亲家庭除外			
		在寒冷地区，需有取暖设施			
环境		要具备抵御灾害的安全性			
		要有确保卫生和安全的日照、通风、采光条件			
		尽量避免噪声、震动、大气污染、恶臭等对居住环境的影响			

注：①"房间构成"的符号：开头所带的数字"1"或"2"等表示独立房间的数量，K 指厨房，DK 指餐厅和厨房；②"居住面积"只包括卧室和餐厅兼厨房的部分；③"住户专用面积"包括卧室、餐厅、厨房、厕所、浴室、储藏室等，是墙体中到中的面积，但不包括共用部分和阳台；④"住宅总面积"，对于单元式多层集合住宅包括共用部分及阳台（阳台只计 1/2 面积）。

资料来源：日本住宅政策研究会 2002 年出版的《新世纪的住房政策》，第 281~284 页。

（三）制定居住环境标准（1981 年）

1981 年提出居住环境标准，从应对灾害的安全性，日照、通风、采光，噪声、振动、大气污染、恶臭等方面提出要求，其中，主要居室在冬至日的日照时间为 4 小时以上，高于我国很多城市目前在执行的日照时间标准（见表 7 - 5）。

表 7 - 5   日本的居住环境标准

项目	"居住环境基础标准"要求	"居住环境引导标准"要求
应对灾害的安全性	不能位于有海啸、潮汐、洪水、滑坡等较大危险的区域内	同前
	大规模集合住宅的构造应为不燃构造、简易耐火构造或耐火构造，不能有妨碍疏散的障碍物	同前
日照、通风、采光方面	在冬至日确保主要居室有适当的日照时间	主要居室在冬至日的日照时间为 4 小时以上
	有适当宽度的道路与外界连接	用地与宽度 6 米以上的道路适当连接
	能进行适当排水	用地排水适当
	留有适当的空地	用地内留有绿化空地
	不能位于工业用地内	同前
噪声、振动、大气污染、恶臭方面	不能位于受噪声、振动、大气污染、恶臭等严重危害的地域内	不能有噪声、振动、大气污染、恶臭等影响居住环境的危害
高密度集合住宅区	不能存有较多数量的、由于构造或设备缺陷而影响居住使用的住宅	基本没有因构造或设备缺陷而不适于居住的住宅
	需要防止火灾蔓延的地区，耐火性能低的住宅不能占太大比例	同前
	有开放的空地	有相当程度的、整理过的、可开放的空地及绿地
	与不妨碍疏散的道路连接	用地与不妨碍避难的、宽度 6 米以上的道路适当连接
其他方面	—	1. 住宅楼与本地气候、风土、文化等相适应，与其周边环境相协调，具有美观的排列和设计等；2. 有福利、教育、保健、购物等日常生活设施配套，有富有人情味的社区集会所等社区活动设施、文化设施

资料来源：日本住宅政策研究会 2002 年出版的《新世纪的住房政策》，第 290～292 页。

（四）修订最低和诱导居住面积标准（2006 年）

2006 年日本政府又出台了《住房基本规划（2006～2015）》，从住房效能标准、居住环境标准、住房面积标准提出详细的导则，提高了最低居住面积标准，并为实现多样化的生活方式和富裕的生活质量，提出分城市公寓和郊区独立式住房两类住房诱导居住面积标准（见表 7-6）。根据 2013 年日本住房普查，只有4.2% 的家庭没有达到 2006 年版最低居住面积标准，59.2% 达到诱导居住面积标准。①

表 7-6　《住房基本规划（2006～2015）》中的各类发展标准要求

住房效能标准	创造满足居民和社会对住房功能和外观要求的高质量住房的导则				
	1. 基本功能：住房单元的结构和设施标准；公寓的公共设施。 2. 生活空间绩效：抗震性能；防火；安全；耐久性；维护；保温隔热；室内空气环境；日照；隔音；老年人使用考虑；其他。 3. 室外空间绩效：环境绩效（节能、使用地方建筑材料、建设中减少废弃物）；与周边环境协调				
居住环境标准	确保居住环境符合所在区域的特点的导则				
	1. 安全：（1）抗震性能、防火的安全措施；（2）自然灾害的安全措施；（3）日常治安。 2. 环境优美：（1）绿色；（2）城市空间和视线。 3. 可持续性：（1）高质量社区和城市地区的维护；（2）考虑环境承载力。 4. 日常服务设施的可达性：（1）老年人和儿童日常服务设施的可达性；（2）普适性				

住房面积标准（专用面积）		根据家庭成员数量（平方米）				
		1 人	2 人	3 人	4 人	5 人
最低居住面积标准	建立在健康且文明的生活方式之上（所有家庭均应达到）	25	30	40	50	60
诱导居住面积标准	为实现多样化的生活方式和富裕的生活质量	城市公寓住房				
		40	55	75	95	115
		郊区独立式住房				
		55	75	100	125	150

资料来源：根据《日本居住生活基本计划（2006-2015 年）》整理。

---

① 日本国土交通省网站。

　　各地又根据国家总体要求和地方住房突出问题，进一步细化地方层面的住房
发展指标体系。例如，东京都主要从"改善存量住房以及形成良好的居住环境"
"整备住房市场环境"及"确保东京都民众住房安全"和"公营住房供给"等方
面制定了近二十条量化指标，这些指标基本涵盖了当时东京住房问题的各个方面
（见表 7 - 7）。

表 7 - 7　　　东京都住房建设规划指标体系（2006 ~ 2015 年）

指标		现状	目标
住房的抗震率		76.3% （2005 年度末）	90% （2015 年度末）
木造住宅密集地的不燃率		48%（2003 年度）	60%（2015 年度）
共同住房的公用部分的无障碍程度		12%（2003 年）	25%（2015 年）
25 年以上长期修缮计划设立修缮基金的分期出售公寓的比率		17%（2003 年）	50%（2015 年）
住房的能源节约程度	按照新一代节约能源标准建设的住房的比率	14%（2005 年度）	65%（2015 年度）
	讲究一定的节约能源策略的存量住房的比率	11%（2003 年）	40%（2015 年）
市中心的住房建设户数		23 万户（2006 ~ 2010 年度之和）	
新建住房的住房性能实施率		24%（2005 年度）	50%（2010 年度）
诱导居住面积标准达标率	全体居民	38.6%（2003 年）	50%（2010 年）
	有未成年子女家庭	28.2%（2003 年）	50%（2015 年）
二手房交易比例		9%（2003 年）	25%（2015 年）
翻修实施率		1.5% （1999 ~ 2003 年）	3% （2015 年）
住房平均使用年限		约 30 年（2003 年）	约 40 年（2015 年）
使用多摩地区建材产品的住房		0.96 万平方米 （2004 年）	3 万平方米 （2015 年）
尚未达到最低居住面积标准的比例		8.8% （2003 年）	基本消除 （2010 年）
接受高龄人士等特殊人群的租赁住房的注册户数		约 15 000 数 （累计到 2006 年）	100 000 户 （累计到 2015 年）

续表

指标		现状	目标
高龄人士居住 住房的无障碍 化程度	一定程度的无障碍	31%（2003 年）	75%（2015 年）
	无障碍程度很高	8%（2003 年）	25%（2015 年）
公营住房的供给目标		11.3 万户（2006～2015 年共 10 年）	

资料来源：根据 2007 年《东京都住房基本规划》整理。

（五）实施《居住区改良工程》

随着经济发展和城镇化推进，日本部分老住宅区出现大量住宅年久失修、设施不全、居住环境恶劣，在卫生、安全等方面存在很多隐患。1960 年 5 月《住宅地区改良法》颁布实施，共包括 4 章 39 条。随后历经修改，与《住宅地区改良法施行令》及《住宅地区改良法施行规则》等各相关法共同构成日本居住环境整治工程的法令体系。

《住宅地区改良法》规定，"不良住宅"主要是指住宅的全部或部分、在房屋结构或居住设施方面明显存在问题、明显不适合居住的住宅。具体判定时采用打分制，从房屋结构和居住设施两方面出发，木造住宅、钢筋混凝土造住宅、混凝土砌块住宅以及强力混凝土砌块住宅四类对住宅结构的基本状况、结构腐朽或破损程度、防火避难方面的结构程度、电气设备、给水设备、排水设备、厨房、厕所八个方面进行评估，对各组成部分存在的"不良度"给予不同的分值，最后的合计总分超过 100，即被判定为"不良住宅"。需"改良地区"的标准是：住区面积大于 0.15 公顷；住区内不良住宅超过 50 户；住宅区内不良住宅的户数占到总户数的 80% 以上。[①] 住宅地区改良工程由市町村负责组织实施。施行者负责制定具体的工程计划，为被拆迁人提供足够的住宅，法律明确改良地区内不良住宅的占有者不得阻挠拆迁工作，在指定期限内应该从"不良住宅"中搬出。改良工程所需资金来源包括国家辅助、都道府县辅助、施行者负担和受益者负担部分。

三、英国住房发展目标及标准经验借鉴

英国力争人人都有体面的家。2000 年提出所有人享有体面住房，2006 年颁布《体面住房：实施的定义和指导（2006）》，旨在保障国民居住于体面的住房

① e‑Gov 法令检索网站。

和住房交易市场健康运营。英国住房发展目标及标准中，体面的住房目标设置值
得我们学习。

（一）体面住房标准的提出

体面住房计划是 21 世纪以来英国最重要的住房发展政策。起因是英国于 20
世纪中叶大规模建设的社会住房至 20 世纪末出现建筑老化，居住质量下降，亟
待更新。2000 年环境、运输和区域部发布了住房绿皮书《质量和选择：所有人
享有体面的住房》（*Quality and Choice—A Decent Home for All*），承诺在 2010 年前
将英国所有的社会住房提高到体面的水准。据英国政府的数据显示，2001 年 4
月 1 日之前，英国有 120 万户的弱势群体家庭居住在不体面的居所。2001 年 7
月英国政府发布的《体面住房指南：定义和实施办法指导》（*A Decent Home—
The Definition and Guidance for Measurement*）对体面住房标准进行了专门的定义，
它包括四方面内容：（1）必须符合当前法定的最低住房标准。（2）必须得到
合理的维修。（3）必须有合理的现代化设施和服务。（4）必须提供合适的热
舒适度。2002 年政府宣布将该标准的适用范围扩展到私人租赁市场中弱势群
体的住房，其目标是在 2010 年前将 70% 弱势群体居住的住房提高到体面住房
标准之上。[①]

（二）体面住房标准的更新

2004 年英国颁布的《住房法》第 1 部分引入了住房健康和安全评级系统，
2006 年在《体面住房：实施的定义和指导》（*A Decent Home：Definition and Guid-
ance for Implementation*）中，引入了住房健康和安全评级系统（the housing health
and safety rating system，HHSRS），该系统适用于英格兰和威尔士地区租赁或自有
的各类住宅。HHSRS 采用综合危害评估的方式，将住房潜在危害分为 4 大类 29
个小类，具体内容如表 7 - 8 所示。该系统由地方住房当局进行检查和评估，监
察专员根据是否对老年人更容易造成伤害作出判断。如果这些房屋被认为对老年
人来说是安全的，那么这些房屋对任何人都是安全的。发现严重危险（即被称为
第 1 类危险，得分结果处于 A - C），地方当局将有责任采取《体面住房：实施的
定义和指导》中执法部分概述的其中一个行动方案，包括：发出改善通知，限期
整改；发布使用禁令，直至整改完成；采取紧急措施，提供危险意识通知；发出
拆迁令；等等。

---

① 日本国土交通省网站。

表 7-8 英国住房健康和安全评级系统（HHSRS）

生理风险	心理风险	意外风险	感染风险
潮湿或霉菌	过度拥挤	与浴室相关的跌落	糟糕的家庭卫生或虫害
过度寒冷	存在入侵者	平面上的跌落	食物储存设施不佳
过度炎热	光照不良	楼梯和台阶上的跌落	卫生条件差，排水不佳
石棉和 MMF	噪声超标	楼层间的跌落	家庭用水供应状况不佳
杀菌剂		糟糕的电线状况	
一氧化碳和燃烧产物		火灾隐患	
铅		过热的表面和材料	
辐射		碰撞和陷落的风险	
未燃烧的燃气		爆炸风险	
挥发性有机物		设施位置及可操作性不佳	
化合物		建筑结构崩塌和基础陷落	

资料来源：Housing Health and Safety Rating System. Department for Communities and Local Government：London，2006.

更新后的体面住房标准，除了以 HHSRS 来评价第一条"必须符合当前法定的最低住房标准"外，还改进了第四条热舒适度的具体规定，具体内容如表 7-9 所示。从 2006 年版体面住房标准可看出，英国十分重视合理的空间、现代化的设施、良好的维修、合理的热舒适度。

表 7-9 2006 年版体面住房标准

符合现行的法定最低住房标准	所谓不符合该标准的住房，指的是根据 HHSRS 评定，存在一处或者多处危险的住房
处于合理的修理状态	所谓不符合该标准的住房，指的是存在以下任一种情况的：一个以上的主要建筑构件陈旧或情况不佳需要更换或大修；两个以上的建筑构件是陈旧的或情况不佳需要更换或大修
有合理的现代化设施和服务	所谓不符合该标准的住房，指的是缺少三个以下符合条件的住宅：一是足够现代化的厨房（建于 20 年以内）；二是有足够空间和布局的厨房；一个有足够现代化的浴室（建于 30 年以内）；三是位置适当的浴室和卫生间；与外部噪声能够充分隔离；一个有足够空间和布局的公共区域；缺少两个或两个以下条件的住房仍可归为体面住房，因此如果其他所有条件都达标，可以不进行厨房和卫生间的现代化改造
提供合理的热舒适度	该标准要求住房具有有效的隔热功能和有效的加热功能

资料来源：Housing Health and Safety Rating System. Department for Communities and Local Government：London，2006.

根据 2006 年英国住房调查数据，全国有 35% 的住房未能达到体面住房标准，其中，46.8% 的私人租赁住房未能达标，34.6% 的自有住房未能达标，29% 的社会租赁住房未能达标（见表 7 - 10）。

表 7 - 10　　体面住房标准更新前后的不体面住房数量和占比

产权类型	原始定义下		更新 HHSRS 定义后		更新定义并改进热舒适标准户	
	数量（万套）	占比（%）	数量（万套）	占比（%）	数量（万套）	占比（%）
自有住房	370.4	24.0	547.3	35.4	533.5	34.6
私人租赁市场	105.5	40.4	129.8	49.7	122.3	46.8
私人产权部门合计	47.5	26.4	667.1	37.5	655.8	36.3
地方政府	69.5	33.3	80.1	38.4	67.6	32.4
注册社会房东（RSL）	43.6	23.6	53.0	28.7	46.5	25.5
社会产权部门合计	113.1	28.7	133.1	33.8	114.2	29.0
所有产权形式合计	589.0	26.8	810.2	36.8	770.0	35.0

資料来源：EHCS 2006：Headline Report in January 2008.

2007 年，英国发布了新的住房绿皮书《面向未来的住房：更加可负担，更加可持续》（Homes for the future：More affordable, more sustainable），提出了新一届政府的两个主要住房目标：第一，承诺扩大住房供给，计划每年新建 24 万套住房；第二，重申了 2010 年 95% 的社会住房达到体面住房标准的承诺。[①] 中央政府向社会住房提供体面住房计划专项补助资金和维修资金补助。到 2010 年各级政府对体面住房计划的资金补助合计达 400 亿英镑。

四、美国住房发展目标及标准经验借鉴

美国对房间居住人数及住房质量设立了严格标准，并提出各阶段的住房发展目标，使每个美国公民能够获得在适宜的环境下舒适而快乐的生活。美国住房发展目标从重视空间质量需求向重视住房可负担性、环境舒适性的转变。

---

① 《英国体面住房计划始末（上）》，城乡建设，2019 年 1 月 21 日。

（一）住房目标

1944 年罗斯福总统提出"每个家庭有获得体面住房的权利"。在随后的半个多世纪里，美国政府一直围绕这个目标而努力。第二次世界大战结束后随着士兵的回归和婴儿潮的出现，人口的激增刺激了对住房的需求。在这样的背景下，1949 年美国出台了《住房法案》允许联邦政府扩大对于公共住房的干预，计划在 6 年内，提供兴建 81 万套公共住房的贷款；[①] 并在序言中提出了美国住房发展目标，即"让每个家庭都能拥有一个舒适的家"。

1990 年美国《国家可负担住房法》强调："住房应该是可负担的"，住房消费超过家庭收入 30% 的家庭，被认为是存在着过重的费用负担；若超过 50%，则被认为是存在严重的费用负担。1998 年《新住宅法》明确："通过加强公有和私有机构的合作，使每个美国公民能够获得在适宜的环境下舒适而快乐地生活"。（见表 7 - 11）自 20 世纪中叶提出"美国梦"以来，"住房梦"一直是"美国梦"的重要组成部分，各届政府都十分重视美国居民居住水平的提高。如 2003 年乔治·布什总统提出"美国住房梦"计划，出台《美国梦首付法案》，鼓励放宽住房贷款、支持购置自住住房。此外，虽美国政府未再提出明确而宏大的住房发展目标，但在不同时期结合住房发展实际制定了阶段性发展目标。如 2010 年住房和城市发展部战略规划提出了重振住房市场、满足租赁住房需求等四项具体目标。

表 7 - 11　　　　　　　　　　美国住房发展目标

文件（法律）	住房发展目标
《合众国住宅法》（1949）	让每一个美国家庭都能生活在宜居环境里体面住房中
《国家可负担住房法》（1990）	住房应该是可负担的*
《新住宅法》（1998）	通过加强公有和私有机构的合作，使每个美国公民能够获得在适宜的环境下舒适而快乐地生活

注：*为住房消费超过家庭收入 30% 的家庭，被认为是存在过重的费用负担；若超过 50%，则被认为是存在严重的费用负担。

资料来源：根据美国住宅法相关条例整理。

为了充分保证政府了解居民的住房状况，美国对 47 个大都市区单独进行住房调查，调查每隔 6 年进行一次。[②] 调查内容涵盖住房及住户全方位的详细信息，

---

① 李文硕：《1949 年住房法：起源、内容与影响》，载于《上海师范大学学报（哲学社会科学版）》2015 年第 6 期。

② 美国人口普查局。

包括住房特征、住房和社区质量、收入、住房支出、设备和燃料、住房面积等。美国普查局也会进行一项全国范围内的年度社区调查。该项调查于 2001 年首次进行试点，2005 年全面实施，是目前美国规模最大的住房调查，重点关注地方房价和住房使用状况等住房信息，旨在及时了解全国、州、县和县以下区域的人口、住房、社会经济发展等情况，通过提供反映居民生活状况的多方信息帮助各级政府做出正确规划，进而改善美国居民居住条件。

（二） 住房标准

早在 1949 年美国就把每个房间居住人数超过 1 人（除夫妻外），定义为拥挤；若每个房间居住人数超过 1.5 人，视为过度拥挤。[①] 1940 年美国约 700 万户家庭每个房间居住至少 1 人，占家庭总数的 20%，且有 9% 的家庭每个房间居住人数超过 1.5 人。到 1980 年住房拥挤家庭只有 360 万户，占家庭总数的 4.5%；2007 年只有 3% 的家庭每个房间居住人数超过 1 人，不到 1% 的家庭每个房间居住人数超过 1.5 人。[②]

此外，美国住房和城市发展部（HUD）对房屋质量不合格做了明确的定义，如表 7 – 12 所示，把住房质量缺陷分为 10 类，并为每个类别建立了详细性标准，[③]对不合格住房进行改造或拆除。

表 7 – 12   **HUD 房屋质量不合格定义标准**

缺陷类型	缺陷描述
水暖	缺少或分享部分或全部管道设施。该设备必须有冷热水管、冲水马桶和浴缸或淋浴——所有这些都在结构内部，并且专用于设备。 缺乏足够的污水处理设施。该单元必须与公共下水道、化粪池、污水池或化学厕所连接
厨房	缺少或分享部分或全部厨房设施。必须安装带有自来水的水槽、炉灶和机械冰箱——所有这些都在结构内部并且专用于该设备
物理结构	有 6 个结构问题中的 3 个或更多：内墙或天花板上的屋顶开裂缝或渗漏；室内地板上有洞；在每一平方英尺的内墙上剥落油漆或破碎的石膏；过去 90 天内有小鼠或大鼠的证据；地下室漏水

---

①③　Weicher J. C. Urban Housing Programs: What is the Question？ Cato Journal, Vol. 2, 1982, pp. 411 –436.

②　阿列克斯·施瓦兹：《美国住房政策》，陈立中译，中国社会科学出版社 2012 年版。

缺陷类型	缺陷描述
公共区域	有 4 个常见区域问题中的 3 个或更多：在公共走廊没有灯具（或没有工作灯具）；在结构内部的公共楼梯上或附着在其上的松散、破损或缺失的台阶；楼梯栏杆松动或缺失；建筑物内没有电梯（建筑物主楼入口处的两层或更多楼层或更高的楼层）
供暖	没有通风的室内加热器燃烧石油。如果主要由燃烧煤气、汽油或煤油的室内加热器加热，则加热器必须有烟道或通风口。 去年冬天加热设备连续 6 小时或更长时间出现问题 3 次或更多次
供电	缺电。符合 3 个标志：一个或多个房间没有工作的墙壁插座；在过去的 90 天内，保险丝被烧毁或环绕断路器跳闸 3 次或更多次；在家里暴露布线

资料来源：Weicher J. C. Urban Housing Programs: What is the Question? Cato Journal, Vol. 2, 1982, pp. 411 - 436.

五、新加坡住房发展目标及标准经验借鉴

1959 年新加坡自治之际，政府就意识到"有恒产者有恒心"，并将其作为社会稳定的基石。时任总理李光耀明确表态，"我们将全力以赴去达到我们的目标：使每一个公民的家庭都拥有自己的家"。并于 1964 年确定了"居者有其屋"的住房发展目标。同年，推出"居者有其屋"计划，开始以低价向中低收入家庭销售组屋。此后，不论新加坡的经济社会如何发展，国际形势如何变化，新加坡政府始终将"居者有其屋"作为其住房政策制定的根本目标，贯彻执行至今。

1959 年新加坡自治之际，人均居住面积不足 6 平方米，"房荒"问题十分严重，为此，政府大力推动小户型组屋建设，以期在最短的时间内建造出更多的廉价组屋和基本的水电供应设施。1980 年以来，随着经济的繁荣，中产阶级家庭收入不断提高，为了更好地满足居民的需求，组屋呈现大型化趋势（见表 7 - 13），兴建的新组屋以四房式或四房以上的大型组屋以及配套设施更加完善的大型公寓式组屋为主（见表 7 - 13）。

表 7 - 13　　　　　　　　**新加坡组屋户型转换**

周期	主要户型
第一个五年计划 （1960～1965 年）	以一房式、二房式为主，快速供给解决房荒
第二个五年计划 （1966～1970 年）	住房短缺有所缓解，主要建造三房式和四房式组屋
第三个五年计划 （1971～1975 年）	开始拆建和改良一房式、二房式组屋，进一步扩大建筑面积
第四个五年计划 （1976～1980 年）	不再建设一房式、二房式组屋，而是大量增加四房式、五房式组屋供应，满足更多中等收入家庭需求
1990 年	大户型组屋（四房式、五房式）占比增至 47.6%，占据主导地位

资料来源：新加坡建屋发展局。

2022 年新加坡建屋发展局统计，只有 3.58% 的家庭居住在套内面积在 36～45 平方米的 1～2 房户型；居住在套内面积 60～65 平方米的，占 6.15%；套内面积 90～100 平方米的，占 22.22%；110～130 平方米的，占 39.68%。2017 年居住在组屋的人均住房净面积 27.15 平方米，人均卧室房间数 0.84 个，人均洗手间数量 0.62 个，比 1980 年居住在组屋的人均住房净面积、人均卧室房间数、人均洗手间数量各增加 14.55 平方米、0.55 个和 0.27 个。[①] 从 2017 年时间节点看，考虑到夫妇可以同一房间，已经基本实现生理要求的每人一间房。尽管人均住房面积小于欧美国家，但是，本地居民均能享受一套具有现代设施、能满足体面生活需要的住房。

第三节　共同富裕背景下我国城镇住房发展目标

住房发展目标既是住房制度变革的实践依据，也是未来新住房制度体系服务的方向。事实上，住房制度体系是为推动国家住房发展目标的顺利实现提供的制度保障，并且要根据不同经济发展阶段国家住房发展目标的变化来做出相应的动态调整。长期以来，我国一直缺乏明确且相对稳定的住房发展目标以及与住房发展目标相对应的居民住房水平评价标准体系。由于缺乏明确而稳定的住房发展

---

① 新加坡统计局。

目标及标准，使我国住房政策缺乏系统性、连续性和一致性①（龙树国），导致我国的住房制度缺乏相对稳定性、可预期性和长效性。因此，我国进行住房制度的系统改革，必须以明确的住房发展目标设计为前提。当前我国住房发展承担了过多的经济功能，大多数时候住房被作为保 GDP 增长、保土地财政的工具，压倒了保民生，弱化了住房最为本质的职能——居住，使其发生异化，从而导致了我国住房改革制度都包含着特定的排斥。虽然具有多元属性的住房具有多重功能，但住房发展的基本目标核心到底是什么？目标下的具体居住水平标准和阶段性推进目标又是什么？这不仅决定了中国住房市场的发展方向及发展模式，政府的政策导向和价值判断，也决定了住房制度的设计及国内居民的住房福利水平及财富持有和分配方式。

一、基本思路

新时代需要有新的住房发展理念，由新的住房发展理念引导形成可持续的住房发展目标。目前我国住房领域的主要矛盾已经转化为住房消费不充分、不平衡，必须转变过去基于总量不足形成的住房发展理念，建立"以人为本"的住房发展理念，在发展中保障和改善民生，全面改善居住条件。因此，住房发展目标的确定应坚持以人民群众的住房利益为中心的理念，随着人民群众住房需求的变化来适时调整住房发展目标。结合住房共同富裕，我们认为新时代的住房发展目标及住房制度完善应坚持以下四个原则。

（一）把促进共同富裕、解决不平衡不充分矛盾作为住房事业的出发点和落脚点

共同富裕是社会主义的本质要求，是中国式现代化的重要特征。新时代住房发展目标和制度构建应以促进共同富裕为出发点和落脚点，坚持以人民为中心，以住房的居住功能为本源，把民生保障功能放在更突出的位置。当前我国住房发展被赋予太多的功能职责，如保增长、保土地财政、保民生、保稳定，但在许多时候，这些发展目标又往往产生冲突、相互矛盾，新时代住房发展目标应把民生保障功能放在更加突出的位置，真正落实"坚持房子是用来住的，不是用来炒的"。

新时代住房制度的改革应着力四大转变：从以购为主向租购并举转变，从以

---

① 龙树国、田满文、颜淑蓉：《资源约束下的中国住房发展目标》，载于《宏观经济研究》2010 年第 9 期。吕萍、修大鹏、李爽：《保障性住房共有产权模式的理论与实践探索》，载于《城市发展研究》2013 年第 2 期。虞晓芬等：《我国城镇住房保障体系及运行机制研究》，经济科学出版社 2018 年版。

商品房为主向保障性住房、政策性支持、商品住房并行转变，从以开发商为主向政府、开发商、其他社会组织并重的多主体多渠道转变，从以保障"老"市民为主向扶助"新""老"市民并重转变，政府从小范围深度保障向大范围适度保障转变。"多主体供给""多渠道保障""租购并举"是新时代住房制度的四梁八柱，也是实现新时代住房发展目标的三大主要路径。住房制度改革的重心将从保障困难群体有房可住转向全体人民住得更好，形成高端有市场、中端有支持、低端有保障，辅助市场化货币补贴的无缝对接住房支持模式。整体思路如图 7-2 所示。

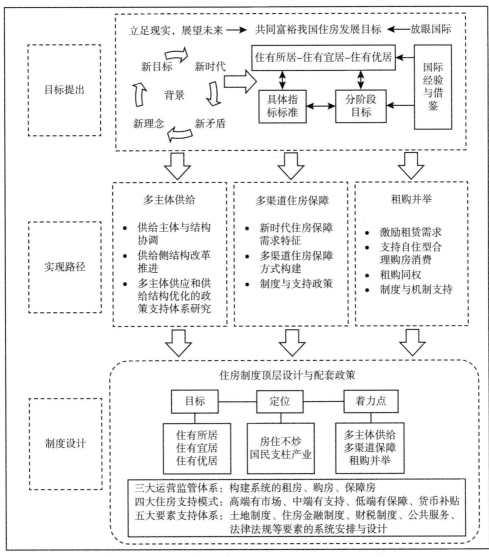

图 7-2　共同富裕背景下住房目标及制度完善的思路

（二）新时代住房发展目标和制度应满足人民美好生活的向往、更舒适居住的需要

新时代住房发展目标和制度构建应满足人民美好生活的需要，更舒适居住的需要。以"实现全体人民住有安居"为基础，增量与存量并重，租购并举，协调好居住空间舒适性、设施的完备性、居住的安全性、环境的适宜性、房价/租金的可承受性、公共服务的便捷性、权益的保障性、邻里和谐、个人尊严被尊重等方面的居住标准，根据人民群众对美好生活的需求，更舒适居住的住房需求的变化而适时调整住房发展目标，向着"住有宜居"，再到"住有优居"的路径演变。

（三）新时代住房发展水平应着力达到现代化水平

住房现代化是中国式现代化的有机组成部分，是衡量一个国家或地区现代化水平的重要标志。党的二十大明确了我国全面建设中国式现代化的战略安排，开启了全面建成社会主义现代化强国新征程，住房现代化是重要的建设内容和现代化的标志，应该给居民一个与经济社会发展相匹配的现代化居住环境。新时代住房建设要着重围绕居住水平现代化，建设现代化住房制度体系、现代化住房供给体系、现代化住宅产业体系、现代化社区服务体系，实现人人"住有安居"到"住有宜居""住有优居"的住房目标。

（四）新时代住房发展应尽力而为、量力而行

住房发展具有长期性、艰巨性、复杂性，是一个在动态中向前发展的过程，不可能一蹴而就。"尽力而为"，就是要坚持在发展中保障和改善民生，全力用心用情办好群众的居住问题，以更大的力度、更实的举措解决好全体人民的住房问题，提高全体人民群众的获得感、幸福感、安全感和认同感。当然，也要量力而行，这就要求我们在推进共同富裕的过程中必须具备充分考虑发展实际。保障和改善民生，必须建立在经济发展和财力可持续的基础之上，重点加强基础性、普惠性、兜底性保障建设。立足当前、着眼长远，统筹考虑需要和可能，按照经济社会发展规律循序渐进，逐步实现从"住有安居"到"住有宜居""住有优居"，推动共同富裕持续取得新进展。

二、发展目标

（一）总目标

我国住房发展目标演进的路径是：全体人民"住有安居"→"住有宜居"→

"住有优居"。"住有安居"强调满足基本居住需求，既可通过购买住房（获取所有权），也可通过租赁（获取使用权）来实现，这是一个我国新时代背景下通过政府、个人、社会多方力量共同努力能够实现的住房发展目标。此外，"住有安居"不仅要求有基本的居住面积，也要有基本的住房质量、环境、安全等保障。而"住有宜居"则强调在住有安居目标实现的基础上，更加关注住房质量、环境和服务标准的提升。"住有优居"是实现了"全体居民住有安居""住有宜居"的目标之后，对住房面积、质量、设施、服务、安全、价格、产权等要素提出更高的要求，具有更"舒适居住条件"。不同区域、不同年龄阶段、不同收入群体的住房需求各得其所，实现具有更"舒适居住条件"的全体人民的"住有优居"，是我国实现住现代化的总目标。

（二）阶段性目标

根据城镇居民住房现状和住房发展的总体目标，研究并确定未来我国城镇居民住房的阶段性目标。根据"两个一百年"奋斗目标远景规划，我们可以把我国的住房发展目标设计为三个阶段：第一阶段，2020～2025年。加快建设多主体供给、多渠道保障、租购并举的住房制度，重点解决新市民、青年人住房困难、稳步改善住房质量，实现"全体居民住有安居"；第二阶段，2025～2035年，全面提升住房质量，住房基本达到舒适居住水平，实现"全体居民住有宜居"；第三阶段，2035～2050年，住房现代化阶段，"全体居民享受舒适居住条件"，实现"住有优居"。并以此制订发展计划，从居住空间、住房设施、住房安全、居住环境、住房价格/租金水平、公共服务和权益保障等维度研究满足不同发展阶段住房发展目标的标准。

（三）具体住房发展水平标准

1. 住房空间的舒适性

住房面积是反映住房空间大小的主要指标，它直接影响到住房在空间上的舒适程度。从政策实践角度来看，2003年住建部提出"到2020年，住房从满足生存需要，实现向舒适型的转变，基本做到'户均一套房、人均一间房、功能配套、设备齐全'"，2004年确立的小康社会居住目标中则明确提出"城镇人均居住建筑面积35平方米，每套住宅平均面积在100～120平方米，城镇最低收入家庭人均住房建筑面积大于20平方米"的标准。[1] 日本在1985年设立了"住房标

---

[1] 2004年建设部政策研究中心发布的《2020我们住什么样的房子——中国全面建成小康社会居住目标研究》。

准目标"，如以三口户家庭为例，卧室面积为 46 平方米，每套净面积为 75 平方米。[①] 20 世纪 70 年代末联合国有关机构提出的舒适标准是，每人能拥有一个房间，且人均居住面积超过 10 平方米以上。综合来看，站在新时代，住房空间舒适的标准应该是"户均一套房、人均一间房，人均建筑面积在 40 平方米以上"（见表 7 – 14）。

表 7 – 14   舒适居住条件的空间标准

类别	空间舒适标准
住房建筑面积	家庭人均面积达到 40 平方米以上；每户一套房、每人一间房（除夫妻外的成人）

2. 住房设施的舒适性

住房设施主要包括厨房、卫生间、供水、供气、供电、供热（北方）、网络等方面。成套住房是反映住房设施齐全的重要指标，指由若干卧室、起居室、厨房、卫生间、室内走道或客厅等组成的供一户使用的住宅套数占全部住宅的比例。日本"城市地区住房标准目标"：三口户家庭，设二间卧房、一间餐厅、一间厨房、一间起居室，设施齐全。综合各方面因素，建议标准如表 7 – 15 所示。

表 7 – 15   舒适居住条件的住房设施主要标准

设施类别	住房设施选择项
厨房	本户独立使用
卫生间	独立使用抽水/冲水
客厅	本户独立使用
供电	有供电
网络	有网络
供气	有燃气
供热	有热水，北方地区有暖气

3. 居住安全的舒适性

居住安全主要包括结构安全、用水安全、用电安全、用气安全、材料安全、设施安全、小区安全等方面。结构安全是指房屋结构承载力能满足正常使用要求，无危险点。用水安全是指供水水质达到《生活饮用水卫生标准》。用电安全、

---

①   胡晓鸣、吴雅娇：《日本保障性住房建设的实施路径》，载于《城市问题》2012 年第 6 期。

用气安全是指不存在用电、用气安全隐患。材料安全是指房屋建筑、材料的环保性能、防火性能达到规范要求。设施安全是指电梯设施、休闲运动设施、消防设施等可正常运行、安全性达到国家相关标准。小区安全是物业小区内构筑了人防、物防、技防相结合的安全防控体系，保证小区居民的人身和财产安全（见表7-16）。

表7-16　　　　　　舒适居住条件的居住安全主要指标

设施类别	安全性选择项
结构安全	满足正常使用要求，无危险点
用电、用气、用水安全	满足正常使用要求，无危险点
材料安全	符合环保标准
设施安全	电梯、消防等设施正常运行，无危险点
小区管理智能化	安全防控体系健全

4. 居住环境的舒适性

居住环境是一个复杂的系统，由多种要素构成，包括小区环境和城市环境两大部分。小区内环境舒适主要包括小区绿地率高、绿化好、噪声低、卫生整洁。城市环境舒适主要包括城市噪声低于限值、人均公共绿地面积达到较高标准、污水处理率与生活垃圾无害化处理率高、空气质量优良等；出行便捷，步行15分钟范围内有公共交通覆盖、公交线网密度大，车辆行驶可保持正常时速等（见表7-17）。

表7-17　　　　　舒适居住条件的居住环境舒适性主要指标

指标	参考标准
噪声（关窗状态下）	昼间≤45分贝；夜间≤35分贝
小区绿地率	≥30%
无障碍	达到无障碍设计规范
人均公共绿地面积	≥8平方米
污水处理率	≥100%
生活垃圾无害化处理	≥55%
500米内公共交通覆盖率	≥95%
市区车辆行驶平均速度	≥25千米/小时
物业服务	满意率≥90%
公共服务配置	≥国家标准

5. 公共服务的舒适性

公共服务涉及城市教育设施、医疗设施、文化体育设施、商业金融设施、社区服务设施、行政管理设施等多个方面，这些公共服务按较高标准配备，设施面积、服务内容，特别是服务质量达到一定水准。15分钟社区生活圈内，可以方便地获得居民行政管理、医疗卫生、养老服务、终身教育、文体活动、商业便民、生态休闲、日常出行等一系列公共服务，达到国际先进水平。

（四）具体演进路径

至2025年：逐步消灭住房困难，重点解决新市民、青年人住房困难。尽管从总体看，我国城镇居民住房总体水平已经达到联合国舒适标准，但是部分居民居住条件仍处于住房困难水平。有必要通过借鉴韩国最低住房标准的做法，更精准地解决居民住房困难。1999年韩国建设和交通部颁布了最低住房标准，包括面积、房间数和配套设施三个指标。前两者是由家庭类型决定的，如家庭人数和家庭结构。例如，四人型家庭（父母和一对子女）的最低居住面积是37平方米（无公摊面积），最少房间数为3间，且应配备一个西式厨房、抽水马桶和热水器，[1] 低于37平方米就属于低于最低住房标准。

我国的住房困难最低数量指标，在实践中有两类指标：（1）住房建筑控制标准。自1978年以来，我国的设计最低控制指标为户均建筑面积不低于42平方米，如果以户均3人计算，折合人均建筑面积14平方米。[2]（2）各地本地户籍公租房保障对象人均住房面积准入标准，一般在15～18平方米。[3] 为与我国居民住房统计口径相对应，本文用人均住房建筑面积16平方米，再结合设施状况，提出界定我国城镇居民住房困难的最低标准如表7-18所示。

表7-18　　　　　　　　住房困难的指标设置

指标	住房困难的最低标准	指标	住房困难的最低标准
人均建筑面积	16平方米以下	洗澡设施	无独立洗澡设施或合用
厨房设施	与其他用户合用厨房或无厨房	饮用水设施	无自来水
厕所设施	合用抽水或其他样式马桶或无		

根据这一标准，"七普"数据显示，2020年全国城镇仍有2.04%常住人口人

---

① Chung, E. C, Low Income Housing Policies in Korea – Evaluations and Suggestions. Korea Development Institute：KDI School，2005，pp. 24.

② 郑正、洪雯：《控制城市住宅建设面积标准》，载于《城市规划》1999年第1期。

③ 笔者根据各地公租房准入标准整理而得。

均住房建筑面积在 8 平方米以下，人均住房建筑面积在 16 平方米以下的占 11.3%，尽管比例比 2010 年下降了 18.54 个百分点，但由于我国城镇人口基数庞大，仍存在很大一部分住房困难户。按照城镇常住人口 89 999 万人、户均 2.48 人推算，全国城镇约有 4 110 万户家庭住房处于数量困难状态。[①] 尤其是广东、上海和浙江这些经济发达省市，因人口的大量流入，住房困难户的数量更不容小觑。根据"七普"数据显示，广东省城镇常住人口有 9 343.61 万人，按平均每个家庭户的人口为 2.63 人计，有 1 067.23 万户家庭人均住房建筑面积在 16 平方米以下，250.47 万户家庭人均住房建筑面积在 8 平方米以下；上海城镇常住人口有 2 220.94 万人，平均每个家庭户的人口为 2.32 人，有 200.75 万户家庭人均住房建筑面积在 16 平方米以下，49.40 万户家庭人均住房建筑面积在 8 平方米以下；浙江城镇常住人口有 4 659.85 万人，按平均每个家庭户的人口为 2.35 人计算，有 390.24 万户家庭人均住房建筑面积在 16 平方米以下，94.19 万户家庭人均住房建筑面积在 8 平方米以下。在质量困难方面，"七普"数据显示，全国城镇居民住房与其他用户合用厨房或无厨房的占比为 4.23%，合用抽水或其他样式马桶或无独立厕所的占比为 8.87%。[②] 仅按合用抽水或其他样式马桶或无独立厕所的占比计算，全国至少有 2 981 万户处于质量困难。

另外值得注意的是，随着城镇化快速发展，大城市人口持续流入，住房供不应求，新市民、青年人由于工作年限较短，收入相对较少，购房和租房能力较弱，出现既买不起房又租不到好房的问题。他们主要在市场租房居住，大量租住在城中村、老旧小区、棚户区和违章建筑中，安全隐患大，居住环境差，迫切需要与其经济能力相匹配的"一张床""一间房"或"一小套房"。根据"七普"数据显示，截至 2020 年底，全国市辖区内人户分离人口为 11 694 万人，流动人口为 37 582 万人，其中跨省流动人口为 12 484 万人，[③] 新市民群体规模庞大，单靠政府投资建设的公租房难以覆盖，市场租赁市场又缺少与其经济能力相适应的合适房源。因此，大力发展政府给政策支持、由企业等多主体投资建设，租金低于周边同品质租赁住房租金水平的保障性租赁住房，帮助新市民、青年人等缓解阶段性住房困难，为他们在城市安居乐业提供基本住房保障，促进"十四五"时期新型城镇化更高质量发展，将是我国 2025 年之前的重点任务之一。

至 2035 年：全面提升居住质量。到 2035 年，在全面建成小康社会的基础上，基本实现社会主义现代化。在住房发展目标上，要求基本解决住房发展不平衡的问题，保障住房权益的法律法规体系基本形成，住房公共服务配套基本均

---

① 资料来源：国家统计局 2020 年第七次全国人口普查数据，国家统计局网站。
②③ 国家统计局 2020 年第七次全国人口普查数据，国家统计局网站。

衡，绿色智慧居住环境基本实现，多元化住房需求基本满足，实现全体人民"住有宜居"。因此这一阶段在追求数量目标发展的同时，更强调追求质量目标。质量目标主要是保证住房数量在增长的同时，居住品质能随之提高，因此质量指标是此阶段建立指标体系及进行发展目标预测的核心所在。具体配套目标，即达到现代化国家居住水平，人人享受一处体面（有尊严）的住房，包括"一人一间房"、居住安全、设施配套齐全、生活便利、经济可承担。

至 2050 年：全面实现住房现代化。到 2050 年，在基本实现现代化的基础上，把我国建成富强民主文明和谐美丽的社会主义现代化强国。为此，在住房发展目标上，要求在基本解决住房发展不充分、不平衡问题的基础上，人人享有和谐美丽家园，使不同区域、不同年龄阶段、不同收入群体的住房需求各得其所，全面实现住房现代化，实现全体人民的"住有优居"。"住有优居"至少包含三层含义：一是指全部或绝大多数的城镇居民已经达到了宜居水平；二是指在原来居住条件的基础上，城镇居民居住的舒适度进一步改善、居住满意度进一步提高；三是居住水平在国际上处于领先地位。

第四节　本章小结

共同富裕是社会主义的本质要求，是中国式现代化的重要特征。住房是民生之要，是家庭重要的资产，要充分认识解决好住房问题对于实现共同富裕的价值。在做大"蛋糕"方面，住房领域发挥着"扩内需稳增长、畅循环促平衡、防风险"等作用，在切好"蛋糕"方面，住房领域发挥着"保安居、增收入、调分配、促均等"作用。

在实现中国式现代化和共同富裕目标的提出，为新时代住房制度指明了方向，也提出了新的要求。在共同富裕背景下合理的住房制度首先要确保行业实现高质量发展促进住房产业的良性循环；其次是通过合理的制度促进有效的住房分配机制和保障制度，使每一个社会成员都享有体面有尊严之居住条件。实现的路径是：保证高质量发展的住房市场制度，促进多主体供给、多渠道的住房保障制度，提供机会均等的租购同权的公共服务保障。

但长期以来，由于缺乏明确而稳定的住房发展目标及标准，使我国各方面的住房政策缺乏系统性、连续性和一致性，导致我国的住房制度缺乏相对稳定性、可预期性和长效性。因此，我国必须以明确的住房发展目标设计为前提，开展住房制度的系统改革。从长远来看，我国住房发展目标演进的路径应是：全体人民

"住有安居"→"住有宜居"→"住有优居"。"住有安居"强调基本的、稳定的、安全的居住保障。"住有宜居"在实现住有安居的基础上，进一步提升住房质量、环境和服务标准。"住有优居"对住房面积、质量、设施、服务、安全、价格、产权等要素提出更高的要求，具有更"舒适居住条件"，达到国际领先水平。根据"两个一百年"奋斗目标远景规划，住房发展的具体分阶段的目标为：第一阶段，2025年之前重点解决新市民、青年人住房困难，稳步改善住房质量，实现"全体居民住有安居"；第二阶段，从2025年到2035年，全面提升住房质量，住房基本达到舒适居住水平，实现"全体居民住有宜居"；第三阶段，从2035年到2050年，住房现代化阶段，"全体居民享受舒适居住条件"，实现"住有优居"。近期，对照联合国的要求和先进国家的经验，我国要加快实现"一户一套房""一人一间房"的目标，并重视住房质量和舒适度，最终目标是实现住房"共同富裕"和住房现代化。

第八章

加快构建多主体供给、多渠道保障、租购并举住房制度

习近平新时代中国特色社会主义思想为我国城镇住房制度选择与创新提供了重要的学术依据。习近平总书记在党的二十大报告中强调"共同富裕是社会主义的本质要求，是中国式现代化的重要特征"，[①] 促进共同富裕将成为我国各项政策和制度设计的出发点和落脚点。住房是民生之要，是家庭重要的资产，进入新时代我国住房制度选择必须坚持以人民为中心的发展思想，必须有利于促进共同富裕，减少不平等不充分现象，加快实现全体人民"住有安居""住有宜居""住有优居"。从国际看，住房不平等（housing inequality）一直是世界范围内不平等研究领域的重要主题之一，住房不平等加剧社会贫富差距的扩大，导致严重的种族隔离、社会撕裂和国家动荡等负面问题已引起各界高度关注。而当前我国存在的住房不平衡不充分的根源是住宅供地模式单一和机制不灵活，住房出售与租赁供给不协调，多主体供给住房的激励不健全，社会力量参与住房保障及相关支持不充分等造成的。因此，在共同富裕的目标下，聚焦解决住房领域的"不平衡不充分"主要矛盾，立足满足住房多样化的需求为目的，从需求和供给双向发力，加快构建"两多一并"的住房制度，为实现人人住有安居、住有宜居、住有优居提供重要支撑。

---

① 习近平：《高举中国特色社会主义伟大旗帜 为全面建设社会主义现代化国家而团结奋斗——在中国共产党第二十次全国代表大会上的报告》，人民出版社 2022 年版，第 22 页。

第一节　需求的多样性与完善住房制度

合理的住房制度必须立足于我国城镇居民住房需求状况，在对不同层次的住房需求进行有效识别基础上，构建满足住房需求的供给制度体系。

一、住房需求的多样化及影响因素分析

（一）住房需求的多样化

从住房消费行为的微观视角出发，消费者需求是多层次的：基于租购选择行为的住房需求识别，存在租赁需求和购买需求；基于住房消费阶段视角的住房需求识别，存在刚性需求、改善性需求和享受性需求；基于住房需求目的视角的住房需求识别，即消费性需求与投资保值需求。

1. 租赁住房需求和购房需求

住房的消费品属性和资产属性分别对应于住房的空间市场和资产市场。对于住房空间市场，市场交易的"商品"是住房服务。这种住房服务的需求来源于住房的使用者，包括购房者和租房者两类，用于满足自身居住的需求，即从租购选择的角度来讲，分为租房需求和购房需求。

购房需求。一方面"居者有其屋"的传统观念根植于我国居民的思想中，有房通常是"持家有道""家境殷实""居住安全有保障"的代名词；另一方面正如本书第三章论述的拥有一套自有住房，不仅仅能享受资产增值带来的红利，而且拥有一个稳定的、安全的等公共服务能保障的生活环境，获得感与幸福感较强。因此，有一定经济能力的家庭通常会在长期生活的城市购买住房，构成住房市场最基本最重要的需求。

租房需求。第七次全国人口普查数据显示，全国城镇常住人口中租赁公租房（含廉租房）占比 3.44%，市场化租赁住房占 17.70%，合计约有 1.9 亿人以上的租房人口，[①] 成为世界上最大的租赁市场。对我国住房租赁市场的需求群体进行深入分析可知，主要是本地户籍中低收入群体、外来务工人员、新毕业大学生、城市引进人才以及因出于工作或孩子读书便利产生租房需求的五类群体，其

---

① 国家统计局 2020 年第七次全国人口普查数据，国家统计局网站。

中新毕业大学生和外来务工人员是租房需求的主体。以浙江为例，2023 年 6 月 30 日有关部门统计，3 133 万人流动人口中，7.84% 已经购房，64.64% 租房，19.48% 住在工地或单位内部。流动人口工作不稳定、经济能力偏弱，以租房为主。除流动人口外，普通高校毕业生也存在大量的租房需求，58 同城联合安居客共同发布的 2019～2020 年《中国住房租赁报告》指出租房群体显示出年轻化的特点。近十年来，全国普通高等毕业生人数呈逐渐增长趋势，教育部统计，2010 年全国高校毕业生人数 631 万人，2021 年全国普通高校毕业生人数达到 909 万人，同比增加 35 万人，2023 年 1 158 万人，[①] 这些大学生从生源地农村进入城市、从小城市到大城市，绝大多数先通过租房解决安居问题。

租房市场的需求又可分为两种，第一种是主动性需求，租房对城市居民，尤其是这些年轻的"新"市民有很大吸引力，这种吸引力主要体现在迁移的灵活性上，租客可以根据工作变化和收入状况换到租金更高或更低的地方，租房比购房转化成本低。第二种是被动性需求，对于一些稳定在一个城市生活或工作的部分群体，由于支付能力较弱或购房政策不满足只能选择租房带来的被动需求。

2. 刚性需求、改善性需求和享受性需求

从住房需求层次的角度，分为刚性需求、改善性需求和享受性需求三个层次。刚性需求是最低层次的需求，也被称为基本住房需求，它是指为了保证个人或者家庭的基本居住条件和质量标准又不影响其他商品合理消费而产生的住房需求。日本在 20 世纪 70 年代制定了最低住房标准（见第七章）；2003 年 1 月初全国住宅与房地产工作会议曾提出"户均一套房、人均一间房、功能配套、设备齐全"小康住房标准；2020 年广州市"城中村"改造工作现场会提出城中村改造要兼顾新市民和低收入群体"一间房、一张床"的居住需求，为城市低成本运行留出空间，让外来人口到广州也有安全感、归属感，[②] 这些都基于满足刚性需求的考虑。我们认为面向现代化的住房刚性需求标准，应该体现有尊严、体面、必须唯一。改善性需求是基于改善居住需要的需求，即实现"住有宜居"，它是指在基本尊严、体面的生存条件得到满足的前提下，伴随着家庭积蓄的增加和收入的增长，为了进一步地享受更舒适的住房面积、更好的住房功能和更佳的住房设施而产生的高层次的住房需求，比如中等户型住宅、二套房。享受性需求是最高层次的需求，即实现"居者享其屋"，是指在满足生存需求和改善需求后产生的更高层次的需求，比如大平层、高档别墅。三者的程度依次递进，需求层次也逐渐增加。一般家庭的第一套住房主要是满足夫妻两人的住房需求，随后面临的生

---

① 中华人民共和国教育部官网。
② 《广州"城中村"改造将兼顾新市民一间房一张床需求》，中国地产网，2020 年 7 月 10 日。

育和老人养老问题使得首次购买的房屋无法满足家庭成员更多的住房需求，此时居民更偏好于改善性需求。选择何种类型的住宅取决于财务状况、家庭生命周期和个人生活偏好。

3. 住房消费性需求与投资性需求

从住房需求目的的角度，住房消费市场和住房资产市场分别对应住房的消费性需求和住房的投资或者投机性需求，以自住为目的的住房需求为消费性住房需求，以投资盈利为目的的住房需求为投资性住房需求。这两种需求往往存在交叉和重叠，又此起彼伏，特别需注意的是，经过 30 多年的发展，我国已经进入财富管理时代，大量资金在寻找保值增值的渠道，要杜绝投资投机的难度很大，关键是如何引导资金从短期炒作转向长期住房投资，从直接投资销售型房产品转向出租型房产品和投资房地产项目的金融产品，如 REITS，从终端销售型产品的买卖转向开发环节和经营环节，即从需求端引向供给端。

住房的消费性需求和投资性需求不仅紧密相关，而且具有其各自的特征，且可以互相转换。一方面，从消费者的角度看，住房的消费和买卖性投资双重属性通常难以被分割开来，二者存在交叉和重叠，共同作用于居民的消费决策，其购房需求往往是消费和投资（投机）的综合体。另一方面，相比较而言，买卖性投资性住房需求的价格弹性比消费性需求大得多，其对价格的变化及住房政策的变化也更为敏感。当住房用于居住目的的消费性需求时，消费者的需求曲线变化与一般商品是一致的，即需求量随着价格的上涨而逐渐下降。然而，当住房被视为投资品时，房价上涨意味着住房相对于其他投资品而言具有更高的回报率，消费者会将大量资金投入房地产市场，以期获得更高的增值收益，在这种"买涨不买跌"的情形下，需求量随着房价的上涨而增加的。而对于投资性甚至投机性住房需求，政府调控的方向则是有针对性地平抑非理性的住房需求。

（二）住房需求影响因素分析

每个需求角度识别出来的住房需求类别又会因所处的区域、人口规模、人口结构和消费能力的不同，带来多层次多元化的需求特征，其主要因素有以下几点。

1. 人口城镇化水平加速提升，带来多层次的住房需求

第七次全国人口普查数据显示，2020 年我国常住人口城镇化率达到 63.89%，比 2010 年提高了 14.21 个百分点，其中，流动人口（指超出市辖区外的人户分离，含跨省流动人口）为 3.76 亿人，比 2010 年大幅增加约 1.5 亿人，[1] 随着户籍制度改革的推进及经济和产业结构布局调整，首先，人口流动有望进一

---

[1] 国家统计局 2020 年第七次全国人口普查数据，国家统计局网站。

步提速，带来巨大的租赁需求。同时，以流动人口为主体的新市民对住房需求也
发生了明显变化。为了降低在城市打工生活成本，也为了更好地满足子女教育等
需要，新一代外来人员既有单身流动，也出现更多地以家庭为单位向经济发达地
区迁移现象。以浙江省杭州市余杭区为例，流动人口携带儿童总数连续呈上升趋
势（见表 8 - 1）。由于举家迁移增多及其他的因素，浙江省流动人口统计居留时
间在不断延长，2021 年与 2019 年相比，居留时间超过五年的人口净增最多，达
到 101.39 万人，一年到五年的人口净增 79.37 万人，半年到一年的反而下降
19.83 万人，半年以下的净增 49.13 万人（见表 8 - 2）。[1] 相较单身流动人口，已
婚家庭携带子女流动，更需要一个稳定的住所，对住房品质和教育等有更高的更
多层次的要求。因此，流动人口的多样性特征和需求，住房的改善性和多样性要
求将持续推动需求类型的多元发展。有的流动人口希望一张床，有的希望一间
房，有的则希望一小套房。

表 8 - 1　　　　　2015 ~ 2018 年余杭区流动人口携带儿童情况　　　　单位：人

年份	合计	年龄段		
		1 ~ 6 岁	7 ~ 12 岁	13 ~ 15 岁
2015	76 720	39 172	28 296	9 252
2016	130 702	60 588	52 368	17 746
2017	131 624	57 647	54 625	19 352
2018	162 590	70 716	65 699	26 175

资料来源：杭州市余杭区公安局。

表 8 - 2　　　2019 ~ 2021 年浙江省不同居住时长流动人口数量变化

居住时长	2019 ~ 2021 年暂住人口增量（万人）	2019 ~ 2021 年暂住人口增长率（%）	其中：2019 ~ 2020 年暂住人口增长率（%）	其中：2020 ~ 2021 年暂住人口增长率（%）
半年以下	49.13	5.50	19.08	- 11.40
半年到一年	-19.83	- 3.70	-13.97	11.94
一年到五年	79.37	6.93	- 1.56	8.63
五年以上	101.39	50.68	18.49	27.17

资料来源：浙江省统计局。

---

[1]　浙江省统计局网站。

其次，人口受教育程度明显提升，要求独立居住空间的需求更强烈。第七次全国人口普查数据显示，每 10 万人中具有大学（指大专及以上）文化程度的由 8 930 人上升为 15 467 人，[①] 且每年有大量大学生进入城市工作，他们对居住空间舒适性、私密性的要求，远高于务工人员，通常要求独立的一间房。

2. 家庭数量加剧分裂，住房需求呈现多样化

根据历年人口普查数据，我国家庭户人口规模持续下降，从 1990 年的 3.96 人、2000 年的 3.44 人下降至 2010 年的 3.10 人，再到 2020 年我国家庭户平均人口规模仅为 2.62，比 2010 年减少 0.48 人。[②] 家庭户规模总体持续缩小，主要原因有以下几点。

一是结婚率下降、离婚率上升、生育率下降。以浙江省为例，结婚对数从 2014 年的 43.33 万对下降到 2021 年的 26.3 万对；离婚对数从 11.01 万对上升到 2019 年 13.03 万对，2021 年因疫情因素等影响回落到 7.6 万对；出生人口从 2013 年的 54.9 万人增至 2017 年的 67 万人，2018 年回落到 62.8 万人，2021 年进一步回落到 44.9 万人。[③]

二是单身化趋势显著。有资料预测，到 2030 年我国将有 2 亿人的独居人群，其中 20～39 岁群体将达到 7 100 万人，独居率将超过 30%。[④] 第七次全国人口普查数据显示，全国城镇一人户为 8 145.39 万户，比第六次全国人口普查净增加 4 728.5 万户；浙江省 25～40 岁年龄段中一人户达到 243.9633 万人，其中居住在城镇的 204.03 万人。[⑤]

在家庭规模总体缩小的同时，因生育政策调整，家庭规模出现分化，国家统计局公布，到 2020 年由于生育政策调整的因素，全国多出生"二孩"数量达 1 000 多万人，出现了一批 4 口、5 口甚至更多人口的大家庭，[⑥] 二孩、三孩家庭则需要更大面积住房，住房需求呈现多样化。

3. 经济收入的提高带来需求类型日益多元

从经济发展阶段看，我国已经迈入了高额群众消费阶段和追求生活质量阶段，居民消费转型升级加快，人民群众对"更舒适居住条件"更强烈。因此，对住房需求呈现刚性需求与改善性需求、购房需求与租赁需求、中低端需求与中高端需求、消费性需求与投资性需求并存（见图 8-1），且对住房品质、基础设施配套、社区管理等都提出新的需求，需求类型日益多元。

---

①⑥　国家统计局 2020 年第七次全国人口普查数据。
②　国家统计局历年全国人口普查数据，国家统计局网站。
③　资料来源：华经情报网、浙江省统计局：2022 年浙江统计年鉴。
④　贝壳研究院市场研究部，《新独居时代报告》，外唐智库，2021 年。
⑤　国家统计局 2020 年第七次全国人口普查数据，2010 年第六次全国人口普查数据。

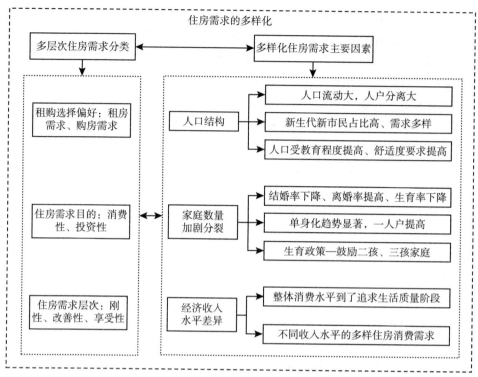

图 8 - 1　住房需求的多样化

二、住房需求失衡的现状及原因分析

在供求呈现多样化的背景下，我国住房供给一直延续住房制度改革以来的模式，以销售型商品住房为主，以开发商为主体，政府提供的保障性住房覆盖面小，市场供给渠道单一、主体单一，市场化比例过高。随着房价一路走高，住房租赁需求与购买需求之间失衡、消费性需求与投资性需求之间失衡、住房需求的空间失衡（大城市与中小城市空间需求失衡）日益突出。

首先，住房的租赁与购买需求失衡。尽管近年来国家重视住房租赁市场的发展，但由于租赁市场长期欠账严重、住房市场的法律法规缺失和"租购不同权"等现实影响，租赁市场发展不规范，迫使大部分人群仍然将购房作为第一选择，而将租房仅作为不得已而为之的被动消费方式。尽管因流动人口增加，全国已形成庞大的租赁住房市场，但因长期不重视租赁住房市场的发展，租赁住房产品无专项供给，大城市租赁供求总量与结构失衡严重，详见第十章分析。

其次，住房的消费性与投资性需求失衡。一方面新市民和普通居民的刚性住房需求得不到满足，另一方面热点城市投资和投机性需求旺盛，拉动房价的不断上涨，进一步拉大贫富差距和削弱"无房者"的购房能力。

最后，住房的需求空间失衡。表现为一、二线城市购房、租房需求旺盛，而三、四线城市购房、租房需求不足；东部沿海地区的购房、租房需求旺盛而东北和中西部地区的购房、租房需求相对不足。这种"冰火两重天"的空间失衡产生了一系列负面影响。

这"三个失衡"进一步加大中心城市房价上升压力，造成房价上升速度远快于租金上涨，带来住房开发和买卖的投资回报远高于出租房回报率，吸引大量资金进一步向买卖市场集聚，进一步加剧租购市场的不平衡。

导致住房市场需求"三大失衡"的原因是多方面的，包括城市分化、资金流动性过剩、对租户权益保障不充分、传统消费文化等，特别是与税收政策、金融政策、用地政策等长期存在"重售轻租"有关，其最根本的原因是住房制度及与之配套的制度不完善等造成的。

（一）城市加速分化

1978 年以来，我国实行对内改革和对外开放。从总体上看，改革虽然使价格政策向城市的倾向有所减弱，但财政支出、投资、金融、土地等非商品价格资源向城市倾向日益突出，城镇投资不仅占固定资产投资的绝对大的比重，而且呈上升趋势。中心城市与非中心城市的资产投资差距也不断增大。在城镇化快速推进、经济高速发展的过程中，促使大量富余劳动力从农村向城镇、从欠发达地区向发达地区集聚和转移。"七普"资料显示，2010 ~ 2020 年城市之间、区域之间的人口流动分化进一步加剧，全国 336 个地级市进行统计，220 个城市在 2010 ~ 2020 年机械人口增幅为负，占比高达 65.5%（见表 8 - 3）。

表 8 - 3 　　　　　　2010 ~ 2020 年机械人口区域变动情况

区域	城市个数（个）	十年机械人口增幅为负的城市个数	比重（%）
东北	36	33	91.7
华中	44	36	81.8
华北	36	24	66.7
西南	54	36	66.7
华南	38	23	60.5
西北	51	28	54.9
华东	77	40	51.9
合计	336	220	65.5

资料来源：课题组根据"七普"公布的资料统计。

　　表8-4是人口净流入和净流出的前十大城市名单，深圳、广州、郑州、西安、长沙、杭州、重庆、佛山、北京等城市人口净增加名居前列，与此同时，保定市、绥化市等一大批城市出现负增长，人口是住房市场需求的最重要基础，这直接加剧了发达地区与欠发达地区，一、二线城市与三、四线城市住房市场的分化和需求的"冰火两重天"。长三角、珠三角等经济发展水平较高、人口流入较大的中心城市的住房需求将持续旺盛，但用地面积、密度受限，且区位具有不可替代性，房屋供给缺乏弹性，因此住房价格绝对水平高且涨幅较高；而部分三、四线城市的住房市场需要高度警惕出现住房"过剩"风险。我国住房市场已经由供不应求转向供求总量基本平衡、区域分化特征显著的新阶段，在总体供求总量平衡情况下，人口净流入的大城市供求矛盾依然突出。

表8-4　　　　　　　2010~2020年人口净流入最多和净流出
　　　　　　　　　　　最多前十大城市
　　　　　　　　　　　　　　　　　　　　　　　　　　　　单位：万人

排序	城市	所属省份	2020年	2010年	增加
1	深圳市	广东省	1 763.38	1 043.76	719.62
2	成都市	四川省	2 093.80	1 404.76	689.04
3	广州市	广东省	1 874.03	1 270.96	603.07
4	西安市	陕西省	1 296.00	847.41	448.59
5	郑州市	河南省	1 262.00	866.00	396.00
6	合肥市	安徽省	937.34	570.00	367.34
7	杭州市	杭州市	1 220.40	870.54	349.86
8	重庆市	—	3 205.00	2 884.62	320.38
9	长沙市	湖南省	1 006.08	704.07	302.01
10	武汉市	湖北省	1 244.77	978.54	266.23
1	保定市	河北省	924.26	1 120.81	-196.55
2	绥化市	黑龙江省	375.62	542.10	-166.48
3	四平市	吉林省	181.47	338.60	-157.13
4	资阳市	四川省	230.90	366.50	-135.60
5	齐齐哈尔市	黑龙江省	406.75	537.00	-130.25
6	六安市	安徽省	439.53	561.80	-122.27
7	安庆市	安徽省	416.68	531.50	-114.82
8	咸阳市	陕西省	396.00	489.84	-93.84
9	吉林市	吉林省	362.37	441.50	-79.13
10	南充市	四川省	560.80	628.00	-67.20

　　资料来源：课题组根据"七普"公布的资料统计。

（二）住房制度设计上，过度市场化，重售轻租

1998 年房改方案曾提出困难家庭租赁廉租住房、大多数家庭购买经济适用住房、富裕家庭购买商品住房，形成"低端有保障、中端有支持、高端找市场"的方案，但事实上，2008～2015 年全国经济适用住房只开工 573 万套，公租房（含廉租住房）1 806 万套，合计只占同期住房开工量的 19.8%（注：同期开工的商品住房按套均面积 100 平方米计算①），2016 年以来全国停止经济适用住房建设、只保留少量的公租房，进一步形成：新增住房中，开发商占绝对主体地位，销售型房源一统天下的格局；存量住房市场中，全国除了公租房和少数单位住房不能交易只能用于居住外，城镇大部分的住房都是可销售交易的商品。其结果是：把绝大多数居民都推向买方市场，形成对商品住房庞大的需求，叠加保有环节零税收和交易环节低税率等因素，加上一些地方供给量少，房产品成为最好的投资品，购房需求过旺，租赁市场不发达。

（三）金融、土地、税收等配套政策不支持租购并举

我国金融、土地、税收等相关制度设计不支持"租购并举""住有安居"的发展目标。例如在金融上，对购买首套房政策性支持责任交给商业银行，市场低迷时，要求银行给予首次购房者 70% 的利率优惠，② 但一旦资金紧张和市场过热时，银行提高首付款比例和按揭利率，影响最大的是刚性需求；缺乏面向回收期长、回报率低的开发租赁住房的金融支持产品。租赁市场长期处于"无专项规划、无专项用地、无政策支持、无部门管理"四无状态，租赁房源长期依靠私人散户提供，发展极不规范。尽管 2016 年我国不断加强培育租赁住房，不断完善相关政策，但是仍存在着供给不充分、供给主体单一、专业化程度低、市场效率偏低，租户合法权益难以保障，租购同权难以实现等问题。用地政策上，各地用地指标按户籍人口下达的，造成流入人口多的发达地区供给严重紧张，不断推高地价与房价，中低收入家庭包括部分中产阶层被排斥出市场；更重要的是各地出于 GDP 和地方财政收入压力，追求税源和土地收入最大化的倾向，导致住宅用地在新增用地中占比少，保障住房用地则更少；作为民生保障重要功能的住房，用地价格以"价高者得"作为最主要的出让规则，推动地价房价不断上升。税收上，尚没有像温哥华一样对空置的房屋征收税金或像发达国家一样全面实现物业税，缺乏保有环节税负，隐性鼓励住房投资投机。这些政策，其结果都进一步加

---

① 《住房保障，帮助百姓安居圆梦——我国住房保障成就综述》，中国政府网，2019 年 8 月 15 日。
② 《房贷新政导致市场低迷 利率折扣时代逐步淡出》，房天下网，2011 年 2 月 6 日。

剧了住房市场的金融化，加剧住房消费的两极分化。

三、以"租购并举"为核心的住房分类引导制度构建

新时代我国住房制度选择必须坚持以人民为中心的发展思想，必须有利于促进共同富裕，必须以满足人民日益增长的美好生活需要为根本目的。因此，必须围绕居民住房需求状况，在有效识别不同层次住房需求的基础上，有针对性地制定分类引导政策，着力解决上述住房需求中的"三个失衡"问题。

根据前面的分析，对应不同的住房需求层次和类别，以"租购并举"为核心的住房分类引导政策的着力点可以分为租房需求的激励政策、自住性购房需求的支持政策、投资投机需求分流和抑制政策（见图8-2）。

第一，激励和保护租房需求。可考虑但不限于：一是强化承租人权利行政保护，全面推行居住证制度，实施"租购同分"，即对新市民采用积分制，对达到一定积分的新市民可享受与户籍居民同等待遇；逐步推进"租购同权"，对持有居住证半年或一年以上的居民可完全享受与户籍居民同等待遇。二是加大租房消费支持力度，包括公积金支持租房、鼓励地方政府和用工单位推行租赁货币化补贴、提高租房消费税收抵扣政策。三是加快培育和发展规模化、专业化的住房租赁企业，形成国有和民营，大、中、小住房租赁企业协同发展的格局，满足不断增长的住房租赁需求。四是加强对市场的监管指导，保持租金水平的合理性。

第二，支持自住型合理购房消费。税收和信贷等政策，应优先支持首套、中小户型住房消费，有序释放刚性和改善型住房需求；优先支持"先小后大、先租后买"的住房梯级消费行为，实现改善型住房需求有序释放；优先支持有条件有需求的新市民在全要素劳动生产率更高的城镇永久地安居下来，这对跨越中等收入陷阱、迈向现代化具有重要的战略意义；优先支持子女在父母住所附近购买商品住房，适应老年人居家养老的需求。应顺应人口结构变化和新市民住房需求特征，适时调整住房供应结构，加大金融和财税政策支持力度，帮助新居民完成"住房梦"；完善政策性住房金融体系，做大做强住房公积金制度。

第三，因城施策，疏散和分类调控投资投机需求并举。大力发展REITs，引导资金从购买住房产品转向投资开发经营房产品，从直接投资转向间接投资。深入研究分析居民对REITs投资的顾虑、诉求与政策完善。实施区域性信贷差异化政策，住房需求旺盛的东部地区和一、二线城市，通过紧缩信贷和行政干预等手段来抑制投机需求；住房需求不足的中西部地区和三、四线城市，适当鼓励居民的投资性需求；对投资出租住房的给予充分的税收优惠政策，盘活存量。所有这些政策都需以支持和满足居民合理住房消费为政策设计的出发点，然后从土地配

置、税收、金融、租赁权益等方面辨析住房需求分类引导政策得以有效实施所依托的配套制度，以及住房分类引导政策体系与相关制度良性互动的机制建设。

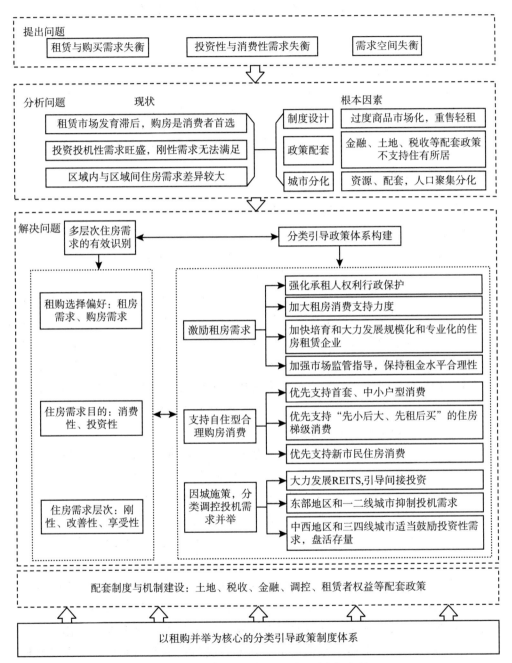

图 8 – 2　需求多样性与住房制度完善

第二节　供给效率与完善住房制度

为破解住房发展过程中的深层次问题，实现住房事业良性发展，不仅注重市场需求的"有没有""多样性"问题，更要注重供给的效率、质量和可负担性。

一、影响住房供给效率的决定因素——正确处理政府与市场的关系

理论上，市场机制是供应与配置各类资源最有效率的经济制度。但市场经济只能实现既定收入分配格局下的帕累托最优，而资本的逐利性、市场失灵等问题可能会导致不平等差距的进一步拉大。解决住房问题，既不能完全依靠市场，又不能完全依靠政府，政府既不能包揽一切，又不能放任市场。对完全可由市场机制实现的资源配置，政府应该交给市场，这就是政府有所不为。但市场机制的局限性决定了市场机制不可能解决全部问题，特别是当市场机制失灵时，政府就必须介入和干预，这就是政府应有所为。即使在高度市场化的国家，住房市场仍需要政府干预。因为在住房市场，高收入者完全可以通过市场渠道获得住房需求，而对庞大的中低收入群体而言，单纯依靠住房市场化满足不了其基本住房需求，而保护弱者、为弱者提供生活和生存必需的基本条件，防范住房市场带来的金融风险，是政府干预市场的最大理由。

从个体能力角度看，社会财富的创造和社会发展的动力必须依靠"每个人"和"一切人"的共同努力，"多劳多得，少劳少得，不劳不得"能最大限度激励"每个人"和"一切人"的劳动积极性和能动性，也成为世界各国普遍的制度设计。但是，每一个人的身体状况、能力、贡献有大小，就必然会出现收入与财富分配的不均衡。而一个城市房价水平又更多地取决于这个地方的居民平均收入水平和住房平均开发成本水平，因此，就必定会有一部分家庭难以通过自己的能力解决基本的住房困难或者获得相对体面的住房消费，特别是老弱病残家庭，其劳动能力十分有限甚至完全丧失，在社会一次分配以效率为主的格局下，必须通过二次分配——政府的住房保障解决其基本生活需求，以体现公正性。而住房天然的投资品属性也决定了其容易成为资本逐利对象，也需要政府积极干预。

但是，如果政府干预过多、过深、过激，就有可能损害效率，产生"福利陷

阱"和权力腐败，导致市场失灵、政府财政难以负担、破坏社会公正、透支人民对党和政府的信任。从长远看，没有市场的高效率发展就不可能实现社会公正，反之没有社会公正，经济效率也不可能长久维持。为此，提高供给效率，推进供给侧结构性改革的核心是正确处理政府与市场的关系。

总体来讲，在住房供给主体多元化中，政府的公共责任包括两个方面：（1）政府对市场住房供给主体负有调控、监管及克服市场失灵之干预之责。其作用之一是纠正过度市场化，确保回归居住本源。作用之二是有责任建立一个供求相对平衡和良性循环的住房市场。（2）政府承担着为社会中低收入者提供基本居住条件的住房保障之责。善待弱者的生存权利、保障弱势群体的权利是政府的道义和法律上的责任。住房保障职责包含：一是作为住房保障的直接供给者直接为收入困难、住房困难双困型家庭提供保障住房。其优点是：政府可以对保障房供给的数量、时间及质量进行较为精确的掌控；我国特有的行政制度将大大提高住房供应速度。在国际先进经验中，新加坡是政府直接参与保障房供给的典型成功国家。新加坡建屋发展局在其供给住房的建设与管理中发挥主导作用，不仅负责组屋发展规划的制定以及对房屋进行管理，而且作为新加坡最大的房地产经营管理者，还负责组屋的施工建设与后续的租售。香港地区 1973 年就成立的强有力的房屋委员会，全权负责规划、兴建、管理和维修保养各类公共房屋。但这种模式的缺点是行政成本高，效率偏低、保障对象退出难，保障面有限，最后可能失于管理。二是政府给予政策支持，引导市场主体、用工企业或各种非营利性机构等积极参与住房保障供给，即动员社会力量在政府政策支持下，有地出地、有房出房、有钱出钱，参与保障性住房的建设与运营，这有利于克服政府直接提供保障性住房各种缺点，但如何防止社会力量参与建设和运行保障性住房的行为偏离政府目标的设计是政府部门需要重点监管的问题。

二、提高供给效率的实现路径及制度支持

从提高供给效率的路径来讲，"供给侧"又可分为产业层面、要素层面和制度层面三个方面。

（一）促进产业良性发展

核心要义：着力推进产品创新、探索发展新模式，促进良性循环。实现住房供给侧结构性改革需要多方面的转型：一是开发商转型。开发商要从三高（高周转、高风险、高利润）模式转型，转向稳健型，防止负债盲目扩张。可以涉猎租赁市场、老旧小区、城中村改造等项目业务。二是金融模式转型。推动金融机构

299

从原来专注房地产销售市场转向支持租赁市场、养老项目等，从偏重短期贷款资金支持转向低成本、长期资金支持，从偏重头部企业向更多范围的包括诚信中小房企支持转变。三是地方政府转型。改变高依赖的土地财政模式，改变高地价驱动高房价的模式，改变单一销售型商品住房用地出让模式，改变政府高度垄断土地向鼓励企事业单位利用存量土地转变。四是居民思维转型。转变重购轻租观念，改变原有靠买房卖房积累财富的定向思维。

从产业来看，一方面，"坚持房子是用来住的、不是用来炒的"定位，加强预期引导，探索新的发展模式，改变支持商品住房市场更好满足购房者的合理住房需求，因城施策促进住房产业的良性循环和健康发展。另一方面，要着力推进产品与服务创新。坚持创新、协调、绿色、开放、共享新发展理念，牢牢紧扣高质量发展，把满足人民群众对美好生活的向往作为住房发展的出发点和落脚点，引导住宅产业的创新转型发展、绿色生态引领发展和健康可持续发展，全面提高住房建设水平，完善相关的配套，改善物业服务品质，打造完整居住社区，提高居住的安全性、健康性、便利性、舒适性，努力实现人人"住有安居""住有宜居""住有优居"目标。

（二）矫正土地要素配置扭曲

土地要素错配是导致现有住房供给问题多的核心原因。（1）从地区层面看，城镇人口增长与城镇用地供给错配。由于耕地占补平衡政策的实施范围多局限在地级市范围内、至多省内，当前耕地后备资源不足的东部地区难以获得足够的建设用地指标。（2）从城市层面看，流入大量人口的一线和部分二线城市土地供给被严格控制，而人口增长明显放缓乃至停滞的三、四线城市土地供给偏多。（3）从城市内用地类型看，城市政府没有协调好土地、经济、人口三者之间的关系，特别是地方政府"经济型"角色重于"服务型"角色，"重经济、轻民生"，一些城市大量土地低效配置到工业、商办，对居住用地供应形成挤压。（4）从城乡建设用地结构看，农民工群体在城镇和乡村"双重占地"，有步骤、有作为地推进新市民以宅基地换城镇保障性住房。（5）从土地供给主体看，渠道单一，新增住宅用地由城市政府单一渠道供给，获得住宅用地开发权的主体是相对单一的，大部分城市除少数经批准建宿舍外，禁止企事业单位利用存量土地建设住宅。

因此，要加快建立城镇用地供给与城镇人口增长挂钩机制，住房用地供给与产业用地供给合理匹配机制，确保住宅用地较充分供给，形成大城市住房供需基本平衡的态势；打通城乡住宅用地分割状态，鼓励多元资本对城中村、空心村进行改造，盘活农村集体建设用地村民闲置用房，统一规划建设管理并打造成民宿、保租房、养老房产的新样板，促进城乡融合；鼓励企事业单位利用存量土地建设租赁住房，形成多主体的住宅供地制度，实现住房领域的多中心治理与多主体和谐共生。

（三）加快构建多主体供给、多渠道保障、租购并举住房制度

供给侧结构性改革的最终目的是满足多样性住房需求，主攻方向是提高住房供给的多层次多元化，核心是租购并举。因此，只有从供给侧出发，有效调动市场机制和政府保障两只手，充分发挥社会组织力量和市场机制作用，鼓励多主体的住房供给方式与渠道创新，才能满足各类消费群体的多层次多元化住房需求，实现人人住有安居，住有宜居、住有优居。为此，应统一中央与地方政府在解决居民住房问题上的认识，明确中央政府和地方政府在新时代住房制度建设和实现全体人民住有安居、住有宜居、住有优居中的责任，处理好政府与市场关系，不断提高政府干预的水平，纠正过度市场化和过度行政化两个极端，确保回归居住本源，促进住房不充分不平衡等问题的加速治理，构建面向共同富裕的我国城镇住房发展新模式。

第三节　多主体供给、多渠道保障、租购并举住房制度内涵

"多主体供给""多渠道保障""租购并举"是新时代住房制度的四梁八柱，也是实现新时代住房发展目标的三大主要路径，其主要内涵如下。

1. 多主体供给

从"政府—市场"二元供给结构到"政府、市场主体、非营利性机构、社会单位"等多元供给。这也意味着多种体制、多种形式的住宅开发模式将取代单一主体的开发模式。多主体意味着：（1）培育住房新供给主体。不仅需要培育出售型住房的供给者，更需要培育多种租赁住房的供给者；不仅需要培育新房的供给者，而且需要培育二手房的供给者、乡村住房的改造者；这些主体中，有开发商、租赁企业，还有用工单位、产业园区、村集体经济组织，更要在市场配置和政府保障之外扶持培养新的多种供给主体—保险机构、投资基金、慈善机构等，要降低法人企业、非营利性社会机构、集体经济组织等参与租赁住房建设与经营的准入门槛，并通过政策设计建立合理公平的竞争环境，培育多供给主体的协调发展。（2）健全住房供给产权系统，培育多样化供应产品。建立自然人家庭自有产权、法人产权、公有产权等"多元所有"的住房产权制度，构建多元住房供给

体系，最终形成政府拥有产权的公租房、土地划拨的配售型保障性住房、营利性以及非营利性法人单位拥有的长租房和保障性租赁住房，私人拥有完全产权的住房组成的相互衔接、相互可转化的、覆盖全体人民需求的住房产权制度和供给体系。（3）建立多主体供给的土地制度。多主体供应的关键是土地制度改革，在增加居住用地、增大保障性住房用地供给的同时，鼓励企事业单位、村集体经济组织利用存量土地建设租赁住房，满足多层次住房需求，更好地实现全体人民住有安居的目标，成为当前我国住房市场发展供给侧结构性改革的核心内容。

2. 多渠道保障

从"租、改"为主体的保障，向"租、售、改、补、融"多渠道大保障转变。"租"——公租房、保障性租赁住房，公租房主要面向城市低收入和住房困难家庭，有条件的城市可扩大到从事城市公共服务行业职工和阶段性住房困难的新市民；保障性租赁住房面向的对象是住房困难的新市民、青年人，不设收入线门槛，帮助他们解决阶段性住房困难。"售"——配售型保障性住房，面向高房价城市中居住稳定、有一定购房能力但房价收入比超过合理值的家庭；"改"——城中村改造和老旧小区改造，解决住房设施欠缺、安全性差、配套不全、过度拥挤的住房困难家庭；"补"——包括通过租金补贴、购房（税费）补贴、按揭利息抵扣所得税等提高居民购房或租房能力。"融"——政策性住房金融支持，以优惠的利率、较低的首付款比率，优先支持刚需家庭购房。从社会效率和经济效率的角度来看，单靠过去以政府为主导的住房保障难以提高保障效率与达到保障效果，加快构建多主体、多渠道的住房保障体系，形成公租房、配售型保障性住房、保障性租赁住房、城中村改造、老旧小区改造和政策性住房金融组成的"三房 + 二改 + 一融"保障体系。改变市场化就是房地产企业供应商品住房，对市场的补充就是政府供应的保障性住房的固化思维，以"精准理念"拓展和完善公租房、配售型保障性住房、保障性租赁住房等实物保障方式；推进货币化保障和加快住房公积金改革；结合推进城镇城中村改造和老旧小区改造，有效增加保障性住房供给。为此，多渠道保障至少包含着四层含义。

一是多渠道的保障体系。原来"深度救济型 + 有限资助型"保障模式，已越来越受到高房价和迈向共同富裕新要求的挑战，亟须向"适度普惠型保障"转变。因此，基于满足保障对象的多元化需求、政府财力的可负担性等角度出发，应综合运用"租（公租房、保障性租赁住房）、售（配售型保障性住房）、补（货币化）、改（老旧小区改造、城中村改造）"和政策性金融支持等多种方式，建立内涵清晰、相对稳定、合理衔接的"分层"、可转换的住房保障体系，全面改善中低收入家庭居住条件。

二是供给主体的多渠道。改变仅政府供应保障性住房的固化思维，从以政府为主，向政府、用工企业和社会力量多主体转变，形成政府保障性住房与社会住房两条保障性住房供应线。尤其面对随着城镇化进程加速和流动人口规模扩大，外来务工人员、新就业大学生等新市民、青年人的住房困难问题日益凸显，加快加大给予土地、财税、金融等政策支持，充分发挥市场机制作用，引导多主体投资、多渠道供给保障性租赁住房，尽最大努力帮助新市民、青年人等缓解住房困难，努力实现住有安居、住有宜居、住有优居。

三是房源的多渠道。可以是政府直接建设、通过商品住房小区配建、收储存量房源用于住房保障，更要动员企事业单位、产业园区平台、村集体经济组织提供价格略低于市场价格、租期和价格稳定、对租户权益有保障的住房，解决传统住房保障中存在的保障面窄、审核难、退出难问题。

四是资金的多渠道。我国目前保障性住房建设资金主要来源是财政拨款和银行贷款，政府财力相对有限，需要动员社会各界各方面的资金补充和投入。

3. 租购并举

从"重售轻租"向"租购并举"转变。租购并举不仅要求在商品房市场租购并举，而且要求住房保障租购并举，让居民根据自身经济能力、家庭效用、消费偏好，有自由选择租或购的渠道。目前商品房市场租购失衡主要表现为"重购轻租"，租赁住房项目由于资金沉淀量大、回收期长、经营风险大，开发商积极性不高，消费者因市场不规范、租购不同权等原因排斥租赁住房。住房保障领域租购失衡主要表现为"重租无购"，许多地方已多年停止配售型保障房。应围绕"如何将租房居住从无奈选择转化为主动选择，如何将租赁业务发展为新模式产业"为总体目标，对权益保护制度、土地制度、财税政策、金融政策等展开顶层设计，推动住房租赁市场发展的配套政策完善，为形成租购基本平衡的市场体系提供强有力的支撑，包括：第一，建立和完善商品房租赁制度。建立企业、法人和自然人租赁住房的支持制度，建立和完善承租者保护制度，实行承租者的市民待遇制度，完善租赁市场监管与服务制度。第二，建立和完善保障房租购并举制度。扩大出租型保障房（公租房、保障性租赁住房）的覆盖范围，增加租赁住房解决新市民住房保障需求；积极探索"居民自租、机构认定、政府补贴"的社会租赁制度。高房价城市积极实施配售型保障性住房制度，深化配售型保障性住房的探索与实践，满足夹心群体的产权式保障需求。第三，培育和发展农村住房租赁市场制度，鼓励资本开发、改造农村住宅，出租经营。第四，通过消除户籍、公共服务等制度障碍，推广"租购同分"、促进"租购同权"，激发租赁住房需求。通过租购并举实现不同群体的"住有安居"（见表8-5）。

表8-5　　　　　租购并举实现全体人民"住有安居"的思路

住房供给类别		方式	供给主体	面向群体	住房特点
商品住房市场	销售型商品住房	出售	开发商	稳定居住、购房能力强群体	多层次、多品类的商品住房（中高低不同类型商品住房，满足不同群体需求）
	市场化长租房	租赁	开发商、租赁企业等	工作与居住稳定性较差，或者经济能力较强未计划购房群体	规范管理、价格市场化、租赁关系稳定
	二手住房	出售/租赁	私人	因工作或家庭需要买房/租房的群体	多层次的存量住房，可满足不同群体需求
保障房	配售型保障性住房	出售	政府	高房价城市，有一定经济能力但又买不起商品住房的夹心群体	由政府建设，以中小户型为主，满足夹心群体的住房需求
	保障性租赁住房	租赁	开发商、租赁企业、企事业单位、产业园区、村集体经济组织	住房困难的新市民、青年人，不设收入线门槛，帮助解决阶段性住房困难	既是保障性住房也是市场化住房，以小户型/单间为主，价格略低于市场价格，纳入政府管理
	公租房	租赁	政府	城镇住房、收入困难群体	政府履行基本公共服务职能，60平方米以内，价格一般在市场价格的30%以内

　　"多主体供给""多渠道保障""租购并举"三者之间密切联系，相辅相成。实现租购并举，既需要多主体供给，也有赖于多渠道保障，正确处理好市场、政府和社会三者关系，才能真正将促进住房租赁市场发展落到实处；多主体供给和多渠道保障之间相互依赖，培育新的供给主体，既有助于增加住房保障渠道，又吸引更多社会资源和力量的多方参与；而优化住房保障体系，也必然要从供给侧发力，特别是发挥政府托底功能和社会力量扩大保障面的功能，通过住房供应主体的丰富实现住房保障供给结构的优化。

2008 年以后，我国已对商品住房过度市场化作了适度纠正，按照"以市场为主满足多层次需求，以政府为主提供基本保障"思路，对城镇低收入住房困难家庭实现"应保尽保"，但仍存在着部分城市住房消费压力大、住房保障范围窄、夹心群体过大、新市民未覆盖等问题。"两多一并"住房制度要为每一类人群提供一个可以预期的获取住房的渠道，这些渠道应当是"可进入、可选择、可支付、可持续"。"可进入"就是可以根据自身情况找到匹配的住房渠道（如商品住房市场、租赁市场、保障房市场等）；"可选择"就是适合其需求的房源有较充分的选择余地；"可支付"就是经济上可承受；"可持续"就是渠道、运行的可持续发展。

因此，"两多一并"住房制度应以公平保障公民居住权利、实现共同富裕为首要目标，实现五个转变：发展定位上，从保 GDP、土地财政为主要功能更多地转向公平保障公民居住权利；供给主体上，从以开发商为主向政府、开发商、其他社会组织并重的供给主体转变；供给结构上，从以售为主的商品房向公租房、保障性租赁住房、配售型保障性住房、长租房、商品住房并行转变；需求结构上，从以购为主，向租购并举转变；保障思路上，从政府主导的小规模深度保障发展为政府引导的大范围适度保障，以支持"老"市民为主向扶助"新""老"市民并重转变；发展结果上，从住房占用的不平衡不充分，向供求基本平衡、各得其所、住有安居、居者有其屋、共同富裕转变（见表 8-6）。

表 8-6　　　　　　　　　　　新旧住房制度对比

改革内容	现有住房制度	"两多一并"住房制度
发展定位	保 GDP、土地财政	公平保障公民居住权利
供给主体	开发商为主体	政府、开发商、社会组织多主体
需求结构	以购为主	租购并举
供给结构	商品房为主	公租房、保障性租赁住房、配售型保障性住房、长租房、商品住房并行
住房保障	小范围深度保障	大范围适度保障
政府与市场	市场为主	保障比例提高，政府干预增强、干预水平提高
发展结果	不平衡不充分	供求基本平衡、各得其所住有安居、居者有其屋、共同富裕

第四节 多主体供给、多渠道保障、租购并举住房制度供给体系构建

建立多主体供给、多渠道保障、租购并举的住房制度供给体系（见图8-2），需要坚持"一个主体责任"，完善"两个体系"，解决"三个核心问题"。

坚持"一个主体责任"：压实城市政府解决好居民住房问题的主体责任，保持住房市场运行总体平稳，有效防范化解市场风险，确保实现"稳地价、稳房价、稳预期"目标，保证住房困难群体的住房问题得到有效解决。

完善"两个体系"：完善由销售型商品住房（新建商品住房、二手住房）以及租赁型住房组成的住房市场体系，更好满足城镇居民多层次多样化品质化的居住需求。加快构建以公租房、保障性租赁住房和配售型保障性住房为主体的住房保障体系，结合推进城中村改造和老旧小区改造，有效增加保障性住房供给，解决好常住人口住房困难问题，构建可过渡性、整体性和动态多层次可持续转换的、合理衔接的新住房供给体系（见图8-3）。

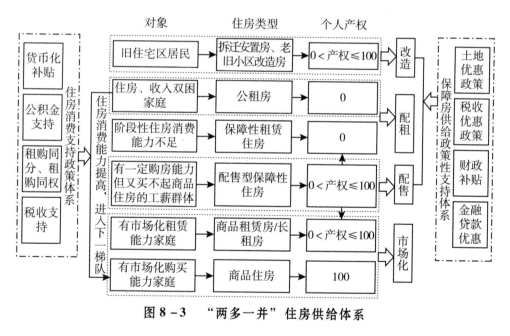

图8-3 "两多一并"住房供给体系

解决"三个核心问题"。激励问题、要素问题、精细化管理问题，即：一

是如何激励政府、企业和其他主体参与到各类住房的建设与管理尤其是租赁市场和保障性住房市场中；二是如何保证多主体、多渠道的要素供给；三是如何实现每一环节的精细化管理，进而使资源精准有效对接到所需群体，减少行政成本。解决方案的核心理念为，根据市场效率、绩效管理理论、协同治理理论，政府加强制度性供给，加强与社会力量合作的深度与广度，因地制宜，鼓励创新。

一、住房市场供给体系

（一）供给形式：销售型商品住房和市场租赁住房

1. 大力发展普通商品住房

理论与实践都证明，利用市场机制配置住房资源是最有效率的。住房市场机制可以较好地适应不同家庭的多样化的住房需求，提高资源配置的效率，必须毫不动摇地坚持市场化改革的基本方向。自1998年住房制度改革以来，住房市场的形成、发展、壮大，对于满足广大人民群众日益增长的居住需求发挥了不可替代的作用。1998年商品住房新开工面积仅为16 637万平方米，2021年商品住房新开工面积达到14.6亿平方米，商品住房销售面积达到15.65亿平方米，① 极大满足了居民对更舒适生活的需求。但住房市场的有限理性和市场失灵等缺陷，要求我们既要坚定市场化方向，又要防范可能带来的问题，核心是形成供求基本平衡、房价基本平稳、结构基本合理的市场态势，这是保持住房市场平稳健康发展的关键。

2. 积极培育和发展租赁住房市场

房屋租赁是住房投资者与消费者之间形成的一种社会分工，是高效率的住房消费方式，是住房市场的重要组成部分。加快培育和发展住房租赁市场，是缓解住房买卖市场供求矛盾、促进市场平稳健康发展，构建房地产业发展长效机制的重要举措，是解决好新市民住房问题、推进新型城镇化的重要方式，是实现人民"住有安居"的重要内容。发达国家房屋租赁业都十分发达，其实现的条件：一是匹配需求的租赁住房供给充分。二是租售同权，公共资源充足。三是租赁法律保障完善。四是居民诚信度高，保障了租赁群体"享受有尊严的稳定的居住权益""享受无差异的公共服务""享受社会认同"。

近年来，为加快构建租购并举的住房制度，我国各大城市相继出台了一系

---

① 1999年中国统计年鉴、2022年中国统计年鉴。

列政策方案的施行，在推动住房租赁市场健康发展、规范市场、增加有效供应、完善住房租赁管理体制机制等方面取得了阶段性成效。但总体看还存在以下几个问题。

（1）机构主体发育不充分、专业化程度低。目前，租赁住房供应主体发育不全，供应结构单一。从出租主体上看，个人、二房东、传统房地产中介机构出租多，规模化、专业化住房租赁企业出租少；从出租客体看，分散式的房源多，集中式的少；从承租人的体验上看，居住品质和服务质量不高。尽管近年来已经出现快速成长中的专业住房租赁机构，但市场规模偏小，造成住房租赁市场的产业化水平低，不利于提高整个社会住房租赁服务水平和形成完善的住房供应体系。

（2）配套的产业链不完善，市场效率偏低。住房租赁市场的发展包括租赁房开发、信息匹配、运营管理、金融支持、服务提供等多个环节。目前围绕租客搭建的住房租赁行业生态圈尚未成形，产业的效率较低。其主要表现在：一是为租客量身定做的租赁房数量不够、开发经验不足；二是房客信息的匹配仍多依赖于传统的中介；三是对租赁住房资产的运营与管理缺乏经验；四是要素成本高，主要表现在租赁企业融资难、融资贵；低价土地供给缺少制度保障，尽管部分城市推出了租赁专项用地，但很多没有纳入城市土地利用规划、城市规划，供给带有很大的不确定性；综合税负重，抑制了正规租赁企业的发展；五是服务支撑正处于探索阶段，多层次服务供给还需进一步完善。因此，未形成相互配合、相互补充又相互促进的产业链结构。

（3）政策支持与管理体系尚不完善，制约租赁市场发展。房屋租赁管理是项系统工程，涉及面较广。从政策体系看，尚未建立包括用地、融资等系统的支持体系，法律法规不完善，行业标准缺失，监管不到位，使承租人的合法权益难以保障。

（4）重售轻租，租购难以同权。目前在推进"租售同权"中存在的主要问题：一是根深蒂固的"轻租"思想影响。例如，新冠疫情期间不少地方的社区排斥租赁人口，租赁户正常权益受到侵害，这表明租购同权的概念远没有深入城市管理者的认知中，也显现出租户管理制度、法律保障的不完善。二是一些城市教育公共资源不足，尤其是在特大城市，优质教育的短缺、供求明显失衡是该项政策落地的一个"绊脚石"，租赁户很难享受好的公共教育。三是一些租赁房周边配套设施不全，影响租赁户享受公共服务。

"租购并举"，"并"是方向，"举"是根基。让租房市场真正健康发展起来，必须在主体培育、市场秩序管理、权利保护等问题上对症下药、切实解决。建议应围绕"如何将新市民的租房居住从无奈选择转化为主动选择"为总体目标，对法律制度、户籍制度、土地制度、官员绩效评价制度、财税政策、金融政策、租购权益等一系列推动住房租赁市场发展的配套政策展开顶层设计，形成租购基本平衡的市场供应体系提供强有力的支撑。

（二）供给主体——多主体，政府调节

坚持市场配置为主，政府调节有为。促进住房市场的供给主体多元化：（1）引导开发企业稳健经营、诚信经营。要健全商品房销售市场管理制度（含新建商品住房和二手房），引导开发商提高诚信经营的意识与水平；完善用地、税收、金融、行政等一揽子政策组合，精准施策，稳地价、稳预期、稳房价，促进住房市场的平稳健康发展；加快建立以经济手段、法律手段和必要行政手段为基础的综合调控体系，支持合理自住需求，遏制投机炒房，调节收入分配，促进社会公平。（2）扶持从事市场化租赁住房的多元化的企业、社会机构和个体规范发展。如建立开展规模化住房租赁业务的国有企业、租赁企业、房地产开发企业、物业企业、房地产经纪机构以及个人等的诚信体系建设；建立企业、法人和自然人发展租赁住房的金融和税收支持制度；建立和完善承租者保护制度，加快构建"租购同权"制度建设，完善租赁市场监管与服务制度，为形成租购基本平衡的市场体系提供强有力的支撑。

政府在提高市场干预水平，建立住房长效机制，积极培育租赁市场的同时，还应坚持政策引导，多途径增强居民住房消费能力，完善住房消费的政策性支持体系，提高居民市场化解决住房的能力，通过金融、税收、财政补贴等支持体系"帮一把，扶一程"是各国解决居民市场住房问题普遍采用的方法。就我国实际而言：一是以满足缴存人合理住房需求为导向，深化住房公积金制度改革。公积金是提高城镇职工住房消费能力重要的制度设计，探索自愿缴存制度，试点相对灵活的缴存比例和缴存基数，扩大制度保障覆盖面，鼓励非公单位建立住房公积金制度。继续扩大公积金制度的受益面，逐步拓宽提取使用范围，支持缴存人合理购房和租房消费，加大对中低收入缴存人的贷款支持力度。二是推行货币化补贴政策。对参加工作的无房和住房面积未达到规定标准的职工（包括离退休职工），按规定发给一次性住房补贴或者租金补贴，提高住房消费能力。三是可成立抵押贷款担保机构，支持首次购房。居民直接购买商品住房，实质是给政府减负，建议部分城市可探索成立抵押贷款担保机构，为首次购房者提供贷款担保，降低其首付款比例，担保费用由购房所属地政府与个人共同承担。四是加大税收支持力度。落实首套住房契税优惠政策，支持合理自住和改善需求（见图 8 - 4）。

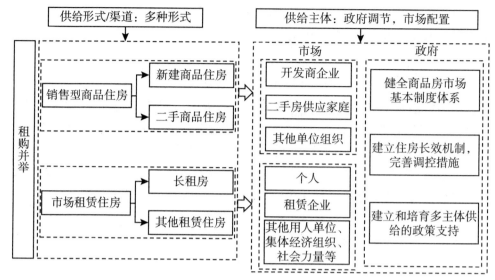

图 8-4　商品住房市场供给体系

二、保障性住房供给体系

　　基于满足保障对象的多元化需求、政府财力的可负担性等角度出发，从全国层面看，应该建立住房保障供给体系，当然，不同城市可以从方式上有所侧重。

（一）供给形式："租、售、改、补"——扩大配租类、优化配售类、推进旧改类、丰富补贴类

1. 扩大配租类保障房供给

　　配租类保障房是指政府通过直接建设，或配建，或向社会收储房源，或是享受优惠政策的企业等，以低廉的或优惠的租金向保障对象提供符合一定标准的租赁住房，包括公租房和保障性租赁住房。租赁型保障住房最大的优点：可以明显改善难以通过货币化补贴在市场上找到合适租赁房源的低收入家庭居住环境；如果房屋能流动起来，有限的房源能保障更多的人数。但是，配租型保障房具有资金投入量大、投资回收期长、维护与管理成本高、退出难等问题，这也是各国租赁型保障房普遍存在的问题。为此，在大力发展政府直接投资的配租类保障房的同时，需进一步鼓励扩大社会主体参与配租类保障房的建设和管理，保障性租赁住房是我国鼓励社会主体参与配租类保障房的重大制度突破（详见第十章分析）。

　　公租房已被列入社会公共服务行列，限定建设标准，实行低租金制，重点面向城镇户籍人口中的住房、收入"双困"家庭，对不同收入实行差别化租金补

贴，应保尽保。

保障性租赁住房主要解决无房新市民、青年人等群体的阶段性住房困难问题。保障性租赁住房由政府政策支持、社会力量建设和运作，供应对象不设收入线门槛，以无房为标准。保障性租赁住房以建筑面积不超过 70 平方米的小户型为主，租金低于同地段同品质市场租赁住房租金。

目前，我国将保障性租赁房政策作为住房保障制度的重点和突破口具有深远的现实意义。经过多年的努力，到 2020 年底，我国已建成世界上最大规模的公租房保障体系，全国 3 800 多万名困难群众住进公租房，累计 2 200 多万名困难群众领取公租房补贴到市场自主租房，[①] 基本解决了城镇户籍住房和收入"双困"家庭的住房困难。但随着新型城镇化的纵深推进，住房保障对象将从以户籍家庭为主转向覆盖新市民的常住人口。住房保障的重点已转向大城市新市民、青年人特别是从事基本公共服务人员等群体（以下简称"新市民"）的住房问题。由于新市民群体规模庞大，靠政府投资建设的公租房难以覆盖，市场租赁市场又缺少与其经济能力相适应的合适房源，迫切需要完善住房保障体系，重点发展与其支付能力、居住需求相匹配的保障性租赁住房。解决好新市民、新青年住房问题，是推进以人为本的城镇化和建设共同富裕、美好生活的重要内容。发展保障性租赁住房对加快推进供给侧结构性改革，扩大租赁住房建设和供应规模，促进住房租赁市场健康发展，满足多层次的住房需求，促进共同富裕都具有十分重要的意义。

2020 年 12 月中央经济工作会议也指出"要高度重视保障性租赁住房建设，加快完善长租房政策，逐步使租购住房在享受公共服务上具有同等权利，规范发展长租房市场"。2021 年 6 月，国务院办公厅公布的《关于加快发展保障性租赁住房的意见》对保障性租赁住房的目标内涵、功能定位、发展方式和支持政策等多方面都作了界定，从国家层面正式确认了保障性租赁住房是住房保障体系的重要组成内容。

总体来看，配租型保障性住房面向城镇低收入住房困难群体、流动人口和大学毕业生等群体，是解决"新市民""新青年"住房问题的重要手段。因此流动人口规模大的一线城市和人口净流入的城市，需要大力建设配租型保障性住房尤其是保障性租赁房。

当前配租型保障性住房在体系与机制方面存在以下需要突破的难点：一是解决区域、空间错配问题。东部城市对配租型保障性住房的需求更强烈，但往往是得到较多中央财政补助的西部城市建设了更多配租型保障性住房，导致供过于求与供不应求并存。一些城市配租型保障性住房选址偏远，基础设施不完善，导致

---

① 资料来源：住房和城乡建设部网站，2021 年 3 月 2 日。

入住率低。各地应优化项目选址，必须考虑周边配套的先行建设以及配套的成熟程度，优先选择在新市民、青年人集中的产业园区，交通便利的公交、地铁站附近建设。

二是避免集中建设所导致的社会隔离现象。诸多城市为减少规划设计成本，集中建设配租类保障房，造成低收入群体聚集，造成了社会隔离。一些不合理的配建也造成了保障房与商品房居民的冲突。因此需要采取精巧的配建方式，比如重庆保障房"小集中，大分散"，采用"插花式"配建，公租房、廉租住房和经济适用房三位一体。

三是需要丰富配租类保障方式。在供大于求的三、四线城市，优化采用货币化补贴方式，也可以借鉴发达国家使用租房券，使受保障对象有更灵活的选择。

2. 发展配售型保障性住房

配售型保障性住房是指政府以优惠的销售价格向符合条件的保障对象提供具有一定产权的住房，帮助居民实现"居者有其屋"。退出方式事先约定，或封闭运行，或向政府补交一定收益后上市，或按事先确定的产权比例分享上市收益。

我国配售型保障性住房经历了从曾经的作为保障方式的"主体"到"配角"的转变，经历了从经济适用住房、限价商品房、共有产权住房的探索。2023年国家重新重视配售型保障性住房建设，9月1日国务院办公厅印发《关于规划建设保障性住房的指导意见》（以下简称《意见》），在重点城市部署规划建设配售型保障性住房，要求以需定建、稳慎有序推进，以划拨方式供应土地，按保本微利原则配售，实施严格的封闭管理，旨在解决大城市工薪收入群体买不起商品住房、租赁住房又满足不了其需求的突出问题。

配售型保障性住房主要满足无房夹心人群基本住房需求，在配租型保障性住房和商品住房之间又提供了一种部分产权型保障的住房产品，有利于完善住房梯级供给体系，对解决部分城市高房价与普通居民购房能力不足的突出矛盾，促进共同富裕等有特殊的意义。在迈向共同富裕的进程中，降低住房困难群体尤其是"夹心层"购房的门槛，满足他们对自有住房的需求，并通过"资产建设"的功能性，调动群众依靠自身努力改善住房条件的积极性，这对增强居民获得感、社会安全感和归属感，增强夹心群体财产性保障，壮大中产阶级队伍、缩小贫富差距具有重要意义，也是社会主义共同富裕理论的具体实践与要求。

一是缓解大城市住房矛盾，助力工薪收入群体居者有其屋。1998年住房制度改革以来，我国城镇居民居住条件改善速度之快堪称世界奇迹。但不可回避的事实是，大城市稀缺的住房资源被过度市场化、商品化，高房价与工薪群体购买力严重脱节。量大面广的工薪群体被挤出商品住房市场，无力购买一套属于自己的体面住房。住房是重大民生问题，安居梦就是老百姓的幸福梦。在扎实推进中国式现代化进程中，政府必须主动出手弥补市场之缺陷，规划建设一批价格可负担的保障性住房，消除广大工薪群体买不起商品住房的焦虑，实现住有安居，这对壮大中产阶级队伍、缩小住房领域的不平衡不充分、提高工薪群体应对经济风险的能力、助力共同富裕等都有十分重要的意义。

二是激发有效需求，促进宏观经济持续向好。保障性住房横跨投资与消费两大部门，将拉动设计、施工、建材、家装、家电、物业服务等产业和产品需求，对经济贡献大，是最大的内需和投资投入之一。特别需要说明的是，向工薪群体提供价格可负担的保障性住房，不是替代商品住房市场的需求，而是激发被压抑的有效需求，是新增的需求。因为在高房价大城市，即使商品住房价格降 50%，这些工薪群体也买不起商品住房。因此，规划建设保障性住房，以合理的价格满足工薪群体的住房需求，是构建新发展格局、促进宏观经济持续向好的有力抓手。

三是完善住房保障领域的"租购并举"。我国住房保障供给体系自全面停止经济适用房建设后，尽管一些城市也有少量销售型的共有产权住房、人才住房和安居住房，但总体仍以"租"为主体，资金投入大、运维成本高、管理压力大，特别是难以满足部分夹心群体自有住房的需求。2021 年国务院办公厅《关于加快发展保障性租赁住房的意见》（以下简称《意见》）就提出加快完善以公租房、保障性租赁住房和共有产权住房为主体的住房保障体系，已经意识到向保障对象提供配售型保障房的必要性。此次《意见》对原住房保障体系顶层设计进行再优化，由"租赁型保障性住房（含公租房＋保障性租赁住房）"和"配售型保障性住房"构成的更清晰的租购并举的住房保障体系，与商品房市场一起，将有利于更好地满足人民群众多样化住房需求。

四是提高住房保障体系的公平与效率。《意见》明确要求对保障性住房的交易流转实施严格的封闭管理，严禁以任何方式违法违规将保障性住房变更为商品住房流入市场交易，确需转让的由政府进行回购。强化了"房住不炒"，弥补了一些城市探索保障性住房向市场化住房转化过程中存在的众多缺陷，[①] 让保障性住房形成一个独立的、封闭的运行空间。此模式的优势在于：一是消除购房人寻租获利空间，让保障房用于真正需要自住的对象，提高保障公平性；二是通过一次性补贴投资所创建的住房单元拥有持久可负担性，确保了住房对目标收入阶层的长期可负担性。

---

① 我国住房保障体系是一个开放的体系，许多保障性住房在初始供应时属于可负担的低成本住房，但符合一定条件后可上市进入商品市场，如早先房改售房、经济适用住房及部分城市的共有产权房。其最大的好处是让部分居民家庭享受到了住房财富增加的红利，但也产生了不利的影响：一是刺激了保障性住房需求，进一步增加了住房保障供给压力；二是寻租空间大，加剧了保障性住房供应过程中的公平问题；三是房价不断的上升导致的政府公共补贴购买力不断削弱，又加重政府住房保障负担。

3. 推进旧改类保障房

住房保障不仅包括从"无"到"有"的保障，还包括从"差"到"好"的提升。棚户区改造、城中村改造和农村危房改造、老旧小区改造就是通过改善困难家庭的住房居住条件，实现对目标对象的保障。我国通过旧改、棚改，拆除或改造了一大批建筑密度较大，使用年限久，房屋质量差，建筑安全隐患多，使用功能不完善，配套设施不健全、简易结构的房屋，2008～2018年，全国棚改累计开工4 522万套，1亿多名居民"出棚进楼"，彻底告别了潮湿阴暗的棚户区、简易房。

未来一段时间内的工作重点是城中村改造和老旧小区改造。2020年7月《国务院办公厅关于全面推进城镇老旧小区改造工作的指导意见》出台，指出要力争基本完成2000年底前建成的需改造城镇老旧小区改造任务。老旧小区改造是对住房条件的改善，分为基础类、提升类和完善类。2023年国务院出台《关于在超大特大城市积极稳步推进城中村改造的指导意见》。

如何使老旧小区改造真正惠及住房困难群体。需要准确细化，例如，优先推进居民经济状况较差的老旧小区改造；坚持"内外兼修"，对缺少"卫""厨"的住房，通过拼接增加功能；实施以"综合改造"和"服务提升"为重点的有机更新，着力打造更多"有完善设施、有整洁环境、有配套服务、有长效管理、有特色文化、有和谐关系"的"六有"宜居小区。硬件设施和软环境改造并重，通过基层自治组织的参与和引入专业运营机构解决部分老旧小区无人管、脏乱差的局面，形成长效机制。

4. 丰富住房保障货币化补贴

住房保障货币化补贴是与实物配租相对应的货币化保障手段，可以作为配租类、配售类和旧改类等多种住房保障形式的组成部分，增强施政的灵活性，包括直接向住房困难群体发放租赁补贴、购房补贴和安置补贴等。租赁补贴面向符合配租类住房的保障对象，购房补贴面向符合申购配售型保障房的保障对象，货币安置面向拆迁改造货币安置对象。可以根据城市特征、保障对象采用"补"＋"租""补"＋"售""补"＋"改"等多种组合。

从各国实践来看，基于市场住房充足供应和政府有效引导，推出货币补贴制度符合市场化的发展趋势和价值取向：对政府来说，货币化补贴方式的好处是：容易建立退出机制；相同数额的保障资金可以惠及更多的人群；中低收入群体分散居住在住房市场的各区位，不容易引起群体性事件，社会管理的压力小；充分利用了市场资源、提高了整个社会资源利用效率。对保障对象来说，其主要优点是：可灵活地根据自己的需要综合选择住房，比实物性保障房具有更好的适宜性。对房地产市场而言，增加了市场的需求量，尤其是在供大于求的市场，货币补贴则更有利于盘活消化存量资源，有利于市场的稳定与活跃。货币补贴制度在各层面上实现了资源的优化配置，是实现住房市场化的必然要求。

（二）供给主体——以政府为主导，多主体协同

1. 政府：承担主体责任

2007 年及此后发布的有关住房保障文件充分体现了我国城镇住房保障职责由中央、省、城市政府联合承担。中央政府主要承担规划、出台政策和资金支持等职能，由地方政府因地制宜抓落实。具体分工如表 8-7 所示。可以看到城市政府是推进住房保障工作的关键主体。

表 8-7 各层级政府对住房保障工作主要职责及政策支持

政府层级	主要职责	住房保障支持政策
中央政府	（1）立法； （2）明确住房保障体系顶层设计； （3）制定住房保障规划； （4）明确支持住房保障的配套政策监督检查； （5）宏观调节	（1）通过转移支付方式支持地方政府建设保障性住房； （2）建立政策性住房金融体系，支持保障性住房项目建设，支持居民租购合理住房； （3）建立鼓励保障性住房项目建设的税收政策，支持居民租购合理住房的税收优惠政策； （4）建立保障性住房用地保障制度
省级政府	（1）制定省域住房保障立法； （2）明确省域住房保障发展规划和方案； （3）监督检查各地市政府落实规划、做好住房保障工作规划及方案； （4）出台本省行政区范围内支持住房保障的配套政策	（1）省级财政积极支持地方政府建设保障性住房； （2）帮助各地筹措低成本资金，支持保障性住房项目建设； （3）积极扩大住房公积金的覆盖面； （4）出台支持保障性住房用地优先保障政策； （5）加强本省行政区范围内住房保障管理体系建设
城市政府 县级政府	（1）编制住房保障发展规划和实施方案； （2）落实保障性住房用地和建设资金； （3）具体组织实施保障性住房的建设、分配； （4）发放住房保障补贴； （5）保障对象审核、准入与退出管理； （6）保障房资产管理	（1）筹集保障性住房建设资金，支持保障性住房建设项目；或发放货币化补贴； （2）在年度用地计划中优先安排保障性住房项目用地，应保尽保； （3）鼓励产业园区、企事业单位、村集体经济组织建设保障性租赁住房的用地政策和项目审批政策； （4）健全住房保障管理机构，配足编制； （5）积极扩大住房公积金的覆盖面

315

续表

政府层级	主要职责	住房保障支持政策
街道办、乡、镇	（1）调查、审核符合条件的受保障家庭； （2）协助分配保障性住房，或发放住房补贴； （3）对区域内保障性住房项目进行管理维护	一般无支持政策

在现行事权与财权分配格局中，中央与地方政府对保障房的战略目标相冲突。在人口高流动性的背景下，住房保障的外溢性强，中央政府应承担较多的支出责任，但实际情况主要由地方政府承担。而地方政府对土地财政的依赖程度越高，越缺乏动力进行保障性住房建设。随着房地产市场进入调整期、后备可出让土地减少和地方政府债务的增加，地方政府筹集保障性住房资金的能力将缩减、建设保障性住房的能力将下降。调动地方政府的积极性，需要提高地方政府掌握的资源水平与意愿强度，可以采取以下措施：一是城镇规划中批准的建设用地规模与城镇人口及引进农民数挂钩。二是构建完善的保障房建设的激励与监督体系。建议从强调"开工数量""竣工面积"到建立以"有效保障多少人"为核心的多维度目标考核体系，主要考核指标可包括：轮候时间、入住率（使用率）、保障覆盖率、年度计划完成率、管理绩效等。在考核基础上，加大对地方政府、工作人员奖励与处罚力度。三是在文明城市等各类城市荣誉评选中，也应将低收入居民的住房满意度纳入考核体系。

2. 企业：广泛深度参与

相较于政府，企业更加了解市场特点与居民需求，拥有更为丰富的建设和运行经验，管理团队专业，资金实力相对雄厚，有助于提高保障房建设与需求的匹配度，提高项目执行效率与品质。因此，鼓励企业参与，能够减轻政府财政负担和管理负担。

但一直以来，主要是房地产开发商通过"代建""配建"参与保障性住房建设，很少直接投资经营保障性住房项目。"代建"是指政府通过招投标等方式，选择专业化的项目管理单位，签订代建保障性住房合同，负责项目建设的组织实施，并承担控制项目投资、质量、工期和施工安全等责任，项目竣工验收后移交使用单位的项目建设管理制度。"配建"是指政府在进行商品住房用地出让过程中，将"建设保障房"的任务作为一个出让条件前置，由中标开发商承担保障房的建设任务，建成后移交给政府相关部门。"代建""配建"中，开发单位不承担保障性住房的分配和运行，不承担市场风险，只是完成指定的建设任务，没有发挥开发企业资本实力雄厚、经验丰富的优势。

住房制度改革前，不少单位在政府立项批准下建设职工宿舍，成为解决职工住房的主体力量。停止实物分房后，各地基本也不允许各单位自建住房再分配给住房困难的职工，只有少数的大企业建一些解决外来务工人员的宿舍。住房市场化过于彻底化，在新冠疫情中也暴露出医院、高校、大企业没有配备一定数量的职工宿舍，给封闭式防控带来较大的困难。

总体来看，当前企业投资经营保障房的参与程度较浅，范围较窄，供给的压力几乎都集中在政府身上，严重影响保障性住房的供给规模和供给质量。为此，《关于加快发展保障性租赁住房的意见》明确了加快发展保障性租赁住房的五项基本制度、六大方面政策支持，力度大、含金量高，旨在改变政府作为居住用地唯一供应者、房地产开发商作为住房主要供应者的情况，充分发挥市场机制作用，引导多主体投资、多渠道供给。企事业单位、园区企业、住房租赁企业、房地产开发企业等主体均可以参与发展保障性租赁住房的建设，企事业单位可利用自有闲置土地、产业园区配套用地、存量闲置房屋、新供应国有建设用地等建设或改建保障性租赁住房，推动实现多主体供给、多渠道保障、租购并举，旨在更好地满足居民多元化住房需求。

3. 集体经济组织：提供用地与房源

村集体经济土地资源丰富。集体建设用地建设保障房可缓解大城市土地供应紧张压力。因此，2017 年国土资源部和住建部两部门下发《利用集体建设用地建设租赁住房试点方案》，确定第一批 13 个试点城市，探索利用集体建设用地建设租赁住房。2017 年 4 月北京市政府批准《北京市 2017 - 2021 年及 2017 年度住宅用地供应计划》，其中 2017 ~ 2021 年计划供应集体建设用地 1 000 公顷。2021年国务院办公厅下发《关于加快发展保障性租赁住房的意见》，进一步明确探索利用集体经营性建设用地建设保障性租赁住房；集体经营性建设用地使用权可以办理抵押贷款。截至 2021 年 7 月 20 日，北京市利用集体建设用地建设租赁住房已累计开工 6.3 万套；杭州市已完成 6 个试点项目规划选址工作，总计土地面积74 亩，建筑面积约 16 万平方米，拟建成租赁住房 2 038 套/间；厦门落实了 11个集体发展用地建设项目，供地 21.53 公顷，建筑面积 58.22 万平方米；武汉确定了 5 个试点项目，用地总面积 66.3 亩，规划建筑总规模约 12 万平方米，可提供集体租赁住房 1 500 套，总投资约 7 亿元。① 主要模式包括：自建模式、合作建设模式、土地公开挂牌出让、城中村规模化租赁改造、集体建设用地使用权租赁模式。但普遍面临缺少上位法支撑；投资收益偏低、参与意愿不强；试点门槛

① 根据杭州市住房保障和房产管理局和厦门、武汉政府官网等，笔者整理统计所得。

较高、投资主体限制较多；融资渠道单一、抵押困难；项目选址难、进展缓慢；监管存在隐患等问题，还需要政策的进一步突破。

4. 多主体协同参与

政府、企业、集体经济组织和非营利性组织发挥各自的优势，形成全力。贵州的"房屋银行"是典例，其由贵州房屋置换中心与中国工商银行贵州省分行联手推出，独创性地率先推出公租房"房屋银行收储配租"模式。首先由公租房服务中心对社会闲置房进行出租价格测算（略低于市场价），房主认可租金后将房屋交由服务中心收储，服务中心按月/年向房主支付租金。服务中心收储闲置房后，再按照原价格出租给符合条件的公租房承租对象。[①] 政府按租金的8%支付给服务中心中介费。房主的存房期限不低于5年，[②] 因此减少了没有收益的空置期，在略低于市场价格的月租水平下能保证与此前相似的收益。承租人也可以长期稳定租赁，降低了找房、与房主沟通等的交易成本。政府将公租房的房源筹集、分配、管理外包，减轻了行政负担。社会闲置资源能够被有效利用，避免了新建保障性住房造成的资源浪费，得益于"政府支持、社会参与、企业运作"的模式，迅速形成了保障性住房的有效供应。[③]

综上所述，我国多主体供给、多渠道保障的体系应由"租、售、补、改、融"组成（见表8-8）。

表8-8　　　　　　　　　　住房保障供给体系

名称		保障对象	保障方式	供给主体政府主导，多主体协同
租	公租房	主要面向城镇住房、收入"双困"家庭供应	政府投入，实物配租	（1）政府直接投资集中建设 （2）开发商配建 （3）市场住房收储
	保障性租赁住房	主要面向城镇无房新市民、青年人，不设收入门槛	政府给政策支持，吸引社会力量筹集，实物配租	（1）国有企业 （2）用工单位 （3）集体经济组织、园区等其他单位建设 （4）其他社会力量

① 武廷方：《"房屋银行"社会公租房模式的发展历程、成效和经验》，房地产经纪的当下与未来——中国房地产经纪年会，2019年6月。

② 《"贵阳模式"解析公租房保障体系建立（3）》，中国新闻网，2011年7月5日。

③ 周江：《中国住房保障理论、实践和创新研究——供应体系·发展模式·融资支持》，中国经济出版社2018年版。

续表

	名称	保障对象	保障方式	供给主体政府主导，多主体协同
售	配售型保障性住房	高房价城市，面向符合条件的户籍和稳定就业的非户籍无房家庭供应	实物配售	（1）政府 （2）建设管理实施主体等 （3）持有单位
改	棚户区改造	包括城中村改造、危旧房改造、国有企业棚户区改造	拆迁安置房	（1）政府 （2）集体经济组织等 （3）国有企业等
	老旧小区改造	房屋年限久、质量差、配套缺的居民	综合改造提升	政府、小区居民
补	货币化补贴	放弃实物配租，但符合保障要求的家庭	购房货币化补贴或租金补贴的方式	政府
融	政策性住房金融支持	第一次购房居民	低利率、低首付	政策性住房金融机构

第五节　完善新住房制度的配套政策建设

一、建立多主体的住宅供地制度

土地供给高度垄断是导致现有住房体制供给主体单一的核心原因，如果不从源头上解决土地供给改革，很难形成政府（保障性住房）、开发商（商品住房）、社会组织（政策性住房）等多主体供给体系，因此，应着重围绕"多主体住房供给""土地供给配套体系""土地财政制度"等核心问题进行深入改革，实现住房领域的多中心治理与多主体和谐共生。建议：改革住宅用地指标分配制度，建立以住房需求为导向的住宅用地供应机制，落实人地挂钩机制，纠正土地空间错配对住房市场的影响；实施"三底线"控制政策，明确城镇新增用地中住宅用地占比底线、新增住宅用地中用于保障性住房底线、新增住宅用地中用于租赁住房的底线，引导土地与住房合理分布；均衡配置公共服务和资源用地；改革现有住宅供地模式，在人口净流入的地区或高房价城市，打破城市政府是唯一供地主体的做法，鼓励集体组织，企事业单位、产业园区主动调用地结构，利用集体建设用地、存量土地、低效利用或空置的建设和提供各类住房；优化当前土地供应

319

模式，改变过去 20 年来销售型商品房一统天下的格局，丰富商品房、租赁房、配售型保障性住房等多品类的供给形式，形成政府、开发商、租赁公司、长租房公司等多方供给格局。引导城市科学合理投放土地，强化职住平衡，住房供给与区域人口规模、人口结构、产业分布相匹配；强化住房布局与轨道交通、公共设施、生活配套等在空间上的融合（详见第九章分析）。

二、建立效率与公平相统一的政策性住房金融制度

住房需求量大、资金要求高、使用时间长，还兼容投资品、商品和民生必需品等属性于一身，这些特性使得住房金融模式在住房的供给与消费中发挥着非常关键的作用。然而，市场机制的商业住宅金融机构以追求安全性、流动性、盈利性为经营目标，从各国的情况来看，商业性住房金融对房地产市场有推波助澜作用，市场热时进一步推高市场，市场冷时又纷纷撤离市场，这种助涨助跌的增强效应会放大经济周期的波动，并引起或加剧金融体系的不稳定性。又因为借贷双方之间的信息不对称，"嫌贫爱富"，门槛高，导致中低收入家庭往往很难进入商业住房金融市场，引发一系列"市场失灵"，进而导致社会不和谐和不稳定。因此，为了使住房金融资源的配置效率更高、公平性更好，更符合社会进步和经济发展的需求，非常有必要发展政策性住宅金融机构，可以让住房保障的运作更加高效，政府和市场的界限更加明确。

纵观美国、日本、德国、法国、韩国等国家，都建立了完善的政策性住房金融体系。虽然各国政策性住房金融体系运作机制和运转模式大相径庭，但共同的目标是，通过政府的干预之手，调节住房供应结构、帮助中低收入家庭以较低的成本来满足合理的住房需求，同时也帮助非营利性和公益性的社会住房部门获得长期稳定和廉价的资金支持。从现代化国家成功解决居民住房问题的经验看，政策性住房金融体系是重要的支撑。尽管从居民现实需要看，我国也建立了住房公积金制度，但由于住房公积金运作是"资金内源式、管理属地化"模式，操作中缴存非完全强制，实际运作中还存在三大方面制约：一是制度覆盖面不足。到 2020 年底，全国住房公积金缴存人数占参加基本养老保险人数的 46.65%。特别是非公企业建立住房公积金制度占比偏低，大量新市民青年人没有参与住房公积金缴存，偏低的制度覆盖面制约了普通居民租购房消费能力。二是资金流动性不足。为满足居民租购住房需求，各地陆续放宽了住房公积金的使用和提取范围，进一步凸显"存少用多"的特征，依靠缴存资金已难以满足职工正常使用的需求，房地产市场热时，多地出现排队轮候不能及时发放现象。一些地方采用"公

转商"① 模式来补充资金不足。2020 年全国发放公转商贴息贷款 8.65 万笔、399.89 亿元，当年贴息 21.22 亿元。受制于资金不足，在房价快速上升情况下，住房公积金贷款额度多年保持不变，全国住房公积金个人住房贷款占有率从 2015 年的 22.7% 下降到 2020 年的 15.30%，② 政策性住房金融对居民购房支持力度偏弱。三是分散运行成本高、效率低、风险大。住房公积金管理以设区市为单位独立设置，带来运行成本高、管理效能低。各地缴存政策不统一，使用情况差距大，在总体资金紧张情况下，有些市出现阶段性资金积余，由于缺少统筹调剂机制，难以形成资金互助互享合力等问题，影响资金使用效率。省级区域管理规范不统一，信息化人才普遍不足，信息系统差异大，潜在风险大。

为此，在共同富裕的进程中，改革住房公积金制度，扩大住房公积金惠及面，并在此基础上探索建立完善的政策性住房金融体系，以优惠低利率支持保障性住房的建设、支持城镇居民购买住房合理需求，对于稳定消费、稳定投资、助推人人享有"体面""尊严"的居住目标意义重大。建议：改革的第一步，以满足缴存人合理住房需求为导向，深化住房公积金制度改革。探索自愿缴存制度，试点相对灵活的缴存比例和缴存基数，扩大制度保障覆盖面，推行服务数字化转型，不断提高公积金综合效能。第二步先建立试点省区市住房公积金统筹，一体化管理体制机制。第三步建议国家支持试点省份成立国资背景的政策性住宅金融公司，独立发行公积金贷款支持证券，支持保障性住房的建设、支持城镇居民购买第一套住房优惠利率。并在一定成熟时期，国家以住房公积金系统为基础进行改造转型，建立一个专门面向住房消费的政策性融资机构，推进保障房建设和满足新市民、中低收入家庭、普通居民的住房需求，助力共同富裕（详见第十二章分析）。

三、建立促进共同富裕的住房财税制度

建立合理财税制度，形成"房住不炒"的调节机制。一是落实差别化的住房税收政策。执行首套住房的税收优惠政策，提高首套住房按揭利息抵税额，支持合理自住和改善需求。抑制投资投机性需求，根据房价涨幅变化情况，依法适时调整住房交易契税税率和个人住房转让增值税免征年限。二是以落实税收减免政策为重点，支持和促进住房租赁市场与居住类物业服务行业的健康发展。对依法登记备案的住房租赁企业、机构和个人，落实个人所得税、住房出租税收等优惠政策，降

---

① 在资金流动性不足时，由商业银行按照住房公积金中心审批的贷款额度向借款人发放商业性个人住房按揭贷款，住房公积金中心按月给予商业银行利息差额补贴。待住房公积金中心资金流动性相对充足时，再将商业性贷款转回住房公积金贷款。

② 《2015 年全国住房公积金报告》《2020 年全国住房公积金报告》，中华人民共和国住建部网站。

低 REIT$_s$ 产品税负。三是加大对公租房、保障性租赁住房等方面的财政资金投入。各级政府应形成稳定的财政支持机制，确保住房保障工作平稳有序开展。四是探索开征房地产税，重构房地产税收体系，加快推进房地产持有环节税收制度改革，扩大房地产开发环节、交易环节税率调节权。对超面积消费住房资源的家庭征收房地产税，有利于平衡财政收支、缓解贫富分化问题、促进共同富裕，是促进房地产市场平稳健康发展，让房产回归真正的"房住不炒"的一个关键措施。

四、建立机会均等的公共服务体系

加快补齐城市公共服务短板，按常住人口规模配置公共资源；探索建立中央对人口净流入省份适度资金补助、优先保障发行城投债的机制；利用社会力量增加公共服务等，促进城镇公共服务的均等化。全面推进居住证制度，推进"租购同分"，纵观国外先进国家和地区的经验，积分制是一种挑选移民过程中使用的定量化政策工具，在一些具有移民传统的发达国家和地区广泛使用，并受到越来越多的国家关注。我国在城市化过程中引入积分制有合理之处，外来劳动力人数众多，而公共资源有限，短期内全部市民化，地方财政压力很大，对于经济较发达省份而言，短期内还可能引起超出承载力的人口流入。积分制是通过定量的方法量化了外来务工人员对本地经济的贡献，既顺应了外来务工人员户籍市民待遇的需求，如子女就读，享受住房保障等与本地户籍人口完全一样的公共服务，又体现了公平公正，既真正推进了"以人为本"城镇化，也消除了地方政府害怕出现"福利洼地"的担忧。具体到租赁群体可积分享受相关权益，也是同样的原理。面对大量外来务工人员，大中城市各类公共服务资源包括住房保障短期内完全放开并不现实，采用积分制的模式让农民工及城市间迁移人口等外来流动人口随着就业年限、居住年限、城镇参保年限和对当地贡献的增长而不断接近享受当地住房保障和均等化教育等公共福利的进入权限，既给外来租赁人口一种享受与住房落户群体同等待遇的机会，也可以带动地方政府在吸引人才方面相互竞争，从而更好地提供公共服务。进一步加大教育等公共资源的投入，努力实现"租购同权"，让广大租房者也能享受到同等的基本公共服务（详见第十三章分析）。

五、建立完善的住房法律制度

完善的住房法律支持体系，是推动住房制度建设的重要支撑。但遗憾的是住房立法滞后，住房法律体系尚不完善。一是缺乏系统完整的住房法律体系框架。尽管我国围绕商品住房、住房保障先后制定和实施了一些法规或部门规章，但由于目标和背景各不相同，这些法规和规章的系统性和完整性不足，导致住房政策目标出现左右摇摆。二是现有住房法律层级较低，缺乏权威性。到目前为止，我国既无一部完整的《住宅法》，也没有一部规范的《住房保障法》，仅有的一部关于住房的行政法规是《住房公积金管理条例》。在建设共同富裕的进程中，如何从法律层面解决住房制度的定位、发展目标、供给体系、要素保障、制度配套等问题，推动稳定成型的制度建设，任重道远。纵观美国、英国、法国、韩国等国家先后颁布了反映本国住房总体纲领和基本制度设计的《住宅法》，而各国涉及住宅的民法、税法、继承法等综合性法律，以及涉及住房开发建设、土地使用、交易租赁等单项法规更是数不胜数。立法目的和内容应主要包括以下几方面。

第一，保证居民住房权作为住房立法第一要义。全面落实住房权是实现共同富裕的重要法律保证。住房是民生之要，是国民最重要的财富，是国家发展和社会稳定的重要基石，在国家内部治理中占有重中之重之地位，需要一部固根本、稳预期、利长远的住房法律。其首要目的应全面保障居民住房权，尽管实现全体人民住有安居、住有宜居、住有优居的目标面临诸多挑战，但是不能因条件制约而放弃国家保障公民住房权的义务，需以立法的形式确保居民住房权在现有条件下得到最大限度的保障。住房权作为一项基本人权得到了国际法的普遍和权威认可。已有50多个国家的宪法明确规定了住房权。我国是缔约国，应该尊重国际法。

第二，稳定住房制度。住房发展事业是一项长期工程，首先，需要通过系列法律法规进一步明确政府、企业和个人在住房方面的责任、义务和权利，防止运动式，发挥法律效力在解决住房问题、调节社会财富结构中的重要作用，建立起长效的建设机制。其次，是落实土地、金融、财政、税收等资源的重要保障。到21世纪中叶，把我国建成富强民主文明和谐美丽的社会主义现代化强国，居住水平是体现现代化重要内容。居住水平应满足现代生活需求，并达到与现代化国家相适应的国际先进的水平。在人多地少、住房资源稀缺背景下，如何公平公正配置好住房资源、满足人民群众对美好生活需要，需要法的保障。

第三，依法规范住房市场行为。根据相关法律建立起比较严格、规范的住房法律实施体系。国际经验表明，住房政策有效落实不仅依赖于完备的法律制度，更重要的是要有法必依、违法必究。一些国家制定了具可操作性的执法程序，引入专业化监管机构，通过严格执法，对违规行为形成有力打击，提高住房法律法规的严肃性，值得我国借鉴。住房市场是法治的市场，住房经济是法治的经济，政府应依法行政、政府干预市场经济应走向法治化。

结合我国住房法律体系现状和存在问题，借鉴国外住房立法的实践经验，建议从以下几方面着手完善我国住房法律体系：一是尽快制定我国住房的基本法律。坚持以人为本的法治理念，通过《国家住宅法》进一步明确"人人享有居住权"的核心目标，强化对"居住权"的法律保护，确保居民基本住房权利，让住房真正回归居住本质。明确规定政府为居民家庭实现居住权提供帮助和支持的责任，政府有义务促进住房市场的健康发展，为其提供良好的体制与政策环境。二是尽快出台《住房保障条例》《租赁住房条例》等配套法律，建立规范和发展保障性住房、租赁住房的支持体系，尽快弥补现行财税、金融以及土地法规中的空白和不足。三是适应构建房地产发展新模式要求，抓紧修订完善《商品房销售管理办法》《房地产开发企业资质管理规定》《城市房地产转让管理规定》等相关部门规章规定，规范房地产市场主体行为，推动行业治理能力现代化。

第六节 本 章 小 结

进入新时代我国住房制度选择必须以成熟定型的住房发展目标为落脚点，必须坚持以人民为中心的发展思想，不断满足人民日益增长的美好生活需要，必须有利于促进共同富裕，减少不平等不充分现象，实现全体人民"住有安居""住有宜居""住有优居"。因此，本章聚焦解决住房领域的"不平衡不充分"主要矛盾，在分别从需求端和供给端双向剖析住房需求多样性、供给效率的基础上，立足满足人民群众美好生活需要，提出加快构建以公租房、保障性租赁住房、配售型保障性住房为主体的住房保障体系，结合城中村改造和老旧小区改造，形成"租、售、改、补、融"多元、多渠道保障居民住房条件的路径；加快培育和发展租赁住房市场，补齐商品住房市场租赁短板；建立鼓励社会力量参与保障性住房、长租房建设的土地、金融、财税、公共服务、法律五大配套政策支持体系（见图8-5），推动实现五个转变：发展定位上，从保GDP、土地财政为主更多地转向公平保障公民居住权利；供给主体上，从以开发商为主向政府、开发商、其他社会组织并重的供给主体转变；供给结构上，从以售为主的商品房向公租房、保障性租赁住房、配售型保障性住房、长租房、商品住房并行转变；需求结构上，从以购为主，向租购并举转变；保障思路上，从政府主导的小规模深度保障发展为政府引导的大范围适度保障，以支持"老"市民为主向扶助"新""老"市民并重转变；努力由实现住房占用的不平衡不充分，向供求基本平衡、各得其所、住有安居、居者有其屋、共同富裕转变。

324

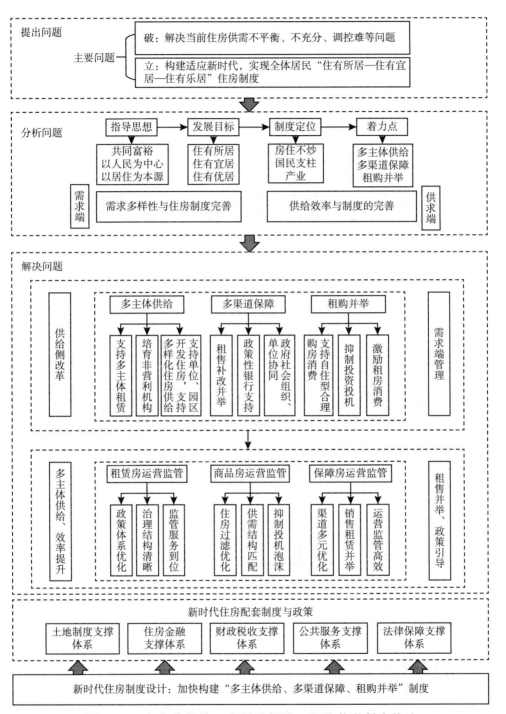

图 8-5　多主体供给、多渠道保障、租购并举制度构建

第九章

住宅用地供给侧改革与住房制度完善

任何住房建设都离不开土地。住宅用地的供给数量、供给结构、供给方式、用地价格等都从根本上影响着甚至决定了一个国家住房市场的发展格局和住房制度的安排。当然，一个国家选择确定的住房制度，又反过来对住宅用地制度提出要求，最终，用地制度应该服从于、服务于住房制度。本章在回顾我国住宅用地制度的改革历程基础上，进一步分析现行我国大城市住宅用地供给存在的问题及原因，并通过两个实证系统论证住宅用地供给失配的重要原因和不利后果，进而提出支持"多主体供给、多渠道保障、租购并举的住房制度"的住宅用地供给侧改革思路。

第一节　我国住宅用地制度改革简要回顾

我国土地制度改革贯穿整个社会变迁。广义上的土地制度改革涉及方方面面，本章则着重关注我国住宅用地制度相关的改革历程。1982 年宪法第一次立法确定城市土地属于国家所有、农村土地属于集体所有，两种土地所有权结构形成了如今的城乡二元格局，本节分别回顾城市住宅用地制度和农村宅基地制度的改革历程。

一、城市住宅用地制度改革历程

我国城市现行的住宅用地供给制度改革主要依存于城镇建设用地的演变，其中影响极为深刻的有：1988 年施行的《中华人民共和国土地管理法》，首次规定"土地使用权可以依法转让""国家依法行使国有土地有偿使用制度"；2002 年发布的《招标拍卖挂牌出让国有土地使用权规定》要求商品住宅等各类经营性用地以招标、拍卖或者挂牌方式出让，奠定了住宅用地市场化、竞争性配置的制度基础（见图 9 - 1）。中央部门对住宅用地供给的特别管理还通过城市规划和建设用地指标管制。2010 年原国土资源部（现自然资源部）出台《国土资源部关于加强房地产用地供应和监管有关问题的通知》，规定要确保保障性住房、棚户区改造和自住性中小套型商品房建房用地，确保上述用地不低于住房建设用地供应总量的 70%，并严格控制大套型住房建设用地，严禁别墅供地。但遗憾的是，各地没有严格执行。

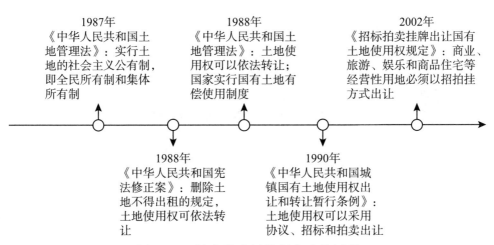

图 9 - 1   城市住宅用地制度改革历程

除了中央对住宅用地供给有一些监管原则要求，整体而言各地方政府对本地住宅用地的出让有较为灵活的选择权。住宅用地的竞拍保证金比例、成交价格控制方式、购买主体要求等规定在不同城市和城市内不同地块之间，都有或多或少的差异。

二、农村宅基地制度改革历程

宅基地制度的界定有狭义和广义之分：狭义的宅基地制度仅指使用权制度，

广义的宅基地制度包括旨在约束宅基地利益相关方行为的产权制度、组织制度、管理制度等正式和非正式规则。① 为适应经济社会发展，宅基地制度经历了多重改革，本书基于研究宅基地制度的产权变革视角，简要回顾自 1962 年正式提出宅基地概念以来，宅基地制度的发展历程②如图 9 - 2 所示。

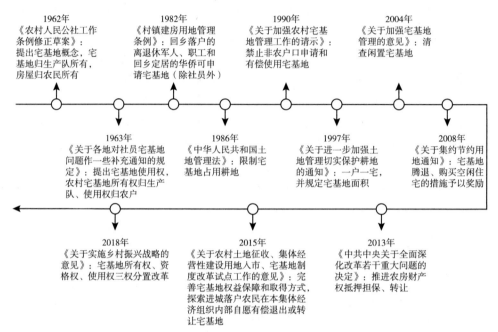

图 9 - 2　1962 年至今农村宅基地制度改革主要事件

宅基地两权分置时期（1962 ~ 2013 年）。这个时期，宅基地的所有权归生产队（集体）、使用权归农民，其交易和取得资格在不同年代有各自的特征，存续的时间很长。其中在 1962 ~ 1982 年，宅基地上的房屋在规定范围内允许买卖，为了经济发展的需要，宅基地的获取资格也有所放宽，允许返乡的军人、职工、华侨等申请宅基地。1982 ~ 1997 年，伴随着乱占耕地的现象愈演愈烈，政府开始收紧宅基地的获取资格、限制宅基地占用规模。1987 年施行的《中华人民共和国土地管理法》正式规定限制宅基地占用耕地，以打击随意占用耕地的乱象。此后，宅基地的闲置问题成为政府的重点解决对象，于 2004 年和 2008 年分别出台政策清查闲置宅基地、鼓励宅基地腾退。

宅基地三权分置时期（2013 年至今）。这个时期，宅基地所有权归集体、使

---

① 徐忠国、卓跃飞等：《农村宅基地问题研究综述》，载于《农业经济问题》2019 年第 4 期。

② 王俊龙、郭贯成：《1949 年以来中国宅基地制度变迁的历史演变、基本逻辑与展望》，载于《农业经济问题》2022 年第 3 期。

用权归农民，原两权分置中虚置的集体所有权、无偿无限期的居住使用权变更为增加农村组织和农民土地财产收入的所有权、资格权和使用权。2013 年《中共中央关于全面深化改革若干重大问题的决定》提出设立试点推进宅基地上农房财产权抵押担保、转让，建立农村财产权流转交易市场，2015 年进一步探索超标宅基地有偿使用和进城落户农民宅基地有偿使用退出机制，随后在 2018 年乡村振兴战略的背景下，宅基地所有权、资格权和使用权实现三权分置。

三、我国住宅用地制度改革总结

土地制度是我国政治经济制度的基础性安排，土地制度改革是我国改革全局关键而敏感的领域。[1] 住宅用地制度改革与人民住房问题息息相关，个中举措牵一发而动全身。通过回顾城市住宅用地制度和农村宅基地制度改革历程，我们可以总结出如下特点。

第一，城市住宅用地和农村宅基地使用权的市场化程度均得到了提升。城市住宅用地从无偿使用变为有偿使用，众多房地产开发商参与商住用地竞拍，其内含的使用权价值通过市场力量参与得到相对公允的评估。农村宅基地制度原本是较为封闭、两权分离的政策设计，近十年的改革使宅基地市场的规范性得到增强，农房财产抵押流转、宅基地有偿退出以及宅基地所有权、资格权、使用权的三权分置改革都是使宅基地制度市场化程度提升的有力举措。

第二，城市住宅用地市场化程度更高，承担着发展经济的任务。从参与主体的数量上进行比较，城市住宅用地市场有开发商和住宅购买者等众多参与主体，而宅基地一般仅允许农村居民自建住房居住；从土地承载的权利进行比较，城市住宅用地的用益物权和担保物权发展得更早；从住宅的流通性进行比较，城市住宅的流通性优于宅基地。因此总体来看，城市住宅用地的市场化程度显著高于农村宅基地。不过也正因如此，政府通过高价出让住宅用地获取出让金，城市住宅用地为我国的城镇化进程积蓄了资本、承担了发展经济的任务。

第三，纵然市场化程度仍偏低，农村宅基地制度守护了农村居民的居住保障。近几十年的改革从允许城镇居民或城市返乡人员申请宅基地，到禁止非农户口申请宅基地，到严禁城镇居民购置宅基地，到宅基地制度改革，尽管整体上限制了资本大规模进入农村，约束了农村宅基地的市场化程度，但低成本的现有农村宅基地成为保障农村居民住房的有力后盾。

---

[1] 刘守英：《中国土地制度改革：上半程及下半程》，载于《国际经济评论》2017 年第 5 期。

第二节　当前住宅用地供给存在的主要问题剖析

　　土地使用权的市场化运作极大地释放了土地资源的价值，尤其是城市住宅用地，作为一种无形资产已经深度参与经济运转。但随着房地产市场的发展和城市经济可持续增长的要求，住宅用地供给方面存在的问题已不容忽视。

一、住宅用地城乡相互分割

　　随着城市经济不断发展，城区住房供应趋紧，一房难求，而农村则出现宅基地闲置的低效利用现象。后者的闲置问题被界定为村庄宅基地空心化，在土地利用方面主要表现为大量农村住宅用地的闲置并伴随着新的农村住宅用地的扩张，造成包括耕地流失在内的土地浪费。[1] 宋伟等（2013）的调研数据表明我国村庄宅基地的平均空心化率在 10.15% 左右，其中东部、中部、西部村庄宅基地的空心化率分别为 14.82%、9.11% 和 7.15%；城镇近郊村庄宅基地的空心化率为 7.81%，远低于城镇远郊的 11.33%，农村宅基地空心化较为严重。[2] 最新的相关数据包括第七次全国人口普查公报（第七号），显示我国人户分离人口比"六普"增加了 23 137.6 万人，增长 88.52%，其中市辖区内人户分离人口增加 7 698.6 万人，增长 192.66%。[3] 这些人户分离的人口中有相当一部分比例来自农民。

　　经济发展水平提升带来的住房改善需求和农民的非农化是村庄宅基地空心化的重要动力。[4] 农村人口向城市大量涌入是城市经济发展的客观规律，住宅用地的城乡相互分割加剧了城市供地紧张和农村宅基地空心化的不利局面。

二、住宅用地供给区域空间错配

　　我国的土地供应由政府主导，市场需求和价格信号机制的作用机制不足，这造成了我国住宅用地供给在区域空间上的错配。2002 年国土资源部对土地供应

---

[1]　刘彦随、刘玉等：《中国农村空心化的地理学研究与整治实践》，载于《地理学报》2009 年第 10 期。
[2]　宋伟、陈百明等：《中国村庄宅基地空心化评价及其影响因素》，载于《地理研究》2013 年第 1 期。
[3]　资料来源：第七次全国人口普查公报（第七号）。
[4]　李勤、孙国玉等：《农村"空心村"现象的深层次剖析》，载于《中国城市经济》2009 年第 10 期。

总量实行严格的建设用地指标管理,并自 2003 年开始对土地违法进行严厉打击,尤其加大对东部地区的土地违法惩处力度,而为实现区域均衡发展,中央政府在土地供给的空间分布上倾向为中西部提供更多指标,[①] 大城市比中小城市的供地受到更严格的限制,体现在人均土地供应面积和土地供应的价格弹性与人口弹性上。[②] 住宅用地供给区域空间错配是追求区域间的均衡而忽视客观需求的后果,这种土地配置策略为大城市的城镇化带来了消极影响。参照国家统计局的划分,本节将 70 个大中城市分为一线城市、二线城市和三线城市,对比分析用地供给的差异。[③] 从表 9-1 可以看出,一线城市的平均常住人口多于二线、三线城市,但比较期间内一线城市的平均土地供给总量明显少于二线城市的供给量,一线城市的住宅用地供给量少于二线城市。图 9-3 则较为直观地反映了城市住宅用地供给和新增常住人口之间的数量特征,可以发现按照新增常住人口来计算,一线城市的住宅用地供给充足度远远低于二线、三线城市。

表 9-1 **基于 70 个大中城市测算的一线、二线、三线城市**
平均土地供给* 和常住人口情况

年度	一线城市			二线城市			三线城市		
	常住人口（万人）	供地总量（公顷）	住宅用地合计（公顷）	常住人口（万人）	供地总量（公顷）	住宅用地合计（公顷）	常住人口（万人）	供地总量（公顷）	住宅用地合计（公顷）
2009	1 536.74	2 448.83	639.06	714.50	3 021.06	687.57	506.80	1 155.55	283.78
2010	1 643.29	2 228.28	504.26	747.78	3 280.11	983.74	510.57	1 646.22	429.29
2011	1 694.46	2 308.73	620.34	762.91	4 860.37	1 073.58	511.88	2 301.16	484.07
2012	1 739.06	2 174.94	401.53	774.94	4 074.37	791.16	514.79	2 578.40	408.01
2013	1 780.81	2 007.31	572.09	783.92	4 290.69	978.53	517.02	2 803.50	597.23
2014	1 871.25	2 423.75	410.57	793.29	3 917.69	683.94	519.35	2 210.64	433.93

---

① 陆铭、张航等:《偏向中西部的土地供应如何推升了东部的工资》,载于《中国社会科学》2015 年第 5 期。

② 张路:《土地供应结构失衡与中国城市住房价格——基于土地出让数据的分析》,载于《经济与管理研究》2019 年第 10 期。

③ 北京、上海、广州、深圳归为一线城市;将天津、沈阳、大连、石家庄、济南、青岛、南京、杭州、宁波、福州、厦门、海口、成都、贵阳、昆明、西安、兰州、西宁、银川、乌鲁木齐、呼和浩特、太原、长春、哈尔滨、合肥、南昌、郑州、武汉、长沙、南宁、重庆归为二线城市;将唐山、秦皇岛、包头、丹东、锦州、吉林、牡丹江、无锡、扬州、徐州、温州、金华、蚌埠、安庆、泉州、九江、赣州、烟台、济宁、洛阳、平顶山、宜昌、襄阳、岳阳、常德、惠州、湛江、韶关、桂林、北海、三亚、泸州、南充、遵义、大理归为三线城市。

续表

年度	一线城市			二线城市			三线城市		
	常住人口（万人）	供地总量（公顷）	住宅用地合计（公顷）	常住人口（万人）	供地总量（公顷）	住宅用地合计（公顷）	常住人口（万人）	供地总量（公顷）	住宅用地合计（公顷）
2015	1 912.33	2 971.79	443.26	802.07	3 169.24	584.71	519.26	1 939.05	317.49
2016	1 959.03	2 562.24	267.24	817.33	3 338.40	535.96	522.82	1 761.02	270.18
2017	2 091.43	2 958.91	550.34	829.94	3 408.13	599.33	525.11	2 115.58	371.30
合计	1 803.16	2 453.86	489.85	780.74	3 706.67	768.73	516.40	2 056.79	399.48

注：＊2019 年以后《中国国土资源统计年鉴》没有公布城市供地数量。

资料来源：土地数据来源于 2010～2018 年《中国国土资源统计年鉴》；常住人口数据来源于 Wind。

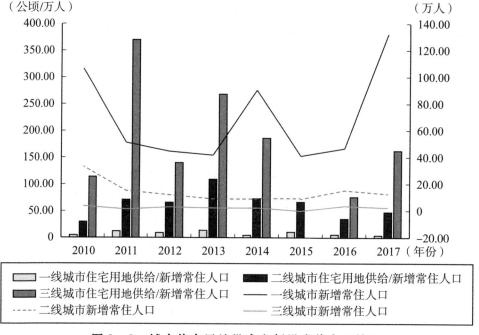

图 9 - 3　城市住宅用地供应和新增常住人口情况

资料来源：土地数据来源于 2010～2018 年《中国国土资源统计年鉴》；常住人口数据来源于 Wind。

三、住宅用地供给结构不合理

住宅用地供给结构不合理也是现存的问题之一，主要表现为：（1）总量占比不合理，即住宅用地供应量占建设用地供应总量偏少；（2）住宅用地内部分配不合理，即住宅供地以出让销售型商品住房用地为主，保障性住房用地量少、租赁住宅用地长期处于空白状态。国标《城市用地分类与规划建设用地标准》规定，居住用地占城市建设用地的比例 25.0% ~ 40.0%。[①] 同样以 70 个大中城市 2009 ~ 2017 年的建设用地数据为例进行说明，2009 ~ 2017 年，70 个大中城市的住宅用地平均占比整体呈下降趋势，在多个年份里低于供地总量的 20%，2017 年仅为17.79%（见表 9 - 2）。[②] 在住宅用地内部的供给结构上，商品住房用地量远高于经济适用房和保障类型住房用地，2009 ~ 2013 年情况有所好转，但是此后几年，保障类型住房用地份额又不断缩小，2017 年占比低至 14.97%，[③] 说明地方政府为保障类型住房供应土地的意愿比较低。

表 9 - 2　　　　70 个大中城市 2009 ~ 2017 年住宅用地供给结构

年度	土地总量的供给结构				住宅用地内部的供给结构		
	住宅用地合计占比（%）	工矿仓储用地占比（%）	商服用地占比（%）	其他用地占比（%）	商品住房用地占比（%）	经济适用房占比（%）	公共租赁住房和廉租住房占比（%）
2009	26.76	36.02	9.23	27.99	85.66	12.83	1.51
2010	28.08	33.10	9.12	29.7	83.5	14.32	2.17
2011	23.86	31.23	7.85	37.06	80.04	15.89	4.07
2012	19.34	28.77	8.81	43.08	77.27	17.03	5.69
2013	22.59	26.79	10.28	40.33	76.61	15.93	3.26
2014	19.71	24.43	9.68	46.18	79.11	16.60	4.29
2015	18.22	23.82	8.53	49.42	76.44	18.75	4.82
2016	16.96	22.67	7.6	52.77	80.92	15.21	3.87
2017	17.79	20.94	6.98	54.3	85.03	12.59	2.38
合计	100				100		

资料来源：土地数据来源于 2010 ~ 2018 年《中国国土资源统计年鉴》。

①　国标《城市用地分类与规划建设用地标准》（GB 50137 - 2011），表 4.4.1 规划建设用地结构。

②③　笔者根据 2010 ~ 2018 年《中国国土资源统计年鉴》整理得出。2019 年以后《中国国土资源统计年鉴》没有公布城市供地数量与结构。

四、住宅用地供给主体单一

我国宪法规定，城市的土地属于国家所有，农村和城市郊区的土地，除由法律规定属于国家所有以外，属于集体所有。由于市场化水平的巨大差距，城市土地和农村土地参与经济活动的形式显著不同，其中城市土地使用权的物权属性和农村集体土地的生产资料属性正是城乡二元土地制度的集中体现，范剑勇等（2013）指出这种特殊的城乡二元土地结构赋予了地方政府垄断供应土地的权力和空间。[1] 2007 年 11 月国土资源部等三部委出台了《土地储备管理办法》，规定"依法收回的国有土地，收购的土地，行使优先购买权取得的土地，已办理农用地转用、土地征收批准手续的土地，其他依法取得的土地，均可以纳入土地储备范围"；"储备土地完成前期开发整理后，纳入当地市、县土地供应计划，由市、县人民政府国土资源管理部门统一组织供地"，标志着所有投向市场的土地都需要经过土地储备中心，土地储备制度进一步强化了城市各类土地由政府高度垄断。

此外，我国企事业单位也有不少闲置土地或低效利用土地，但除少数经批准建宿舍外，企事业单位不被允许利用存量土地建设住宅。所以，不仅供地主体的唯一性，而且获得住宅用地开发权的主体也是单一的，主要集中在具备相关资质的房地产开发商。因此，房地产开发商的开工进度影响商品房市场的供应。几年前各地曾曝出较严重的圈地现象，房地产开发企业购地囤积迟迟不开工，造成大量土地闲置，有学者认为地方政府垄断土地、开发商垄断商品住房是高房价和高地价的直接原因。[2]

五、住宅用地出让方式以价高者得

2002 年发布的《招标拍卖挂牌出让国有土地使用权规定》要求商业、旅游、娱乐和商品住宅等各类经营性用地，必须以招标、拍卖或者挂牌方式出让，2004 年发布文件将工业用地纳入其中，2007 年发布《招标拍卖挂牌出让国有建设用地使用权规定》统一要求"工业、商业、旅游、娱乐和商品住宅等经营性用地以及同一宗地有 2 个以上意向用地者的，应当以招标、拍卖或者挂牌方式出让"，奠定了如今国有建设用地出让的基础。上述举措的主要目的在于让市场机制在土地资源配置中发挥作用，而在实际执行过程中，各地方政府有一定的自由裁量

---

[1] 范剑勇、莫家伟：《地方债务、土地市场与地区工业增长》，载于《经济研究》2014 年第 1 期。
[2] 陈超等：《从供给视角看我国房地产市场的"两难困境"》，载于《金融研究》2011 年第 1 期。

权，且倾向于高价出让住宅用地。在房地产市场火热发展的阶段，以"价高者得"的土地出让方式导致住宅用地成交楼面地价溢价率不断攀升，"地王"现象层出不穷，如2010年保利地产竞得广州白云区的住宅用地，溢价率高达199%，楼面单价达到20 605元，[①]每一轮房地产市场热时，各地都不断出现"面粉比面包贵"的现象。高地价必定推进高房价，而高房价又拉动高地价，陷入轮番推动地价与房价上涨的趋势。

住宅用地供给存在的上述问题已经为城市经济发展带来了众多负面影响：城乡供地分割带来的城市用地紧张和村庄宅基地空心化的局面显而易见；住宅用地供给区域空间的错配，造成了人口流入的东部地区住房成本和用人成本居高不下；供地结构不合理的问题严重干扰城市房价的稳定性，不利于租房市场建设和住房保障体系的有效落实；住宅用地和住宅供应主体的单一性造成垄断程度高、多样化需求难以得到满足；以价高者得的住宅土地出让方式越来越无法适应城市住房建设，显著推高房价等。

第三节　引起我国住宅用地供给存在问题的原因分析

要深刻理解我国住宅用地供给存在的原因，就不得不把握我国政府在经济发展中的角色和近年来我国工业化和城市化的主要逻辑。改革开放以来，我国经济的高速发展与政府之手密不可分，一方面我国政府官员有着强大的执行能力，另一方面政治晋升也激励他们努力发展经济。推动工业化进程是近几十年来的重大任务，招商引资和发展基建便是各地的主要目标，由于政府对土地拥有垄断优势，一套以土地为内核的经济发展模式便应运而生。城镇化与工业化交织，前者产生的巨大需求为后者注入新的动力。或偶然或必然，其间种种因素共同作用，导致当前我国住宅用地供给存在较多问题。

一、土地财政与土地金融依赖

我国财政体系从"一灶吃饭"到"分灶吃饭"，1994年分税制财政体制改革，是改革开放之后财政体制的一次具有里程碑意义的重大改革，调动了各级地方政府的理财积极性，但也加剧了土地财政和土地金融。参考赵扶扬等（2021）

---

①　《国企抢地积极　广州楼面地价首破2万元/平米》，《中国证券报》，2010年12月17日。

的界定，土地财政是土地供应和财政政策相结合的产物，地方政府通过土地供应补充财政收入，影响财政支出，放大财政政策效果；土地金融是土地财政和货币政策、金融政策相结合的产物，此时具有良好预期收益的土地储备作为获取金融资源的抵押物，地方政府能够获取更多的金融资源。[①] 我国城市经济发展高度依赖土地财政和土地金融，对住宅用地供给的影响可以概括为：（1）地方政府加大招商引资和基建投资力度，产业、建设用地等挤占住宅用地供应空间；（2）地方政府有强烈动机维持住房用地高价格，增加地方可支配的财力，可以在招商引资竞争过程中维持产业用地的低价格，增加产业的税源。整体来看，招商引资和基建投资能够推动工业化和城镇化进程，后者又有助于提升本地的住房和土地需求，使地方政府能以较高的价格出让住宅用地，较高的住宅用地又在一定程度上弥补了招商引资和基建投资地块的成本投入，并有利于新一轮的土地融资。

上述影响机理的分析立足于学术界研究成果，能够得到现有文献的广泛支撑。张小宏和郑思齐（2010）认为土地财政是导致住宅用地供应总量短缺的重要原因，土地财政叠加嫌贫爱富的导向又使地方政府疲于供给保障性住房建设用地，实证结果证实了地方政府行为对于地价、房价和保障性住房供给的影响。[②] 郑思齐和师展（2011）认为在财政和政绩的双重压力下，许多受土地财政理念主导的地方政府通过一些方式抬高土地出让价格以弥补预算内收入的不足，为了在招商引资中占据优势，许多地方政府压低工业用地价格，抬高住宅用地价格以弥补机会成本。[③] 郑思齐等（2014）建立了一种以"土地融资城市基础设施投资"间正反馈关系为核心的城市建设投融资模式，来描述土地出让、城市建设和土地价格三者之间互动机制。研究发现土地价格和城市基础设施投资间具有自我强化的正反馈过程：土地价格上涨能够同时通过土地出让收入和土地抵押借款两种融资渠道放松地方政府面临的预算约束，从而显著带动城市基础设施投资规模扩大；城市基础设施投资又能够在短期内显著地资本化到土地价格中。[④] 陈超等（2011）提出地方政府的利益是地价和房价上涨的根本原因。[⑤] 当前大城市住宅供地供给尤其不足，这也正是一种空间分化的表现，实证结果表明政府对于土地财政和土地金融的依赖具有空间异质性。在控制其他因素的情况下，越依赖土地

① 赵扶扬、陈斌开等：《宏观调控、地方政府与中国经济发展模式转型：土地供给的视角》，载于《经济研究》2021年第7期。

② 张小宏、郑思齐：《住宅用地供给短缺背后的地方政府动机》，载于《探索与争鸣》2010年第11期。

③ 郑思齐、师展：《"土地财政"下的土地和住宅市场：对地方政府行为的分析》，载于《广东社会科学》2011年第2期。

④ 郑思齐、孙伟增：《"以地生财，以财养地"——中国特色城市建设投融资模式研究》，载于《经济研究》2014年第8期。

⑤ 陈超等：《从供给视角看我国房地产市场的"两难困境"》，载于《金融研究》2011年第1期。

财政的城市，住宅用地供给受限程度越高，地价和房价也相应越高；同时，这些城市建设保障性住房的积极性也越低，而且越依赖土地财政和通过低价出让工业用地进行招商引资力度越强的城市，住宅用地供给的受限程度越高，住宅用地价格上涨的压力也越大。

虽然地方政府在工业和商住用地出让上的不同表现实际上是一种理性经济人行为，但其对经济和社会贡献的可持续性也受到学者的质疑。陶然等（2009）考察了地方政府在工业和商住用地出让上的不同策略，指出以地方政府提供低价土地、补贴基础设施乃至放松劳工、环境保护标准吸引制造业的地区"竞次性"发展模式，不具备经济、社会发展乃至环境保护上的可持续性。[①] 这种组合效果随着城市的集聚效应和经济发展水平的提高而逐渐减弱，城市间地租竞争也可能对彼此的工业发展和城镇化产生不利影响。张莉等（2018）实证发现土地出让收入能促进城投债的发行，表明土地出让具有融资放大效应，即放大当地经济对于房地产市场波动的敏感度，并使地方政府面临一定的偿债风险。[②] 土地财政和土地市场发育正向刺激城市房价，[③] 房地产市场价格的飙升以及土地金融所蕴含的重大风险等现象表明，"以地融资"模式是不可持续的。[④]

二、官员晋升激励下的区域竞争与过强的经济行为

官员晋升的锦标竞赛理论是被广为接受的政治经济学理论之一，根据该理论，我国的政治体系倾向于依据地方经济发展绩效来奖惩地方官员，诸如 GDP 增速、税收增速在内的可量化指标是各级人事考核的关键，使地方官员有很强的积极性发展地方经济。周黎安（2007）认为晋升锦标赛是我国经济奇迹的重要根源，但有时其激励官员的目标与政府职能的合理设计之间存在严重冲突，比如它使政府官员只关心自己任期内所在地区的短期经济增长，而容易忽略经济增长的长期影响，尤其是那些不易被列入考核范围的影响；晋升激励下的地方官员只关注那些能够被考核的指标，而对那些不在考核范围或者不易测度的后果不予重视。[⑤]

有不少学者基于上述理论解释了地方政府的土地出让行为。王世磊和张军

---

① 陶然、陆曦等：《地区竞争格局演变下的中国转轨：财政激励和发展模式反思》，载于《经济研究》2009 年第 7 期。

② 张莉等：《土地市场波动与地方债——以城投债为例》，载于《经济学（季刊）》2018 年第 3 期。

③ 范建双等：《土地财政和土地市场发育对城市房价的影响》，载于《地理科学》2021 年第 5 期。

④ 刘元春、陈金至：《土地制度、融资模式与中国特色工业化》，载于《中国工业经济》2020 年第 3 期。

⑤ 周黎安：《中国地方官员的晋升锦标赛模式研究》，载于《经济研究》2007 年第 7 期。

（2008）讨论了我国转型经济中地方政府和中央政府之间的层级激励机制，论证地方政府所面临的晋升政治激励为基础设施建设带来的驱动。[1] 张莉等（2011）提出地方政府官员有土地招商引资的动机，在一个政治集权经济分权的经济体里，地方政府官员出让土地的土地财政和土地引资动机同时存在，不过实证发现地方政府官员热衷于出让土地是源于土地引资，而非土地财政。[2] 这种晋升激励模式不仅促进经济发展，也诱使地方之间进行区域竞争、官员采取短期行为，结果是重复投资的资源浪费。基于 2007～2011 年我国地级市工业用地出让的面板数据，杨其静等（2014）实证表明地方政府增加工业用地的出让面积可显著地拉动当地非房地产城镇固定资产投资、工业增加值、GDP 和财政收入；若地方政府以协议出让工业用地的方式来吸引投资，则将会显著地抑制上述拉动作用，可能的原因是协议出让工业用地所引来的项目质量较差。[3] 地方政府的土地财政行为存在明显的策略互动特征，[4] 在土地引资的竞争中不仅存在着竞相增加土地出让面积和降低地价的底线竞争行为，甚至出现由于降低出让价格的底价竞争行为，造成国有资源的浪费。但这种浪费对地方政府来说又是值得的，因为产业产生的税收能抵消这种损失。自然，这种竞争也产生了一些不良的后果，如官员晋升激励下的土地城镇化就快于人口城镇化。[5]

三、财税分权的副作用与税收权衡

自 1994 年我国开始实行分税制改革，本次改革的核心在于将财税的包干制改为分成制，主要税源收归中央，纳入国税管理，地方政府掌握剩余部分税源。但是在地方政府的部分财权被上收的同时，财政支出责任不减反增，财权和事权之间的不对等关系使地方政府面临较大的财政压力，土地和住房市场的过热局面在某种程度上是分税制改革带来的副作用。加上这一时期国有企业、乡镇企业出现大规模改制，支出压力增大；2008 年国际金融危机以后，多次实施刺激政策，

[1] 王世磊、张军：《我国地方官员为什么要改善基础设施？——一个关于官员激励机制的模型》，载于《经济学（季刊）》2008 年第 2 期。

[2] 张莉、王贤彬等：《财政激励、晋升激励与地方官员的土地出让行为》，载于《我国工业经济》2011 年第 4 期。

[3] 杨其静、卓品：《工业用地出让与引资质量底线竞争——基于 2007～2011 年我国地级市面板数据的经验研究》，载于《管理世界》2014 年第 11 期。

[4] 武普照：《地方政府财政压力、官员晋升激励与土地财政行为：理论分析与实证检验》，载于《现代财经（天津财经大学学报）》2019 年第 10 期。

[5] 王芳、陈硕：《晋升激励与城镇化——基于地级市数据的证据》，载于《中国经济问题》2020 年第 6 期。

加快建立多主体供给、多渠道保障、租购并举的住房制度研究

又进一步加大了地方财政压力，地方政府有增加本地税源的强烈动机：一方面紧收独享的地税，另一方面大规模招商引资争取制造企业的投资，但由于可用于操作减免的税收工具有限，地方政府只好依赖于各种非税收手段，如降低管制要求、提供廉价工业用地和补贴性配套基础设施等手段。各个地区的地方政府都拥有更加强烈的激励扩大预算外收入，加大对地区经济的攫取。有学者认为财政分权加剧了经济结构失衡，引起地方政府的投资水平、竞争和债务水平上升，[1] 使地方政府逐渐走向以土地征用、开发和出让为主的发展模式，从而形成了土地财政。

地方政府重投资、轻生活的原因也和不同产业和税种本身的特性有关。我国有比较优势的中低端制造业缺乏区位特质，对成本敏感的制造企业容易进行区位调整。地方政府为留住企业投资会选择廉价出让工业用地，提供利好政策，相应的政府部门每年能从中获得持续稳定的税收，如增值税、所得税在内的主要税种。所以即使出让时可能会有所亏损，地方政府仍然有动力为制造业企业提供用地便利。反观商住用地，地方政府的议价能力很强，考虑到我国目前尚未全面开征房产税，政府后续能从住宅方面获取的税收极为有限，叠加需要通过商住用地增加出让金，地方政府便以高价出让土地。

整体来看，分税制改革加剧了地方的财政收入压力，在一定程度上推动了政府走向了土地财政的发展模式。在新增建设用地规模受控情况下，政府对企业相关的税收偏好又进一步导致住宅用地供应紧张，推高住宅用地价格。不过正如孙秀林和周飞舟（2013）所指出，无论如何评价以土地财政为代表的发展模式，分税制是一个理性化的制度变革，其建立了中央与地方之间关系的稳定互动框架，以土地为中心的城市扩张模式则是这次改革的意外后果。[2]

我国经济对土地财政和土地金融的依赖、官员晋升激励导向与税制原因共同造成了当下住宅用地供应量少价高、居住需求难以得到有效满足的局面，这些因素并不是孤立存在的，而是相互影响的关系。政府通过低价出让工业用地促进了工业化和城镇化，城市居民的住房需求刺激商住地价上涨，政府能够从商住用地出让环节获得大量出让金，有更大的财政空间来继续降低产业用地地价招商引资，为地方创造更多税源，政府一手用产业用地低地价抓税源、一手维持商品住宅用地高地价和高房价，在土地总量有限情况下，上述过程得以自我强化。

---

① 王文甫、王召卿等：《财政分权与经济结构失衡》，载于《经济研究》2020 年第 5 期。
② 孙秀林、周飞舟：《土地财政与分税制：一个实证解释》，载于《中国社会科学》2013 年第 4 期。

第四节　城市经济发展与住宅用地供给失配的实证证据

住宅用地供给关乎民生，在所有问题中住宅用地供给对住有安居的影响最大。前文仅在现象层面进行了问题叙述，问题的主要表征和深层次原因还需借助实证手段予以深入揭示。因此，本节紧紧围绕城市经济发展与住宅用地供给脱节的关键问题及深层原因进行实证研究。主要从经济发展程度对住宅用地供给弹性、供给水平和供给结构的影响层面展开理论分析与实证检验。

一、概述

人口是经济发展最为关键的要素。就特定的城市经济发展而言，经济越发展，城市对人口的数量与质量要求就越高，流入的人口也越多，新增住房需求也就越大；反之，经济越落后，城市对人口的吸引力越弱，新增住房需求也就越小。这意味着从空间上而言，城市经济发展程度的不同对应着不同的住房需求，从而对应于不同的住房供给，只有住房供求实现动态均衡，城市经济发展与人口规模的匹配才是相适应的。从经典经济学的基本理论来看，要实现城市住房供求均衡，从根本上取决于市场经济条件下房地产市场的良性发展。但房地产市场特别是住房市场的良性发展离不开核心生产要素——土地的合理供给。[①] 而土地作为我国政府控制的垄断性资源，初级供给完全取决于政府选择。因此，与特定人口匹配的城市住房供给背后的问题是，政府如何根据经济发展与人口流动的对应关系优化土地的供给水平与供给结构。

住房制度改革以来，我国大部分城市房价持续高涨，特别是经济发达城市，房价涨幅远高于常住人口可支配收入涨幅，表现为宏观层面的住房"供不应求"。这里面固然有市场非理性因素影响，有投机炒房人群投资需求的过度膨胀影响，但从城市经济发达程度与人口净流入的对应关系来看，房价越高的城市，也是经济越发达、人口净流入越大、住房刚性需求越旺的城市。因此，根据市场供求变化规律，城市新增住房供给不足无疑是高房价的重要原因。[②] 特别是在经

---

① 严思齐、吴群：《供地制度变革前后我国主要城市的住房供给弹性——基于 20 个城市面板数据的实证研究》，载于《上海财经大学学报》2014 年第 2 期。

② 刘学良：《中国城市的住房供给弹性、影响因素和房价表现》，载于《财贸经济》2014 年第 4 期。

济发达的一线、二线城市，住房供给对房价普遍缺乏弹性，甚至存在一定程度的负弹性。[①] 那么，经济发达城市住房供给弹性不足抑或住房供给不够的原因又是什么？

二、理论分析与研究假设

我国城市经济发展不均衡，东部一线、二线城市经济发达，中西部和东北部城市经济发展相对滞后，与此相对应，东部城市人口增长更快，而中西部和东北部城市人口增长相对更慢甚至出现人口负增长。城市人口增长首先带来的是新增人口居住的民生问题，无论是买房还是租房，都会在客观上推高一个城市的住房需求。理论上，城市经济越发达，人口增长越多，住房需求增加越快，地方政府的政策选择理应顺应时势，助力住房市场快速增大住房产品和服务的供给。但对于经济发达城市而言，地方政府重视具有长期收益特征的工商业发展，而工商业发展对土地的需求更大也更为急迫，因此经济发达城市的土地供给会更倾向于增加工业用地和商服用地。[②] 经济发展落后城市的预算内财政收入往往无法满足财政支出需求，不得不依靠土地出让收入来弥补财政收支缺口，从而造成经济发展落后城市对土地财政的过度依赖现象，并且中央政府为了缓解经济发展落后城市的财政压力，在用地指标的分配上会对其予以倾斜，[③] 从而在客观上也为经济发展相对落后城市供给更多的住房用地提供了条件。结果，经济发展基础较好的地区主动降低工业用地价格、增加工业用地供给，减少住房用地供给；而经济发展基础较差的地区则增加住宅用地供给，以获得更多的土地出让金收入。[④] 换言之，经济发达程度与人口增长的一致趋势，实际上与住房用地供给之间存在空间错配和结构失衡问题，从而在供给侧为经济发达城市的高房价提供了市场基础。

基于上述研究可知，人口快速增长的经济发达城市会偏好于供给更多的工业和商服用地、更少的住房用地；相反，人口增长缓慢甚至负增长的经济欠发达城市因土地财政依赖而供给更多的住房用地，从而在城市分布的空间格局上形成了

① 张鹏、高波：《土地供给弹性与房价波动：影响机制及实证研究》，载于《现代城市研究》2018年第6期。

② 王良健、韩向华等：《土地供应绩效评估及影响因素的实证研究》，载于《中国人口·资源与环境》2014年第10期。

③ 文乐、彭代彦：《倾向中西部的土地供给如何推升了房价——基于空间德宾模型的实证分析》，载于《贵州财经大学学报》2017年第1期。

④ 胡思佳、徐翔：《招商引资竞争与土地供给行为：基于城市经济发展的视角》，载于《改革》2021年第7期。

长期的人地错配现象：更高的人口增长对应于更少的住房用地供给，更低的人口增长对于更多的住房用地供给。从这种人口与土地增减变化的两两对应关系来看，城市空间分布上人地错配的本质实际是住房用地供给对人口变化的弹性不足。以上文献虽然没有直接检验住房用地供给对人口变化的弹性，但由人口快速增长导致住房价格快速上涨，住房价格快速上涨导致土地价格也快速上涨的逻辑可知，在土地供给受限的情况下，经济发达城市的住房用地供给对人口的弹性也会相对更小，此其一；其二，由于经济发达城市人口增长很快，而住房用地供给却增长受限，两相比较之下，相对于经济发展落后城市而言，有理由推测，经济发达城市的新增人口住房用地供给量也更小；其三，经济发达城市的土地供给结构相对于人口的快速增长而言更不合理，住房用地供给占全部建设用地供给比例更小。此外，经济发达城市往往已经完成了初期原始积累和加速发展阶段，而且经济体量通常已经很大，因而，经济发达城市的经济增速往往更低，经济欠发达城市的经济增速可能因追赶效应反而更高。基于以上分析，这里提出本节的三大研究假设：

H9 - 1：经济越发达，城市住房用地供给的人口弹性越小。

H9 - 2：经济越发达，城市住房用地的新增人均增量越小。

H9 - 3：经济越发达，城市住房土地供给结构偏向于更小的住房用地占比。

三、研究设计

（一）模型构建与变量定义

本节主要研究目的在于证实经济发展与住房用地供给弹性之间的关系，经济发展的代理变量是主要解释变量，而住房用地供给的代理变量为被解释变量，在考虑到影响被解释变量的其他控制变量的基础上，本节计量模型刻画如下：

$$SUPELAS_{it} = \beta_0 + \beta_1 ECONOMY_{it-1} + \beta_3 TOTALLD_{it-1} + \beta_4 REGRESIPOP_{it-1}$$
$$+ \beta_5 REVUE\_LDRT_{it-1} + \beta_6 GDP\_SECIND_{it-1} + \beta_7 HPINC\_RT_{it} + \varepsilon_{it}$$

$$(9-1)$$

$$PERLD_{it} = \beta_0 + \beta_1 ECONOMY_{it-1} + \beta_3 TOTALLD_{it-1} + \beta_4 REGRESIPOP_{it-1}$$
$$+ \beta_5 REVUE\_LDRT_{it-1} + \beta_6 GDP\_SECIND_{it-1} + \beta_7 HPINC\_RT_{it} + \varepsilon_{it}$$

$$(9-2)$$

$$RSILD\_RT_{it} = \beta_0 + \beta_1 ECONOMY_{it-1} + \beta_3 TOTALLD_{it-1} + \beta_4 REGRESIPOP_{it-1}$$
$$+ \beta_5 REVUE\_LDRT_{it-1} + \beta_6 GDP\_SECIND_{it-1} + \beta_7 HPINC\_RT_{it} + \varepsilon_{it}$$

$$(9-3)$$

以上计量模型中式（9-1）、式（9-2）和式（9-3）分别用于检验城市经济发达程度、经济增速与住房供给的人口弹性、新增人均住房用地供给量和住房用地供给结构之间的关系，对应于研究 H9-1、H9-2 和 H9-3。相应地，式（9-1）的被解释变量 $SUPELAS$ 代表住房用地供给对人口变化的弹性，式（9-2）的被解释变量 $PERLD$ 代表新增人口的新增住房用地供给数量，式（9-3）的被解释变量 $RSILD\_RT$ 代表住房用地供给结构。

三个计量模型的解释变量与控制变量相同，其中主解释变量 $ECONOMY$ 代表经济发展即经济发达程度和经济增速，分别以上一年的城市 GDP、人均 GDP 和 GDP 增长率来表征，对应于变量 GDP、GDP_PEOAV 和 GDP_GRT。控制变量参考现有文献[①]的做法，同时考虑自变量之间共线性影响及自变量与因变量之间的内生性影响，选取可能影响土地供给弹性、供给数量和供给结构的相关变量分别为上一年总的建设用地供给总量 $TOTALLD$、上一年的户籍人口数 $REGRESIPOP$、上一年土地收入占一般性财政收入之比 $REVUE\_LDRT$、上一年第二产业总产值占 GDP 的比重 GDP_SECIND 以及当年房价收入比 $HPINC\_RT$。其中除了房价收入比 $HPINC\_RT$ 采用当年数据外，其他自变量因避免反向因果关系可能带来的内生性影响，均采用滞后一期的数据，因此，式（9-1）~式（9-3）中的下标表示第 i 城市的 $t-1$ 年。相关变量名称、符号及定义如表9-3所示。

表9-3　　　　　　　　　　　　相关变量符号与定义

变量名称	变量符号	变量定义
住房用地供给弹性	$SUPELAS$	当年住房用地增长率除以常住人口增长率
新增人均住房用地	$PERLD$	当年住房用地供给面积新增部分除以新增常住人口数
住房用地供给结构	$RSILD\_RT$	住房用地供给占当年建设用地总供给的比例
城市生产总值	$LNGDP$	当年本市 GDP 取自然对数
城市人均生产总值	GDP_PEOAV	当年本市 GDP 除以常住人口数
城市生产总值增长率	GDP_GRT	相较于上一年的 GDP 增长率
土地供给总量	$TOTALLD$	当年本市建设用地供给总量
户籍人口	$REGRESIPOP$	当年本市公安机关登记在册的户籍人口数

---

① 张鹏、高波：《土地供给弹性与房价波动：影响机制及实证研究》，载于《现代城市研究》2018年第6期。

变量名称	变量符号	变量定义
住房用地出让收入占比	*REVUE_LDRT*	当年本市新增住房用地出让收入占比
第二产业 GDP 占比	*GDP_SECIND*	第二产业生产总值占本市当年 GDP 的比重
城市房价收入比	*HPINC_RT*	当年本市平均房价与常住人口平均可支配收入之比

注：计量模型中的经济发展变量 *ECONOMY* 分别由上表中的城市生产总值 *GDP*、城市人均生产总值 *GDP_PEOAV* 和城市生产总值增长率 *GDP_GRT* 来代替。

（二）数据来源与描述性统计

考虑数据可得性，选取 35 个大中城市 2009～2017 年土地供给数据和常住人口数据计算 2010～2017 年住房用地供给对新增常住人口的弹性系数，弹性计算公式为：$SUPELAS = [(Q_2 - Q_1)/Q_1]/[(N_2 - N_1)/N_1]$，人均新增住房土地面积的计算公式为：$PERLD = (Q_2 - Q_1)/(N_2 - N_1)$，住房用地供给结构比例的计算公式为：$RSILD\_RT = Q/S$。其中，$Q$ 代表住房用地供给面积，N 代表常住人口，S 代表当年建设用地供给总面积。值得注意的是，弹性变量 *SUPELAS* 的含义为，每增加 1% 的常住人口，住房用地供给面积增加百分之几。以上土地数据来源于《中国国土资源年鉴》，常住人口和房价收入比来源于 Wind 数据库，GDP、户籍人口和第二产业 GDP 占比来源于国家统计局，其他变量数据则通过计算获得，缺漏值通过各城市统计公报予以补全，个别缺失数据采用插值法和平均法等方法谨慎填补。以上相关变量的描述性统计如表 9-4 所示。

表 9-4 显示，城市住房用地供给弹性 *SUPELAS* 平均值为负，如果按照经济学对弹性的定义来看，似乎不符合逻辑。因为对于一般商品而言，在完全竞争市场下，其供给弹性应该为正，即市场价格越高，供给数量越多，尽管这个弹性值可能小于 1，但一定大于 0。但土地作为一种非常特殊的商品和所处特殊的市场结构，其弹性值为负毫不奇怪，更何况我国经济发达城市确实存在人口集聚式增长，而住房用地供给面积却出现"断崖式"下降的情况。此外，新增人均住房用地供给量 *PERLD* 的平均值也小于零，意味着总体上而言，相对于人口增长，住房用地供给量呈减少趋势，这很可能主要源自经济发达城市。住房用地供给结构比例 *RSILD_RT* 平均值为 21.3%，表明 35 个大中城市的住房用地供给占全部建设用地供给比例平均而言不到 1/4，显然，从住房用地供给比重的平均水平和经济发达城市房价高涨的经验观察来看，住房用地供给比重无疑偏小。当然，事实是否如此？以及上述这些变量的分布特征是否决定于城市的经济发展水平，尚有

待于下文逐一进行实证检验。

表9-4 相关变量描述性统计

变量	观测数	平均值	标准误	最小值	中位数	最大值
SUPELAS	280	-36.24	279.5	-3 500	-2.028	346.2
PERLD	280	-20.55	109.2	-1 000	-1.004	231.7
RSILD_RT	280	21.30	8.400	4.896	20.84	45.51
LNGDP	280	8.545	0.842	6.425	8.622	10.40
GDP_PEOAV	280	7.591	2.861	2.562	7.163	18.31
GDP_GRT	280	12.23	6.516	-23.73	11.33	34.61
TOTALLD	280	3 635	2 905	122.3	2 988	18 000
REGRESIPOP	280	730.4	554.5	158.8	678.3	3 392
REVUE_LDRT	280	36.56	14.82	7.225	35.73	83.38
GDP_SECIND	280	43.16	8.727	18.14	44.57	58.73
HPINC_RT	280	1 098	484.6	527	957.8	3 686

注：样本个体为35个大中城市，取样时间窗口为2009~2017年，但由于涉及增长率的计算，实际回归样本为2010~2017年。

四、实证结果分析

针对本节提出的三大研究假设和构建的计量模型，实证检验之前首先进行了模型不同估计方法的估计效率测试，通过 F 检验和 Hausman 检验发现，以 GDP 和人均 GDP 为主解释变量的估计模型采用固定效应估计方法更具估计效率，而 GDP 增长率为主解释变量的估计模型采用多元 OLS 估计方法更具估计效率。因此，在对各模型进行回归时，针对经济发达程度和经济增速对应的计量模型分别采用了固定效应和 OLS 估计方法。

表9-5列示了表征经济发达程度和经济增速的 GDP、人均 GDP 和 GDP 增长率三个变量与住房用地供给对人口变化的弹性之间的关系，其中列（1）、列（3）和列（5）是未加入控制变量时，住房用地供给弹性对 GDP、人均 GDP 和 GDP 增长率三个变量的直接回归结果，其中列（1）和列（2）均显著负向影响了住房用地供给弹性，而列（3）显著正向影响了住房供给弹性。列（2）、列（4）和列（6）是加入控制变量后的回归结果，GDP、人均 GDP 和 GDP 增长率三个变量对住房用地供给弹性的影响方向和强度基本未发生改变。表9-5的回归结果表明，城市的经济发达程度显著影响了住房用地供给弹性，其中，经济规

模显著负向影响了住房用地供给弹性，即经济规模越大的城市，住房用地供给对人口变化的弹性越小；经济发展水平（人均 GDP）越高的城市，住房用地供给对人口变化的弹性也越小；而经济增长速度越快的城市，住房用地供给对人口变化的弹性却越大。可见，以上实证结果与预期一致，研究 H9-1 得以证实。

表9-5　　　城市经济发展与住房用地新增人口供给弹性的关系

SUPELAS	(1)	(2)	(3)	(4)	(5)	(6)
L. LNGDP	-0.04^{***} (-4.99)	-0.049^{***} (-4.73)				
L. GDP_PEOAV			-25.787^{**} (-2.48)	-25.778^{*} (-1.75)		
L. GDP_GRT					7.63^{***} (3.02)	6.608^{**} (2.45)
L. TOTALLD		0.027^{**} (2.55)		0.021^{*} (1.84)		0.005 (0.58)
L. REGRESIPOP		0.1830 (0.57)		-0.0702 (-0.21)		-0.053 (-1.22)
L. REVUE_LDRT		-2.5861 (-1.48)		-1.7604 (-0.92)		0.144 (0.12)
L. GDP_SECIND		-2.5802 (-0.38)		6.6208 (0.93)		1.88 (0.84)
HPINC_RT		-0.0365 (-0.42)		-0.1013 (-1.13)		-0.075^{**} (-2.07)
_CONS	217.965^{***} (4.09)	301.68 (0.75)	143.516^{*} (1.93)	6.3751 (0.01)	$-1.3e+02^{***}$ (-3.70)	$-1.0e+02$ (-0.92)
N	280	280	280	280	280	280
R^2	0.092	0.122	0.024	0.052	0.032	0.069
F	24.8564	5.5544	6.1280	2.2021	9.1479	3.3811
模型类型	固定效应	固定效应	固定效应	固定效应	OLS	OLS

注：①"L."代表滞后一期。②括号内为双尾 T 检验，*、**、*** 分别代表在 10%、5%、1% 水平上显著。

表9-6 列示了城市经济发达程度和经济增速影响住房用地供给水平与供给结构的回归结果，其中列（1）、列（2）和列（3）分别是经济发达程度和经济

增速的表征变量 GDP、人均 GDP 和 GDP 增长率对住房用地供给水平的回归结果，其中列（1）的结果显示，经济规模越大的城市，人均住房用地供给水平越低，列（2）的结果显示，经济发展水平越高的城市，人均住房用地供给水平也越低，列（3）的结果则显示，经济增速越快的城市，对应于中西部经济相对欠发达城市，人均住房用地供给水平反而越高。以上结果表明研究 H9-2 得到了证实。同时，列（4）、列（5）和列（6）分别为经济发达程度和经济增速的表征变量 GDP、人均 GDP 和 GDP 增长率对住房用地供给结构比例的回归结果，其中列（4）的结果显示，经济规模越大的城市，住房用地供给结构占比越低，列（5）的结果显示，经济发展水平越高的城市，住房用地供给结构比例也越低，列（6）结果则显示，经济增速越快的城市，同样地，由于对应于中西部经济相对欠发达城市，住房用地供给结构比例反而也越高。由此可见，研究 H9-3 也得以证实。

表 9 - 6 　　　　城市经济发展与新增人口人均住房土地
供给增量、住房用地供给结构

模型序号	（1）	（2）	（3）	（4）	（5）	（6）
L. LNGDP	-0.011^{***} (-2.71)			-0.001^{***} (-3.76)		
L. GDP_PEOAV		-11.120^{*} (-1.94)			-2.140^{***} (-5.88)	
L. GDP_GRT			3.418^{***} (3.19)			0.156^{*} (1.92)
L. TOTALLD	0.005 (1.07)	0.004 (0.96)	-0.002 (-0.70)	-0.000 (-0.22)	0.000 (0.53)	-0.001^{*} (-1.96)
L. REGRESIPOP	0.035 (0.28)	-0.002 (-0.01)	0.011 (0.67)	-0.001 (-0.08)	0.000 (0.05)	0.003^{**} (2.20)
L. REVUE_LDRT	-1.519^{**} (-2.17)	-1.604^{**} (-2.16)	-0.542 (-1.13)	0.053 (1.13)	-0.014 (-0.29)	0.100^{***} (2.75)
L. GDP_SECIND	-1.147 (-0.42)	-0.326 (-0.12)	-0.140 (-0.16)	0.199 (1.10)	-0.000 (-0.00)	-0.059 (-0.88)
HPINC_RT	0.032 (0.92)	0.018 (0.52)	-0.006 (-0.40)	0.005^{**} (2.26)	0.004^{*} (1.85)	0.000 (0.27)
_CONS	82.409 (0.51)	97.800 (0.56)	-29.903 (-0.67)	12.253 (1.14)	31.408^{***} (2.81)	17.628^{***} (5.18)
N	280	280	280	280	280	280

续表

模型序号	(1)	(2)	(3)	(4)	(5)	(6)
R^2	0.041	0.026	0.039	0.173	0.235	0.069
F	1.684	1.082	1.857	8.330	12.210	3.392

注：① "L." 代表滞后一期。②括号内为双尾 T 检验，*、**、*** 分别代表在 10%、5%、1% 水平上显著。

为进一步验证经济增速对城市住房用地供给弹性、新增人口住房用地供给水平和住房用地供给结构占比的正向影响确实如理论分析中预测的那样，其正向影响源自经济发达城市的经济增速往往更低，经济欠发达城市的经济增速反而更高的分布特征。这里把 35 个城市按照国家统计局的城市区位划分标准分别归入东部、中部、西部和东北部四个区位后再进行分组检验。对于这四大区位城市群划分，无论是理论研究还是经验观察都表明，东部城市经济规模更大、经济发展水平更高，但平均而言，东部城市由于大部分已经完成了初期原始积累和加速发展阶段，且经济体量庞大，在经济增速上往往低于中西部城市。因此，将全部样本分为东部城市和非东部城市，对经济增速与城市住房用地供给弹性、新增人口住房用地供给水平和住房用地供给结构占比的关系进行分组检验，检验结果如表 9-7 所示。研究结果表明，经济增速对城市住房用地供给弹性、新增人口住房用地供给水平和住房用地供给结构占比的正向影响主要出现在非东部城市。这说明，就 2010~2017 年时间窗口内的样本而言，中西部城市的经济增速是提高城市住房用地供给弹性、新增人口住房用地供给水平和住房用地供给结构占比的重要决定因素，而东部城市则未见这一影响路径，甚至在一定程度上还与中西部城市的情形相反。可见，以上实证结果进一步验证了研究 H9-1、H9-2 和 H9-3。

表 9-7   **GDP 增长率正向影响住房用地供给弹性、平均水平与供给结构分组检验**

模型序号	(1)	(2)	(3)	(4)	(5)	(6)
L. GDP_GRT	-11.022 (-1.15)	6.821** (2.55)	-2.823* (-1.75)	3.813* (1.97)	0.146 (0.82)	0.130 (1.38)
L. TOTALLD	0.019 (0.67)	0.020** (2.38)	0.001 (0.21)	0.004 (0.70)	-0.000 (-0.93)	-0.000 (-1.25)
L. REGRESIPOP	-3.987* (-1.67)	0.029 (0.14)	-0.567 (-1.41)	-0.007 (-0.05)	0.006** (2.51)	0.001 (0.85)

模型序号	（1）	（2）	（3）	（4）	（5）	（6）
L. REVUE_LDRT	-0.367 （-0.09）	-2.595 （-1.64）	-0.887 （-1.35）	-2.216* （-1.94）	-0.013 （-0.23）	0.141*** （2.74）
L. GDP_SECIND	10.197 （0.48）	-3.230 （-0.58）	2.878 （0.80）	-4.140 （-1.03）	-0.016 （-0.16）	-0.162* （-1.73）
HPINC_RT	-0.047 （-0.31）	0.193 （1.26）	0.001 （0.05）	0.142 （1.28）	-0.002 （-1.60）	0.012*** （3.36）
_CONS	2.6e+03 （1.12）	-1.4e+02 （-0.46）	347.124 （0.89）	58.105 （0.26）	21.376*** （3.71）	11.982*** （2.71）
N	112	168	112	168	112	168
R^2	0.097	0.109	0.101	0.054	0.072	0.185
F	1.650	2.871	1.729	1.330	1.357	6.096

注：①"L."代表滞后一期。②括号内为双尾 T 检验，*、**、***分别代表在10%、5%、1%水平上显著。

五、主要结论与启示

进入21世纪后，我国经济发达城市人口激增，房价高涨，住房供求矛盾凸显，而经济欠发达城市人口增长相对乏力，住房供给却相对充足，从而在城市之间出现住房供给空间错配现象。从经济发达城市住房需求增长与供给不足的相对变化来看，供求失衡的主要原因在于供给侧约束，而住房供给侧约束又主要源于住房用地供给约束。因此，住房供给的空间错配问题，实际是城市经济发展与住房用地供给之间在空间上错配的衍生问题。为此，本节研究针对经济发达城市住房供给价格弹性更小而人口增长更快以及经济欠发达城市土地财政依赖度更大的现实境况进行推测，经济越发达，城市住房用地供给对人口变化的弹性、新增人口住房用地供给水平和住房用地供给结构比例也会更小。通过基于2010~2017年我国土地供给数据和经济发展数据构建的面板数据进行实证检验发现，城市经济发达程度和经济增速确实对住房用地供给的人口变化弹性、对新增人口住房用地供给水平和住房用地供给结构比例存在显著影响，其中表征经济发达程度的经济规模（GDP）和经济发展水平（人均 GDP）均显著负向影响了城市住房用地供给的人口变化弹性、新增人口住房用地供给水平和住房用地供给结构比例，而经济增速（GDP 增长率）则发挥了显著的正向影响，且这种正向影响主要出现于经济相对欠发达、经济增速相对更快的中西部城市。

本节实证结果表明，相对于经济欠发达城市，经济发达城市住房用地供给对人口变化的弹性不足、供给水平不够和供给结构占比偏低，以至于出现不同城市之间存在住房用地供给空间失配问题，加剧了经济发达城市的住房供求矛盾，是引发不同城市之间住房供给空间错位的重要原因。本节实证结论对深化住房供给侧改革，优化政府土地供给政策具有以下重要启示：（1）要正确认识城市住房供求失衡问题的根源和侧重点，注重以供给侧改革思路完善住房制度和土地政策。经济发达城市住房供求失衡、房价高涨的推动力更多地源自住房市场供给侧而非需求侧，当前破解城市住房供求矛盾的政策选择应紧紧围绕住房市场供给侧改革创新思路，其中，住房用地供给侧改革应该成为住房市场供给侧改革的核心内容。（2）坚持高质量发展观，实现土地供应、住房供给与人口流动良性匹配。在新时期高质量发展理念指引下，适度增大主要城市群和都市圈的土地供给量，在提高经济空间集聚度的同时，增大经济发达城市住房用地供给对人口流入的弹性，使建设用地中住房用地的供应量与经济发展水平和人口流动方向一致，实现土地供应与住房需求在时空维度上的良性匹配，缓解人口流入地因房价高涨推高生活成本进而推动工资上涨的恶性循环所造成的城市经济竞争力下降压力。（3）建立城市之间土地供给动态平衡机制，实行用地指标的跨区域跨城市调配使用制度。允许人口流入快、人均住房面积小且用地指标不足的东部经济发达城市向中西部人口流出城市购买用地指标，以在整体上提高城市建设用地的利用效率，优化土地资源的空间配置，减少经济欠发达城市的建设用地低效利用问题。（4）打破住房用地供给市场完全由政府垄断的制度体系，加快建立和完善土地（使用权）多主体供给的市场体系。进入新时代，要在一定程度上促进土地使用权在价格管制下的自由交易（匹配于住房市场价格管制机制），激活政府实质控制之外闲置的城市建设用地，逐步形成以政府土地供应一级批租市场为主，二级乃至三级交易市场相辅的城市建设用地多级供应体系，同时，为保证二级乃至三级土地交易市场的健康发展，相关土地的建设规划和建设过程均应纳入政府管理。

第五节　供地结构失衡与人口半城镇化的实证证据

一、概述

当前我国的城市化道路遭遇了"半城镇化"的困局，呈现"就业在城市，户籍在农村；劳力在城市，家属在农村；收入在城市，积累在农村；生活在城市，根基在农村"的模式，严重阻碍了新型城镇化的发展，也不利于经济发展以及和谐社会构建。第七次人口普查公报显示，我国人户分离人口为 49 276.25 万人，其中，市辖区内人户分离人口为 11 694.57 万人，流动人口为 37 581.68 万人。流动人口中，跨省份流动人口为 12 483.72 万人，省内流动人口为 25 097.96 万人。与 2010 年第六次全国人口普查相比，人户分离人口增长 88.52%；市辖区内人户分离人口增长 192.66%；流动人口增长 69.73%。① 现状表明，我国面临着较为严重的人户分离问题。因此，如何缓解半城镇化困局，促进"以人为本"的新型城镇化发展，无论是在学术研究还是政策建设上，均成为关注热点。

我国城市存在着完全不同于其他国家的怪象：同地段住宅用地价格明显高于商办用地，同地段商品住房价格大幅高于写字楼甚至商业的价格，产业用地占比过多，经营性建设用地供给错配急需纠正。② 一边是大城市住宅需求嗷嗷待哺、价格不断攀升；另一边是工业用地供给过剩，中间夹着供应效率低、野蛮生长的"类住宅"。③ 土地制度是解决好住房问题最重要基础制度之一，如果不从源头上解决土地供给改革，长效机制难以建立，影响城镇化推进的居住成本只会越来越高，半城镇化问题研究始终无法回避土地问题（见图 9 - 4）。

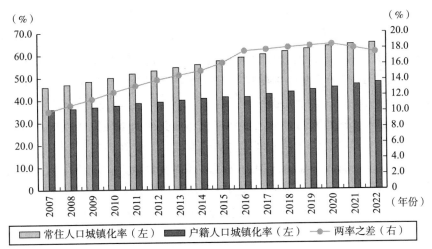

图 9 - 4 我国城镇化率变化情况（2007~2022 年）

资料来源：国家统计局。

---

① 第七次全国人口普查公报（第七号），国家统计局网站。
② 虞晓芬等：《住房价格异常波动及治理研究》，经济科学出版社 2021 年版，第 152 页。
③ 在商办性质用地上建造的适合居住的销售型住房，如酒店式公寓。

二、理论分析与研究假设

本项目探究我国半城镇化的原因，试图证明人口半城镇化的一个重要形成机制：由政府竞争引发的不合理土地供给结构导致人口半城镇化。本章节既探讨土地供给结构作为关键因素在政府竞争与人口半城镇化之间的中介作用，也着重分析土地财政、土地引资两大因素对人口半城镇化的主导作用。

（一）土地财政对人口半城镇化的影响机制

高额的商住用地出让收入是地方政府进行城市建设的重要收入来源，这为地方政府依靠"以地生财"展开财政竞争提供了必要条件。李郇等（2013）在地方竞争理论分析的基础上，建立了时空动态面板计量模型，实证检验土地财政增长存在横向竞争模仿特征。[①] 黄海方和唐耀（2012）利用 2000～2009 年美国 300 个城市数据，对住宅用地限制性供给政策与房价的关系进行了实证检验，发现限制性的住宅用地供给制度是导致住房价格上涨的重要原因。[②] 文乐和彭代彦（2016）利用 281 个地级及以上城市的数据验证了房价上涨过快不利于农村转移人口市民化，而不合理的土地供给结构是造成房价上涨的基础性原因。[③] 张莉等（2017）利用 2009～2012 年全国 276 个地级市数据，实证检验了地方政府策略性供地行为与房价的关系，发现商品住房用地供给比例的下降显著推高了住房价格。[④] 在土地一级市场垄断的制度背景下，地方政府偏向性的土地出让策略造成土地供给结构失衡，[⑤] 商品住房用地价格上升，直接推升农业流动人口在城镇的生活、居住成本，阻碍其向城镇迁移和定居，使其成为半城镇化人口。且短期内这部分人群情况难以改善，在越来越多的农业转移人口流入城市后，常住人口城镇化率上升，但户籍人口城镇化率上涨幅度远不及常住人口城镇化率，导致人口半城镇化率难以下降。基于以上分析本书提出以下假设：

H9-4：政府依靠土地财政展开竞争会通过干预土地供应价格对人口半城镇

---

① 李郇、洪国志等：《中国土地财政增长之谜——分税制改革、土地财政增长的策略性》，载于《经济学（季刊）》2013 年第 4 期。

② Huang H. & Tang, Y. Residential Land Use Regulation and the US Housing Price Cycle between 2000 and 2009. Journal of Urban Economics, Vol. 71, No. 1, 2011. pp. 93 - 99.

③ 文乐、彭代彦：《土地供给错配、房价上涨与半城镇化研究》，载于《我国土地科学》2016 年第 12 期。

④ 张莉等：《土地政策、供地结构与房价》，载于《经济学报》2017 年第 4 期。

⑤ Xiong C. & Tan, R. Will the Land Supply Structure Affect the Urban Expansion Form? Habitat International, Vol. 75, 2018, pp. 25 - 37.

化造成影响。土地出让金越高，说明政府依靠土地财政带来的收益越大，干预效果越明显，住宅用地与工业用地价格的比值越高，人口半城镇化率越高。

H9-5：政府依靠土地财政展开竞争会通过控制土地供应面积对人口半城镇化造成影响。土地出让金越高，说明政府"宽工业紧住宅"的卖地策略越成功，住宅用地被工业用地挤压的情况越严重，人口半城镇化率越高。

（二）土地引资对人口半城镇化的影响机制

除了依靠高额的商品住房用地出让收入来提高财政收入的同时，地方政府出于发展地方经济而大量低价出让工业用地来进行招商引资，展开引资竞争。[①] 一方面，大量低价出让工业用地为地方政府带来长期的经济增长以及税收与就业，这符合地方政府为增长而竞争的偏好，有学者也将这种行为解释为"引资生税"；[②] 另一方面，以工业用地为引资利器的竞争与住宅用地价格及房价的上涨之间存在着逻辑联系，[③] 地方政府可以通过低价过度供应工业用地招商引资，同时在市场作用下商品住房用地价格随之上升，获取巨额土地出让收益以横向补贴工业用地低价出让所带来的损失。[④] 在这一利好下政府越来越倾向采用这种不合理的土地出让策略，但这种过度依赖土地引资的情况势必会造成土地供给结构失衡，从而引发房价高涨，导致农业移动人口难以在城镇落户、定居，变成半城镇化人口。

在以 GDP 为主要考核指标的前提下，政府依靠有限的土地展开引资竞争，大量低价出让工业用地吸引投资，造成商品住房用地稀缺，却可以获得巨额商住用地出让收入，足以弥补当期低价出让工业用地的亏损。但是，随着地方政府对土地引资的依赖愈演愈烈，这种依靠卖方垄断以低价出让工业用地吸引投资、高价出让商住用地获得巨额财政收入的不合理土地出让行为，必然会让土地供给结构失衡。[⑤] 土地供给结构失衡带来的商住用地价格扭曲将影响到住房价格，而住房价格是构成城镇化成本的重要部分，高昂的房价将增加农村转移劳动力在城市生活和定居的成本，导致这部分人群无法有效向城市迁移定居，最终造成人口半

---

① 田文佳等：《晋升激励与工业用地出让价格——基于断点回归方法的研究》，载于《经济研究》2019 年第 10 期。

② 赵文哲、杨继东：《地方政府财政缺口与土地出让方式——基于地方政府与国有企业互利行为的解释》，载于《管理世界》2015 年第 4 期。

③ 范小敏、徐盈之：《引资竞争、住宅用地价格与房价》，载于《财经研究》2019 年第 7 期。

④ 李勇刚、罗海艳：《土地资源错配阻碍了产业结构升级吗？——来自中国 35 个大中城市的经验证据》，载于《财经研究》2017 年第 9 期。

⑤ 赖敏：《土地要素错配阻碍了中国产业结构升级吗？——基于中国 230 个地级市的经验证据》，载于《产业经济研究》2019 年第 2 期。

城镇化。陈斌开和杨汝岱（2013）基于我国城镇住户调查数据的经验研究发现，地方政府垄断土地供给是推高住房价格的主要因素，住宅用地供给面积越少，住房价格越高。[①] 通过以上分析本章节提出以下假设：

H9 - 6：政府依靠土地引资展开竞争会通过干预土地供应价格对人口半城镇化造成影响。土地引资能力越强，工业用地推升的商品住房用地价格越高，人口半城镇化率越高。

H9 - 7：政府依靠土地引资展开竞争会通过控制土地供应面积对人口半城镇化造成影响。政府土地引资效果越显著，越会认可这种卖地策略，工业用地对商住用地挤压的情况也会越发严重，人口半城镇化率也随之提高。

三、研究设计

（一）模型构建

检验中介效应的基准模型及过程如下所示，式（9-4）检验自变量对因变量的总效应 c，式（9-5）检验自变量对中介变量的效应 a，式（9-6）检验中介变量对因变量的效应 b 以及自变量对因变量的直接效应 c'。判断中介效应是否显著即判断系数 a、b 是否显著，当两者都显著时，中介效应即成立。

$$Y = cX + e_1 \qquad\qquad (9-4)$$
$$M = aX + e_2 \qquad\qquad (9-5)$$
$$Y = c'X + bM + e_3 \qquad\qquad (9-6)$$

根据基准模型以及文本的研究目的和理论假说，建立如下面板计量模型：

模型一：土地财政—土地供给结构—人口半城镇化

$$SEMI_{i,t} = \alpha_0 + \alpha_1 FISCAL_{i,t-1} + \alpha_1 \sum CONTROL_{i,t} + \mu_i + \nu_t \qquad (9-7)$$

$$MISMATCH_{it} = \beta_0 + \beta_1 FISCAL_{i,t-1} + \beta_2 \sum CONTROL_{i,t} + \mu\mu_i + \nu_t \qquad (9-8)$$

$$SEMI_{i,t} = \lambda_0 + \lambda_1 FISCAL_{i,t-1} + \lambda_2 MISMATCH_{i,t-1} + \lambda_3 \sum CONTROL_{i,t} + \mu_i + \nu_t$$
$$(9-9)$$

模型二：土地引资—土地供给结构—人口半城镇化

$$SEMI_{i,t} = \alpha_0' + \alpha_1' CAPITAL_{i,t-1} + \alpha_2' \sum CONTROL_{i,t} + \mu_i + \nu_t \qquad (9-10)$$

$$MISMATCH_{it} = \beta_0' + \beta_1' CAPITAL_{i,t-1} + \beta_2' \sum CONTROL_{i,t} + \mu_i + \nu_t$$
$$(9-11)$$

[①] 陈斌开、杨汝岱：《土地供给、住房价格与中国城镇居民储蓄》，载于《经济研究》2013年1月。

$$SEMI_{i,t} = \lambda'_0 + \lambda'_1 CAPITAL_{i,t-1} + \lambda'_2 MISMATCH_{i,t-1} + \lambda'_3 \sum CONTROL_{i,t} + \mu_i + \nu_t$$

$$(9-12)$$

其中，下标 i 表示城市，t 表示年份；$SEMI$ 为被解释变量，即人口半城镇化率；$FISCAL$ 和 $CAPITAL$ 是主要的解释变量，分别表示土地财政和土地引资；$MISMATCH$ 为中介变量，即土地供给结构，包括价格结构（$PRICE$）、面积结构（$AREA$）；$CONTROL$ 为其他控制变量，主要包括经济发展水平（$PGDP$）、土地资源禀赋（$NONAGRO$）、非农产业产值占比（$RESOURCE$）、房地产开发投资额（$ESTATE$）、教育资源（$BOOK$）和相关反映官员个人特征等的变量。此外，模型还加入城市固定效应 μ_i 和年份固定效应 ν_t，以控制城市个体特征和共同时间趋势的影响。同时，为了更好地克服内生性问题，模型对土地财政、土地引资以及土地供给结构均采用滞后一期数据（见图 9 - 5）。

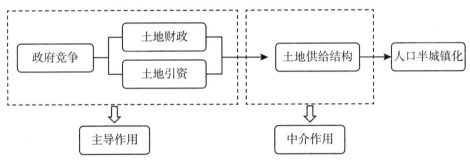

图 9 - 5　政府竞争—土地供给结构—人口半城镇化三者关系

（二）数据来源于描述性统计

本书样本为 2007～2017 年全国 105 个重点城市，其中人口半城镇化率数据来自地方统计年鉴、统计公报、第六次全国人口普查公报、搜数网、EPS 数据库；土地财政、土地引资数据来自 EPS 数据库，部分缺失数据由各市统计年鉴、地方统计局官方数据补充；土地价格结构、面积结构数据来自 EPS 数据库，缺失数据由《中国国土资源统计年鉴》、地方国土资源局和地方统计局官方数据补充；官员个人特征数据由笔者自行整理，其余变量数据主要来自 2007～2017 年《中国城市统计年鉴》《中国区域经济统计年鉴》，本书还利用插值法补齐了数据存在明显异常的记录和极个别缺失数据。表 9 - 8 为主要变量的描述性统计。

表 9 - 8　　变量描述性统计 (2007 ~ 2017 年)

变量类型	变量名称	变量代码	变量定义	样本数	均值	标准差	最小值	最大值
被解释变量	半城镇化率	SEMI	常住人口城镇化率与户籍人口城镇化率之差	906	20.60	14.34	0	77.30
解释变量	政府竞争	FISCAL	土地出让金	985	1 797 499	3 207 666	58	28 000 000
		CAPITAL	FDI 与 GDP 的比值	1 155	0.03	0.02	0	0.13
中介变量	土地供给结构	PRICE	住宅用地价格与工业用地价格比值	944	6.15	5.24	1.19	47.26
		AREA	工业用地面积与住宅用地面积比值	945	1.72	1.58	0.07	18.52
	城市特征	PGDP	人均 GDP	1 155	54 829.84	35 277.09	8 001	467 749
		RESOURCE	人均建设用地面积	1 155	101.64	57.89	9.95	540.18
		NONAGRO	第二、第三业产值占比	1 155	91.00	7.37	57.07	99.97
		ESTATE	房地产实际开发投资额	1 155	4 831 438	6 509 225	17 431	42 400 000
		BOOK	公共图书馆图书总藏量	1 155	5 123.72	9 192.76	193	77 730
控制变量	官员个人特征	AGE	官员年龄	1 155	51.83	3.93	41	64
		EDUCATION	官员教育程度，0 = 大学以下，1 = 大学，2 = 硕士，3 = 博士及以上	1 155	2.04	0.71	0	3
		LOCAL	是否由本地晋升，1 = 是，0 = 否	1 155	0.36	0.48	0	1
		TENURE	实际任期时间，若任期时间在 1 ~ 6 月则从当年开始计算，7 ~ 12 月则从次年开始计算	1 155	2.62	1.69	0	12
用于稳健性检验的替代变量	半城镇化率	SEMI'	常住人口城镇化率与户籍人口城镇化率之比	906	1.56	0.50	1.00	4.21

四、实证结果分析

（一）土地财政对人口半城镇化的假说检验

在面板数据模型中，为了减少内生性带来的影响，本书对各回归模型的解释变量采用了滞后一期的数据。以土地价格结构为中介变量考察土地财政对人口半城镇化造成的影响时，根据表9-9的回归结果可以发现，土地财政收入的提升会带来人口半城镇化，每增加一个单位收入就会提升0.489的人口半城镇化率，且在1%的水平上显著。同时每提高一个单位的土地财政收入，就会提升0.424个住宅用地与工业用地价格比，并在1%水平上显著。但当将土地价格结构作为中介变量，引入模型（9-9）进行回归时，土地财政对人口半城镇化造型的效应不显著，取而代之的是土地价格结构会对人口半城镇化造成影响，住宅用地与工业用地的价格比越高，人口半城镇化越严重，土地价格结构的系数为0.294，且在1%水平上显著，是完全中介效应，H9-4成立。

表9-9　　　**土地财政→土地结构→人口半城镇化的回归结果**

组别	以土地价格结构为中介变量			以用地面积结构为中介变量		
	(1)	(2)	(3)	(1)	(2)	(3)
	SMEI	MISMATCH (PRICE)	SMEI	SMEI	MISMATCH (AREA)	SMEI
FISCAL	0.489 *** (0.17)	0.424 *** (0.16)	0.352 (0.27)	0.489 *** (0.17)	-0.415 *** (0.09)	0.339 (0.27)
MISMATCH (*PRICE*)			0.294 *** (0.07)			
MISMATCH (*AREA*)						-0.547 *** (0.12)
PGDP	1.875 ** (0.92)	1.255 ** (0.55)	2.187 ** (1.02)	1.875 ** (0.92)	0.355 (0.35)	2.529 ** (1.02)
NONAGR	0.095 (0.14)	0.022 (0.07)	0.293 * (0.17)	0.095 (0.14)	-0.010 (0.07)	0.319 * (0.17)
RESOURCE	0.929 (0.75)	-0.167 (0.56)	1.292 (1.04)	0.929 (0.75)	0.242 (0.34)	0.868 (1.03)

组别	以土地价格结构为中介变量			以用地面积结构为中介变量		
	（1）	（2）	（3）	（1）	（2）	（3）
	SMEI	MISMATCH（PRICE）	SMEI	SMEI	MISMATCH（AREA）	SMEI
ESTATE	- 0.047 (0.56)	0.725** (0.35)	- 1.335** (0.68)	- 0.047 (0.56)	- 0.395* (0.22)	- 1.349** (0.67)
BOOK	1.219*** (0.47)	0.015 (0.29)	1.158** (0.54)	1.219*** (0.47)	0.157 (0.17)	1.148** (0.54)
AGE	0.086 (0.06)	0.036 (0.04)	0.04 (0.06)	0.086 (0.06)	- 0.011 (0.02)	0.051 (0.06)
EDUCATION	0.084 (0.26)	0.56*** (0.18)	0.232 (0.31)	0.084 (0.26)	0.081 (0.10)	0.359 (0.31)
TENURE	- 0.12 (0.10)	- 0.076 (0.06)	- 0.056 (0.10)	- 0.12 (0.10)	- 0.009 (0.03)	- 0.052 (0.10)
LOCAL	0.513 (0.44)	- 0.084 (0.29)	0.702 (0.50)	0.513 (0.44)	- 0.218 (0.16)	0.757 (0.50)
_CONS	- 32.333*** (11.21)	- 27.845*** (5.62)	- 33.892** (13.97)	- 32.333*** (11.21)	8.382 (5.62)	- 35.823** (13.92)
N	823	741	574	823	742	574

注： $***p<0.01$， $**p<0.05$， $*p<0.1$ Standard errors are in parentheses.

当以用地面积结构为中介变量考察土地财政对人口半城镇化造成的影响时，土地财政收入的增加却减小了用地面积结构，即降低了工业用地与住宅用地的面积比，而这一面积比的降低反而使人口半城镇化率升高，H9 - 4 不成立。那么，为何在土地财政收入增加时，工业用地与住宅用地的面积比没有随之上升，并且面积比的下降却推升了人口半城镇化率？我们进行了进一步分析，以图 9 - 6 为示意说明。

在不考虑其他因素影响的前提下，地方政府为了引资大量低价供应工业用地，但土地资源有限，这一举动会对住宅用地的供应造成挤压，使住宅用地变得稀缺，造成住宅用地出让收入提高，横向弥补了低价出让工业用地的亏损，且总的土地出让收入也在升高，我们暂且称此过程为阶段Ⅰ。但随着工业用地供应量的盲目扩大，政府的最优买地策略在达到饱和点后失效，住宅用地的出让收入不足以弥补低价供应工业用地带来的损失，且总的土地出让收入随着工业用地面

积的增大而降低，此过程我们暂且称为阶段Ⅱ。上文 H9 - 5 的提出情境在阶段
Ⅰ，土地出让收入在增加的同时工业用地面积在增大，工业用地与住宅用地的面
积比也在增大。经过检验实际情况与 H9 - 5 相反，因此推断各城市可能已处于阶
段Ⅱ，此时工业用地出让面积已超过饱和点，且为总的土地出让收入造成了损
失。为了让土地出让收入有所增加，地方政府放宽了住宅用地的供应，工业用地
与住宅用地面积比有所下降，但政府此举的目的并不是大量供应住宅用地而降低
房价。随着农业流动人口继续涌入城镇，但落户的问题却不能随之解决，因此人
口半城镇化率也还在不断攀升。

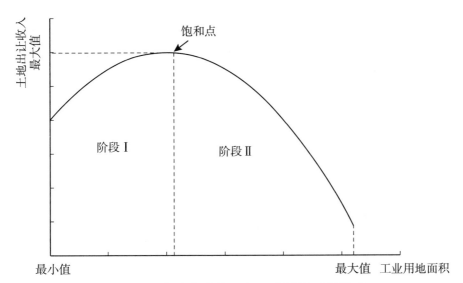

图 9 - 6　土地出让收入与工业用地面积关系

（二）土地引资对人口半城镇化的假说检验

以土地价格结构为中介变量考察土地引资对人口半城镇化造成的影响时，根
据表 9 - 10 的回归结果可以发现，土地引资会造成人口半城镇化，土地引资每增
加一个单位就会造成 0.25 个单位的人口半城镇化，且在 10% 的水平上显著。同
时每增加一个单位的土地引资就会造成 0.217 个单位的土地价格结构失衡，即拉
大了住宅用地与工业用地的价格比，且在 1% 的水平上显著。将土地价格结构作
为中介变量引入模型（9 - 12）时，土地价格结构每失衡一个单位就会提高
0.157 个单位的人口半城镇化率，此结果在 5% 的水平上显著，并且土地引资对
人口半城镇化的影响仍为显著，整个过程为不完全中介效应，H9 - 6 成立。

以用地面积结构为中介变量时，根据回归结果可以发现土地引资每增加一个
单位就会造成 0.049 个单位的用地面积结构失衡，即工业用地与住宅用地的面积

比会增加0.049，在10%的水平上显著。将用地面积结构作为中介变量引入模型（9-12）时，用地面积结构每失衡一个单位就会提高0.606个单位的人口半城镇化率，且在1%的水平上显著，土地引资对人口半城镇化的影响也仍为显著，整个过程为不完全中介效应，H9-7成立。

表9-10　　　土地引资→土地结构→人口半城镇化的回归结果

组别	以土地价格结构为中介变量			以用地面积结构为中介变量		
	(1)	(2)	(3)	(1)	(2)	(3)
	SMEI	MISMATCH (PRICE)	SMEI	SMEI	MISMATCH (AREA)	SMEI
CAPITAL	0.250*	0.217***	0.282**	0.250*	0.049*	0.292**
	(0.14)	(0.08)	(0.14)	(0.14)	(0.03)	(0.138)
MISMATCH (PRICE)			0.157**			
			(0.07)			
MISMATCH (AREA)						0.606***
						(0.18)
PGDP	2.188**	0.835*	2.240**	2.188**	0.850***	1.982*
	(0.93)	(0.50)	(1.05)	(0.93)	(0.22)	(1.05)
NONAGR	0.082	0.058	0.144	0.082	0.011	0.120
	(0.15)	(0.06)	(0.19)	(0.15)	(0.04)	(0.19)
RESOURCE	0.700	-0.226	0.077	0.700	0.316	-0.119
	(0.77)	(0.51)	(1.04)	(0.77)	(0.22)	(1.03)
ESTATE	0.264	1.075***	-0.656	0.264	-0.114	-0.456
	(0.56)	(0.29)	(0.67)	(0.56)	(0.14)	(0.66)
BOOK	0.769	0.105	-0.133	0.769	0.131	-0.320
	(0.50)	(0.26)	(0.55)	(0.50)	(0.12)	(0.54)
AGE	0.135**	0.027	0.116*	0.135**	0.011	0.111*
	(0.06)	(0.03)	(0.06)	(0.06)	(0.01)	(0.06)
EDUCATION	0.294	0.341**	0.432	0.294	0.047	0.410
	(0.27)	(0.16)	(0.30)	(0.27)	(0.06)	(0.30)
TENURE	-0.143	-0.053	-0.101	-0.143	-0.062***	-0.065
	(0.10)	(0.06)	(0.10)	(0.10)	(0.02)	(0.10)

组别	以土地价格结构为中介变量			以用地面积结构为中介变量		
	（1）	（2）	（3）	（1）	（2）	（3）
	SMEI	MISMATCH（PRICE）	SMEI	SMEI	MISMATCH（AREA）	SMEI
LOCAL	0.830 ** (0.42)	−0.053 (0.24)	0.911 ** (0.46)	0.830 ** (0.42)	−0.023 (0.10)	0.940 ** (0.45)
_CONS	−30.792 ** (12.21)	−26.076 *** (5.12)	−13.650 (16.14)	−30.792 ** (12.21)	−9.853 *** (3.06)	−9.187 (16.13)
N	916	833	741	916	873	742

注：*** $p < 0.01$，** $p < 0.05$，* $p < 0.1$ Standard errors are in parentheses.

（三）稳健性检验

本章节采用更换被解释变量的方式检验结果的稳健性，采用常住人口城镇化率与户籍人口城镇化率之比来代替两率之差，作为衡量人口半城镇化率的指标。根据表9-11、表9-12的回归结果可知，更换被解释变量后的实证结果与先前回归结果基本保持一致，结果具有稳健性，可为今后相关研究提供初步参考。

表9-11　　土地财政对人口半城镇化影响的稳健性检验结果

组别	以土地价格结构为中介变量			以用地面积结构为中介变量		
	（1）	（2）	（3）	（1）	（2）	（3）
	SMEI'	MISMATCH（PRICE）	SMEI'	SMEI'	MISMATCH（AREA）	SMEI'
FISCAL	0.020 ** (0.01)	0.424 *** (0.16)	0.007 (0.01)	0.020 ** (0.01)	−0.391 *** (0.09)	0.006 (0.01)
MISMATCH（PRICE）			0.006 ** (0.00)			
MISMATCH（AREA）						−0.032 *** (0.01)
控制变量	控制	控制	控制	控制	控制	控制
_CONS	0.710 (0.49)	−28.166 *** (5.93)	0.901 (0.62)	0.710 (0.49)	9.408 (6.07)	0.899 (0.61)
N	774	733	578	774	734	579

注：*** $p < 0.01$，** $p < 0.05$ Standard errors are in parentheses.

表 9 - 12 土地引资对人口半城镇化影响的稳健性检验结果

组别	以土地价格结构为中介变量			以用地面积结构为中介变量		
	(1)	(2)	(3)	(1)	(2)	(3)
	SMEI'	MISMATCH (PRICE)	SMEI'	SMEI'	MISMATCH (AREA)	SMEI'
CAPITAL	0.026 ** (0.01)	0.217 *** (0.08)	0.037 *** (0.01)	0.026 ** (0.01)	0.049 * (0.03)	0.030 *** (0.01)
MISMATCH (PRICE)			0.006 * (0.00)			
MISMATCH (AREA)						0.032 *** (0.01)
控制变量	控 制	控 制	控 制	控 制	控 制	控 制
_CONS	0.247 (0.50)	- 26.076 *** (5.12)	1.612 ** (0.70)	0.247 (0.50)	- 9.853 *** (3.06)	1.225 * (0.63)
N	906	833	687	906	873	765

注： *** $p < 0.01$， ** $p < 0.05$， * $p < 0.1$ Standard errors are in parentheses.

五、主要结论与启示

本书利用 2007～2017 年 105 个城市层面的土地出让数据，结合户籍人口、常住人口数据，考察了政府竞争下的土地供给结构对人口半城镇化的影响。经研究发现：(1) 土地财政会通过土地价格结构对人口半城镇化造成影响，土地出让收入越高，土地价格结构失衡越严重，人口半城镇化也会加剧。(2) 土地财政会通过用地面积结构对人口半城镇化造成影响，但这种影响与笔者的预期并不一致，因此本书进行了进一步探索，认为地方政府的卖地策略已超过饱和点，为了提升土地出让收入，适当加大了住宅用地的供给，但地方政府这一行为主要目的并不是降低房价，加之越来越多的农业流动人口摆脱农村进城就业，但未彻底被城市所接纳，因此人口半城镇化率也在持续升高。(3) 土地引资会通过土地价格结构对人口半城镇化造成影响，土地引资能力越强，土地价格结构失衡越严重，人口半城镇化也会越严重。(4) 土地引资会通过用地面积结构对人口半城镇化造成影响，土地引资能力越强，用地面积结构失衡越严重，人口半城镇化率也随着提高。

本书的研究结果可以证明：不合理的土地财政与土地引资会导致土地供给结

构失衡，不合理的土地供给结构又会进一步加深人口半城镇化。尽管我国的户籍制度在不断完善，但在地方政府利用土地展开竞争的干预下人口半城镇化问题依然没有得到彻底解决。厘清政府竞争、土地供给结构对人口半城镇化的影响机制对进一步理解我国特殊国情下的城镇化进程大有裨益。本书的研究只是一个初步的探索，有些方面尚待进一步研究，比如，政府官员的个人特征是否会对这一过程起调节作用；近几年东三省人口大量流失，这又会对我国整体的人口半城镇化产生何种影响。

第六节　住宅用地供给侧改革思路

尽管土地驱动下的工业化和城镇化是我国城市崛起的秘密，但在一些经济发达城市，高额的商住成本日益成为城镇化的主要阻力之一，现存的住宅用地制度已经无法适应人民安居乐业的需要。本节将提出支持"两多一并"住房制度的住宅用地供给侧改革思路。鉴于系统性讨论住宅用地供给侧改革的学术研究不多见，本节先探讨住宅用地供给侧改革的内涵和意义，再提出改革的主要举措。

一、住宅用地供给侧改革的内涵、意义

（一）内涵界定

2015 年 11 月，在中央财经领导小组会议上习近平总书记首次提出"供给侧改革"，他强调"在适度扩大总需求的同时，着力加强供给侧结构性改革，着力提高供给体系质量和效率，增强经济持续增长动力"，[①] 这是在供给结构过剩同市场需求脱节的经济背景下提出的改革意见。此后出现较多关于供给侧结构性改革的研究，学者从各自的角度对其进行界定。

具体细化到住宅用地领域，本书认为住宅用地供给侧改革是指围绕"两多一并"住房制度的顶层设计，通过改革住宅用地供给机制，创新住宅用地供应方式，优化住宅用地供给结构，矫正住宅用地供需错配的问题，实现人人住有安居、住有宜居。

----

① 《习近平主持召开中央财经领导小组第十一次会议》，新华网，2015 年 11 月 10 日。

（二）主要意义

在推进共同富裕和落实"房住不炒"的大背景下，住宅用地供给侧改革意义非凡，它不仅是化解当前居住问题的重要抓手，也促使我们思考一些更为深刻的问题，具体主要体现为以下几点。

第一，满足人民安居乐业的现实需要。为实现共同富裕和住有安居的伟大目标，住房的公共属性越发被重视。住宅用地承载着住房建设，但当前我国大城市的住宅用地供需错配严重、成本偏高，仍有大量住房需求得不到有效满足。住宅用地供给侧改革具有急迫性，是满足人民安居乐业的现实需要。

第二，促使地方政府探索城市经济可持续增长点。我国以地谋发展的模式塑造了经济奇迹，也造成国民经济运行、财富增长与分配对土地的过度依赖，阻碍经济转型和结构改革。随着我国经济增速不再保持高速增长，以地谋发展模式的弊端凸显。住宅用地的高额出让金是地方财政的重要来源，在经济转型的背景和回归民生的要求之下，通过住宅用地供给侧改革促使地方政府探索城市经济可持续新发展模式。

第三，推动土地供给侧改革，为全国供给侧改革提供经验。住宅用地制度是土地制度的一部分，需要深入思考，在土地总量一定的情况下，如何处理好生产和生活的关系，如何科学配置不同用地类型的指标，如何优化供地流程，如何既赋予市场参与主体更多灵活性，又加强行之有效的监管机制。因此，住宅用地供给侧改革是土地制度改革的重要内容，同时又是国家供给侧改革的重要组成部分。

二、住宅用地供给侧改革的主要举措

前文分析过住宅用地供给存在的问题，主要是住宅用地供给结构错配、出让方式不合理、供给主体单一和城乡之间的分割问题等。住宅用地供给格局最终要服务于"两多一并"的住房制度顶层设计，为此，有以下几点建议。

（一）把民生问题放在更突出位置，有效增加住宅土地供应量

一是通过立法，明确不同类型城市新增住宅用地占新建建设用地的最低比例。《城市用地分类与规划建设用地标准（GB50137-2011）》只是笼统规定居住用地占建设用地的25%~40%，没有区分城市的类型。从实践情况看，人口净流入的大城市新增居住用地占比应不低于30%。2021年深圳市规划和自然资源局

发布《关于进一步加大居住用地供应的若干措施》，明确在保障总体用地结构均衡的前提下，逐步提高居住和公共设施用地规模和比例，确保 2035 年深圳常住人口人均住房面积达到 40 平方米以上；年度居住用地供应量原则上不低于建设用地供应总量的 30%。这是深圳对过去长期实施住宅用地饥饿供地的纠正，也代表着回归正常的做法。中央政府要督促地方政府确保住宅用地合理供给，将其纳入住房市场调控考核成果中。

二是允许原批准的商业用途用地部分转为居住用途，但不允许居住用地转为商业用途。具体做法可参考深圳经验：原批准土地用途为商业的，可申请将部分或全部商业建筑面积调整为居住用途，其中商品住房面积按所调整商业建筑面积的 30% 确定，其余住宅建筑面积作为出售的公共住房；调整后按该措施可提高住宅用地开发强度的，新增的住宅建筑面积为出售的公共住房。[①]

三是促进存量低效土地用途转换或退出补偿。低效工业用地不愿退出的主要原因在于利益，除了实行一定的税收政策和行政手段，还可建立有偿退出机制，引导企业主动退出低效用地。将闲置土地和低效用地情况与土地利用年度计划挂钩，纳入地方政府考核体系中。

四是提高在建或准备开工的土地集约利用率。提高土地集约利用率尤其应当发挥好对住宅供应增量的提升作用，如适当提升容积率。城市地下空间资源也应当得到充分利用，将商业基础设施转移到地下，减少对地面及以上空间资源的占用，节约出更多的土地资源用于建设住宅。

（二）按职住平衡理念规划城市用地，促进产城人融合

一是摸排城市职住分离现状，合理规划城市用地。地方政府可以利用城市大数据，如地铁、公交、手机信令等信息，测算人口流向规律，摸排好城市职住分离现状。在编制年度住宅用地供应计划时，将住宅用地主要安排在产业园区及周边、轨道交通站点附近和城市建设重点片区等区域，引导产城人融合、人地房联动。

二是允许闲置或低效的土地用途转化。产业园区内的存量闲置或低效利用土地改建成符合标准的宿舍租赁产品可为员工提供居住便利，地方政府应将宿舍型租赁住房纳入工业用地规划，工业用地项目内允许配建的行政办公及生活配套服务设施用地面积占比上限提高到 15%，计容建筑面积占比相应提高到 30%。此外允许部分商服用地改变用途，有利于消化过剩的存量商服用地，尤其是对于一些经营较差的商服项目。

---

① 深圳市规划和自然资源局关于公开征求《关于进一步加大住宅用地供应的若干措施》（征求意见稿）意见的通告，深圳市规划和自然资源局网站。

（三）优化供应结构，确保保障性住宅用地供应

一是提高保障性住宅用地的比例。借鉴法国立法规定住宅用地中的 25%[1]用于可承受住宅，马来西亚商品住房中配建 30% 的经济适用住房，[2] 新加坡约 80% 的住宅用地用于组屋（保障性住房）；[3] 英国住房法强制规定新建商品住宅项目中必须含有中低价位住房，全国配建的平均水平为 25%，[4] 建议我国房价收入比大于 7.4 倍[5]的大城市应提高保障性住宅用地占比。政府在年度建设用地供应计划中要单列租赁住房用地，优先安排、应保尽保。保障性租赁住房用地可采取出让、租赁或划拨等方式供应，其中以出让或租赁方式供应的，可将保障性租赁住房租赁价格及调整方式作为出让或租赁的前置条件，允许出让价款分期收取以提供支持。

二是在土地出让环节设置一定的竞自持保障房条件。通过单独供地或者"竞全年期自持的租赁商品住房面积"等方式增加租赁住房供给，具体配建比例和管理方式由市县人民政府根据本地需求确定。

（四）落实《关于加快发展保障性租赁住房的意见》，鼓励多主体供地建设保障性租赁住房

各地应落实好国发办文件，充分调动市场的积极性。在政策和法律许可的范围内，保障性租赁住房的建设应依靠市场力量，政府要鼓励拥有存量土地或低效利用建筑物的企事业单位、村集体组织参与保障性租赁住房的建设。此外，还应综合利用土地支持、财税优惠、简化审批、民用水电气、金融支持等一揽子政策，推动企事业单位和村集体参与建设保障性租赁住房（详见第十章分析）。

（五）改革以价高者得的住宅用地出让机制

一是设置合理的最高溢价率上限。现行的土地拍卖制度是 20 世纪 90 年代学习我国香港地区的土地批租而形成的，过去的实践已表明"价高者得"的操作结

---

① 孙莹：《法国社会住房的政策演变和建设发展》，载于《国际城市规划》2016 年第 6 期。
② 中华人民共和国驻马来西亚大使馆经济商务处网站，2007 年。
③ 夏磊、任泽平：《全球房地产》，中信出版集团 2020 年版，第 245 页。
④ 《国外住房法律体系建设的经验》，载于《中国经济时报》2012 年 5 月 30 日。
⑤ 按 30% 首付款、70% 银行贷款，按揭利率为 4%、贷款 30 年，还款不超过家庭收入 30% 的国际标准，计算得出房价收入合理比是 7.4 倍。

果必然会使地价越拍越高。当前，在经济下行压力越来越大的背景下，"稳地价、稳房价、稳预期"有特殊意义，设定溢价率上限是一种直接控制土地拍卖成交价格的手段，市场的非理性因素可预见性更强。"两集中"供地以来，不少房企能够以相对合理的价格拿到土地，这也得益于22个重点城市越来越多地设定溢价率上限。

二是优化完善竞拍规则。可在土地出让环节明确建设品质要求，明确企业诚信入围条件，当多家企业报价达到最高溢价率时，可采取"限房价+限地价+摇号"，或"一次性报价，以最接近平均价的为中标企业"等竞价方式。

（六）健全农村宅基地和集体经营性建设用地市场

一是健全农村宅基地使用权能和退出制度。赋予并保护宅基地使用权的权能，如收益、作价入股、抵押等多种方式流转，实现农村土地的资产、资本功能。宅基地的退出补偿应根据当地工资和住房价格水平合理确定，对退出的农民给予购房支持、就业保障和教育保障，免除其顾虑。

二是人口净流入城市鼓励集体经营性建设用地建保障性租赁住房。目前国家大力支持在尊重农民集体意愿的基础上，经地方人民政府同意，利用集体经营性建设用地建设保障性租赁住房。尽管入市的法律障碍已被破除，集体经营性建设用地建设保障性租赁住房仍存在诸多问题，如投资金额大、筹资困难；回报率偏低、积极性不高；存在经营风险等，仍需要进一步加大政策支持。

第七节　本章小结

本章紧密围绕保障"两多一并"住房制度的住宅用地供给侧改革为主题。首先，简要回顾了我国住宅用地制度改革历程，剖析住宅用地供给存在的主要问题及原因。发现土地使用权的市场化是改革的一大成果，这使土地资源的价值被释放，深度参与经济运转。但是，住宅用地供给的城乡供地分割、区域空间错配、供地结构不合理、供应主体单一、出让方式以价高者得等诸多问题已越来越影响经济社会的可持续发展。这些问题根植于我国地方政府在经济发展中的角色和制度设计，我国经济对土地财政和土地金融的依赖、官员晋升激励导向与税收制度等原因共同造成了住宅用地过度商品化、金融化，住宅用地供应量少价高、居住需求难以得到有效满足的局面。

其次，本书实证探索了现有住宅用地供给失配的原因和不利后果。基于

367

2010～2017 年 35 个大中城市的土地供给数据和经济发展数据，考察城市经济发展和住宅用地供给弹性，研究发现：城市经济发达程度对住房用地供给的人口变化弹性、对新增人口住房用地供给水平和住房用地供给结构比例存在显著负向影响；经济增速虽发挥了显著的正向影响，但这种正向影响主要出现于经济相对欠发达、经济增速相对更快的中西部城市，研究表明城市经济越发达，住宅用地供给失配程度越高。基于 2007～2017 年 105 个城市层面的土地出让数据和户籍人口、常住人口数据，考察政府竞争下的土地供给结构对人口半城镇化的影响，实证研究发现：土地财政和土地引资均造成了人口半城镇化的不利后果，这种影响机制通过土地供给结构得以实现，研究表明不合理的土地财政与土地引资会导致土地供给结构失衡，不合理的土地供给结构又会进一步加深人口半城镇化。

最后，本书提出住宅用地供给侧改革思路。住宅用地供给侧改革最终要服务于"两多一并"住房制度顶层设计，建议有效增加住宅土地供应量；保证保障性住房用地一定占比；鼓励企事业单位利用存量土地建设保障性租赁住房，实现供应主体多元化；改进供地方式和优化供给结构；健全农村宅基地使用权能和退出制度等方面进一步完善住宅用地制度。

第十章

保障性租赁住房与住房制度完善

我国流动人口大、高房价的现实，决定了租赁住房是解决城镇居民尤其是新市民、青年人住房困难的重要方式，北京、上海、广州、深圳、杭州、厦门、宁波等城市已形成庞大的住房租赁市场，2020 年租房人口占总人口的比例均超过 35%。2020 年我国城乡租房人口占总人口比例为 14.59%，而发达国家住房租赁人口占全国人口比例一般都在 25% 以上，2020 年韩国租房人口占 33.9%，英国占 29%，美国占 31.4%，[1] 据此，我们认为随着城镇化的进一步推进，我国住房租赁市场还有很大的发展空间。但住房制度改革以来，我国对庞大的租赁住房市场长期无专项用地供给、无专项资金或金融工具支持、无专门的财政与税收支持、无专门的管理队伍，房源主要依靠私人多余住房出租，渠道单一，完全是市场调节，出现大城市中低价位租赁房源奇缺、安全隐患大、租金开支占收入比例高、租房合法权益得不到保障、难以就近享受义务教育等问题。住房租赁市场发展得不充分或不规范，一是加大了购房需求、拉升了城市房价、吸引更多投资投机者进入住房市场，浪费社会住房资源；二是限制了劳动力低成本的自由流动等诸多问题，不利于社会经济持续健康发展。如何让新市民、青年人在城市里租得到房、租得起房、住得近、居住相对稳定、居住体面有尊严，已经成为一个城市可持续发展的重要组成部分，更是坚持以人民为中心的中国特色社会主义进入新时代必须要考虑的问题。本章在分析我国租赁住房市场空间演变及影响因素基础上，结合课题组直接参与住建部关于 9 个大城市住房市场调研和起草出台国务院

---

① OECD 官网。

办公厅《关于加快发展保障性租赁住房的意见》前期调查研究成果，分析了我国租赁住房市场存在的问题，实施保障性租赁住房制度的背景，保障性租赁住房在我国"两多一并"的住房制度构建中的重要地位与政策创新，并提出进一步的完善政策。

第一节　我国租赁住房市场空间演变及影响因素分析

住房租赁是住房产权方式选择的重要构成，也是国内外住房研究长期关注的议题。过去有大量文献从微观视角分析了居民个体住房产权分异特征与影响因素。住房产权选择影响因素可以归纳为以下方面：（1）个人与家庭属性因素：随着居民收入、年龄、受教育程度、家庭规模的增大以及结婚和小孩出生等家庭生命周期因素的影响，会更加倾向购房而不是租房。[1]（2）单位类型和户口也是影响我国城市居民住房产权选择的特殊制度变量，研究表明我国体制内城市居民比体制外的更容易获得住房产权，[2] 非本地户口的新市民偏向租房。（3）经济金融与政策因素：失业率、通货膨胀、税收和抵押贷款利率等宏观经济与政策环境因素也会影响居民住房产权选择。[3]（4）区域背景因素：区域市场化程度、住房价格和租金收入比等变量仍会影响居住方式选择，市场化程度对住房自有率通常具有负面影响，市场化程度高的地区，居民更可能选择租房。[4] 租金收入会对购房（租房）产生正面（负面）影响。[5] 如果租金上涨快于房价上涨，导致租金收入比提高，居民更倾向于选择购房；反之，居民更倾向于选择租房。房价收入比也

---

① 孙玉环、张金芳：《中国家庭住房产权类型分化研究》，载于《数量经济技术经济研究》2014 年第 3 期。

② 刘望保、闫小培：《转型期广州市生命历程与住房产权转换》，载于《地理研究》2010 年第 6 期；Huang Y., & Clark W. A. V. Housing Tenure Choice in Transitional Urban China: A Multilevel Analysis. Urban Studies, Vol. 39, 2002, pp. 7 - 32. Rouwendal, J., & Nijkamp, P. Homeownership and Labour Market Behaviour: Interpreting the Evidence. Environment and Planning A, Vol. 42, No. 2, 2007. pp. 419 -433.

③ Linneman P., Megbolugbe I. F., Wachter S. M., et al. Do Borrowing Constraints Change U. S. Homeownership Rates? Journal of Housing Economics, Vol. 6, No. 4, 1997, pp. 318 - 333. Hsieh, W. S., & Lin, S. J. An Analysis of Taxation Effect on House Tenure Choice. Journal of Housing Studies, Vol. 9, No. 1, 2000, pp. 1 -17.

④ 刘米娜：《中国城镇住房产权的区域差异分析——基于 CGSS（2003）数据的实证研究》，载于《兰州学刊》2009 年第 5 期。

⑤ 虞晓芬等：《居民住宅租购选择及其弹性研究》经济科学出版社 2008 年版，第 128 页。

会对住房产权选择产生影响，高房价城市的居民更有可能选择租房。[1]

上述文献主要从经济、社会人口和制度等视角揭示了居民个体住房产权选择的微观机理，也为进一步探索住房产权区域分异成因提供了理论借鉴。但与微观视角的丰富成果相比，基于地理学空间视角的住房产权分异研究还较为缺乏，国内学者重点研究了广州和上海等大城市内部的住房产权空间分异[2]和省级层面住房来源差异及其影响因素，却较少关注全国尺度城市单元层面的住房产权分异。为弥补既有研究不足，本研究基于 2010 年和 2020 年全国人口普查分县数据，对我国租赁住房发展的区域差异与影响因素进行了系统分析，以期为科学指导不同区域住房租赁市场合理发展提供科学决策依据。

一、数据来源与研究方法

（一）研究方法

1. 空间统计方法

全局空间自相关。对属性值在整个研究区域内的空间特征描述，用以检验空间单元属性值与邻近单元属性值的相关性。Moran's I 统计量是测度全局空间自相关的最常用指标，具体计算可以参见文献。[3] Moran's I 的取值范围为 [-1, 1]。Moran's I > 0，表示观测区域与相邻区域租赁住房发展或变化的趋势相同；Moran's I < 0，表示观测区域与相邻区域租赁住房发展或变化的趋势相反；Moran's I = 0，研究区域租赁住房发展或变化不存在空间相关性。

局域空间自相关。反映空间对象属性值与其邻近区域属性值的空间关联程度，用于探寻空间对象属性值在局部空间的集聚程度，且能够捕捉空间对象分布的异质性。局域空间自相关测度可以用 LISA 表示，详细计算公式可以参见文献。LISA 的统计检验结果通常包括高—高（High - High，HH）、高—低（High - Low，HL）、低—高（Low - High，LH）和低—低（Low - Low，LL）4 种类型。其中，"高高"分布表示观测区域和邻近区域的租赁住房比例或变化值都较高，而"低

---

[1] Carter, S. Housing Tenure Choice and the Dual Income Household. Journal of Housing Economics, Vol. 20, No. 3, 2011, pp. 159 - 170.

[2] 陈颂、汪鑫、那鲲鹏等：《转型新时期上海房权空间分异格局和机制研究》，载于《城市发展研究》，载于 2016 年第 7 期。易成栋：《中国城镇家庭住房来源与产权的省际差异——基于 2000 年人口普查资料的分析》，载于《经济地理》2006 年增刊 1。

[3] Anselin, L., Bera, A. K., Florax, R., et al. Simple Diagnostic Tests for Spatial Dependence. Regional Science and Urban Economics, Vol. 26, No. 1, 1996, pp. 77 - 104.

低"分布的意义正好相反;"高低"分布表示观测区域的租赁住房比例或变化值较高,而邻近区域的租赁住房比例或变化值较低,"低高"分布与之相反。"高高"和"低低"分布类型表明我国租赁住房比例或变化具有空间正相关,提示局部空间租赁住房比例或变化的空间集聚和相似性。高低和低高类型表示我国租赁住房比例或变化存在空间负相关,反映局部空间租赁住房比例或变化具有空间异质性。

2. 空间计量模型

空间计量模型包括空间滞后模型(SLM)和空间误差模型(SEM)两类。

空间滞后模型反映空间相邻的因变量之间存在空间扩散或溢出效应,计算公式为:[①]

$$y = \rho W y + \beta X + \mu \qquad (10-1)$$

其中,y 为被解释变量(即研究区域租赁住房比例或变化值),W 为空间权重矩阵,ρ 为空间相邻对象之间的空间扩散或溢出强度,X 为解释变量,μ 为正态分布的随机误差项。

空间误差模型反映的是由于模型忽略某些变量而导致的空间误差之间存在空间自相关,计算公式为:[②]

$$y = \beta X + \varepsilon$$
$$\varepsilon = \lambda W \varepsilon + \mu \qquad (10-2)$$

其中,ε 为随机误差项,λ 为表示误差项的空间相关系数,其他字母的含义同上。

根据安瑟琳(Anselin)提出的判别准则,[③] 空间计量模型的选择可以由拉格朗日乘数检验结果来判定,如果 LMLAG 较 LMERR 在统计上更加显著,则选择空间滞后模型;相反,如果 LMERR 比 LMLAG 在统计上更加显著,则选择空间误差模型;如果两个模型都不显著,就保留 OLS 回归结果。

(二)数据来源

租赁住房相关数据是从 2010 年和 2020 年全国人口普查分县资料的住房来源统计中获取,各地级以上城市研究单元的租赁住房市场发展情况用所有家庭户的"租赁住房比例"来表征,计算公式为:租赁住房比例 = 租赁家庭户数 ÷ 总家庭户数(家庭户住房类型包括租赁、自建、购买和其他等不同类型)。由于 2010~2020 年我国城市行政区划存在部分调整,以 2020 年全国分县人口普查资料中的

---

①② Anselin L., Bera A. K., Florax R., et al. Simple Diagnostic Tests for Spatial Dependence. Regional Science and Urban Economics, Vol. 26, No. 1, 1996, pp. 77-104.

③ Li Z., & Wu F. Tenure-based Residential Segregation in Post-Reform Chinese Cities: A Case Study of Shanghai. Transactions of the Institute of British Geographers, Vol. 33, No. 3, 2008, pp. 404-419.

我国地级以上城市单元名称为基准，对 2010 年的部分城市数据进行相应的归并和处理，最终应用于本研究的实际空间单元数为 337 个，研究对象均为地级以上城市单元，包括市、盟、州、地区和直辖市等不同类型，省直辖县和中国港澳台地区暂未涉及。

我国住房租赁市场发展受到经济、社会和文化等多种因素的共同影响。参考已有研究的影响因素选择[1]和数据可获得性，从经济成本、社会需求和文化心理等维度共选取了 15 个变量作为我国租赁住房发展和变化的影响因素。（1）经济成本因素：选取人均 GDP，二、三产业从业人员比例、人均可支配收入、住宅价格、租金价格、租售比 6 个变量表示，主要反映城市社会经济发展水平、居民收入能力、住房可支付性和租售相对成本等因素，对城市住房租赁市场发展的影响。（2）社会需求因素：选取常住人口规模、外来人口比例、城镇化率、未婚人口比重、65 岁以上人口比例和家庭户规模 6 个变量表示，前 3 个变量通过影响住房租赁市场需求规模而产生影响，后 3 个变量反映家庭生命周期和规模变化的影响。（3）文化心理因素：选取平均受教育年限、人均住房面积和少数民族人口比例 3 个变量表示。平均受教育年限是居民社会阶层和经济收入能力的重要反映，作为一种群体社会文化规范约束，有可能影响不同学历人群的租购行为；人均住房面积在一定程度上反映了不同地区住房消费能力和偏好习惯；由于少数民族与汉族可能存在住房消费行为差异，进而影响其租购选择方式，以西北地区游牧民族最为典型。书中住宅价格和租金价格等变量来自我国房协禧泰数据库公布的城市监测数据，[2] 其他解释变量数据分别来源于"六普"和"七普"以及 2010 年和 2020 年各城市的国民经济和社会发展统计公报。

二、我国租赁住房市场发展空间格局

（一）2010 年租赁住房发展空间格局

2010 年租赁住房发展空间分布整体上呈现出东部经济较发达的城市群地区城市高，内陆欠发达地区城市低的空间格局。根据 2010 年租赁住房发展空间格局，2010 年中国租赁住房比例平均值为 9.99%，标准差为 9.69%。根据自然断

---

[1] Eilbott P. , & Binkowski E. S. The Determinants of SMSA Homeownership Rates. Journal of Urban Economics, Vol. 17, No. 3, 1985, pp. 293－304. 虞晓芬：《居民住房租购选择理论与实证研究》，经济科学出版社 2011 年版，第 111 页。

[2] 资料来源于全国房价行情网。

裂法把 2010 年中国租赁住房比例划分为 5 个等级。2010 年中国租赁住房比例的高值区（租赁比例为 41.0% ~ 73.4%）和次高值区（租赁比例为 26.7% ~ 40.9%）主要分布在北京、厦门、长三角城市群和珠三角城市群内部的部分城市，以及西部地区的鄂尔多斯、拉萨、林芝和乌鲁木齐等城市。租赁住房比例居中的区域（租赁比例为 15.4% ~ 26.6%）主要在长三角和海峡西岸地区集聚，以及中西部地区的少数省会城市零星分布，包括南京、宁波、合肥、福州、武汉、郑州、太原、成都、昆明、南宁、贵阳、呼和浩特、兰州、常州、无锡、湖州、绍兴、金华和泉州等城市。而其他大多数区域的租赁住房比例均为最低等级，租赁住房比例小于 7.4%。分析结果与其他学者关于国内大城市住房产权较低的研究结论基本相似，[①] 主要因为社会经济发达地区的外来流动人口比例较大、住房资源紧张，直接刺激了大量住房租赁需求；另由于房价高企、家庭收入差距较大和社会空间分异明显等因素制约，加剧了社会弱势群体的住房困难程度，可能降低住房自有化程度。2010 年中国西部地区部分区域也具有相对较高的租赁住房比例，这与其他学者的研究发现也比较一致，[②] 说明转型期住房市场化改革对中国部分区域住房产权选择的影响还不明显。

（二）2020 年租赁住房发展空间格局

2020 年租赁住房发展空间分布整体上呈现出北京市、长三角和珠三角城市群城市高，中部和东北部地区城市低的空间格局。2020 年租赁住房发展空间格局统计分析得到，2020 年中国租赁住房比例平均值为 11.07%，高于 2010 年平均水平，标准差为 10.41%。根据自然断裂法再把 2020 年中国租赁住房比例划分为 5 个等级。2020 年中国租赁住房比例的高值区（租赁比例为 48% ~ 76.8%）和次高值区（租赁比例为 25.5% ~ 47.9%）主要分布在北京、上海、广州、深圳、厦门、杭州、长三角城市群和珠三角城市群内部的部分城市，以及西部地区的拉萨、昆明和林芝等城市和地区。租赁住房比例居中的区域（租赁比例为 14.9% ~ 25.4%）主要在长三角和海峡西岸地区集聚，以及中西部地区的少数省会城市零星分布，包括南京、合肥、福州、武汉、郑州、太原、西安、长沙、成都、贵阳、南宁、兰州、呼和浩特、常州、无锡、湖州、绍兴、丽水、泉州、莆

---

① Huang Y. Q. The Road to Home Ownership: A Longitudinal Analysis of Tenure Transition in Urban China (1949 – 1994). International Journal of Urban and Regional Research, Vol. 28, No. 4, 2004, pp. 774 – 795. Li Z., & Wu F. Tenure-based Residential Segregation in Post – Reform Chinese Cities: A Case Study of Shanghai. Transactions of the Institute of British Geographers, Vol. 33, No. 3, 2008, pp. 404 – 419. 李志刚：《中国大都市新移民的住房模式与影响机制》，载于《地理学报》2012 年第 2 期。

② Huang Y. Q. The Road to Homeownership: A Longitudinal Analysis of Tenure Transition in Urban China (1949 – 1994). International Journal of Urban and Regional Research, Vol. 28, No. 4, 2004, pp. 774 – 795.

田和鄂尔多斯等城市。而其他大多数区域的租赁住房比例均为最低等级，租赁住房比例小于7.8%。结果表明，与2010年相比，2020年中国租赁住房比例高值区的区域分异更加明显，其空间分布向社会经济发达的东部地区核心城市以及少数西部区域中心城市进一步集聚，表明经济因素对中国住房产权区域分化的影响越来越突出。

（三）2010～2020年租赁住房发展空间演变

2010～2020年租赁住房比例增长幅度较大的城市主要分布在长三角城市群、海峡西岸城市群和珠三角城市群地区，租赁住房比例减少幅度较大的城市主要分布在内蒙古、新疆和西藏等自治区内。根据2010～2020年中国租赁住房比例变化的空间分布格局，可以看出中国租赁住房比例增加最明显的区域主要集中在长三角城市群、海峡西岸城市群和珠三角城市群等经济相对发达地区的城市，以及云南省内的大部分城市，租赁住房增加比例超过3.2%。中国多数城市租赁住房比例增加值为0.1%～3.1%，分布区域除了长三角地区、海峡西岸和珠三角地区城市以外，在山东、江西、河南、广西和四川等省份境内也广有分布。中国租赁住房比例减少幅度较大的区域（租房比例变化为-2.6%～0%），主要集中在西部地区、东北地区以及东中部地区的江苏、湖北、湖南和山西等省份的部分城市。中国租赁住房比例减少幅度最大的区域（租房比例变化为-8.8%～-2.7%），主要集中在福建西北部、辽宁东南部、内蒙古西部，以及江苏、山西和新疆等省份或自治区内的部分区域。中国租赁住房发展的空间变化反映了社会经济转型期各地经济发展、社会文化和政策制度等因素对住房产权变化的综合影响。

（四）我国租赁住房发展的空间统计分析

1. 全局空间自相关分析

选择按照边界和节点的邻接法则（contiguity edges corners），采用ArcGIS10.6的空间统计工具对中国租赁住房比例和变化进行全局空间自相关分析。全局空间自相关分析结果显示，2010年和2020年中国租赁住房比例以及2010～2020年中国租赁住房比例变化均存在显著的空间正相关特征，对应的Moran's I指数分别为0.370、0.382和0.241，并都通过了0.05水平的显著性检验，说明中国租赁住房比例和变化存在明显的空间集聚特征。

2. 局域空间自相关分析

采用局域空间自相关进一步分析中国租赁住房比例和变化在局部空间的聚集程度和异质性。2010年中国租赁住房比例的高—高集聚区（HH）共计30个，主要集中在长三角地区、珠三角地区，以及福建、内蒙古和西藏等省份的部分区域，如泉州、鄂尔多斯和拉萨等城市；低—低集聚区（LL）共计 33 个，分布区域以华北平原地区和中部地区为主，如衡水、邢台、德州、济宁、菏泽、开封、周口和宿州等城市；高—低异质区（HL）共计 7 个，主要以直辖市和中西部地区的少数省会城市为主，包括北京、天津、重庆、郑州、武汉、西安、成都和贵阳等城市；低—高异质区（LH）由 6 个研究单元构成，主要分布在广东省境内部分区域，包括梅州、河源、揭阳、汕尾、云浮和阳江等城市。

2020 年中国租赁住房比例的高—高集聚区共计 29 个，分布区域以长三角地区、珠三角地区，以及福建和西藏内的少数区域为主，如福州、拉萨和山南等城市和地区；低—低集聚区共计 28 个，主要集中在华北平原地区，以及河南和湖北交界地区等部分区域，包括衡水、邯郸、临沂、济宁、枣庄、周口、驻马店、信阳、随州和孝感等城市；高—低异质区共计 4 个，也是以直辖市和中西部地区的省会城市为主，包括北京、郑州、武汉和西安等城市；低—高异质区共计 5 个，主要分布在广东省内部分区域，包括梅州、揭阳、汕尾、云浮、茂名和阳江等城市。

2010～2020 年中国租赁住房发展变化的高—高集聚区（HH）共计 29 个，主要分布在东南沿海地区，以及云南、青海、新疆和西藏等省份内部分区域，包括广州、深圳、厦门、南宁、昆明、三亚、海口、中山、佛山、东莞、惠州、江门、阳江、泉州、莆田、果洛、和田和阿里等城市和地区；低—低集聚区（LL）共计 23 个，主要在辽宁省东南部成片分布，以及在山西北部、内蒙古西部和新疆西南部等内的部分区域聚集，包括大连、太原、呼和浩特、乌鲁木齐、鞍山、丹东、大同、朔州、忻州、包头、鄂尔多斯和吐鲁番等城市和地区；高—低异质区（HL）仅有 2 个，为河北省石家庄市和廊坊市；低—高异质区也仅有 2 个城市，为福建省三明市和四川省攀枝花市。

（五）我国租赁住房空间发展的主要特征

2010～2020 年，我国租赁住房高值区分布经历了从"空间集聚"向"空间进一步集聚"的发展态势。2010 年我国租赁住房高值区主要集中在北京、厦门、长三角城市群和珠三角城市群内部的部分城市，以及西部地区的部分城市；2020 年中国租赁住房高值集聚区分布以长三角地区、珠三角地区，以及福建和西藏的少数城市为主；2010～2020 年中国租赁住房发展变化的高值集聚区主要分布在东南沿海地区，以及云南、青海、新疆和西藏等省份或自治区的部分区域。

全局空间自相关表明，2010 年、2020 年我国租赁住房发展以及 2010～2020 年我国租赁住房发展变化均存在显著的空间集聚特征，且空间集聚程度呈现出越来越强的趋势，对应的 Moran's I 指数分别为 0.370、0.382 和 0.241。局域空间自相关进一步识别了我国租赁住房发展和变化分布的热点区域。2010 年中国租赁住房比例的高—高集聚区（HH）共计 30 个，主要集中在长三角地区、珠三角地区，以及福建、内蒙古和西藏等省份的部分区域，如泉州、鄂尔多斯和拉萨等城市；2020 年中国租赁住房比例的高—高集聚区共计 29 个，分布区域以长三角地区、珠三角地区，以及福建和西藏的少数区域为主，如福州、拉萨和山南等城市和地区；2010～2020 年中国租赁住房发展变化的高—高集聚区（HH）共计 29 个，主要分布在东南沿海地区，以及云南、青海、新疆和西藏等省份的部分区域，包括广州、深圳、厦门、南宁、昆明、三亚、海口、中山、佛山、东莞、惠州、江门、阳江、泉州、莆田、果洛、和田和阿里等城市和地区。

三、我国租赁住房发展区域分异影响因素分析

（一）解释变量和模型选择

为了消除原始变量之间可能存在的多重共线性，首先对 15 个原始变量进行相关性分析，发现人均可支配收入、城镇化率和租金价格 3 个变量分别与人均 GDP、外来人口比例和住宅价格具有较高的相关性，同时参照逐步回归模型中的各解释变量贡献度，将这 3 个变量进行剔除，最终保留了 12 个解释变量。鉴于我国城市租赁住房发展和变化均存在显著的空间相关性，故需要采用空间计量模型考虑空间效应的影响，才能得到更加精确的参数估计。模型 1、模型 2 和模型 3 的因变量分别选择 2010 年中国城市租赁住房比例、2020 年中国城市租赁住房比例和 2010～2020 年中国城市租赁住房比例变化值。3 个模型的普通 OLS 模型结果均显示，OLS 回归方程的残差存在显著的空间自相关，再次证明采用空间计量模型尤为必要。比较 SLM 和 SEM 模型结果发现，SEM 模型的 R^2 和 Log likelihood 均大于 SLM 模型，且 SEM 模型的 AIC 和 SC 值均小于 SLM 模型，说明模型 1、模型 2 和模型 3 均对 SEM 模型具有更好的解释力。模型 1、模型 2 和模型 3 残差的空间关联系数（LAMBDA）分别为 0.620、0.735 和 0.372，并通过 0.05 水平的显著性检验。

（二）结果解释

表 10-1 为普通 OLS 模型和 SEM 模型的分析结果。模型 1 的 SEM 模型参数结果显示，二、三产业从业人员比例、住宅价格对数、租售比、外来人口比例等变量

教育部哲学社会科学研究
重大课题攻关项目

表10-1

2010和2020年中国城市租赁住房发展的影响因素分析

变量	解释变量	模型1_OLS B	模型1_OLS P值	模型1_SEM B	模型1_SEM P值	模型2_OLS B	模型2_OLS P值	模型2_SEM B	模型2_SEM P值
经济成本因素	人均GDP对数	-0.013***	0.007	-0.004	0.449	-0.014*	0.067	-0.012*	0.069
	二三产业比例	0.044***	0.007	0.028*	0.099	0.007	0.823	0.002	0.932
	住宅价格对数	0.025***	0.000	0.031***	0.000	0.092***	0.000	0.076***	0.000
	租售比	1.994**	0.020	2.480***	0.001	18.365***	0.000	10.885***	0.007
社会需求因素	常住人口对数	-0.002	0.383	-0.006**	0.032	0.001	0.712	-0.008**	0.018
	外来人口比例	0.635***	0.000	0.624***	0.000	0.479***	0.000	0.385***	0.000
	未婚比例	0.148***	0.006	0.028	0.644	0.100	0.125	0.033	0.640
	65岁以上人口比例	-0.008***	0.000	-0.007***	0.000	-0.010***	0.000	-0.010***	0.000
	家庭户规模	-0.039***	0.000	-0.035***	0.000	-0.101***	0.000	-0.103***	0.000
文化心理因素	平均受教育年限	-0.014***	0.000	-0.014**	0.000	-0.036***	0.000	-0.028***	0.000
	人均住房面积	0.001***	0.008	0.000	0.660	0.000	0.202	-0.001**	0.012
	少数民族比例	-0.008	0.346	-0.016	0.141	-0.040***	0.001	-0.022	0.151
常数	—	0.225***	0.001	0.171*	0.011	-0.012	0.910	0.289***	0.003
空间误差项	LAMBDA			0.620***	0.000			0.735***	0.000
模型拟合参数	R²	0.919		0.939		0.871		0.913	
	Log likelihood	731.14		764.7		630.038		672.8479	
	AIC	-1436.29		-1503.4		-1234.08		-1319.7	
	SC	-1386.63		-1453.74		-1184.42		-1270.03	

注：模型1因变量为2010年租赁住房比例，模型2因变量为2020年租赁住房比例，"—"为无此项。*、**、***分别表示在0.1%、0.05%和0.01%置信水平上显著。

对 2010 年我国租赁住房比例具有显著的正向影响。其中，二、三产业从业人员比例的系数为 0.023，说明居民从事二、三产业经济活动增加了其选择租赁住房的可能性。住宅价格对数与租赁住房比例具有显著的正相关，回归系数为 0.031，这与国内外研究发现类似。[1][2] 主要因为较高的住宅价格容易降低住房可支付性，当地居民越有可能选择租房。租售比的系数为 2.480，说明租售比每提高 1% 个单位，租赁住房比例提高了 2.48% 个单位，这与国外其他学者的"租售比对购房（租房）产生正面（负面）的影响"的经验认识相违背。但从住宅金融属性角度来看也是符合常理的，因为较低租售比城市的房价一般较高，住宅投资的财富增值能力也可能较大，加上居民"买涨不买跌"的消费心理，容易刺激城市居民继续选择购房消费行为，减少住房租赁需求。外来人口比例的回归系数为 0.624，说明随着外来人口数量的不断增多，一个区域的租赁住房需求会明显增加，这与国内学者的研究发现一致。由于外来人口通常没有当地户口，这也验证了户籍制度因素对住房产权拥有的限制作用。[3]

常住人口对数、65 岁以上人口比例、平均受教育年限和家庭户规模等解释变量对 2010 年我国租赁住房比例具有显著的负面影响，这与国内外许多微观研究的结论具有相似性。[4][5] 常住人口对数的回归系数为 −0.006，反映出人口规模对租赁住房比例具有微弱的负面影响，可能由于新增人口缓慢而人口规模较大区域，原来的城镇化水平较高（典型的是东北城市），住房自有化率高，加上房价水平低，人口净流入少，造成租赁住房比例的下降。65 岁以上人口比例的回归系数为 −0.008，反映出随着区域老龄化现象的不断加剧，租赁住房发展需求会出现下降趋势，主要因为老年人的财富积累较多有助于选择购房。家庭户规模的回归系数为 −0.039，表明家庭户规模增大对租赁住房发展具有显著的负面影响。随着家庭户规模的增大，居民的家庭总收入和住房需求也可能增加，诱导住房购买消费行为，从而降低其租房可能性。平均受教育年限的回归系数为 −0.014，说明一个区域的受教育水平越高，租赁住房比例相对越小。可能由于高学历居民容易受到住房作为社会经济地位象征等传统文化因素的影响，以及自身较强的住房购

---

① Carter S. Housing Tenure Choice and the Dual Income Household. Journal of Housing Economics，Vol. 20，No. 3，2011，pp. 159 − 170.

② Lauridsen J. ，Nannerup N. ，& Skak M. Geographic and Dynamic Heterogeneity of Home Ownership. Journal of Housing and the Built Environment，Vol. 24，No. 1，2009，pp. 1 − 17.

③ 虞晓芬等：《居民住房租购选择理论与实证研究》，经济科学出版社 2011 年版，第 135 页。

④ Logan J. R. ，Fang Y. P. ，& Zhang Z. X. Access to Housing in Urban China. International Journal of Urban and Regional Research，Vol. 33，No. 4，2009，pp. 914 − 935.

⑤ 杨巧、杨扬长：《租房还是买房：什么影响了流动人口住房选择？》，载于《人口与经济》2018 年第 6 期。

买能力等经济力量共同作用，使其选择租赁住房比例也相对较低。

模型2的SEM模型参数结果显示，住宅价格对数、租售比、外来人口比例等变量对当地租赁住房比例具有显著的正向影响。其中，住宅价格对数与租赁住房比例具有显著的正相关，回归系数为0.076，主要因为较高的住宅价格容易降低住房可支付性，当地居民越有可能选择租房。租售比的系数为10.885，说明租售比每提高1%个单位，租赁住房比例提高了10.885%个单位。外来人口比例对租赁住房比例有显著正向影响，回归系数为0.385。说明城市的外来人口增加，租赁住房比例也会增加。

人均GDP对数、常住人口对数、65岁以上人口比例、平均受教育年限、家庭户规模和人均住房面积等解释变量，对2020年中国租赁住房比例具有显著的负面影响。人均GDP对数的回归系数为 -0.012，反映出经济水平的提升对租赁住房比例具有显著的负面影响，可能由于经济发展水平高的区域，人们的住房自由消费水平也高，从而降低了租赁住房比例。常住人口对数的回归系数为 -0.008，反映出人口规模对租赁住房比例具有微弱的负面影响，可能由于人口规模较大区域的社会经济发展水平也相对偏高，增加了居民的住房自有消费能力，造成租赁住房比例的下降。65岁以上人口比例和家庭户规模的回归系数分别为 -0.010 和 -0.103。平均受教育年限的回归系数为 -0.028，说明一个区域的受教育水平越高，租赁住房比例相对越小。可能由于高学历居民容易受到住房作为社会经济地位象征等传统文化因素的影响，以及自身较强的住房购买能力等经济力量共同作用，使其选择租赁住房比例也相对较低。人均住房面积的回归系数为 -0.001，说明随着人均住房面积的增加，人们选择租房的可能性降低。

(三) 主要结论

研究发现2010～2020年，我国租赁住房高值区分布经历了从"空间集聚"向"空间进一步集聚"的发展态势。2010年中国租赁住房高值集聚区主要集中在东北地区的东南部边境地区，珠三角地区，以及福建、内蒙古和西藏等省份的部分区域；2020年中国租赁住房高值集聚区分布以长三角地区、珠三角地区，以及福建和西藏的少数城市为主；2010～2020年中国租赁住房发展变化的高值集聚区主要分布在东南沿海地区，以及云南、青海、新疆和西藏等省份部分区域。

全局空间自相关表明，2010年、2020年我国租赁住房发展以及2010～2020年我国租赁住房发展变化均存在显著的空间集聚特征，且空间集聚程度呈现出越来越强的趋势，对应的Moran's I指数分别为0.370、0.382和0.241。局域空间自相关进一步识别了我国租赁住房发展和变化分布的热点区域。

空间计量分析发现，2020年我国租赁住房发展差异受到经济成本、社会需求和文化心理等因素共同影响。其中，住宅价格对数、租售比、外来人口比例等变量对我国租赁住房发展具有显著的正向影响，而人均 GDP 对数、常住人口对数、65 岁以上人口比例、平均受教育年限、家庭户规模和人均住房面积等解释变量对租赁住房发展具有显著的负面影响。

基于全国人口普查数据，系统分析了我国 337 个地级以上城市（未包括省直辖县及港澳台地区数据）的租赁住房发展时空变化与影响因素，研究发现可以为科学把握我国租赁住房市场发展现状和预测未来租赁住房市场需求提供重要的政策启示。一是在我国城市社会经济快速发展背景下，由于大城市外来人口增速较快、产业结构转型升级以及大城市房价高企等诸多现实因素影响，重点需加强国内发达的东部沿海城市和一线、二线热点城市多层次的租赁住房市场发展，帮助这些城市新市民、青年人实现住有所居的基本需求。二是少数民族集中地区的租赁住房市场发展具有特殊性，应结合各民族实际需求情况，适当加大住房建设资金投入和住房保障力度，提高住房自有化率，有助于维护边疆社会稳定、促进民族团结与社会融合。三是研究也存在部分局限性。本节的研究空间单元实际上是城市行政区域的概念，各城市内部所辖的市辖区、县级市或县等均可能包含不同程度的农村家庭户抽样调查人口，后续研究可专门关注市辖区的租赁住房发展水平差异，以减少城镇化率较低地区由于农村家庭户抽样比例过多可能造成的干扰。

第二节　我国租赁住房市场发展现状特征与存在的问题

我国规模庞大的流动人口总量激发了租房需求。当前市场总体特点：市场规模大、需求大集中在大城市；家庭散户出租住房是租赁住房的主要来源，尽管近年来机构房源增长较快，但总体来看，来源单一；大城市租金呈上升趋势。租赁市场存在的主要问题是：供需结构失衡、租金收入比偏高、租赁行为不规范等。

一、我国租赁住房市场发展现状特征

（一）租赁市场规模大

根据"七普"数据，2020 年我国人户分离人口达到 4.93 亿人，约占总人口的 35%，其中，流动人口（指超出市辖区外的人户分离，含跨省流动人口）为

3.76 亿人,这些人口经济收入相对低、工作的稳定性较差,主要通过租赁解决居住。2020 年全国城乡住房租赁常住人口约为 2.057 亿人,超过德国和英国两国人口数量的总和,占全国人口的 14.59%,[①] 市场规模巨大。而且随着城镇化进一步推进,我国住房租赁市场还有很大的发展空间。

(二)租赁需求相对集中

租房人口主要集中在广东、浙江、上海、北京、福建等经济发达的省份和大城市,2020 年广东、浙江、上海、北京、福建租赁住房人口分别达到 6 300 万人、2 568 万人、913 万人、784.4 万人和 1 415 万人,合计约占全国的 58.24%,进一步验证了上一节租赁市场空间格局变化的趋势。根据第七次人口普查数据,广东、上海、北京、浙江租赁住房的家庭户占家庭户总数的比率分别高达41.46%、38.74%、35.44% 和 33.65%,而同期,湖南、山东、河北、河南分别只有 6.71%、6.32%、5.71% 和 5.40%(见表 10 - 2)。

表 10 - 2 　　全国各地区城乡家庭户租赁住房比率分布情况(2020 年)

排名	省份	租赁住房家庭户占比率(%)
1	广东	41.46
2	上海	38.74
3	北京	35.44
4	浙江	33.65
5	福建	25.35
6	西藏	20.81
7	海南	18.20
8	天津	15.70
9	云南	13.93
10	陕西	13.40
11	宁夏	13.05
12	江苏	12.85
13	重庆	12.41
14	内蒙古	12.20
15	新疆	11.77

① 2020 年第七次全国人口普查资料。

排名	省份	租赁住房家庭户占比率（%）
16	青海	11.48
17	广西	10.73
18	四川	10.65
19	贵州	10.29
20	吉林	9.78
21	山西	9.20
22	安徽	8.86
23	甘肃	8.84
24	湖北	8.55
25	江西	8.21
26	黑龙江	7.72
27	辽宁	7.33
28	湖南	6.71
29	山东	6.32
30	河北	5.71
31	河南	5.40

资料来源：2020 年第七次全国人口普查数据。

（三）房源供应以散户出租为主，市场化程度高

当前我国住房租赁市场房源供给结构，可分为四部分：一是公租房，由政府或社会力量直接投资建设，有严格的准入和退出条件。截至 2018 年底，全国列入国家计划的公租房 1 612 万套，约占城镇住房总数的 4.48%。① 二是单位宿舍，房改以后，大部分单位没有了成套住宅，只保留少量宿舍，另各地一些产业园区和大型企业自建了一批宿舍，供员工使用，带有福利或保障性质。以浙江省为例，2021 年流动人口 2 983.954 万人，其中居住在单位内部的占 14.82%，租赁住房的占 68.3%。② 2005 年时任浙江省委书记的习近平在浙江省提出"工者有其

---

① "七普"资料显示，2020 年城镇常住人口 9.0085 亿人，每户家庭人口 2.62 人，由此推算城镇住宅总套数至少 3.44 亿套，按 5% 的空置率计算，共需约 3.6 亿套。

② 浙江省公安厅统计数据。

居"后，掀起了一轮鼓励企业和园区建设外来者公寓的热潮，单位宿舍在解决外来务工人员住宿方面发挥了重要作用。三是租赁企业提供的房源，2016 年国务院办公厅下发《关于加快培育和发展住房租赁市场的若干意见》以来，住房租赁企业快速发展，但市场占比仍然较低，机构化比例仍不高。住建部调查数据显示，2018 年 30 个大城市住房租赁企业出租的住房约为 116 万套，不足这些城市市场租赁住房总量的 5%。自如研究院携手新华网共同调研编写的《2021 中国城市租住生活蓝皮书》也指出，调研发现，我国机构化长租房占比不足 5%。四是家庭散户出租住房，这是我国租赁住房的主要来源，估计占租赁住房市场的70% 以上。[1] 家庭将一些暂时不用或者投资性住房用于出租，且以老旧成套住宅为主，《2021 中国城市租住生活蓝皮书》调研发现，住房租赁供给仍是存量供给为主，租赁住房房龄 20 年以上占比达 65.3%，其中 30 年以上占比达 27.3%，出租住房中约 40% 存在质量、环境、配套错配等问题。[2] 我国住房租赁市场散户化的特征明显，加大了政府监管难度，这些散户市场长期脱离政府监管，很容易滋生各种市场乱象，给规范管理带来很大的难度。

（四）地区之间差异大，供不应求与供大于求并存

一、二线城市人口净流入多，租赁住房需求量大，租金绝对水平较高，租金涨幅大；而三、四线城市外来人口少，供给量大，住宅空置率相对高，租金绝对水平低，价格滞胀。根据中国房价行情网数据，2021 年北京单位面积住宅租金是 2010 年的 2.54 倍，上海是 2.11 倍，深圳 2.43 倍，武汉 2.19 倍，合肥 2.23 倍，杭州 2.08 倍，厦门 2.01 倍，与此同时，青岛只有 1.25 倍，无锡 1.28 倍，沈阳 1.29 倍。对 2019～2021 年平均租金变化率统计，上海增长 17.57%，杭州 16.72%，深圳 15.36%，北京 14.62%，而济南、郑州、沈阳、长春出现负增长（见表 10-3）。市场价格是供求状况的直接反映，折射出市场空间上的非均衡发展，供不应求与供大于求并存。

表 10-3　　　　2010～2021 年 22 个城市租金价格情况　　　　单位：元/平方米·月

省份	2010 年	2015 年	2018 年	2019 年	2020 年	2021 年	2021 年比 2019 增长%	2021 年比 2010 增长%
北京	42.51	64.96	90.32	93.45	91.49	108.07	14.62	154.22
上海	45.06	61.69	72.98	77.72	79.58	95.29	17.57	111.47

---

① 笔者根据自如研究院和新华网调研数据整理所得。
② 笔者根据相关部门调研数据整理所得。

续表

省份	2010 年	2015 年	2018 年	2019 年	2020 年	2021 年	2021 年比 2019 增长%	2021 年比 2010 增长%
广州	31.69	43.86	50.47	52.08	50.55	60.07	7.99	89.56
深圳	39.52	62.99	76.55	80.54	78.15	95.90	15.36	142.66
厦门	26.07	37.46	42.82	44.68	46.80	52.49	7.81	101.34
南京	25.94	34.24	44.06	44.05	45.16	51.49	7.44	98.50
杭州	33.84	40.30	53.45	53.80	55.28	70.52	16.72	108.39
福州	22.58	33.24	35.84	35.87	37.31	39.10	3.23	73.16
天津	28.01	30.08	35.59	39.19	36.54	43.77	4.58	56.27
宁波	27.10	29.87	32.67	34.43	34.42	35.40	0.97	30.63
青岛	24.46	24.30	30.23	30.05	28.80	30.66	0.61	25.35
武汉	19.16	28.19	32.78	32.44	35.00	41.88	9.44	118.58
成都	21.37	25.61	31.78	32.43	31.38	40.79	8.36	90.88
合肥	13.73	20.92	26.35	26.76	27.39	30.64	3.88	123.16
济南	17.60	24.75	27.95	27.56	27.28	27.38	-0.18	55.57
郑州	15.47	29.00	28.62	27.84	27.05	27.34	-0.50	76.73
重庆	18.15	23.70	28.56	28.41	27.80	29.29	0.88	61.38
沈阳	19.35	22.43	24.34	25.19	24.56	25.00	-0.19	29.20
长沙	18.22	23.02	27.80	27.94	28.24	29.47	1.53	61.75
长春	16.67	23.05	25.12	26.12	26.08	26.01	-0.11	56.03
无锡	21.48	20.50	23.57	24.90	26.05	27.54	2.64	28.21
苏州	22.79	26.73	29.32	31.33	31.24	33.49	2.16	46.95

资料来源：中国房价行情网。

二、我国大城市租赁市场存在的主要问题

由于我国长期忽视住房租赁市场建设，面对大规模的人口涌向大城市，租赁市场存在许多不健康、不规范的现象。

（一）供求错配严重

我国住房租赁市场存在较严重的供给与需求结构失配现象，加剧了群众精准租房的难度。当前，租房群体主要由进城务工人员、新就业大学生和举家迁徙的

外来人口组成。外来务工人员收入水平较低，主要需求是"一张床"，新就业大学生注重社交和私密空间，主要需求是"一间房"，举家迁徙外来人口需要"一套房"来满足家庭基本居住需求。而目前市场上的房源供给与实际需求存在结构错配。根据我们 2019 年 7 月对杭州的调研发现存在三大错配：首先，价格失配，杭州市住房租赁监管服务平台统计数据显示，71.7% 的租赁需求集中在月租金 3 000 元以下的房源，而市场上这一价位房源仅占 33.1%。其次，产品失配。从需求看，租户大多希望租住小户型小面积房源，52.01% 希望租住独立 1 室房源，21.25% 希望租住 2 室房源，高达 91.25% 的希望租房面积小于 70 平方米，而市场供给多为大户型房源，1 室或 2 室房源占比仅 18.75%，远不能满足市场需求。2019 年 1 月至 9 月的签约出租数据显示，租住 1 室及 2 室房源的租赁者仅占 27.36%，租住 70 平方米及以下住房的比例仅为 43.66%，[①] 大部分租赁者只能通过合租方式租住大户型租赁房，容易引发群租和纠纷问题。最后，区域失配。从分布情况看，中心城区租赁房源供应多，周边新城区相对较少，地铁沿线、学校附近、产业园周边的租赁需求较为旺盛，而出租房源供应相对不足，下沙经济开发区、未来科技城等产业集聚区出现严重的职住不平衡。租赁需求呈现明显的区域不均衡特征，而租赁住房供应区域分布具有较强刚性，难以迅速调整适应需求热点的变化。根据我们 2018 年对杭州市 2 165 名承租人的调研问卷统计显示，67.7% 的承租人表示租不到合适的房子，主要原因集中在：房源面积太大、区位太偏、环境不佳、设施不全，综合满意度仅为 24.4%。

（二）租金收入比偏高

住房租赁市场租金水平主要由市场供求关系决定。一线、二线城市人口净流入多，供不应求直接导致租金上涨、绝对水平较高。根据中国房价行情网统计数据，2021 年，北京、深圳、上海、杭州、广州、厦门、南京月平均租金水平分别达到 108 元/平方米·月、96 元/平方米·月、95 元/平方米·月、71 元/平方米·月、60 元/平方米·月、52 元/平方米·月、51 元/平方米·月，以当地获得城镇平均收入的职工、人均租住 30 平方米的住房计算，租金收入比分别达到 47.69%、48.78%、41.49%、34.22%、29.03%、24.95%，偏离住房消费开支一般不超过家庭收入 25% 的国际标准。

（三）租售比偏低，影响企业投资租赁住房积极性

租售比是投资者决策是否参与租赁住房项目最为重要的指标，也是衡量租赁

---

① 笔者根据杭州市住房租赁监管服务平台统计数据整理所得。

市场运行是否良好的重要指标。美国、英国、日本、新加坡等成熟经济体的租售
比一般能保持在 5% 以上，高于金融机构融资利息水平，而我国目前普遍较低。
根据国家统计局和中国房价行情网相关数据计算，一线城市租金绝对水平高，但
因房价绝对水平过高导致租售比偏低，北京、上海、广州、深圳租售比分别只有
1.94%、1.68%、1.63%、1.62%（见表 10 - 4）。部分二线、三线城市因房价
水平低，租售比相对较高，如哈尔滨达到 3.22%，成都、重庆、武汉分别为
2.70%、2.59%、2.54%，但这些城市二手房供给过量，面临较大的空置风险。
即使能获得 3% 的收益，仍低于金融机构正常的贷款利率，意味着租赁企业面临
较大的经营风险，将从根本上制约住房租赁市场和机构的规模化发展，也反映出
当前房地产市场存在较大的潜在风险。

表 10 - 4 　　　　　　　　**2021 年全国典型城市租售比情况**

城市	二手房成交均价 （元/平方米）	平均租金 （元/平方米·月）	年租金与销售 价格比（%）
北京	66 739	108	1.94
上海	67 662	95	1.68
广州	44 139	60	1.63
深圳	71 188	96	1.62
重庆	13 446	29	2.59
成都	18 213	41	2.70
杭州	37 171	71	2.29
武汉	19 840	42	2.54
南京	34 187	51	1.79
郑州	14 584	27	2.22
厦门	50 563	52	1.23
长沙	11 522	29	3.02
合肥	20 486	31	1.82
福州	26 600	39	1.76
济南	16 489	27	1.96
西安	18 147	31	2.05
天津	26 314	44	2.01
南昌	13 185	24	2.18
哈尔滨	10 435	28	3.22
海口	17 617	33	2.25

续表

城市	二手房成交均价 （元/平方米）	平均租金 （元/平方米·月）	年租金与销售 价格比（%）
宁波	25 815	35	1.63
大连	17 091	33	2.32
苏州	22 651	33	1.75
兰州	13 107	30	2.75
南宁	13 544	28	2.48
青岛	21 721	31	1.71
昆明	14 468	28	2.32
沈阳	12 547	25	2.39
贵阳	9 467	25	3.17
太原	11 588	21	2.17
石家庄	14 500	22	1.82
乌鲁木齐	8 888	25	3.38
呼和浩特	11 713	21	2.15
银川	7 952	16	2.41

资料来源：根据国家统计局、中国房价行情网数据计算。①

（四）市场不规范、侵权案件多

我国租赁市场长期处于自然生长状态，存在许多市场乱象。一方面，承租人提前退租或出租人提前终止租约的案例不乏少数，尤其是出租人在租约期间随意改变租赁关系、抬高价格的做法更是当前租赁市场不稳定的普遍因素，由此造成的失信违约现象大量存在。虽然现行法规有要求租赁双方遵循诚实信用原则的表述，但缺乏对租赁双方的权责利界定，以及未明确租赁双方产生失信违约行为之后的惩罚性措施，尤其是没有建立起切实有效的保护弱势住房租赁者的法律法规，导致承租人的相关利益无法得到切实保障。另一方面，一些住房租赁机构发布虚假房源信息、恶意克扣押金租金、违规收取租金差价、威胁恐吓承租人，部分住房租赁企业盲目扩张，通过"高收低出""长收短付""租金贷"等方式扩大规模，如一次性收取租客半年及以上大额租金，再按月或按季付给房东，利用期限错配资金盲目扩张租赁规模，产生难以为继的结果，严重损害租赁双方权

---

① 典型家庭指三口之家，带一个小孩，夫妇工作；租用60平方米住房。

益，导致企业倒闭。近年来，南京乐伽、上海寓见、杭州鼎家、德寓科技等企业出现"爆雷"都属于此类情况。

（五）租户不能同等享受公共服务

租房充分体现了"房子是用来住的"重要功能，是居民解决住有安居的重要方式。但一直以来，我国城镇特别是大城市因公共服务资源不足等原因，租户不能享受同等的就业保障、计划生育，特别是基础教育等公共服务权利，迫使部分家庭不得不在城镇购房。

这些问题的存在，制约了租赁市场需求的释放，也影响了租户的获得感与幸福感。

第三节　培育和发展我国住房租赁市场的探索

党的十八大以来，党中央、国务院高度重视培育和发展住房租赁市场，不断释放激励引导政策大力发展住房租赁市场。2015年中央经济工作会议首次明确提出，将建立"租购并举"的住房新制度。2016年国务院办公厅出台《加快培育和发展住房租赁市场的若干意见》，全面部署加快培育和发展住房租赁市场工作。2016年底，中央经济工作会议再次将机构化、规模化租赁市场发展提上议程。党的十九大报告中进一步强调"房子是用于住的"，提出加快建立"两多一并"住房制度。同年，住建部等九部委发布的《关于在人口净流入的大中型城市加快发展租赁住房市场的通知》和住建部发布的《利用集体建设用地建设租赁住房试点方案》均以试点城市的形式采取新举措，用以改善租赁市场的供需情况，完善租赁市场运行管理模式，努力满足人民住有所居的愿景，开启了国家层面对住房租赁市场培育和发展的新阶段。

一、培育和发展租赁住房市场的试点城市探索实践

广州、深圳、南京、杭州等12个城市作为首批住房租赁试点城市，率先开展探索实践。本章节选取北京、上海、广州、深圳、杭州、南京六个试点城市作为重点观察对象，将各城市出台的住房租赁指导意见或规划进行了盘点（见表10-5）。从表10-5中可以看到，这六个试点城市在培育与发展住房租赁市场的政策方向上基本相同，主要集中在租赁住房用地保障、增加租赁住房供应、扩大租赁住房

389

消费、发展租赁企业、规范租赁市场发展五大方面，其中，广州、深圳、杭州促进住房租赁市场发展的政策覆盖面较全。

表 10 – 5　　　　　六大重点城市住房租赁意见或规划要点一览

政策要点	北京	上海	广州	深圳	杭州	南京
1. 租赁住房用地保障						
1.1　租赁住房用地保障	√	√	√	√	√	√
1.2　集体土地试点	√	√				
1.3　自持或配建租赁		√	√	√	√	√
2. 增加租赁住房供应						
2.1　商业用房改造	√	√	√	√	√	√
2.2　现有住房改造（包括个人）			√	√	√	√
2.3　城中村综合整治			√	√		√
3. 扩大租赁住房消费						
3.1　税收优惠		√	√	√	√	
3.2　租购同权	√		√	√	√	√
3.3　公积金租房			√	√	√	
3.4　金融支持	√	√	√	√	√	√
3.5　货币补贴	√	√	√	√	√	√
4. 发展住房租赁企业						
4.1　扶持国有企业发展规模化租赁	√	√	√	√	√	√
4.2　鼓励房地产开发企业发展住房租赁	√	√		√	√	
4.3　扶持发展专业化住房租赁企业	√	√	√	√	√	√
5. 规范租赁市场发展						
5.1　租赁监管和交易服务平台	√	√	√	√	√	√
5.2　租赁立法或支持政策	√	√	√	√	√	√

资料来源：笔者整理。

（一）重点城市租赁用地出让计划

试点城市出台了各自的租赁住宅用地供应和筹集计划或长（短）期发展计划，其中，北京明确将在五年内供应 1 000 公顷集体建设用地，建设租赁住房 40 万套；[①] 上海宣布未来五年计划供地 1 700 公顷，建设租赁用房 70 万套，占比

[①] 北京市规划国土委、市住建委联合印发《关于进一步加强利用集体土地建设租赁住房工作的有关意见》。

30.91%；[①] 广州计划未来五年租赁用地计划供应将占到总供应量的 1/4 以上；杭州计划新增租赁用房占新增商品住房总量的 30%。[②] 在租赁用地的实际供应上，各个城市有所分化。到 2018 年 9 月底，上海合计出让住宅租赁用地（R4）37 宗，建筑面积约 220.4 万平方米；南京出让 6 宗租赁用地，建筑面积为 56.5 万平方米；广州、深圳出让 4 宗租赁用地；而北京无纯租赁用地出让，更多是以集体土地新建租赁住房、土地竞拍自持等方式来扩大租赁住房的供应。

（二）重点城市扩大市场供给措施

北京、上海、广州、深圳、杭州、南京重点城市在扩大市场供给方面各有不同，却仍存在相似之处。第一批试点城市中除深圳外，皆为《利用集体建设用地建设租赁住房试点方案》中的试点城市，落实租购并举的住房体系，在一定程度上扩大了住房租赁市场的供给；各地对人才租赁住房也有相应的保障措施，例如，杭州结合城西科创大走廊、城东智造大走廊、钱塘江金融港湾等产业发展和人才引进的需要，确定 2018～2022 年建设 5 万套人才专项租赁住房。各地在加快培育和发展住房租赁市场的意见中均明确，直接增加租赁土地供给，引导产业园区和集体经济组织建设租赁住房，盘活存量来增加市场供给，允许商办用房等按照规定改建用于住房租赁，缓和住房租赁市场的供需关系，有效稳定租赁市场预期，进一步实现全体人民住有所居（见表 10-6）。

表 10-6　　　　　六大重点城市扩大住房租赁市场供给措施

城市	扩大市场供给措施
北京	（1）出台《利用集体建设用地建设租赁住房试点方案》。 （2）出台《关于进一步加强利用集体土地建设租赁住房工作的有关意见》。推进北京土地供给侧结构性改革，进一步加强利用集体土地建设租赁住房工作，落实北京 2017～2021 年集体土地供应任务，拓宽租赁住房建设渠道，建立租购并举的住房体系，努力建设国际一流的和谐宜居之都。 （3）2017 年 12 月北京市公布将在未来 5 年内供应 1 000 公顷集体建设用地建设租赁房，各区供应任务及项目建设地块已经拟定。 （4）下发《关于加快发展和规范管理北京市住房租赁市场的通知》。包括：多渠道增加租赁住房供应，各区人民政府应当根据各区实际加强租赁住房用地保障，通过在产业园区、集体建设用地上按规划建设租赁住房等方式加大租赁住房供应。加快公租房配租；加快集体土地租赁住房建设；加快推进租赁型职工集体宿舍改建工作；商业办公转为租赁房等

---

① 《上海市住房发展"十三五"规划》。
② 杭州市租赁住房发展规划。

续表

城市	扩大市场供给措施
上海	（1）出台《利用集体建设用地建设租赁住房试点方案》。 （2）印发《关于加快培育和发展本市住房租赁市场的实施意见》的通知。大力新建租赁住房；引导产业园区和集体经济组织建设租赁住房；允许商办用房等按照规定改建用于住房租赁
广州	（1）出台《利用集体建设用地建设租赁住房试点方案》。 （2）印发《广州市 2017～2021 年住宅用地供应计划》，明确今后 5 年，全市普通商品住宅用地计划供应 2 375 公顷、租赁住房用地计划供应 825 公顷，分别占比 74.2% 和 25.8%。明确将优先安排租赁住房用地，加大普通商品住房用地供应，合理引导住房消费。 （3）广州市人民政府办公厅印发《广州市加快发展住房租赁市场工作方案》。将租赁住房用地供应纳入年度土地供应计划。已出让商品住房用地的，土地溢价率超过一定比例后，由竞价转为竞自持租赁住房面积；允许将商业用房等按规定改造成租赁住房；允许出租人按照国家和地方的住宅设计规范改造住房后出租
深圳	（1）发布《深圳市人民政府办公厅关于加快培育和发展住房租赁市场的实施意见》，要求市规划国土部门应结合深圳市住房供需状况等因素，在住房建设规划中合理确定租赁住房供应规模，并在年度住房建设计划和住房用地供应计划中予以安排；允许商业用房按规定改建为租赁住房；允许现有住房按规定改造后出租；引导"城中村"通过综合整治开展规模化租赁。 （2）发布《深圳市人民政府关于深化住房制度改革加快建立多主体供给多渠道保障租购并举的住房供应与保障体系的意见》，提出盘活存量用地，加大棚户区改造力度，推进已批未建用地、社会存量用地、征地返还地等开发建设人才住房、安居型商品房和公共租赁住房
杭州	（1）发布《关于做好杭州市区人才专项租赁住房建设工作的通知》，提出结合城西科创大走廊、城东智造大走廊、钱塘江金融港湾等产业发展和人才引进的需要，确定一定比例作为人才专项租赁住房用地。 （2）全面落实商品住宅配套公共租赁房、人才租赁房政策，筹集建设蓝领公寓 40 000 套（间），加强对企业自持商品房管理，确保新增租赁住房总量占新增商品住房总量的 30% 以上。 （3）恢复公租房配建。主城区配建 10%，萧山、余杭、富阳配建 5%。 （4）印发《杭州市加快培育和发展住房租赁市场试点工作方案》，明确加大公共租赁住房供应力度；增加租赁住房用地有效供应；盘活存量土地、用房。探索村集体 10% 留用地上建设租赁住房；鼓励和规范个人出租闲置房源

城市	扩大市场供给措施
南京	（1）出台《利用集体建设用地建设租赁住房试点方案》。 （2）2018年5月南京市国土资源局公布了2018年度国有建设用地供应计划。全市国有建设用地供应计划总量在2 900公顷左右，其中商品住房用地为600公顷，租赁住房用地不低于30%，商办用地150公顷。 （3）2018年南京开展新一轮保障性住房建设，确定了主城六区35个地块及市本级3个地块保障性住房建设项目

资料来源：政府各机构网站。

（三）重点城市促进租赁消费措施

六大重点城市均采取了一定的措施刺激租赁住房消费。金融支持、货币补贴、公积金对租赁住房的支持等是各大城市普遍采取的措施。各大城市也响应中央政府提出的"租购并举"，如杭州、广州等城市，赋予符合条件的承租人子女享有就近入学等公共服务权益；同时，各大城市对人才租赁住房采取了相应的措施，例如，深圳不断完善人才安居政策体系，通过货币补贴、租售人才住房、免租入住等多种方式，允许提取住房公积金支付租金等，有效解决各类人才的住房困难（见表10-7）。

表10-7   **六大重点城市促进租赁消费主要措施**

城市	促进租赁消费措施
北京	（1）印发《加快发展和规范管理本市住房租赁市场的通知》，承租人为本市户籍无房家庭，符合在同一区连续单独承租并实际居住3年以上且在住房租赁监管平台登记备案、夫妻一方在该区合法稳定就业3年以上等条件的，其适龄子女可在该区接受义务教育。承租人为非本市户籍家庭的，可根据住房租赁监管平台登记备案的信息，以及北京市关于非京籍人员子女接受义务教育具体规定，依法申请办理其适龄子女在出租住房所在区接受义务教育的手续。 （2）下发《关于优化住房支持政策服务保障人才发展的意见》，提出以配租公共租赁住房为主，配售共有产权住房、发放人才租房补贴为辅，按照尽力而为、量力而行的原则，对符合条件的人才给予住房支持
上海	（1）印发《关于调整本市廉租住房租金配租家庭租赁补贴标准的意见》，从2017年1月1日起，提高本市廉租住房租金配租家庭的租金补贴标准。 （2）印发《关于加快培育和发展本市住房租赁市场的实施意见》的通知，提高住房公积金支持租房力度；完善引进人才租房补贴政策等

续表

城市	促进租赁消费措施
广州	（1）印发《加快发展住房租赁市场工作方案的通知》。赋予符合条件的承租人子女享有就近入学等公共服务权益，保障租购同权；加大住房公积金对租赁住房的支持力度；保障中低收入住房公积金缴存人的租赁居住权利；逐步加大货币化住房保障政策的实施力度。 （2）印发《广州市新就业无房职工公共租赁住房保障办法》。符合条件的新就业无房职工和从事城市公共服务领域特殊艰苦岗位的从业人员纳入公共租赁住房保障范围，为新就业无房职工在就业初始阶段提供过渡性、周转性住房支持，切实解决基础性人才住房保障需求
深圳	（1）印发《关于加快培育和发展住房租赁市场的实施意见》，明确完善住房租赁支持政策，提供金融支持等。 （2）印发《关于深化住房制度改革加快建立多主体供给多渠道保障租购并举的住房供应与保障体系的意见》，明确通过货币补贴、租售人才住房、免租入住等多种方式，有效解决各类人才的住房困难；住房租赁补贴、人才安居补贴等货币补贴纳入市、区财政预算
杭州	印发《加快培育和发展住房租赁市场试点工作方案》，提出符合条件的承租人子女可享有就近入学等公共服务权益；加大住房公积金对租赁住房的支持力度；逐步加大货币住房保障政策实施力度
南京	印发《住房租赁试点工作方案的通知》提出符合条件的外来务工人员子女义务教育由各区统筹安排。适时研究出台符合条件的承租人享受与本地居民同样的基本公共服务政策措施，建立承租人权利清单，逐步实现购租同权

资料来源：笔者根据城市政府公布的政策文件整理。

（四）重点城市规范租赁市场发展措施

对六大重点城市规范租赁市场发展政策归纳如表10-8所示，可以较清晰地看出，各大城市都致力于建立愈加完善的住房租赁的交易服务监管平台，与互联网相结合，在向广大人民提供真实、透明、便捷、安全的租赁信息服务的同时，加强监管力度，明确住房租赁市场的规范，加强对违法违规出租房的整治执法力度，促进市场稳健发展。

表 10 – 8　　　　　　六大重点城市规范租赁市场发展措施

城市	规范租赁市场发展措施
北京	(1) 印发《关于加快发展和规范管理本市住房租赁市场的通知》中提出，强化住房租赁管理服务，增加租赁住房供应；建立住房租赁监管平台，提供便捷公共服务；明确住房租赁行为规范，维护当事人合法权益；加强市场主体监管，提升住房租赁服务水平。 (2) 印发《加快发展和规范管理本市住房租赁市场的通知》中提出，市、区住房城乡建设部门应当建立健全住房租赁管理机构，加强住房租赁市场的监督管理和服务。建立住房租赁公益律师队伍，为住房租赁当事人提供法律援助服务，维护其合法权益。建立全市统一的住房租赁监管平台。依托住房租赁监管平台强化服务和监管。明确了住房租赁行为规范
上海	印发《关于加快培育和发展本市住房租赁市场的实施意见的通知》中提出，保障租赁当事人权益，构建超大城市租赁宜居生活；建立住房租赁平台，提供线上线下同步服务；加大租赁住房供应，实现住有所居目标；培育租赁市场供应主体，发展壮大住房租赁产业；加强住房租赁监管，规范住房租赁市场秩序
广州	印发《关于加快发展住房租赁市场工作方案的通知》中提出，保障承租人健康安全居住；保护承租人的稳定居住权；扶持住房租赁企业，打造广州现代租赁产业总部经济；发展"城中村"现代租赁服务业；发展既有建筑现代服务业；成立广州住房租赁发展投资有限公司（暂定名）；建立健全房屋租赁信息服务平台；充分发挥行业协会作用
深圳	(1)《关于加快培育和发展住房租赁市场的实施意见》中提出，培育住房租赁市场供应主体；完善住房租赁立法和支持政策；加强住房租赁市场监管。 (2)《关于深化住房制度改革加快建立多主体供给多渠道保障租购并举的住房供应与保障体系的意见》中提出，建立全市统一的住房租赁交易服务监管平台，将各类租赁住房房源有序纳入平台交易，提供真实、透明、便捷、安全的租赁信息服务；健全诚信申报和信息公示制度，完善准入和退出机制
杭州	(1)《杭州市加快培育和发展住房租赁市场试点工作方案》中提出，允许成套住房按间出租；鼓励和规范个人出租闲置房源；建立健全管理体制机制；各区政府（管委会）、市级相关部门要加强对住房租赁市场的监督检查，对严重失信主体实施联合惩戒，对违法违规出租行为依法予以严厉打击；进一步完善住房租赁规章制度；搭建高效、便民的"互联网＋租赁"监管服务平台；充分发挥行业协会作用。 (2)《杭州市居住出租房屋"旅馆式"管理实施方案的通知》中提出，实施租房分类管控；强化科技手段应用。 (3) 出台《杭州蓝领公寓（临时租赁住房）租赁管理办法》。 (4) 出台《关于进一步加强对企业自持商品房屋租赁管理的通知》中提出，规范自持商品房屋管理，强化后续租赁监管

城市	规范租赁市场发展措施
南京	(1) 2019 年发布新版《南京市房屋租赁合同》示范文本。规范主体信息，明确权属情况；稳定租赁关系、保护承租人权益；提高居住品质，减少群租隐患；细化双方责任，明确责任范围；规范居间行为，保障承租方知情权；强化登记备案责任，有效避免纠纷 (2) "房产＋公安"创新房屋租赁管理新模式。深化房产与公安部门的合作，进一步完善系统平台建设，提高服务和监管水平；加大出租房屋管理，规范租赁市场秩序，确保出租房屋安全、确保社会稳定；公安部门牵头，依法依规加强对违法违规出租房的整治执法力度

资料来源：笔者根据城市政府公布的政策文件整理。

重点城市出台的这些政策措施，引领了各地重视和发展租赁市场，也在一定程度上推动了租赁市场的发展。但推进过程中面临的问题仍较为突出。

二、培育和发展住房租赁市场中面临的主要困境

2019 年我们对全国 5 个城市（北京、上海、深圳、杭州和南京）开展落实国务院办公厅《关于加快培育和发展住房租赁市场的若干意见》情况调研，发现推进过程中仍存在不少困难。本节从租赁住宅用地供给、存量房改造、税收优惠、外部环境支持四个方面，对影响我国住房租赁市场发展的障碍进行梳理，这些问题成为推动国家实施保障性租赁住房的重要原因。

（一）用地改革滞后，热点城市供给不足，用地成本高

热点城市随着外来人口增加，住房租赁需求加大，但住房建设用地供给制度改革未能跟上需求的快速变化，一是长期以来无专项的租赁住房用地供给（除有限的公租房用地），低成本租赁用地的供给缺乏制度性保障。尽管北京、上海、深圳、杭州等试点城市通过住房规划明确了开发量，也尝试推出一些租赁住宅用地，但租赁住房用地配置和布局没有纳入城市总体规划和土地利用总体规划，城市政府对低成本出让租赁用地缺乏积极性，因此，在执行过程中存在很大的弹性，尚缺可持续发展的制度性保障。特别是一次性收取土地出让金方式大大提高了项目成本和资金压力，不适合于住房租赁项目。二是产业园区用地中配套用地面积占比上限仅为 7%，比例偏低，难以满足建设员工宿舍的需要，大量企业员工住宿问题被推向市场。三是集体用地用于建租赁住房进展缓慢。除北京外，各地城市政府因担心变相房地产开发，对此项工作十分谨慎；集体经济组织缺资金

与运作能力，也担心市场风险。四是对低效产业用地调整为租赁用房，政策上存在障碍，特别是经济发达地区都制定了每亩税收考核指标，缺乏动力供应无税收产出的租赁用地。五是市场开放性不够。杭州、上海、南京等明确要求"租赁住房地块的竞买人须为市、区政府所属国有独资公司"。尽管国企进入租赁市场可以为租赁市场的发展起到稳定器、压舱石作用，但"一刀切"剥夺了其他民营专业租赁机构的机会，也失去了发挥民营企业市场意识强、经营能力强的优势。

（二）存量或闲置物业改造或涉用地性质变难

尽管《关于加快培育和发展住房租赁市场的若干意见》明确"允许将商业用房等按规定改建为租赁住房，土地使用年限和容积率不变，土地用途调整为居住用地，调整后用水、用电、用气价格应当按照居民标准执行"，《关于在人口净流入的大中城市加快发展住房租赁市场的通知》要求"积极盘活存量房屋用于租赁。鼓励住房租赁国有企业将闲置和低效利用的国有厂房、商业办公用房等，按规定改建为租赁住房；改建后的租赁住房，水电气执行民用价格，并应具备消防安全条件"。应该说，《关于加快培育和发展住房租赁市场的若干意见》的政策力度非常大，一是允许将商业用房等按规定改建为租赁住房，按照法无禁止即可为的原则，可以理解为商业用房、办公用房、企业用房按规定均可改为租赁住房。二是改建后的租赁住房，水电气执行民用价格。三是允许土地用途调整为居住用地。《关于在人口净流入的大中城市加快发展住房租赁市场的通知》收缩到了鼓励住房租赁国有企业参与国有厂房、商业办公用房等改建，主体范围缩小了，改建对象范围缩小了。上海市在《关于加快培育和发展本市住房租赁市场的实施意见》中提出，对于区域商办闲置过大，职住不平衡的，按照"以区为主、总量控制、守住底线"的原则，在符合规划要求，保证使用安全、消防安全、配套完善的前提下，由区政府牵头，组织相关部门进行综合评估，允许将商办用房等按照规定改建为租赁住房。

从各地实际执行情况，商办出让用地改建为租赁住房推进相对顺利，但其他用地包括划拨土地上的闲置办公楼、工业用地上闲置物业的改建等推进十分缓慢，民用水、民用气、民用电价格政策也基本没有落地。主要原因：一是文件没有明确"商业用房等"内涵，对"等"解释不清。二是地方政府担心扰乱土地市场，担心开发商以产业用途低价拿地，然后设法再改建为租赁住房。三是城市配套不完善，政府有关部门（主要是教育部门）担心改建为租赁住房后，要为其提供学校、交通等基础条件和配套设施，而周边原来的规划配置不能满足需要。四是涉及的部门多，缺少牵头部门，政策规范不明确。比如，消防验收规范模糊。2019年全国除深圳以外的多数地区，消防验收的前提是规划与报审用途一致。若原规划为商业的项目，报公寓经营用途，很多报验窗口不受理。结合《关于加快培育和发展住房租赁市场的若干意见》，涉及改建的项目，二次消防验收难以报验。部分可报验的项目，也因为租赁公寓缺乏明确的消防验收规范，导致验收不确定性高。另外，各地在租赁公寓的消防验收中，有的参照住宅，有的参照商业（办公），有的参照酒店，有的归为"出租屋"不用验收，即便同一个市不同的行政区的处理方式都可能差别很大。标准不清，给企业参与租赁住房建设、运营增加了很大的不确定性。

（三）鼓励专业机构投资经营租赁住房的税收优惠政策不落实，税负高

1. 经营环节税负高

根据我国税法，企业持有物业并经营出租的，需交纳的税收有：（1）房产税，按照房产余值计征的，年税率为 1.2%；按房产租金收入计征的，年税率为 12%（注：个人出租按 4%）；（2）增值税销项税，比率为 11%（2019 年已下调至 9%）；（3）企业所得税，为利润的 25%，综合税负重（见表 10 - 9）。尽管国家也十分重视对租赁业减税，一是《财政部　国家税务总局关于廉租住房经济适用房和住房租赁有关税收政策的通知》明确："对企事业单位、社会团体以及其他组织按市场价格向个人出租用于居住的住房，减按 4% 的税率征收房产税"，遗憾的是此条款适用范围仅限于物业性质为住宅的情况，而事实上企事业单位、社会团体很少有住宅物业可供出租，比较多的是非住宅物业；另一要求是向个人直接出租用于居住，这造成在以下两种情况下，租赁企业依然承担较高的房产税：（1）租赁企业自持的物业规划性质若为商办，尽管根据《关于加快培育和发展住房租赁市场的若干意见》可以用于租赁住房，但不适用减按 4% 的税率征收，依然需要按租金收入的 12% 交房产税；（2）租赁企业向其他企业租赁物业改造为长租公寓的，尽管物业的最终用途是向个人出租房屋，但因为其他企业是先将物业租给企业，再由租赁企业租给客户，无法享受减征政策。二是 2019 年《关于深化增值税改革有关政策的公告》已将提供不动产租赁服务增值税率从 11% 下调到 9%，但仍高于生活服务类增值税率（6%）。

收集分散式房源委托机构经营的税收政策不明确，如果将分散式住房租赁模式认定为不动产租赁服务，由于业主作为自然人出租自有房屋，享受增值税减免（月租金 10 万元以下增值税为 0），住房租赁企业进项税额缺失，造成名义税率即为实际税负，需要按照转租的租金收入以 9% 的税率缴纳增值税。如果将分散式住房租赁模式认定为生活服务类，则可按照实际增值部分（即租金差）以 6% 的税率缴纳增值税，税负较低。按照《关于加快发展生活性服务业促进消费结构

升级的指导意见》有关规定，住房租赁企业可享受生活性服务业的相关支持政策，目前从事分散式房屋托管方式的住房租赁企业普遍以此为依据，以租金差的 6% 进行缴税，但这一模式并未得到税务机关的认可。住房租赁企业相关税负如表 10-9 所示。

表 10-9　　　　　　　　　　住房租赁企业相关税负一览

环节	税种	资产取得方式			备注
		自投自建	购买等产权变更行为	租赁	
获取	契税	—	交易价格的 3% ~ 5%，一般为 3%，一次性缴纳	—	
	印花税	—	交易价格的 0.05%，一次性缴纳	合同约定承租租金 × 0.1% 每个月自行申报缴纳	
经营	城镇土地使用税	产权证载的用地面积 × 适用税率，按年征收，各地区征收额不同目前一般按 6 元/平方米/年		—	该两项税由房屋产权人缴纳
	房产税	房产租金收入 × 12%，个人名下的居住用房按 4% 征收		—	
	印花税	房租收入 × 0.03%，每个月自行申报缴纳			
经营	增值税销项税	租金收入 × 6%		国家为鼓励长租公寓业务发展设立优惠税率，住宅、公寓等居住性质用房用作长租业务可视同服务业按 6% 缴纳，其他性质用房需按 10% 缴纳	
	附加税	增值税应交额 × 12%			
	增值税可抵扣进项税	最少分 2 年抵扣，第一年折扣比例最高为 60%，第二年最高折扣比例为 40%；因金额较大，通常分多年直至全部抵扣完毕		取得的进项税额，包含租金、装修、运营、费用等	
	企业所得税	应税利润 × 25%			

资料来源：2019 年根据相关税收政策整理。

2. 发行 REITs 税负高

经营租赁住房项目具有现金流稳定但资金回收慢、投资回收期长等特点，通常需要发行 REITs 产品来融通资金。2017 年 10 月，"新派公寓权益型房托资产支持专项计划"作为首单长租公寓资产类 REITs 在深圳证券交易所获批，发行金额 2.7 亿元，打开了 REITs 的通道。租赁项目 REITs 市场的发展主要取决于租售比回归合理与租金收益率的长期稳定增长，其中税收也起着关键性的作用。目前发行 REITs 产品各环节的税收多（见表 10 - 10），突出的问题：一是企业所得税重复征税，在现行类 REITs 架构下，投资者取得的税后分配因不属于直接投资，不能享受免税优惠，导致重复缴纳所得税。二是土地增值税成为瓶颈，发起人将用作 REITs 项目的优质资产剥离成立项目公司，需要缴纳土地增值税，一些公司基于高额的土地增值税税负放弃了 REITs 项目的尝试。三是经营环节税负高，正如上一节所分析的，虽然国家十分重视对租赁业减税，但是其经营环节税负还是相当的高。

表 10 - 10　　　　　　　　发行 REITs 产品各环节的税收

环节	税种	计征方法
资产过户环节	增值税	原企业将营改增之前建造的不动产在营改增之后转让或投资于项目公司用于出租，原企业按 5% 缴纳增值税，项目公司按 9% 计算销项税额，与原企业直接出租按 5% 缴纳增值税相比，不仅提前缴纳了增值税，而且多缴了 4%
	企业所得税	原企业以转让方式销售不动产，需缴纳企业所得税，若以资产划转、公司分立方式办理资产过户，可根据《财政部国家税务总局关于企业重组业务企业所得税处理若干问题的通知》《财政部国家税务总局关于促进企业重组有关企业所得税处理问题的通知》等文件的规定，适用特殊性税务处理办法，暂不缴纳企业所得税
	土地增值税	根据《中华人民共和国土地增值税暂行条例》及其实施细则的相关规定，发起人转让不动产需缴纳土地增值税。根据《财政部国家税务总局关于企业改制重组有关土地增值税政策的通知》规定，非房地产企业以划转、分立方式办理资产过户，不征土地增值税，但对于房地产开发企业以划转或分立方式办理资产过户，需视同转让房地产，缴纳土地增值税
	契税	以转让方式办理资产过户需缴纳契税，但以母子公司划转、公司分立方式办理资产过户的，免征契税

环节	税种	计征方法
股权转让环节	企业所得税或个人所得税	发起人将其持有的项目公司100%股权转让给契约型私募股权投资基金，需缴纳企业所得税或个人所得税
资产运营环节	增值税	项目公司运营过程中应就不动产租赁收入缴纳增值税。见上述增值税分析
资产运营环节	房产税	见上述房产税分析
资产运营环节	所得税	项目公司运营过程中取得的不动产租金收入、不动产处置收入等需要缴纳企业所得税
项目退出环节	所得税	投资者就收益缴纳所得税

资料来源：根据相关税收政策整理。

（四）市场监管体系不完善，行业准入门槛过低

1. 法律法规建设严重滞后

至2022年统计，仅有住建部2010年印发的《商品房屋租赁管理办法》，约束力相对较弱。

2. 缺少专门的技术标准和管理规范

试点城市发展租赁住房过程中，发现缺乏上位法支持，国家对于集中式租赁住房的使用性质和功能无明确定义，具体建成何种形式也缺乏具体的技术标准和建筑设计规范。例如，工业厂房、商业用房等项目在改建过程中，对可改造的对象、范围、立面、节能、消防等都未有专门的规范性文件，给项目立项、规划、审批、建设、竣工验收、运营等带来了不确定性。更严重的是，在消防验收环节，部分城市以无对应规范为由，拒绝验收，导致项目无法开业。在实际操作中，各地只能参考住宅、宿舍、公寓、酒店旅馆等相关行业标准的近似条款，但是，租赁住房的使用功能与这些业态存在共同点和差异性，简单套用规范不能匹配新市民、青年人的发展需求。而且，实际操作中尺度也难以把控，可否套用、具体套用哪款标准往往取决于审批人员对该事项的理解，进而造成审批标准不统一，影响建设效率。例如，如果将集中式租赁住房笼统划为住宅，执行住宅的相关标准，由于住宅只对大堂和电梯厅有消防要求，而对室内空间的消防设施未作要求，就会导致租赁住房内缺少烟感喷淋等必要消防设施配置，不利于风险防范。部分城市对住宅小区的停车位按车户比1∶1～1∶1.5配置，而租赁住房的用户多为城镇中低收入家庭或初入职场的青年人才，对自有车辆需求并不强烈，

上海租住居民车户比需求在 0.2 : 1 ~ 0.4 : 1，如果租赁住房较大面积用于车位，很有可能导致大面积空置，而且也会增加项目开发成本。

3. 行业准入门槛低

目前，住房租赁企业无须备案和开业申报，主管部门难以实现有效监管。2019 年调研摸底，杭州有近 1 000 家企业从事住房租赁，而仅有 282 家纳入政府管理，大部分成为游离在监管之外的地下黑市。同时，取消了房地产经纪人职业资格许可，导致从业人员素质参差不齐。

4. 没有对租赁资金实行专项监管

租客缴纳的租金或企业利用"租金贷"取得的资金应当用于支付房东租金，但由于没有建立监管账户，企业可以随意支配，导致职务侵占、资金挪用等违法违规行为时有存在，并引发企业资金链断裂，青客租房、上海岚越、杭州友客、蛋壳公寓等一批租赁企业"爆雷"。2020 年以后，一些地方吸取教训，开始建立租赁监管账户。

5. 监管手段有限

目前的政府主要是针对供给总量上的干预，对于供求结构、租金价格、房屋质量等缺少有效手段，而且，由于缺乏"全覆盖"的租赁备案手段，导致"二房东""虚假房源""违规收费"等市场乱象频出。多部门联动协同机制有待完善。各部门租赁信息未能及时共享，尚未形成高效的联动协同机制。

这些问题的产生，既有历史原因的积累，也有相关政策不协调、不配套，更有地方政府思维惯性。特别是在土地资源紧张、地价水平高的局面下，作为民生保障的租赁住房项目既没有超额的土地出让收益金，又不能产生税收，相比招商引资项目和商品住宅用地的出让，地方政府无直接的动力支持租赁住房市场的发展，因此，尽管这些人口净流入的试点城市在支持和发展租赁市场方面作了积极的探索，但仍停留在点的突破，推进的难度大，试点工作未取得明显的成效，迫切需要寻找新的思路、新的发展模式。

第四节　大力发展保障性租赁住房的意义与政策要义

如何破解上述问题，2019 年住建部对全国 71 个大中城市，特别是 22 个房地产市场平稳健康发展长效机制试点城市的住房情况进行了书面调研，并组织专家、地方主管部门等各方力量，重点对广州、深圳、长沙、杭州、南京、沈阳、哈尔滨、郑州、成都 9 个城市开展了实地调研，本研究团队也参与了该项调研工作。调研得到的基本结论是，城镇户籍家庭住房困难问题已基本得到解决，住房困难群体主要集中在少部分城镇中低收入住房困难家庭以及部分新就业大学生和大量外来务工人员。少部分城镇中低收入家庭主要是子女结婚分户和劳动技能缺乏、就业不充分、收入水平低等原因引起的住房困难，总体来看，这部分群体规模不大，且已有公租房、棚改、旧改等保障途径。而量大面广的新市民、青年人"买不起房、租不好房"的问题突出，大量租住在城中村、老旧小区和棚户区中，问题更为突出。新就业大学生由于初入职场、没有经济积累，存在暂时性、过渡性的住房困难，需要政府给予阶段性支持，大部分人未来有潜力通过市场解决自身居住问题；外来务工人员由于流动性较大和部分工种的局限性，在工作地无稳定住所，经济收入低、住房消费能力弱，也需要政府的支持。这两个群体需要政府"补好位"，以解决他们的住房困难。新就业大学生和新市民规模大，现有的地方政府很难通过直接投资建设公租房或货币化给予保障，特别是人口净流入的城市，政府新增土地资源有限且区位条件不佳，过去的实践已经证明公租房选址偏、交通等基础设施和配套项目滞后，严重影响了入住率和舒适度。因此，如何通过政府给更多政策、广泛动员社会力量，主要利用存量资源建设面向新市民、青年人的政策性租赁住房被提上议事日程。

2019年12月，全国住房和城乡建设工作会议把"着力培育和发展租赁住房，促进解决新市民等群体的住房问题；加快推动住房保障体系与住房市场体系相衔接，大力发展政策性租赁住房"列为2020年住房和城乡建设部重点工作，并在2017年在人口净流入的大中城市开展住房租赁试点的基础上，进一步部署在沈阳、南京、苏州、杭州、合肥、福州、济南、青岛、郑州、长沙、广州、深圳、重庆13个城市开展完善住房保障体系试点工作，重点是大力发展政策性租赁住房。2020年上半年，成功推动中国建设银行与11个试点城市签订支持发展政策性租赁住房战略合作协议，支持建设120万套（间）政策性租赁住房。同时，指导各试点城市创新政策、积极发展政策性租赁住房。各试点城市通过新增租赁专项用地，利用企事业单位自有闲置土地、产业园区配套用地、集体建设用地和利用非住宅房屋改建等，多渠道增加政策性租赁住房供给，通过简化项目审批、设立专项资金资助、给予土地使用费减免等措施，建立促进企业积极参与发展政策性租赁住房机制，形成了一批可复制可推广的经验。但仍存在一些障碍因素，主要有：在现行政策体系下，地方政府提供低成本的租赁用地积极性总体不高，需要进一步压实地方主体责任；利用存量闲置或低效利用的工业和商办物业改建为租赁住房与现行《中华人民共和国土地管理法》《中华人民共和国城市规划法》相冲突，需要进一步明确变更程序；融资难、融资贵、综合税负重，无法享受税费优惠和民用水电气价格政策，项目收益平衡能力差，抗风险能力弱，企业缺乏积极性，亟须国家层面进一步出台文件予以支持。而纳入住房保障系列，意味着国家和地方政府可以给予更多的支持。为此，党的十九届五中全会首次在国家层面提出，有效增加保障性住房供给，扩大保障性租赁住房（原政策性租赁住房）供给。2020 年 12 月，中央经济工作会议进一步指出：解决好大城市住房突出问题，要高度重视保障性租赁房建设。土地供应要向租赁住房建设倾斜，单列租赁住房用地计划，探索利用集体建设用地和企事业单位自有闲置土地建设租赁住房，以降低租赁住房税费负担。2021 年《政府工作报告》强调：解决好大城市住房突出问题，通过增加土地供应、安排专项资金、集中建设等办法，切实增加保障性租赁住房和共有产权住房供给，降低租赁住房税费负担，尽最大努力帮助新市民、青年人等缓解住房困难。2021 年 4 月 30 日中央政治局会议进一步强调：要坚持"房子是用来住的、不是用来炒的"定位，增加保障性租赁住房和共有产权住房供给，防止以学区房名义炒作房价。2021 年 7 月国务院办公厅出台《关于加快发展保障性租赁住房的意见》，为促进各地加快发展保障性租赁住房提供了清晰的指引。

一、保障性租赁住房的内涵

《关于加快发展保障性租赁住房的意见》没有直接对保障性租赁住房下定义，但从明确对象标准、引导多方参与、坚持供需匹配、严格监督管理、落实地方责任五个方面阐述了保障性租赁住房基础制度。作为保障性租赁住房具有以下核心的特征：一是保障对象，主要面向符合条件的新市民、青年人等住房困难的群体。二是保障标准，以建筑面积不超过 70 平方米的小户型为主，租金低于同地段同品质市场租赁住房租金，准入和退出的具体条件、小户型的具体面积由城市人民政府按照保基本的原则合理确定。三是政府政策支持，保障性租赁住房由政府给予土地、财税、金融等政策支持。四是社会力量建设与运行，充分发挥市场机制作用，引导多主体投资、多渠道供给，坚持"谁投资、谁所有"，主要利用集体经营性建设用地、企事业单位自有闲置土地、产业园区配套用地和存量闲置房屋建设，适当利用新供应国有建设用地建设，并合理配套商业服务设施。五是政府严格监督管理，要求城市人民政府建立健全住房租赁管理服务平台，加强对保障性租赁住房建设、出租和运营管理的全过程监督，强化工程质量安全监管。保障性租赁住房不得上市销售或变相销售，严禁以保障性租赁住房为名违规经营或骗取优惠政策。

综上所述，我们认为保障性租赁住房是政府给予的政策支持，引导多主体投资建设与运行，限定建设标准，租金低于市场价格，接受政府监管，面向符合条件的新市民、青年人等住房困难的群体的中小户型租赁住房。

二、实施保障性租赁住房的意义

第一，推动住房保障理念的一次大变革。长期以来，我们在住房保障领域一直实施以政府为主导的小范围深度保障，保障的方式单一，以实物公租房和货币化补贴为主。实物公租房保障模式，政府投入的成本很高，管理成本很大，选址偏远，效率相对低下；货币化补贴尽管灵活方便，但是在供不应求的市场，将刺激市场租金价格上涨，且居民居住的稳定性欠佳、获得感不强。保障性租赁住房制度的推出，改变了住房供给要么政府干、要么市场干的二选一结构，引入政府给政策、社会力量积极参与的机制，一是符合新公共管理理论的核心精神之一，推进公共服务市场化和高效化，即利用社会力量和民间资源提高公共服务供给水平，政府从直接的供给方、管理方变为资源整合方和监管方；二是符合国际住房保障的趋势，美国、英国等经过上百年的探索，最终还是大量采用政府给予税收、财政补贴等支持社会力量建设与运行保障性住房的方式，有其合理性。因此，我国推进保障性租赁住房是用新的理念实施住房保障新的发展模式。

第二，加快推动住房保障体系与住房市场体系相衔接，完善了住房保障体系。一直以来，我国的住房保障体系与住房市场体系是隔离的。比如：公租房难以转化为市场住房；市场住房也很难转为保障性住房，造成资源低效利用。而保障性租赁住房的机制设计是相当灵活的，完全可以根据政府与企业的约定期限内用作住房保障，约定期结束变为市场商品住房，政府根据约定的期限长短给予不同的政策优惠。可解决以下资源有效利用问题：即在保障性住房资源不足时，政府动员社会力量、社会资源建设和运行保障性住房；当保障性住房供给量已能满足需求时，则更多地释放资源给市场。

第三，适应新移民、新市民需求特点，加快解决大城市新移民、新市民住房问题，促进实现以人为核心的新型城镇化。伴随着城镇化的快速推进，新市民和青年人向城市群集聚的趋势明显，他们主要是通过租房解决居住，一直以来大量地租住在城中村、老旧小区、棚户区和违章建筑中，安全隐患大，居住环境差，迫切需要与其经济能力相匹配的"一张床""一间房"或"一小套房"，希望能"租得到、租得起、租得近、租得好"，并能共享城市公共服务。建立保障性租赁住房制度，就是通过政策支持，动员社会力量拓新量、挖存量，在产业园区、高教园区、城市轨道交通附近，加大适合新市民和青年人需要的小户型、低租金房源供给，加快满足新市民、新就业群体、青年群体多层次租赁需求。

第四，推动加快建立"两多一并"的住房制度，促进住房市场健康发展。租购并举对于促进住房市场平稳健康发展具有重要意义和作用。但长期以来，住房市场一条腿短、一条腿长问题突出，单纯依靠市场发展租赁住房，由于盈利困难，回收期长，经营风险大，市场主体没有积极性。政策性租赁住房由政府从土地、审批、财税、金融等方面给予政策支持，有利于降低政策性租赁住房建设运营成本，有效破解当前租赁住房建设瓶颈，充分调动起农村集体经济组织、企事业单位、工业园区、房地产开发企业等市场主体的积极性，切实扩大保障性租赁住房供给，补齐租赁住房短板，优化住房供应结构，也有利于稳定市场租金，推动实现租购并举。

三、进一步加快发展保障性租赁住房的建议

《关于加快发展保障性租赁住房的意见》从进一步完善土地支持政策、简化审批流程、给予中央补助资金支持、降低税费负担、执行民用水电气价格、进一步加强金融支持，六大方面支持保障性租赁住房的发展，政策力度之大，前所未有。

《关于加快发展保障性租赁住房的意见》在土地支持政策上有多项重大突破：一是扩大了利用集体经营性建设用地建设保障性租赁用房的城市范围并赋予城市自主权，之前只有18个经自然资源部、住房和城乡建设部批准的试点城市，本次文件明确人口净流入的大城市和省级人民政府确定的城市，经城市人民政府同意，均可探索利用集体经营性建设用地建设保障性租赁住房。明确城市人民政府应支持利用城区、靠近产业园区或交通便利区域的集体经营性建设用地建设保障性租赁住房；农村集体经济组织可通过自建或联营、入股等方式建设运营保障性租赁住房，为住房租赁企业、房地产开发企业等市场主体建设运营保障性租赁住房提供参与渠道；建设保障性租赁住房的集体经营性建设用地使用权可以办理抵押贷款，解决建设项目融资问题。二是扩大利用企事业单位自有闲置土地建设保障性租赁住房的城市范围并赋予城市自主权。人口净流入的大城市和省级人民政府确定的城市，对企事业单位依法取得使用权的土地，经城市人民政府同意，在符合规划、权属不变、满足安全要求、尊重群众意愿的前提下，允许用于建设保障性租赁住房。之前只有经国务院有关部门批准的城市可以开展试点。该文件明确利用企事业单位自有土地建设保障性租赁住房，需变更土地用途，但不补缴土地价款，原划拨的土地可继续保留划拨方式，这大大降低了建设保障性租赁住房的成本。三是扩大产业园区配套用地建设占比提高的政策适用城市范围，人口净流入的大城市和省级人民政府确定的城市，经城市人民政府同意，可将产业园区中工业项目配套建设行政办公及生活服务设施的用地面积占项目总用地面积的比

例上限由 7% 提高到 15%，明确应相应提高产业园区配套建筑面积占比上限，明确提高比例增加的配套用地主要用于建设宿舍型保障性租赁住房，严禁建设成套商品住宅。四是利用非居住存量房屋改建保障性租赁住房，用作保障性租赁住房期间，可以不变更土地使用性质，不补缴土地价款。闲置和低效利用的商业办公、旅馆、厂房、仓储、科研教育等非居住存量房屋，经城市人民政府同意，在符合规划原则、权属不变、满足安全要求、尊重群众意愿的前提下，允许改建为保障性租赁住房。五是利用新供应国有建设用地建设保障性租赁住房，人口净流入的大城市和省级人民政府确定的城市，应提高住宅用地中保障性租赁住房用地供应比例，主要安排在产业园区及周边、轨道站点附近和城市建设重点片区等区域；保障性租赁住房用地可采取出让、租赁或划拨等方式供应，其中以出让或租赁方式供应的，可将保障性租赁住房租赁价格及调整方式作为出让或租赁的前置条件，允许出让价款分期收取；允许通过配建方式建设；鼓励在地铁上盖物业中建设一定比例的保障性租赁住房。

此外，大大简化审批流程，明确市县人民政府组织有关部门联合审查建设方案，出具保障性租赁住房项目认定书后，由相关部门办理立项、用地、规划、施工、消防等手续，并纳入工程质量安全监管。中央通过现有经费渠道，对符合规定的保障性租赁住房建设任务予以补助。利用非居住存量土地和非居住存量房屋建设保障性租赁住房，取得保障性租赁住房项目认定书后，比照适用税收优惠政策，即住房租赁企业向个人出租保障性租赁住房可选择适用简易计税方法，增值税按照 5% 征收率缴纳的减按 1.5% 计算；对企事业单位、社会团体以及其他组织向个人、专业化规模化住房租赁企业出租保障性租赁住房的，减按 4% 的税率征收房产税。对保障性租赁住房项目免收城市基础设施配套费。用水、用电、用气价格按照民用标准执行。支持银行业金融机构以市场化方式向保障性租赁住房自持主体提供长期贷款。支持向改建、改造存量房屋形成非自有产权保障性租赁住房的住房租赁企业提供贷款。在实施房地产信贷管理时，对保障性租赁住房贷款予以差别化对待。即不纳入房地产贷款集中度管控。

这些政策旨在解决项目落地难、经营成本过高、融资难的问题，让市场主体既能算得过账，又有项目落地的可能。对地方政府来言，主要是利用存量土地、存量房屋资源，减轻资源提供的压力小。国家顶层设计政策已经十分明确，也为各地筹建保障性租赁住房提供了政策通道。《关于加快发展保障性租赁住房的意见》下发后，各地积极响应，广东省提出在"十四五"期间建设筹措保障性租赁住房 129 万套/间，其中广州 60 万套/间，深圳 40 万套/间；浙江省 120 万套/间，其中杭州 30 万套/间，宁波 21.3 万套/间；上海市 47 万套/间；北京市 40 万套/间。在实际推进过程中仍遇到不少困难，为此，建议如下。

（一） 加强土地要素保障

（1）加强租赁住房规划和用地供应。人口净流入城市和房价收入比偏高城市，应把租赁住房用地作为完善城市功能配套的重要内容，纳入土地利用总体规划、城市规划和住房发展规划，住房建设规划中合理确定租赁住房供应规模，并在年度住房建设计划和住房用地供应计划中予以安排，确保在新增商品住房开发量中保持租赁住房的适度比例。各类园区（含总部基地、产业园区、大学园区等）应结合就业人口数量与结构，明确租赁住房用地保障，加大配套员工宿舍、商务公寓只租不售或限期销售用地的供应。

（2）完善租赁用地出让方式。新建租赁住房项目用地以招标、拍卖、挂牌方式出让的，出让方案和合同中应明确规定持有出租的年限、套型结构、建设标准、建成后住房租赁价格及调价机制，建成后房源纳入政府租赁监管体系。套型结构以 30～50 平方米单间或小户型为主。改变单一的一次性出让模式，保障性租赁住房建设用地可以采用出让、租赁或作价入股等方式有偿使用。鼓励地方政府探索先租后允许销售的用地出让，即约定建成后的前 10 年或 15 年用于保障性租赁住房，期满允许销售或继续租赁。

（3）大力鼓励独立选址大型企事业单位自建员工宿舍。鼓励和支持 1 000 人以上（日本 20 世纪七八十年代政府鼓励用工 400 人以上企业自建宿舍）独立选址的医院、高校、企业自建员工宿舍，行政办公及生活服务设施的用地面积占项目总用地面积的比例由 7% 提高到 15%，新增部分全部用于保障性租赁住房。鼓励中小微企业联合共建员工宿舍，所在园区应给予用地保障，土地用途与性质为工业配套用地。在用工合同中明确企业对职工住房保障的义务与责任，允许企业在缴存住房公积金和免费（低价）提供员工宿舍中进行选择，对选择居住在员工宿舍的，允许员工单方缴存住房公积金，继续享受住房公积金相关政策。

（4）鼓励低效利用的工业用房、商业用房等按规定改建为租赁住房。经城市行政主管部门同意，允许已建成并空置或低效利用的工业建筑、商业建筑等按规定改建为租赁住房，改建后的实际使用功能符合工程质量和消防审批要求。改建后的土地性质、使用年限和容积率不变，可将用途调整为租赁用房（对同意改建但不作用途调整的项目，政府有关部门出具允许作为租赁住房一定年限的使用许可证书），列入保障性租赁住房的不需补交土地出让金。浙江义乌市结合城西客运站地块和商贸站公交枢纽改扩建工程，重新规划，容积率分别从 0.5、0.48 提高到 3.0，提高的空间主要建设保障性租赁住房（规划约 2 578 套/间），用地性质不变、不补充出让金，值得推广。调整后用水、用电、用气价格应当按照民用标准执行，改建后的住房仅限租赁或整体转让，不得分割转让或以"以租代售"

等形式变相分割转让。

（5）挖掘农租房供给潜力，实现农民增收与新市民安居双赢。可推广杭州市钱塘区正在推进的共同富裕"农房租"模式，由国有平台和专业化租赁机构合作成立从事"农房租"的公司，政府—企业—个人联合多渠道筹集资金，进行微社区改造和出租房源重新装修；建立农居房出租交易平台，将房源推介到互联网平台，提高出租效率；多部门协同，整合统一地址库、房屋质量检测、流动人口数据库等，重塑农房出租基层治理流程，提高农房出租的品质与规范。

（二）提高金融支持力度

（1）发行租赁住房专项债券。人民银行每年应发行一定额度的租赁住房专项债券，由政策性住房金融机构承担具体放贷业务，专项债以竞争性方式分配。鼓励商业银行以低于 LPR（五年期）的利率支持租赁住房建设项目，低于 LPR（五年期）利率的部分由中央财政贴息。

（2）鼓励符合条件的住房租赁项目运营主体在资本市场通过发行公司债券、企业债券、中期票据、定向票据等市场化方式进行融资。鼓励项目公司发行项目收益债券、项目收益票据、资产支持票据等。投资建设租赁住房项目的负债不计入三条红线。列入保障性租赁住房项目的，可由地方政府提供增信担保，债券收益免税。逐步建立覆盖建设运营全过程，稳定的、低成本的融资机制。

（3）积极推动房地产投资信托基金（REITs）。简化产品发行程序，切实降低租赁住房投资信托基金发行环节的税费、中介费。发展 REITs 相关指数产品等，促进 REITs 流动性。

（4）鼓励社保资金和保险资金参与租赁住房项目。按照市场化原则，创新运用债权投资计划、股权投资计划、项目资产支持计划等多种方式参与市场化租赁住房项目、保障性租赁住房项目。

（5）住房公积金资金支持租赁住房发展。扩大住房公积金的资金来源渠道和使用范围，筹集的资金和部分增值收益可用于支持保障性租赁住房的建设运营，提升住房公积金使用效能。优先保障公租房、保障性租赁住房、纳入租赁监管平台的租赁住房的承租人，提取住房公积金支付租金。

（三）完善税收激励政策

（1）经批准并纳入租赁监管平台的租赁住房项目的房产税率，按房屋的余值1% 或租金收入的 4% 征收。纳入保障性租赁住房的项目，免房产税。

（2）经批准并纳入租赁监管平台的租赁经营企业的增值税率，参照生活服务类增值税率。经营保障性租赁住房项目可申请免房产税、城镇土地使用税和增值税。

（3）经批准并纳入租赁监管平台的租赁物业持有企业，可根据自身经营需要，选择缩短折旧年限或加速折旧方法，最低折旧年限不得低于企业所得税法实施条例第六十条规定折旧年限的 60%；采取加速折旧方法的，可采取双倍余额递减法或年数总和法。

（4）将住房租金支出纳入个人所得税专项附加扣除范围。建议最高抵扣额一线城市不超过 3 000 元、二线城市不超过 2 000 元，其他城市不超过 1 000 元。

（5）给予交易便利和税收优惠。利用新建土地开展保障性租赁住房项目结束后（如不低于 10 年或 15 年）出售用房的，按照新建商品房标准办理销售、不动产登记手续且对相关交易税费予以优惠。

（四）落实财政补贴支持政策

（1）支持保障性租赁住房筹集建设的财政政策。中央财政、省级财政和地方财政对利用租赁专项用地、集体建设用地、企事业存量用地新建的保障性租赁住房，应给予财政补贴。利用工业厂房、商业用房、闲置房屋、"城中村""城边村"改造等方式增加保障性租赁住房的项目也给予适当的资金补助。

（2）支持租赁住房运营管理的财政政策。扶持一批主营业务突出、竞争力强、示范性好的住房租赁企业，地方财政给予资金补助。

（3）建立保障性租赁住房专项建设贷款贴息补助。鼓励商业银行向保障性租赁住房项目提供长期贷款，可享受财政补贴或贴息补助。

（4）积极开展政府和社会资本合作（PPP）模式，鼓励地方政府以持有的国有土地入股，政府不参与项目基准收益水平线以下（LPR 利率）的收益分配，明确社会资本为优先债权人，对资产具有优先受偿权，降低社会资本风险回报率，降低经营成本，吸引专业化的租赁企业投资运营管理，不断提高管理和服务水平。

（5）建立竞争性分配财政补贴资金机制。建立由项目绩效、企业诚信等指标构成的分配住房租赁项目运行补贴的机制。

（五）落实民用价格，推进公共服务趋同化

（1）落实享受民水民电价格政策。各地要尽快落实《国务院办公厅关于加快培育和发展住房租赁市场的若干意见》第十二条中明确非住宅改建为租赁住房执行民水民电的规定，改建主体可以凭相关部门改建意见或项目认定书至供水供电公司办理民水民电价格手续。

（2）打通项目"办理营业许可—办理租赁合同备案—办理居住证—就业—办理医保、社保—积分落户、就学"全链条，确保租户能够享受义务教育、医

疗、就业等国家规定的基本公共服务。

（3）完善市政配套设施，应将租赁住房人口所需的基本公共服务纳入城市片区公共服务配套指标规划，根据配建规划同步配套建设教育、医疗、交通等市政基础设施和配套设施。

根据租赁群体生活的实际需要，完善项目内部生活服务设施配置，满足租户多元化需求。

（六）健全政策法规和标准规范

（1）地方政府要切实承担起"人人住有安居"责任，形成城市党委抓规划定目标、城市政府定任务抓落实，城市人大完善法规强监督，将发展租赁住房特别是保障性租赁住房工作纳入地方政府考核体系。

（2）各地要结合本地情况，出台租赁住房建设管理办法。明确功能定位、改建（新建）的范围和形式、建设条件和运管要求。对项目改建完全达到宿舍或旅馆验收标准的，应发放至少15年可用于租赁住房的规划用途许可证。

（3）住建系统加快制定租赁住房的建筑设计、消防验收、运营管理等行业标准，标准规范的制定要与实际使用人群居住需求相匹配，切勿简单套用其他规范或标准"一刀切"。

（4）完善审批管理办法和操作指引。加快出台利用存量土地、存量房屋新建或改建的项目审批规则和操作指引，自然资源和规划部门要加快研究完善租赁用地供给定价体系。

（5）成立跨部门协同机制，明确各管理审批环节的牵头部门和其他各部门的职责，各司其职，形成合力。建立绿色通道机制，对符合政策导向的项目，允许审批过程中，容缺受理和合并办理。

（七）强化舆论引导和市场监管

（1）加强信息公开和舆论引导。建立常态化信息发布机制，通过宣传教育，鼓励企业参与保障性租赁住房建设，增强企业的社会责任意识。加大对参与企业的表彰力度，强化示范引领效应。加强舆论环境的营造，发挥新闻媒体的舆论导向作用，增强企业参与项目的外在压力。

（2）加强保障性租赁住房项目监管力度。对获得政府优惠用地、低息贷款、财政补贴的项目纳入保障性租赁住房体系，建立价格管制机制。形成多部门、跨地域联合工作机制，严厉查处违法违规行为，严重失信企业及其法人纳入"黑名单"，且需退还所获得的补贴。

（3）建立保障性租赁住房绩效监测体系。以投入成本、土地价格、市场租金

411

水平等为核心指标，综合土地、信贷、房源供应量等为参考指标，对保障性租赁住房项目运行情况、供求水平、租金价格实施监测，建立跨部门信息共享机制，确保项目稳定、可持续运行。

（八）政府牵头统筹规划项目来源

地方政府主管部门定期牵头摸底调查所在辖区存量闲置商办用房、工业用房以及空置或低效使用的非住宅用地、集体用地，盘点项目来源，筛选具有发展潜力的项目。由政府向社会提供可改建、新建项目信息，召集社会力量参与建设，推动保障性租赁住房的落地实施。

第五节　本章小结

首先，本章运用空间计量模型，系统分析了我国 337 个地级以上城市（未包括省直辖县及港澳台地区数据）的租赁住房发展时空变化与影响因素。发现租赁住房高值区分布经历了"空间集聚"向"空间进一步集聚"的发展态势，2010年我国租赁住房高值区主要集中在北京、厦门、长三角城市群和珠三角城市群内部的部分城市，以及西部地区的部分城市；2020 年中国租赁住房高值集聚区分布以长三角地区、珠三角地区，以及福建和西藏的少数城市为主；2010～2020 年中国租赁住房发展变化的高值集聚区主要分布在东南沿海地区，以及云南、青海、新疆和西藏等省份部分区域。用面板数据回归发现，2010～2020 年我国租赁住房发展变化主要与人均 GDP 对数、租售比等解释变量具有显著的正相关，与二、三产业比例、住房价格对数等解释变量具有显著的负相关。

其次，重点剖析了我国租赁住房市场发展现状特征与存在的问题：我国租赁市场规模十分庞大，租赁需求相对集中在大城市及周边，房源供应以散户出租为主，市场化程度高，供不应求与供大于求并存，但存在着供求错配严重，租金收入比偏高、租售比偏低、企业投资租赁住房积极性不高，市场不规范、侵权案件多，租购不同权等问题。

最后，系统回顾和总结了我国培育和发展住房租赁市场的探索实践，从 2015年 1 月住房城乡建设部出台《关于加快培育和发展住房租赁市场的指导意见》，到选择广州、深圳、南京、杭州等 12 个城市开展培育和发展住房租赁市场试点实践，发现低成本租赁住宅用地供给、存量房改造审批、税收优惠、低利率长期性融资政策、租购同权等政策的落实难度非常大，严重妨碍租购并举制度的推进。在此基础上，深入阐述大力发展保障性租赁住房的背景与意义，解决量大面广的新市民、青年人"租不起房、租不好房"的问题，应该是政府给予政策支持，吸引多主体、多渠道提供与新市民、青年人经济能力相匹配的租赁住房，这是改变住房供给要么政府干、要么市场干"二选一"传统思维。引入政府给政策、社会力量积极参与的机制，是住房保障理念的大变革，有利于改变长期存在的住房保障体系与住房市场体系相隔离的状况，是推动加快建立"两多一并"住房制度的重要制度创新，《关于加快发展保障性租赁住房的意见》已明确了系统的政策支持，在落地过程中，仍须进一步从提高土地要素保障、金融支持力度、完善税收激励政策、落实财政补贴支持政策、推进公共服务趋同化等方面，加快保障性租赁住房建设和发展。

第十章　保障性租赁住房与住房制度完善

第十一章

销售型保障性住房与住房制度完善

销售型保障性住房是指面向有一定经济承受能力但又买不起商品住房的困难家庭提供产权型保障住房，实行封闭运行或约定住房上市交易的条件和所得价款分配份额的一种住房保障方式，满足保障对象"居者有其屋"的需求，是支持居民拥有自有住房的一项重要制度性安排。我国对销售型保障住房的探索，经历了经济适用住房、共有产权住房到 2023 年开始启动的配售型保障性住房 3 个阶段。

第一节　经济适用住房

一、发展演变

1998 年《国务院关于进一步深化城镇住房制度改革加快住房建设的通知》（以下简称《通知》）提出建立和完善以经济适用住房为主的住房供应体系，最低收入家庭租赁由政府或单位提供的廉租住房；中低收入家庭购买经济适用住房；其他收入高的家庭购买、租赁市场价商品住房。《通知》明确重点发展经济适用住房（安居工程），加快解决城镇住房困难居民的住房问题。要求新建的经济适用住房出售价格实行政府指导价，按保本微利原则确定。要求切实降低经济

414

适用住房建设成本，使经济适用住房价格与中低收入家庭的承受能力相适应，促进居民购买住房。

但各地实际执行的结果是偏离了原定政策设计的轨道，商品住房占据绝对的主体。1997～2003 年全国经济适用住房投资额仅占同期城镇住房投资总额的 12.59%，经济适用住房新开工面积仅占同期城镇住房新开工面积的 17.16%。[①] 经济适用住房推出的初期，其销售价格与商品住房价格差较小，一度曾面临销售难的困境，因此，各地放宽了准入门槛、扩大了户型面积、提高了楼盘建设标准，以致个别城市出现了开着豪车买经济适用住房的现象，引起舆论热议。鉴于经济适用住房在新增住房供给中占比不高和政策执行过程中存在的一些问题，2003 年国务院发布《关于促进房地产市场持续健康发展的通知》，提出房地产是国民经济的支柱产业，以商品住房作为住房供应体系的主体。2004 年国家进一步出台了《经济适用住房管理办法》，明确提出经济适用住房是指政府提供政策优惠，限定建设标准、供应对象和销售价格，具有保障性质的政策性商品住房。要严格控制在中小套型，中套住房面积控制在 80 平方米左右，小套住房面积控制在 60 平方米左右。规定：用地以划拨方式供应，免收城市基础设施配套费等各种行政事业性收费和政府性基金，项目外基础设施建设费用由政府负担；销售价格以保本微利为原则，房地产开发企业实施的经济适用住房项目利润率按不高于 3% 核定，市、县人民政府直接组织建设的经济适用住房只能按成本价销售，不得有利润。明确购房人拥有有限产权，购买经济适用住房不满 5 年，不得直接上市交易，购房人因特殊原因确需转让经济适用住房的，由政府按照原价格并考虑折旧和物价水平等因素进行回购；若满 5 年，购房人上市转让经济适用住房的，应按照届时同地段普通商品住房与经济适用住房差价的一定比例向政府交纳土地收益等相关价款，具体交纳比例由市、县人民政府确定，政府可优先回购；购房人也可以按照政府所定的标准向政府交纳土地收益等相关价款后，取得完全产权。这标志着经济适用住房进入规范发展期。与此同时，各地房地产市场进入繁荣期，地价房价快速上升，进一步削弱了地方政府投资建设经济适用住房的动力，经济适用住房开发量进一步降低，2004～2008 年全国经济适用住房投资额仅占同期城镇住房投资总额的 4.9%，经济适用住房新开工面积仅占同期城镇住房新开工面积的 6.84%。[②] 2007 年国务院出台了《关于解决城市低收入家庭住房困难的若干意见》，强调以廉租住房为重点、多渠道解决城市低收入家庭住房困难的政策体系，提出逐步扩大廉租住房制度的保障范围，改进和规范经济适用住房制度，经济适用住房供应对象调整为城市低收入住房困难家庭，并与廉租住房保

---

①② 《国家统计年鉴》（2004 年、2009 年）。

障对象衔接，缩小了经济适用住房保障范围，且要求建筑面积控制在 60 平方米左右。自 2008 年起，江西、广东、河北、辽宁、山东、江苏、河南、浙江等省份的部分或全部城市开始停止新建经济适用住房。2010 年住建部等部门出台了《关于加快发展公共租赁住房的指导意见》，2011 年国家发改委发布的《国民经济和社会发展"十二五"规划纲要》中提出完成 3 600 万套保障性住房安居工程建设任务，重点发展公共租赁住房，2012 年又发布《公共租赁住房管理办法》，公共租赁住房逐步成为保障性住房的主体，叠加对经济适用住房保障对象缺乏有效的甄选和管理机制，一些地方经济适用住房供应的社会效果不理想等，政府受到较大的社会压力，最终"逆向选择"，各地普遍停止了经济适用住房建设。

二、经济适用住房的争议

关于经济适用住房的争议一直较大。反对建设经济适用住房与支持建设经济适用住房的意见形成鲜明的对比。

反对建设经济适用住房的主要理由是：一是经济适用住房存在寻租行为。2002 年以后，随着各地商品住房价格快速上升，经济适用住房价格优势日趋明显。以杭州为例，2005 年市区商品房价格上升至 6 252 元/平方米，经济适用住房价格一直稳定在 3 000 元/平方米，存在逐利寻租空间，特别是一些地方政府没有严格把握准入标准或者没有有效手段把好申请关，对违规申请者惩罚不严、监管不力和委托代理失灵，导致一些经济条件较好的家庭挤占了稀缺保障房资源。二是经济适用住房供求失衡较严重。区位错配，部分经济适用住房选址偏远，交通等基础设施和配套项目滞后，影响了入住率和舒适度；户型错配，从2003 年 4 月起本课题组曾先后 6 次对杭州市居民的住房现状和购房意向进行了调查，从调研结果看，拟购买 70 平方米以下面积的住宅不到 10% 的比例，而开发的经济适用住房 60 平方米以下的小户型占据了很大的比例，[①] 造成"房等人"与"人等房"同时存在。三是有限产权具有法律和现实缺陷。1988 年《国务院关于印发在全国城镇分期分批推行住房制度改革实施方案的通知》就提出了"住房有限产权"概念。对于经济适用住房的产权性质，1994 年《城镇经济适用住房建设管理办法》、2004 年《经济适用住房管理办法》均未予以明确，但对其上市交易始终有所限制。2007 年《国务院关于解决城市低收入家庭住房困难的若干意见》提出经济适用住房属于政策性住房，购房人拥有有限产权。随后修订的

---

① 虞晓芬、潘虹：《杭州市经济适用房建设面临的问题及改革建议》，载于《经济论坛》2008 年第19 期。

《经济适用住房管理办法》第 30 条才明确规定经济适用住房购房人拥有有限产权，规定购买经济适用住房不满 5 年，不得直接上市交易，购房人因特殊原因确需转让经济适用住房的，由政府按照原价格并考虑折旧和物价水平等因素进行回购。购买经济适用住房满 5 年，购房人上市转让经济适用住房的，应按照届时同地段普通商品住房与经济适用住房差价的一定比例向政府交纳土地收益等相关价款，具体交纳比例由市、县人民政府确定，政府可优先回购；购房人也可以按照政府所定的标准向政府交纳土地收益等相关价款后，取得完全产权。正式通过法规方式明确了经济适用住房购房者享有完全的占有权、使用权和有限的处分权、收益权。但现实的问题是，2007 年之前就已经大量销售的经济适用住房，在销售时并没有明确上市时需按多少的比例向政府交纳土地收益等相关价款，引发群众的不理解。

支持建设经济适用住房的主要理由：一是产权型住房保障是满足"夹心层"群体实现"居者有其屋"的必要产品。拥有一套自有住房是许多家庭安居乐业的基础，以可承受的价格给"夹心层"保障一套经济适用住房，对家庭和谐、子女教育、家庭财富积累、幸福感提升以及扩大投资等均有十分重要的意义，而且是彻底解决中低收入者居住问题的重要途径。二是与出租型保障房相比，政府的负担轻、资金回笼快、管理压力小。三是经济适用住房价格稳定，成为改善市场供应结构的重要力量。以杭州为例，2000 年以后，市区商品住宅价格快速上升，中高价位住房占据市场绝对的主流，对 2006 年成交的商品住房统计，均价高于 6 000 元/平方米的楼盘占 7 成以上，户型 100 平方米以上的中大面积住房占 80% 以上。2007 年房价又经历一场快速上升，全年销售的商品住房中单价在 6 000 元/平方米以上的套数占近 90%，其中单价在 1 万元以上的占总销售套数的 32.17%。在这样的市场背景下，一直稳定在 3 000 元/平方米以下、以中小户型为主的经济适用住房成为改善商品住房结构的重要力量甚至唯一的力量，政府通过限价格、限购买对象建立起的封闭式市场有效地保护了中低收入者利益，满足了他们的居住需求。[1] 四是各地经济适用住房出现的一些问题，不是制度设计的问题，而是政策执行过程中的问题。如经济适用住房推出的初期，一度面临销售难的困境，地方政府急于去库存放低要求，放宽准入门槛，特别是政府部门之间掌握的居民家庭收入与资产信息没有实现共享，以至出现经济条件好的也购买了经济适用住房的情况，这些均是操作层面的问题。

最终，随着国家对住房保障思路由"售"为主转"租"为主、面向对象从

---

① 虞晓芬、潘虹：《杭州市经济适用房建设面临的问题及改革建议》，载于《经济论坛》2018 年第 19 期。

中低收入群体转向低收入群体，各地普遍停止了经济适用住房的供给，加剧了高房价城市夹心群体通过自身努力拥有一套自有住房的难度。

第二节　共有产权住房

一、发展演变

随着各地在 2010 年前后全面停止经济适用住房供应，其基本的现实情况是：住房困难的低收入家庭申请政府公租房（含廉租住房），不符合申请条件的向市场租房或购房，向市场买房成为除继承、赠予之外居民拥有住房所有权的唯一选择。但各地房价持续上涨，不仅把中低收入家庭排挤出了商品住房市场，部分城市甚至出现中等收入群体也难以通过自身的力量购买商品住房，形成了规模较大的夹心阶层，而这些群体对拥有住房产权的呼声尤为强烈。

各地积极主动探索适合居民需求、更公平公正的住房保障方式。共有产权住房是经济适用住房的升级版或完善版。从我国第一个城市试点共有产权住房，按照共有产权住房推进的广度和深度，其发展过程划可分为四个阶段：第一阶段从 2007 ~ 2013 年，为地方自主实践阶段；第二阶段从 2014 ~ 2016 年，为国家推广试点阶段；第三阶段从 2017 ~ 2020 年，为试点经验扩散阶段；第四阶段从 2021 年 6 月至 2023 年 8 月，国家鼓励发展阶段。共有产权住房的发展阶段如表 11 - 1 所示。

表 11 - 1　　　　　我国试点共有产权住房的发展历程

时间	阶段	内容
2007 ~ 2013 年	地方自主实践阶段	江苏淮安、湖北黄石和上海开始自主实践
2014 ~ 2016 年	国家推动试点改革阶段	2014 年，住建部明确北京、上海、深圳、成都、黄石、淮安 6 个城市为全国共有产权住房试点城市，并发布《关于试点城市发展共有产权性质政策性商品住房的指导意见》
2017 ~ 2020 年	试点经验扩散阶段	住建部《关于支持北京市、上海市开展共有产权住房试点的意见》明确发展共有产权住房是加快推进住房保障和供应体系建设的重要内容

418

时间	阶段	内容
2021~2023 年	国家鼓励发展阶段	2021 年《关于国民经济和社会发展第十四个五年规划和 2035 年远景目标纲要的决议》明确，要因地制宜发展共有产权住房
		2021 年 7 月国务院办公厅《关于加快发展保障性租赁住房的意见》，明确我国的住房保障体系以公租房、保障性租赁住房和共有产权住房为主体

资料来源：根据相关文件整理。

2007~2013 年：地方自主实践阶段。2007 年江苏淮安在全国率先推行共有产权住房，将经济适用住房划拨土地变为出让土地，政府给予保障对象货币化补贴，按购房人和政府各自的出资比例构成共有产权，约定五年内保障对象可以原价购买政府持有的产权，开启了我国共有产权住房的探索之路。在这个阶段，淮安市出台了《淮安市市区保障性住房建设供应管理办法》（2007）、《淮安市共有产权拆迁安置住房管理办法》（2009）、《淮安市共有产权经济适用住房管理办法》（2011）和《淮安市共有产权经济适用住房制度创新试点实施方案》（2013）等一系列指导性文件，规范和引导共有产权住房更好地发展。2009 年上海开始探索建立共有产权保障房制度，保障对象坚持家庭收入和人均住房面积"双困"标准，准入条件稳步放宽，持续扩大住房困难家庭保障范围。2009 年黄石在棚户区改造中开始推行"共有产权"模式。总体来看，这一阶段的共有产权住房制度并未受到国家层面足够的重视。

2014~2016 年：国家推动试点改革阶段。随着地方自主实践的推进，2014年 4 月，住建部发布《关于做好 2014 年住房保障工作的通知》，确定北京、上海、深圳、成都、淮安和黄石为共有产权住房试点城市；2014 年 12 月，住建部印发《关于试点城市发展共有产权性质政策性商品房的指导意见》，进一步规范和促进试点城市发展政策性商品住房。共有产权住房由地方自主实践阶段进入到国家推动试点改革阶段，此后地方试点力度加大。2014 年 9 月，淮安市发布《淮安市全国共有产权住房试点工作实施方案》；张家港市发布《共有产权经济适用住房管理办法》；2015 年 7 月，南京市发布《保障性住房共有产权管理办法（试行）》，积极探索保障性住房分配管理和产权处置制度的新途径；2016 年，上海市发布《上海市共有产权保障住房管理办法》《上海市共有产权保障住房供后管理实施细则》等一系列文件，进一步规范发展共有产权保障住房。

2017~2020 年：试点经验扩散阶段。2017 年 9 月，住建部印发《关于支持北京市、上海市开展共有产权住房试点的意见》，明确发展共有产权住房是加快推进住房保障和供应体系建设的重要内容，共有产权住房由国家推动试点改革阶段进入试点经验扩散阶段，一些城市开始尝试发展共有产权住房。北京市 2017 年 9 月开始，印发了《北京市共有产权住房管理暂行办法》《北京市共有产权住房规划设计宜居建设导则（试行）》《北京市共有产权住房价格评估技术指引（试行）》等一系列文件。同年，福建发布《关于进一步加强房地产市场调控八条措施的通知》，支持福州、厦门合理安排共有产权住房用地。2018 年 3 月海南省印发《关于进一步完善我省住房保障和供应体系的意见》，要求发展共有产权住房，满足本地住房困难群众的基本住房需求。2018 年 6 月广东省住建厅印发《关于开展共有产权住房政策探索试点的通知》，提出在广州、深圳、珠海、佛山、茂名 5 个城市先行探索试点共有产权住房政策，试点时限为 1 年。2019 年 2 月江苏省张家港市印发《关于张家港市保障性住房购房补贴发放规定的通知》，政府将按照一定标准向符合住房保障条件的中低收入住房困难家庭购买张家港市普通商品住房或存量住房（二手房）用于自住时发放购房货币补贴，购房补贴属于共有产权保障性住房的货币化保障形式。西安市在 2018 年推出《西安市共有产权住房建设管理实施细则（试行）》基础上，于 2019 年 6 月停止经济适用住房、限价商品房购房资格审核，全面开展共有产权住房购房资格审核。2019 年上海市修订了《上海市共有产权保障住房管理办法》和《上海市共有产权保障住房供后管理实施细则》，进一步扩大共有产权保障住房保障范围；并于 2020 年 6 月制定了《上海市共有产权保障住房标准和供应标准》，完善了共有产权住房的法律保障体系。2020 年 7 月广东省住房和城乡建设厅等六部门联合发布《关于因地制宜发展共有产权住房的指导意见》，加大政府对共有产权住房建设的投入，各地可将人才住房纳入共有产权住房，共有产权住房建筑面积不超过 120 平方米，承购人产权份额原则上不低于 50%。2020 年 8 月无锡市政府出台了《无锡共有产权保障房管理暂行办法》。

2021 ~ 2023 年：国家鼓励发展阶段。2021 年《政府工作报告》指出，要切实增加共有产权住房供给。第十三届全国人民代表大会第四次会议上通过的《关于国民经济和社会发展第十四个五年规划和 2035 年远景目标纲要的决议》明确，要因地制宜发展共有产权住房。2021 年 7 月国务院办公厅印发《关于加快发展保障性租赁住房的意见》，明确我国的住房保障体系以公租房、保障性租赁住房和共有产权住房为主体。同时，杭州、宁波、合肥等房价上涨快、人口净流入量大的城市出台管理办法，发展共有产权住房。2021 年 7 月杭州市发布《共有产权保障住房管理办法（征求意见稿）》，2021 年 12 月 1 日正式发布。2021 年 10 月，宁波市发布了《共有产权住房管理办法（试行）（征求意见稿）》，2022 年 2 月 8 日正式发布。无锡于 2021 年 9 月制定了《无锡市区共有产权保障房管理实施细则（试行）》，2023 年 6 月印发《无锡市市区共有产权保障房管理办法的通知》。深圳 2023 年 7 月发布《深圳市共有产权住房管理办法》。

2023 年 8 月国务院下发《关于规划建设保障性住房的指导意见》（以下简称《意见》），明确地方人民政府应当对用于销售的人才住房、共有产权住房等政策性住房的政策进行梳理，将新建项目调整为《意见》规定的用于配售的保障性住房或商品住房。各地停止了新建共有产权住房项目。

二、各城市共有产权住房模式比较

共有产权住房是指政府限定建设标准与购买对象，政府与购房者共同承担住房建设成本，在合同中明确双方的产权比例及将来退出过程中所承担的权利义务的保障性住房。在具体实践过程中，各地做法不一。本节从共有产权住房的保障对象、销售定价和户型面积、个人产权比例、房源筹集用地情况以及政府产权管理等方面对主要城市的共有产权住房政策作了对比分析。

（一）保障对象和准入条件

各城市的共有产权住房面向的对象不同，主要可以分为四类：一是面向中低收入者或家庭，实施城市为淮安、黄石、上海、佛山、烟台、张家港和无锡。二是面向中低收入家庭和人才，实施城市有福州、南京和宁波。三是面向人才，实施的城市有青岛、珠海、西安。四是面向无房家庭或者符合本市限购要求的家庭，实施的城市有北京（符合限购要求）、广州、大连、茂名和杭州。广州、大连、茂名和杭州主要面向本地户籍无房家庭或无房人才，北京的面向对象为符合限购要求的本市户籍居民和非本市户籍的无房家庭或单身居民。

（二）房源筹集和用地情况

各城市的共有产权住房的房源筹集渠道呈现多样化。大多数城市的共有产权住房筹集方式为集中新建、在商品房中配建、统购商品房剩余房源和由其他保障性住房转化。用地性质有划拨和出让两种方式（见表 11-2）。

表 11-2　　　　　　　　　房源筹集和用地情况

城市	房源筹集	用地情况
淮安	（1）实物配售。 （2）棚改助购。 （3）政府货币补贴助购普通商品住房。 （4）政府和企业联合出资助购普通商品房。 （5）政府提供的公租房实行租售并举	按照国家和省有关经济适用住房规定程序办理征转用报批手续，并按限房价、定低价的方式进行挂牌出让

续表

城市	房源筹集	用地情况
上海	（1）单独选址集中新建。 （2）商品住房项目配建	行政划拨供地：凡是经上海市房地资源局认定为共用产权住房建设项目，不管是单独选址还是配建的建设用地的部分，都采取行政划拨方式供地
北京	集中新建	建设用地采取"限房价、竞地价"、"综合招标"等多种出让方式
南京	（1）政府集中新建房。 （2）普通商品住房项目中配建保障性住房。 （3）政府收购用于住房保障的普通商品住房	政府委托建设的共有产权保障房项目建设用地以划拨或者出让方式优先供应
西安	（1）集中新建。 （2）统购社会房源。 （3）商品住房配建、单位自建等方式	采用土地出让方式
广州 佛山 珠海 茂名	（1）政府自行组织集中新建。 （2）通过"限房价、竞地价"等方式交由房地产开发企业集中新建。 （3）通过"竞配建"等方式交由房地产开发企业在普通商品住房项目中配建。 （4）收购符合要求的新建商品房或二手住房。 （5）盘活符合要求的公租房、经济适用住房、限价商品住房、直管公房、棚改安置房等。 （6）接受捐赠等其他合法途径筹集	政府自行组织集中新建的共有产权住房项目采用行政划拨方式供地。房地产开发企业集中新建或房地产开发企业在普通商品住房项目配建的共有产权住房项目原则上采用招标、拍卖、挂牌方式供地，鼓励采取"限房价、竞地价""竞配建"等出让方式
福州	（1）集中配建共有产权住房项目。 （2）货币型补贴（从新建商品住房中选购）	行政划拨供地（配建）
青岛	存量商品房中选取	无
烟台	（1）集中新建。 （2）从已建成的保障性住房中筹集	建设用地采取"招拍挂"的方式公开出让

422

城市	房源筹集	用地情况
张家港	（1）集中新建。 （2）货币型补贴	行政划拨（共有产权房建设用地在申报年度用地指标时单独列出，确保优先供应）
无锡	集中新建	划拨土地、出让土地
大连	（1）商品住宅项目配建。 （2）盘活存量房源（经济适用住房）	配建同类型的共有产权住房，配建的共有产权住房竣工备案后，由开发建设单位无偿移交专营机构
杭州	（1）集中新建：划拨土地、出让土地。 （2）既有房源转化	划拨土地、出让土地
宁波	集中新建。 商品住房项目配建。 既有房源转用	划拨土地、出让土地

资料来源：根据各地已出台的文件整理。

（三）销售定价和户型面积

各城市对共有产权住房的销售定价主要分为两类：一类是完全产权价格比市场评估价格低，实施的城市是淮安、上海、北京、南京、烟台、青岛、张家港、杭州。这些城市在出售共有产权住房时在价格上对购房人先作适当让利，销售价格一般比市场价下浮10%~15%；另一类是按市场价格销售，参考同时期、同地段、同品质普通商品住房的市场价格确定。实施的城市是西安、广州、佛山、珠海、茂名、福州、大连、黄石、宁波等。

共有产权住房的户型面积主要以90平方米以下的中小户型为主。北京和珠海规定共有产权住房面积不超过100平方米，西安不超过144平方米，茂名不超过120平方米，但现有实际建成的共有产权住房面积基本都在90平方米以下。销售定价和户型面积如表11-3所示。

表11-3 销售定价和户型面积

城市	销售定价	户型面积
淮安	房屋配售价格一般低于同区段、同期楼盘商品住房市场销售价格的10%左右	共有产权房单套的建筑面积，家庭人口3人以内（含3人）的，控制在60平方米左右；家庭人口4人以上（含4人）的，可以适当放宽，最高不超过90平方米

续表

城市	销售定价	户型面积
上海	根据周边同类型商品住房市场成交价格下浮10%~15%	面积在40~80平方米之间。 户型：一房、两房和三房
北京	根据共有产权住房项目同地段、同品质普通商品住房价格下浮10%	严格控制套型建筑面积60平方米以下的套型比例，主城六区最大不超过90平方米；其他区90平方米以下的占建设总量的70%以上，最大不超过120平方米
南京	共有产权保障房的供应价格实行动态管理，由市物价部门按照略低于周边同品质、同类型普通商品住房实际成交价格标准核定	以中小户型为主，单套建筑面积原则上不超过90平方米。 供应给低收入住房困难家庭的套型按人口分配，其中1人户45平方米左右，2人户55平方米左右，3人及以上户65平方米左右
西安	市场评估价	控制在90平方米左右，最大不超过144平方米
广州佛山	参考同时期、同地段、同品质普通商品住房的市场价格确定	以建筑面积90平方米以下的中小套型为主，户型有一房、两房、三房
珠海	参照区内同区域相同建设标准商品住房的市场价格确定	以中小户型为主，建筑面积控制在100平方米以下。 可以建设住宅总建筑面积10%以内的大户型住房（高层次人才专用），但建筑面积不得超过150平方米
茂名	参照区内同区域相同建设标准商品住房的市场价格确定	共有产权住房建筑面积不超过120平方米
福州	（1）从商品住房项目中选购人才共有产权住房，以网签价格为准。 （2）从面向社会公开供应的共有产权住房项目选购，以政府公布的共有产权住房销售价格为准	套型标准为45、60、75、90平方米
烟台	以与其相同或相近地段的同类型普通商品住房上一季度平均成交价格为基准下浮10%	单套建筑面积控制在90平方米以内

城市	销售定价	户型面积
青岛	购买价格原则上低于市场团购价格	第一层次人才不限面积；第二层次人才限制 180 平方米（含）以下；第三层次人才限制 160 平方米（含）以下；第四层次人才限制 140 平方米（含）以下；第五、第六、第七层次人才限制 120 平方米（含）以下
大连	共有产权住房市场价格由专营机构委托第三方独立专业机构评估确定	单套建筑面积原则上控制在 90 平方米以下，套型设计、功能布局应合理
张家港	（1）可享受面积内的基准价，综合考虑开发建设成本核定。（2）可享受面积以外部分的价格，参照同地段同类型普通商品房的平均价格水平适当下浮予以核定	单身、单亲家庭以及配偶户口不在本市的家庭，面积标准为 37.5 平方米；其他家庭可享受面积标准为 75 平方米
无锡	共有产权保障房销售价格实行政府定价，由市发展改革部门会同市住房城乡建设、财政、自然资源规划部门制定	一室户单套建筑面积原则上不超过 65 平方米，二室户单套建筑面积原则上不超过 90 平方米。可少量配置建筑面积 95 平方米左右的三室户
杭州	划拨土地共有产权住房项目销售基准价按同地段、同类型商品住房市场价格合理优惠后确定	以中小套型为主
宁波	参考相近时期、相邻地段商品住房销售价格	以中小套型面积为主
深圳	购房人产权份额按照项目销售均价占同期同区域同品质商品住房市场参考价格的比例确定，原则上不低于 50%；其余部分为政府产权份额	三人以下家庭或者单身居民配售建筑面积为 65 平方米左右；四人以上家庭配售建筑面积为 85 平方米左右；建筑面积为 85 平方米左右的房源，可以根据实际情况面向三人家庭配售

资料来源：根据各地已出台的文件整理。

（四）个人产权比例

各个城市对共有产权住房的个人产权比例的规定不同，主要分为三类：

一是政府规定固定的产权比例。实施城市为珠海、青岛、张家港、福州、黄石、无锡。黄石和张家港要求个人产权比例为70%，福州要求个人产权比例为60%。珠海和青岛供应的是人才共有产权住房，要求个人购买产权比例为70%。无锡要求个人产权比例50%。

二是政府规定产权比例区间或个人产权比例下限，根据项目不同规定不同的个人产权比例区间供购房人自行选择。实施城市为淮安、南京、烟台、大连、宁波和杭州。烟台个人购买产权份额有60%、70%、80%三档。杭州个人购买的产权比例为50%～80%。宁波要求个人产权比例不低于60%，不高于80%。淮安、大连和南京设立个人产权比例下限，若以产权共有的形式购买商品房，淮安要求个人产权比例不低于70%，产权共有的形式购买公租房，个人产权比例不低于60%。大连个人购买比例下限为60%。南京个人购买比例下限视购买对象而定。

三是根据项目销售定价确定产权比例。采用土地出让时"限房价、竞地价"方式集中新建的共有产权住房项目，按土地出让时确定的最高销售单价占市场评估价的比例确定承购人持有的产权份额比例，其余部分为市政府产权份额。实施的城市为上海、北京、西安、广州、佛山、茂名，个人产权比例不低于50%。其中上海在划拨土地上集中新建的共有产权住房项目，个人产权比例按项目销售基准价格占相邻地段、相近品质商品住房价格的比例予以合理折让后确定（见表11-4）。

表11-4　　　　　　　　　　　个人产权比例

城市	个人产权比例要求
淮安	政府货币补贴助购商品房、政府提供公租房先租后售，要求个人产权比例不低于60%；政府和企业联合出资助购商品房，要求个人产权比例不低于70%
上海	购房人产权份额按照共有产权保障住房销售基准价格占周边普通商品住房市场价格的比例予以合理折让后确定，但购房人产权份额应不低于50%
北京	购房人产权份额参照项目销售均价占同地段、同品质普通商品住房价格的比例确定。购房人产权份额大致在40%～85%之间，主要集中在50%～60%之间
南京	首次购买的产权份额，城市低收入住房困难家庭不得低于50%，城市中等偏下收入住房困难家庭不得低于70%，其他保障对象不得低于80%
西安	共有产权项目产权份额实行差异化管理，个人产权比例在50%～80%之间，高房价片区，个人产权比例相对低，低房价片区则反之

城市	个人产权比例要求
广州 佛山 茂名	购房人产权份额不低于50%，同批次销售的同一项目的产权份额相同。 采用土地出让时"限房价、竞地价"方式集中新建的共有产权住房项目，按土地出让时确定的最高销售单价占市场评估价的比例确定承购人持有的产权份额比例，其余部分为市政府产权份额。 除土地出让时"限房价、竞地价"方式集中新建的共有产权住房项目外，按同批次销售的整个项目销售均价占市场评估价的比例确定承购人持有的产权份额比例，其余部分为市政府产权份额
珠海	个人和政府共同持有，个人持70%产权，政府持30%产权
福州	购房人持有60%产权份额，剩余40%份额由政府或政府指定的机构代持
烟台	自2020年起，承购人购买的产权份额比例由70%调整为60%、70%、80%三个档次，由承购人根据自身支付能力自主选择
青岛	购买共有产权住房的一至七层次的人才，其与区属国企的产权比例为7:3
大连	共有产权购房人原则上持有不低于60%产权份额，专营机构按照政府确定的市场价格及销售比例将共有产权住房出售给共有产权购房人
张家港	可享受面积内产权份额比例确定为7:3。即个人70%产权，政府30%产权
无锡	共有产权保障房产权份额按照保障对象与政府各占50%确定
杭州	购房人根据支付能力选择50%~80%之间的产权份额比例
黄石	实际承租人首次购买产权比例不低于70%，第二次购买剩余30%
宁波	承购人产权份额原则上不低于60%，不高于80%，同批次销售同一项目的产权份额相同。其余部分为政府产权份额

资料来源：根据各地已出台的文件整理。

（五）产权管理

对于增购政府产权份额的规定，主要有三类，一是不允许增购政府产权，封闭式运营。实施的城市：北京、广州、佛山、茂名。二是允许增购政府产权，转化为商品房。实施的城市：上海、黄石、淮安、南京、西安、烟台、大连、张家港、无锡、杭州和宁波。三是政府产权有条件赠与，转化为商品房，主要针对人才共有产权住房，实施的城市有珠海、福州、青岛。珠海的购房人才在珠海高新区连续工作10年可获赠政府产权份额。青岛对属于一至四层次的人才在青岛工作满8年后可获赠政府的30%产权。福州购房人才在福州工作满12年可获赠政府持有的全部产权。

允许增购政府产权的城市，对增购政府产权的价格的规定，有两种：一是满足增购政府产权条件后，按届时的市场价格增购，实施的城市是上海、西安、大连、张家港、杭州，规定购房 5 年后按届时市场评估价增购政府产权。二是鼓励增购政府产权，给予购房人选择增购价格的权利。淮安、南京、大连、无锡允许购房人购房 5 年内按原购买价格增购政府产权，购房 5 年后按届时市场价格增购。烟台规定购房 5 年后按届时计税评估价和原配售价格"孰低"的原则确定增购政府产权的价格。黄石规定共有产权购房人首次购买份额满 3 年后可按原购买价格买断剩余份额。宁波规定承购人取得不动产权证书满 4 年（含）、未满 5 年（不含），可按原购房价格一次性购买政府产权份额。

对于个人产权上市的规定，主要分为四类，一是购买共有产权住房满 5 年方可转让个人产权份额，不满 5 年不允许转让。实施的城市有淮安、上海、北京、南京、西安、佛山、茂名、珠海、大连和张家港。二是购房家庭取得完全产权之前不允许转让个人产权份额。实施的城市是福州、烟台、青岛和黄石。三是购买共有产权住房满 10 年方可转让个人产权份额，实施的城市是杭州和宁波。四是满足城市的住房限售年限要求之后方可转让个人产权份额，实施的城市为广州（见表 11 – 5）。

表 11 – 5　　　　　　　　增购政府产权和个人产权上市

城市	增购政府产权	个人产权上市
淮安	购房 5 年内可以按照原购买价增购政府产权；政府产权部分免交租金。 购房 5 年后可以按照届时市场价增购政府产权。政府产权部分按市场价 90% 征收租金	购买共有产权房满 5 年（以房屋权属登记日期为准）的，可以上市交易，按照市场评估价交易。 未满 5 年的，不得直接上市交易
上海	户籍家庭购房 5 年可按届时市场价增购政府产权。 非户籍家庭不能增购政府产权	取得不动产证未满 5 年的，回购价款为原销售价款加按中国人民银行同期存款基准利率计算的利息。 满 5 年的，回购价款按照届时市场评估价执行
北京	（1）免交政府产权部分的租金。 （2）承购人不得增购政府产权份额	取得不动产权证未满 5 年的，不允许转让房屋产权份额。 取得不动产权证满 5 年的，可按市场价格转让所购房屋产权份额

续表

城市	增购政府产权	个人产权上市
南京	自首次购买产权 5 年内，保障对象分次按原购买价购买剩余产权份额。 购买产权 5 年后购买政府产权的价格根据届时市场价评估确定	自购房发票记载时间 5 年后，共有产权保障房可上市交易，交易价格按届时市场价执行
西安	申购满 5 年且取得不动产权证，可按届时市场价一次性购买剩余产权。 政府产权有偿使用：支付市场价 70% 的租金	申购不足 5 年不得转让房屋产权份额。 申购满 5 年且取得不动产权证可按届时市场价格转让所持产权份额
广州	共有产权住房产权流转实行封闭运行，不允许增购政府产权	满足本市住房限售年限，承购人可转让所持产权份额，受让人应当具有购买共有产权住房资格，代持管理机构在同等条件下享有优先购买的权利
佛山茂名	承购人无须缴纳政府产权部分的租金。 承购人不得分割个人产权份额以及增购政府产权份额	满足购买不少于 5 年等条件的，承购人可按届时市场价转让给具有申购意向的申请人。 购买不满 5 年的，不得转让
珠海	申请人购买共有产权住房后在高新区内企业连续工作满 10 年的，政府将 30% 共有产权赠与共有人，个人获得 100% 产权，并可上市交易	购买不满 5 年终止在高新区工作，由住房管理单位按原购房价格及已付购房款的利息予以回购。 购买满 5 年不满 10 年终止在高新区工作的，所购住房可上市交易
福州	购房人才工作满 2 年后，从第 3 年开始每满 1 年免费获得市国有房产管理中心持有的 10% 产权份额。满 12 年后，购房人才获得全部产权份额，房屋权属性质转为完全产权商品住房。 政府产权部分免租金	由人才申请购买市国有房产管理中心持有的所有产权份额，房屋权属性质转为完全产权商品住房后，方可上市转让。 人才放弃购买的，由市国有房产管理中心赎回人才所持有的所有产权份额，并收回住房
烟台	承购人自缴纳契税完税之日起 5 年内，原则上不得增购不动产份额。 承购人自缴纳契税完税之日起 5 年后，可向出售人增购不动产份额。增购价格原则上按届时计税评估价格计算，计税评估价格低于原配售价格的，按原配售价格计算	承购人原则上不得向出售人减少或退出不动产份额。 承购人在未取得共有产权住房的全部不动产份额之前，不得将住房直接上市交易。 承购人已经取得全部不动产份额的，可以自行上市交易

429

城市	增购政府产权	个人产权上市
青岛	属于一至四层次的人才，在城阳区范围内工作并享受共有产权政策满 8 年后，无偿赠送 30% 产权。 属于五至七层次的人才，自办理完购房网签之日起满 5 年后，由个人将区属国有企业持有的 30% 产权回购，回购价格按照"孰低"原则	在取得完全产权之前不允许转让个人产权份额
大连	签订购房合同未满 5 年，可按购买时市场价格增持产权份额。 签订合同满 5 年的，应按届时市场价格增持产权份额。 购房人签订合同满 10 年仍未购买完全产权，应缴纳政府持有产权份额租金，租金标准由专营机构依照届时房屋租赁市场价格确定并收缴	签订购房合同满 5 年且取得完全产权后，住房方可上市交易。 购房人在取得完全产权之前不得另购住房。 购房人通过购买、继承、受赠等方式取得其他住房，应当增购共有产权份额并取得完全产权或由专营机构回购
张家港	购买共有产权房满 5 年后，买受人可按市场评估价向政府缴纳政府产权部分的房屋价款，取得完全产权	购买不满 5 年（以房屋权属登记日期为准）的，不得直接上市交易。 购买满 5 年后可上市交易的，按市场评估价缴纳政府产权房屋价款
无锡	自签订购房合同之日起 5 年内，按原购买价格购买代持机构产权份额；超过 5 年，购买价格由房地产评估机构评估确定	自签订购房合同之日起满 5 年，购房家庭可按届时市场价格转让个人产权份额，转让价格明显低于市场价的，由房地产评估机构评估确定
杭州	购房家庭取得不动产证满 5 年的，可一次性按市场评估价增购政府份额，增购后住房性质转为商品住房。 购房家庭取得不动产证满 10 年的，且取得完全产权之后，住房方可上市交易	取得不动产证未满 5 年的，回购价款为原销售价款加按同期存款基准利率计算的利息，如届时市场价低于上述价格，以市场价格回购。 满 5 年的，回购价款按照届时市场评估价执行。 购房家庭取得不动产证满 10 年的，家庭产权份额可上市交易

城市	增购政府产权	个人产权上市
黄石	购房人首次购买份额满 3 年后可按原购买价格买断剩余份额。 未买断的 30% 份额，首次购买份额 3 年内，不计租金；满 3 年、未满 5 年，交纳租金；满 5 年，按银行同期贷款利率计收财务成本	取得完全产权满 3 年房屋可上市交易。按重置成本价购买的，按房屋出售价的 1% 补缴土地出让收益。 取得完全产权前不允许个人产权转让，特殊情况下可由产权共有人按原购买价回购
宁波	取得不动产权证书满 4 年（含）、未满 5 年（不含），未持有其他自有住房的承购人可按原购房价格一次性购买政府产权份额。 取得不动产权证书满 10 年（含），承购人可按届时单套市场销售价格一次性购买政府产权份额	取得不动产权证书未满 10 年的共有产权住房，承购人产权份额不得上市转让。 取得不动产权证书满 10 年的共有产权住房可以上市转让

资料来源：根据各地已出台的文件整理。

（六）政策支持

总结各地关于共有产权住房的政策文件，对发展共有产权住房的政策支持主要有三方面：土地供应、税费优惠和金融支持。

在土地供应方面，安排年度用地指标时，优先保障共有产权住房建设所需用地计划指标。一些地方还将共有产权住房用地列入省级重大基础设施及民生项目，不占用各地年度用地指标，及早落实共有产权住房建设用地储备和具体地块，优先使用存量建设用地。

在税费优惠方面，共有产权住房的建设筹集等环节基本享受原经济适用住房开发免收城市基础设施配套费等各种行政事业性收费和政府性基金、项目外基础设施建设费用，由政府负担的政策。承购人承购、增购或转让共有产权住房，符合条件的，可按照规定享有相关税费优惠。

在金融支持方面，鼓励银行业金融机构根据共有产权住房的特点，在依法合规、风险可控的前提下，依据商业可持续原则，完善信贷管理制度，改进金融服务方式。推进金融产品和服务创新，支持承担共有产权住房项目的企业在资本市场通过发行股票、债券等金融工具融资。建设单位可将符合条件的在建共有产权住房项目抵押向银行申请住房开发贷款。购买共有产权住房的，承购人可参照商品住房有关贷款规定申请住房公积金贷款、商业银行个人住房贷款。不动产登记主管部门应依照按份共有财产抵押登记规定及时受理抵押登记申请，提高抵押登记效率。住房公积金缴存职工，符合共有产权住房供应对象要求的，可优先享有共有产权住房购买资格。

从供应量来看，2020年底，上海全市共有产权保障住房累计签约购房约12.75万户，实际受益家庭约21.3万户；北京截至2021年7月统计，全市供应了8.75万套共有产权住房。其他城市共有产权住房的供应量不大。① 北京和上海发展共有产权住房的时间相对较长，建立了完善的管理制度，有计划、分批次供应，持续保障夹心群体对共有产权住房的需求。

三、北京、上海、淮安共有产权住房居民满意度调研分析

2021年课题组选取发展共有产权住房较早的三个试点城市北京、上海、淮安开展调研，每个城市分别选取2~3个共有产权住房小区，北京市为绿海家园小区、中铁碧桂园丰锦苑小区、建邦诺德永靓家园小区，上海市为恒高家园小区、依水园小区、玉兰清苑小区，淮安市为福星花园小区、康居花园小区，通过对共有产权住房住户问卷调研的方式，了解掌握居民对共有产权住房的满意度。调研时间为2021年6月23日至2021年7月7日，共获得有效问卷702份，其中：北京市320份，上海市300份，淮安市82份。调研的主要结论如下。

（1）受访者以长期生活居住在本地的户籍居民为主。本地户籍占91.7%。在当地居住时间10年以上占比91.7%。职业以普通职工和基层管理人员为主，分别占比47.4%和28.8%，已退休的占9.2%。学历水平在城市间分异大。北京受访者学历层次最高，大学本科及以上占63.7%；上海受访者中大学本科及以上占24.3%；淮安受访者中本科生占2.4%。受访者的家庭结构以夫妻及小孩为主，占72.6%；8.3%的受访者家庭结构为夫妻、小孩及父母。居住人数3人的占比最高，为63.8%，居住人数4人及以上的占比18.6%。受访者收入水平在城市间分异大，淮安受访者2020年个人平均工资收入8.6万元、家庭平均收入12.9万元；上海受访者个人工资收入11万元，家庭收入20.5万元；北京最高，2020年个人工资收入16.6万元，家庭收入30万元，与城市经济发展水平和共有产权住房的定位有关。

（2）购买共有产权住房的经济压力总体在可承受范围内。12.8%的购房者一次性付款，53.8%的家庭使用了银行贷款，33.4%的家庭表示从其他地方贷款。平均月还款金额4 903元，平均占家庭总收入的22.8%，其中：北京为23.4%，上海为21.1%，淮安为30.2%；25.5%的家庭月还款额占家庭收入的30%以上。

---

① 根据上海、北京共有产权保障住房申购网站公布的数据统计得出。

81.4%的受访者表示还款压力合适或不大,18.6%的家庭表示还款压力大。

(3) 改善居住条件和结婚所需是购房主因。出于改善居住条件购房的占55.5%,自己结婚用的占36%,小孩结婚用的占3.1%,小孩上学用的占2.8%,为资产保值增值或其他目的仅占2.6%(见表11-6)。

表11-6 　　　　　　　　　购买共有产权住房目的 　　　　　　　单位:%

选项	北京	上海	淮安	总体
小孩上学	0.3	3.3	11.0	2.8
自己结婚	35.0	42.0	18.3	36.0
资产保值增值	1.3	1.7	8.5	2.3
改善居住条件	62.8	48.0	53.7	55.5
小孩结婚	0.6	5.0	6.1	3.1
其他	0	0	2.4	0.3
总计	100	100	100	100

(4) 部分居民认为共有产权房户型面积偏小。3个城市主推的户型相似、但面积差距较大。北京市受访者中以购买76~89平方米的2室1厅1卫户型为主,占比94.1%,上海市、淮安市以57~75平方米的2室1厅1卫户型为主,分别占72.3%、62.2%。81%的北京受访者认为住房面积合适,48%的上海受访者、23.2%的淮安受访者认为住房面积偏小;所有户型中,对1室1厅1卫的不满意度最高。

(5) 住房质量改善明显。大部分受访者认为购买共有产权住房后,人均居住面积、房屋质量和房屋采光有改善或明显改善。评价相对低的是北京市,21.9%的北京受访者认为卫生间状况变差了,主要原因在于北京的共有产权住房大多使用了户内集成中水系统,由于系统不完善,使用过程中出现了漏水等问题导致受访者对卫生间设施不满意率高。

(6) 生活便利性有改善,但北京受访者评价相对偏低。上海受访者对共有产权住房的生活便利性评价最高。淮安除了在医疗资源方面认可度偏低外,超过80%的受访者都认为在公共交通、菜场商业、休闲娱乐、小孩教育、医疗资源和物业管理6个方面改善了生活便利性。北京受访者对生活便利性评价相对较差,受访者中分别有28.1%、47.8%和40.3%的人认为与原来居住的住房比,在公共交通、菜场商业和休闲娱乐三个方面变差了。

(7) 各地受访者的通勤时间和上班距离变化差异大。北京受访者的通勤时间最长,58.4%的受访者通勤时间为41~59分钟,通勤时间为1小时以上的占比

433

33.3%；上海受访者的通勤时间在 20 分钟以内、20~40 分钟、41~59 分钟和 1~1.5 小时的比例分别为 3.3%、38.3%、52.1% 和 6.3%；淮安受访者的单程通勤时间最短，通勤时间均在 1 小时以内，其中 20~40 分钟和 20 分钟以内的分别占比 50.7% 和 48%。与以前居住地相比，北京、上海、淮安受访者中分别有 36.8%、28.3% 和 9.3% 认为上班距离增加了，分别有 20%、29.6%、66.7% 受访者认为上班距离缩短，表明共有产权住房在项目选址上还有优化空间。

（8）部分居民认为购买的个人产权比例偏高。北京 70% 的受访者购买的个人产权比例为 70%，30% 的受访者购买了 50% 的产权比例；上海 50% 的受访者购买了 55% 的产权比例，50% 的受访者购买了 65% 的产权比例；淮安 60% 的受访者购买的个人产权比例为 70%，40% 的受访者购买的产权比例是 50%。44.7% 的北京受访者、32.9% 的淮安受访者认为个人购买产权比例偏高，而上海只有 10.3% 的受访者认为个人购买产权比例偏高，总体看，居民对购买 50%~60% 的产权比例接受度高。

（9）各地对增购政府产权的意愿差异大。54.9% 的淮安受访者表示愿意增购政府产权；若以市场价格增购政府产权，北京只有 5% 选择会增购，43.4% 选择不会，23.8% 表示很想回购但买不起，27.8% 表示不一定；上海表示会增购、不会增购、很想回购但买不起、不一定增购的占比分别为 9.7%、31.7%、31.3% 和 27.3%。若允许以低于市场价格增购政府产权，增购比例上升，但 68.8% 北京受访者、64% 上海受访者表示视价格情况而定。

（10）出售个人产权上市交易的意愿偏低。"若允许上市，是否会出售个人产权换购更大面积住房"，只有 26.2% 的受访者表示"会"，51.3% 的明确表示"不会"，22.5% 的表示"不一定"。上海、北京、淮安明确表示"会"的比例分别为 30%、21.2%、31.7%（见表 11-7），反映出购买共有产权住房群体总体购买力不强。

表 11-7　　经济可负担情况下，出售个人产权换购更大面积住房的意愿 　单位：%

选项	北京	上海	淮安	总体
会	21.2	30.0	31.7	26.2
不会	56.9	44.7	53.7	51.3
不一定	21.9	25.3	14.6	22.5
总计	100	100	100	100

（11）受访者认为购买决策正确和过程公平性的占比高。93.3% 的受访者认为

购买共有产权住房的决策是正确的。北京、上海、淮安分别为 96.3%、89%、97.6%，主要理由是拥有了属于自己的住房、居住条件得到了改善和居住场所稳定了（见表 11 - 8）。认为购房后对城市的归属感、家庭稳定感和生活幸福感提升的，分别占 92%、88%、86%。100% 的受访者对共有产权住房申购和选房过程中的公平性感到满意。96.3% 的受访者认为自己购买的住房市场价格处于增值状态。

表 11 - 8　　　　　共有产权住房受访者认为购房决策
正确的理由分布（多选题）　　　　单位：%

选项	北京	上海	淮安	总体
享受了住房增值机会	14.9	21.3	30	19.4
拥有了属于自己的住房	60.1	68.3	57.5	63.3
解决了子女读书问题	12.7	20.9	35	18.8
居住条件改善了	54.6	58.6	62.5	57.2
居住场所稳定了	68.8	50.7	37.5	57.4

（12）对"居民应该拥有一套完全属于自己的产权住房"观点认同度高。91.2% 的受访者认同"居民应该拥有一套完全属于自己的产权住房"的观点，北京、上海、淮安分别占 91%、80%、99%。87% 的受访者认为应该在全国大城市大力推广共有产权住房，北京、上海、淮安分别为 88.8%、83.4%、93.9%。

四、共有产权住房的争论

尽管理论界关于共有产权住房也有些争论。但大多数学者还是赞成推行共有产权住房，其主要理由如下。

一是《中华人民共和国民法典》为共有产权住房的实施提供了坚实的法律依据，个人与政府的权利与责任关系相对清晰。《中华人民共和国民法典》第二百九十八条、第三百条、第三百零五条分别规定按份共有人对共有的不动产或者动产按照其份额享有所有权。共有人按照约定管理共有的不动产或者动产；没有约定或者约定不明确的，各共有人都有管理的权利和义务。按份共有人可以转让其享有的共有的不动产或者动产份额。其他共有人在同等条件下享有优先购买的权利。这为共有产权住房的管理与资产处置提供了很好的法律依据。由于共有产权住房是旨在解决中低收入等特定群体的住房问题的主要政策目标，政府放弃了行使政府份额相对应的占用权和使用权，由个人共有人独占使用，则可以根据第三百条，要求保障对象不得出租共有产权住房谋利、个人共有人应当附条件的承担义务、应当由个人共有人交维修基金和物业服务费、约定购买政府共有份额的期待权以及允许按份额继承等。①

二是共有产权住房减少原经济适用住房中存在的寻租问题，又避免公共租赁住房建设与管理中政府面临的巨大财政压力。由于经济适用房退出时是按增值收益与政府分成，若无增值收益，则无须上交给政府，这种无风险的退出机制设计会激励更多的人申请经济适用住房。共有产权住房按照"谁投资、谁收益"原则，建立起"收益与风险共担"的机制，若房价下跌，个人也承担资产价格缩小的风险，压缩了寻租空间。② 同时，公共租赁住房政府投资大、资金沉淀严重，加上租户可能存在破坏性使用行为，维修成本支出高，退出难，政府负担重，而共有产权住房具有所需政府资金少、投资回收快、短期内就能形成较大供应量的特点，并且政府没有后续运营管理上的财政补贴压力。③④

三是打通了住房保障与住房市场转换关系，资产流动性好。共有产权住房是在个人零产权的公共租赁住房与完全产权的商品住房之间提供了一种中间产品。随着保障对象经济能力增强，可以选择回购政府产权拥有完全产权或上市交易退出保障序列，其机制设计打通了商品房体系与保障房体系的连接渠道，很好地弥补了两大住房体系存在的隔离，资产的流动性好。其收益共享机制也解决了政府保障能力不足，赋予了保障家庭共享资产增值机会。

四是实现保障资金的循环利用，提高社会住房保障资源的利用效率。一方面，共有产权住房销售时，个人结清建安成本费用，前期政府就回收了开发成本。另一方面，因为共有产权房有明确的比例，在退出时政府可以回收投资，实现社会住房保障资源投入、回收的良性循环，财政负担轻。⑤

不赞成的观点主要集中在：一是共有产权住房存在资产效应及公平争议，对购买到共有产权住房的家庭来说是重大利好，但是对于没有申请到共有产权住房以及收入更低的城市贫困阶层来说并不公平。⑥ 二是认为共有产权住房保障方式会人为地助长一些群体的购房欲求，由于这些群体的支付能力普遍不够强，因而一旦遇到经济波动或收入不可持续，就会形成不良贷款，从而给金融系统的稳定埋下隐患。笔者认为，所有销售型保障性住房都存在上述两个问题，而不仅仅是共有产权住房。三是认为政府不宜作为共有关系的权利主体，其理由是政府本身

---

① 虞晓芬、金细簪、陈多长：《共有产权住房的理论与实践》，经济科学出版社 2015 年版。

② 虞晓芬等：《我国城镇住房保障体系及运行机制研究》，经济科学出版社 2018 年版。

③ 陈杰：《共有产权房的路该如何走》，载于《中国房地产》2014 年第 11 期。

④ 祁芮如：《共有产权房中主体权利范围的界定研究》，载于《黑龙江省政法管理干部学院学报》2021 年第 6 期。

⑤ 陈淑云：《共有产权住房：我国住房保障制度的创新》，载于《华中师范大学学报（人文社会科学版）》2012 年第 51（01）期。

⑥ 朱亚鹏：《中国共有产权房政策的创新与争议》，载于《社会保障评论》2018 年第 2（03）期。

就是一个公共利益的代理人，一旦与特定的购房人形成共有关系，容易导致产权不清晰，国有企业即是例证。此外，共有产权权利义务界定、连带法律责任的风险与国有资产管理制度如何衔接等方面存在管理压力。[1]

第三节　配售型保障性住房

2023 年 9 月 1 日，国务院正式印发《关于规划建设保障性住房的指导意见》（以下简称《意见》），明确在大城市规划建设配售型保障性住房，加大配售型保障性住房建设和供给，加快解决工薪收入群体住房困难，稳定工薪收入群体住房预期，为落实房子是用来住的、不是用来炒的定位提供住房支撑，并发挥促进经济发展、改善城市面貌、创造实现全体人民共同富裕更好条件等一举多得的作用。明确地方人民政府应当对用于销售的人才住房、共有产权住房等政策性住房的政策进行梳理，将新建项目调整为用于配售的保障性住房或商品住房。

一、当前发展配售型保障性住房的意义

配售型保障性住房是指由政府以划拨方式供应土地，由政府指定的国有企业开发与回购，按基本覆盖划拨土地成本和建安成本、加适度合理利润的原则确定销售价格，重点面向住房有困难且收入不高的工薪收入群体，以及城市需要的引进人才等群体，实行封闭运行。支持城区常住人口 300 万人以上的大城市率先探索实践，根据本地区经济能力、房地产市场情况和各类困难群体住房需求，区分轻重缓急，结合需要与可能，稳慎有序推进。当前，发展配售型保障性住房具有重要意义。

（一）缓解大城市工薪群体购房压力，助力"居者有其屋"

对于居民的购房压力，国际上比较公认的有两条标准：一是"住房开支占家庭收入低于 30% 是合理值"；二是"住房开支占家庭收入 50% 是极限值"，各国商业银行（包括我国）发放住房贷款额以月还款额不超过家庭收入的 50% 为极限值。据此，可计算房价收入比合理值和极限值。假定按人均购买 35 平方米住房，购房金额的 30% 用家庭储蓄作首付款、70% 申请银行还款金额，贷款期限

---

[1]　严荣：《共有产权住房实践引发三虑》，载于《东方早报》2014 年 4 月 22 日。

30 年，贷款利率按基准利率 4%，则住房开支占家庭收入的比重（购房负担指数）的计算公式为：

单位面积商品住房销售均价×35 平方米（人均住房面积）×（1 - 首付比）×（A/P，4%，30）/人均可支配收入。

以月还款额不超过家庭收入的 30% 计算，可得到合理的房价收入比≤7.4 倍。以月还款额不超过家庭收入的 50% 计算，得到极限房价收入比≤12.7 倍。房价收入比超过合理值的城市，意味着购房负担压力较大；超过极限值的城市，意味着购房负担压力极大。

2022 年 36 个城市（省会城市和 22 个大城市）的购房负担指数如表 11 - 9 所示。数据显示 66.67% 的城市购房负担指数超过 30%，只有 12 个城市的购房负担指数处于小于 30% 的合理值范围。深圳的购房负担指数超过 100%，北京、上海、杭州、厦门、广州、海口、南京 7 个城市的购房负担指数超过 50%。从房价收入比指标看，有 7 个城市超过极限值，深圳高达 26.84 倍，有 17 个城市介于合理值与极限值之间，只有 12 个城市处于合理值之内。

表 11 - 9　　　　　2022 年 36 个主要城市的购房负担指数

城市	购房负担指数（%）	房价收入比	排序	城市	购房负担指数（%）	房价收入比	排序
深圳	108.58	26.84	1	西宁	33.26	8.22	19
北京	80.53	19.90	2	青岛	32.67	8.08	20
上海	74.87	18.51	3	济南	32.08	7.93	21
杭州	61.89	15.30	4	石家庄	32.05	7.92	22
厦门	55.31	13.67	5	太原	31.92	7.89	23
广州	54.28	13.41	6	沈阳	30.14	7.45	24
海口	53.98	13.34	7	昆明	29.84	7.38	25
南京	51.41	12.71	8	南宁	29.65	7.33	26
西安	46.53	11.50	9	南昌	29.13	7.20	27
成都	43.36	10.72	10	长春	28.82	7.12	28
天津	42.41	10.48	11	呼和浩特	28.78	7.11	29
银川	37.24	9.20	12	贵阳	28.39	7.02	30
武汉	35.80	8.85	13	哈尔滨	26.81	6.63	31
无锡	35.62	8.80	14	重庆	26.53	6.56	32
宁波	35.34	8.73	15	郑州	24.62	6.09	33
福州	35.02	8.66	16	兰州	24.49	6.05	34
大连	34.84	8.61	17	乌鲁木齐	24.19	5.98	35
合肥	33.97	8.40	18	长沙	23.00	5.68	36

注：新房价格是按 2022 年各地公布的商品住房销售额除以销售面积计算得到。

第 16 届年度国际住房负担能力报告调查涵盖了澳大利亚、加拿大、中国（仅限中国香港地区）、爱尔兰、新西兰、新加坡、英国和美国八个国家和地区，利用 309 个大都市住房市场 2019 年第三季度的数据，计算当地中位数房价（套）与中位数家庭收入之比，最高的前十大城市如表 11 - 10 所示，除中国香港地区外，其他城市中位数的房价收入比明显低于我国大城市。[①]

表 11 - 10　　第 16 届年度国际住房负担能力报告公布的房价收入比最高的前十大城市

序号	国家	大都会市场	2019 年	2018 年	2017 年	2016 年
1	英国	伦敦（大伦敦管理局）	8.2	8.3	8.5	8.5
2	美国	旧金山	8.4	8.8	9.1	9.2
3	美国	加利福尼亚州圣何塞	8.5	9.4	10.3	9.6
4	新西兰	奥克兰	8.6	9.0	8.8	10.0
5	加拿大	多伦多	8.6	8.3	7.9	7.7
6	美国	洛杉矶	9.0	9.2	9.4	9.3
7	澳大利亚	墨尔本	9.5	9.7	9.9	9.5
8	澳大利亚	悉尼	11.0	11.7	12.9	12.2
9	加拿大	温哥华	11.9	12.6	12.6	11.8
10	中国	香港	20.8	20.9	19.4	18.1

资料来源：16th Annual Demographic International Housing Affordability Survey. Rating Middle - Income Housing Affordability。

由以上对比分析可知，我国大城市城镇居民购房压力过大，严重影响居民生活质量，也造成对住房以外的其他消费挤出效应。因此，完全有必要在高房价的大城市，通过实施配售型保障性住房，解决工薪群体想购房但又买不起住房的困局。

（二）加快完善"市场 + 保障"的住房供应体系，构建"租售并举"住房保障制度

各地停止经济适用住房供给以来，除上海、北京等少数城市开展共有产权住房试点外，普遍地，商品住房市场不仅承担了满足改善性需求、还承担了满足刚

[①]　发达国家中位数房价对应的住房面积肯定要大于人均 35 平方米，如果按相同的住房面积进行对比计算，我国大城市的房价收入比比表 11 - 9 中数据更高。

性需求的功能。无论是富裕家庭还是普通收入家庭都被推向商品住房市场，而商品住房市场的高房价又把中低收入甚至中等收入工薪群体挤出商品住房市场。早在 2013 年 10 月，习近平总书记在主持中央政治局第十次集体学习时指出，加快推进住房保障和供应体系建设，是满足群众基本住房需求、实现全体人民住有所居目标的重要任务，是促进社会公平正义、保证人民群众共享改革发展成果的必然要求。强调从我国国情看，总的方向是构建以政府为主提供基本保障、以市场为主满足多层次需求的住房供应体系。2013 年以来，我国十分重视租赁型保障性住房的供给和棚户区改造，加大了公共租赁住房和保障性租赁住房筹集，有效地解决了大量新市民、青年人和棚户区居民住房困难问题。但是，城镇配售型保障性住房供给不足，存在明显短板。以杭州为例，2023 年底统计，全市拥有公租房 6.5 万套、保租房 21 万套（间），累计出售型保障性住房（经济适用住房、安居房、共有产权住房）共 15.51 万套，住房保障（不含安置房）覆盖面为 11%，其中出售型保障性住房只占住房存量的 3.97%。以宁波市为例，累计筹集公租房、保租房、限价房、经济适用住房 18.2 万套，约占存量住房的 6.1%，其中出售型保障性住房只占住房存量的 1.15%。当前和未来一段时间内，规划建设配售型保障性住房就是弥补长期以来产权型保障性住房供给的短缺，满足部分居民"居者有其屋"的需求，也是落实党的十九大报告、二十大报告强调的"坚持房子是用来住的、不是用来炒的定位，加快建立多主体供给、多渠道保障、租购并举的住房制度"的重要举措。租购并举的住房制度不仅仅在商品住房市场、也应该落实到住房保障领域，通过提供租购并举的住房保障供给体系，赋予住房困难的居民拥有更多的选择权，各得其所。

（三）更好拉动投资消费，促进宏观经济持续向好的重要举措

配售型保障性住房的建设横跨投资与消费两大部门，将拉动设计、施工、建材、家装、家电、物业服务等产业和产品需求，对经济贡献大，是最大的内需和投资投入之一。特别是在经济下行背景下，我国城镇房地产开发与销售面临较大下行压力。2023 年，全国房地产开发投资 110 913 亿元，同比下降 9.6%，其中住宅投资 83 820 亿元，下降 9.3%；房屋新开工面积 95 376 万平方米，同比下降 20.4%；商品房销售面积 111 735 万平方米，只有 2021 年的 62.27%，同比下降 8.5%，其中住宅销售面积下降 8.2%，[①] 对宏观经济带来较大的冲击。规划建设配售型保障性住房，以合理的价格激发和满足工薪群体的住房需求，是稳固房地产业对经济的支柱和拉动作用，构建新发展格局、促进宏观经济持续向好的有力抓手。

440　　　① 资料来源：国家统计局网站。

二、各地配售型保障性住房关键环节政策设计

配售型保障性住房制度核心定位：坚持"房子是用于住的，不是用来炒"，满足工薪群体刚性住房需求。由于是新的住房保障品种，各地根据国家的文件均在积极探索。

（一）面向对象

《意见》要求各城市从解决最困难工薪收入群体住房问题入手，根据供给能力，合理确定保障范围和准入条件，逐步将范围扩大到整个工薪收入群体。从目前已公布的几个城市确定的准入条件看，各地差异性较大。一是以上海为代表，面向人均住房面积在 15 平方米以下的本地户籍经济困难群体和部分非户籍城市一线公共服务人员，对收入与资产进行审核，突出经济和住房双困；二是以杭州、广州为代表，无收入与资产限制，面向一定年限内无房产交易的无房本地户籍居民和无房人才（杭州硕士及学历以上），更关注对无房本地户和人才的保障；三是以福州为代表，从本地户籍家庭住房和收入"双低"家庭起步（人均住房面积低于 15 平方米、收入低于上一年公布的城市可支配收入），逐步扩大到本地户籍、连续社会保险或个税满 6 个月的教师、科技人员，优先对本地户籍家庭保障（见表 11 - 11）。我们认为上海将住房面积未达到一定标准的本地户籍居民纳入保障，对改善部分居民居住过度拥挤，解决从"有没有"到"好不好"问题，有着十分积极性意义，另一些地方没有规定一定年限内无房产的限制，可能存在政策漏洞。

表 11 - 11　　　部分城市配售型保障性住房保障对象准入标准

城市	面向对象
福州	具有市六城区城镇户籍，在六城区范围内家庭人均住房面积低于 15 平方米，收入低于上一年公布的城市可支配收入；逐步扩大到人均住房面积低于 15 平方米且连续缴纳社会保险或个人所得税满 6 个月的普通工薪收入家庭（包括符合条件的教师、医护人员、政府认定的科技人员和引进人才、机关事业单位在编在岗人员、社区工作人员、企业职工等）
杭州	（1）城市本地户籍住房困难家庭应同时具备：主申请人具有 5 年以上本市区户籍，在一定年限内在市区无房家庭，单身需满 30 周岁。（2）各类引进人才应同时具备：市或区认定人才或具有全日制研究生及以上学历，签订劳动合同并缴交社保，具有杭州市户籍或持有杭州市范围的《浙江省居住证》或《浙江省引进人才居住证》，在市区无房

城市	面向对象
西安	需同时满足：（1）主申请人为落户满 3 年的本市户籍居民；（2）申请人及其家庭成员自有住房人均住房面积低于 17 平方米且在全市范围五年内无住房登记信息和住房交易记录；（3）其他需满足的条件。注：单身户家庭申请人只要满足法定结婚年龄即可
大连	申购家庭应至少有一名家庭成员拥有本市户籍或至少有一名家庭成员在本市稳定就业，在本市缴纳社会保险且处于参保缴费状态，或已在本市办理退休。申购家庭人均自有住房（农房除外）建筑面积低于 17 平方米
郑州	申请家庭应同时符合以下条件：（1）主申请人应取得本市市区户籍 3 年以上；（2）申请人及其家庭成员在本市市区范围内无自有住房，或家庭人均住房建筑面积不足 20 平方米；（3）其他需满足的条件。享有郑州市人才计划支持的高层次人才、博士以上学历和经市人社局认定的市重点产业急需紧缺人才不受户籍时限的限制。单人户家庭申请人应达到法定结婚年龄

（二）户型面积

《意见》要求按照保基本的原则，合理确定城镇户籍家庭、机关事业单位人员、企业引进人才等不同群体的保障面积标准。城市政府可以结合本地实际，合理确定不同群体的保障面积标准。各地均体现了保基本的原则，以中小户型为主，最大不超过 120 平方米。上海首次出现按套内面积计算，50～90 平方米，大于原共有产权住房面积标准；福州在户型面积上控制严，套型面积 45～75 平方米；杭州在 70～120 平方米之间（见表 11－12）。我们认为户型面积既要以保障基本安居需求为原则，又要为居民实现美好生活留下适当空间。

表 11－12　　　　部分城市配售型保障性住房户型标准

城市	户型面积
福州	一人户型为 1 卧 1 厅 1 卫 1 厨，套型面积 45 平方米左右；二人户型为 2 卧 1 厅 1 卫 1 厨，套型面积 60 平方米左右；三人及三人以上户型为 3 卧 1 厅 1 卫 1 厨，套型面积不超过 75 平方米
杭州	户籍住房困难家庭 2 人及以下户、3 人户、4 人及以上户家庭的保障面积标准分别为 70 平方米、90 平方米、120 平方米；区级人才保障面积标准为 90 平方米，市级人才保障面积标准为 120 平方米

城市	户型面积
西安	新建项目最大套型建筑面积不超过 100 平方米。转化类项目单套户型建筑面积标准可适当放宽
上海	新建项目套内面积 50 平方米、70 平方米、90 平方米,对应家庭人口为 1 人、2～3 人、4 人及以上
深圳	1～3 人户以 65 平方米为主,4 人及以上家庭以 3 房、85 平方米为主;超高层面积扩展到 70 平方米、90 平方米
大连	单套住房建筑面积以 70～90 平方米户型为主,原则上不超过 120 平方米。各类保障对象可根据自身经济条件和购房意愿选购相应面积的户型
郑州	新建项目单套住房建筑面积控制在 70～120 平方米,三居室套型比例按项目情况控制在 50%～60%。收购项目单套住房建筑面积和套型比例可适当放宽

(三) 销售价格

《意见》要求配售价格按基本覆盖划拨土地成本和建安成本、加适度合理利润的原则测算确定,相关配套建设投入不得摊入保障性住房配售价格。各地相关文件中对此表述又分两类:一是上海、福州、西安、深圳等,表达为由土地成本、建安成本、适当的利润 (5%) 和税费构成,深圳还明确土地成本由规资部门按片区公布综合成本。二是杭州、长沙等,表述为基本覆盖划拨土地成本和建安成本、加适度合理利润的原则测算确定。

在实际操作中,按片区公布综合成本或按销售收入扣除必要成本后得到的合理地价作为供地价格更具操作性,主要理由:一是同地段每块地做地成本差异大,受到收储时间不一、原土地上拆迁安置量不同等影响,同一区域不同地块划拨土地的做地成本相差很大,按照《意见》要求以项目为单位、划拨土地成本供地,造成同区域或相近区域保障性住房价格差异较大,有失公平。而且,为保证居民价格可接受,一些地块供地价格可能要低于实际做地成本,这又与《意见》要求"按基本覆盖划拨土地成本和建安成本、加不超过 5% 合理利润的原则测算确定配售价格"相矛盾,城市政府必然会担心存在审计风险。保障性住房项目既要对保障对象有一定的吸引力、又要尽量做到资金大平衡,由城市政府根据周边商品住房价格的一定比例定价倒算片区土地综合成本或合理供地价格,更便于资金的大平衡。

（四） 回购价格核定

这是配售型保障性住房政策设计中普遍认为最难定的政策。《意见》没有明确回购价格制定的原则。各地对回购价格确定的差异性大。福州、杭州、上海等提出在原价基础上结合存款利率（或 CPI）和折旧，回购价格略低于原价。广州、郑州考虑原价扣除每年 1% 的折旧。南昌明确由保障房公司按照原购房价进行回购，个人装修费用退出（回购）时不予补偿（见表 11 – 13）。地方政府既担心今后较多的居民要求政府回购，导致政府财政压力过大以及如何处理这些已经居住过的老房子成为"包袱"，又担心回购价格定得偏低，居民不愿意购买。

表 11 – 13 部分城市配售型保障性住房回购价格计算

城市	户型面积
福州	回购价格 = ［原购买价格（毛坯部分）×（1 - 交付使用年限 ×2%）+ 原购买价格（装修部分）×（1 - 交付使用年限 ×10%）］+［原购买价格（毛坯 + 装修）× 交付使用年度商业银行一年期存款平均基准利率 × 交付使用年度］
广州	回购价格 = 原价 - 使用年份 ×1%；封闭期：五年内不允许购买商品住房，如果买，退保障性住房；五年后可以选择退或不退
杭州	回购价格 = 保障性住房购买价格 ×（1 - 交付时至回购时的年数 ×2% + 购买时年度至回购前一年度的杭州市区居民消费价格指数累计涨幅）。装修部分不计入回购价格
大连	购买保障性住房办理不动产权证未满 5 年的，原则上不得申请回购。 回购或封闭流转价格 = 购房款 + 利息 - 房屋折旧的原则核算。利息按照签订回购或封闭流转协议时中国人民银行公布的一年定期存款基准利率和持有年限计算，不计复利。房屋折旧按照主体结构 50 年、装修 10 年平均进行计算
南昌	由保障房公司按照原购房价进行回购。个人装修费用退出（回购）时不予补偿
郑州	购房人自行装修部分，不予补偿。计算公式：回购价格 =（原购买价格）×［1 -（交付使用年限 ×1%）］。（交付使用年限从购房合同签订之日起算，满半年不满一年的，按一年计算；不满半年的，不计入折旧。）

（五） 购买商品住房的限制

《意见》没有限制性规定。一是以上海、深圳、杭州为代表，明确一定期限内不允许购买商品住房，如果购买其他住房，则应向政府指定的机构申请回购。二是以广州为代表，规定一定年限内购买商品住房，需要退出保障性住房，超过

444

一定年限后可选择退或不退。三是以福州为代表,规定居民家庭购买的保障性住房不计入该家庭购买商品住房或二手住房认定套数,实质是默认可以购买商品住房。总体看,住房资源紧张的城市要求购买商品住房后退出保障房,住房资源不紧张的城市允许不退出保障房。

(六) 权利转移限制

《意见》没有规定权利转移限制,由地方探索。一是杭州为代表,规定因继承、遗赠、离婚析产而发生保障性住房所有权转移的,房产性质仍为保障性住房,理论上允许继承者或遗赠者持有至少包括自己申请的保障性住房在内的 2 套以上住房。二是上海拟规定继承人如符合配售型保障性住房的准入资格,可实物继承,如不符合准入资格,则通过回购,继承货币资产。但也有不少地方如西安、福州、厦门先不明确,可能给购买者带来不稳定预期。从保障性住房的性质出发,上海的规定更为合理,但操作层面涉及督促继承者及时办理、回购资金结算等大量工作,管理成本高。

上述分析表明配售型保障性住房各地政策差异性较大,表现出各地均在积极探索如何将国家的要求与各地实际有效结合,均体现了坚持保基本、从最困难群体入手原则。

三、推进配售型保障性住房规划建设面临的挑战

调研发现,城市政府在推进保障性住房过程中面临着不少挑战,主要如下。

1. 政策落地操作难

如由于受到收储时间不一、原土地上拆迁安置量不同等影响,同一区域不同地块划拨土地的做地成本相差很大,按照《意见》要求以项目为单位、划拨土地成本供地,必造成同区域或相近区域保障性住房价格差异较大,有失公平。而且从一些城市调研情况看,为保证居民价格可接受,一些地块供地价格可能要低于实际做地成本,这又与《意见》要求相矛盾,城市政府担心存在审计风险。又如:《意见》明确"支持利用闲置低效工业、商业、办公等非住宅用地建设保障性住房,变更土地用途,不补缴土地价款,原划拨的土地继续保留划拨方式。"什么样的单位可以利用闲置低效非住宅用地建设保障性住房?如何将已出让的闲置低效用地收回、再以行政划拨方式作为配售型保障性住房用地,都需要政策破题。

2. 资金平衡难

目前大城市主要通过城中村改造或企业"退二进三"获得储备土地,做地成

445

本高，以宁波为例，非市中心的江北区、奉化区一般性地段做地成本达到400万~500万元/亩，保障性住房销售成本价格将达到10 000元/平方米以上，与周边12 000元~13 000元/平方米商品住房相比价差小、难以销售。地方政府在土地市场低迷形势下，做地主体通过出让房地产用地平衡、降低保障性住房用地成本的能力下降，加上配套不计入价格，面临资金缺口。

3. 项目选址难

除上海、杭州少数开展共有产权住房建设的城市可比较方便地将"十四五"期间原规划的共有产权住房转化为配售型保障性住房用地外，其他城市均面临重新规划选址问题。选址既要考虑交通便利、配套齐全，又要兼顾不对周边已出让或正在销售的楼盘造成大冲击，更要将成本控制在周边商品住房价格的50%~60%，以获得工薪群体认可，难度非常大。一些城市原计划将地段较好、土地成本相对合理的待出让商服用地转化为保障性住房用地，规划调整因受到周边居民的反对而不得不暂停。

4. 以需定建难

文件要求以需定建，旨在防止产生大量无效供给。由于工薪群体对住房的需要不等于现实需求，居民购买保障性住房受购买力、预期、项目区位、销售价格、户型、回购价格以及相关权益保障等多重因素影响，具有很大的不确定。操作层面要真正做到以需定建极具挑战性，因此，一些城市把保障对象准入门槛放得尽可能低、户型选择余地尽可能大，担心卖不出去追责问责。

5. 售后管理难

一是大多数城市考虑减轻国有企业资金与成本压力，选择期房预售，当房价下跌或家庭出现预期变化时，容易发生购房者抓住交房时住房品质上存在的一些问题，要求退房退钱。二是回购的住房怎么定价，既保护购买者权益，又能按照回购价格及时地再配售给符合准入条件的对象。三是如何保持住房价值？这是减少回购过程中政府损失的重要因素。从目前调研情况看，各地基本选择地方国企自行开发，其对产品定位精准度、户型设计精细度、品质与成本管控能力等不及品牌房企，不排除将出现保障性住房品质低于普通商品住房的情况。

四、规划建设好配售型保障性住房的相关建议

1. 设定合理的准入门槛

坚持以政府为主提供基本保障、以商品住房市场为主满足居民多样化需求的原则。配售型保障性住房应面向在本地稳定工作与生活，购买商品住房的房价收入比超出合理负担能力的家庭。应避免一些城市为了完成一定规模配售型保障性

住房的目标任务而过度放低准入条件，既造成公共资源分配的不公平，又对商品住房市场产生挤出效应。

2. 进一步加大对配售型保障性住房财政支持

地方政府在建设配售型保障性住房过程中，需承担做地成本与实际供地成本之间的差价、小区外配套设施投入、地下空间开发成本（车位）补贴等，财政压力大，需要中央进一步加大财政支持。

3. 进一步明确供地相关政策

有关部门应出台"关于配售型保障性住房规划用地有关政策的意见"，一是明确供地价格内涵，或由规资部门按片区公布综合成本，或根据配售型保障性住房合理销售价格扣除建安成本、财务费用、合理利润等得到的合理地价供地。二是在符合规划、满足安全要求、尊重群众意愿的前提下，支持住房困难家庭员工多的单位（如高校、研究院、医院等）利用闲置低效工业、商业、办公等非住宅用地建设保障性住房，明确具体的用地政策。三是优化规划条件指标，如适当降低地下停车场（停车泊位）配比。

4. 建立支持现房销售的金融政策

为减少期房销售带来的诸多问题，也通过配售型保障性住房的现房销售示范效应推动商品住房由期房销售转向现房销售，推行配售型保障性住房现房销售，需要政策性银行给予建设单位低利率融资支持，以降低开发成本。

5. 鼓励品牌房企参与代建

从浙江等地品牌房企参与安置房建设效果看，节省了成本、缩短了工期，有效提升了安置房品质。鼓励品牌房地产企业参与代建，一是品牌房企的产品品质普遍较好，居民认同度高；二是房企只收工程造价3%左右的代建费，通过发挥集采价格优势、管理创造价值优势等，降低综合成本；三是促房地产企业转型发展的一个重要方向。

6. 定期公布拟开发项目，根据需求适度调整选址及规划设计方案

各地每年年底向社会公布下一年拟选址开发项目，登记意向需求者，对意向者明显少的项目，暂缓或调整选址。意向需求者较多的项目，进一步优化户型设计等。已登记的意向者，在项目销售时优先选房。

7. 尽快将配售型保障性住房用地纳入国土空间规划

应在摸清需求和一些具备开发保障性住房条件用地的基础上，建立五年规划建设的项目库，并将保障性住房用地作为一项长期性制度安排纳入国土空间规划。

第四节 本 章 小 结

　　本章梳理了经济适用住房、共有产权住房在我国的发展历程，分析了制度设计上的争议。集中分析了 2023 年国家提出规划建设配售型保障性住房的意义，配售型保障性住房政策设计中重要的环节，以及推进中可能面临的问题，并提出了相关的建议。一是配售型保障性住房有利于解决广大工薪收入群体住房困难、缓解他们买不起商品住房的焦虑，实现居者有其屋，助力共同富裕；有利于扩大有效投资，拉动上下游产业发展，稳固房地产对经济的支柱和拉动作用；重构住房保障和市场两个体系，保障性住房满足工薪群体刚性住房需求，商品住房满足城乡居民多样化改善性住房需求，意义重大。二是各地在推进配售型保障性住房中也面临资金平衡难、项目选址难、以需定建难、售后管理难、政策需进一步清晰等问题。三是建议中央政府进一步加大对配售型保障性住房财政支持，进一步明确供地相关政策，建立支持配售型保障性住房现房销售的金融政策。地方政府应科学设定准入门槛，鼓励品牌房企参与代建，定期公布拟开发项目，根据需求适度调整选址及规划设计方案等。

第十二章

加快构建支持租购并举的住房公积金制度

党的二十大报告中指出，中国式现代化是全体人民共同富裕的现代化。共同富裕是中国特色社会主义的本质要求，也是一个长期的历史过程。解决好居民住房问题是共同富裕的重要内容和标志，住房公积金制度作为我国住房制度的重要组成部分，是具有互助性和政策性住房金融属性的制度安排，在新的形势背景下，加快完善住房公积金制度，充分发挥其作用，对促进建立"租购并举"住房制度，促进实现全体人民共同富裕具有重要意义。我国住房公积金制度已经运行了20多年，在解决居民住房困难、支持保障房建设、稳定房地产市场、助推城镇化进程等方面均发挥了重要的作用。但是，随着城镇化的快速推进和房地产市场的变化，我国公积金覆盖面不广、精准性不强、流动性不足和机构职能不匹配等问题日益突出，难以满足人民群众合理的购租住房需求，从支持人民群众住有所居、解决发展不平衡不充分、扩大金融开放力度、增强逆周期调控能力等角度，迫切需要建立稳定的、低成本的支持居民住房消费和供给的金融支持体系。本章全面探讨了当前住房公积金制度取得的成就和存在的问题，基于浙江省新市民住房与缴存住房公积金情况开展调研分析，深入剖析了住房公积金制度对促进共同富裕的作用机制，比较了国际上四种政策性住房金融支持体系各自优缺点，提出了住房公积金的改革方向以及加快建立支持租购并举的住房公积金制度的政策建议。

第一节　我国住房公积金制度运作模式与成就

一、我国住房公积金制度发展历程

住房公积金制度，是 20 世纪 90 年代初期中国住房制度由计划体制主导向市场体制主导的演变过程中产生的住房金融制度创新。其起源是为了提高城镇职工住房消费能力问题而推行的一种强制性的长期住房储金制度，由职工及其所在单位每月按职工工资一定比例缴存，归职工所有，专项用于职工住房消费和低利率购房资金融通。当时的背景：一是中国城市居民人均收入低，比如：1993 年我国城镇居民人均年可支配收入只有 2 577 元，[①] 没有借贷消费的实力，也没有负债消费的习惯；普通商业银行发展也很落后，商业住房抵押贷款还未全面启动。二是住房严重短缺，1993 年全国城镇居民住房人均住房建筑面积仅为 15.23 平方米，[②] 家家户户都存在改善居住条件的需求。而要提高住房供给和消费能力，就要为住房建设和消费找到稳定的、大量的长期资金来源。因此，1991 年，上海市借鉴新加坡的中央公积金制度，在全国率先试行公积金制度，同年 11 月 23 日《国务院办公厅转发国务院住房制度改革领导小组关于全面推进城镇住房制度改革意见的通知》首次提出，"公积金是建立个人住房基金的有效方式，各地区要紧密结合各地区的特点和经济能力，正确引导，逐步推行"。各地开始把推行公积金作为城镇住房制度改革的主要内容。1994 年 11 月，财政部、国务院房改领导小组、人民银行出台《关于建立住房公积金制度的暂行规定》。1999 年 4 月，国务院颁布了《住房公积金管理条例》（以下简称《条例》），明确所有党政机关、群众团体、事业单位和企业的固定职工、劳动合同制职工以及三资企业中方员工，均应缴纳公积金。核心是为了解决城镇职工住房问题而推行的一种强制性的长期住房储金制度。强制性保证了住房储蓄行为在短期内发生，保证了住房储蓄资金来源的广泛性、稳定性。应该说，公积金制度的建立十分符合当时中国住房制度改革和住房金融发展的需要，并且在此后解决城镇居民住房问题中发挥了重要作用。我国住房公积金的发展可分为以下四个阶段：

（1）初步建立阶段（1991～1994 年）：1991 年 5 月上海市率先建立住房公

---

①②　国家统计局：《中国统计年鉴》，1994 年。

积金制度，自 1992 年起，北京、天津、南京、武汉等城市也相继建立。建立初期，各地福利分房制度还未取消，各单位主要通过自建等方式为员工解决住房问题。面对住房供应紧缺、住房消费未全面启动的情况，主要是通过发放住房建设贷款，加快职工住宅建设，缓解了住房供给短缺。

（2）全面推行阶段（1994 ~ 1999 年）：1994 年 7 月《国务院关于深化城镇住房制度改革的决定》颁布，住房公积金制度正式在全国范围内开始推行，政策性住房抵押贷款制度也开始在全国主要大城市实行。

（3）制度确立阶段（1999 ~ 2001 年）：1999 年 4 月国务院颁布《住房公积金管理条例》，标志着我国住房公积金制度进入了法治化、规范化发展的新时期。首次明确将私营企业纳入归集范围。

（4）逐步完善阶段（2002 年至今）：2002 年 4 月《国务院关于修改〈住房公积金管理条例〉的决定》明确了公积金是在职职工缴存的长期住房储金，进一步扩大了住房公积金的缴纳主体，增加了同级财政部门以及中国人民银行的分支机构等监管部门，住房公积金制度建设在管理体制/监管体系/业务运营发展等方面逐渐趋于完善，全国各地在各自的住房公积金制度操作上作出了一些结合实际情况的改革。自 1999 年制度确立以来公积金政策发展历程如图 12 - 1 所示。

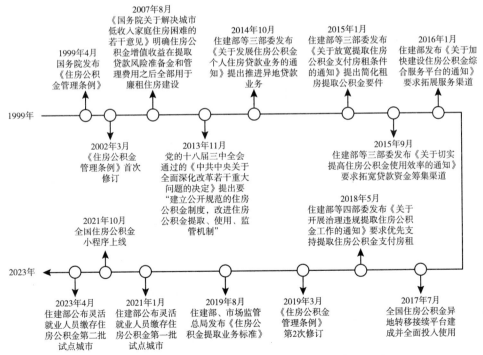

图 12 - 1　我国公积金政策发展历程

二、我国住房公积金制度的贡献

我国住房公积金在解决居民住房困难、支持保障房建设、稳定房地产市场、助推城镇化进程等方面发挥了重要作用。

（1）在增加缴存职工收入上作用明显。2022 年，全国实缴住房公积金职工 16 979.5 万人，缴存额 31 935.05 亿元。[1] 剔除个人缴存 50% 因素，缴存职工人均增加年收入 9 400 元，若再考虑缴存公积金免个人所得税因素，则实际增加年收入超 1 万元。

（2）为城镇职工解决住房问题提供了有力的制度保障。一是帮助 4 000 余万户职工家庭改善居住条件。至 2022 年底，全国已累计发放公积金个人住房贷款 4 482.46 万笔，金额 13.71 万亿元，贷款余额 7.3 万亿元。二是支持缴存职工租房成效明显。2022 年支持 1 537.87 万人提取住房公积金 1 521.37 亿元用于租赁住房。三是在降低居民房贷支出上作用显著。2022 年发放的住房公积金个人住房贷款，偿还期内可为贷款职工节约利息（与 LPR 利率比）支出约 2 089.02 亿元，平均每笔贷款可节约利息支出约 8.43 万元。四是在促进金融政策普惠上作用明显。2022 年全国发放的个人住房贷款笔数中，中、低收入职工贷款占 94.96%，首套住房贷款占 81.5%，144 平方米（含）以下住房贷款占 90.72%，40 岁（含）以下职工贷款占 79.81%。[2]

（3）增强政府调控能力，促进房地产市场健康发展。每轮房地产市场的启动与调控，公积金都是作为政府首先启动的重要的宏观调控政策工具。以 2014～2015 年为例，为配合去库存，国家率先下调公积金首付款比例、提高贷款额度、开展异地贷款等，促进了房地产市场的企稳回升。2018 年以来，各地配合抑制过热的房地产需求，下调公积金贷款额度等。事实上，多年来公积金已成为政府调控市场波动的"调节阀"。在市场低迷时，成为拉动住房消费的重要力量；在市场繁荣时，成为协助抑制房价过快增长的便捷工具。

（4）支持城镇保障性住房建设，扩大了保障房供给。到 2022 年末，全国累计为城市公共租赁住房（廉租住房）建设提供补充资金 6 518.01 亿元。累计为 373 个保障性住房建设项目提供贷款 872.15 亿元，支持建设保障性住房 7 127.28 万平方米。其中，经济适用房项目 122 个，2 275.20 万平方米；棚户区改造安置用房项目 136 个，2 890.53 万平方米；公共租赁住房项目 115 个，1 961.55 万平

---

[1][2]　住建部等发布的《全国住房公积金 2022 年度报告》。

方米；可以解决约 120 万户职工家庭住房困难。①

总之，公积金作为唯一的政策性支持居民住房消费的金融制度，在提供基本住房保障、提高缴存职工住房消费能力、支持职工贷款购建住房，进而在解决和改善居民住房条件等方面发挥了巨大作用。

第二节　现行住房公积金制度存在的问题与改革必要性

住房问题是一个关乎国家发展大计、关系社会长治久安的重大民生问题。住房公积金制度作为解决安居问题的基本住房保障制度，从 1999 年正式建立至今，住房公积金制度在解决住房问题上充分体现了互助性、保障性，法规和制度建设不断完善，资金使用效能不断提高，服务水平全面提升，信息化建设不断加快，为推动实现住有所居发挥了重要作用。然而，随着经济社会环境的变迁，其在运行过程中也出现了滞后于经济社会发展步伐以及如何更好解决多层次住房需求等问题。这些问题的出现，一方面给制度本身提出了改革和完善的要求；另一方面也表明制度需要根据环境的变迁与时俱进。近年来，住房公积金制度暴露出一系列深层次的矛盾和问题，主要有以下四个方面。

一是制度覆盖面不足。到 2022 年底，全国住房公积金缴存人数占参加基本养老保险人数的 46.25%，且省市之间差异大，占比最高的前三位是西藏、上海、北京，分别为 83.41%、83.31% 和 61.48%；最低的前三位是福建、江西和重庆，分别为 33.50%、33.29% 和 31.66%（见表 12-1）。特别是非公企业建立住房公积金制度占比偏低，相当一部分新市民、青年人没有参与住房公积金缴存，偏低的制度覆盖面制约了普通居民租购房能力。

表 12-1　　2022 年全国及部分地区住房公积金占养老保险缴纳人数比例

序号	地区	参加城镇职工基本养老保险当年缴存人数（万人）	住房公积金实缴人数（万人）	公积金缴存人数占养老保险人数比例（%）
1	西藏	50.8	42.37	83.41
2	上海	1 123.7	936.2	83.31
3	北京	1 539.6	946.48	61.48
4	江苏	2 639.0	1 610.46	61.03

---

① 住建部等发布的《全国住房公积金 2022 年度报告》。

序号	地区	参加城镇职工基本养老保险当年缴存人数（万人）	住房公积金实缴人数（万人）	公积金缴存人数占养老保险人数比例（%）
5	广东	4 431.9	2 218.74	50.06
6	甘肃	343.1	206.87	60.29
7	天津	556.4	309.09	55.55
8	云南	611.1	307.72	50.36
9	贵州	598.9	296.28	49.47
10	山西	751.2	363.61	48.40
11	陕西	991.7	472.33	47.63
12	广西	746.0	354.71	47.55
13	海南	274.0	126.79	46.27
14	内蒙古	559.8	276.97	49.48
15	青海	124.0	58.59	47.25
16	吉林	535.3	252.7	47.21
17	山东	2511.0	1 124.15	44.77
18	安徽	1 183.0	523.39	44.24
19	浙江	2 525.3	1 091.35	43.22
20	湖北	1 318.8	566.91	42.99
21	辽宁	1 240.6	512.72	41.33
22	河北	1 364.4	561.55	41.16
23	湖南	1 352.3	536.6	39.68
24	新疆	581.5	229.93	39.54
25	河南	1 919.9	716.19	37.30
26	宁夏	210.6	74.65	35.45
27	四川	2 320.7	820.37	35.35
28	黑龙江	851.1	294.35	34.58
29	福建	1 442.4	483.21	33.50

续表

序号	地区	参加城镇职工基本养老保险当年缴存人数（万人）	住房公积金实缴人数（万人）	公积金缴存人数占养老保险人数比例（%）
30	江西	976.9	325.2	33.29
31	重庆	980.1	310.28	31.66
	全国	36 711.0（含不分地区 56.0）	16 979.57（含新疆兵团 28.85）	46.25

资料来源：养老保险数据来自 2023 年《中国统计年鉴》表 24 至表 26，公积金缴存人数来自《全国住房公积金 2022 年年度报告》。

二是资金流动性明显不足。为满足居民租购住房需求，各地陆续放宽了住房公积金的使用和提取范围，进一步凸显"存少用多"的特征，"归集净额＋贷款回收 ≈ 住房贷款"的基本平衡被打破了。一些地区个人住房贷款率已超过 100%，依靠缴存资金已难以满足职工正常使用的需求，多地出现排队轮候不能及时发放现象。一些地方采用"公转商"① 模式来补充资金不足，2020 年全国发放公转商贴息贷款 8.65 万笔、399.89 亿元，当年贴息 21.22 亿元。以浙江省为例，2020 年住房公积金资金净流出就达 351.68 亿元。2020 年末，上海、江苏、浙江、安徽已分别累计发放"公转商"贴息贷款 353.76 亿元、603.79 亿元、776.44 亿元和 31.53 亿元。其中，江苏和浙江两省负担的贴息成本分别为 2.54 亿元和 6 亿元，占当年增值收益的 3.34% 和 10.43%。而与此同时，公积金中心作为事业单位的性质，管理着大量资金，却又不具备合法的金融职能，这不仅直接增加了公积金中心的管理成本，而且严重制约了业务创新，与业务发展越来越多而要求机构承担资金融通、资金担保和金融产品创新等经济职能极不匹配，进而极大地影响了公积金事业的持续健康发展。受制于资金不足，在房价快速上升情况下，住房公积金贷款额度多年保持不变，全国住房公积金个人住房贷款占有率从 2015 年的 22.7% 下降到 2020 年的 15.30%，② 浙江省占有率同期从 19.11% 下降到 13.58%（含公转商贴息贷款），政策性住房金融对居民购房支持力度偏弱。这种状况倒逼我国现行的公积金制度必须在管理体制、机制设计等方面发生深刻的变革，否则，这个唯一的支持职工住房消费的政策性住房金融制度将面临日渐萎缩的风险。

---

① 在资金流动性不足时，由商业银行按照住房公积金中心审批的贷款额度向借款人发放商业性个人住房按揭贷款，住房公积金中心按月给予商业银行利息差额补贴。待住房公积金中心资金流动性相对充足时，再将商业性贷款转回住房公积金贷款。

② 住建部等发布的《全国住房公积金 2021 年度报告》《全国住房公积金 2005 年度报告》。

　　三是制度的严肃性受到冲击、制度运行的有效性在下降，加剧社会分层的负面效果已显现。公积金制度是 20 世纪 90 年代初期，中国住房制度由计划体制主导向市场体制主导的演变过程中所产生的。当时的社会背景：一是城市居民人均收入低，住房消费能力弱；二是住房严重短缺。因此，制度设计上突出普遍性和强制性原则。当时要求城镇单位和职工，都必须按照《条例》的规定缴存公积金；单位不办理住房公积金缴存登记或者不为本单位职工办理住房公积金账户设立的，公积金的管理中心有权责令限期办理，逾期不办理的，可以按《条例》的有关条款进行处罚，并可申请人民法院强制执行。但经过 20 多年的努力，到 2021 年底，全国住房公积金缴存人数占参加基本养老保险人数的 47.07%，覆盖面不广。由此带来的问题：一是制度的严肃性受到冲击。按照《条例》规定，单位必须为在职职工缴存公积金，但另一方面实际覆盖率只有 1/3，[①] 存在严重的有法不依、执法不严、违法难究的现象，法规的严肃性受到严重冲击。在国家越来越强调全面依法治国、强化国家治理能力建设的背景下，这种矛盾状况不容存在，公积金改革迫切需要解开这个结。二是制度运行的有效性在下降。经过 20 多年的发展，我国城镇户籍居民住房问题已经得到了很大程度的解决，特别是公积金覆盖面较高的机关、事业单位、国有企业老职工普遍解决了住房问题。住房领域不平衡、不充分的矛盾主要集中表现为新市民在城镇居住条件差、居住成本过高，而这些新市民中的大多数被排斥在公积金制度之外。换言之，目前的公积金制度运行中出现了缴存公积金的相当一部分职工已经解决了住房问题，而没有解决住房问题的新市民职工又没有缴存公积金，制度设计的精准性、有效性随着住房市场的发展和住房问题的背景变化而明显下降，因此，在新时代新情况下，没有必要对所有职工普遍实行强制性储蓄的公积金制度，应实行与新时代实际情况相适应的更具有针对性的新政策性住房金融制度，以便更高效地解决新市民和少数老市民的住房问题。三是加剧了社会的分层。公积金的覆盖率在不同单位职工中有明显差异，机关、事业单位缴存率接近 100%，国有企业、集体单位缴存率在 80% 以下，外资和民营企业不到 50%，公积金被批评为体制内的福利。由于交纳的住房公积金可以抵扣个人所得税，购房又可以享受低利率贷款，因此，交与不交、交多与交少、贷与不贷，进一步拉大了收入的分化，带来较大的制度性不公平。缴存公积金带来实质性利益的差异，已经成为单位福利好坏的主要标志，成为个人信用的重要背书，成为加剧社会分层的因素之一。

　　四是分散运行成本高、效率低、风险大。《住房公积金管理条例》规定住房公积金管理以设区市为单位独立设置，带来运行成本高、管理效能低等问题。各

---

　　① 人社部发布的《2020 年度人力资源和社会保障事业发展统计公报》。

地缴存政策不统一，使用情况差异大，在总体资金紧张情况下，有些市出现阶段性资金积余，由于缺少统筹调剂机制，难以形成资金互助互享合力等问题，影响资金使用效率。省级区域管理规范不统一，信息化人才普遍不足，信息系统差异大，潜在风险大。此外，公积金中心属于事业单位，实质上不具备对外融资的资格，降低了公积金中心通过外部融资防范流动性风险的能力。

我国人多地少、又处在快速城镇化时期，居民购买力与高房价的矛盾突出并将长期存在。解决城镇居民特别是新市民、青年人住房问题最有效的途径是，构建"三元化结构"，即：困难家庭获政府住房保障；中低收入群体包括新市民借助政策性支持与自身支付能力结合解决住房问题；中高收入群体通过市场完成住房消费。政策性支持其中重要的方面是提供低成本、稳定的融资体系。而一直以来，商业银行成为满足居民购房资金需求的主体（约占 83%）。国家也通过行政权力要求商业银行对首套房提供优惠利率来弥补我国政策性住房银行空缺，但政策性与经营性住房银行业务融合的这种做法不可持续：一是我国商业银行本质上是自负盈亏的企业，不应该承担理应由政府承担的社会职能；二是我国商业银行资产端的信贷市场和证券市场已经完全实现了利率市场化，如果不出意外的话，现存的商业银行存款利率的自律上限将逐渐放开，银行的融资成本和融资规模越来越具有不确定性。随着资本市场的发展和投资渠道的多元化，资金脱媒将成为必然趋势。受自身经济利益的驱动、资金供求关系等因素影响，商业银行会加大选择性贷款的力度并提高个人住房贷款利率水平。2011～2014 年、2018 年以来银根收紧，首套房贷利率水平急剧上升，首当其冲受影响的是急需解决住房问题的刚性需求。因此，高房价与居民消费能力之间的矛盾越来越突出、我国商业银行的经营环境已经发生变化以及建设共同富裕的目标等基本事实与要求，决定了我国比以往更迫切需要建立低成本的、稳定的支持居民住房消费的政策性金融体系，为在住房消费市场中处于相对弱势地位的中低收入群体、新市民、青年人提供资金保障，也为宏观经济平稳运行提供新工具。

第三节　浙江省新市民住房公积金缴存现状与意愿调研分析

加快解决新市民住房问题，是改革住房公积金制度的主要出发点，是推进新型城镇化的内在要求，是实现全体人民住有所居的重要举措。2018 年 4 月底，住房公积金全行业组织开展了新市民住房问题专题调研工作，此次调研对象为在城镇居住 6 个月以上（含），年龄在 16～60 周岁常住人口中的非本市户籍、本市农村户籍人员。课题组参与了浙江省调研组织与问卷分析工作,全省 11 个设区城市确定 24 个县(市、区)为调查点,采取抽样调查的方式,就新市民群体特征、住房状况、住房需求、解决住房问题的制约因素、住房公积金的支持措施等方面进行了详细调查,共取得有效调研样本 10 337 个。本节将通过对调查样本的分析研究,结合近年来浙江住房公积金的运行情况,对新市民住房公积金缴存状况与意愿进行综合分析。

一、对住房公积金政策的认知程度

近半数新市民对住房公积金政策有一定了解,但整体了解程度不高。在问及受访者对公积金缴存、提取和贷款政策是否了解时,表示"有一定了解,但不清楚具体政策"的新市民占比最高,有 49.8%;表示"不了解"公积金政策的新市民占比也不低,有 36.6%;而表示"了解"公积金政策的仅占 13.6%。从 11 个设区市数据来看,杭州、温州、绍兴、衢州与丽水的"了解"占比超全省平均水平,杭州、嘉兴、台州与丽水的"有一定了解"占比超全省水平,而湖州、金华、舟山的新市民对公积金政策了解度较低,不了解占比超过五成。可见,新市民群体对住房公积金政策认知较为模糊,了解程度不高。

二、住房公积金缴存情况分析

(一)超半数新市民缴存住房公积金

调研数据显示,在受访的新市民中,缴存住房公积金的人数占比为 55.4%,但各市的缴存比例参差不齐,杭州(88.9%)占比最高,嘉兴(67.1%)、宁波(61.8%)和台州(56%)占比也较高,均超过了半数,温州(24%)、丽水(25.9%)、湖州(26.3%)和绍兴(26.8%)缴存比例较低。

(二)公积金覆盖率行业差距大

从新市民的工作单位分析,就职于机关团体/事业单位、国有及国有控股企业和外商、港澳台投资企业的新市民公积金缴纳率较高,分别为 88.36%、84.56% 和 82.75%。就职于私营企业的新市民公积金缴存比例低于全省新市民平均水平,个体工商户的缴存比例最低,仅为 8.89%。公积金覆盖率行业差距大的原因:一是私营企业倾向成本控制,未积极缴存公积金;二是个体自行缴纳政策普及度不高，宣传不到位。

（三）未缴存住房公积金的原因

在本次样本中，未缴存公积金的占比 44.6%。对暂未缴存公积金原因进行分析，其一，"单位不给缴"占比 40.9%；其二，"个体工商户不建立住房公积金"占比 18.1%；其三，"对住房公积金缴存、提取、贷款等政策不了解"占比 15.3%；而因"存款利率低""用途较窄""贷款额度较低"等原因的占比较小（见表 12-2）。可见，公积金制度普及度不够，非公企业对公积金建制积极性不高，直接导致新市民公积金缴存覆盖率偏低。

表 12-2　　　　　　　受访者未缴存住房公积金的原因

选项	小计（人）	分布
单位不给缴	1 870	40.9%
个体工商户不建立住房公积金	828	18.1%
对住房公积金缴存、提取、贷款等方面不了解	697	15.3%
近期没有购买住房的计划，不需要公积金	632	13.8%
提取程序复杂，条件严格	54	1.2%
贷款额度较低	19	0.4%
存款利率低	17	0.4%
用途较窄	90	2.0%
务农/已退休/一直未工作	140	3.1%
其他（实习期，无工作或自由职业，自己不愿缴存等）	221	4.8%

（四）影响自愿缴存的主要因素

1. 现行住房公积金制度对新市民缺乏足够的吸引力

本次调研数据显示，有 59.5% 的未缴存者表示"不清楚"其所在城市是否允许个人自愿缴存公积金政策，31% 表示知道允许个人自愿缴存公积金的，还有 9.5% 表示他们以为政策"不允许"个人自愿缴存。从表象上看是因为大部分新市民不了解自愿缴存政策而导致自愿缴存者较少，但实质上更多是因为制度本身缺乏足够的吸引力：在租房上的支持力度几乎为零；在购房上虽然有低利率贷款支持，但不能做到应贷尽贷；低收入缴存者难以享受所得税减免。据杭州市公积金中心委托浙江工业大学对 802 名已缴存职工的调查问卷统计，受访者认为缴存

459

公积金享受的各项政策的吸引力由大到小的排列次序是：（1）单位以1比1给补贴；（2）可获得低息贷款；（3）可以享受所得税减免；（4）强制储蓄以提高住房消费能力；（5）缴纳公积金可提高个人信用；（6）有一笔稳定的存款利息。从排序上可以看出，职工对缴存的公积金能得到单位补贴、低息贷款和所得税减免排前三名。因此，对于没有购房打算和收入较低不能享受所得税减免的新市民来说，不愿意去主动关心和了解住房公积金相关政策。

2. 现行住房公积金制度对有购房需求的新市民支持力度不够

目前，由于住房公积金封闭运行的制度缺陷，资金供给不足，流动性压力大，远不能满足新市民购房贷款需求：一是支持居民购房贷款额度不高，单职工在30万~50万元，双职工家庭60万~100万元，相比房价，仅能解决一小部分；二是无法做到应贷尽贷；三是阶段性资金流动性紧张，等待放款时间长，导致新市民放弃住房公积金贷款，转向商业贷款，影响了新市民自愿缴存的积极性。

3. 新市民对公积金相关政策了解程度不高

此次调研发现，新市民对住房公积金制度了解不够，尤其是对公积金缴存、提取和贷款等相关政策较为模糊，了解程度不高，住房公积金政策整体宣传不到位，自愿缴存政策普及度不高。

三、住房公积金缴存意愿和使用预期

所有缴存者中，使用过公积金贷款的人占比为21.3%，相对于全省所有住房公积金缴存者46%左右的使用占比，新市民缴存者的使用率不高。从各市情况对比可以发现，绍兴虽然缴存比例较低，但缴存者的提取比例和贷款比例却较高；杭州缴存者提取公积金以支付租金的比例较高，但使用公积金贷款的比例不高。

（一）缴存而未使用住房公积金原因

缴存与使用发展不均衡，多重原因造成了公积金使用率较低（见表12-3），其中"提取范围较窄"以及"最高贷款额度不足"名列前二位。

表12-3　受访者中缴存公积金者不使用公积金的原因（多选）

选项	小计（人）	分布（%）
提取范围较窄	2 689	47.6
提取手续烦琐	2 042	36.1

续表

选项	小计（人）	分布（%）
提取审批时间长	1 344	23.8
最高贷款额度不足	2 344	41.5
贷款手续烦琐	1 400	24.8
贷款审批时间长	1 309	23.2

有 588 位公积金缴存者在贷款时选择使用了其他贷款方式而未使用公积金贷款，最主要的原因是"贷款额度低"，占比 34.9%；"问卷统计显示，有 588 位开发商（卖方）拒绝"，占比 23.1%；"贷款手续烦琐"，占比 19%。可见，一方面与从商业银行获取贷款的便捷、额度高相比，公积金贷款额度不足、放贷时间长、手续烦琐是其最大的不足。另一方面因为公积金贷款放款慢，不利于开发商资金回笼，开发商（卖方）限制使用公积金贷款买房的情况很常见。

（二）对住房公积金缴存意愿和使用预期

缴存意愿：有 46.6% 的未缴存者表示愿意缴存公积金，这些愿意缴存者中，高达 90% 的人希望"自愿缴存"，仅有 10% 的人希望"强制缴存"。需要说明的是，之所以有 90% 的人愿意自愿缴存，仅仅是简单地从"强制"和"自愿"两个词语直观意义上选择的结果。因为从座谈情况看，受访者并没意识到隐藏在两个词语后面的真实利益。如果意识到强制缴存可以获得单位另一半补贴，而自愿缴存没有另一半补贴的真实含义，意愿很可能产生根本性逆转。缴存方式：问及希望的缴存方式时，有 57.5% 选择"单位代扣代缴"，35.8% 选择"银行代扣"，仅有 6.4% 的人愿意"自己去住房公积金中心窗口缴存"。

意愿缴存额：每月意愿缴存额的分布情况如表 12 - 4 所示，可以看出未缴存公积金人群的预期缴存额主要集中在 300 ~ 1 000 元区间内，占比达 64.83%。进一步分析 300 ~ 1 000 元各百元区间的分布情况，意愿缴存额在 400 ~ 500 元和 900 ~ 1 000 元区间占比最高，分别为 44.1% 和 30.8%。平均来看，每月意愿缴存的额度为 749.3 元。同时从缴存额占月收入的比例来说，平均每月意愿缴存比例为 18.6%，但由于月收入是由家庭年税后收入换算得到的，一方面家庭中可能有无收入来源的老人，另一方面是税后收入，因此月收入基数偏小，意愿缴存比例偏高。总体来说，未缴存公积金的新市民缴存能力还是比较弱。

表 12 - 4　　　　　受访者中未缴存公积金人群的预期缴存额

缴存金额（元）	样本（人）	占比（%）
≤150	68	3.53
150~300	395	20.49
300~500	622	32.26
500~1 000	628	32.57
>1 000	215	11.15

使用意愿：对于所有受访的新市民来说，有 79.7% 表示最希望使用公积金去"购/建住房"，而其余的意愿都不高，"租房"的占比 5.7%，"偿还贷款"的占比 8.7%。

第四节　住房公积金制度对促进共同富裕的作用机制

党的二十大报告提出了中国式现代化是"全体人民共同富裕的现代化"，可以预见我国将加快构建扎实推进共同富裕的基本制度保障。本节就住房公积金促进共同富裕的作用方面，着眼于分析在不同层次收入分配中住房公积金提升缴存职工收入、保障和支持缴存职工住房消费的作用，以及协同和促进城乡融合和城市建设等方面展开。

一、在初次分配中发挥着保障居民住房必要住房消费的作用

党的二十大报告提出"努力提高居民收入在国民收入分配中的比重，提高劳动报酬在初次分配中的比重"。住房公积金是职工劳动收入的基本组成部分，由两部分构成，其中由单位缴存的部分可以认为是支付给职工的住房工资，个人缴存的部分有着明显的跨期储蓄特征，提升未来住房消费支付能力。从制度设计看，住房公积金制度是帮助居民进行住房消费与储蓄的资金安排，克服个人住房消费能力的不足，为居民积累足够的住房消费资金。

住房公积金是初次分配中提升职工收入的重要部分。马克思劳动力价值理论阐明劳动者的收入主要用于以下三方面：劳动者自身正常生活所需要消费的物质资料价值和精神资料价值；劳动者养育子女所需要的生活资料价值和教育费用价

值；劳动者自身再教育或培训所需要的费用价值。住房是劳动者及其子女生活必不可少的生活资料，住房消费是劳动力价值的必然构成部分，应该纳入劳动者工资中，住房公积金正是该部分工资的具体体现。尤其是，现阶段中低收入人群在就业市场处于劣势地位，市场机制难以将住房消费纳入其所获得的货币工资中，影响其必要的住房消费。依靠政府强制力执行的住房公积金制度有利于缓解收入分配市场机制的失灵问题，缓解初次分配不公问题。由此可见，住房公积金是职工工资的基本组成部分，是雇佣单位应该支付的住房工资，是劳动者工资的基本组成部分。住房公积金制度的建立是解决初次分配中职工住房消费收入保障问题，是调节收入分配的重要政策工具。2022 年全国人均缴存额约 18 808 元，意味着单位平均为职工缴存住房工资 9 400 元，提升缴存职工工资收入比例在 8.24% ~ 14.40%（2022 年全国非私营单位平均工资 114 029 元，私营单位平均工资 65 237 元），相当于同期城镇居民人均可支配收入的 19.06%。①

住房公积金确保了缴存职工基本住房消费能力。随着富裕水平提高，消费结构中用于基本物质消费的占比将下降，而住房、精神享受、教育和个人全面发展方面的消费占比显著提高。我国基本消费恩格尔系数已由改革开放初期的 50% 左右下降到 29%，较发达国家还有进一步下降的空间。② 对照发达国家的情况，住房消费的比重仍将持续提高，有些国家占居民消费的 30% 左右。住房公积金制度作为住房政策工具，有力保障了缴存职工家庭住房消费能力，抵消住房消费提高对其他消费的挤占。目前，住房公积金通过租赁提取等渠道有力支持职工住房基本消费，2022 年全国住房租赁提取支持 1 537.87 万人、提取了 1 521.37 亿元，人均 9 893 元，相当于城镇人均可支配收入的 20.06%，超过了同期城镇人均居住消费支出所花费的 2 643.5 元。③

住房公积金制度帮助 4 000 多万户缴存职工实现了住房梦，增加了财富的积累，增加了职工财产性收入。从发达国家房地产市场发展规律看房价绝大多数时间段都跑赢 CPI，我国房地产 20 多年的发展历程说明住房是重要的财富积累手段。

二、通过税收政策优惠、保低封顶，在再分配中发挥调节收入差距的作用

住房公积金是在分配中调节缴存职工收入差距的重要工具。一是缴存住房公积金在规定范围内可以在个人应纳税所得额中扣除，税收激励间接提高了缴存职

---

① ③　笔者根据住建部等发布的《全国住房公积金 2022 年年度报告》数据计算所得。
②　笔者根据国家统计局数据整理所得。

工家庭的可支配收入。对于缴存职工，一方面，直接降低征税的纳税基数，降低职工的应税额；另一方面，降低职工的纳税等级，由于个人缴存部分的资金在纳税额中扣除，可能会降低职工的纳税等级，即降低纳税的税率，进而减少职工的纳税额。2022 年全国住房公积金缴存额 31 935 亿元，其中个人缴存约 15 967 亿元，如果平均按 5% 的个人所得税抵扣计算，相当于国家减征个人所得税 798 亿元补贴了职工住房工资。① 二是住房公积金制度促进缴存职工退休金的积累。通过缴存和利息累计，对于未使用的职工而言，住房公积金能够在其退休时补充其养老金。2022 年，896.15 万人因离退休提取 4 446.31 亿元，② 人均 4.96 万元。假设缴存职工连续 15 年按照人均水平 17 000 元缴存公积金，其间不提取使用，以年利率 1.5% 复利计算，到其退休时可提取约 27.87 万元。

三、通过互助式制度设计，发挥了三次分配作用，支持缴存职工拥有住房，实现财富积累

住房购买具有高价值性以及跨期消费品特征，既需要居民自我积累资金减轻或解决住房首付困难，也需要通过外部给予资金支持，住房公积金通过缴存职工之间的互助提供资金，实现资金共济，降低资金获取成本，提高购房能力、节约购房支出。因此，住房公积金制度在保障基本住房消费能力和支持居住条件改善方面有着重要的意义。

住房公积金制度从诞生之初其主要目标通过住房公积金互助，提供低息贷款支持缴存职工改善居住条件，拥有自己的住房资产。通过缴存资金构建资金池，由于不同收入水平的缴存职工通过资金池获得的住房公积金贷款规模不同，获得的杠杆效应存在差异，总体来说，低收入职工杠杆效应高于高收入职工。住房公积金实际上通过向缴存职工提供低息贷款的形式实现了在缴存职工内部互助支持。同时，通过这种互助式制度有效降低了职工住房消费负担。以 60 万元、30 年期按揭贷款为例，按 2021 年市场利率 4.65% 计算，年度本息应支付 37 126 元，而公积金贷款年度本息支付 31 335 元，两者相差 5 791 元，节省的利息占 2021 年城镇居民人均可支配收入 47 412 元的 12.21%，全贷款周期可节省 17.37 万元。从总量上来讲，2021 年发放的住房公积金个人住房贷款，偿还期内可为贷款职工节约利息支出约 3 075.40 亿元，平均每笔贷款可节约利息支出约 9.91 万元。③

---

①② 笔者根据住建部等发布的《全国住房公积金 2022 年年度报告》数据计算所得。
③ 笔者根据住建部等发布的《全国住房公积金 2021 年年度报告》数据计算所得。

住房公积金制度也是解决缴存职工全生命周期住房需求的制度安排。自缴存职工参加工作建立住房公积金账户，住房公积金制度能够覆盖其租赁资金需求、购买住房首付资金积累、住房低息信贷资金支持、贷款本息偿付以及住房相关的其他开支的支付。以杭州市为例，截至 2022 年 6 月，杭州公积金建制 386 万人，通过发放公积金贷款支持 47.5 万人，提取公积金 232.6 万人，既贷款又提取 5.4 万人，累计支持住房消费 285.5 万人，整体支持率 73.96%，近 3/4 的职工使用公积金。其中，仅租赁提取的 131 万人；先租赁提取后购房的 11 万人，这部分职工中使用公积金贷款 5.4 万人；无租赁提取、通过公积金贷款购房的 42 万人；购房未使用公积金贷款但提取公积金用于偿还商贷本息的 96 万人。① 可见住房公积金制度针对不同职工及其在不同阶段对居住的需求提供了全面的金融支持。

同时，这种互助式的制度在发挥增强职工改善居住条件这一重要作用时，有效减轻了政府在住房保障领域的财政负担。政府主要是给予优惠政策，制度运行依靠缴存职工资金自循环，并且在每年的增值收益中提取公租房（廉租房）建设补充资金支持了各地保障性住房建设，截至 2022 年全国累计提取了 6 518.01 亿元，支持了第三次分配。

四、在支持新型城镇化建设、发挥逆周期市场调控等方面发挥着重要作用

"十四五" 公共服务规划中将住房公积金制度列入促进改善住房条件的服务制度中，住房公积金制度既保障缴存职工基本住房需求，又支持职工改善居住条件的需求，联系着住房保障和房地产市场发展，在推进城乡融合和调控房地产市场方面都有着重要作用，是住房金融综合性服务平台。

随着城镇化水平的不断提升，特别是在县域范围，城乡界限不断消弭，城乡人口流动不断加快，市民农民概念不断淡化的背景下，"推进以县城为载体的城镇化建设"，住房公积金制度作为综合性服务平台能够有效支持进城务工人员和新市民群体在城乡融合过程中解决住房问题，在 "以人为本" 的新型城镇化建设中发挥巨大作用。

住房公积金管理机构具备逆周期调节住房市场的能力，加强房地产市场应对风险能力，提升城市韧性。住房公积金制度联系了住房市场上的供给者（房地产开发企业）、需求者（缴存职工）、住房政策制度设计者（政府）和金融机构（委托银行），具备综合统筹调节住房市场的能力。住房公积金作为政策性住房金

---

① 笔者根据杭州市住房公积金中心数据计算所得。

融制度较少受到市场化操作的影响，没有盈利性压力，天然地具备市场稳定器和逆周期调控的作用。房地产市场热的时候，通过提高首付款比例、调低贷款额度，抑制过度的需求；房地产市场冷的时候，通过降低首付款比例、调高贷款额度、降低贷款利息等，支持住房的需求。住房公积金制度作为公共服务能够在住房市场和住房保障中找到平衡点，通过调节信贷资金的支持力度有效调节住房市场平稳运行。

第五节　住房公积金改革方向与支持租购并举的政策建议

一、住房公积金制度改革的基本思路

以构建普惠型住房政策性金融体系为目标，加大政策支持力度，强化激励性住房公积金缴存制度建设，扩大住房公积金缴存覆盖到所有应交企业和愿交人员；完善住房公积金缴存、提取和贷款制度差异化设计，提高支持住房刚性需求力度；拓展低成本融资渠道，确保住房公积金资金充足；加强住房公积金对住房保障体系的支持，助力中低收入群体住房保障；加快住房公积金管理体制和服务数字化转型；为扎实推进共同富裕发挥更大作用。

二、住房公积金制度改革的基本原则

（一）有效性原则

共同富裕的目标要求住房公积金制度这一住房领域重要的政策工具，首先要能够切实地保障职工住房消费能力，改善居住条件。有效性衡量的是实施住房公积金制度后支持了多少职工的住房消费以及多大程度上支持其住房消费能力提高。同时，基于住房公积金制度对住房消费水平的实际提升效应与其政策目标的比较衡量住房公积金是否能够实现职工"住有所居，住有宜居"的目标。

（二）公平与普惠性原则

共同富裕重要意义是让发展成果更多更公平惠及全体人民，实现全体人民的

富裕。住房公积金制度改革过程中要坚持惠及广大居民，要让全体缴存居民公平地享有制度带来的收益。其公平性含义包括机会公平、规则公平和结果公平。住房公积金的机会公平主要指所有居民都有均等的机会参与住房公积金制度，不因参与者的个体差异（收入水平、工作性质等）受到制度排斥，本质上要求住房公积金制度建立一个覆盖更广、惠及城乡全体居民的普惠性的制度；规则公平则意味着其机制设计的内容对所有参与者是平等的；结果公平是指缴存职工在住房消费时获得平等的政策收益，即不同特征（收入水平、就业单位属性等）的缴存职工均能够获得同等的政策支持。应着力建立覆盖更广泛的人群，包括灵活就业、农村居民等居民群体，实现愿缴能缴。

（三）强制性原则

在市场化制度还无法有效补偿职工住房所需资金的前提下，住房公积金作为住房工资的属性就不应消失，强制单位配缴有利于缓解收入分配市场机制的失灵，保护劳动者的权益，缓解国民收入初次分配的两极分化问题。同时，住房公积金制度强制缴存通过合理的设计，对高收入人群而言，是可以不损害其经济利益的，基于"先富带后富"这一共同富裕的内在要求，强制缴存能够有效支持中低收入人群住有所居，为社会稳定作出了积极贡献，普通民众才能获得低成本资金，才能实现共同富裕的最终目标。

（四）保障性原则

公积金制度建立的目的，是解决居民的住房问题，具有住房保障的功能，强调保障居民基本社会水平的住房消费，维护社会公平从而促进社会稳定。这种功能随着市场体制的建立和完善，已从住房绝对性短缺时代的普遍性问题转化为特定人群的问题，即新市民、青年人和中低收入人群的住房困难问题。以保障为目的的公积金制度设计，在于如何使资金配置到使用效用最大的人群上，用以满足他们的基本住房需求。发挥制度作用服务于保障目的，需要考虑以下问题：一是仅支持该部分人群的基本住房需求；二是这种支持是一种互助性的安排，并非同时支持所有目标人群购买住房，而是依据居民支付能力分期分批地支持；三是对低收入人群的住房问题，政府应承担兜底的责任，促进该类群体住有所居乃至在其工作的生命周期中拥有住房。

三、政策性住房金融制度的国际经验借鉴

从国际政策性住房金融模式上看，其主要有四种模式：政策性住房银行模式

（日本）、合作住房储蓄模式（德国）、公积金模式（新加坡）、政策支持下的市场化模式（美国）。

（一）政策性住房银行模式（日本住房金融公库）

政策性住房银行模式是由政府提供启动资金，通过会员制募集或财政补贴、发行债券的方式来为日常运作资金进行融资，向符合条件的个人或开发单位提供低廉的住房消费资金以及贷款。选择这一模式最大的优点：公平性、针对性强，改革的力度大，有利于提升政府形象，即政府承担了为中低收入家庭提供低成本购房资金的责任，大大减轻了用人单位的压力。但困难在于：若按照 2020 年我国新增商业性住房按揭贷款 5.95 万亿元和公积金发放贷款 1.336 万亿元中的 50% 符合无房购买或中低收入家庭改善性购房，若按贴息 2 个百分点计算，则在刚开始实施的年份约需补贴 1 400 亿元左右，[①] 然后逐年快速增加，面临的最大问题是政府能否承担这笔开支。

（二）合作住房储蓄模式（德国住房储蓄银行）

合作住房模式是以互助合作为理念，即具有买房需求的个体，借助专业性住房金融机构，按照自愿、合作、互惠原则相互融资，形成一种住房互助体。运营体系相对封闭，资金使用按照内部循环原则，以保障资金的安全运行（见专题分析），最大的好处是：安全性高，政府压力相对小。选择这一模式面临的挑战：一是出于保持流动性、安全性的需要，通常要求"存一贷二"，居民可得到的贷款支持有限。二是我国尚处在城镇化快速推进期，房价保持平稳的难度十分大，通过储蓄积累到一定程度才能获得贷款的机制设计可能远远满足不了居民需要。三是如果政府不出台贴息、免所得税的政策，制度的吸引力有限，可能面临归集的资金不足，且可能造成政府在帮助居民解决住房问题上的力度出现倒退的表象（力度弱于公积金）。四是面临流动性风险。

（三）公积金模式（新加坡）

公积金模式是指政府通过相关法律和政策引导，强制用人单位和居民为购买住房进行储蓄，缴存人在购房时可申请低息贷款或是享受其他优惠。如新加坡、巴西等国家，都是通过立法成立公共住房金融机构来进行管理和监督，以保障资金来源的稳定和供给效率。优点：强制归集相当规模的资金直接用于居

---

① 笔者根据《2020 年金融统计数据报告》《全国住房公积金 2020 年年度报告》数据计算所得。

加快建立多主体供给、多渠道保障、租购并举的住房制度研究

民住房消费或保障房建设，有利于住房问题快速解决，且地方政府不仅负担轻，还能获得保障房建设资金，积极性高。缺点：一是新加坡公积金占据着垄断地位，影响市场化住房金融体系发展；二是部分居民被排斥在制度之外，部分已经解决住房问题的职工被强制要求缴存，公平性、有效性不足，流动性面临挑战。

（四）政策支持下的市场化运作模式（美国）

政策支持下的市场化运作模式以美国为代表，一是允许购买首套住房的贷款利息抵扣个人所得税，已成为美国联邦政府保障居民住房的最大一笔开支；二是成立吉利美，向中低收入家庭购房提供贷款担保，降低首付款和利率；三是通过联邦住宅银行、房利美、房地美、吉利美等发行证券化产品筹集大规模低成本资金，购买按揭贷款产品向储蓄银行等注入流动性，鼓励商业银行发放居民住房贷款，也压低了商业银行个人住房贷款利率。优点：一是公平性强、运作的效率非常高。二是以国家信用为基础大规模向国际市场筹集低成本资金，值得我们学习借鉴。操作上难度：一是我国尚未建立一个完善的基于家庭征税的系统，直接以利息抵扣所得税操作上存在难题；二是完全打破原有体系建立这套体系的成本高；三是如果运作不当，可能会产生较大风险，2008年美国次贷危机就是一个案例。

上述四种方式各有优缺点（见表12-5）。因此，在本轮改革中应该充分吸收各种模式的优点，比如，美国模式中资金来源的广泛性、流动性好的优点；德国模式中的会员互助，调动拟购房者积极性与政府的适度支持结合起来，减轻了政府负担；日本模式中的政府承担低成本融资责任；新加坡模式优点是用人单位、个人、政府共同来解决住房问题，政府提供低价格的住房、单位和个人每月按一定标准缴存公积金，确保一定的住房消费能力。

表12-5 　　　　国外政策性住房金融机构优劣势比较与借鉴

国家	美国	德国	日本	新加坡
机构名称	联邦住房贷款银行	住房储蓄银行	住宅金融公库	中央公积金管理局
主要特征	政府主导的抵押贷款保险和担保制度	自愿互助为主、政府奖励为辅的储蓄与融资制度	政府承担向面向中低收入居民公共住宅消费与开发提供低成本融资	集养老、住房、教育、医疗于一体的综合性保障制度

国家	美国	德国	日本	新加坡
优势	（1）融资工具信用评级高、易吸收低成本资金；流动性好；（2）以住房抵押贷款保险机制作为政策配套，鼓励金融机构向中低收入人群发放贷款；（3）通过会员机构而非直接向个人发放贷款，促进私人经济发展；（4）丰富的金融产品及服务，满足投资者及会员多样化需求	（1）实现了住房需求群体之间的互助互惠；（2）形成了有效的约束机制与激励机制；（3）运营体系相对封闭，安全性强；（4）固定的存贷款利率保持了资金市场稳定并提高了居民储蓄积极性	（1）财政支持强度大，提供长期、固定、利率较低的融资；（2）弥补银行住宅贷款不足；（3）提升了整体居住水平，使住宅供给多元化，形成了独特的政策性住宅金融体系与制度	（1）通过建立强制性的积累机制，为国家经济建设提供了大量资金；（2）中央公积金的管理成本较低；（3）市场化、差异化的存款利率以及与年龄挂钩的阶梯式费率，有利于社会资源再分配
不足	（1）期限长，容易导致资产和负债之间的时间缺口；（2）政策性住房金融机构可能面临道德风险	（1）需要以稳定的币值和住房价格为基础；（2）筹措资金的总体规模有限；流动性差，购房支持强度弱；（3）住房储蓄银行业务单一	（1）不利于金融市场整体效率提高；（2）利率下调时赤字风险增大；（3）不利于非政府金融机构的发展	（1）缴费率过高，对经济发展存在副作用；（2）单一、复合的保障体系加大了财政风险，政府压力大
主要适用范围	资本市场发达，资本运作能力强，基于个人系统的征税体系完善	房价稳定，房价收入比合理的国家或地区	政府财力雄厚	发展中国家（市场机制尚不健全、金融市场欠发达、住房短缺）
模式借鉴之处	（1）健全政府支持体系，为住宅金融机构提供担保与保险机制；（2）加快发展二级市场，为一级市场提供流动性支持	（1）探索自愿参加、机会均等、互利互惠的住房储蓄模式；（2）给予一定的优惠政策，增加缴存积极性；（3）建立合理的配贷机制，降低信用风险	（1）加大政府支持居民住房消费的力度；（2）政府从需求端和供给端同时给予支持	（1）调整公积金缴存基数和比例；（2）优化公积金利率和使用范围；（3）实现专业化透明化运作

470

四、近期目标及改革建议

近期，住房公积金制度整体未作大幅调整的背景下，建议在相关业务和管理流程中完善制度和创新实践，包括以下五个方面。

（一）资金拓源：建立多元化低成本资金筹集渠道

目前随着缴存职工对于住房公积金需求不断扩大，能否有效获得低成本的资金来源成为住房公积金制度能否发挥更大作用的关键。迫切需要通过制度内源资金稳定有效获取和拓宽外源资金来源来有效建立。

加强政府对住房公积金低成本资金来源的支持。一是通过政府财政和专项贷款向住房公积金管理机构注入低成本流动性资金，专项用于支持新市民、青年人和低收入家庭住房消费支出。政府专项资金支持住房最终消费，是现代化国家的普遍做法，也是应对我国住房消费需求断崖式下降的需要，更是改善广大中低收入家庭住房条件的需要。二是把与住房有关的基金统一交给住房公积金中心管理，建议将由住建部门实行行业管理的各类住房资金，包括物业维修资金、房改售房资金、商品房销售监管资金、住房保障资金等，在资金所有权、管理权不变的前提下，委托各地公积金管理中心管理，纳入公积金资金池管理，有利于筹措公积金贷款资金，加大对解决职工住房问题的支持力度。三是改革增值分配，增值收益全部作为公积金中心的资本金，增强流动性，提升运行管理能力。

鼓励一些省份先行先试，建立省级资金统筹管理和融通机制，有效消除流动性风险且提升资金运用效率，这在温州市级区域的实践中已得到印证。积极探索区域性融资调剂机制和融资平台（条件成熟时成立全国性调剂中心），完善融资运作机制，支持一些先行省份设立省级行政区域调剂中心。调剂中心将所辖各地市区结余资金纳入中心统一管理、统筹使用、有偿使用、省内（跨省）调剂。资金来源可使用各管理中心闲置的风险准备金，各中心可将准备金中高于贷款余额1%的部分划转存放至调剂中心的指定账户，同时各中心可根据自身资金状况自愿划拨部分闲置资金。对于存放资金，调剂中心应提供不低于同期各中心存款招标利率水平上浮0.5个百分点的存放利率，三个月或半年进行一次动态调整。可向调剂中心申请资金调剂的管理中心为连续三个月个贷率超过95%，或连续三个月提取率超过75%，或当月个贷率超过100%的管理中心。由符合要求的管理中心自愿提出调剂申请，调剂资金的利率较存放利率上浮1个百分点。

运作多渠道融资的资金获取方式。获取外部资金时也应注重市场化和强制性模式相结合，体现民生导向。一是大力发展住房抵押贷款二级市场。支持部分具备一定发行和管理资产证券化产品经验的公积金中心开展资产证券化，在银行间市场或证券市场发行住房抵押贷款证券化产品，提升相关证券化产品的信用水平，促进住房抵押贷款二级市场流通，扩大低成本资金来源。二是允许住房公积金管理机构或通过地方政府发行专项债券融资，或由财政部门发行专项地方债，支持住房公积金资金。三是参照韩国住宅基金模式，在房地产热点城市交易过程中通过强制配售低息债券、发行住房彩票等方式筹集资金。例如，对于在限购区域购买第二套房、购买高价值房产（面积超过144平方米或单价超过当地均价3倍以上）的购房者以成交价格的一定比例配售长期低息的专项债券。

（二）缴存扩面：设计惠及面更广更公平的激励性缴存制度

建立多层次、多支柱、可持续的住房公积金缴存制度，改革完善适应新型就业形态的住房公积金缴存政策，促进灵活就业人员、新市民参加住房公积金制度。

一是推进非公企业制度全覆盖，落实"应缴尽缴"。研究优化现行的缴存政策，积极探索将住房公积金缴存纳入企业集体合同和个人劳动合同示范文本，充分利用市场监管、社保、税务等信息，通过"开办企业"一网通办平台，推进单位实施职工"五险一金"联办，督促单位合规建缴住房公积金。探索单位缴存住房公积金税务部门代征办法，推进单位公积金缴存便利化，强化缴存刚性。建议各地中心以行业为切入点，梳理未建缴企业状况，有序推进，最终实现住房公积金制度全覆盖。建议住建管理部门在制定住房限购、住房保障等政策时将住房公积金建制缴存作为先决条件。

二是推进灵活就业人员缴存，实现"愿缴能缴"。建立灵活就业人员、新业态用工人员等自愿缴存人员参加住房公积金制度，制定自愿缴存、使用管理制度和配套优惠政策，可使用政策补贴、税收优惠等方式鼓励缴存，拓宽住房公积金制度的受益面。对于城镇化水平较高的县域，以集体经济组织为切入口，加快推进农业转移人口市民化过程中住房公积金建缴。灵活就业自愿缴存人员按规定缴存的住房公积金，在计算个人所得税时可税前抵扣，加强分类管理，提升制度参与的灵活性。

三是缩小缴存差距、建立更加均衡、更加灵活的缴存制度。建立与中等收入群体为主体的橄榄型社会结构相适应的缴存结构，缩小住房公积金缴存额的差距。根据职工全生命周期不同阶段住房需求，对于个人缴存比例等建立更为弹性的缴存方式。建立合理的缴存激励机制，提升长期未使用资金的收益水平。设立更加灵活的企业建缴模式，鼓励建缴企业将用于解决职工租赁住房的费用、成本转化为住房公积金。例如，对于已向职工提供租赁住房等住房支持的单位，在职工确认的基础上，可按照实际情况转抵住房公积金单位配缴金额。

四是提升缴存资金回报水平，增强资金留存吸引力。建议破除闲置资金投放限制，提升资金收益率以提升对长期未使用资金的补偿水平，建立缴存使用期限匹配的资金回报机制，例如资金存放超过一定门槛，如3年、5年或10年等，其回报即提升至相对应的国债利率水平。缴存制度设计中强化"保低"，参照韩国要约储蓄模式，对新市民、青年人和低收入的无房群体提高缴存回报水平，较一般缴存利率提升1~1.5个百分点，该部分补贴可由地方财政和增值收益共同支持。加强缴存资金投向自主性，可参照个人养老金制度，允许缴存职工在承诺一定时间不支取的前提下将部分或全部缴存资金划入专项账户用于投资。

五是加强住房公积金制度优势的宣传，提升服务内涵以服务促建缴。通过多种渠道和平台针对特定人群开展住房公积金制度优势的宣传，扩大制度影响力，实现建缴对象点对点的信息传递。同时，利用住房公积金与金融机构广泛合作关系，支持建缴企业和缴存职工的其他融资和消费需求，提升住房公积金服务内涵，提升建缴企业和缴存职工获得感。

六是加强住房公积金行政执法，建设住房公积金领域的信用体系。建立公积金补缴追溯机制，明确追缴期限，研究建立公积金纠纷与劳资纠纷联合查处机制，确立住房公积金缴存的制度化。建立健全住房公积金信用评价体系，规范单位、职工住房公积金信用信息管理，引导单位依法建制缴存公积金。对于建缴规范的企业可在其对外融资等过程中提供一定的资信证明等。

（三）使用扩围：重点支持中低收入人群、新市民实现住房合理消费需求

住房公积金作用发挥由支持购房为主向支持"租购并举"的方向转变，继续完善缴存人购房使用政策、大力支持中低收入缴存人解决刚需住房问题。

一是建立科学的贷款评估体系，精准运用差别化贷款政策。建立住房公积金使用的积分制度，将收入情况、房产情况、缴存情况等纳入住房公积金使用积分模型，根据模型得分情况提供公积金支持。构建"扩中提低"的差异化贷款政策，通过增加贷款额度、实行利率优惠、优先发放贷款等办法，降低购买中小户型首套住房的新市民、青年人、三孩家庭等首付款比例和利率。创新代际支持公积金贷款，累计缴存一定年限未使用过住房公积金的缴存人，其在本市或异地子女家庭首次购买自住住房，在不高于本市最高可贷额度的前提下，双方可贷额度可合并计算。向购买共有产权房和租赁长租房的缴存职工发放公积金贷款。

二是扩大住房公积金使用用途，支持缴存职工合理住房消费需求。在原有提取用途基础上，提升租赁提取的支持水平，支持缴存职工提取住房公积金用于住房消费开支，如支付物业服务费、老房加装电梯、旧房翻新等。

473

三是加大对低收入群体住房消费的支持力度。对低收入缴存人实行"四贴"，即对低收入缴存家庭贷款贴息、低收入灵活就业人员缴存补贴、低收入缴存人租房补贴和没有发生购房贷款的低收入缴存人的退休销户补贴，进一步体现政策公平性，提高低收入缴存人的实际收益和缴存积极性。

（四）保障提升：设计支持保障性住房建设的措施

一是调整增值收益分配制度。住房公积金增值收益，在提取管理费用和风险准备金后，全部作为中心的资本金，用于对保障性租赁住房租金、共有产权住房购买贷款利息和对低收入缴存人缴存资金的补贴支持。

二是支持保障性租赁房和共有产权房发展试点，可通过项目贷款向保障房供应机构提供资金支持，增加保障性住房供给，优先向公积金缴存职工分配。支持建缴企业利用公积金自筹自建租赁住房或支付职工规模化租赁住房租金，解决企业职工住房问题。

三是扩大结余资金投资提升增值收益水平。参照社保基金投资管理模式，结余资金除招标存放银行存款外，可投资于国债和其他具有良好流动性的金融工具，包括上市流通的证券投资基金、股票、信用等级在投资级以上的企业债、金融债等有价证券。除银行存款和国债以外的投资，由省级行政单位统筹委托合格投资管理机构进行管理。

四是双向支持住房消费与保障性住房建设。建立住房公积金住房保障专项资金，由企业专项归集的公积金和一定比例的增值收益组成，用于直接购买保障性租赁房和共有产权住房，由住房公积金中心持有产权，定向安排给归集企业和符合相关条件的缴存人，保障性住房的租金和购房款将回流资金池循环使用，强化住房公积金制度保障性。

（五）服务超统：建设省级统一的住房公积金数字化管理系统

以数字化改革为驱动力，促进公积金制度重塑，推进浙江省统筹统一管理住房公积金，向更高质量的发展模式转变。一是加快资源整合，统建统一基础云平台。依托各省统一政务云平台、电子政务网络资源及现有的省市住房公积金数据库资源，整合打造稳定高效、开放兼容、安全可信的省级住房公积金基础云平台，实现基础计算资源、存储资源、网络资源、数据资源、应用支撑资源标准化、集约化、智能化统一管理。二是打造数据共享和业务操作中台系统。按照统一数据标准、统一交换格式、统一管理制度要求，建立健全浙江省统一的内外一体化数据共享平台。三是完善综合服务和监管分析前台应用。按照数字化改革和省域统一的业务政策、操作规范部署要求，加快建设形成高效、安全、统一的住房公积金综合服务平台，实现柜面受理、线上业务、一体化政务服务及其他第三方平台的有效融合。着眼于提供一站式住房服务，丰富服务平台内容，逐步纳入租赁、购房、贷款等多元服务。利用数字化平台的大数据分析能力强化对贷款人的经营信息、收入信息、抵押物信息、征信报告等进行综合分析，提升风险防范能力。

五、中长期目标及改革建议

中长期着眼于住房公积金制度更契合共同富裕建设目标，发展成为真正的政策性住房普惠金融：一是变属地化管理为"全国统筹、省级独立运行"。成立国家政策性住房金融管理机构（国家住房公积金管理机构），借鉴美国住房部下设联邦住房金融管理局做法，在住建部下设政策性住房金融管理局（或住房公积金管理局），主要承担全国政策性住房金融的业务指导、监管和资金融通等。省级层面在住建厅下设省（自治区、直辖市）政策性住房金融管理机构（或住房公积金管理机构），对全省住房公积金实行垂直管理、实体运作，实行"四统一"管理。制度改革提升住房公积金运行效率，实现住房公积金制度有效性。政策性住房金融体系如图 12 - 2 所示。

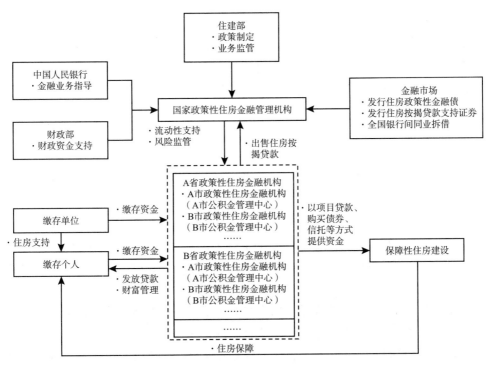

图 12 - 2　政策性住房金融体系

　　二是原有强制缴存制度改为"单位强制缴存＋个人灵活缴存"模式。单位配缴部分仍沿用原有制度保持强制缴存模式不变，体现单位支付职工住房工资的属性。个人可按照"保低限高，定期申报"的灵活缴存原则实施，即在最低缴存基数和最高缴存基数范围内自愿缴存，每年都可调整，在年末申报下一年度的缴存基数。该模式适应缴存职工在不同时间阶段对于住房消费和资金积累的需求，同时也保证了住房公积金缴存职工之间的互助性原则。

　　三是制度面向对象从城镇职工转向全体就业人员。通过强制缴存和灵活就业人员缴存制度相结合的方式，将缴存对象由城镇单位职工转变为覆盖城镇灵活就业人员、农村涉农服务人员、农村集体经济组织成员和农民专业合作社成员等全部就业人员。实现住房公积金惠及全体人民的普惠性原则。

　　四是修改住房公积金管理条例和管理办法。明确住房公积金管理机构和业务部门的机构属性，强化住房公积金缴存、使用、资金筹集和管理的立法基础，为实现住房公积金制度向共富性、普惠性政策转变提供制度保障。

第六节　本章小结

　　住房公积金制度作为提高城镇职工住房消费能力而推行的一种强制性的长期住房储金制度，应该在支持"两多一并"住房制度建设、促进实现全体人民共同富裕中发挥更大作用。本章在分析我国住房公积金制度发展历程，充分肯定公积金制度在提高缴存职工住房消费能力、支持职工贷款购建住房、支持公租房（含廉租房）建设的基础上，剖析了当前住房公积金制度仍存在的覆盖面不广、资金流动性明显不足、属地化运行成本高、风险大，制度运行的有效性在下降、对购买住房和租赁住房的支持力度偏弱、机构职能不匹配、难以更好满足人民群众合理的购租住房需求的问题。同时，以浙江为例，分析了新市民缴存住房公积金现状与意愿，从本次调研结果看，新市民对住房公积金制度总体上持肯定态度，但认为利用住房公积金解决其住房问题的支持力度不足，公积金使用范围较狭窄，公积金制度覆盖率较低，部分新市民对现有住房公积金制度还不甚了解，这些都制约了公积金制度作用的更大发挥。

　　为了更好地发挥公积金促进共同富裕的作用，本章围绕住房公积金在不同层次收入分配中提升缴存职工收入、保障和支持缴存职工住房消费的作用，以及支持新型城镇化建设、发挥逆周期市场调控等方面探讨了住房公积金制度对促进共同富裕的作用机制。最后，在比较借鉴日本政策性住房银行模式、德国合作住房储蓄模式、新加坡公积金模式、美国政策支持下的市场化模式基础上，提出了构建普惠性住房政策性金融体系的改革目标，并分别提供了近期和中长期的改革目标与政策建议，通过政策性支持与金融化运作的有机融合，以提高制度的有效性、公平与普惠性、强制性、保障性为着力点，为人人住有所居、实现共同富裕提供重要的制度性保障。

第十三章

承租人公共服务权利与租购同权

落实住房承租人享受与购房者基本相同的公共服务权利是改变住房市场购房需求过旺、房价上升过快的关键，是推进租购并举的住房制度重要环节。不少学者指出，中国城市快速发展中由于租房者无法获得与有房者同等的公共教育、劳动就业、户籍入户以及社会服务，带来最直接的影响是居民轻租重购，进一步导致房地产市场租购结构失衡，不利于房地产市场的长效健康发展。[①] "租购同权"内涵是什么？应该让承租者享受与购房人哪些一样的公共服务？目前遇到的最大障碍在哪里？至今尚没有明确的界定。为此，本章在分析承租人公共服务权利与租购同权内涵的基础上，以杭州市为例，详细分析了杭州市近年来在推进租购同权方面所做的工作、存在的问题与面临的挑战，并在此基础上提出相关的建议，以期对全国推进租购同权、建立租购并举的住房制度提供参考借鉴作用。

第一节　基本概念与内涵

一、基本公共服务概念

从公共服务的范畴而言，基本公共服务是指建立在一定社会共识基础上，根

[①] 虞晓芬等：《居民住房租购选择理论与实证研究》，经济科学出版社 2011 年版，第 11 页；刘洪玉：《什么因素阻碍了租房市场健康发展》，载于《人民论坛》2017 年第 24 期。陈杰、吴义东：《租购同权过程中住房权与公共服务获取权的可能冲突——为"住"租房还是为"权"租房》，载于《学术月刊》2019 年第 2 期。

据一国经济社会发展阶段和总体水平，为维持本国经济社会的稳定、基本的社会正义和凝聚力，保护个人最基本的生存权和发展权，所必须提供的公共服务，是一定时期公共服务应该覆盖的最小范围和边界。[①] 从基本公共服务的主客体出发，基本公共服务是由政府主导、保障全体公民生存和发展基本需要、与经济社会发展水平相适应的公共服务。[②]

2021 年 3 月，国家发展改革委联合 20 个部门印发了《国家基本公共服务标准（2021 年版）》（以下简称《国家标准》），对我国基本公共服务范围进行了界定，主要内容包括"幼有所育、学有所教、劳有所得、病有所医、老有所养、住有所居、弱有所扶、优军服务保障和文体服务保障"9 个方面、22 大类、80 个服务项目，同时，对每个项目均明确服务对象、服务内容、服务标准、支出责任、牵头负责单位等，这是国家层面对基本公共服务的明确界定，是指引各地提升基本公共服务均等化水平重要举措。2023 年 7 月，国家发改委对 2021 年版本的部分服务项目进行了"增""提""调"，进一步健全完善公共服务体系。

享有基本公共服务是公民的基本权利，保障人人享有基本公共服务是政府的重要职责。基本公共服务均等化是指全体公民都能公平地获得大致均等的基本公共服务，其核心是促进机会均等，重点是保障人民群众得到享受基本公共服务的机会，而不是简单的平均化。推进基本公共服务均等化，是建设共同富裕社会和社会主义现代化强国的应有之义，对于促进社会公平正义、增进人民福祉、增强全体人民在共建共享发展中的获得感、推动共同富裕，都具有十分重要的意义。

二、租购同权

"租购同权"在法律上没有明确的概念，但普遍认为租购同权是指承租人可享受与购房人同样的公共服务权益。从法律上来看，一些学者认为租房人通过租赁合同取得的是房屋的使用权，而购房人取得的是房屋的所有权，不可能获得完全相同的公共服务，[③] 因此租购同权落实在住房租赁领域中，更强调"适足住房权（the right to adequate housing）"[④]"出租人愿租，承租人安居"。其中，"适足住房权"应体现对租赁人群基本居住条件的保障。[⑤] 但另一种观点认为：从公民

① 陈昌盛：《中国政府公共服务：体制变迁与地区综合评估》，中国科学社会出版社 2007 年版，第 6 页。
② 《国务院关于印发"十三五"推进基本公共服务均等化规划的通知》。
③ 朱建岳：《"租购同权"或是误读专家称法律上不可能完全同权》，载于《法制日报》2017 年 10 月 31 日。
④ 根据联合国的相关解释，适足住房权应该被视为安全、和平和有尊严地生活在某处的权利。
⑤ 孙峰：《构建以住房承租人权利为核心的法律制度》，载于《西南民族大学学报（人文社科版）》2020 年第 1 期。

的基本权利角度出发，宪法应规定公民权利平等，承租人与产权人应平等享有社会保障资格权，依法享有基本公共服务的权利。[①] 从字面意义上看，租购同权即承租人就应该享受与购房人同样的公共服务权益，体现宪法中的平等权。

从财政预算的角度，人口不断向东部发达省份和城市群都市圈集聚，造成流入省份城市基础设施和公共资源的供给短缺，带来巨大的财政支出压力。特别是流动人口结构开始转向以家庭为单位的迁移，进一步增加了流入地政府的财政支出压力。流动的劳动年龄人口背后的家庭成员，如配偶、子女、老人等需要消耗更多的基本教育、基本医疗等公共服务，给人口净流入地政府带来巨大的压力。一种观点认为人口流动带来的承租人享受的公共服务应该由中央政府承担；[②] 而另一种观点认为人口流动给流入地带来了劳动力，创造了 GDP 和税收，人口流入地政府应该提供基本的公共服务给承租人。[③]

从涉及税种出发，按现行各地做法，承租人缴纳租金不涉及公共服务相关税种，天然处于弱势地位。在地方政府使用地方财政资金建设公共基础设施、提供基本公共服务过程中，资金大部分来源于土地出让金、房地产企业缴纳的城建税、教育费附加、地方教育附加等。购房人在购置房产时承担了增值税、城建税、教育费附加、地方教育附加等各类税款，而租房人在租赁房屋时仅涉及有限的房产税、增值税，因此，从这个角度看，有学者认为购房人天然具有享有公共服务的优先权。[④] 此外，国内尚无政策文件对"同权"中基本公共服务的主体范围和权利范围有具体的界定，多数学者认为与住房相关联的公共服务权益主要在于教育、社区服务、医疗资源、住房公积金使用、社会保障等方面，当前实现"租购同权"的难点在于公共服务资源的有限性，尤其是教育资源供应的稀缺与需求的强烈程度形成鲜明的对比。政策的主要难点在于实现租户与购房人子女享有同等就近入学的权利。目前我国大城市普遍缺乏优质的教育资源，因此，很多重点学校在录取学生时，会根据购房和租房等情况进行一表生、二表生、三表生甚至四表生排序，[⑤] 租户子女难以享受到与购房人子女相同的受教育权，意见大。

① 张焱：《租购同权下我国住房租赁法的政策目标和法律构造》，载于《人民司法》2019 年第 16 期。
② 倪红日、张亮：《基本公共服务均等化与财政管理体制改革研究》，载于《管理世界》2012 年第 9 期。
③ 项继权：《基本公共服务均等化：政策目标与制度保障》，载于《华中师范大学学报（人文社会科学版）》2008 年第 1 期。
④ 陈友华、施旖旎：《租购同权：何以可能》，载于《吉林大学社会科学学报》2018 年第 2 期。
⑤ 以杭州为例：一表生是指学龄儿童户口与父母户口、家庭住房（父母有房产的，以父母房产证为依据认定）三者一致，都在小学教育服务区；二表生是指学龄儿童自出生日起在本市的祖父母（外祖父母）家，且祖父母（外祖父母）住房在本小学教育服务区；三表生是指学龄儿童有杭州市主城区户籍，但不属于上述两类；四表生是指学龄儿童无杭州市主城区户籍。

在推行租购同权的政策过程中，部分学者也担心可能推动租金的上涨。[①] 因优质公共服务资源的稀缺性，使租购同权在落实公共服务均等化的同时，引导部分城市居民改购买住房变为租赁住房的方式获取资源，加剧那些附着优质公共资源的租赁房源的竞争，刺激房租上涨。

因此，推进租购同权情况比较复杂，既要充分考虑租房群体需求，又要考虑公共资源的可承受力，是一个渐进的过程。首先，要保证承租户不被房东随意驱逐、随意上涨房租等基本居住权利。目前，我国出台的《中华人民共和国民法典》中已明确规定了房屋承租人的优先购买权、按份共有人的优先购买权，并承认后者的优先地位，符合"租购同权"住房制度的要求，有力保护了承租人的利益。其次，推进租房人逐步享有与购房人同等的教育和医疗等公共资源的权利。

三、承租人、购房人应享有的基本公共服务

根据《国家基本公共服务标准2023》（以下简称《国家标准》）和相关政策文件，租购双方享受基本公共服务的不同，不仅与自身是承租人还是购房人有关，更与户籍或居住证有关。以义务教育为例，为享受到"义务教育阶段免除学杂费"，需就读子女具有当地户籍或者拥有居住证。因此，对购房人、租房人进行分类时，分为"有房有本地户籍""有房无本地户籍""无房有本地户籍""无房无本地户籍"四类，其中"无房有户籍""无房无本地户籍"囊括了绝大部分的租房人（不包括有房群体因子女上学等特殊原因选择租房）。根据《国家标准》租购双方应享有的基本公共服务涉及义务教育、基本公共卫生服务、养老助老等多个公共服务领域，牵涉范围广。

（一）义务教育服务

《国家标准》规定对城乡所有义务教育学生免除学杂费，免费提供教科书，对家庭经济困难学生补助生活费，为贫困地区农村义务教育学生提供营养膳食补助。[②] 承租人子女只要在当地入学，即可享受到"免除学杂费、免费提供教科书"的服务；对于符合家庭经济困难标准的承租人子女即可获得生活补助。2017年7月，广州市颁布的《广州市加快发展住房租赁市场工作方案》中率先明确指出"租购同权"的内容之一为"赋予符合条件的承租人子女享有就近入学"的

---

① 陈杰、吴义东：《租购同权过程中住房权与公共服务获取权的可能冲突——为"住"租房还是为"权"租房》，载于《学术月刊》2019年第2期。

② 《国家基本公共服务标准2023》第五大类（义务教育）第11~14个服务项目。

公共服务。"教育同权"是租购同权中最重要的一点。但教育同权是指符合条件的租户子女可以拥有就读公办学校的资格，并不是拥有读"名校"的资格。

影响教育同权的最主要因素就是学区房。由于房屋的固定地点以及上学距离，目前我国城市采用"户籍地＋产权房屋所在地"的方式进行学区划分及生源选择：即学校周边一定范围内社区内的学生本人户籍及家庭产权房屋所在地满足与学校同属一个区划的，即可入读该学校。但由于优质教育资源的稀缺及地区内教育资源的不均等，进一步加剧了对生源的筛选，一般采用"住、户一致"方法，即"学龄儿童户口与父母户口、家庭住房（父母有房产的，以父母房产证为依据认定）三者一致"优先于"学龄儿童自出生日起在本市的祖父母（外祖父母）家，且祖父母（外祖父母）住房在本小学教育服务区"优先于"学龄儿童有本地户籍，但不属于上述两类"，"学龄儿童有本地户籍，但不属于上述两类"又优先于"学龄儿童无本地户籍，但符合当地就读条件"。其中，租房人的子女往往排在有房家庭子女后；租房人群体中有当地户籍的子女排在有居住证之前；有居住证的排在无居住证子女之前（即有房有本地户籍＞无房有本地户籍＞无房有居住证＞无本地户籍[①]），这是在现行资源不足情况下，教育部门也是为了相对的公平而采取的一种不得已的办法，其结果是导致租购双方在义务教育服务方面的不平等。

（二）公共卫生服务

在公共卫生服务方面，承租人享受到的基本公共服务权利基本与购房人相同。仅"建立居民健康档案""慢性病患者健康管理"这2个服务项目的服务对象是"辖区内常住居民"，要求具有当地户籍或当地居住证的条件，无房无本地户籍、有房无本地户籍的租房人必须要有当地居住证方可享受到该二类服务。

（三）养老助老服务

在养老助老方面，"老年人健康管理"服务对象为辖区内常住居民，即只需要满足具有当地户籍或当地居住证的条件，无论租房还是购房均可享受该服务；"老年人福利补贴"服务由地方人民政府负责支出，因此，一般为本地户籍老人。租房人中的无本地户籍高龄人群无法享受到相应的补贴。此外，由于地方财政的限制，一般情况下其他养老服务（如杭州市"居家养老"提供的相应服务）只提供给居住在当地并具有当地户籍的老人。对于无当地户籍的老人，不论是购房

---

① 无户籍群体分为有房无户籍和无房无户籍群体，在实行积分入学地区，杭州市以申领居住证后按照有房产排序前，无房产的再按照积分积高低排序先后决定入学顺序；上海市以居住证120分积分为界限，无户籍群体中满足120分积分的无房户排序在未满足120分积分的有房户前。

人还是租房人均无享受该类服务权利。

（四） 公租房保障服务

《国家标准》明确将公租房纳入基本公共服务标准，规定公租房保障对象需符合当地规定条件的城镇住房、收入困难家庭，具体标准由市、县级人民政府确定。但由于地方土地资源有限，财政资源有限，总体要求对本地户籍"双困"家庭应保尽保，鼓励各地扩大到非户籍。由于公租房的租金明显低于市场价格，且各地公租房数量有限，很多地方都将无户籍、无居住证的租户排除在申请公租房的条件之外。

（五） 社会救助服务、扶残助残服务

在社会救助服务方面，"最低生活保障""特困人员救助供养"两项基本公共服务面向对象为具有本地户籍的无房租户群体，具有户籍、财产限制条件；"医疗救助"服务的救助对象为达到医疗救助条件的本地户籍群体以及缴纳了城乡医疗保险的租赁群体，对于无本地户籍、无房无医保的租赁群体而言，无法享受到该项服务。

在扶残助残服务方面，"困难残疾人生活补贴和重度残疾人护理补贴""无业重度残疾人最低生活保障"两项服务多以货币补助的形式发放，考虑到地方财政的有限性，一般限定符合条件的当地户籍的群体可以享受到，将非当地户籍的租赁群体排除在外；"残疾人托养服务""残疾人康复服务"两项基本公共服务的服务对象为具有本地户籍的群体，即无房有户籍的租赁残疾群体可以享受相关服务、无房无本地户籍的租赁残疾群体不能享受到相关服务。

（六） 优军优抚服务

在优军优抚服务方面，《国家标准》的服务内容进一步扩大至 4 项，但由于军人退役后需退回原籍的特殊性，相关优待服务归原籍所在地退役军人服务中心统筹安排，即该项服务与是否具有当地户籍有关。其中，有户籍无房退役军人可以享受到相关基本公共服务，非本地户籍退伍军人（包括非本地户籍租房人）均不可享受到相关基本公共服务。

（七） 其他基本公共服务权益

1. 社区公共设施使用

许多社区开展各类活动，即提供一定的公共服务，其中最为核心的内容就是

居家养老服务和幼儿托管服务。以居家养老服务而言，由于社区/街道开展相关服务的补贴高、工作量较大，可享受到该项服务优先为本地户籍业主或业主长辈。

对于幼儿托管服务而言，该项服务成本高、专业性强、人员要求高，市场化程度高。若将社区租赁群体子女纳入在服务范围之内，则成本上升、管理压力增大。同时，由于租赁群体具有一定的流动性，对于幼儿的安全、成长会有一定影响。因此，在一般情况下租赁群体是不能免费或者需要满足一定的条件才可以享受幼儿托管服务。

此外，社区内公共资源使用，如会所、健身房、车位等，租购双方存在不同权利。就车位而言，建筑区划内，规划用于停放汽车的车位、车库应当首先满足业主的需要，[1] 租房人若需要车位排于购房人后，但通过租赁合同明确所属车位使用权的不在此范围之内。对于社区会所、健身房等公共设施，大多数社区允许按照缴纳物业费的承租人使用，租购双方可以享受到同样的服务。

2. 住房公积金的缴存、使用、提取

从现实情况来看，目前，我国公积金的缴存是用人单位和职工本人按照一定比例进行缴存，对租购双方无差异。从使用金额上来看，购房的缴存人可以低利率贷款使用，使用的金额高，而租房人只能按月提取已缴存的公积金，可提取金额较低（部分地区对何时提取公积金用于租赁有时间和金额的限制）；从提取方式来看，承租人在公积金的使用上手续相对较为复杂，如提供材料时需要出示无房证明以及其他相关证明（如社保证明等），对于购房人而言，需要出示的材料包括购房相关合同及钱款证明，对于公积金提取限制相对较少。

3. 租户基本权益

除了以上相关基本公共服务权益外，影响租户生活满意度的其他基本权益也应纳入"承租人应享有基本权益"范围内。根据本书进行的调查问卷分析发现，租金是租户租房时优先考量的重要因素，问卷调研表明在有搬家经历的租户群体中约30%因为租金上涨而导致更换住所。因此，为了有效保护承租人合法权益，应通过各种方式稳定市场租金，防止租金过快无序上涨；保障租户合理合法收回押金的权利，防止房东以"不合理"名目抵扣押金；保证租户在租赁期限内的合法稳定居住，避免因房东提前收回租赁用房而产生纠纷；通过各项规定、检查等，引导出租人为承租方提供安全舒适的租赁住房。

4. 家庭用车调控城市"摇号"限制

随着我国经济的快速发展，私人汽车保有量不断增加，2021 年全国每百户

---

[1] 《中华人民共和国民法典》第二百七十六条。

家用汽车为 41.8 辆（北京达 59.2 辆）。为缓解道路交通的拥挤，北京、上海、广州、深圳、杭州、天津、海南这 8 个城市采用了小客车牌照摇号的方式来控制车辆的增长。为获取新牌照，必须满足当地户籍、居住证或者符合当地人才引进等条件，对于有房无本地户籍（购房人）、无房无本地户籍（租房人）的群体而言，想要达到相关条件具有一定难度。

总体来看，《国家标准》的 22 大类项目中的 6 大类涉及了租购双方应享有的基本公共服务权益，租房人能否享受到相关公共服务与是否具有当地户籍或居住证紧密相关。此外，《国家标准》是具有普惠性、基础性、兜底性的民生建设，为各级政府履行基本公共服务职责和人民享有相应权利提供了重要的依据，但由于各地基本公共服务基础不同、经济发展水平不同，各地应结合实际制定本地区保障承租人享有基本公共服务权利的相关文件，将有限的财力用到承租人群体最关心的领域、生活最关键的环节中去，不断提高租购双方的幸福感、获得感和安全感，逐步实现"租购同权"。

第二节　推进"租购同权"的现实意义

当前，我国城镇尤其是大城市租房者还无法获得与有房者同等的公共教育、社会服务，尤其是在子女教育资源方面存在巨大的"权利鸿沟"。这种"租购不同权"造成我国城镇住房除了居住权外，还承载着很多社会权益和优质的基本公共服务，增加了拥有住房居民的福利，吸引居民涌入买房市场，而租房居民的福利相应较低，造成有经济条件的家庭甚至没有足够经济条件的家庭也通过节制其他方面的消费，加入购房者队伍以增加福利，带来最直接的影响是导致居民轻租重购，即居民租房需求的下降和购房需求的增加。居民的轻租重购现象进一步导致房地产市场租购结构失衡，推动房价单边上涨，引起住房租售比的失衡。造成无论是消费者还是投资投机者，都格外关注与住房挂钩的教育资源等。基本公共服务在租房者和有房者之间的不均衡，是稀缺公共资源在住房价格中资本化的前提，也是住房被投资炒作的基础，进一步放大住房的投资属性，不利于房地产市场的健康发展，因此，国家推动租购同权有十分重要的意义，主要有以下几点。

一、租购同权倒逼地方政府加快推进基本公共服务均等化

"租购同权"的提出，本质是要解决城市中公共资源的不充足、不均衡而导

致不同特征群体享受到的公共资源不均等。租购同权只有在基本公共服务实现均等化的条件下才能实现。为实现租购同权，并满足人民对于美好生活的向往，就必须要加大对基本公共服务资源的投入，加快公共基础设施的建设，保证区域内公共服务供给充足和均等，只有这样，才能解决好外来人口与本地户籍人口、租赁人口与购房人口之间的公共服务无差异，才能处理好地区间不均衡发展的问题。其次，推进租购同权涉及的范围广、涉及的部门多，将倒逼相关部门必须先进行顶层设计，统筹考虑系统各层次和各要素的保障，加快城市住宅开发与公共服务建设、公共资源的配置的协同。

二、租购同权是推进以人为本新型城镇化重要保障

目前因公共资源的限制，部分基本公共服务是与户籍、房产证相绑定的，无当地户籍人群（包括无本地户籍无房、无本地户籍有房的群体）无法享受相关的公共服务权利。北京、上海、深圳等少数城市，即使购房也需要达到一定条件才能落户；大多数城市购房成为拥有户籍的重要方法之一，而户籍则是享受公民权益的必要条件，限制了"租购同权"的实现，也严重影响人的发展机会的平等化。新市民、青年人进入城市就业生活，更重要的是实现"发展机会的平等化"。因此，推进租购同权的进程，就是让公共资源逐渐与户籍、房产证解绑，降低进入城市的居住成本，工作居住在城市的每个人能平等地享受城市公共资源，这样做有利于承租人安心、放心、更高质量地在城市生活，真正与城市融合，逐步有序地转化为真正的城市居民，使其在各大中小城市安居乐业，分享城市发展红利，让城市获得永续的生存与发展能力。改变当前人口城镇化明显落后于土地城镇化的状况。

三、租购同权有利于优化房地产市场结构

如果租房者与购房者享受相关公共服务权利无差异化，必定促进租赁市场发展。从一些试点城市的情况来看，已经做到了在子女教育、就业扶持、社会保险、计划生育、住房保障、户籍管理等方面基本同等待遇。这一步的全面推开，大大减轻因迫于种种现实问题而不得不买房一族的压力，减少对其他消费的挤出。"租购同权"政策的落实，以往房产附加的公共资源将减少（如义务教育等），将降低公民为获得"少量公共服务资源"的投入成本，部分"准购房人"可能就回归到"租房人"，削弱因房产附带的稀缺公共资源而导致的房产升值，减少房产的投资价值（尤其是附带的学区价值），有利于平稳房价，回归房子居

住的本质。

租购同权有利于促进地方租赁市场规范化。为保证承租人的基本权益，政府必须通过加强管理、规范制度，明确住房租赁双方的权利义务，提升租赁关系的稳定性；其次，为保证外来人口可以租到合适的租赁住房，缓解地方租购供给不平衡，要求地方政府培育多元化租赁住房供应主体、多渠道筹集租赁房源、完善住房租赁管理政策，解决城市中大量涌入的新增人口特别是青年人的住房需求问题。这对深化住房制度改革和完善租赁市场体系、推进共同富裕、促进房地产平稳健康发展起到了积极作用。

四、租购同权是现代化国家普遍特征

美国、英国、德国、日本等国尽管没有租购同权一说，但从其法律制度和实际执行过程都已基本实现租购同权。现代化国家都制定了完整的有关住房租赁的法律，规定房东需要承担的义务，积极保障承租人的权利，租赁户享有与产权人同等的教育、医疗等公共服务。美国宪法中保障迁徙权利核心就是保障移居人享有本州公民的公共资源，包括受教育权。各州会依据居民居住期确定其享有权利的范围，通过居住期认定的居民可以享受基础教育。[1] 为缓解出租人和承租人之间的矛盾，保障承租人的居住环境，美国国家法律委员制定了具有指导性的《统一住宅租赁关系法》，各州及自治地方根据此法来制定本地的法律，该法律主要是要求房东承担适住性担保[2]义务和更多责任，[3] 限制房东随意终止租赁权。《租赁控制法》规定出租人应当担保房屋在整个租赁期间适合居住，如果租赁房屋存在瑕疵致使承租人遭受损害，出租人需承担相关责任，禁止出租人通过断水、断电等措施迫使承租人支付延期未付的租金，禁止出租人自行采用更换门锁或暴力手段驱逐合同到期未搬离的承租人。英国主要通过《住房法》对租户安全和购买权作出规定。德国实行全民户籍注册制度，在常住地必须独立注册户籍，该户籍与所住的住房直接相关联，但与住房所有权无关，只要提供符合居住条件、居住面积的住房租赁合同和住房租赁证明即可完成注册。凭借该注册户籍即可享受均等的基本公共服务。德国《民法典》对租赁协议内容、租赁期限、双方义务、租金等作出了详细的规定。此外，2001 年的《德联邦租赁改革法》规定"租金明

---

① 黄燕芬、王淳熙、张超、陈翔云：《建立我国住房租赁市场发展的长效机制——以"租购同权"促"租售并举"》，载于《价格理论与实践》2017 年第 10 期。

② 适住性担保只适用于对住宅物理状态的保证。

③ 依据传统普通法，房东几乎不承担什么义务，也就无责任可言。随着成文法和判例增加，房东的义务增多，房东被判定承担侵权责任的可能性也越来越高，且相关赔偿标准也不断升高。

镜"，通过科学方案计算的"习惯性当地参考租金"替代"比较租金"，控制租金价格。日本则在《民法典》后还颁布了一系列加强住宅租赁关系的立法调控的特别法，如《借地借家法》等。这些法律主要注重保障租赁存续期间承租人的对抗权利、保障承租人的续约权、租金水平等方面。另外日本在住宅租赁立法方面主要是实行租赁登记，利用成熟的成文法律及法院判例对承租人的权益加以保护。总体而言，由于这些现代化国家都实施了物业税（房产税），加上人少地多、公共设施供给充足的国情，都能保证承租人能在所住社区享受与购房人一样的教育、养老、医疗等方面享有相同的权利。

党的二十大确定了我国全面建成社会主义现代化强国分两步走战略，从2020年到2035年基本实现社会主义现代化，从2035年到21世纪中叶把我国建成富强民主文明和谐美丽的社会主义现代化强国，加快推进租购同权是实现以人为本的现代化主要标志和内容，是构建租购并举住房制度的重要前提。

第三节　国内主要城市政策趋向

自2016年1月1日起施行的我国《居住证暂行条例》第十二条规定：居住证持有人在居住地依法享受劳动就业，参加社会保险，缴存、提取和使用住房公积金的权利。县级以上人民政府及其有关部门应当为居住证持有人提供下列基本公共服务：义务教育；基本公共就业服务；基本公共卫生服务和计划生育服务；公共文化体育服务；法律援助和其他法律服务；国家规定的其他基本公共服务。《居住证暂行条例》的颁布大大推动了各地落实。2016年5月国务院办公厅下发《关于加快培育和发展住房租赁市场的若干意见》第七条明确指出"非本地户籍承租人可按照《居住证暂行条例》等有关规定申领居住证，享受义务教育、医疗等国家规定的基本公共服务"，体现了"租购同权"的思想。近年来，在国家强化对非本地户籍居民基本权益保障和积极培育发展租赁住房市场的政策指引下，在维护承租人基本居住权益和推动流动人口子女义务教育上已有明显进展。

一、维护租客基本居住权益

从顶层设计来看，已出台的《中华人民共和国民法典》在第十四章"租赁合同"中对租赁时间、金额、违约、维修等租赁环节涉及内容等进行了明确，指出了承租人享有优先购买、续租等基本权益。各地方政府相继出台《租赁合同范

488

本》，以法律形式对涉及租客的基本权益、租赁双方的权利和义务等进行规范，保障承租人合法权益。

（一）稳租金，防止房东擅自涨租

2014 年发布的《上海市居住房屋租赁合同示范文本》第三条租金及支付方式中明确了"双方约定，在租赁期限内，未经双方协商一致，甲方不得擅自调整租金标准"。2019 年 7 月出台的《北京市住房租赁合同》示范文本中明确规定"未经双方当事人协商一致，出租人不得在租赁期限内单方面提高租金。合同提前解除的，出租人应在合同解除后约定日期内退还已收但尚未发生的租金"。2022 年 5 月颁布的《北京市住房租赁条例》明确将建立租金监测和发布机制。当住房租金快速上涨时，主管部门可以采取限制住房租赁企业经营房源租金涨幅、查处哄抬租金行为等措施，调控住房租赁市场；必要时可以实行佣金或租金指导价。2019 年深圳发布的《关于规范住房租赁市场稳定住房租赁价格的意见》明确了"深圳房屋租赁企业在向个人出租住房时，需在政府租房交易服务平台上登记或备案。如租金不高于指导价格，可适当降低其增值税征收率；个人在政府租赁平台上签约且租金不高于指导价的，在 2023 年底前实行零税率"，以租金指导价、对涨租群体收税的方式进行租金管控。

（二）保押金，避免房东以各类"巧目"扣留押金

上海市 2024 年使用的《上海市居住房屋租赁合同示范文本》第四条租赁保证金及其他费用支付中指出在租赁合同终止时，出租人收取的房屋租赁保证金除用以抵充本合同约定由承租人承担但还未缴纳的费用外，剩余款项应在房屋返还时返还承租人。北京市出台的《北京市住房租赁合同》中明确了押金金额及还款时间押金除用于抵扣承租人应交而未交的租金、费用以及承租人应当承担的违约金、赔偿金外，剩余部分应在自房屋交还之日起 3 个工作日内如数返还承租人。杭州市在 2019 年发布的《杭州市房屋租赁合同［范本］》中明列押金金额，并明确"未经租客同意，房东不得以押金抵付租金等任何费用"。

（三）稳租赁期，保障租赁双方权益

《中华人民共和国民法典》在第十四章租赁合同中对租赁期限作出明确说明"出租人应当按照约定将租赁物交付承租人，并在租赁期限内保持租赁物符合约定的用途"，即在签订租赁合同时约定好租赁期限的，承租人依法享有在租赁期限内租赁房屋的使用权。对于出租人需要提前收回的，各地在租赁合同中基本采

用了承租人向出租人收取违约金以及出租人退还相应预收租金的方式来解决。

二、推动流动人口子女享受义务教育权益

教育部早在 2003 年发布的《国务院办公厅转发教育部等部门关于进一步做好进城务工就业农民子女义务教育工作意见的通知》中提出了"以流入地政府为主，以全日制公办中小学为主"的政策，缓解进城务工人员随迁子女在当地接受义务教育的问题。2014 年 1 月发布的《关于进一步做好重点大城市义务教育免试就近入学工作的通知》要求"重点大城市所有县（市、区）实行划片就近入学政策"，但执行情况较差，流动人口随迁子女义务教育入学问题受到诸多限制，没有得到有效解决。《国务院关于深入推进新型城镇化建设的若干意见》明确指出推进城镇基本公共服务常住人口全覆盖，保障农民工随迁子女以流入地公办学校为主接受义务教育，以公办幼儿园和普惠性民办幼儿园为主接受学前教育。在中央要求下，各地结合实际稳步推进。

（一）采用义务教育入学准入制度

一是材料准入制。外来人口申请随迁子女入学时，只需提交流入地教育行政部门规定的证明材料（如家庭情况证明、工作证明、居住证明、子女健康证明等），由流入地教育行政部门及就读学校鉴定资料的完备程度和真伪。其中，居住证是各地随迁子女义务教育入学阶段就学的必备条件。此外，实施随迁子女义务教育阶段就学材料准入制的除杭州以外，表 13 - 1 中其他 12 个城市均对务工证明材料有明确要求，以此优先解决在本区有合法稳定职业的流动人口子女义务教育阶段的就学问题。

表 13 - 1　　　材料准入制中随迁子女义务教育所需证明

材料　城市	个人身份证明		居住证明			工作证明			其他证明	
	户口本	身份证	居住证/暂住证	住房证明	连续居住证明	社保证明或其他劳动合同证明	连续缴纳社保证明	务工证明	入学登记表	预防接种证明
北京	√		√		√	√	√			
成都	√		√					√		
重庆	√	√	√	√		√				√

材料\城市	个人身份证明		居住证明			工作证明			其他证明	
	户口本	身份证	居住证/暂住证	住房证明	连续居住证明	社保证明或其他劳动合同证明	连续缴纳社保证明	务工证明	入学登记表	预防接种证明
长沙	√	√	√		√	√	√	√		
合肥	√	√	√			√				
济南	√	√	√		√	√				
昆明	√		√	√		√			√	
南京	√	√	√		√	√				
上海	√	√	√			√				
武汉	√		√			√			√	
西安	√		√	√		√			√	
郑州	√	√	√			√				

资料来源：笔者根据各地发布的资料整理。

二是积分制。是以积分排名的方式安排外来流动人员子女入读公立学校。积分制通常采用：（1）积分达到落户条件，户口迁入当地，可获取与本地户籍子女一样的入学待遇；（2）未落户的，通过积分高低对入学顺序进行先后排位。积分指标通常分为个人特征、基本情况、子女要求、扣分情况四大类（见表13-2），这种做法既客观但又主观，因为对个人特征和基本情况赋值由地方政府定，反映着地方政府的偏好，一般地，具有较高教育程度、良好经济条件、未来创造价值较大的群体积分赋值高。

表13-2　　　　　　　　积分制中随迁子女义务教育指标分类

指标\城市	个人特征						基本情况				子女要求	扣分情形	
	文化程度	年龄要求	职业资格	表彰奖励	投资纳税	需求人才	特殊职业	居住就业	缴纳社保	户籍房产	社会服务	疾病预防	违法犯罪
广州	√	√	√	√	√	√	√	√	√				√
深圳								√	√				
上海	√	√	√	√	√	√	√	√	√	√			√

续表

指标	个人特征						基本情况				子女要求	扣分情形	
城市	文化程度	年龄要求	职业资格	表彰奖励	投资纳税	需求人才	特殊职业	居住就业	缴纳社保	户籍房产	社会服务	疾病预防	违法犯罪
杭州	√	√	√	√	√	√		√	√	√	√		√
东莞	√		√		√			√	√	√	√		
苏州	√		√		√			√	√	√		√	√
佛山	√		√							√		√	√

资料来源：根据各地发布的资料整理。

（二）推动义务教育免试就近入学，推动教育公平

北京市：一是实行教师轮岗制度，[①] 推动义务教育资源的根本性均衡，逐步解决因优质教育资源过于集中带来的天价学区房问题。目前轮岗教师为公立学校教师，民办学校不涉及。此外，在同样的教师资源的情况下，不同公办学校之间的办学空间、办学条件也不一样，也会导致公办学校教育质量之间的"偏差"，但总体有利于改善教育资源均等化。二是采用了"多校划片"[②] 制度，即统筹 2 所及 2 所以上的学位资源（其中包括优质资源），根据个人需求和志愿进行统一公平分配，保障片区内总学位的数量，确保每个孩子享有就近入学的权利，即片区内每个适龄孩子都能够入学，同时也确保每个孩子入片区内优质资源的机会均等，确保每个孩子公平地就近入学，即机会公平。

深圳市：也采用"大学区招生"及"义务教育学校校长教师交流制度"的办法来缓解因"学区房"导致的教育资源不公平问题。《深圳经济特区社会建设条例》第十一条明确"市、区人民政府应当推行大学区招生模式，优化义务教育入学政策，完善集团化办学管理，建立健全义务教育学校校长教师定期交流轮岗制度和配套的考核激励机制"。义务教育积分入学的优化政策，明确指出了要"综合考量户籍、居住时长、社保年限等因素"，例如，深圳市宝安区教育局于 2020 年 1 月印发的《宝安区义务教育阶段学校积分入学办法（修订稿）》规定：非深户籍，学区购房，积 75 分；非深户籍，学区租房或有特殊住房，积 60 分；

---

① 《北京市"十三五"时期教育改革和发展规划（2021—2025 年）》；2021 年 8 月 25 日，北京市教育"双减"工作新闻发布会上，北京市委教育工委介绍，北京市将大面积、大比例推进干部教师交流轮岗试点。

② 《北京市教育委员会关于 2021 年义务教育阶段入学工作的意见》。

尽管租房与购房还存在 15 分之差，但认可租房者的权益也是一个重大进步，正在朝着缩小教育权不平等方向发展。

总体而言，目前已实施的教育改革对推动租购同权已迈出实质性步伐，为区域内无房产但有户籍或拥有当地居住证符合相关政策规定的儿童少年在本市接受义务教育提供了机会，改革方式主要为"大学区招生"，尽管还难以完全满足一些家长要求就近上学和上品牌学校的期望，但解决了持有居住证租赁房小孩有书读的问题。

第四节 "租购同权"推进现状及困境研究——以杭州市为例

杭州是一个典型的人口净流入城市，剖析杭州市租赁市场面临的问题，新市民、青年人对"租购同权"的需求，以及政府推进"租购同权"工作的进展与障碍，可反映一批人口净流入城市在培育发展租赁市场、推进"租购同权"方面面临的共同压力与成因。

一、杭州市人口特点

杭州市常住人口呈较快增长态势。"七普"资料显示，2020 年常住人口数量达到 1 193.6 万人，比第六次人口普查净增加 323.1 万人，目前杭州已经成为千万级人口大城市，人口规模排全国第 12 位。杭州流动人口多，2023 年 6 月流动人口达到 697.41 万人，其中 64.05% 直接租房，租赁需求大。随着杭州市经济进一步发展以及高房价、限购等挤出效应显现，租赁需求将继续呈增长态势。因此，如何满足承租人的基本需求、保障承租人和购房人享受公共服务权利，提高来杭工作的新市民、青年人幸福感，已成为杭州建设共同富裕示范区的重要内容。

（一）人口增长快

2015 年以来，杭州常住人口、户籍人口、流动人口呈现快速增长态势（见图 13 - 1）。2015 ~ 2020 年杭州常住人口增量分别是 12.6 万人、17 万人、28 万人、33.8 万人、55.4 万人，增量呈逐年递增之势。2023 年杭州户籍人口比 2020年又净增加 46.8 万人，流动人口净增加 5.4 万人，常住人口净增加 58.6 万人，人口集聚能力强。

图 13 - 1　2015～2023 年杭州市人口数量变化情况

资料来源：杭州市统计局。

（二）流动人口占比高

2015 年以来杭州市流动人口不断增加，与户籍人口之比高。2020 年流动人口相当于户籍人口的 85.13%，较 2015 年提高 16.34 个百分点；2023 年回落到 81.04%。

（三）流动人口主要分布于余杭区、萧山区，余杭区人口流入最大

余杭区（行政区划调整前）流动人口规模最大，其次为萧山区、江干区、西湖区。[①] 流动人口增加最多的是余杭区，其次是江干区。2020 年余杭区流动人口数为 190.93 万人，较 2019 年净增 15.68 万人，为全市最高；萧山区流动人口数为 140.31 万人，较 2019 年净增 4.05 万人；江干区流动人口数为 107.56 万人，相较 2019 年净增 8.61 万人；拱墅区、滨江区、淳安县流动人口均出现不同程度的减少。

（四）流动人口租房比例高，租房需求大

杭州流动人口以暂住半年及以上的人口为主，2020 年暂住杭州半年及以上的人口占流动人口总量的 71.62%，其中半年至一年次之为 137.65 万人，占比达

---

① 杭州市于 2021 年 4 月进行区划调整，江干区并入上城区，余杭区一分为二，分别是余杭区和临平区，此处仍使用未调整前区划设置。

21.46%；一年至五年流动人口为 319.32 万人，占比为 46.96%；暂住五年以上流动人口最少为 47.89 万人，占比为 7.04%。因此，对租赁住房需求大。2020年统计，流动人口中租赁住房的占 63.61%，较 2019 年略有下降，[①] 居住在单位内部宿舍的占 8.67%，居住在工地现场的占 9.25%，自购房屋的仅占 8.57%（见表 13 - 3）。

表 13 - 3　　　　　　　2020 年杭州流动人口居住情况

居住处所	租赁房屋	单位内部	工地现场	旅店	居民家中	自购房屋	其他	合计
杭州市（人）	4 325 160	589 350	628 932	95 566	343 172	582 693	235 015	6 799 888
百分比（%）	63.61	8.67	9.25	1.41	5.05	8.57	3.46	100.00

资料来源：《浙江省流动人口统计》。

（五）流动人口随迁子女体量大，基础教育难以满足需求

根据杭州市教育局统计，2020 年全市随迁子女就近入读小学、中学的总人数分别为 3.20 万人、2.87 万人，分别占杭州市小学生、中学生的 26.71%、32.89%，随迁子女入学体量大。其中，江干区（现划入上城区）、钱塘区、萧山区、余杭区随迁子女小学、初中入学人数均占该年入学人数的 30% 以上。对比流动人口增长情况，在流动人口增长较多的区域，义务教育入学需求压力越大（见表 13 -4）。

表 13 -4　　　　2020 年杭州市各区随迁子女入学人数占总入学人数比例情况

行政区	小学入学人数		初中入学人数	
	随迁子女入学人数（人）	占行政区内入学人数比（%）	随迁子女入学人数（人）	占行政区内入学人数比（%）
杭州市	32 033	26.70	28 704	32.89
市本级代管	—	—	138	13.61
上城区	787	21.38	1 293	39.47
下城区	1 222	26.38	1 657	40.28
江干区	3 094	30.08	2 426	36.56
拱墅区	1 813	24.31	2 300	42.44
西湖区	2 054	16.30	1 931	22.71

---

① 2019 年流动人口中租赁住房占比为 64.07%。

续表

行政区	小学入学人数		初中入学人数	
	随迁子女入学人数（人）	占行政区内入学人数比（%）	随迁子女入学人数（人）	占行政区内入学人数比（%）
滨江区	1 039	18.16	927	28.46
名胜区	68	60.18	0	0.00
钱塘区	2 356	33.35	2 404	52.67
萧山区	7 375	38.11	4 568	34.85
余杭区	6 875	28.31	6 410	42.96
富阳区	1 936	25.14	1 629	21.87
临安区	1 359	23.66	1 218	24.70
桐庐县	1 283	28.20	974	25.97
淳安县	249	9.48	273	10.14
建德市	523	12.64	556	15.88

资料来源：杭州市教育局。

杭州市 2023 年随迁子女小学、初中在读的总人数分别为 18.57 万人、8.10 万人，分别占杭州市小学生、中学生的 24.03%、27.57%。其中下城区（现划入拱墅区）、拱墅区、钱塘区、萧山区、余杭区的随迁子女小学、初中在读人数均占该年总在读人数的 30% 以上，淳安县、建德市均小于 20%，与杭州市流动人口区域分布、增长情况基本吻合。

2023 年杭州市解决了 26.64 万名外来随迁子女读书问题，中、小学校资源中超 1/4 用于非本地户籍的外来随迁子女。但是与 2023 年全市流动人口相当于户籍人口的 81.04% 的比例相比，与外来务工人员需求比，仍没有充分满足需求。

二、杭州市租户权益问题分析

（一）租户合同纠纷多，租户权益缺乏有效保障

本书对 2021 年 1～9 月杭州市住房租赁管理服务中心共计接收到的 662 件信访内容进行了分析，其中：普通合同纠纷投诉案件占比为 40.48%，多数为合同到期押金退还困难；投诉举报类（非合同纠纷）案件占比 16.62%，反映违规房屋出租隔断或消防安全问题多；长租公寓"暴雷"、跑路、资金卷跑案件占比

12.39%，房东与租客就租金、押金问题产生矛盾；另有 5.74% 的案件为投诉租赁备案问题，部分租客因房东或中介企业不配合办理，导致无法申请租房补贴，影响租户居住获得感、满意度。

（二）教育资源不足，流动人口义务教育入学门槛高

由于流动人口随迁子女读书需求大，为进一步公平地保障流动人口随迁子女的义务教育入学权利，杭州市在居住证积分管理中，对租赁住房达到一定年限的，实行"租购同分"，即实行有条件"租购同权"。承租人依法办理《浙江省居住证》后，其子女入学按照《杭州市人民政府办公厅关于印发流动人口随迁子女在杭州市区接受学前教育和义务教育管理办法（试行）的通知》有关规定执行。为进一步推动教育公平，杭州市于 2021 年针对义务教育入学实行"公民同招"政策。片区内适龄入学儿童可以公平选择任意一所公办或民办学校进行摇号，意味着租户子女选择余地增加，进入心仪学校概率增大，但针对"优质"学校，一旦报名人数超过实际招生人数，仍使用"一表生、二表生"进行生源筛选（见表 13 - 5）。其中，无本地户籍入学适龄儿童（承租人子女）排在第 4 位。因此，租户子女在优质教育资源集中的公办学校入学筛选上处于相对"弱势地位"，一般选择居住到其他教育资源相对充分、竞争相对较弱的行政区。

表 13 - 5　　　　　　　　杭州小学新生录取顺序排序

类别	条件	录取排序（8类）	同类排序原则
一	入学儿童户籍与父母户籍、家庭房产一致，均在学区内，父母和儿童户籍均在该房产内；祖辈房产或父母与祖辈有房产，父母和儿女户籍在该房产内，父母住在城区无其他房产	（1）直接报公办 （2）报民办后未录取	按照入学儿童的落户时间先后排序
二	祖辈房产或父母与祖辈有房产，父母双方或一方和儿童（少年）户籍在房产内，儿童自出生落户该房产，父母名下主城区另有房产	（3）直接报公办 （4）报民办后未录取	
三	儿童（少年）有杭州市区户籍，但不属于上述两类	（5）直接报公办 （6）报民办后未录取	学区内有房优先，再按儿童落户时间排序

类别	条件	录取排序（8 类）	同类排序原则
四	儿童（少年）无杭州市区户籍，但已经办理 IC 卡式《浙江省居住证》	（7）直接报公办 （8）报民办未录取	按积分高低排序

资料来源：根据《杭州市教育局关于做好 2020 年义务教育阶段学校招生入学工作的通知》整理。

统计杭州市 2021 年小学报名录取情况，主城区优质教育资源聚集、竞争激烈。共有 31 所公办小学出现一表生报名人数就超过了学校可录取的学生人数，简称爆表。从数量上来看，西湖区、上城区均有 8 所小学出现爆表，钱塘区、拱墅区、滨江区一表生爆表学校数分别为 6 所、5 所、4 所。在这些区域的租赁人口（包括杭州市户籍及非杭州市户籍）可以享受到优质公办教育资源的机会较其他区明显少。共有 32 所民办小学报录比超过 1，竞争异常激烈，反映出教育资源尤其是优质的教育资源不足。尽管已经在推进公共服务均等化方面做了大量的工作，但面对大量人口的涌入，以教育为核心的公共资源仍显不足。

三、杭州市租房受访者对"租购同权"感知分析

2021 年 10 月我们针对杭州新市民以及刚毕业大学生，就其现在居住情况、未来购买租赁意愿、对租购同权政策的了解等方面进行深入调研：一是了解杭州市民对"租购同权"政策的知晓情况以及支持情况；二是了解市民对该政策的未来预期；三是了解租户享有公共服务权利现状及存在的问题；四是了解租赁子女入学现状，回收租房受访者有效问卷 8 938 份。具体相关的结果如下分析。

（1）租房受访者中享受物业服务的比例相对较低。在所有租房受访者中，无物业服务的占比达 17.70%，主要是居住在城中村或农民房，居住在城中村或农民房无物业服务比例达 68.83%。反映出租房者居住环境总体低于有房者。

（2）71.59% 的租户认为不能同等享受社区会所的权利。被调查的 7 356 位有物业服务的租户中，有 17.83% 的人认为物业需要改进，8.50% 的人认为受到了物业企业对其与业主区别的对待，71.59% 的租户认为无法与业主享受同等的社区会所服务。

（3）租房居住稳定性差。在 8 938 位租赁住房受访者中，搬过 3 次及以上的占 32.46%。在搬过家的 5 240 位租户中，41.05% 因工作原因搬家，27.60% 受访者因租金上涨原因搬家，18.34% 的受访者因住房环境差（卫生环境、噪声等）的原因搬家，另有 7.63% 的人因住房质量问题选择搬家。

（4）对租购同权政策了解度不够。在所有租赁受访者中，表示没有听说过租购同权政策的有 34.00%，听说过没有深入了解的占 42.24%，即有近八成租户对租购同权政策不清楚。

（5）对租户子女就近入学期望高。在针对已享有权益调查中，租户中有 38.06% 的认为未享受到子女就近入学的权利，有 80.69% 的租户认为租购同权政策可以重点保障其受教育权，对租购同权政策期望大。有 32.04% 的人认为未享受到物业服务，另有 22.30% 的人认为应缴纳公积金（其中有 725 人没有缴纳公积金）。

（6）未来有意向落户杭州受访者多。根据对 8 705 人非杭州户籍的受访者进行分析，有 64.24% 的选择希望未来转为杭州户口。认为应该加快推进租购同权政策，保障租户享有子女平等入学权利的有 6 998 人。

四、杭州保障承租人公共服务权利的推进状况与困难分析

（一）杭州保障承租人享受基本公共服务权利的推进现状

1. 出台相关规范文件保障承租人基本权益

（1）推广租赁合同示范文本，网签即备案。2017 年 9 月，杭州市发布《杭州市房屋租赁合同（通用版）》等示范文本，对租赁双方应尽的义务与享有的权利进行了说明，并明列租金、违约等条款，维护租赁双方的合法权益。2019 年 11 月，出台《杭州市住房租赁合同网签备案管理办法》，建立了租赁合同网签备案制度，推出"网签即备案"便民举措，规范住房租赁行为，提高住房租赁企业规模化、集约化、专业化水平，简化办事流程，保障租赁当事人合法权益，维护租赁市场秩序，促进房地产市场平稳健康发展。

（2）出台资金监管政策，防控租赁资金风险。2020 年 11 月 26 日出台了《杭州市住房租赁资金监管办法（试行）》，在全国首推租赁资金监管机制，明确了租赁资金专户使用及风险防控金缴纳的相应要求，加强对租赁租金资金进行监管，规范住房租赁企业行为，推动租赁企业的自我监管，保护了租赁双方合法权益，促进住房租赁市场平稳健康发展。

2. 打造政府租赁监管平台，规范租赁市场行为

2017 年杭州市上线全国首个住房租赁监管服务平台，加强对住房租赁交易全流程监管，截至 2023 年底，已有 1 400 多家租赁从业企业、38.6 万套（间）房源纳入租赁平台管理。其次，加强住房租赁从业企业注册管理，根据资金监管前期实施情况，公布住房租赁企业"白名单"并将进行动态更新，约束住房租赁企业行为，助推优秀示范租赁企业发展，维护租客权益。最后，杭州市住房租赁

管理协会组织成员单位创建了"诚信联盟",共同倡议并承诺从房源信息发布等方面落实主体责任,政府带头、企业参与,规范租赁市场秩序。

3. 全面推进居住证制度,解除部分公共资源享有限制条件

2016 年杭州市下发《关于推行新型居住证制度的通知》,明确指出:《浙江省居住证》[①]持有人在居住地依法享受劳动就业,参加社会保险,缴存、提取和使用住房公积金,依法加入工会和参与社会事务的权利,并按照国家和省有关法律法规规定,在居住地享受下列基本公共服务,包括义务教育,基本公共就业服务,基本公共卫生服务和计划生育服务,公共文化体育服务,法律援助和其他法律服务,国家和省、市政府规定的其他基本公共服务。杭州市为更好地服务群众,对居住证的申领受理、公积金办理提取、缴纳社保、小客车牌照申请等均实行"最多跑一次"政策,多部门数据信息共享,简化程序,网上均可一键办理。例如,公积金提取支付租金,租户不用提交租赁合同证明,只需要准备好授权委托书(如委托他人申办的)以及本人银行卡卡号即可,其他证件材料如身份证、结婚证、高层次人才认定书、租赁合同备案、无房证明等已纳入政府数据共享平台,只有在无法获取的情况下才需要提供相关材料。

(二)杭州保障承租人享受租购同权的困难与原因分析

承租人享受租购同权最大的障碍是教育公共资源不充足与不均衡。随着常住人口机械净流入量不断加大,杭州市教育基本公共服务长期处于紧平衡状态。外来学龄人口增长较快,基础教育配套压力不断显现。分析 2016~2023 年,杭州市义务教育阶段小学、初中学校数量分别增长 15.21% 和 23.29%,而同期常住人口增长 36.28%。学校与教师增长跟不上人口增长,而且在教育资源总体紧张情况下,教育资源在城乡之间、区域之间还存在不平衡,进一步加剧市区压力。

为满足广大外来人口就学需要,各学校最大限度地利用现有资源扩大办学规模。2016~2023 年杭州市小学校均学生人数从 1 214.77 人/所增加到 1 479.81 人/所。初中校均学生人数也总体呈上升趋势,从 2016 年的 866.49 人/所到 2023 年的 957 人/所。

造成教育资源供给不足的原因:一是流入人口增长过快,超出预期,而教育资源的供给存在一定的滞后性。二是地方政府在土地资源配置上重生产、轻生活,更多的新建建设用地配置到了工业、商办用地,住宅用地及其配套用地供给

---

① 根据公共服务资源供给能力,建立健全与居住年限等条件挂钩的公共服务和便利提供机制。按照权利义务对等、梯度服务原则,将《浙江省居住证》持有人的个人情况进行量化,并按照量化情况确定可以享受的公共服务和便利内容。量化的主要指标应包括持证人的居住年限、就业年限、社会保险缴纳年限和履行社会义务、遵纪守法、个人信用等事项。

500

加快建立多主体供给、多渠道保障、租购并举的住房制度研究

跟不上人口增长需要，人—地—房不匹配，由于教育设施是按住宅用地一定比例配套的，住宅类用地供给不足，必带来教育配套资源不足，根源还是在用地配置的源头。三是教育财政投入的成本大，除场地、教室等硬件投入外，还有大量教师人员编制经费等软性成本，义务阶段规模越大，地方财政压力就越大，一些地方政府将更多的土地资源用于商办，一些商办用地又用于建酒店式公寓或类住宅，减轻了教育配套压力。四是缺乏制衡的法律法规。国家级的政策规划和法律法规等尚不完善，租购同权的模式和路径仍处于探索阶段，顶层设计和宏观指导缺失。现行租赁相关政策文件少、对承租人权益规定不具体，执行上缺乏必要责任，仍需进一步明确地方政府主体责任、惩戒措施等。

第五节　义务教育改革的探索——杭州"公民同招"政策溢出效应

一、概述

供给充裕且均衡分布的教育资源是实现租购同权的前提。优质民办学校的发展显著提高了义务教育资源的空间配置效率，并在缓解公办教育资源不充足、不均衡等方面发挥了积极作用。但过去民办学校拥有跨区自主招生、提前挑选优质生源的特权，再配以优质师资，在快速提高其教学成效和声誉的同时，也挤占了公办学校的发展空间，造成公办、民办教育发展失衡等突出问题。杭州市2019年宣布实施的公办与民办初中同步招生（以下简称"公民同招"）政策，旨在促进义务教育均衡发展，但该政策也带来了其他的影响。本节以杭州市公民同招政策为例，探究其政策溢出效应，并重点研究该政策对优质公办初中学位稀缺性的影响机制，为进一步完善公共教育资源分配进而推动租购同权提供科学依据。

住房是公共服务配套分配的重要载体，从而使公共品资本化进入房价。因此，房价变化能够反映公共服务资源分配的均衡性。多篇文献通过研究房价变化来分析教育资源供给和分配问题，[①] 较多关注公办教育资源空间分布、供应量、均等化政策等对优质公办学区较非优质公办学区的溢价（以下简称"优质公办学

---

① Black S. E. Do better schools matter? parental valuation of elementary education. The Quarterly Journal of Economics, Vol. 114, No. 2, 1999, pp. 577 – 599.

区溢价")的影响，反映优质公办教育资源的稀缺性变化。也有研究论证了民办教育资源供应可有效缓解优质公办教育资源稀缺性，如唐雪梅和何小路[1]、张传勇等[2]均证明了增加民办学校供应可显著抑制优质公办学区溢价，但对缓解优质公办教育资源稀缺性的机制则讨论不足，且较少探讨民办与公办学校的教育协同供应机制及其影响。尽管王俊松和李桂华[3]、冯晗等[4]已分别证实上海和杭州实施的"公民同招"政策显著推高了优质公办学区溢价，但上述研究仅聚焦于证明"公民同招"提高优质公办学区溢价的因果性，并未深入证明"公民同招"提高优质公办学区溢价的内在机理。本节将重点研究该政策对优质公办初中学位稀缺性的影响机制。

二、背景与研究假设

（一）政策背景

我国义务教育已基本实现全民覆盖，但优质义务教育资源供给不足和空间分布失衡问题仍然突出，是租购难以同权的重要原因之一。2014 年 1 月，《教育部办公厅关于进一步做好重点大城市义务教育免试就近入学工作的通知》明确提出，到 2015 年要严格落实重点大城市所有县（市、区）实行划片就近入学政策。由此，各大城市制定了严格的禁止择校政策，使得购买名校学区房实现就近入学成为入读稀缺优质公办学校的唯一有效途径。这扩大了居住群分和受教育机会的不均等。

民办学校获得较快发展，主要得益于 2003 年《中华人民共和国民办教育促进法》正式生效和 2004 年《民办教育促进法实施条例》明确民办学校的办学自主性和招生自主权。尤其是 2014 年后，公办学校划片就近入学政策被严格执行，加速了拥有招生办学自主权的民办义务教育迅速发展，但出现了严重的"掐尖"招生、高收费、办学偏离公益性等乱象，公办学校和民办学校生源质量差距不断

---

① 唐雪梅、何小路：《私立学校能否抑制学区房溢价？——来自上海市重点小学与二手房价格数据的实证分析》，载于《经济学动态》2021 年第 2 期，第 95～109 页。

② 张传勇、赵柘锦、王天宇：《民办学校、学区房溢价与基础教育资源的空间配置》，载于《经济学（季刊）》2022 年第 4 期，第 1383～1404 页。

③ Wang J. & Li G. Pursuing educational equality and divergence in the housing market：How do educational equality policies affect housing prices in Shanghai？. https：//doi. org/10. 1016/j. cities. 2022. 104001，2023 – 09 – 10.

④ 冯晗、陈海敏、周洪：《公民同招改革与学区房溢价变化——基于杭州二手房交易微观数据的研究》，载于《中国经济问题》2022 年第 5 期，第 182～196 页。

扩大，进一步加剧了公办、民办教育发展的失衡。[①]

为矫正"公退民进"的义务教育格局，2019 年 6 月，《中共中央、国务院关于深化教育教学改革全面提高义务教育质量的意见》明确提出"民办义务教育学校招生纳入审批地统一管理，与公办学校同步招生"；同年的《关于深化教育教学改革全面提高义务教育质量的意见》进一步规定民办学校须采取随机摇号的形式录取学生。此次教育改革简称为"公民同招"，迅速在全国范围内有效落地。

杭州市作为经济较发达的省会城市，民办义务教育发展迅猛。2014 年起，杭州市民办初中招生方案中 40% 的学额由学校自主安排考试和面试选拔，60% 的学额由电脑随机派位，具体包含三步。第一步，在所有民办学校统一摇号前，民办初中会私下通过接收简历、面试等方式，对应届小学毕业生进行选拔并提前锁定自主招生生源。第二步，即使在提前轮中未被所有民办初中录取，也可继续参加民办初中剩余 60% 学额的随机摇号入学。第三步，如果没有摇中，依然有机会进入民办初中。因为提前锁定的生源，会被学校要求参与摇号；如果摇中，则不占自主招生名额，民办初中会放出多余指标供新一轮报名。如果一个家庭通过上述三步都没有被心仪的民办初中录取，可接着同其他学生一起报名对口学区的公办初中。在上述制度下，优质民办初中对优质公办初中形成了较强的替代效应，"冲民办，保公办"是家庭获取优质教育资源的理性选择，而优质公办学区房多为家庭的择校起到兜底作用。

杭州对国家"公民同招"政策响应积极。2019 年实施公办民办小学同步招生；2020 年实施初中"公民同招"，并明确民办学额 100% 摇号，取消自主招生。对比 2020 年前后政策的变化，可归纳得出杭州市"公民同招"政策主要从三方面限制和改变了民办初中的招生方式：（1）开展公办民办学校同步招生。对家庭而言，在报名民办初中或公办初中的第一批录取资格中，只可择其一。（2）取消民办初中自主招生。若报名人数超学额，则统一采用电脑随机派位的方式分配所有学位。（3）取消民办学校跨区域招生，限制其在审批地（一般为所在区、县）范围内招生。以杭州市 2020 年小学应届毕业生升学流程为例，一个小学毕业生只能在所在行政区内的一所公办初中或一所民办初中报名，当民办初中报名人数超过其招生人数时，摇号分配学位，如未能摇中，该学生自动进入所在学区对口的公办初中第二批录取。由于优质公办初中学位稀缺，其第一轮招生大概率满员，进入第二轮招生的学生大概率只能被分配到质量相对较差的公办初中。因

[①] 孙军、程晋宽：《义务教育学校"公民同招"制度的设计与推进》，载于《中国教育学刊》2020年第 7 期，第 44 ~ 49 页。

此，"公民同招"使得报名优质民办初中的不确定性和风险大大提高，2020 年杭州市民办初中报名人数与招生人数的比值普遍下降，"民办热"立即降温。①

（二）研究假说

在划片"就近入学"原则下，按区位选择理论，公办教育资源将资本化进入对口学区的房价中，对口公办学校教育质量越优，学区溢价越高。无论是从静态的义务教育资源空间分布格局视角，② 还是从动态的教育资源新增供应或再分配等视角，③ 相关文献已充分论证教育资本化程度（优质公办学区溢价）的提高是优质义务教育稀缺性加剧的直接证据，而优质民办学校可以显著抑制优质公办学校的学区房溢价。④

"公民同招"增加了优质民办学校的入学不确定性，降低其吸引力，进而削弱其对优质公办学位的替代效应，加剧了优质公办学位的稀缺性，最终提高了优质公办学区溢价。在杭州，"公民同招"实施前，部分有竞争力（如成绩较好、有竞赛成果）的小学应届毕业生，能以较低风险、较高确定性提前锁定优质民办初中学位；而"公民同招"实施后，这种确定性大幅降低，迫使家庭通过购买学区房以较高的确定性进入优质公办初中。根据供求分析，在优质公办学位供给缺乏弹性的背景下，需求的增加势必加剧其稀缺性，最终体现为优质公办学区溢价提高。由此，本节提出如下研究假说。

研究假说 H13 - 1："公民同招"加剧优质公办初中学位稀缺性，显著提高优质公办学区溢价。

本节依据唐雪梅和何小路⑤提出的民办学校对公办学区房的替代效应，结合杭州市"公民同招"的政策设计，提出"公民同招"政策加剧优质公办初中学

---

① 资料来源于浙江新闻网，2023 年 12 月 13 日。
② 温海珍、杨尚、秦中伏：《城市教育配套对住宅价格的影响：基于公共品资本化视角的实证分析》，载于《中国土地科学》2013 年第 1 期，第 34~40 页。
③ 韩璐、沈艳、赵波：《房价中的优质教育溢价评估——以北京市为例》，载于《经济学（季刊）》2020 年第 5 期，第 257~276 页。邵磊、任强、侯一麟：《基础教育均等化措施的房地产资本化效应》，载于《世界经济》2020 年第 11 期，第 78~101 页。孙伟增、林嘉瑜：《教育资源供给能够降低学区房溢价吗？——来自北京市新建小学的证据》，载于《经济学（季刊）》2020 年第 2 期，第 499~520 页。
④ 唐雪梅、何小路：《私立学校能否抑制学区房溢价？——来自上海市重点小学与二手房价格数据的实证分析》，载于《经济学动态》2021 年第 2 期，第 95~109 页。张传勇、赵柘锦、王天宇：《民办学校、学区房溢价与基础教育资源的空间配置》，载于《经济学（季刊）》2022 年第 4 期，第 1383~1404 页。Fack G. & Grenet J. When do better schools raise housing prices? Evidence from Paris public and private schools. Journal of Public Economics，Vol. 94，No. 1 - 2，2010，pp. 59 - 77.
⑤ 唐雪梅、何小路：《私立学校能否抑制学区房溢价？——来自上海市重点小学与二手房价格数据的实证分析》，载于《经济学动态》2021 年第 2 期，第 95~109 页。

位稀缺性的作用路径框架（见图 13 - 2），从以下两个方面来进一步阐释其影响机制。

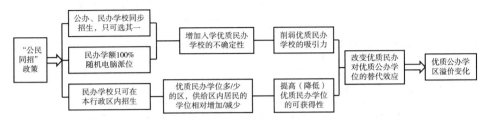

图 13 - 2 "公民同招"影响优质民办对优质公办初中学位替代效应的路径

第一，在距离优质民办初中较近的区域，"公民同招"的影响更大。"公民同招"前，民办初中不划分学区，对于靠近优质民办初中的区域，由于交通便利性强，优质民办初中的吸引力更大，[①] 优质民办对优质公办学位的替代效应也越强；"公民同招"后，优质民办初中的入学不确定性增强、吸引力减弱，其对优质公办学位的替代效应也随之减弱，从而导致优质民办对优质公办学区溢价的抑制作用被削弱。因此，本节提出研究假说 H13 - 2 来支撑替代机制。

研究假说 H13 - 2：在距离优质民办初中较近的区域内，"公民同招"政策会导致优质公办学区溢价上升更多。

第二，如果区域内优质民办初中的学额相对增加，则优质民办初中的可获得性将随之提高，其对优质公办学位的替代效应也相对增强。"公民同招"政策使民办学校的招生范围从全市缩小至其所在的行政区内，优质民办学额多的行政区内，优质民办学位可获得性提高，这会相对增强优质民办对优质公办学位的替代效应。因此，尽管"公民同招"通过降低优质民办吸引力来削弱其对优质公办学位的替代效应，但在部分行政区内，这一政策使得优质民办初中学额相对增加，从而减少该政策对替代效应的削弱。综上，本节进一步提出研究假说 H13 - 3 来支撑替代机制。

研究假说 H13 - 3："公民同招"政策实施后，在优质民办学额相对增加的行政区内，优质公办学区溢价上升较少。

三、研究设计

2019 年 11 月 15 日，杭州政府宣布自 2020 年起实施公办初中与民办初中同

---

① 张传勇、赵柘锦、王天宇：《民办学校、学区房溢价与基础教育资源的空间配置》，载于《经济学（季刊）》2022 年第 4 期，第 1383 ~ 1404 页。

步招生,本节重点研究该政策对优质公办初中学位稀缺性的影响机制。研究区域选定为经济、教育及房价水平相当的杭州市拱墅区、西湖区、上城区、下城区、江干区和滨江区①（合称为杭州市主城核心区）。为规避可能的义务教育政策调整（如小学"公民同招"等）的影响,本节将研究期定为 2019 年 2 月至 2020 年 11 月,研究期内没有发现学区调整、新增公办学校的情况。

（一）数据与变量

我们以二手房挂牌记录为基础,通过关联区位特征及学区信息,构建样本数据集。

第一步,整理各公办学校信息并界定其教学质量。根据杭州市教育局公布的信息,主城核心区内共有 79 所公办初中和 35 所民办初中,整理了它们的名称、地址等信息。采用类似彭莹等②评价学校教育质量的方法,结合房地产中介机构发布的学校排名、杭州本地主要的综合市民生活论坛发布的相关信息等,将公办初中划分为优质 8 所、中等 17 所、普通 54 所,并采用相同的方法划定优质民办初中 15 所。此外,为排除区域内 215 所公办小学教育质量在实证研究中的干扰,我们采用相同方法将公办小学划分为优质、中等、普通三档,并将在实证模型中控制它们的影响。

第二步,构建各住宅小区的区位信息,界定其所属学区,并将其与二手房挂牌记录相关联,形成样本数据集。收集整理了贝壳网公布的杭州市二手房新增挂牌记录,包含一套住房的所在小区名称、地址、挂牌日期、挂牌价格、建筑面积、建造年份、楼层、主要朝向、客厅数量、卧室数量、装修情况等。研究期内共有 75 056 个新增挂牌记录样本,覆盖 2 080 个住宅小区。以住宅小区为基础,首先利用其地理坐标,计算各小区与最近的公办初中、民办初中、公办小学、景区或公园、地铁站点、商业中心的距离。其次,基于地理位置来界定各住宅小区所属的公办初中学区。根据就近入学指导原则,将公办初中 1 500 米范围内的住宅小区认定为该校的学区房,③ 并在敏感性检验中调整学区范围以检验相关实证

---

① 杭州市在 2021 年 4 月调整了部分行政区划。本书的研究期在此之前,故根据原行政区划选定研究区域,采用原行政区划名称,且研究不受行政区划调整影响。

② Peng Y., Tian C. & Wen H. How does school district adjustment affect housing prices: An empirical investigation from Hangzhou, China. https://doi.org/10.1016/j.chieco.2021.101683, 2023 – 09 – 10.

③ 研究期内杭州的学区划定方式存在以街道或道路划分等多种情况,且教育局公布的各小区对应学区的相关信息不全,我们较难将各学校学区与住宅小区精确对应。因此按照《杭州市基础教育专项规划》提出的一所初中的服务半径不宜大于 1 000 米,结合当前杭州市初中平均服务范围应大于 1 000 米的现状,将 1 500 米定为研究期内的学区服务范围;而在敏感性检验中,我们将学区范围在 1 000 米和 2 000 米之间调整。此外,如果一个住宅小区同时处于多所公办初中的学区范围内,则将其归入距离最近的公办初中学区。

结果的稳健性。此外，以相同的方式界定各挂牌样本所属的公办小学学区。最后，剔除无法确定对口公办初中的小区后，最终得到有效样本 66 452 个挂牌记录，其中 11.5% 为优质公办初中学区房样本，26.3% 为中等公办初中学区房样本，62.2% 为普通公办初中学区房样本。各样本包含的变量及其详细说明如表 13 – 6 所示，描述统计如表 13 –7 所示。

表 13 –6   **变量及变量说明**

变量	变量说明
住房总价	二手房挂牌总价，单位：万元
住房单价	二手房挂牌单价，单位：元/平方米
优质公办初中	如果二手房在优质公办初中学区范围内，取值为 1，否则为 0
中等公办初中	如果二手房在中等公办初中学区范围内，取值为 1，否则为 0
普通公办初中	如果二手房在普通公办初中学区范围内，取值为 1，否则为 0
公民同招	如果二手房挂牌时间在初中"公民同招"政策公布后，取值为 1，否则为 0
优质民办距离	二手房到最近优质民办初中的距离，单位：千米
优质民办学额增加	如果二手房在优质民办初中学额较多的行政区内，取值为 1，否则为 0
住房面积	二手房的建筑面积，单位：平方米
高楼层	如果二手房位于所在楼栋最高的 1/3 楼层，取值为 1，否则为 0
中楼层	如果二手房位于所在楼栋中间的 1/3 楼层，取值为 1，否则为 0
低楼层	如果二手房位于所在楼栋最低的 1/3 楼层，取值为 1，否则为 0
卧室数量	二手房卧室数量，单位：个
客厅数量	二手房客厅数量，单位：个
朝向	如果二手房朝南或东南，取值为 1，否则为 0
装修情况	如果二手房是精装修，取值为 1，否则为 0
房龄	二手房挂牌年份 – 建成年份，单位：年
地铁可及性	如果二手房周边 600 米内有地铁站，取值为 1，否则为 0
景区可及性	如果二手房周边 2 500 米内有景区或公园，取值为 1，否则为 0
商区可及性	如果二手房周边 1 300 米内有商业中心，取值为 1，否则为 0
大面积住房	如果二手房的建筑面积大于 89 平方米，取值为 1，否则为 0
住房新旧度	如果二手房的房龄小于 20 年，取值为 1，否则为 0

续表

变量	变量说明
优质公办小学	如果二手房在优质公办小学学区范围内，取值为1，否则为0
中等公办小学	如果二手房在中等公办小学学区范围内，取值为1，否则为0
普通公办小学	如果二手房在普通公办小学学区范围内，取值为1，否则为0

注：（1）根据 2020 年杭州市教育局公布的民办学校招生数，将核心区内优质民办招生数量排序前三的行政区认定为优质民办额相对增加区域，包括西湖区、拱墅区、下城区；（2）按照步行 5～10 分钟的舒适出行距离将 600 米作为地铁可及性的分界线；（3）按照开车 5～10 分钟的舒适出行距离，分别将 2 500 米和 1 300 米作为景区可及性和商区可及性的分界线；（4）按照三口之家的舒适居住面积将 89 平方米作为大面积住房的分界线；（5）杭州市"旧改"小区一般需达到房龄 20 年的标准，因此将 20 年作为住房新旧度的分界线。

表 13－7　　　　　　　　　　样本描述性统计

项目	观测量	均值	标准差	最小值	最大值
住房总价（万元）	66 452	392.1	240.0	30	6 500
住房单价（元/平方米）	66 452	45 107	12 743	13 817	167 236
优质公办初中	66 452	0.115	0.319	0	1
中等公办初中	66 452	0.263	0.440	0	1
普通公办初中	66 452	0.622	0.485	0	1
公民同招	66 452	0.611	0.488	0	1
优质民办距离（千米）	66 452	2.667	2.172	0.052	20.54
优质民办学额增加	66 452	0.569	0.495	0	1
住房面积（平方米）	66 452	86.28	38.03	16.80	479.7
高楼层	66 452	0.336	0.472	0	1
中楼层	66 452	0.379	0.485	0	1
低楼层	66 452	0.285	0.451	0	1
卧室（个）	66 452	2.458	0.822	1	8
客厅（个）	66 452	1.421	0.533	0	2
朝向	66 452	0.964	0.187	0	1
装修	66 452	0.459	0.498	0	1
房龄（年）	66 452	20.25	10.41	1	43
地铁可及性	66 452	0.526	0.499	0	1

项目	观测量	均值	标准差	最小值	最大值
景区可及性	66 452	0.312	0.463	0	1
商区可及性	66 452	0.523	0.499	0	1
大面积住房	66 452	0.361	0.480	0	1
住房新旧度	66 452	0.451	0.498	0	1
优质公办小学	66 452	0.351	0.477	0	1
中等公办小学	66 452	0.191	0.393	0	1
普通公办小学	66 452	0.458	0.498	0	1

（二）实证方法

构建了以特征价格模型为基础的双重差分模型（difference-in-difference，DID），以此作为基础实证模型。该模型通过比较政策实施前后实验组（优质公办初中学区房）和对照组（其他公办初中学区房）的挂牌价格变化，来估计"公民同招"政策对优质公办学区溢价的影响，以此分析该政策影响优质公办初中学位稀缺性的机制。模型设计如下：

$$P_{ijt} = \alpha_0 + \alpha_1 Treat_{ij} \times Post_t + \alpha_2 Treat_{ij} + \alpha_3 Post_t + \alpha_4 X_{ij} + \alpha_5 Z_{jt} + \delta_j + \varphi_t + \epsilon_{ijt}$$

$$(13-1)$$

其中，被解释变量 P_{ijt} 是样本的挂牌总价，下标 i 代表每个挂牌样本，j 代表样本所在小区，t 为挂牌月份。虚拟变量 $Treat_{ij}$ 取值为 1，代表挂牌二手房为优质公办初中学区房，否则取值为 0。$Post_t$ 是时期虚拟变量，"公民同招"政策发布当月及之后取值为 1，之前为 0。$Treat_{ij} \times Post_t$ 是核心解释变量，其系数 α_1 反映"公民同招"对优质公办学区价格的净效应。X_{ij} 为挂牌住房特征的变量，包括住房面积、房龄、卧室数量、客厅数量、楼层、朝向、装修情况等。Z_{jt} 是一组小区层面的区位变量（包括地铁可及性、景区可及性、商区可及性、优质民办可及性、对口小学质量等）与挂牌时间的交互项，以控制区位特征、公办小学学区溢价变化等因素的时变影响对估计系数 α_1 的干扰。δ_j 为小区固定效应，φ_t 是时间固定效应，ϵ_{ijt} 是误差项。

在模型（13-1）的基础上，构建三重差分模型（difference-in-difference-in-difference，DDD），重点揭示"公民同招"通过削弱优质民办初中对优质公办学位的替代效应来加剧其稀缺性的机制。具体来看，采用"优质民办距离"衡量优质民办初中的吸引力，"优质民办学额增加"衡量优质民办初中的可获得性。

509

优质民办初中的吸引力越强或可获得性越高，其对优质公办初中的替代效应也越强。我们分别将这两个变量加入模型（13-1）构造三重差分模型。模型设计如下：

$$P_{ijt} = \beta_0 + \beta_1 Treat_{ij} \times Post_t \times D_{ij}^m + \beta_2 Treat_{ij} \times Post_t + \beta_3 Treat_{ij} \times D_{ij}^m + \beta_4 Post_t \times D_{ij}^m$$
$$+ \beta_5 Treat_{ij} + \beta_6 Post_t + \beta_7 D_{ij}^m + \beta_8 X_{ij} + \beta_9 Z_{jt} + \delta_j + \varphi_t + \epsilon_{ijt} \qquad (13-2)$$

其中，D_{ij}^m 为挂牌住房样本 i 的"优质民办距离"（D_{ij}^m，$m=1$）或"优质民办学额增加"（D_{ij}^m，$m=2$），其余变量定义与式（13-1）相同。$Treat_{ij} \times Post_t \times D_{ij}^m$ 的估计系数 β_1 是我们关注的核心：当 D_{ij}^m 为"优质民办距离"时，如果 β_1 显著为负，说明对于远离优质民办初中、优质民办初中吸引力较弱的住房，优质民办初中的替代效应被削弱得较少，优质公办学区溢价上涨较少，则结果支持替代效应机制；当 D_{ij}^m 为"优质民办学额增加"时，如果 β_1 显著为负，说明实施"公民同招"后，在优质民办初中学额相对增加的行政区内，优质民办初中的可获得性相对提高，优质民办对优质公办学位的替代效应被削弱得较少，优质公办学区溢价上涨较少，则结果支持替代效应机制。

四、实证结果分析

（一）"公民同招"加剧优质公办初中学位稀缺性

表 13-8 中，列（1）报告了优质公办学区的整体溢价水平，列（2）报告了"公民同招"政策前后整体房价的变化情况，列（3）给出了双重差分法估计"公民同招"对优质公办学区溢价影响的实证结果。三列实证结果中，住房面积、楼层、客厅数量、朝向、装修情况、房龄等住房特征的回归系数基本一致，大小和显著性均符合预期，模型稳健性较好。

表 13-8 列（1）显示，相对其他非优质公办学区，优质公办学区的溢价平均达到 69.526 万元/套（系数为 69.526，且在 1% 的水平下显著）。列（2）显示，"公民同招"政策前后样本住房的价格平均上涨了 22.733 万元/套（系数为 22.733，且在 1% 的水平下显著）。列（3）中，交互项"优质公办初中×公民同招"的系数为 14.500，且在 1% 的水平下显著，表明"公民同招"让优质公办学区房价格相较非优质公办学区房平均上涨了 14.50 万元/套。该结果说明"公民同招"政策显著加剧了优质公办初中学位的稀缺性，假说 H13-1 成立。

表 13 - 8   "公民同招" 对优质公办学区溢价的影响

变量	被解释变量：住房挂牌总价		
	（1）	（2）	（3）
优质公办初中	69.526 *** (5.66)		
公民同招		22.733 *** (5.29)	
优质公办初中 × 公民同招			14.500 *** (3.17)
住房面积	1.980 *** (3.62)	2.469 *** (7.78)	2.468 *** (7.77)
住房面积的平方	0.012 *** (4.89)	0.007 *** (4.80)	0.007 *** (4.81)
中楼层	2.865 * (1.86)	4.292 *** (5.92)	4.305 *** (5.94)
高楼层	- 9.757 *** (- 5.85)	- 3.977 *** (- 4.41)	- 3.953 *** (- 4.38)
住房新旧度	- 7.849 (- 0.79)	- 27.976 *** (- 5.40)	- 23.313 *** (- 4.19)
中楼层 × 住房新旧度	1.213 (0.44)	7.495 *** (5.39)	7.488 *** (5.38)
高楼层 × 住房新旧度	8.923 *** (2.76)	13.260 *** (6.74)	13.226 *** (6.72)
卧室数量	10.813 *** (2.94)	12.039 *** (7.30)	12.044 *** (7.29)
客厅数量	0.821 (0.26)	7.812 *** (5.40)	7.814 *** (5.41)
朝向	33.816 *** (7.88)	21.484 *** (5.36)	21.424 *** (5.33)
装修情况	31.120 *** (11.04)	14.003 *** (18.86)	14.009 *** (18.86)
房龄	- 1.866 *** (- 3.42)	- 1.182 *** (- 3.69)	- 1.057 *** (- 3.33)

续表

变量	被解释变量：住房挂牌总价		
	（1）	（2）	（3）
常量	8.292	67.141***	70.313***
	(0.29)	(4.83)	(4.93)
小区固定效应	否	是	是
时间固定效应	是	否	是
地铁可及性和时间固定效应的交互项	是	是	是
景区可及性和时间固定效应的交互项	是	是	是
商区可及性和时间固定效应的交互项	是	是	是
公办小学质量和时间固定效应的交互项	是	是	是
样本量	66 452	66 452	66 452
R^2	0.761	0.942	0.942

注：（1）括号内数值为 t 统计量；（2）*、**、*** 分别表示 10%、5%、1% 的统计显著性水平。若无特殊说明，下表同。

（二）机制分析

1. "公民同招"削弱优质民办初中的替代效应

表 13 - 9 列（1）报告了"优质民办距离"的调节作用。交互项"公民同招 × 优质公办初中 × 优质民办距离"的系数为 - 9.205，且在 1% 的水平下显著，表明"公民同招"后，优质公办初中学区房与最近优质民办初中的距离每减少 1 千米，其优质公办学区溢价增加约 9.21 万元/套。假说 H13 - 2 成立，替代机制得到支撑。因为对于距离优质民办初中较近的区域，原本优质民办对优质公办学位的替代效应较强，那么"公民同招"削弱优质民办初中对优质公办初中学位的替代效应也较大，所以优质公办学区溢价涨幅较大。

表 13 - 9　"公民同招"对优质公办学区溢价的影响：优质
民办初中吸引力和可获得性的调节作用

变量	被解释变量：住房挂牌总价	
	"优质民办距离"的调节作用	"优质民办学额增加"的调节作用
	（1）	（2）
公民同招 × 优质公办初中	36.399***	47.557***
	(3.78)	(3.94)

变量	被解释变量：住房挂牌总价	
	"优质民办距离"的调节作用	"优质民办学额增加"的调节作用
	（1）	（2）
公民同招×优质民办距离	−0.634 （−1.60）	
公民同招×优质公办初中×优质民办距离	−9.205*** （−3.53）	
公民同招×优质民办学额增加		3.205* （1.85）
公民同招×优质公办初中×优质民办学额增加		−46.885*** （−3.77）
住房特征变量	是	是
固定效应	是	是
交互效应	是	是
样本量	66 452	66 452
R^2	0.942	0.942

表13-9列（2）报告了"优质民办学额增加"的调节作用。交互项"公民同招×优质公办初中×优质民办学额增加"的系数为−46.885，且在1%的水平下显著，表明"公民同招"后，在优质民办学额相对增加的区域内，优质公办学区溢价涨幅减少46.89万元/套。假说H13-3成立，替代机制得到支撑。说明"公民同招"后优质民办初中学额相对增加的行政区内，优质民办初中的可获得性提高，进而加强了优质民办对优质公办学位的替代效应，一定程度上抵消了优质民办初中在"公民同招"后因吸引力下降而造成的替代效应的削弱。

2. 其他发现

"公民同招"可能通过影响重视居住品质的较富裕家庭的择校决策，进而影响房价。政策实施前，选择优质民办初中的家庭可分为三类：有优质公办学区房家庭A、无优质公办学区房但重视居住品质的富裕家庭B、无优质公办学区房的非富裕家庭C。[①] 在民办学校可以跨区自主招生的制度下，重视居住品质的富裕

---

① 可能还存在一类无优质公办学区房且不重视居住品质的富裕家庭D。然而，D类家庭不重视居住品质，却也没有购置居住品质较差的优质公办学区房。因此，我们猜测D类家庭可能在现实中规模较小，或并不重视子女的义务教育质量。本书忽略D类家庭对研究的影响较小。

家庭 B 没有必要购置地处老城区、年代较久远、居住品质较差的优质公办学区房资产。① C 类家庭则没有能力购置优质公办学区房资产。政策实施后，A 类家庭和 C 类家庭几乎不受影响，因为前者已有优质公办学位，而后者无力竞购优质公办学区房。因此，B 类家庭是主要的受政策影响家庭。由于缺少买卖人的信息，我们构造了变量"大面积住房"衡量重视居住品质的较富裕家庭的择校行为，同样采用模型（2），系数 β_1 反映"公民同招"实施后对不同户型、总价住房的优质公办学区溢价的异质性影响。

表 13-10 中，列（1）至列（4）的被解释变量分别为住房挂牌总价、住房挂牌单价的对数、住房成交价格、住房成交单价的对数，交互项"公民同招×优质公办初中×大面积住房"的系数在统计上均不显著。这说明"公民同招"并没有对面积、总价高低不同的住房的优质公办学区溢价产生异质性影响。这与大部分相关研究的发现不同。例如，彭莹等发现，学区改善带来的住房价格上涨存在异质性，小户型、低总价住房的房价上涨幅度更高。② 这一方面是因为同一学区内的住房所享有的学位价值相等，所以当学区改善带来的住房价值上涨平摊到单位面积时，小面积的房价涨幅自然更大；另一方面是因为居民承受能力有限，更重视学区价值，可牺牲住房居住品质。而本节认为，"公民同招"直接影响的很可能是重视居住品质的较富裕家庭群体，他们追求优质公办初中学区房的同时也重视居住品质，偏好较大户型住房，从而对住房总价的敏感性较低。

表 13-10　"公民同招"政策下住房面积大小对公办学区房价格的影响

变量	被解释变量：住房挂牌总价	被解释变量：log（住房挂牌单价）	被解释变量：住房成交总价	被解释变量：log（住房成交单价）
	（1）	（2）	（3）	（4）
公民同招×优质公办初中	10.376*** (2.87)	0.018** (2.52)	3.472 (0.91)	0.009 (1.05)
大面积住房	-11.476*** (-4.88)	-0.004 (-0.97)	-7.837*** (-2.88)	-0.008 (-1.31)

① 研究样本中房龄低于 15 年且住房面积不低于 90 平方米的优质初中学区房样本量仅占总优质初中学区房样本量的 13.8%。

② Peng Y., Tian C. & Wen H. How does school district adjustment affect housing prices: An empirical investigation from Hangzhou, China. https://doi.org/10.1016/j.chieco.2021.101683, 2023-09-10.

续表

变量	被解释变量：住房挂牌总价	被解释变量：log（住房挂牌单价）	被解释变量：住房成交总价	被解释变量：log（住房成交单价）
	（1）	（2）	（3）	（4）
公民同招×大面积住房	9.181***	0.000	2.650	0.002
	(5.53)	(0.09)	(1.05)	(0.31)
优质初中×大面积住房	15.551	−0.021*	16.273	−0.009
	(1.54)	(−1.81)	(1.27)	(−0.48)
公民同招×优质公办初中×大面积住房	8.746	−0.005	16.792	−0.001
	(1.24)	(−0.58)	(1.42)	(−0.10)
住房特征变量	是	是	是	是
固定效应	是	是	是	是
交互效应	是	是	是	是
样本量	66 452	66 452	16 580	16 580
R^2	0.942	0.893	0.941	0.870

注：住房特征变量中，"住房面积的平方"仅列（1）和列（4）放入，其余条件不变。

五、主要结论与启示

本节综合利用主城核心区二手房挂牌价格、住宅小区数据、学校信息、城市基础设施空间信息等数据，采用双重差分法研究发现，"公民同招"政策显著提高了优质公办学区溢价，加剧了优质公办学位的稀缺性。此外，有别于已有文献聚焦于政策实施对优质公办学区溢价影响的因果性论证，本节采用三重差分法从两个方面证明了削弱优质民办对优质公办学位的替代效应是加剧优质公办学位稀缺性的内在机制。第一，距离优质民办学校较近的区域内，原本优质民办对公办学位的替代性较强，"公民同招"后优质民办学校的吸引力及其对优质公办学位的替代效应被削弱，导致优质公办学区溢价上涨更多。第二，"公民同招"后优质民办初中学额相对增加的行政区内，优质民办初中的可获得性提高，其替代效应较少被削弱，因此优质公办学区溢价上涨较少。第三，研究发现，"公民同招"政策实施并没有对面积、总价不同的住房的优质公办学区溢价产生异质性影响，可能是因为政策促使重视居住品质的较富裕家庭放弃民办转报公办学校。

"公民同招"遏制了民办义务教育学校的"掐尖"招生及其带来的公办学校优

515

质生源大量流失，促进了公办、民办义务教育的协调发展。但政策的溢出影响——优质公办学区溢价上升，表明政策加剧了优质公办学位的稀缺性，扩大了公办教育资源分配的不均。因此，政府应继续深化义务教育改革，加快实施公办强校工程，及时增加优质公办教育资源供应，通过资深教师跨校、跨学区流动等手段来促进公办学校均衡发展，全面推进教育资源均等化分配，从而为实现住房租购同权奠定基础。本研究结果也为政府完善其他公共服务均等化政策提供借鉴。

第六节　本章小结

　　本章首先针对承租人的基本公共服务权利和"租购同权"的内涵开展了系统性梳理，明确了承租人应享有的基本公共服务，并提出了"租购同权"政策落实的痛点和难点。在此基础上，阐述了推进"租购同权"的必要性，肯定了"租购同权"在加快公共服务均等化、维护社会公平、优化房地产市场结构以及推动现代化国家建设等方面的重要作用和意义。梳理和总结了国内主要城市的有关"租购同权"政策趋向，指出了近年来各地政府在维护承租人基本居住权益和推动流动人口子女义务教育公平方面已取得明显进展，但与真正的租购同权还有很大的距离。以杭州市为例，详细分析了近年来杭州市在推进租购同权方面所做的工作、存在的问题与面临的挑战，在此基础上，从完善法律法规，强化人口流入地政府责任；保障住宅用地充分供给、教育设施与居住区"四同步"建设；加大优质公办教育资源供应；合理布局产业，引导人口向中小城市分流；健全人口管理信息系统，全面实施居住证制度；多措并举，规范住房租赁市场发展；加大"租购同分""租购同权"政策推动等方面提出了稳步推进"租购同权"的路径和建议，旨在加快建设租购并举的住房制度。

附件：

表13-11 浙江省租购双方享有《国家基本公共服务标准（2023年版）》中各类基本公共服务情况

		公共服务	有房有户籍	无房有户籍	有房无本地户籍	无房无本地户籍	备注
幼有所育	优孕优生服务	农村免费孕前优生健康检查	—	√	—	—	对象为农村计划怀孕妇女，浙江省大部分城市
		孕产妇健康服务	√	√	双方均为非当地户籍的夫妻需提供《居住证》或经查明已申报居住登记		满足办理"生育登记"条件
		增补叶酸预防神经管缺陷服务	—	√	—	√	
		基本避孕服务	√	√	√	√	联系定点机构即可
		生育保险	√	√	√	√	由用人单位缴纳
	儿童健康服务	预防接种	√	√	儿童预防接种证、现居住地暂住证		实行属地管理
		儿童健康管理	√	√	办理《居住证》或经查明已申报居住登记		对象为辖区内常住儿童
	儿童关爱服务	特殊儿童群体基本生活保障	√	√	—	√	需具有当地户籍
		困境儿童保障	√	√	—	√	需具有当地户籍
		农村留守儿童关爱保护	—	√	—	—	
学有所教	学前教育助学服务	学前教育幼儿资助	√	√	—	√	家庭经济困难儿童、孤儿和残疾儿童
	义务教育服务	义务教育阶段免除学杂费	√	√	已办理居住证入学或符合随迁子女入学的适龄儿童		公办学校免除学杂费，民办学校公用经费给予补助

续表

公共服务		有房有户籍	无房有户籍	有房无本地户籍（已办理居住证入学或符合随迁子女入学的适龄儿童）	无房无本地户籍	备注
学有所教	义务教育服务	义务教育免费提供教科书	√	√		√	
		义务教育家庭经济困难学生生活补助	—	√	—	√	认定家庭情况困难
		贫困地区学生营养膳食补助	—	—	—	—	—
	普通高中助学服务	普通高中国家助学金	√	√	√	√	认定家庭情况困难
		普通高中免学杂费	√	√	√	√	认定家庭情况困难
	中等职业教育助学服务	中等职业教育国家助学金	√	√	√	√	中等职业学校全日制学历教育正式学籍一、二年级在校涉农专业学生和非涉农专业家庭经济困难学生
		中等职业教育免除学费	√	√	√	√	中等职业学校全日制学历教育正式学籍一、二年级在校涉农专业学生和非涉农专业家庭经济困难学生
劳有所得	就业创业服务	就业信息服务	√	√	√	√	
		职业介绍、职业指导和创业开业指导	√	√	√	√	
		就业登记与失业登记	√	√	√	√	

加快建立多主体供给、多渠道保障、租购并举的住房制度研究

续表

公共服务			有房有户籍	无房有户籍	有房无本地户籍	无房无本地户籍	备注
劳有所得	就业创业服务	流动人员人事档案管理服务	—	—	√	√	
		就业见习服务	√	√	√	√	
		就业援助	√	√	√	√	
		职业技能培训、鉴定和生活费补贴	√	√	√	√	
		"12333"人力资源和社会保障电话服务	√	√	√	√	
		劳动关系协调	√	√	√	√	
		劳动用工保障	√	√	√	√	用工单位合规即可办理
	工伤失业保险服务	失业保险	√	√	√	√	
		工伤保险	√	√	√	√	
病有所医	公共卫生服务	建立居民健康档案	√	√	有居住证	√	辖区内常住居民
		健康教育与健康素养促进	√	√	√	√	
		传染病及突发公共卫生事件报告和处理	√	√	√	√	
		卫生监督协管服务	√	√	√	√	
		慢性病患者健康管理	√	√	有居住证	√	辖区内常住居民
		地方病患者健康管理	√	√	√	√	
		严重精神障碍患者健康管理	√	√	√	√	社区管理

续表

	公共服务		有房有户籍	无房有户籍	有房无本地户籍	无房无本地户籍	备注
病有所医	公共卫生服务	结核病患者健康管理	√	√	√	√	辖区内常住肺结核患者
		艾滋病病毒感染者和病人随访管理	√	√	√	√	
		社区易感染艾滋病高危行为人群干预	√	√	√	√	
		基本药物供应保障服务	√	√	√	√	
		食品药品安全保障	√	√	√	√	
	医疗保险服务	职工基本医疗保险	√	√	√	√	由用人单位缴纳
		城乡居民基本医疗保险	√	√	须有浙江省居住证方可参保		未缴纳职工基本医疗保险的由户籍所在地认定
	计划生育扶助服务	农村符合条件的计划生育家庭奖励扶助	—	—	—	—	
		计划生育家庭特别扶助	—	—	—	—	独生子女伤残死亡家庭夫妇和三级以上计划生育手术并发症人员
老有所养	养老助老服务	老年人健康管理	√	√	有居住证		辖区内65岁及以上常住居民
		老年人福利补贴	√	√	—	—	具有发放地户籍

公共服务			有房有户籍	无房有户籍	有房无本地户籍	无房无本地户籍	备注
老有所养	养老保险服务	职工基本养老保险	√	√	√	√	根据相关规定领取
		城乡居民基本养老保险	√	√	—	—	有统筹区户籍，年满16周岁（全日制学校在校学生除外），非国家机关、事业单位、社会团体人员，未参加职工基本养老保险的城乡居民
住有所居	公租房服务	公租房保障	—	√	—	—	需具有当地户籍
	住房改造服务	城镇棚户区住房改造	√	—	√	—	对棚户区居民提供实物安置或货币补偿
		农村危房改造	—	—	—	—	对居住危房中的农村低收入人群体解决住房安全问题
弱有所扶	社会救助服务	最低生活保障	—	√	—	—	本地户籍家庭
		特困人员救助供养	—	√	—	—	本地户籍家庭
		医疗救助	√	√	√	√	持有《浙江省居住证》人口和在浙临时困难流动人口
		临时救助	√	√	√	—	
		受灾人员救助	√	√	√	√	

521

续表

公共服务		有房有户籍	无房有户籍	有房无本地户籍	无房无本地户籍	备注
公共法律服务	法律援助	√	√	√	√	
扶残助残服务	困难残疾人生活补贴和重度残疾人护理补贴	√	√	—	—	本地户籍家庭
	无业重度残疾人最低生活保障	—	√	—	—	本地户籍家庭
	残疾人托养服务	√	√	—	—	本地户籍家庭
	残疾人康复服务	√	√	—	—	本地户籍家庭
	残疾儿童及青少年教育	√	√	已办理居住证入学或符合随迁子女入学的适龄儿童		轻度残疾随班就读
	残疾人职业培训和就业服务	√	√	√	√	
	残疾人文化体育服务	√	√	√	√	
	残疾人和老年人无障碍环境建设	√	√	√	√	
优军优抚服务	优待抚恤	√	√	—	—	退役军人由原籍管理
	退役军人安置	√	√	—	—	
	退役军人就业创业服务	√	√	—	—	
	特殊群体集中供养	√	√	—	—	

弱有所扶

优军服务保障

续表

公共服务			有房有户籍	无房有户籍	有房无本地户籍	无房无本地户籍	备注
文体服务保障	公共文化服务	公共文化设施免费开放	√	√	√	√	
		送戏曲下乡	—	—	—	—	为农村乡镇每年送戏曲等文艺演出
		收听广播	√	√	√	√	
		观看电视	√	√	√	√	租户能否观看电视与租住条件有关
		观赏电影	√	√	√	√	
		读书看报	√	√	√	√	
		少数民族文化服务	√	√	√	√	
	公共体育服务	公共体育设施开放	√	√	√	√	
		全民健身服务	√	√	√	√	

资料来源：根据《国家基本公共服务标准（2023 年版）》及浙江省相关政策整理。

523

参 考 文 献

［1］［美］阿列克斯·施瓦兹著，黄瑛译：《美国住房政策》，中信出版社
2008 年版。

［2］陈斌开、杨汝岱：《土地供给、住房价格与中国城镇居民储蓄》，载于
《经济研究》2013 年第 1 期，第 110 ～ 122 页。

［3］陈昌盛：《中国政府公共服务：体制变迁与地区综合评估》，中国科学
社会出版社 2007 年版。

［4］陈超等：《从供给视角看我国房地产市场的"两难困境"》，载于《金融
研究》2011 年第 1 期，第 73 ～ 93 页。

［5］陈佳川、杨魏、许婉婷：《幸福度感知、生活水平位置感知与流动人口
的留城定居意愿》，载于《社会科学》2019 年第 11 期，第 88 ～ 99 页。

［6］陈杰、吴义东：《租购同权过程中住房权与公共服务获取权的可能冲
突——为"住"租房还是为"权"租房》，载于《学术月刊》2019 年第 2 期，
第 44 ～ 56 页。

［7］陈颂、汪鑫、那鲲鹏、肖扬：《转型新时期上海房权空间分异格局和机
制研究》，载于《城市发展研究》2016 年第 7 期，第 18 ～ 23 页。

［8］陈友华、施旖旎：《租购同权：何以可能?》，载于《吉林大学社会科学
学报》2018 年第 2 期，第 123 ～ 129、206 页。

［9］范建双、周琳、虞晓芬：《土地财政和土地市场发育对城市房价的影
响》，载于《地理科学》2021 年第 5 期，第 863 ～ 871 页。

［10］范剑勇、莫家伟：《地方债务、土地市场与地区工业增长》，载于《经
济研究》2014 年第 1 期，第 41 ～ 55 页。

［11］范小敏、徐盈之：《引资竞争、居住用地价格与房价》，载于《财经研
究》2019 年第 7 期，第 140 ～ 153 页。

［12］范兆媛、王子敏：《住房公积金与城城流动人口的留城意愿——基于
2016 年流动人口动态监测调查的实证研究》，载于《华东经济管理》2019 年第

33 期,第 108 ~ 114 页。

[13] 范子英、刘甲炎:《为买房而储蓄——兼论房产税改革的收入分配效应》,载于《管理世界》2015 年第 5 期,第 18 ~ 27、187 页。

[14] 方丽、田传浩:《筑好巢才能引好凤:农村住房投资与婚姻缔结》,载于《经济学(季刊)》2016 年第 2 期,第 571 ~ 596 页。

[15] 冯志峰:《供给侧结构性改革的理论逻辑与实践路径》,载于《经济问题》2016 年第 2 期,第 12 ~ 17 页。

[16] 龚刚:《论新常态下的供给侧改革》,载于《南开学报(哲学社会科学版)》2016 年第 2 期,第 13 ~ 20 页。

[17] 胡鞍钢、周绍杰、任皓:《供给侧结构性改革——适应和引领中国经济新常态》,载于《清华大学学报(哲学社会科学版)》2016 年第 2 期,第 17 ~ 22、195 页。

[18] 胡金星、朱曦、公云龙:《租房与农民工留城意愿——基于上海的实证研究》,载于《华东师范大学学报(哲学社会科学版)》2016 年第 4 期,第 38 ~ 45、168 页。

[19] 胡晶晶:《住房价格上涨对城镇居民收入差距的影响机理与实证分析》,载于《中国地质大学学报(社会科学版)》2012 年第 4 期,第 91 ~ 96、140 页。

[20] 胡明志、陈杰:《住房财富对创业的异质性影响》,载于《社会科学战线》2019 年第 8 期,第 120 ~ 132 页。

[21] 胡明志、陈杰:《住房产权异质性、住房财富与社区治理参与》,载于《社会科学战线》2023 年第 2 期,第 76 ~ 85 页。

[22] 胡明志、陈卓:《为结婚而买房:城市房产与婚姻缔结》,载于《中国经济问题》2022 年第 5 期,第 169 ~ 181 页。

[23] 胡思佳、徐翔:《招商引资竞争与土地供给行为:基于城市经济发展的视角》,载于《改革》2021 年第 7 期,第 91 ~ 106 页。

[24] 胡婉旸、郑思齐、王锐:《学区房的溢价究竟有多大:利用"租买不同权"和配对回归的实证估计》,载于《经济学(季刊)》2014 年第 3 期,第 1195 ~ 1214 页。

[25] 黄燕芬、王淳熙、张超、陈翔云:《建立我国住房租赁市场发展的长效机制——以"租购同权"促"租售并举"》,载于《价格理论与实践》2017 年第 10 期,第 17 ~ 21 页。

[26] 金细簪、黄嘉林:《日本空置住房问题及应对措施的经验与启示》,载于《现代日本经济》2020 年第 6 期,第 78 ~ 92 页。

［27］金细簪、虞晓芬、陈多长：《共有产权住房的理论与实践》（第二版），经济科学出版社 2021 年版。

［28］金细簪、周家乐、储炜玮：《三权改革背景下土地权益与农民永久性迁移分析——来自浙江 4 个县市 4 个行政村的实证》，载于《人口学刊》2019 年第 5 期，第 101～112 页。

［29］赖敏：《土地要素错配阻碍了中国产业结构升级吗？——基于中国 230 个地级市的经验证据》，载于《产业经济研究》2019 年第 2 期，第 39～49 页。

［30］雷潇雨、龚六堂：《基于土地出让的工业化与城镇化》，载于《管理世界》2014 年第 9 期，第 29～41 页。

［31］李超、张超：《城市资源与人口集聚：房价的中介与调节效应》，载于《华南师范大学学报（社会科学版）》2018 年第 9 期，第 125～133 页。

［32］李国正、艾小青、陈连磊、高书平：《社会投资视角下环境治理、公共服务供给与劳动力空间集聚研究》，载于《中国人口·资源与环境》2018 年第 5 期，第 58～65 页。

［33］李郇、洪国志、黄亮雄：《中国土地财政增长之谜——分税制改革、土地财政增长的策略性》，载于《经济学（季刊）》2013 年第 4 期，第 1141～1160 页。

［34］李军鹏：《共同富裕概念辨析、百年探索与现代化目标》，载于《改革》2021 年第 10 期，第 12～21 页。

［35］李勤、孙国玉：《农村"空心村"现象的深层次剖析》，载于《中国城市经济》2009 年第 S1 期，第 25～26 页。

［36］李涛、史宇鹏、陈斌开：《住房与幸福：幸福经济学视角下的中国城镇居民住房问题》，载于《经济研究》2011 年第 9 期，第 69～82、160 页。

［37］李勇刚、罗海艳：《土地资源错配阻碍了产业结构升级吗？——来自中国 35 个大中城市的经验证据》，载于《财经研究》2017 年第 9 期，第 110～121 页。

［38］李勇辉、李小琴、沈波澜：《安居才能团聚？——保障性住房对流动人口家庭化迁移的推动效应研究》，载于《财经研究》2019 年第 12 期，第 32～45 页。

［39］李志刚：《中国大都市新移民的住房模式与影响机制》，载于《地理学报》2012 年第 2 期，第 189～200 页。

［40］梁土坤：《适应转化：新生代流动人口定居意愿的实证研究及其政策意涵》，载于《中国人口·资源与环境》2017 年第 2 期，第 151～159 页。

［41］林李月、朱宇、柯文前：《基本公共服务对不同规模城市流动人口居

留意愿的影响效应》，载于《地理学报》2019年第4期，第737~752页。

[42] 林赛南、梁奇、李志刚：《"家庭式迁移"对中小城市流动人口定居意愿的影响——以温州为例》，载于《地理研究》2019年第7期，第1640~1650页。

[43] 林文芳：《县域城乡居民消费结构与收入关系分析》，载于《统计研究》2021年第4期，第49~56页。

[44] 刘宏、侯本宇方、陈斌开：《城镇化进程中财产性收入冲击对家庭消费的影响——来自房屋拆迁的准自然实验》，载于《财贸经济》2021年第9期，第112~128页。

[45] 刘立光、王金营：《流动人口城市长期居留意愿的理性选择——基于非线性分层模型的实证研究》，载于《人口学刊》2019年第3期，第100~112页。

[46] 刘琳：《影响流动人口定居意愿的居住因素分析：居住隔离抑或社区社会资本？》，载于《河海大学学报（哲学社会科学版）》2019年第1期，第87~96、108页。

[47] 刘米娜：《中国城镇住房产权的区域差异分析——基于CGSS（2003）数据的实证研究》，载于《兰州学刊》2009年第5期，第114~119页。

[48] 刘守英：《中国土地制度改革：上半程及下半程》，载于《国际经济评论》2017年第5期，第29~56、4页。

[49] 刘望保、闫小培：《转型期广州市生命历程与住房产权转换》，载于《地理研究》2010年第6期，第1117~1128页。

[50] 刘学良：《中国城市的住房供给弹性、影响因素和房价表现》，载于《财贸经济》2014年第4期，第125~137页。

[51] 刘颜、周建军：《城市房价上涨促进还是抑制了城镇居民消费？》，载于《消费经济》2019年第1期，第49~56页。

[52] 刘彦随、刘玉等：《中国农村空心化的地理学研究与整治实践》，载于《地理学报》2009年第10期，第1193~1202页。

[53] 刘元春、陈金至：《土地制度、融资模式与中国特色工业化》，载于《中国工业经济》2020年第3期，第5~23页。

[54] 龙树国、田满文、颜淑蓉：《资源约束下的中国住房发展目标》，载于《宏观经济研究》2010年第9期，第68~75页。

[55] 陆铭、张航等：《偏向中西部的土地供应如何推升了东部的工资》，载于《中国社会科学》2015年第5期，第59~83、204~205页。

[56] 陆万军、张彬斌：《就业类型、社会福利与流动人口城市融入——来自微观数据的经验证据》，载于《经济学家》2018年第8期，第34~41页。

[57] 吕萍、修大鹏、李爽：《保障性住房共有产权模式的理论与实践探

索》，载于《城市发展研究》2013年第2期，第144～148页。

[58] 毛小平：《市场分割、家庭资本与住房分化》，载于《兰州学刊》2010年第12期，第78～86页。

[59] 毛小平：《住房产权、社会和谐与居民幸福感研究》，载于《统计与决策》2013年第3期，第88～91页。

[60] 南永清、肖浩然、单文涛：《家庭资产、财富效应与居民消费升级——来自中国家庭追踪调查的微观证据》，载于《山西财经大学学报》2020年第8期，第1～15页。

[61] 倪红日、张亮：《基本公共服务均等化与财政管理体制改革研究》，载于《管理世界》2012年第9期，第7～18、60页。

[62] [日] 平山洋介著，丁恒译：《日本住宅政策的问题——展望"自有房产社会"的将来》，中国建筑工业出版社2012年版。

[63] 钱文荣、李宝值：《初衷达成度、公平感知度对农民工留城意愿的影响及其代际差异——基于长江三角洲16城市的调研数据》，载于《管理世界》2013年第9期，第89～101页。

[64] 秦虹：《分层施策，房地产风险可控》，载于《城市住宅》2014年第4期，第30～31页。

[65] 邵朝对、苏丹妮、邓宏图：《房价、土地财政与城市集聚特征：中国式城市发展之路》，载于《管理世界》2016年第2期，第19～31、187页。

[66] 宋伟、陈百明等：《中国村庄宅基地空心化评价及其影响因素》，载于《地理研究》2013年第1期，第20～28页。

[67] 孙峰：《构建以住房承租人权利为核心的法律制度》，载于《西南民族大学学报（人文社会科学版）》2020年第1期，第80～86页。

[68] 孙秀林、周飞舟：《土地财政与分税制：一个实证解释》，载于《中国社会科学》2013年第4期，第40～59、205页。

[69] 孙玉环、张金芳：《中国家庭住房产权类型分化研究》，载于《数量经济技术经济研究》2014年第3期，第89～103页。

[70] 谭安富：《论住房保障对农业转移人口市民化的推拉效应》，载于《兰州学刊》2014年第6期，第99～104页。

[71] 陶爱萍、王涛、吴文韬：《房价上涨对城市创新的影响——基于产业结构优化视角的再审视》，载于《华东经济管理》2021年第3期，第64～73页。

[72] 陶然、陆曦等：《地区竞争格局演变下的中国转轨：财政激励和发展模式反思》，载于《经济研究》2009年第7期，第21～33页。

[73] 田文佳等：《晋升激励与工业用地出让价格——基于断点回归方法的

研究》，载于《经济研究》2019 年第 10 期，第 89 ~ 105 页。

[74] 汪润泉、刘一伟：《住房公积金能留住进城流动人口吗？——基于户籍差异视角的比较分析》，载于《人口与经济》2017 年第 1 期，第 22 ~ 34 页。

[75] 王芳、陈硕：《晋升激励与城镇化——基于地级市数据的证据》，载于《中国经济问题》2020 年第 6 期，第 74 ~ 90 页。

[76] 王海军、杨虎：《数字金融渗透与中国家庭债务扩张——基于房贷和消费的传导机制》，载于《武汉大学学报（哲学社会科学版）》2022 年第 1 期，第 114 ~ 129 页。

[77] 王俊龙、郭贯成：《1949 年以来中国宅基地制度变迁的历史演变、基本逻辑与展望》，载于《农业经济问题》2022 年第 3 期，第 88 ~ 96 页。

[78] 王克强等：《土地市场供给侧结构性改革研究——基于"如何推进土地市场领域的供给侧结构性改革研讨会"的思考》，载于《中国土地科学》2016 年第 12 期，第 3 ~ 9、34 页。

[79] 王良健、韩向华等：《土地供应绩效评估及影响因素的实证研究》，载于《中国人口·资源与环境》2014 年第 10 期，第 121 ~ 128 页。

[80] 王世磊、张军：《我国地方官员为什么要改善基础设施？——一个关于官员激励机制的模型》，载于《经济学（季刊）》2008 年第 2 期，第 383 ~ 398 页。

[81] 王文甫、王召卿等：《财政分权与经济结构失衡》，载于《经济研究》2020 年第 5 期，第 49 ~ 65 页。

[82] 王阳：《德国住房租赁制度及其对我国住房租赁市场培育的启示》，载于《国际城市规划》2019 年第 5 期，第 77 ~ 85 页。

[83] 王子成、郭沐蓉：《住房实现模式对流动人口市民化的影响效应分析：城市融入视角》，载于《经济社会体制比较》2020 年第 2 期，第 109 ~ 119 页。

[84] 文乐、彭代彦：《倾向中西部的土地供给如何推升了房价——基于空间德宾模型的实证分析》，载于《贵州财经大学学报》2017 年第 1 期，第 14 ~ 24 页。

[85] 文乐、彭代彦：《土地供给错配、房价上涨与半城镇化研究》，载于《我国土地科学》2016 年第 12 期，第 18 ~ 27 页。

[86] 吴开泽、黄嘉文：《居住模式、住房类型与大城市流动人口留城意愿：基于广州的实证研究》，载于《华东师范大学学报》2020 年第 4 期，第 170 ~ 183、188 页。

[87] 吴要武、刘倩：《高校扩招对婚姻市场的影响：剩女？剩男？》，载于《经济学（季刊）》2015 年第 1 期，第 5 ~ 30 页。

［88］ 吴翌琳、张心雨：《城镇化背景下农民进城定居意愿及影响因素分析》，载于《经济学家》2018 年第 2 期，第 88～92 页。

［89］ 武普照、孙超、赵宝廷：《地方政府财政压力、官员晋升激励与土地财政行为：理论分析与实证检验》，载于《现代财经（天津财经大学学报）》2019 年第 10 期，第 95～113 页。

［90］ 谢建社、张华初、罗光容：《广州市流动人口四种迁移意愿的统计分析》，载于《统计与决策》2016 年第 6 期，第 106～109 页。

［91］ 徐忠国、卓跃飞等：《农村宅基地问题研究综述》，载于《农业经济问题》2019 年第 4 期，第 28～39 页。

［92］ 严思齐、吴群：《供地制度变革前后我国主要城市的住房供给弹性——基于 20 个城市面板数据的实证研究》，载于《上海财经大学学报》2014 年第 2 期，第 59～66 页。

［93］ 严艳、陈磊：《中国居民住房资产与金融资产的财富效应研究》，载于《云南财经大学学报》2020 年第 8 期，第 26～37 页。

［94］ 颜色、朱国钟：《"房奴效应"还是"财富效应"？——房价上涨对国民消费影响的一个理论分析》，载于《管理世界》2013 年第 3 期，第 34～47 页。

［95］ 杨菊华、张娇娇、吴敏：《此心安处是吾乡——流动人口身份认同的区域差异研究》，载于《人口与经济》2016 年第 4 期，第 21～33 页。

［96］ 杨其静、卓品、杨继东：《工业用地出让与引资质量底线竞争——基于 2007～2011 年我国地级市面板数据的经验研究》，载于《管理世界》2014 年第 11 期，第 24～34 页。

［97］ 杨巧、杨扬长：《租房还是买房：什么影响了流动人口住房选择？》，载于《人口与经济》2018 年第 6 期，第 101～111 页。

［98］ 易成栋：《中国城镇家庭住房来源与产权的省际差异——基于 2000 年人口普查资料的分析》，载于《经济地理》2006 年第 S1 期，第 163～165、171 页。

［99］ 余丽甜、连洪泉：《为结婚而储蓄？——来自中国家庭追踪调查（CFPS）的经验证据》，载于《财经研究》2017 年第 6 期，第 17～27 页。

［100］ 余南平：《欧洲社会模式：以欧洲住房政策和住房市场为视角》，华东师范大学出版社 2009 年版。

［101］ 虞晓芬、陈多长、潘红：《居民住房租购选择理论与实证研究》，经济科学出版社 2011 年版。

［102］ 虞晓芬等：《我国城镇住房保障体系及运行机制研究》，经济科学出版社 2018 年版。

［103］ 虞晓芬等：《住房价格异常波动及治理研究》，经济科学出版社 2021

年版。

[104] 虞晓芬、傅剑：《社会力量参与保障性安居工程演化博弈及政府规制》，载于《系统工程理论与实践》2017 年第 12 期，第 3127 ~ 3136 页。

[105] 虞晓芬：《构建"向下有托底、向上有通道"的大城市住房保障供给体系》，载于《探索与争鸣》2023 年第 4 期，第 28 ~ 31 页。

[106] 虞晓芬、金细簪、陈多长：《共有产权住房的理论与实践》，经济科学出版社 2015 年版。

[107] 虞晓芬：《居民住房负担能力与房价合理性研究》，经济科学出版社 2011 年版。

[108] 虞晓芬：《居民住宅租购选择及其弹性研究》，经济科学出版社 2008 年版。

[109] 虞晓芬、徐筱瑜：《中国城镇家庭住房质量时空差异分析》，载于《城市问题》2018 年第 6 期，第 29 ~ 35 页。

[110] 虞晓芬、湛东升：《中国 70 个大中城市房价指数空间格局与影响因素分析》，载于《华中师范大学学报（人文社会科学版）》2022 年第 1 期，第 40 ~ 51 页。

[111] 虞晓芬、张金源、张燕江：《"公民同招"如何影响优质公办学位稀缺性——来自房价的证据》，载于《浙江大学学报（人文社会科学版）》2024 年第 1 期，第 80 ~ 98 页。

[112] 虞晓芬、周家乐、湛东升、张金源、金细簪：《中国城市住房质量空间格局与影响因素空间异质性》，载于《地理研究》2023 年第 12 期，第 3278 ~ 3293 页。

[113] 袁航：《新时代促进共同富裕"路线图"的哲学意蕴》，载于《南开学报（哲学社会科学版）》2022 年第 2 期，第 12 ~ 20 页。

[114] 袁微、黄蓉：《房屋拆迁与家庭金融风险资产投资》，载于《财经研究》2018 年第 4 期，第 143 ~ 153 页。

[115] 曾辉、虞晓芬：《国外低收入家庭住房保障模式的演变及启示——以英国、美国、新加坡三国为例》，载于《中国房地产（学术版）》2013 年第 2 期，第 23 ~ 29 页。

[116] 湛东升、虞晓芬、吴倩倩、金浩然、张文忠：《中国租赁住房发展的区域差异与影响因素》，载于《地理科学》2020 年第 12 期，第 1990 ~ 1999 页。

[117] 湛东升、虞晓芬、余妙志、徐小任：《中国城市住房支付能力空间差异与分类调控策略》，载于《地理科学》2022 年第 2 期，第 219 ~ 231 页。

[118] 张莉、年永威、刘京军：《土地市场波动与地方债——以城投债为

例》，载于《经济学（季刊）》2018 年第 3 期，第 1103~1126 页。

[119] 张莉、年永威、皮嘉勇、周越：《土地政策、供地结构与房价》，载于《经济学报》2017 年第 4 期，第 91~118 页。

[120] 张利花、虞晓芬、曾辉：《共有产权住房保障模式与住户资产权益价值》，载于《城市发展研究》2019 年第 26 期，第 108~114 页。

[121] 张路：《土地供应结构失衡与中国城市住房价格——基于土地出让数据的分析》，载于《经济与管理研究》2019 年第 10 期，第 30~46 页。

[122] 张鹏、高波：《土地供给弹性与房价波动：影响机制及实证研究》，载于《现代城市研究》2018 年第 6 期，第 16~22、30 页。

[123] 张小宏、郑思齐：《住宅用地供给短缺背后的地方政府动机》，载于《探索与争鸣》2010 年第 11 期，第 54~58 页。

[124] 张勋、寇晶涵、张欣：《学区房溢价的影响因素：教育质量的视角》，载于《金融研究》2021 年第 11 期，第 97~116 页。

[125] 张焱：《租购同权下我国住房租赁法的政策目标和法律构造》，载于《人民司法》2019 年第 16 期，第 86~89 页。

[126] 张义博、刘敏：《户籍制度改革的边际落户效应》，载于《宏观经济管理》2018 年第 9 期，第 28~36 页。

[127] 赵锋、樊正德：《高房价对大城市人口流入的抑制效应——来自北上广深四城市的实证证据》，载于《城市发展研究》2019 年第 3 期，第 41~48 页。

[128] 赵扶扬、陈斌开等：《宏观调控、地方政府与中国经济发展模式转型：土地供给的视角》，载于《经济研究》2021 年第 7 期，第 4~23 页。

[129] 赵国超、虞晓芬、许璐媛：《"工者有其居"理念下农民工居住满意度研究——基于 2020 年浙江流动人口抽样数据》，载于《浙江大学学报（人文社会科学版)》2022 年第 8 期，第 47~57 页。

[130] 赵文哲、杨继东：《地方政府财政缺口与土地出让方式——基于地方政府与国有企业互利行为的解释》，载于《管理世界》2015 年第 4 期，第 11~24 页。

[131] 郑思齐、师展：《"土地财政"下的土地和住宅市场：对地方政府行为的分析》，载于《广东社会科学》2011 年第 2 期，第 5~10 页。

[132] 郑思齐、孙伟增等：《"以地生财，以财养地"——中国特色城市建设投融资模式研究》，载于《经济研究》2014 年第 8 期，第 14~27 页。

[133] 周华东、高玲玲：《中国住房"财富效应"之谜——基于中国住房制度改革的检验》，载于《中国经济问题》2018 年第 4 期，第 123~135 页。

[134] 周建军、彭隽婷、阳娟：《房价对城镇居民收入差距的影响研究》，

载于《财经理论与实践》2020年第3期，第109～116页。

[135] 周江：《中国住房保障理论、实践和创新研究——供应体系发展模式融资支持》，中国经济出版社2018年版。

[136] 周京奎、黄征学：《住房制度改革、流动性约束与"下海"创业选择——理论与中国的经验研究》，载于《经济研究》2014年第3期，第158～170页。

[137] 周黎安：《中国地方官员的晋升锦标赛模式研究》，载于《经济研究》2007年第7期，第36～50页。

[138] 周利、张浩、易行健：《住房价格上涨、家庭债务与城镇有房家庭消费》，载于《中南财经政法大学学报》2020年第1期，第68～76页。

[139] 周琳、范建双、虞晓芬：《政府间竞争影响城市土地市场化水平的双边效应研究：基于财政竞争和引资竞争的不同作用》，载于《中国土地科学》2019年第5期，第60～68页。

[140] 周颖刚、蒙莉娜、卢琪：《高房价挤出了谁？——基于中国流动人口的微观视角》，载于《经济研究》2019年第9期，第106～122页。

[141] 朱竑、张博、马凌：《新型城镇化背景下中国流动人口研究：议题与展望》，载于《地理科学》2019年第1期，第1～11页。

[142] 朱孔来、李俊杰：《"半城镇化"现象及解决对策》，载于《宏观经济管理》2012年第9期，第70～71页。

[143] Ahn N., & Mira P. Job Bust, Baby Bust? Evidence from Spain. Journal of Population Economics, Vol. 14, No. 3, 2001, pp. 505–521.

[144] Anselin L., Bera A. K., Florax R., et al. Simple Diagnostic Tests for Spatial Dependence. Regional Science and Urban Economics, Vol. 26, No. 1, 1996, pp. 77–104.

[145] Balmer J. M. T., & Wilkinson A. Building Societies: Change, Strategy and Corporate Identity. Journal of General Management, Vol. 17, 1991, pp. 20–33.

[146] Bardhan A. D, Datta R., Edelstein R. H., et al. A Tale of Two Sectors: Upward Mobility and the Private Housing Market in Singapore. Journal of Housing Economics, Vol. 12, 2003, pp. 83–105.

[147] Beckett A. The Right to Buy: The Housing Crisis That Thatcher Built. The Guardian, Vol. 17, 2015, P. 47.

[148] Benjamin J., Chinloy P., & Jud, D. Real Estate Versus Financial Wealth in Consumption. The Journal of Real Estate Finance and Economics, Vol. 29, No. 3, 2004, pp. 341–354.

〔149〕 Bloemen H. , & Stancanelli E. Financial Wealth, Consumption Smoothing and Income Shocks Arising from Job Loss. Economica, Vol. 72, No. 287, 2005, pp. 431 − 452.

〔150〕 Boer R. D. , & Bitetti R. A. Revival of the Private Rental Sector of the Housing Market? . OECD Economics Department Working Papers, 2014.

〔151〕 Bostic R. , Gabriel S. , & Painter G. Housing Wealth, Financial Wealth, and Consumption: New Evidence from Micro Data. Regional Science and Urban Economics, Vol. 39, No. 1, 2009, pp. 79 − 89.

〔152〕 Burstein J. New Techniques in Public Housing. Law and Contemporary Problems, Vol. 32, 1967, pp. 528 − 549.

〔153〕 Campbell J. , & Cocco J. How Do House Prices Affect Consumption? Evidence from Micro Data. Journal of Monetary Economics, Vol. 54, No. 3, 2007, pp. 591 − 621.

〔154〕 Carroll C. , Dynan K. , & Krane S. Unemployment Risk and Precautionary Wealth: Evidence from Households' Balance Sheets. Review of Economics and Statistics, Vol. 85, No. 3, 2003, pp. 586 − 604.

〔155〕 Carter S. Housing Tenure Choice and the Dual Income Household. Journal of Housing Economics, Vol. 20, No. 3, 2011, pp. 159 − 170.

〔156〕 Case K. , Quigley J. , & Shiller R. Comparing Wealth Effects: The Stock Market versus the Housing Market. Advances in Macroeconomics, Vol. 5, No. 1, 2005, pp. 1 − 32.

〔157〕 Chamon M. , & Prasad E. Why Are Saving Rates of Urban Households in China Rising? . American Economic Journal: Macroeconomics, Vol. 2, No. 1, 2010, pp. 93 − 130.

〔158〕 Chen J. , & Han X. The Evolution of Housing Market and Its Socio-economic Impacts in Post − Reform China: A Survey of the Literature. Journal of Economic Surveys, Vol. 28, No. 4, 2014, pp. 652 − 670.

〔159〕 Chen J. , & Hu M. What Types of Homeowners Are More Likely to Be Entrepreneurs? . The Evidence from China. Small Business Economics, Vol. 52, No. 3, 2019, pp. 633 − 649.

〔160〕 Chen J. , & Nong H. The Heterogeneity of Crowding Effect of Public Housing on Market Housing: Empirical evidence from China. Journal of Housing Economics, Vol. 33, 2016, pp. 115 − 127.

〔161〕 Chen K. , & Wen Y. The Great Housing Boom of China. American Economic Journal: Macroeconomics, Vol. 9, No. 2, 2017, pp. 1 – 44.

[162] Chen S. , & Liu Z. What Determines the Settlement Intention of Rural Migrants in China? Economic Incentives Versus Sociocultural Conditions. Habitat International, Vol. 58, 2016, pp. 42 – 50.

[163] Chetty R. , Sándor Lá. , & Szeidl A. The Effect of Housing on Portfolio Choice. The Journal of Finance, Vol. 72, No. 3, 2017, pp. 1171 – 1212.

[164] Christelis D. , Georgarakos D. , & Jappelli T. Wealth Shocks, Unemployment Shocks and Consumption in the Wake of the Great Recession. Journal of Monetary Economics, Vol. 72, 2015, pp. 21 – 41.

[165] Clark A. , Frijters P. Shields M A. Relative Income, Happiness and Utility: An Explanation for the Easterlin Paradox and other Puzzles. Journal of Economic Literature, Vol. 46, 2008, pp. 95 – 144.

[166] Collinson R. , Ellen I. G. , & Ludwig J. Reforming Housing Assistance. The ANNALS of the American Academy of Political and Social Science, Vol. 686, 2019, pp. 250 – 285.

[167] Coulson N. E. , Hwang S. J. , & Imai S. The Benefits of Owner – Occupation in Neighborhoods. Journal of Housing Research, 2003, pp. 21 – 48.

[168] Coulson N. E. , & Li H. Measuring the External Benefits of Homeownership. Journal of Urban Economics, Vol. 77, 2013, pp. 57 – 67.

[169] Croson R. , & Gneezy U. Gender Differences in Preferences. Journal of Economic Literature, Vol. 47, No. 2, 2009, pp. 448 – 474.

[170] Davies B. , Turner E, Marquardt S. , et al. German Model Homes. A Comparison of the UK and German Housing Markets. Institute for Public Policy Research, 2016.

[171] Dietz R. D. , & Haurin D. R. The Social and Private Micro – level Consequences of Homeownership. Journal of Urban Economics, Vol. 54, No. 3, 2003, pp. 401 – 450.

[172] Docter B. , & Galvez M. The Future of Public Housing: Public Housing Fact Sheet. Washington, DC: Urban Institute, 2020.

[173] Dong Z. , Hui E. , & Jia, S. How Does Housing Price Affect Consumption in China: Wealth Effect or Substitution Effect? . Cities, Vol. 64, No. 1, 2017, pp. 1 – 8.

[174] Dorn V. Changes in the Social Rented Sector in Germany. Housing Studies, Vol. 12, 1997, pp. 463 – 475.

［175］Dupuis A. , & Thorns D. C. Home, Home Ownership and the Search for Ontological Security. Sociological Review, Vol. 46, 2010, pp. 24 – 47.

［176］Eilbott P. , & Binkowski E. S. The Determinants of SMSA Homeownership Rates. Journal of Urban Economics, Vol. 17, No. 3, 1985, pp. 293 – 304.

［177］Eissa N. , & Hoynes H. W. Taxes and the Labor Market Participation of Married Couples: The Earned Income Tax Credit. Journal of Public Economics, Vol. 88, No. 9 – 10, 2004, pp. 1931 – 1958.

［178］Elliott W. Wealth and Wealth Proxies in a Permanent Income Model. The Quarterly Journal of Economics, Vol. 95, No. 3, 1980, pp. 509 – 535.

［179］Emanuel A. , McCully S. , Gallagher K. , & Updegraff J. Theory of Planned Behavior Explains Gender Difference in Fruit and Vegetable Consumption. Appetite, Vol. 59, No. 3, 2012, pp. 693 – 697.

［180］Eriksen M. Homeownership Subsidies and the Marriage Decisions of Low-income Households. Regional Science and Urban Economics, Vol. 40, No. 6, 2010, pp. 490 – 497.

［181］Fan Y. , & Yavas A. How Does Mortgage Debt affect Household Consumption? . Micro Evidence from China. Real Estate Economics, Vol. 48, No. 1, 2020, pp. 43 – 88.

［182］Fereidouni H. G. , & Tajaddini R. Housing Wealth, Financial Wealth and Consumption Expenditure: The Role of Consumer Confidence. The Journal of Real Estate Finance and Economics, Vol. 54, No. 2, 2017, pp. 216 – 236.

［183］Fincham F. , & Beach S. Marriage in the New Millennium: A Decade in Review. Journal of Marriage and Family, Vol. 72, No. 3, 2010, pp. 630 – 649.

［184］Friedman S. , & Rosenbaum E. Nativity Status and Racial/Ethnic Differences in Access to Quality Housing: Does Homeownership Bring Greater Parity? . Housing Policy Debate, Vol. 15, 2004, pp. 865 – 901.

［185］Gan J. Housing Wealth and Consumption Growth: Evidence from a Large Panel of Households. Review of Financial Studies, Vol. 23, No. 6, 2010, pp. 2229 – 2267.

［186］Gan L. , Yin Z. , & Zang W. The Impact of Housing Reform on Durables Consumption in China. China Economic Review, Vol. 21, No. 4, 2010, pp. S55 – S64.

［187］Gourinchas P. – O. , & Parker J. Consumption Over the Life Cycle. Econometrica, Vol. 70, No. 1, 2002, pp. 47 – 89.

［188］ Gray J. The Fall in Men's Return to Marriage: Declining Productivity Effects or Changing Selection? . The Journal of Human Resources, Vol. 32, No. 3, 1997, pp. 481 – 504.

［189］ Green R. K. , & White M. J. Measuring the Benefits of Home Owning: Effects on Children. Journal of Urban Economics, Vol. 41, 1997, pp. 441 – 461.

［190］ Grinstein – Weiss M. , Manturuk K. , Guo S. , Charles P. , & Key C. The Impact of Homeownership on Marriage and Divorce: Evidence from Propensity Score Matching. Social Work Research, Vol. 38, No. 2, 2014, pp. 73 – 90.

［191］ Grzymala – Kazlowska A. From Connecting to Social Anchoring: Adaptation and "Settlement" of Polish Migrants in the UK. Journal of Ethnic and Migration Studies, Vol. 44, No. 2, 2017, pp. 252 – 269.

［192］ Guo S. , & Hardin W. Wealth, Composition, Housing, Income and Consumption. The Journal of Real Estate Finance and Economics, Vol. 48, No. 2, 2014, pp. 221 – 243.

［193］ Gutiérrez – Domènech M. The Impact of the Labour Market on the Timing of Marriage and Births in Spain. Journal of Population Economics, Vol. 21, No. 1, 2007, pp. 83 – 110.

［194］ Haurin D. , & Rosenthal S. The Influence of Household Formation on Homeownership Rates Across Time and Race. Real Estate Economics, Vol. 35, No. 4, 2007, pp. 411 – 450.

［195］ Hays R. A. The Federal Government and Urban Housing. SUNY Press, 1995. Aaron, H. J.

［196］ Heckman J. , Ichimura H. , & Todd P. Matching as an Econometric Evaluation Estimator: Evidence from Evaluating a Job Training Programme. The Review of Economic Studies, Vol. 64, No. 4, 1997, pp. 605 – 654.

［197］ Helpman E. The Size of Regions: Topics in Public Economics. London: Cambridge University Press, 1998.

［198］ Hickman P. Transforming Private Landlords: Housing, Markets and Public Policy. Housing Studies, Vol. 27, No. 6, 2012, pp. 869 – 871.

［199］ Hirayama Y. Housing Policy and Social Inequality in Japan. Comparing Social Policies: Exploring New Perspectives in Britain and Japan, 2003, pp. 151 – 171.

［200］ Hirono K. N. Low – Interest Rate Policy and Japanese Housing Market. Keizai shushi, Vol. 90, 2020, pp. 41 – 57.

［201］ Holmans A. Housing and Housing Policy in England 1975 – 2002. Office of the Deputy Prime Minister, London, 2005.

[202] Ho P. Who Owns China's Housing? Endogeneity as a Lens to Understand Ambiguities of Urban and Rural Property. Cities, Vol. 65, 2017, pp. 66 – 77.

[203] Hsieh W. S. , & Lin S. J. An Analysis of Taxation Effect on House Tenure Choice. Journal of Housing Studies, Vol. 9, No. 1, 2000, pp. 1 – 17.

[204] Huang H. & Tang Y. Residential Land Use Regulation and the US Housing Price Cycle Between 2000 and 2009. Journal of Urban Economics, Vol. 71, No. 1, 2011, pp. 93 – 99.

[205] Huang Y. , & Clark W. AV. Housing Tenure Choice in Transitional Urban China: A Multilevel Analysis. Urban Studies, Vol. 39, 2002, pp. 7 – 32.

[206] Huang Y. Q. The Road to Homeownership: A Longitudinal Analysis of Tenure Transition in Urban China (1949 – 1994). International Journal of Urban and Regional Research, Vol. 28, No. 4, 2004, pp. 774 – 795.

[207] Huang Z. , Du X. , & Yu X. Home Ownership and Residential Satisfaction: Evidence from Hangzhou, China. Habitat International, Vol. 49, 2015, pp. 74 – 83.

[208] Huat C. B. Public Housing Residents as Clients of the State. Housing studies, Vol. 15, 2000, pp. 45 – 60.

[209] Hu M, Lin Z, & Liu Y. Amenities, Housing Affordability, and Education Elite. Journal of Real Estate Finance and Economics, Vol. 66, 2023, pp. 141 – 168.

[210] Hu M, Lin Z, & Liu Y. Housing Disparity Between Homeowners and Renters: Evidence from China. The Journal of Real Estate Finance and Economics. Vol. 68, 2024, pp. 28 – 51.

[211] Hu M, Su Y, &Yu X. Homeownership and Fertility Intentions Among Migrant Population in Urban Chin. Housing Studies, Vol. 39, 2024, pp. 1176 – 1198.

[212] Hurst E. , & Stafford F. Home Is Where the Equity Is: Mortgage Refinancing and Household Consumption. Journal of Money, Credit, and Banking, Vol. 36, No. 6, 2004, pp. 985 – 1014.

[213] Imbens G. , Rubin D. , & Sacerdote B. Estimating the Effect of Unearned Income on Labor Earnings, Savings, and Consumption: Evidence from a Survey of Lottery Players. The American Economic Review, Vol. 91, No. 4, 2001, pp. 778 – 794.

［214］ Ito T. Public Policy and Housing in Japan. University of Chicago Press, 1994.

［215］ Jim K. Comparative Housing and Welfare: Theorising the Relationship. Journal of Housing and the Built Environment, Vol. 16, 2001, pp. 53 – 70.

［216］ Jin X., Ren T., Mao N., & Chen L. To Stay or to Leave? Migrant Workers' Decisions during Urban Village Redevelopment in Hangzhou, China. Frontiers in Public Health, Vol. 9, 2021.

［217］ Jin X., Yu H., Yi F., Chen L., & Wang S. Tolerance for Housing Unaffordability Among Highly Skilled Young Migrants: Evidence from the Zhejiang Province of China. Int. J. Environ. Res. Public Health, Vol. 20, No. 1, 2023, P. 616.

［218］ Jun N. I. & Yang S. H. The Influence of Early Government-sponsored Housing on the Modernization of Korean Housing: From Post – Korean War to Late 1960s. International Journal of Human Ecology, Vol. 6, 2012, pp. 147 – 157.

［219］ Kaas L., Kocharkov G., Preugschat E., et al. Low Homeownership in Germany—A Quantitative Exploration. Journal of the European Economic Association, Vol. 19, 2021, pp. 128 – 164.

［220］ Kanemoto Y. The Housing Question in Japan. Regional Science and Urban Economics, Vol. 27, 1997, pp. 613 – 641.

［221］ Keil K. Der soziale Wohnungsbau—Mängel und Alternativen. Frankfurt am Main: Lang, 1996.

［222］ Kemeny J, Comparative Housing and Welfare: Theorising the Relationship. Journal of Housing and the Built Environment, Vol. 16, 2001, pp. 53 – 70.

［223］ Kemeny Jim. Authors of the Storm: Meteorologists and the Culture of Prediction. Housing, Vol. 27, 2010, pp. 276 – 278.

［224］ Kim J. Financial Repression and Housing Investment: An Analysis of the Korean Chonsei. Mpra Paper, Vol. 22, 2013, pp. 338 – 358.

［225］ Kim K. H. & Park M. Housing policy in the Republic of Korea. ADBI Working Paper Series, 2016.

［226］ Kim Y., & Park H. J. The Evolving Roles of the Public and Private Sectors in Korea's Public Rental Housing Supply. Architectural research, Vol. 22, 2020, pp. 85 – 95.

［227］ Kindermann F., Le Blanc J., Piazzesi M., et al. Learning about Housing Cost: Survey Evidence from the German House Price Boom. Working Paper Series: Monetary Economics, 2021, pp. 1 – 34.

［228］Kirchner J. The Declining Social Rental Sector in Germany. European Journal of Housing Policy, Vol. 7, 2007, pp. 85 – 101.

［229］Kishor K. Does Consumption Respond More to Housing Wealth Than to Financial Market Wealth? If So, Why?. The Journal of Real Estate Finance and Economics, Vol. 35, No. 4, 2007, pp. 427 – 448.

［230］Kobayashi, M. The Housing Market and Housing Policies in Japan. ADBI Working Paper Series 558, 2016.

［231］Kofner S. The German Housing System: Fundamentally Resilient?. Journal of Housing and the Built Environment, Vol. 29, 2014, pp. 255 – 275.

［232］Koh C. Overview of Housing Policies and Programs in Korea'. Korea Housing Institute, 2004.

［233］Lauridsen J., Nannerup N., & Skak, M. Geographic and Dynamic Heterogeneity of Home Ownership. Journal of Housing and the Built Environment, Vol. 24, No. 1, 2009, pp. 1 – 17.

［234］Lechner M. A Note on the Common Support Problem in Applied Evaluation Studies. Annales d'Economie et de Statistique, Vol. 91/92, 2008, pp. 217 – 235.

［235］Lee J. K., Kim K. M., Kwon C. H., & Park S. H. 50 – Year Achievements and Future Challenges on Public Rental Housing. Land & Housing Institute, 2013.

［236］Lee K. Y. From Third World to First: The Singapore Story: 1965 – 2000. Singapore: Times Editions, 2000.

［237］Lee Y. M. & Sung J. W. The Study on the Characteristics of Public Rental Housing Residents and Quality of Life: Redevelopment Rental Housing. SH Urban Research Institute, 2017.

［238］Lettau M., & Ludvigson S. Understanding Trend and Cycle in Asset Values: Reevaluating the Wealth Effect on Consumption. American Economic Review, Vol. 94, No. 1, 2004, pp. 276 – 299.

［239］Lichter D., McLaughlin D., & Ribar D. Economic Restructuring and the Retreat from Marriage. Social Science Research, Vol. 31, No. 2, 2002, pp. 230 – 256.

［240］Li H., & Zhou L. A. Political Turnover and Economic Performance: The Incentive Role of Personnel Control in China. Journal of Public Economics, Vol. 89, No. 9 – 10, 2005, pp. 1743 – 1762.

［241］Linneman P. D., & Megbolugbe I. F. Privatization and Housing Policy. Urban Studies, Vol. 32, 1994, pp. 635 – 651.

[242] Linneman P., Megbolugbe I. F., Wachter S. M., et al. Do Borrowing Constraints Change U. S. Homeownership Rates? . Journal of Housing Economics, Vol. 6, No. 4, 1997, pp. 318 – 333.

[243] Li Z., & Wu F. Tenure-based Residential Segregation in Post – Reform Chinese Cities: A Case Study of Shanghai. Transactions of the Institute of British Geographers, Vol. 33, No. 3, 2008, pp. 404 – 419.

[244] Logan J. R., Fang Y. P., & Zhang Z. X. Access to Housing in Urban China. International Journal of Urban and Regional Research, Vol. 33, No. 4, 2009, pp. 914 – 935.

[245] Lowe – lee F. Korea's Real Estate Market: Are We Overreacting to Skyrocketing Property Prices? . K – Developedia (KDI School) Repository, 2007.

[246] Lum S. K. Executive Condominiums in Singapore: Housing Gap Solution or Stop – Gap Measure. National University of Singapore, 1997.

[247] Lum S. K. Housing market dynamics in Singapore: The role of economic fundamentals and restrictive land supply. University of California, Berkeley, 1996.

[248] Lum S. K. Market Fundamentals, Public Policy and Private Gain: House Price Dynamics in Singapore. Journal of Property Research, Vol. 19, 2002, pp. 121 – 143.

[249] Lye L. H. Public Housing in Singapore: A Success Story in Sustainable Development. NUS Asia – Pacific Centre for Environmental Law Working Paper, 2020.

[250] Marcuse P. Homeownership for Low Income Families: Financial Implications. Land Economics, Vol. 48, 1972, pp. 134 – 143.

[251] Marcuse P. The Ideologies of Ownership and Property Rights. New York: Praeger Publishers, 1980, pp. 39 – 50.

[252] Mathä T. Y., Porpiglia A., & Ziegelmeyer, M. Household Wealth in the Euro Area: The Importance of Intergenerational Transfers, Homeownership and House Price Dynamics. Journal of Housing Economics, Vol. 35, 2017, pp. 1 – 12.

[253] Munch J. R., Rosholm M., & Svarer M. Are Homeowners Really More Unemployed? . The Economic Journal, Vol. 116, No. 514, 2006, pp. 991 – 1013.

[254] Nie G. Marriage Squeeze, Marriage Age and the Household Savings Rate in China. Journal of Development Economics, Vol. 147, 2020, P. 102558.

[255] Ogawa K., & Wan J. Household Debt and Consumption: A Quantitative Analysis Based on Household Micro Data for Japan. Journal of Housing Economics,

Vol. 16, No. 2, 2007, pp. 127 – 142.

［256］ Olsen E. O. Housing Programs for Low – Income Households. University of Chicago Press, 2003.

［257］ Ong S. E. Housing Affordability and Upward Mobility from Public to Private Housing in Singapore. SE Ong, 2000.

［258］ Orlebeke C. J. The Evolution of Low – Income Housing Policy, 1949 to 1999. Housing Policy Debate, Vol. 11, 2000, pp. 489 – 520.

［259］ Ortalo-magné F. , & Rady S. Housing Market Dynamics: On the Contribution of Income Shocks and Credit Constraints. The Review of Economic Studies, Vol. 2, No. 73, 2006, pp. 459 – 485.

［260］ Oxley M, & Haffner M. Housing Taxation and Subsidies: International Comparisons and the Options for Reform. JRF Programme Paper: Housing Market Taskforce, 2010.

［261］ Park M. , Lee M. H. , Lee H. S. , et al. Boost, Control, or Both of Korean Housing Market: 831 Counter Measures. Journal of Construction Engineering & Management, Vol. 136, 2010, pp. 693 – 701.

［262］ Phang S. Y. , & Kim K. Singapore's Housing Policies: 1960 – 2013. KDI School and World Bank Institute, 2013.

［263］ Pickvance C. Housing and Housing Policy (Fourth Edition) . Oxford: Oxford University Press, 2011.

［264］ Pickvance C. Housing and Housing Policy. Social Policy, Vol. 2, 2003, pp. 486 – 518.

［265］ Plantinga A. J. , Détang – Dessendre C. , Hunt G. L. , et al. Housing Prices and Inter – Urban Migration. Regional Science and Urban Economics, Vol. 43, No. 2, 2013, pp. 296 – 306.

［266］ Pong I – S. A Study on Public – Rental Housing Supply System of Canada and Korea. Gyeonggi Research Institute, 2011.

［267］ Poterba J. , Venti S. , & Wise D. The Composition and Drawdown of Wealth in Retirement. Journal of Economic Perspectives, Vol. 25, No. 4, 2011, pp. 95 – 118.

［268］ Ren T, Jin, X, M Rafiq, Chin T. Moderation of Housing – Realated Factors on Psychological Capital – Job Embeddedness Association. Frontiers in Psychology. Vol. 10, 2019.

［269］ Riley S. F. , Nguyen G. , & Manturuk K. House Price Dynamics, Unemployment, and the Mobility Decisions of Low – Income Homeowners. Journal of Housing and the Built Environment, Vol. 30, No. 1, 2015, pp. 141 – 156.

[270] Ronald R. Between Investment, Asset and Use Consumption: The Meanings of Homeownership in Japan. Housing Studies, Vol. 23, No. 2, 2008, pp. 233 – 251.

[271] Ronald R. , & Jin M. Y. Homeownership in South Korea: Examining Sector Underdevelopment. Urban Studies, Vol. 47, 2010, pp. 2367 – 2388.

[272] Ronald R. , & Kadi J. The Revival of Private Landlords in Britain's Post – Homeownership Society. New Political Economy, Vol. 23, 2018, pp. 786 – 803.

[273] Rouwendal J. , & Nijkamp P. Homeownership and Labour Market Behaviour: Interpreting the Evidence. Environment and Planning A, Vol. 42, No. 2, 2010, pp. 419 – 433.

[274] Seely A. , Barton C. , Cromarty H. , & Wilson W. Extending Home Ownership: Government Initiatives. House of Commons Library, 2021 (12).

[275] Segal B. , & Podoshen J. An Examination of Materialism, Conspicuous Consumption and Gender Differences. International Journal of Consumer Studies, Vol. 37, No. 2, 2013, pp. 189 – 198.

[276] Shlay A. B. Low-income Homeownership: American Dream or Delusion? . Urban Studies, Vol. 43, 2006, pp. 511 – 531.

[277] Skinner J. Is Housing Wealth A Sideshow? In D. Wise (Ed.), Advances in the Economics of Aging. University of Chicago Press, 1996.

[278] So J. K. , & Song K. T. The Study on the Distribution of Roles Between the National and Local Government in Public Housing Projects. Journal of Korean Association for Local Government Studies, Vol. 23, 2011, pp. 51 – 80.

[279] Stewart J. A Review of UK Housing Policy: Ideology and Public Health. Public Health, Vol. 119, 2005, pp. 525 – 534.

[280] Stoloff J. A. A brief history of public housing. Annual Meeting of the American Sociological Association, San Francisco, CA. 2004.

[281] Tang M. , & Coulson N. E. The Impact of China's Housing Provident Fund on Homeownership, Housing Consumption and Housing Investment. Regional Science and Urban Economics, Vol. 63, 2017, pp. 25 – 37.

[282] Tan J. , Xu H. , & Yu J. The effect of homeownership on migrant household savings: Evidence from the removal of home purchase restrictions in China. Economic Modelling, Vol. 106, 2022, pp. 105679.

[283] Thomson E. , Hanson T. , & McLanahan S. Family Structure and Child Well – Being: Economic Resources vs. Parental Behaviors. Social Forces, Vol. 73, No. 1, 1994, pp. 221 – 242.

[284] Voigtländer M. The Stability of the German Housing Market. Journal of Housing and the Built Environment, Vol. 29, 2014, pp. 583 – 594.

[285] Voigtländer M. Why is the German Homeownership Rate So Low? Housing Studies, Vol. 24, 2009, pp. 355 – 372.

[286] Wachter J. , & Yogo M. Why Do Household Portfolio Shares Rise in Wealth? . Review of Financial Studies, Vol. 23, No. 11, 2010, pp. 3929 – 3965.

[287] Waite L. J. Does Marriage Matter? . Demography, Vol. 32, No. 4, 1995, pp. 483 – 507.

[288] Wang S. – Y. Credit Constraints, Job Mobility, and Entrepreneurship: Evidence from a Property Reform in China. Review of Economics and Statistics, Vol. 94, No. 2, 2012, pp. 532 – 551.

[289] Wang S. – Y. Property Rights and Intra-household Bargaining. Journal of Development Economics, Vol. 107, 2014, pp. 192 – 201.

[290] Weicher J. C. Urban Housing Programs: What Is the Question? . Cato Journal, Vol. 2, 1982, pp. 411 – 436.

[291] Wei S. – J. , Zhang, X. , & Liu, Y. Home Ownership as Status Competition: Some Theory and Evidence. Journal of Development Economics, Vol. 127, 2017, pp. 169 – 186.

[292] Wei S. – J. , & Zhang, X. The Competitive Saving Motive: Evidence from Rising Sex Ratios and Savings Rates in China. Journal of Political Economy, Vol. 119, No. 3, 2011, pp. 511 – 564.

[293] Whitehead C. M. E. Private Renting in the 1990s. Housing Studies, Vol. 11, 1996, pp. 7 – 12.

[294] Wilson W, Cromarty H, Seely A, et al. Extending home ownership: Government initiatives. House of Commons Library, Briefing Paper, 2017, 3668: 28.

[295] Xie S. , & Chen J. Beyond Homeownership: Housing Conditions, Housing Support and Rural Migrant Urban Settlement Intentions in China. Cities, Vol. 78, 2018, pp. 76 – 86.

[296] Xie Y. , & Jin Y. Household Wealth in China. Chinese Sociological Review, Vol. 47, No. 3, 2015, pp. 203 – 229.

[297] Xiong C. & Tan R. Will the Land Supply Structure Affect the Urban Expan-

sion Form? . Habitat International, Vol. 75, 2018, pp. 25 – 37.

［298］Yu X. , Hu, D. & Hu M. Rental Housing Types and Subjective Wellbeing Evidence from Chinese Superstar Cities. Journal of Housing and the Built Environment, 2022.

［299］Zang B. , Lv P. , & Warren C. M. J. Housing Prices, Rural-urban Migrants' Settlement Decisions and Their Regional Differences in China. Habitat International, Vol. 50, 2015, pp. 149 – 159.

［300］Zeng H. , Yu X. , & Wen H. What factors drive public rental housing fraud? Evidence from Hangzhou, China. Habitat International. Vol. 66, 2017, pp. 57 – 64.

［301］Zeng H. , Yu X. , & Zhang J. Urban village demolition, migrant workers' rental costs and housing choices: Evidence from Hangzhou. Cities. Vol. 94, 2019, pp. 70 – 79.

［302］Zhang Y. , Tu Y. , Deng Y. , & Zhang J. Behaviors of Flippers, Rental Housing Investors and Owner – Occupiers in the Singapore Private Housing Market. Journal of Real Estate Research, Vol. 45, No. 2, 2022, pp. 243 – 264.

［303］Zhao L. , & Burge G. Housing Wealth, Property Taxes, and Labor Supply Among the Elderly. Journal of Labor Economics, Vol. 35, No. 1, 2017, pp. 227 – 263.

［304］Zhou J. , Yu, X. , Jin X. , Mao N. Government Competition, Land Supply Structure and Semi – Urbanization in China. Land Vol. 10, No. 12, 2021, P. 1371.

教育部哲学社會科學研究重大課題攻閉項目成果出版列表

序号	书 名	首席专家
1	《马克思主义基础理论若干重大问题研究》	陈先达
2	《马克思主义理论学科体系建构与建设研究》	张雷声
3	《马克思主义整体性研究》	逄锦聚
4	《改革开放以来马克思主义在中国的发展》	顾钰民
5	《新时期　新探索　新征程——当代资本主义国家共产党的理论与实践研究》	聂运麟
6	《坚持马克思主义在意识形态领域指导地位研究》	陈先达
7	《当代资本主义新变化的批判性解读》	唐正东
8	《当代中国人精神生活研究》	童世骏
9	《弘扬与培育民族精神研究》	杨叔子
10	《当代科学哲学的发展趋势》	郭贵春
11	《服务型政府建设规律研究》	朱光磊
12	《地方政府改革与深化行政管理体制改革研究》	沈荣华
13	《面向知识表示与推理的自然语言逻辑》	鞠实儿
14	《当代宗教冲突与对话研究》	张志刚
15	《马克思主义文艺理论中国化研究》	朱立元
16	《历史题材文学创作重大问题研究》	童庆炳
17	《现代中西高校公共艺术教育比较研究》	曾繁仁
18	《西方文论中国化与中国文论建设》	王一川
19	《中华民族音乐文化的国际传播与推广》	王耀华
20	《楚地出土戰國簡册［十四種］》	陈　伟
21	《近代中国的知识与制度转型》	桑　兵
22	《中国抗战在世界反法西斯战争中的历史地位》	胡德坤
23	《近代以来日本对华认识及其行动选择研究》	杨栋梁
24	《京津冀都市圈的崛起与中国经济发展》	周立群
25	《金融市场全球化下的中国监管体系研究》	曹凤岐
26	《中国市场经济发展研究》	刘　伟
27	《全球经济调整中的中国经济增长与宏观调控体系研究》	黄　达
28	《中国特大都市圈与世界制造业中心研究》	李廉水

序号	书 名	首席专家
29	《中国产业竞争力研究》	赵彦云
30	《东北老工业基地资源型城市发展可持续产业问题研究》	宋冬林
31	《转型时期消费需求升级与产业发展研究》	臧旭恒
32	《中国金融国际化中的风险防范与金融安全研究》	刘锡良
33	《全球新型金融危机与中国的外汇储备战略》	陈雨露
34	《全球金融危机与新常态下的中国产业发展》	段文斌
35	《中国民营经济制度创新与发展》	李维安
36	《中国现代服务经济理论与发展战略研究》	陈 宪
37	《中国转型期的社会风险及公共危机管理研究》	丁烈云
38	《人文社会科学研究成果评价体系研究》	刘大椿
39	《中国工业化、城镇化进程中的农村土地问题研究》	曲福田
40	《中国农村社区建设研究》	项继权
41	《东北老工业基地改造与振兴研究》	程 伟
42	《全面建设小康社会进程中的我国就业发展战略研究》	曾湘泉
43	《自主创新战略与国际竞争力研究》	吴贵生
44	《转轨经济中的反行政性垄断与促进竞争政策研究》	于良春
45	《面向公共服务的电子政务管理体系研究》	孙宝文
46	《产权理论比较与中国产权制度变革》	黄少安
47	《中国企业集团成长与重组研究》	蓝海林
48	《我国资源、环境、人口与经济承载能力研究》	邱 东
49	《"病有所医"——目标、路径与战略选择》	高建民
50	《税收对国民收入分配调控作用研究》	郭庆旺
51	《多党合作与中国共产党执政能力建设研究》	周淑真
52	《规范收入分配秩序研究》	杨灿明
53	《中国社会转型中的政府治理模式研究》	娄成武
54	《中国加入区域经济一体化研究》	黄卫平
55	《金融体制改革和货币问题研究》	王广谦
56	《人民币均衡汇率问题研究》	姜波克
57	《我国土地制度与社会经济协调发展研究》	黄祖辉
58	《南水北调工程与中部地区经济社会可持续发展研究》	杨云彦
59	《产业集聚与区域经济协调发展研究》	王 珺

序号	书　名	首席专家
60	《我国货币政策体系与传导机制研究》	刘　伟
61	《我国民法典体系问题研究》	王利明
62	《中国司法制度的基础理论问题研究》	陈光中
63	《多元化纠纷解决机制与和谐社会的构建》	范　愉
64	《中国和平发展的重大前沿国际法律问题研究》	曾令良
65	《中国法制现代化的理论与实践》	徐显明
66	《农村土地问题立法研究》	陈小君
67	《知识产权制度变革与发展研究》	吴汉东
68	《中国能源安全若干法律与政策问题研究》	黄　进
69	《城乡统筹视角下我国城乡双向商贸流通体系研究》	任保平
70	《产权强度、土地流转与农民权益保护》	罗必良
71	《我国建设用地总量控制与差别化管理政策研究》	欧名豪
72	《矿产资源有偿使用制度与生态补偿机制》	李国平
73	《巨灾风险管理制度创新研究》	卓　志
74	《国有资产法律保护机制研究》	李曙光
75	《中国与全球油气资源重点区域合作研究》	王　震
76	《可持续发展的中国新型农村社会养老保险制度研究》	邓大松
77	《农民工权益保护理论与实践研究》	刘林平
78	《大学生就业创业教育研究》	杨晓慧
79	《新能源与可再生能源法律与政策研究》	李艳芳
80	《中国海外投资的风险防范与管控体系研究》	陈菲琼
81	《生活质量的指标构建与现状评价》	周长城
82	《中国公民人文素质研究》	石亚军
83	《城市化进程中的重大社会问题及其对策研究》	李　强
84	《中国农村与农民问题前沿研究》	徐　勇
85	《西部开发中的人口流动与族际交往研究》	马　戎
86	《现代农业发展战略研究》	周应恒
87	《综合交通运输体系研究——认知与建构》	荣朝和
88	《中国独生子女问题研究》	风笑天
89	《我国粮食安全保障体系研究》	胡小平
90	《我国食品安全风险防控研究》	王　硕

序号	书　名	首席专家
91	《城市新移民问题及其对策研究》	周大鸣
92	《新农村建设与城镇化推进中农村教育布局调整研究》	史宁中
93	《农村公共产品供给与农村和谐社会建设》	王国华
94	《中国大城市户籍制度改革研究》	彭希哲
95	《国家惠农政策的成效评价与完善研究》	邓大才
96	《以民主促进和谐——和谐社会构建中的基层民主政治建设研究》	徐　勇
97	《城市文化与国家治理——当代中国城市建设理论内涵与发展模式建构》	皇甫晓涛
98	《中国边疆治理研究》	周　平
99	《边疆多民族地区构建社会主义和谐社会研究》	张先亮
100	《新疆民族文化、民族心理与社会长治久安》	高静文
101	《中国大众媒介的传播效果与公信力研究》	喻国明
102	《媒介素养：理念、认知、参与》	陆　晔
103	《创新型国家的知识信息服务体系研究》	胡昌平
104	《数字信息资源规划、管理与利用研究》	马费成
105	《新闻传媒发展与建构和谐社会关系研究》	罗以澄
106	《数字传播技术与媒体产业发展研究》	黄升民
107	《互联网等新媒体对社会舆论影响与利用研究》	谢新洲
108	《网络舆论监测与安全研究》	黄永林
109	《中国文化产业发展战略论》	胡惠林
110	《20世纪中国古代文化经典在域外的传播与影响研究》	张西平
111	《国际传播的理论、现状和发展趋势研究》	吴　飞
112	《教育投入、资源配置与人力资本收益》	闵维方
113	《创新人才与教育创新研究》	林崇德
114	《中国农村教育发展指标体系研究》	袁桂林
115	《高校思想政治理论课程建设研究》	顾海良
116	《网络思想政治教育研究》	张再兴
117	《高校招生考试制度改革研究》	刘海峰
118	《基础教育改革与中国教育学理论重建研究》	叶　澜
119	《我国研究生教育结构调整问题研究》	袁本涛 王传毅
120	《公共财政框架下公共教育财政制度研究》	王善迈

序号	书　名	首席专家
121	《农民工子女问题研究》	袁振国
122	《当代大学生诚信制度建设及加强大学生思想政治工作研究》	黄蓉生
123	《从失衡走向平衡：素质教育课程评价体系研究》	钟启泉 崔允漷
124	《构建城乡一体化的教育体制机制研究》	李　玲
125	《高校思想政治理论课教育教学质量监测体系研究》	张耀灿
126	《处境不利儿童的心理发展现状与教育对策研究》	申继亮
127	《学习过程与机制研究》	莫　雷
128	《青少年心理健康素质调查研究》	沈德立
129	《灾后中小学生心理疏导研究》	林崇德
130	《民族地区教育优先发展研究》	张诗亚
131	《WTO主要成员贸易政策体系与对策研究》	张汉林
132	《中国和平发展的国际环境分析》	叶自成
133	《冷战时期美国重大外交政策案例研究》	沈志华
134	《新时期中非合作关系研究》	刘鸿武
135	《我国的地缘政治及其战略研究》	倪世雄
136	《中国海洋发展战略研究》	徐祥民
137	《深化医药卫生体制改革研究》	孟庆跃
138	《华侨华人在中国软实力建设中的作用研究》	黄　平
139	《我国地方法制建设理论与实践研究》	葛洪义
140	《城市化理论重构与城市化战略研究》	张鸿雁
141	《境外宗教渗透论》	段德智
142	《中部崛起过程中的新型工业化研究》	陈晓红
143	《农村社会保障制度研究》	赵　曼
144	《中国艺术学学科体系建设研究》	黄会林
145	《人工耳蜗术后儿童康复教育的原理与方法》	黄昭鸣
146	《我国少数民族音乐资源的保护与开发研究》	樊祖荫
147	《中国道德文化的传统理念与现代践行研究》	李建华
148	《低碳经济转型下的中国排放权交易体系》	齐绍洲
149	《中国东北亚战略与政策研究》	刘清才
150	《促进经济发展方式转变的地方财税体制改革研究》	钟晓敏
151	《中国—东盟区域经济一体化》	范祚军

序号	书　名	首席专家
152	《非传统安全合作与中俄关系》	冯绍雷
153	《外资并购与我国产业安全研究》	李善民
154	《近代汉字术语的生成演变与中西日文化互动研究》	冯天瑜
155	《新时期加强社会组织建设研究》	李友梅
156	《民办学校分类管理政策研究》	周海涛
157	《我国城市住房制度改革研究》	高　波
158	《新媒体环境下的危机传播及舆论引导研究》	喻国明
159	《法治国家建设中的司法判例制度研究》	何家弘
160	《中国女性高层次人才发展规律及发展对策研究》	佟　新
161	《国际金融中心法制环境研究》	周仲飞
162	《居民收入占国民收入比重统计指标体系研究》	刘　扬
163	《中国历代边疆治理研究》	程妮娜
164	《性别视角下的中国文学与文化》	乔以钢
165	《我国公共财政风险评估及其防范对策研究》	吴俊培
166	《中国历代民歌史论》	陈书录
167	《大学生村官成长成才机制研究》	马抗美
168	《完善学校突发事件应急管理机制研究》	马怀德
169	《秦简牍整理与研究》	陈　伟
170	《出土简帛与古史再建》	李学勤
171	《民间借贷与非法集资风险防范的法律机制研究》	岳彩申
172	《新时期社会治安防控体系建设研究》	宫志刚
173	《加快发展我国生产服务业研究》	李江帆
174	《基本公共服务均等化研究》	张贤明
175	《职业教育质量评价体系研究》	周志刚
176	《中国大学校长管理专业化研究》	宣　勇
177	《"两型社会"建设标准及指标体系研究》	陈晓红
178	《中国与中亚地区国家关系研究》	潘志平
179	《保障我国海上通道安全研究》	吕　靖
180	《世界主要国家安全体制机制研究》	刘胜湘
181	《中国流动人口的城市逐梦》	杨菊华
182	《建设人口均衡型社会研究》	刘渝琳
183	《农产品流通体系建设的机制创新与政策体系研究》	夏春玉

序号	书　名	首席专家
184	《区域经济一体化中府际合作的法律问题研究》	石佑启
185	《城乡劳动力平等就业研究》	姚先国
186	《20 世纪朱子学研究精华集成——从学术思想史的视角》	乐爱国
187	《拔尖创新人才成长规律与培养模式研究》	林崇德
188	《生态文明制度建设研究》	陈晓红
189	《我国城镇住房保障体系及运行机制研究》	虞晓芬
190	《中国战略性新兴产业国际化战略研究》	汪　涛
191	《证据科学论纲》	张保生
192	《要素成本上升背景下我国外贸中长期发展趋势研究》	黄建忠
193	《中国历代长城研究》	段清波
194	《当代技术哲学的发展趋势研究》	吴国林
195	《20 世纪中国社会思潮研究》	高瑞泉
196	《中国社会保障制度整合与体系完善重大问题研究》	丁建定
197	《民族地区特殊类型贫困与反贫困研究》	李俊杰
198	《扩大消费需求的长效机制研究》	臧旭恒
199	《我国土地出让制度改革及收益共享机制研究》	石晓平
200	《高等学校分类体系及其设置标准研究》	史秋衡
201	《全面加强学校德育体系建设研究》	杜时忠
202	《生态环境公益诉讼机制研究》	颜运秋
203	《科学研究与高等教育深度融合的知识创新体系建设研究》	杜德斌
204	《女性高层次人才成长规律与发展对策研究》	罗瑾琏
205	《岳麓秦简与秦代法律制度研究》	陈松长
206	《民办教育分类管理政策实施跟踪与评估研究》	周海涛
207	《建立城乡统一的建设用地市场研究》	张安录
208	《迈向高质量发展的经济结构转变研究》	郭熙保
209	《中国社会福利理论与制度构建——以适度普惠社会福利制度为例》	彭华民
210	《提高教育系统廉政文化建设实效性和针对性研究》	罗国振
211	《毒品成瘾及其复吸行为——心理学的研究视角》	沈模卫
212	《英语世界的中国文学译介与研究》	曹顺庆
213	《建立公开规范的住房公积金制度研究》	王先柱

序号	书 名	首席专家
243	《中华文化的跨文化阐释与对外传播研究》	李庆本
244	《世界一流大学和一流学科评价体系与推进战略》	王战军
245	《新常态下中国经济运行机制的变革与中国宏观调控模式重构研究》	袁晓玲
246	《推进21世纪海上丝绸之路建设研究》	梁 颖
247	《现代大学治理结构中的纪律建设、德治礼序和权力配置协调机制研究》	周作宇
248	《渐进式延迟退休政策的社会经济效应研究》	席 恒
249	《经济发展新常态下我国货币政策体系建设研究》	潘 敏
250	《推动智库建设健康发展研究》	李 刚
251	《农业转移人口市民化转型：理论与中国经验》	潘泽泉
252	《电子商务发展趋势及对国内外贸易发展的影响机制研究》	孙宝文
253	《创新专业学位研究生培养模式研究》	贺克斌
254	《医患信任关系建设的社会心理机制研究》	汪新建
255	《司法管理体制改革基础理论研究》	徐汉明
256	《建构立体形式反腐败体系研究》	徐玉生
257	《重大突发事件社会舆情演化规律及应对策略研究》	傅昌波
258	《中国社会需求变化与学位授予体系发展前瞻研究》	姚 云
259	《非营利性民办学校办学模式创新研究》	周海涛
260	《基于"零废弃"的城市生活垃圾管理政策研究》	褚祝杰
261	《城镇化背景下我国义务教育改革和发展机制研究》	邬志辉
262	《中国满族语言文字保护抢救口述史》	刘厚生
263	《构建公平合理的国际气候治理体系研究》	薄 燕
264	《新时代治国理政方略研究》	刘焕明
265	《新时代高校党的领导体制机制研究》	黄建军
266	《东亚国家语言中汉字词汇使用现状研究》	施建军
267	《中国传统道德文化的现代阐释和实践路径研究》	吴根友
268	《创新社会治理体制与社会和谐稳定长效机制研究》	金太军
269	《文艺评论价值体系的理论建设与实践研究》	刘俐俐
270	《新形势下弘扬爱国主义重大理论和现实问题研究》	王泽应

序号	书　名	首席专家
271	《我国高校"双一流"建设推进机制与成效评估研究》	刘念才
272	《中国特色社会主义监督体系的理论与实践》	过　勇
273	《中国软实力建设与发展战略》	骆郁廷
274	《坚持和加强党的全面领导研究》	张世飞
275	《面向 2035 我国高校哲学社会科学整体发展战略研究》	任少波
276	《中国古代曲乐乐谱今译》	刘崇德
277	《民营企业参与"一带一路"国际产能合作战略研究》	陈衍泰
278	《网络空间全球治理体系的建构》	崔保国
279	《汉语国际教育视野下的中国文化教材与数据库建设研究》	于小植
280	《新型政商关系研究》	陈寿灿
281	《完善社会救助制度研究》	慈勤英
282	《太行山和吕梁山抗战文献整理与研究》	岳谦厚
283	《清代稀见科举文献研究》	陈维昭
284	《协同创新的理论、机制与政策研究》	朱桂龙
285	《数据驱动的公共安全风险治理》	沙勇忠
286	《黔西北濒危彝族钞本文献整理和研究》	张学立
287	《我国高素质幼儿园园长队伍建设研究》	缴润凯
288	《我国债券市场建立市场化法制化风险防范体系研究》	冯　果
289	《流动人口管理和服务对策研究》	关信平
290	《企业环境责任与政府环境责任协同机制研究》	胡宗义
291	《多重外部约束下我国融入国际价值链分工战略研究》	张为付
292	《政府债务预算管理与绩效评价》	金荣学
293	《推进以保障和改善民生为重点的社会体制改革研究》	范明林
294	《中国传统村落价值体系与异地扶贫搬迁中的传统村落保护研究》	郝　平
295	《大病保险创新发展的模式与路径》	田文华
296	《教育与经济发展关系及贡献研究》	杜育红
297	《宏观经济整体和微观产品服务质量"双提高"机制研究》	程　虹
298	《构建清洁低碳、安全高效的能源体系政策与机制研究》	牛东晓
299	《水生态补偿机制研究》	王清军
300	《系统观视阈的新时代中国式现代化》	汪青松
301	《资本市场的系统性风险测度与防范体系构建研究》	陈守东